Gattiker

Die Vögel im Volksglauben

Ernst und Luise Gattiker

Die Vögel
im Volksglauben

Eine volkskundliche Sammlung
aus verschiedenen europäischen Ländern
von der Antike bis heute

Mit 43 Abbildungen und 12 Farbtafeln

AULA-Verlag Wiesbaden

Ernst Gattiker
Amalie Widmerstr. 9
CH-8810 Horgen/Schweiz

CIP-Titelaufnahme der Deutschen Bibliothek

Gattiker, Ernst:
Die Vögel im Volksglauben : eine volkskundliche Sammlung
aus verschiedenen europäischen Ländern von der Antike bis
heute / Ernst u. Luise Gattiker. –
Wiesbaden : AULA-Verl., 1989
ISBN 3-89104-484-4
NE: Gattiker, Luise:

© 1989 AULA-Verlag GmbH, Wiesbaden
Verlag für Wissenschaft und Forschung

Umschlagsentwurf: Eveline Junqueira, Kronberg/Ts.
Printed in Germany / Imprimé en Allemagne
Gesamtherstellung: Hubert & Co., Göttingen
ISBN 3-89104-484-4

Vorwort

Die Erdgeschichte umfaßt Jahrmillionen, die Geschichte der Menschheit dagegen nur einige hunderttausend Jahre. Bildlich gesehen ist der Mensch erst ‚einige Minuten vor 12' auf dem Ziffernblatt der Weltenuhr erschienen. In dieser kurzen Zeit ist es dem Menschen jedoch gelungen, unseren Globus bis in seine letzten Teile zu erforschen und ihn sich „untertan" zu machen. Ja, er beginnt sogar darüber hinaus, bis ins Weltall vorzudringen. Unaufhaltsam werden die letzten Zonen der Erde berührt und erobert. Und lebten die Menschen früher noch in einer gewissen „Einheit" mit der Natur, so ist in den letzten Epochen dieser Zusammenhang immer stärker zerstört. Der Mensch baut sich in den Verdichtungszonen „Scheinwelten" auf, in denen mit Industrialisierung und Zementierung die Natur keinen Platz mehr hat. Von „Hybris" sprachen schon die Denker der Griechen, und „Übermut des Menschen" nannte es Japsers.

Im Hinblick auf diesen immer stärker werdenden Verlust des Zusammenhanges zwischen Mensch und Natur ist es angebracht, den Zeiten nachzuspüren, als sich der Mensch noch als Teil der Schöpfung betrachtete.

Der Verfasser dieses Buches ist diesen Weg gegangen: ein Leben lang mit der Natur verbunden, ging er als Beobachter und Sammler durch die europäischen Länder, um dem Verhältnis zwischen Natur und Mensch nachzuspüren. Als langzeitiger Redakteur einer namhaften ornithologischen Monatsschrift fühlte er sich dabei der Vogelwelt ganz besonders verbunden. Als aufmerksamer Zuhörer und sprachenbegabter Sucher ist er der Frage nachgegangen, welche Beziehungen sich zwischen dem Menschen und der Vogelwelt im Laufe der Zeit herausgebildet haben. Beschrieben ist unter vielem anderen der Kontakt des Bauern mit der Vogelwelt im Feld, aber auch der Hang des Stadtbürgers, sich mit Vögeln ein Stück Natur in seine Wohnwelt zu holen. Wie vieles und scheinbar sonderbares es in der Beziehung zwischen Mensch und Vogel zu erfahren gibt, will uns der Autor vor Augen führen.

Das Buch kann keinen Anspruch auf Vollständigkeit erheben – zu vielfältig sind dazu die Bezüge des Menschen zu den Gefiederten und zu weit unser Globus, um alle Länder, Völker oder Vogelarten zu erfassen! Nicht eine ‚Enzyklopädie' zu schaffen war der Sinn dieses Werkes, sondern ein breiter Fächer an Ausgewähltem aus einigen europäischen Ländern sollte einen wertvollen Überblick über den Themenkreis geben. Mit seiner Arbeit wollte der Autor in unserer schnellebigen Zeit wertvolles Wissen festhalten und überliefern, das leicht in Vergessenheit geraten könnte. Hierfür sei ihm Dank!

Zu danken ist auch dem AULA-Verlag, der sich dieses Themas mit soviel Engagement angenommen hat. Nicht zuletzt sei auch der erst kürzlich verstorbenen Gattin des Autors gedacht, die behutsam seine Arbeit begleitete und förderte.

Wer jetzt das Buch zur Hand nimmt und zur kürzlich erstellten Roten Liste bedrohter Vogelarten Vergleiche zieht, wird vor allem staunen und erschrecken, in wie kurzer Zeit Abschied genommen werden mußte von einer einst so vielfältigen lebendigen Umwelt. Beruhigend ist es jedoch, zu wissen, daß sich in jüngster Zeit so zahlreiche Menschen in vielen Ländern dafür einsetzen, daß diesem Exodus Einhalt geboten wird. Ihnen sei dieses Buch Information und Anregung zugleich.

Dr. med. Winfried A. Jauch

Inhalt

Einleitung

Noch heute findet sich bei den Naturvölkern, den sogenannten „primitiven Kulturen" wie bei jenen der vorgeschichtlichen Zeit, der Glaube, daß alles, was die Zukunft bringe, aus Anzeichen verschiedener Art zu erkennen und als der Wille von Göttern auf vielfältige Weise zu erforschen sei.

Nichts, auch nicht das geringste Ereignis gab es bei den Alten im großen Haushalt der Natur, das ihnen nicht als ein Wink göttlichen Wollens erschienen wäre und das sie nicht als Einwirkung höherer Mächte erkannt und daraus Schlüsse gezogen hätten. Alles, jede Erscheinung in der Stadt und auf dem Land, im Tempel, am Himmelsgewölbe, auf dem Felde, im Wasser, wurde gedeutet. Vorbedeutungen entnahm man aus Licht, Feuer, Rauch, aus der Beschaffenheit von Eingeweiden der Tiere, aus Blut, Fett und Milch. Wie übrigens noch heute wurde aus dem Verhalten, Aussehen und Erscheinen der Tiere und Pflanzen auf das zu erwartende Wettergeschehen geschlossen.

Die Zeichen- und Wortorakel der die Naturgewalten fürchtenden, in ihnen aber zugleich göttliche Allmacht verehrenden Völker des geschichtlichen Altertums, ihre Wahrsagerei und Zeichendeuterei, die eine ernsthafte und ehrwürdige Sache der Priester waren und ihren Ursprung in einem religiösen Glauben hatten, der seinem ganzen Wesen nach zur offiziellen Staatsreligion gehörte, wandelte sich jedoch im Laufe der Jahrhunderte, Schritt haltend mit den religiös-kulturellen Veränderungen der Menschheit in einen starren Aberglauben. Insbesondere im Mittelalter nahm der Aberglaube in allen Volksschichten die merkwürdigsten Formen an. Andererseits muß festgehalten werden, daß gebildetere und aufgeklärtere Kreise nicht nur im Mittelalter, sondern bereits im späteren, durch die Entwicklung der Philosophie bestimmten Altertum Omen und Orakeln keinen Glauben mehr schenkten und sie verspotteten.

Der Aberglaube, für den auch in weiter gefaßtem Sinn keineswegs eine als fest gültige Grenze gezogen werden kann, ist eben ein Glaube, für den keine stichhaltigen Gegengründe vorhanden sind. Er ist aus der Sicht des Theologen seinem ganzen Wesen nach etwas „Heidnisches".

Dennoch ist auch unsere Zeit, die sich rühmt, auf höchster Stufe der Zivilisation zu stehen, nicht völlig frei von Aberglauben aller erdenklichen Art, der jedoch, wenn er sich auch zäh behauptet, abgesehen von einigen Auswüchsen, mildere Formen angenommen hat. Doch auch aufgeklärte und gebildete Menschen sind nicht gänzlich frei von einem gemeinhin belächelten Aberglauben – dazu sind auch Astrologie und andere okkulte Dinge zu zählen, die gerade in jüngster Zeit wieder in Ausbreitung begriffen sind. Auch heute noch werden Tieren „übersinnliche Kräfte" zugesprochen. Denken wir nur an den wetterverkündenden Flug der Schwalben, an die Wildgänse als Vorboten eines strengen Winters, den ersten Ruf des Kuckucks und an den Glauben, der sich etwa an das Grasfressen des Hundes knüpft. Denken wir an die alten Bauernregeln, den 100jährigen Kalender, an die 12 Lostage von Weihnachten. All dies hat seinen Ursprung nicht nur im griechisch-römischen Omen- und Orakelwesen, sondern es vermischte sich in späterer Zeit auch mit der Götterlehre des keltisch-germanisch-slavischen Heidentums, dessen Naturanschauungen und Religionen analog der des klassischen Altertums darauf bestanden, daß jede Erscheinung auf Erden ihren besonderen Grund und den Zweck habe, den Menschen auf künftige Vorgänge hinzuweisen.

So mangelt es also den Krankheits-, Todes-, Unglücks- und auch den Wetterprophezeihungen der alten „Manen" und allem, was wir kurzweg Aberglaube nennen, nicht an einer jahrhundertealten, oft durchaus fundierten Grundlage. Da ist gerade der Wetteraberglaube ein ganz besonderes Kapitel, wenigstens soweit es sich um die physikalische Beschaffenheit der Atmosphäre und die mit deren Veränderung in engem Zusammenhang stehenden Tiere und Pflanzen handelt. Zwischen solchen Erscheinungen, für die weder Beweise noch Einwände aufgebracht werden können, und jenen, die ohne Bedenken zum primitiven Aberglauben zu zählen sind, ist es bis auf wenige Ausnahmen nicht nur sehr schwer, sondern oft geradezu unmöglich zu unterscheiden. Die Ursache für eine Erscheinung auf dem Gebiet der Meteorologie wissenschaftlich zu erklären ist weitaus leichter, als die Möglichkeit eines Zusammenhanges mit anderen Phänomenen zu begründen. Aus diesem Grunde können Wetterregeln, wie sie sich das Landvolk in Jahrzehnten oder gar Jahrhunderten zu eigen machte, nicht immer als Aberglaube leichthin abgetan werden.

Zur Benutzung des Buches: In den folgenden Kapiteln wird zunächst auf die Rolle des Vogels allgemein, die Bedeutung der Vogelfeder, des Vogelnestes und des Eies eingegangen. Danach werden die Vögel in (sozusagen „umgekehrter") systematischer Stellung nach Familien und Arten geordnet, besprochen. Vogelnamen und Einordnung der Arten in die Familien folgt dabei weitgehend der Artenliste des „Dachverbandes Deutscher Avifaunisten". Auf eine Nennung von lateinischen Namen wurde bewußt verzichtet, weil eine wissenschaftlich genaue Zuordnung der Überlieferung häufig nicht möglich ist.

Die im Text genannten Zahlen beziehen sich auf das nach Nummern geordnete Literaturverzeichnis (Seite 563). Das Auffinden von Vögeln nach ihren Trivialnamen und örtlich gebräuchlichen Namen wird durch ein Namenregister am Schluß des Buches erleichtert.

Der Vogel

Weit mehr als die Säugetiere, obgleich diese dem Menschen näher standen, wirkten auf ihn schon in alter Zeit mit ihrem rätselhaften Flug über alle sichtbaren Hindernisse hinweg, mit ihren jährlich regelmäßig wiederkehrenden Wanderungen und im besonderen durch den Umstand, daß sie Herren der Luft sind, die Vögel. Das heidnische Altertum gab seinen Göttern nicht nur geflügelte Boten, auch den Göttern, den Dämonen und Ungeheuern selbst verlieh es den Schmuck der Flügel, und zwar nicht nur als Sinnbild und in Bilderwerken. Der Gott, der Dämon, der Held und das Ungeheuer durcheilen entweder in Gestalt geflügelter Tiere das Reich der Lüfte oder benutzen jene um die Pfade des Himmels zu ersteigen. Zahlreiche Sagen lassen die Götter und halbgöttlichen Jungfrauen vorübergehend die Gestalt von Vögeln annehmen. So verwandelte sich Zeus in einen Adler, Athene in eine Schwalbe, Apollo in einen Raben, Leucothea in ein Wasserhuhn, und Hypnos saß als Nachthabicht auf einer Tanne des Ida.

Auch Sonne und Mond, die Sonnenstrahlen, der Donner, die Blitze, die Wolken, die sich bewegen und donnern, nehmen in den Mythen oft die Gestalt fliegender Tiere an (36).

Als die Träger und Überbringer der Sonne, im Sinne eines himmlischen Feuers auf die Erde, konnten für die einfachen Naturmenschen nur die beschwingten Vermittler zwischen Himmel und Erde, die Vögel in Betracht kommen. Wie es Feuervögel schon im alten Indien gegeben hat, so galten auch in der alten Welt die Vögel, die einen feuerroten Schnabel (Storch), einen ebensolchen Fleck auf dem Kopf (Specht, Goldhähnchen) oder an der Brust (Rotkehlchen, Rauchschwalbe) zeigen, als solche Überbringer.

Das Flugvermögen der Vögel, das sie der Schnelligkeit des Laufes anderer Tiere vorauseilen und Hindernisse überwinden läßt, bringt sie den Göttern und dem Himmel, in dem man jene sich wohnend denkt, am nächsten und läßt sie als die geeignetsten Boten erscheinen, durch deren lebhafte und eindrucksvolle Stimme und durch deren Flug und Bewegung die Götter den Menschen ihren Willen kundtun konnten.

Sache der Menschen aber war es, das Gebahren der Vögel, die eigentlich geradezu als eine lebendige Sprache der Götter angesehen werden können, zu deuten.

Auf Flug und Stimme der Vögel achteten die Perser und Babylonier, und in Indien, dem Zentralpunkt menschlicher Kultur, wo Vogeldeutun-

Abb. 1: Der Adler als Sendbote Jupiters, der von Ganymed gefüttert wird. Plastik von Bertel Thorwaldsen.

gen als eine von der Priesterkaste protegierte Einrichtung galten, finden sich Auspizien und Augurien schon in den ältesten Schriften erwähnt.

Der Kuckuck wird in Rigweda (I, 42 und 43) als ein Vogel genannt, der alles weiß, was geschehen ist und was kommen wird. Auch finden sich schon Unterscheidungen des Vogelfluges von links oder von rechts vor. Nach dem Râmay (I, 76) sind Vögel, die man bei einer Hochzeit nach links ziehen sieht, ein schlimmes Zeichen, und dem Râma kündigen Vögel, die zur Linken schreiend fliegen, ein ernstes Mißgeschick, nämlich den Raub der Sitâ, an (45). Die Kunst der Weissagung, die den Vogeldeutern oblag, hatte vor allem im alten Rom und Griechenland eine um so größere Verbreitung, als die Vögel nach allen Einzelheiten ihrer Lebensweise mit methodischer Sorgfalt beobachtet wurden. Neben ihren Bewegungen und der verschiedenen Art ihres Sitzens bildeten die von den Vögeln hervorgerufenen Laute die bedeutsamsten Momente bei der Beurteilung göttlicher Vorzeichen.

Angenehme Vogelstimmen galten als günstig; unangenehme, wie die der Eulen, Nachtschwalben und Raben, bedeuteten dagegen nie etwas Gutes. Außerordentlich genau beobachtete man bei den oscines, d. h. Vögeln, die entscheidend durch ihre Stimme wirkten, die Töne, und unterschied dabei, wie Nigudus berichtet, bei der Eule allein neun Stimmen (45).

Als Weissage- und Auguralvögel, die in die beiden Klassen der Orakel- und Omenvögel fielen, galten vor allem, ihrer scharf ausgeprägten Eigenart, ihrer Größe und Stärke wegen, die Raubvögel Adler, Geier, Falke, Gabelweihe, Bussard, dann auch Krähe, Rabe und Eulenarten. Von anderen seien erwähnt: Taube, Specht, Schwalbe und das Haushuhn.

Als Orakelvögel im eigentlichen Sinne des Wortes galten Hahn und Huhn, doch war überhaupt die signa ex avibus, deren Gewinnung zu den Hauptaufgaben der römischen Auguren oder Vogelschauer gehörte, durchweg als signa impetrita zu den Orakeln zu zählen. Die Vogelomina, die sowohl bei den alten Römern als auch bei anderen Völkern ihrer Zeit, besonders bei den Griechen im Gebrauch war, bestand darin, daß sie als ein mehr oder weniger auffälliges und zugleich zufälliges Ereignis, nur als ein warnender, aber auch Glück wie unter Umständen Unglück verheißender Wink der Götter galt.

Die Athener zogen bei allen öffentlichen Beratungen die Seher und Vogeldeuter hinzu und die Lakedämonier gaben ihren Königen einen Augur als Beirat, verordneten zudem auch, daß im Rate der Alten immer ein Augur anwesend sein sollte, und sie sahen es gerne, wenn sich die Könige selbst in der Kunst der Vogeldeutung unterweisen ließen (10).

Die Tätigkeit der griechischen Auguren bezog sich hauptsächlich auf die Beobachtung der frei lebenden Vögel, deren zufälliges Erscheinen erwartet wurde. Machten die Auguren ihre Beobachtungen, waren sie ganz in Weiß gekleidet und trugen außerdem eine goldene Krone auf dem Haupt. Sie führten eine Schreibtafel mit sich, auf die sie Namen, Flug der Vögel und andere wichtige Nebenumstände notierten, damit nichts ihrem Gedächtnis entschwinde. Auf ihren Posten stehend, wandten sie ihr Antlitz nach Norden, wobei ihre rechte Seite nach Osten, ihre linke nach Westen gerichtet war. Allgemein galten nun die aus Osten, von Sonnenaufgang kommenden Vögel als Glück bringend, während die aus Westen oder Sonnenuntergang erscheinenden Unheil bedeuteten. Als besonders glückliches Omen galt immer das Erscheinen einer großen Schar von Vögeln (10).

Ernsthaftes Befragen der Vogelorakel wurde jedoch in der nachklassischen Zeit immer spärlicher, bis schließlich die Augurien, die bereits Homer stark anzweifelte und Aristophanes zum Gegenstand beißenden Spottes machte, mit dem Untergang der griechischen Selbständigkeit begraben wurden (10).

Wie in Griechenland hatten auch im alten Rom die Auguren bei allen Gelegenheiten den Willen der Götter mit Hilfe des Vogelfluges zu erforschen. Zu diesem Zweck umgrenzten sie mit einem Stab ein Stück Land und erwarteten innerhalb dieser Grenzen nach einem Gebet an die Götter die Zeichen. Diese, die man geradezu als eine Antwort auf die an die Götter gerichtete Anfrage betrachtete, ob man ein Vorhaben ausführen solle oder nicht, wurden dann entweder im bejahenden oder verneinenden Sinne gedeutet (70).

Waren die Vögel von günstiger Vorbedeutung, nannte man sie „admissivae, sinistrae", waren sie ungünstig, hieß man sie „adversae, arculae, cliviae, remores, funebres, lugubres" oder euphemistisch kurz „alterae" (45).

Orakel deuteten die Römer aus Art und Höhe des Fluges, Art und Richtung, aus der die Vogelstimme ertönte, und der Haltung des Vogels. Anderseits war für Vorbedeutungen auch wieder die Spezies und die Zahl der erscheinenden Exemplare von großer Wichtigkeit (47).

Einige Vögel hatten nur für bestimmte Personen und Verhältnisse augurale Bedeutung, so die Tauben nur für Könige, weil Tauben nie allein auszufliegen pflegen, wie Könige nie allein ausgehen, der Schwan für Schiffer, und eine Habichtart, der Regithus, galt nur für Hochzeiten und merkwürdigerweise für Viehzucht (45).

Indes blieb aber, eingedenk der Worte „Alles Irdische ist vergänglich", den römischen Augurien das Geschick derjenigen Griechenlands nicht erspart.

War anfänglich die Zahl der beobachteten Vogelarten eine recht beträchtliche, sank sie zu Zeiten eines Cicero auf ein Minimum, so daß sich dieser (de div. II. 36) bewogen fühlte, auf die geringe Zahl der römischen Auguralvögel hinzuweisen. Aber auch die Beobachtung dieser wenigen war dem zeitgeizigen Volk der Römer bald zu umständlich und mußte den einfachen, überall verfügbaren Tripudien Platz machen. Die Auguria ex avibus führte noch unter den Kaisern ihre Scheinexistenz fort, und noch im 4. Jahrhundert n. Chr. bestand wenigstens dem Namen nach das collegium der Augures publici. Selbst den Tripudien aber war ein baldiger Untergang beschieden, nachdem schon im Ersten Punischen Krieg der Befehlshaber der römischen Flotte, P. Claudius Pulcher, befahl, die Hühner, die nicht fressen wollten, ins Wasser zu werfen: ein Frevel an den Augurien, der damals noch vom Volk übel aufgenommen wurde, um so mehr, als die Niederlage bei Drepanum, 249 v. Chr., nicht lange auf sich warten ließ. Später, als nur noch rohe Hühnerwärter die Trupidien besorgten und die Klagen über erzwungene Orakel sich immer mehr und mehr häuften, wurde das Volk nachgiebiger.

Die Vögel mit ihrer wunderbaren Bewegung in der Luft, welche sie befähigt, bis in die Wolken hinein, zum vermeintlichen Sitz der Götter, zu fliegen, genossen auch bei den Germanen ein hohes Ansehen als Verkünder göttlichen Willens und wichtiger Nachrichten. Vogelorakel kannten auch die alten Slaven, bei den heidnischen Russen weissagten Priester aus dem Fluge der Zugvögel. Weissagungen aus dem Zug der Vögel und den Eingeweiden der Opfertiere kannten auch die Kelten. Die offiziellen Vogelschauer der heidnischen Schwaben waren unter dem Namen „Anebetare" noch während des ganzen 6. Jahrhunderts in voller Geltung. Ebenso ängstlich achteten die heidnischen Bayern, die auch ihre besonderen Heilande (Vogel- und Opferschauer) hatten, auf Flug und Stimme gewisser Vögel (45).

Nicht nur in der Vergangenheit spielten Vogel-Augurien eine große Rolle, sondern auch in der Gegenwart achtet man noch, und zwar nicht allein in der alten Welt, sondern auch in der neuen, in Australien und in Afrika, auf die Vögel, ihre Stimmen, ihren Flug und ihr Verhalten. Zahlreiche Augurien und Orakel sind daher Allgemeingut der Menschen. Gegenüber dem tiefeingewurzelten Glauben an Orakel hatte die Kirche einen schweren Stand. Anno 737 wurden die von Bonifatius getauften Deutschen von Papst Gregor III. in einem Schreiben ermahnt, von jeder Art der Erforschung der Zukunft abzusehen. Sein Schreiben scheint aber nicht sonderlich gewirkt zu haben, denn schon im Jahre 742 ließ Karlmann, Herzog der Franken, eine Kirchenversammlung unter dem Vorsitz des Bonifatius abhalten, in welcher als abzuschaffende Bräuche heidnischer Natur auch die Augurien aller Art genannt wurden. Kaiser Karl der Große fand es später notwendig, in den Aachener Beschlüssen vom Jahre 789 die ergangenen Verbote zu erneuern und in einem Capitulare vom Jahre 805 grausame Strafen festzusetzen, welche die Weis- oder Wahrsager treffen sollten (45).

In Dannhauers Katechismus hieß es: „Der Vögel Flug, Stimm' und Geschrey ist von Gott dazu nicht geordnet, das Wegvögelin Drauff noch heutigs Tags aberglaubische Leute halten oder das heulen der hund haben mit der Menschen Tod nichts zu tun" (11, XIII).

Mochten nun unter Anwendung von Gewalt die Auspizien und Augurien unter dem Druck der Kirche allmählich verschwinden, das einfache Volk hält in vielen Gegenden noch heutigen Tags an den Tierorakeln in der Weise fest, daß es auf den „Angang" gewisser Tiere, d. h. auf die Begegnung beim ersten Ausgang, sorgsam achtet.

Abgesehen von der Mantik und der Vogelschau tritt schon bei den ältesten Völkern die Verehrung der Naturerscheinungen und der Tiere im Sinne einer groß aufgefaßten Naturreligion in den Vordergrund. So galten von den Säugetieren als den Göttern heilig und auch als ihre „Vertreter" u. a. Pferd, Rind, Stier, Wolf, Katze usw. und sehr häufig Vögel. Es war der Storch der Göttin Holda, Rabe, Huhn und Hahn und alles, was rote und rötliche Farbe aufwies, Rotkehlchen, Rotschwanz, Schwalbe, Specht, Kuckuck und auch der Storch, dem Donar (= Wotan) heilig. Doch nicht nur das Tier als Vertreter der Gottheit in seinem bloßen Äußeren war den Alten verehrungswürdig, sondern die geistige Kraft und das Prinzip, die sich in ihrer Gestalt widerspiegelten.

Abb. 2: Darstellung eines Ägypters mit dem Kopf des heiligen Ibis (links) und Abbildung eines Waldrapps (rechts), eines ebenfalls als heilig erachteten Vogels, in einer ägyptischen Grabkammer.

Im alten Ägypten hatte jedes Haus ein Tier, das als Hausgott gehalten und bei seinem Tode gleich den Familienmitgliedern mumisiert und im Familiengrab beigesetzt wurde. Die Tötung eines heiligen Tieres galt als schweres Verbrechen, und wer es, wenn auch nur unabsichtlich, tötete, war seines Todes sicher und wurde oft sogar von der entrüsteten Menge aufs grausamste hingerichtet (93, I).

Wie hoch man den weißen Ibis neben vielen anderen Vögeln in Ägypten verehrte, beweisen die Tausende von einbalsamierten Körpern, die in der Pyramide von Sakhara in Urnen und Kammern aufgeschichtet gefunden wurden. Der Ibis, der jedesmal erschien, wenn der Nil zu steigen begann, wurde als der gute Genius der für Ägypten sehr bedeutungsvollen Naturerscheinung angesehen. Er war gleichsam der geflügelte Vorbote des wohltätigen Wassers, das dem Lande Fruchtbarkeit und Segen brachte. Weil er die Zeit der Überschwemmung kundtat, war er dem Thot, dem Gott des Zeitmaßes und der Schriftzeichen, der auch sehr häufig mit Ibiskopf erscheint, heilig (93, I).

Ebenso mit der Nilflut im Zusammenhang stand der Vogel Phönix, eine Reiherart mit zwei langen Federn am Hinterkopf. In ihm glaubte man die Kraft der Selbstverjüngung zu erkennen. Aus diesem Grunde war er dem Götterkönig Osiris, dem Gott der befruchtenden Urkraft, geweiht (93, I). Außer den Ägyptern hegten auch Griechen und Römer eine große Verehrung für den Phönix. Sie erblickten in ihm das Sinnbild der ewig neugebärenden Zeit (85, I).

Herodot, der die ersten Spuren dieses mythischen Vogels fand, berichtet von ihm, daß er alle 500 Jahre einmal nach Ägypten komme, als ein Vogel, groß wie ein Adler, aber purpurn und golden von Farbe. Die Selbstverbrennung und das ihr vorangehende Sichverbrennen auf einem Scheiterhaufen und das Verbringen der Asche seines alten Leibes nach Heliopolis, erwähnt erst Plinius. Epihanus läßt den Phönix, der schon in den ersten Jahrhunderten des Christentums zum Sinnbild des für die Menschheit sich aufopfernden Heilandes erwählt wurde, in drei Tagen aus der Asche seines Nestes wieder erstehen (85, II).

In diesem Sinne findet sich der Phönix, aufsteigend aus drei Flammen zum Himmel, heute auf Grabmälern unserer Friedhöfe. Bei den alten Ägyptern war ein Vogel mit Menschenkopf Hieroglyphe für die Seele (107, II). Im alten Assyrien führte die Leichtigkeit, mit der sich der Vogel fortbewegt, zu der Annahme, daß dieses Wesen das einzige sei, in dem der seiner Wohnung beraubte Geist ein Heim fände. Die vorislamischen Beduinen konnten eine von ihnen geleugnete Fortexistenz der Seele nach dem Tode des Körpers nur unter der Voraussetzung verstehen, daß der Geist die Gestalt eines Vogels annehme. Die islamische Vorstellung läßt die Seelen der Frommen im Paradies in Verbindung mit Vögeln weiterleben, die sich auf den Bäumen des Paradieses aufhalten, bis Gott sie zur Auferstehung wieder mit den Leibern vereinigt, in denen sie während ihres ersten Erdenlebens wohnten. Die Japaner glauben, wenn die Seele den Körper verläßt, ein Rauschen und Flattern wie von einem Vogel herrührend zu vernehmen sei. Im Persischen bedeutet „murgh" ebenso Vogel wie Seele. Nach dem Glauben der Feuerländer wandern die Seelen der Verstorbenen in den Wäldern, und ein Vogelschrei, für den sie keine Erklärung finden können, ist bei ihnen Geisterruf (22, III). Die Vorstellung vom Seelenvogel findet sich aber bereits im Alten Testament, ebenso in neutestamentarischen Schriften und im Talmud.

Unseren Vorfahren galten die Vögel als Wesen, in deren Gestalt Geister und Seelen zu erscheinen pflegen. Die Schnelligkeit des Vogels konnten sie sich nicht anders vorstellen, als daß sie diese der Windeseile entschwebender Geister zuschrieben. Da nach ihrem Glauben Salz deren Macht bricht, indem es dem Körper wieder irdische Schwere gibt, glaubte man, um einen Vogel zu fangen müßte man, ihm Salz auf den Schwanz streuen (78).

Abb. 3: Darstellung von zwei Vögeln auf einem fränkischen Grabstein (Grabstein eines ca. 16-jährigen Mädchens von dem Gräberfeld bei Vochem, Kreis Köln).

Die Mohamedaner glauben, daß zugleich mit der Leibesfrucht ein Vogel entstehe, der aber bei der Geburt des Kindes entflieht (128, II).

In Litauen heißt die Milchstraße, weil auf ihr die Seelen der Verstorbenen in Vogelgestalt umherflattern sollen, Vogelstraße. Die Finnen kennen sie als Vogelweg; nach ihrer Auffassung wandern darauf die befreiten Geister der Lichtheimat zu (57).

Im slovenischen Teil des steiermärkischen Unterlandes herrscht der Glaube, daß Kinder, die, ohne die Taufe erhalten zu haben, sterben, alsdann in Gestalt großer schwarzer Vögel, von der Abenddämmerung bis Mitternacht, herumfliegen müssen, dabei nach Kinderart kläglich wimmern und Erlösung suchen (29).

Die Seele kann aber auch zu einem Vogel werden, der lieblich singt. So hörten während des Consiliums zu Basel etliche gelehrte Doktoren in einem Walde daselbst eine Nachtigall wunderbar singen und erfuhren, dies sei die Seele eines noch nicht Erlösten (105). Noch heute gibt es in der Nähe des Zoologischen Gartens in Basel ein Nachtigallen-Wäldchen. Es dürfte kaum danebengegriffen sein, wenn man dieses Wäldchen als jenes betrachtet, in dem einst jene Nachtigall gesungen hat. In einem alten Rechtstext findet sich die Vorschrift, beim Totenopfer auch den Vögeln einen Kloß, wie ihn die Manen empfangen, hinzuwerfen. Denn es wird gelehrt, daß die gestorbenen Väter einherziehen, das Aussehen von Vögeln annehmend (140, XV).

Im Christentum ist vielfach ein weißer Vogel das Symbol der dem Körper entschwebenden Seele. So flieht die Seele Heiliger als weiße Taube aus dem Körper (85, II). die Seelen reiner Jungfrauen sollen in Schwäne übergehen, und die von aller Schuld befreite Seele soll sich in Gestalt einer Taube zeigen, weiß wie Schnee. In dem Maße, wie jemand schuldig ist, nimmt die Taube eine dunklere Farbe an oder die Seele eine andere Vogelgestalt. Während weiße Vögel die Träger der Seelen sündloser Menschen sind, tragen schwarze Vögel das Merkmal des Verbrechens. So verwandelt sich die Seele eines Verbrechers in einen Raben (22, III).

Am Allerseelentag sollen nach dem Volksglauben die Seelen als Vögel die Grabsteine umschweben (24, I). Nach portugiesischem und französischem Volksglauben sollen sich die Seelen verstorbener Seeleute in Seevögel verwandeln. Vom Sturmvogel, der die Gewohnheit hat, allen Schiffen des Meeres zu folgen, erzählen die französischen Seeleute, diese Vögel seien die Seelen solcher Kapitäne, die ihre Mannschaft schlecht behandelten und nun zur Strafe auf dem Meer umherirren müßten. Andere sagen, daß es die Seelen im Meer ertrunkener Matrosen seien, die heranfliegen, um Fürbitte zu heischen. Dann wieder sieht man in diesen Vögeln die Seelen schiffbrüchiger Kapitäne oder auch böser Menschen, die zu ewigem Umherirren verdammt sind (22, II). Ernst und edel nannten Predigten des Mittelalters die Liebe zu Gott und den Menschen in allegorischer Weise die zwei „Flügel der Seele" (138).

Der Text der Heiligen Schrift, sowohl im Alten wie im Neuen Testament, erwähnt den Vogel in nicht weniger als 104 Stellen. Neben den reinen und „unreinen" Vögeln, wie sie die Bibel aufzählt, sind unter anderem die zärtliche Sorge der Vögel für ihre Jungen (2. Moses 19, 4), die Angst und Flüchtigkeit des verfolgten Vogels (Ps. 11, 1), dann wieder die Scharfsichtigkeit des Raubvogels, die Regelmäßigkeit in der Wanderung der Zugvögel (Jer. 8, 7), das heimatliche Behagen des Vogels in seinem Nest (Ps. 84, 4), das Elend des daraus Vertriebenen (Spr. 27, 8), in Gleichnissen aufgeführt. Vogelflug ist in Weish. 5, 11 das Sinnbild des keine Spur Zurücklassenden und wird in Spr. 26, 2 zum Symbol des Ziellosen. In Matth. 6, 26 symbolisieren die Vögel, von denen es heißt „Sie säen nicht und ernten nicht, und Gott ernährt sie doch", die Güte des Herrn.

Im islamischen Volksglauben kommen Vögel öfter als Abbilder der Verstorbenen vor. Häufiger findet sich auch in Heiligenlegenden der Brauch, daß die Bahre, auf der Heilige dem Grabe zugeführt werden, während des Begräbnisses von einem Vogelzug, der den Toten begleitet, beschattet wird (14, V).

Es ist ein weit verbreiteter Glaube, daß warnende Schicksalsstimmen in Gestalt von Vögeln erscheinen. So heißt es allgemein, der Tod sende vor seiner Ankunft einen eigenen Vogel, den Toten- oder Leichenvogel voraus. In der Ferne Verstorbene sollen ihren Tod, rascher als es der Telegraph vermag, in Gestalt eines ans Fenster pickenden Vögleins melden (107, II). Nicht immer kündet aber ein Vogel mit seiner Stimme den Tod. Seine Nachricht kann auch anderes verkünden. Daher sagt man in Deutschland, wenn man von etwas ganz unerwartetem überrascht wird: „Das hat mir ein Vogel gesungen" (2). Ist man bereits überrascht und kann man voraussehen, daß noch größere Überraschungen folgen werden, sagt man in der Schweiz: „Es chunnt gli nes Vögeli und pfift no lüter" (125, I).

Das Bestreben der Menschen, alle Erscheinungen in der Natur mit ihrem eigenen Wohl in Verbindung zu bringen, kommt besonders dann in verstärktem Maße zum Ausdruck, wenn seltene Gäste oder sonst wohlbekannte Tiere in auffallender Zahl und unvermutet in einer bestimmten Gegend auftauchen. Fremde, selten erscheinende Vögel gelten im Volk immer und überall als Vorzeichen nahen Unglücks. „Wenn viele vorab fremde Vögel in einem Land gesehen werden, bedeutets selten was Gutes" (96). „Kommen fremde Vögel ins Land, so kommen fremde Völker" (44, II) ist eine Redensart, die sich auf den Glauben stützt, fremde, selten erscheinende, in Bayern (54) genügen schon viele miteinander fliegende Vögel, seien Vorboten eines Krieges. Über das Erscheinen fremder Vögel als Unglücksboten schreibt R. Cysat um die Wende des 16. Jahrhunderts: „Im Jar des Herren 1414 kam jn dise Eidtgenossische Land ein solche schar frömbder unbekannter Vöglen jm Lufft geflogen, das sy ouch den Tag verfinstert, dessen sich die Welt vast darab verwundert, und niemandt sich daruss verrichten, noch urteilen kont, was doch diss bedütten wollte, bis das das Concilium zuo Constantz bald daruff angangen, und durch die Wellt offenbar ward, das es die grosse Menge Volcks, so sich uff dies Concilium verfüegt bedütt habe" (44, XIV).

Wenn die Vögel im Sommer nisten oder auf das Fenstergesims fliegen, um Futter zu suchen, so bedeutet das in Bern eine bevorstehende Hungersnot (44, VIII).

Wie man bei verschiedenen Völkern die Krankheit als ein Tier, das in den menschlichen Körper geraten ist, aufgefaßt findet, so herrscht auch der Glaube, daß Vögel die Verkündiger oder sogar Überbringer von Krankheiten seien. Als 1813 in Kissingen eine ansteckende Krankheit auszubrechen drohte, sagten die Leute: „Das Vöglein hat gepfiffen."

Als unheimlichen, in Westfalen als weißen Vogel (65), stellte man sich auch einst die grausige, von Ort zu Ort den Tod bringende Pest vor. Zu Burglenfeld wollte man wissen, es sei dies ein Vogel, von dessen Augen

Feuerstrahlen ausgingen. An Gestalt war er einem Storch ähnlich, groß
und schwarz. Bei sinkender Sonne setzte er sich auf die Dächer, und während der Nacht ließ er ohne Unterlaß seinen Wehruf ertönen: „Ui, ui, ei,
ei, von hundert bleiben drei." Er trug ein weißes Kreuz auf dem Rücken-
gefieder und kam von Schwandorf herunter, wo er gleichsam die Pest verkündet hatte (122, III).

Vielfach ist es aber gerade ein Vogel, der bei herrschenden Seuchen als
Retter in der Not erscheint. Als einst im Schwabenland eine Seuche viele
Leute dahinraffte, erschien ein Vogel, der warnend pfiff:

> „Ihr Leut, ihr Leut: Eßt Bibernell,
> So wird ihr bleiben mein Gesell."

Als in Waldkirchen einmal die Pest wütete, saß ein Vöglein auf einem
Kraut und ließ sich immerfort vernehmen: „Eßt Bibernell, dann sterbt ihr
nicht so schnell" (122, III). Nachdem einmal in München lange die Pest
geherrscht hatte, flog ein Vogel über die Stadt mit einem Zweig in den
Krallen und rief immer: „Bibernell, Bibernell". Zuletzt ließ er den Zweig
fallen, die Leute hoben ihn auf, suchten die Pflanze in Wald und Wiese,
tranken den Tee und wurden gesund (122, III). Als einmal in Kroatien die
Rinderpest umging, schwirrte nächtlicherweile ein Vogel durch die Lüfte
und ließ einen wunderbaren Gesang hören. Diesen verstand ein alter
Mann, und er sagte den Leuten, der Vogel verkünde, auf welche Art und
Weise man sich von der Heimsuchung befreien könne (62). Nach einer
Sage aus Rohrbach im Kanton Bern ist vor alten Zeiten einmal ein weißer
Tau vom Himmel gefallen, der ein großes Sterben zur Folge hatte. Da soll
ein Vogel gekommen sein, der pfiff

> „Aessit, Aschränzen u Bibernäll
> So stärbe die Chranke nid so schnäll" (44, XXV).

Die Pest, die man auch den schwarzen Tod hieß, trat im 14. Jahrhundert
auch in der Schweiz auf. Sie kam den Rhein herauf über Basel, wo man
im Jahre 1348 14 000 Leichen zählte. Die Seuche wütete bald auch in dem
benachbarten Rheinfelden, wo sich bald kein Totengräber mehr fand, so
daß die Leichen unbeerdigt vor den Häusern und auf der Straße lagen
und die Luft noch mehr verpesteten. Alles starb hin bis auf zwölf alte
Männer. Diesen sang ein Vogel vom Himmel herab von Heilkräutern; solche pflückten sie und blieben am Leben. Dann schlossen sie sich zu einer
Totenbruderschaft zusammen, pflegten die verlassenen Kranken und be-
statteten die Toten. Diese Bruderschaft, schrieb Rochholz (107) im Jahre
1856, besteht heute noch, und an dem Tag, an dem der Vogel damals erschien, müssen nun alljährlich ein Dutzend Ratsherren oder sonst hierfür
bestimmte Personen den Morgen in der Stadtkirche verbringen (107).

Alle zur Klasse der Taggreifvögel gehörenden Raubvögel erscheinen im
siebenbürgisch-sächsischen Volksglauben als ungünstiges Zeichen (147),
nichts Gutes verheißen auch die Nachtraubvögel, und schwarze Vögel be-
deuten im Angang fast immer Schlimmes. Allgemein ist in Schlesien der
Glaube verbreitet, wenn ein Vogel ins Haus hineinfliege, künde er einem
Familienmitglied den Tod an (24, II). Vorzeichen eines baldigen Todesfalles in der Familie ist es auch, wenn Vögel um Mitternacht singen (100,
IX) oder ein Vogel ans Fenster pickt (154). Singen in der Auvergne (100,
XII) Vögel in der Nähe eines Hauses oder machen im Steiermärkischen
Rast auf einem Haus (29), in dem ein Schwerkranker liegt, künden sie sei-
nen baldigen Tod an. Beschmutzen Vögel das Fensterbrett, kommt in Ku-
jawie bald ein Brief; pickt aber ein Vogel an das Fenster eines Mädchens,
sagt ihm dieser den Besuch des Bräutigams voraus (58).

Im Frühjahr den ersten Vogel fliegend und den ersten Frosch hüpfend
zu sehen ist für den Landmann in Ratibor (Schlesien) von guter Vorbedeutung (24, II).

In Frankreich gelten die Weissagungen, die man aus dem Fluge oder
dem Ansichtigwerden eines Vogels liest, im allgemeinen als günstig. Ausnahmen aber sind, getreu dem Sprichwort „Keine Regel ohne Ausnahme"
ebenfalls zu verzeichnen. Derjenige, der in den Ardennen, wenn er sich
erhebt, Spatzen, Raben, Elstern oder auch Bussarde fliegen sieht, wird jeden seiner Wünsche während des Tages in Erfüllung gehen sehen (113,
III). Vögel in ungerader Zahl zu schauen bedeutet dem Franzosen aber
größtenteils etwas Trauriges. So bringen zwei Elstern oder Raben Glück,
ein einzelner von ihnen aber läßt nichts Gutes ahnen (113, III). Hat der
Franzose einen Plan zu irgendeinem Unternehmen gefaßt und sieht er
darauf Vögel paarweise fliegen, schwört er, daß ihm alles gelingen werde.
Einzeln fliegende Vögel sind ihm jedoch ein Zeichen des sicheren Mißlin-
gens. Fliegen in Frankreich Vögel über einer Frau, während sie die Win-
deln ihres Kindes wäscht, steht ihr eine nahe Krankheit bevor (150, II).

Glück verkündet bei den Wenden ein Vogel, wenn er gegen das Fenster
fliegt, hinter dem man sich befindet. Ein zur Linken singender Vogel bedeutet ihnen aber immer Unglück, ihn von rechts singen zu hören ist jedoch ein untrügliches Glückszeichen (134). Wo im Etschtal viele Vögel
gehalten werden, gibt es Unglück in der Ehe (158). Findet man auf dem
Weg einen toten Vogel (101, II) oder träumt man von Raubvögeln, bedeutet es Unglück (147). Wer bei den Esten das Unglück hat, von einem Singvogel nüchtern durch den Gesang überrascht zu werden und es unterläßt,
etwas von seinen Kleidern zu verbrennen, der wird das ganze Jahr hindurch viel Unglück erleiden. Verbrennt er aber sein Hemd, so wird er
zwar eine Zeitlang an Heiserkeit leiden, doch desto glücklicher in allen
Unternehmungen sein (14), Wer auf Korsika von einem Vogel „beschmis-

sen" wird, soll nach dortigem Volksglauben noch im selben Jahr sterben (100, III). Bei den Zigeunern hat dagegen jeder während des ganzen Jahres Glück, auf den an den Pfingsttagen Vogelmist aus der Luft herabfällt (44, XIV).

Trägt man in Ostpreußen ein Milch- oder Buttergefäß, leer oder gefüllt, über die Straße, bindet man eine Schürze darüber oder deckt es sonstwie zu, denn wenn Vögel hineinsehen, nimmt die Milch ab (154).

In Bayern darf man ausgekämmte Haare nicht auf die Gasse werfen: Wenn die Vögel davon bauen, bekommt man einen „bösen Kopf", im Schwabenland aber wird man blind (12, I), im Kanton Bern fallen einem die Haare aus (110), im Witrach läuft man Gefahr, früh grau zu werden, in Bern (44, VII) und auch im Voigtland (57) bekommt man Kopfschmerzen. In Reutte darf man ausgekämmte Haare nicht wegwerfen, denn verwenden sie die Vögel als Nistmaterial, verwickeln sich die Jungen darin und man bekommt am Kopf einen Ausschlag (101, II). Wer von den Zigeunern ausgefallene oder abgeschnittene Haare wegwirft bekommt ebenfalls Kopfschmerzen, wenn sie von den Vögeln zum Nestbau verwendet werden. Von den ständigen Schmerzen kann man nur befreit werden, wenn man bei abnehmendem Mond seinen Kopf mit Eidotter kräftig einreibt und ihn dann mit fließendem Wasser wieder abwäscht (44, XV). In Böhmen (35) hat man solange Schmerzen, bis das Vogelnest, in dem sich die Haare, die man hier am besten vergräbt, befinden, zerstört ist.

Mit den Vögeln, die mit der größeren Behendigkeit als die vierfüßigen Tiere, ehedem geisterhaft erschienen und die zu Vertretern und Boten der Götter gewählt worden waren, lebte man im Altertum viel vertrauter. Nie unterließen es die Alten, den Vögeln als Stellvertreter einer Gottheit Opfer zu bringen, um damit göttliche Gunst zu erlangen, die sich hier dahin auswirken sollte, daß die geflügelten Boten des Himmels den Fluren nicht schadeten. So setzte man am Julabend in Norwegen (33, II) den Sperlingen Kornbüschel aus, in Schlesien (624, I) füttert man sie ebenfalls am 21. Dezember hinter der Scheune, dann schaden sie dem Getreide nicht. Auf alte Opfer der heidnischen Zeit weist auch der schwäbische Brauch hin, damit auch die Vögel sich freuen können, ihnen am Weihnachtstag eine Stange aufzurichten, mit einer vollen Garbe an deren Spitze. Hier läßt man auch am Rande eines Hanffeldes einen schmalen Streifen Samenstengel für die Vögel stehen (12, II). Daß man die der Erde übergebene Saat aber auch durch alle möglichen Zaubermittel zu schützen sucht, ist ein weitverbreitetes Bestreben.

Die Vogelabwehr kennt eine lange Reihe von Maßnahmen, die sich vielfach nur in kleinen Einzelheiten voneinander unterscheiden. Deshalb sei nur eine kleine Auswahl aus der Vielfalt dieses Zaubers erwähnt: Sollen die Vögel in Böhmen (35) hinter dem Sämann nicht fressen, muß er während seiner Arbeit 3 Samenkörner unter die Zunge nehmen. In Brandenburg (141, I) nimmt man einige, in Sachsen (155), beim Weizensäen 12 Körner in den Mund und streut sie dann an den Rand des Ackers: So bleibt die Saat vor Spatzen sicher. Gut ist es auch, wenn man vom Zaun, der zwischen dem eigenen und des Nachbars Gehöft steht und der meistens mit Dorngestrüpp bepflanzt ist, drei Dornen abbricht, die Spitzen abbeißt, sie während des Säens schweigend im Munde hält und nach Beendigung der Saat auf den Acker wirft (6, II). Eine ganz besondere Zauberkraft schreibt man vielerorts der Friedhofserde zu. Will der Wende seine Hirse vor Vogelfraß schützen, muß er um Mitternacht vom jüngsten Grab auf dem Friedhof eine Handvoll Erde nehmen, diese mit etwas Hirse mischen und dann das Ganze über die Saat streuen (134). In Siebenbürgen (147) muß es Erde von sieben Gräbern sein. In Schlesien sind es drei Hände voll von drei Gräbern (24, I). Wer das Saatfeld gegen die Vögel schützen will, muß sich in Mecklenburg (6, II) morgens und nachmittags die Hände mit Hasenfett einschmieren und dann das Korn säen. In Siebenbürgen muß man vor Sonnenaufgang dreimal nackt um den Akker gehen und ein „Vater unser" beten, dann etwas Schwefeldampf machen, eine Ähre in den Mund nehmen und, ohne mit jemandem zu sprechen, geradewegs nach Hause gehen (147). In Schlesien bindet man in der Christnacht um den Sack, in dem die Saatgerste aufbewahrt wird, eine Weide, dann werden die Sperlinge nicht in das Gerstenfeld kommen (24, I).

Tägliche Beobachtungen der den Menschen umgebenden Tiere mußten ihn einst dazu führen, aus deren Erscheinen und Treiben auf später eintretende, ihn interessierende Ereignisse guter und böser Art Schlüsse zu ziehen. Aus dem Verhalten der Tiere überhaupt und besonders der Vögel gegenüber der Beschaffenheit der Atmosphäre folgerten schon die ältesten Völker Änderungen des herrschenden Witterungscharakters, nicht nur auf Tage, sondern auf Monate hinaus. Reste des ehemaligen römischen Auguralwesens finden sich heute noch, sowohl in ursprünglicher als auch veränderter Form in Italien, vor allem als ein schwacher Nachklang der altrömischen Wetterprophezeiungen nach Vögeln, die Virgil im ersten Buch der Georgica so umständlich beschreibt. So sollen die toskanischen Bauern noch heutigen Tages aus dem Gesang der Vögel das Wetter des kommenden Tages voraussagen können (45). Sturm bedeuteten nach Plinius (159, II) die auf den Bäumen hausenden Vögel, wann sie in ihren Nestern flüchtig sind (159, II). „Wenn die Voegel, so sich sonst in und an den Seen und Pfuehlen auffhalten, bey angehendem Eiss nach grossen fliessenden Wassern ziehen, solls einen sehr harten Winter prophezeyen. Auch wenn kleine Voegel im Anfang des Winters in dicken Bueschen und Hecken Wohnungen suchen, und sie sich häufig dahin

wenden, auch nicht weit von den Haeusern ihr Futter suchen, solls ebenfalls einen sehr harten Winter bedeuten. Wenn im Februario oder Mar-
tion feisste Voegel gefangen werden, ists ein gewisses Zeichen, dass noch
viel Frost oder Schnee kommen werde. Die Vogelsteller geben diese Ur-
sach: Ein Vogel fuettert sich aus Antrieb der Natur wohl, wenn er merckt,
dass noch Schnee zurueck sey, damit er hernach auff den Nothfall seine
Fasten halten koenne" (96).

„Wenn die Voegel oder Thiere, ihre Oerter, so leicht erschuettern werden koennen, verlassen, und andere beziehen, hats gemeiniglich Erdbeben bedeutet, laut der Erfahrung und der alten Aussage." Das weiß die
alte Bauernphysik vom Jahre 1706 (96). Über die Wettervorhersage aus
dem benehmen der Vögel schrieb der 1791 verstorbene Klosterkaplan
Franz Niklaus Jakob in Sarnen: „Vögel, wenn sie auch Sommers-Zeit vor
die Fenster kommen, absonderlich in dem Flug an denen Fensteren an-
stossen, ist es ein Vor-Zeig des Regenwetters" (44, IV).

Bleiben im Frühling in Mecklenburg die Vögel beisammen, trennen
sich nicht paarweise und zirpen nur, wird das Frühjahr ungünstig, stürmisch und regnerisch. Singen aber die Vögel morgens hell, gellend und
anhaltend, gibt's am Tag ein Gewitter; schmieren sie sich mit ihrem Fett
die Federn, ist schlechtes Wetter in Aussicht (6).

Ziehen die Vögel nicht vor Michaeli (29. September), vermutet man in
Westfalen, es werde vor Weihnachten keinen harten Winter geben (65).
Suchen die Vögel auf der Erde ihre Nahrung, steht nach dem Glauben
der Franzosen Kälte bevor (100, IX).

Die primitivste Form der Heilkunst ist wohl bei allen Völkern der Heil-
zauber, d. h. die Vorstellung, die Krankheit oder eigentlich der sie verur-
sachende Dämon, den man sich besonders bei Epilepsie und Geisteskrankheit als einen im Kopf des Kranken sitzenden Vogel denkt, mit
Güte oder Gewalt zu vertreiben, indem man sie auf Tiere, vielfach auf Vögel überträgt, die man fliegen läßt im Glauben, daß sie die Krankheit mit
forttragen. Im Alten Testament, 3. Mose 14, das sonst die Zauberei ver-
pönt, lesen wir über die Heilung des Aussatzes u.a.: „Der Priester soll
nehmen zum Sühnopfer für das Haus zwei Vögel, Cedernholz und rosinfarbene Wolle und Ysop und den einen Vogel schlachten in einem irdenen Gefäß, an einem fließenden Wasser und soll nehmen das Cedernholz,
die rosinfarbene Wolle, den Ysop und den lebendigen Vogel und in des
geschlachteten Vogels Blut tunken ... und soll den lebendigen Vogel lassen hinaus vor die Stadt ins freie Feld fliegen und das Haus versöhnen, so
ist es rein."

Schon die alten Inder, später auch die Römer und Hellenen, glaubten,
Gelbsucht durch Anschauen eines gelben Vogels auf diesen übertragen zu
können (69).

Während sich die heutige Heilkunde fast nur auf pflanzliche und mineralische Mittel stützt, brauchte die ältere mannigfachen tierischen Stoff. Den Herzen der Vögel, dem Fleisch, Blut und Fett gewisser Tiere schrieb man eigentümliche Heilkräfte zu. Noch 1823 enthielt die Königl. Sächsische Apotheker-Taxe 20 verschiedene tierische Fette, darunter Storch-, Reiher-, Hühner- und Kapaunenschmalz (115). Nicht immer ist der Genuß von Vogelfleisch von Vorteil für den Menschen. Solange die Mutter guter Hoffnung ist, soll sie in der Oberpfalz keinen Raubvogel essen, denn eine solche Speise stößt dem Kind „den Boden" durch, daß es seinerzeit nicht genug bekommen kann oder an der Auszehrung stirbt (155). Ißt bei den Südslaven die Schwangere Vogelfleisch, wird ihr Kind am ganzen Körper Muttermale in Form von Vogelkrallen aufweisen (60).

Früher war es in deutschen Landen Sitte, jeden erlegten Raubvogel an das Scheunentor zu nageln, um Mäuse und Vögel zu verscheuchen – auch in der abergläubischen Meinung, man könne damit Gespenster und Feuer vom Hofe abhalten (89.

Nach dem Glauben der französischen Bauern fällt die Begattung der Vögel stets mit christlichen Festen zusammen, die aber je nach Landesgegend stark variieren. So ist es an den einen Orten Lichtmeß, dann wieder der Agathentag oder auch erst der 19. März, der Tag des heiligen Joseph. Auch mit dem Beginn des Nestbaues sollen sich die Vögel an bestimmte Tage halten. So beginnen sie entweder am Tag des heiligen Valentin, am Aschermittwoch (113, III) oder am Tage St. Joseph (108, IX), in der Normandie in der Mitte der Fastenzeit, in der Basse-Bretagne sogar am Karfreitag. Wieder andernorts heißt es:

„La pie et le geau le font en mai"[1] (113, III).

Zur Bezeichnung von Familiennamen haben die Vögel reichlich Beiträge geliefert. So kennen wir die Geschlechter Vogel, Vögeli, Vogelsang (44, I), Vögelin, Vogl und Volgel, welch letzterer in erster Linie auf den Vogelfang hinweist. Aus einer Zusammensetzung mit „Vogel" entstanden die Familiennamen Brach-, Eis-, Grün-, Schrei-, Wald-, Wildvogel und Schreyvogel (39). Auch die Benennungen von Häusern, vor allem der Gasthöfe nach Vögeln, sind sehr zahlreich. Da gibt es eine Wirtschaft zum Schwan, Raben, Adler, Falken, Storch, Pfauen, Güggel, zur Henne, Gans, Meise usw. Von der unabsehbar langen Reihe der topographischen Namen, die sich auf den Vogel beziehen, seien genannt: Vogel, Vogelbuel, Vogelegg, -herd, -nest, -rüti, -sang, -stand, -turm, Vögeliberg, Vögelisegg, Vogelsberg und Vogelhaus.

---

[1] Die Elster und der Eichelhäher, die treiben's im Mai.

Laut dem „Heiligkreuzthaler Urbar" gab es im schwäbischen Anderfingen im 18. Jahrhundert folgende Lehenshofnamen: Finckhen-, Trostlen-, Spatzen-, Amslen-, Stohren-, Jäggengut, Distelvogel, Rebhuhn, Eissvogel, Pfauen, Wachtel, Lerchen, Kreuzvogel, Raiger, Greiff, Goggelhahn, Anträch, Schwanen, Ganss, Adler, Dorndreher, Dauben, Canari, Rapp, Falk, Storck, Schnepf Spechtengüetle, Straussen, Zaunschlüpfer, Nachtigall, Widhopf Bachstelzen, Maisengütle, Dull, Gifizen, Emmerizen, Schwalmengüetle, Pfeyergüetle (12, II).

Ehemals dachte man sich gewisse Vögel, da sie ja Boten der Götter waren und divinatorische Kräfte und Fähigkeiten besaßen, im Besitze von Geheimnissen, die sie gelegentlich an ihnen sympathische Personen, wenn diese die Vogelsprache eben kannten, verrieten. So sagt man noch heute, wenn man die Quelle einer überraschenden Nachricht nicht preisgeben will: „Ich hab ein Vöglein davon singen hören." „A little bird has told it to me", ein Vöglein hat mirs gesagt, sagt man in England. Ein Geheimnis nennt man in England auch „the bird in the boscom", den Vogel in der Brust (102). Wer glaubt, hinter ein Geheimnis gekommen zu sein, meint: „Er heig es Vögeli gefange" (118). „D'Chatz hät de Vogil" bedeutet in Berneck, das Geheimnis ist verraten (44, I).

Der Vogel, der sich kraft seiner Schwingen in die Lüfte erhebt und dem sozusagen die ganze Welt offen steht, ist bei allen Völkern das Symbol der Freiheit. „Frei wie der Vogel in den Lüften": das zu sein haben sich gewiß viele gewünscht. „Frei sein wie die Vögel in den Lüften" und „Singen wie die Vögel im Hanfsamen" wäre wunderbar, dann wäre einem „vögeliwohl". Von einem, der durch seine gezwungene Beschäftigung in seiner Bewegungsfreiheit gebunden ist, sagt der Italiener: „E come l'ucello sulla frasca", er ist wie ein Vogel auf dem Zweig. Diese Redensart, die auch der Franzose verwendet, kann auch unter Umständen aber tadelnden Sinn annehmen, indem der Arbeitslose, wenn er schlechter mit Geld versehen ist, häufig in mißliche Lage kommt, ebenso wie der Vogel nicht immer vor Hunger geschützt ist. Sehr richtig stellt der Italiener, der wie kein anderer weiß, was Vogelfang ist, fest: „E meglio esser ucello di bosco che uncello di gabbia", es ist besser, ein Waldvogel als ein Käfigvogel zu sein (102).

Sehr unterschiedlich wird die Bedeutung von „Vogel" auf den Menschen übertragen aufgefaßt. Im Niederhochdeutschen nannte man einen unmoralischen Menschen gerne einen lockeren Vogel. Früh schon hat der allgemeine Gattungsname „Vogel" einen häßlichen Klang erhalten. So spricht man ironisch von schönen, dann wieder von schlauen, argen, leichtsinnigen (102), lustigen, losen, leichten, sauberen, seltsamen, wilden, unnützen, leichtfertigen, trotzigen und nassen Vögeln. Zu jenen Arten, die nicht von der Wissenschaft beschrieben werden können, gehören: Wind-, Laster-, Garst-, Erz- (20), Wander-, Nacht-, Strich-, Aas- (20), Fatz-, Spei-,

Spatz-, Gold-, Galgen-, Glücks-, Schmach- und Rauzvogel (44, I). Als Zu-
oder Schimpfnamen verwendet das Volk auch Zug- oder Seevogel, Gelb-
oder Grünschnabel und Federvieh (20). Gelbschnabel ist die Bezeichnung
für das französische *bec jaune*, welches bis in den Anfang des 14. Jahrhunderts zurückreicht. Charakteristisch für die jungen, noch nicht flüggen Vögel ist der hellgelb besäumte Schnabel. Dieses Merkmal des Jugendkleides,
des Jugendlichen und Unreifen benützte man dann auch zur Bezeichnung
junger, unreifer Bürschchen. So nannte man früher in den lateinischen
Schulen von Paris die neuen Ankömmlinge „Gelbschnäbel". Sie mußten
eine Antrittssteuer erlegen, ihre „Gelbschnäbel bezahlen" (153).

Auf einen viel umherwandernden Menschen wendet der Franzose den
Ausdruck „Oiseau de passage" an. Mit „oiseau" im allgemeinen bezeichnet man im Französischen einen Menschen, der ein wenig sonderbar und
mit sich schwer umgehen läßt. Eindeutig ironische Färbung haben auch
„bel oiseau", „bel Merlo" und „fine bird". Unter einem „oiseau de haut
vol" versteht der Franzose einen hochfliegenden Geist.

Seltene Gäste oder auch schwer zu erlangende Sachen sind in der deutschen und französischen Sprache stets auch „seltene Vögel". Sich beziehend auf das reizende und liebliche Wesen der Vögel, die der Franzose
das geflügelte Volk der Lüfte, die geflügelten Gäste des Gebüschs, Sänger
des Waldes, die geflügelten Legionen und die Seele des Waldes und Gartens nennt, wird in allen Sprachen das Diminutiv von Vogel als Liebkosungswort für Kinder gebraucht (102). Mit feiner Ironie bezeichnet das
Pariser Argot mit „oiseau" die Jungfrauschaft, die von den Mädchen wie
ein Vogel im Käfig gehütet wird, und die, einmal verloren, gleich dem ent-
wischten Vogel auf Nimmerwiederkehr verloren ist (102).

Verheiratet ein Pechvogel sich mit einem Goldvögeli, d. h. mit einer reichen Tochter, dann wird er mit einem Schlag zum Glücksvogel und kann
alle Tage Fleischvögel (gebratenes Kalbfleisch mit Speckfüllung) essen
(44, I).

Dem altnordischen Hava mal ist die Trunkenheit ein Vogel, der über
dem Gelage rauschend schwebt, die Besinnung raubt und Vergessenheit
bringt. Andernorts wieder ist die Freude ein Vogel, der fröhlich mit den
Flügeln schlägt (137). „Er hat einen Vogel" bedeutet bekanntlich: er ist
überspannt oder auch nicht ganz normal. Diese Metapher beruht auf einem Vergleich der wirren Gedanken mit dem Hin- und Herflattern eines
Vogels. „Vögel haben" will aber nichts anderes heißen als Ungeziefer haben, und die „Vögelitante" unserer Schulkinder ist jene Frau, die die
Köpfe der Kinder auf Läuse untersucht.

Zahlreich sind die Metaphern, die sich auf den Vogelfang beziehen.
„Ucellare" ist dem Italiener der Begriff des Vogelfanges, den er aber auch
in übertragenem Sinne anwendet. „Ucellare agli onori, a una credità",

nach Ehren streben, nach einer Erbschaft trachten. „Ucellare" heißt jemand foppen, wörtlich „Ihn wie einen Vogel behandeln." Der Vogel, der auf den Leim oder ins Netz geht, ist eben auch der gefoppte (102). Ebenfalls auf den Vogelfang geht der Lockvogel zurück, der nicht nur im Vogelfang, sondern auch im geschäftlichen Leben eine nicht zu unterschätzende Rolle spielt. Hier wie dort hat er, wie der Name schon kund tut, die Vögel, hier im Sinne des Publikums, ins Geschäft zu locken.

Den gefangenen Vogel vergleicht man in allen Kultursprachen mit dem Betrogenen, bzw. den Vogelfänger mit dem Betrüger. So entstanden die Redensarten: „Jemand ins Netz locken, ins Netz gehen, einen Vogel ins Garn locken oder einen Vogel fangen." Da nur Vögel und keine anderen Tiere mit Leim gefangen werden, gehören auch: „Auf den Leim gehen, jemand leimen" hierher. Der Engländer braucht für betrügen häufig „to lime". In den meisten Sprachen wird auch das unvermutete Verschwinden eines Gefangenen mit dem Entwischen eines Vogels aus dem Käfig verglichen. So sagt der Deutsche: „Der Vogel ist ausgeflogen, er ist flügge geworden." „There's no catching old bird with chaff", einen alten Vogel kann man nicht mit Spreu fangen, meint ein englisches Sprichwort, das sich auf den Vogelfang bezieht. „Nuova rete non puglia ucello vecchio", ein neues Netz fängt keinen alten Vogel, sagt der Italiener (102).

Sehr beliebt und, wie es scheint, im besonderen den Balkanvölkern eigen, ist der uns freilich etwas seltsam anmutende Vergleich menschlicher Bewegungen oder Körperteile mit solchen von Tieren, namentlich von Vögeln. So wird der Gang eines Menschen mit einer Gans oder Ente verglichen, besonders bei den Griechen und Albanesen, und dort stets in durchaus lobender Absicht. Sagt man bei uns in der Schweiz von jemand, namentlich von alten Frauen, sie watschelten wie Enten oder Gänse, so bedeutet dies freilich kein Lob. Den eilenden Lauf des Bräutigams vergleicht man mit dem Flug eines Vogels, den in die Ferne ziehenden Mann mit einer Schwalbe, die zurückgelassene Braut mit einem vom Ast gestoßenen Vöglein, Hals und Augen der reifen Jungfrau mit denen eines Rebhuhnes, ihren zierlichen Mund mit einer Schwalbe (141, XII).

Die Fähigkeit der meisten Vögel, sich in bedeutende Höhen erheben zu können, erklärt den Ausdruck „aus der Vogelschau", eine Metapher, die sämtliche Kultursprachen eigen ist. Auf dem raschen Flug des Vogels beruht auch seine Verwendung als Symbol der Behendigkeit. So sagt der Italiener von einem flinken Burschen „E vispo come un ucello", er ist behende wie ein Vogel. Geht eine Sache gut vonstatten, meint der Franzose: „Ça va aux oiseaux" (102). „Geschwind wie ein Vogel über Dach" oder „das gad wie Vogel über Tach" bedeutet im Kanton Zürich: sehr schnell arbeiten. In Appenzell aber ist es mit oberflächlich, leichtfertig und flüchtigsein gleichbedeutend (125, I).

Wie in der heidnischen Vorzeit, so schreibt das Volk den Vögeln heute
noch divinatorische Kräfte zu und unterscheidet zwischen Glücks- und
Unglücksvögeln, die metaphorisch aber auch auf Überbringer von
Glücks- und Unglücksnachrichten angewendet werden. Da es nun Vögel
sind, die dem Menschen sein Schicksal verkünden, sagt man auch von
Glück und Sorgen, die rasch kommen und gehen, vergleichend mit Vogel
und Vogelflug: Sie haben Flügel.

„Nit Vögel fah chönne" sagt der Aargauer von einem, der nicht sehr gescheit ist, und von einem ganz Dummen sagt man im Kanton Zürich: „Er
kännt kei Vögel weder d'Chrotte."

„De Vögle si" wendet man auf einen Menschen an, der in den Bergen
abgestürzt ist und nicht aufgefunden werden konnte und deshalb den Vögeln verfallen ist. In übertragenem Sinne kann diese Redensart aber auch
eine unwiederbringlich verlorene Sache bedeuten (125, I).

In der verbildlichenden Sprache vergleicht man oft, allerdings in ta-
delndem Sinne, den Mund mit einem Schnabel. „Etre bec à bec", wendet
der Franzose auf Verliebte an, von denen wir zu sagen pflegen: „Sie sitzen Wang' an Wange." „Der Vogel gefällt ihm, aber das Nest nicht",
heißt es von einem, der aufs Freien ausgeht und dem wohl das Mädchen,
nicht aber dessen Familie angenehm ist (125, I). Zu jener Zeit, da man als
Beleuchtung noch das blecherne Öllicht kannte, hieß es im Zürcher Oberland, man solle es machen wie die Vögel: „Mit de Vögle is Bett und mit
de Vögle uf", denn sie brauchen kein Licht.

In einem Manuskript der ehemaligen Zisterzienserabtei Embrach vom
Jahre 1450 fand sich nachstehende Tafel der Altersdekaden des Menschenlebens, welche man modifiziert noch jetzt häufig auf bildlichen Darstellungen findet:

X iar, ein kint, ein kitz, eine Wachtel,
XX iar, ein jüngling, ein bock, eine Taube,
XXX iar, ein man, ein stier, eine Elster,
XL iar, wolgetan, ein Lew, ein Pfau,
L iar, stille stan, ein fuchs, eine Henne,
LX iar, abe gan, ein wolf, eine Gans,
LXX iar, die sel bewar, ein hund, ein Geier,
LXXX iar, der welt tot, eine katze, eine Eule,
XC iar, der kinder spot, ein esel, ein Fledermaus.
C iar, gnad dor got. (69)

Eine solche Zeittafel befindet sich auch auf der Wartburg.

Außerordentlich zahlreich sind die Sprichwörter, die sich auf die Vögel, ihre Eigenarten, ihr Wesen und ihr Gebahren beziehen: „Schöne Vögel, schöne Federn." „Federn zieren den Vogel." „Das Gefieder macht

den Vogel." „Schöne Federn, schönes Geflügel." „La belle plume fait le
bel oiseau" (111).

„Die Art und Eigenschaft der Alten,
Tun auch die Jungen bhalten" (110).

„Man kennt den Vogel an seinem Gesang." „Man hört an seinem Gesang
wohl, was für ein Vogel es ist" (99, I). „Besser ein Vogel in der Hand als
zehn auf dem Land." Besonders dieses Sprichwort ist in zahlreichen Variationen in allen Kultursprachen bekannt (99, I). „Jeder Vogel singt, wie
ihm der Schnabel gewachsen ist." „Jeder Vogel singt seinen Gesang." „Jeder Vogel singt sein eigenes Lied." „Alle Vögel haben ihren Gesang",
meint der Italiener (99, I). „En fuule Vogel, e fuuls Gsang" (118). „Jeder
Vogel hat seine Weise", meint der Bündner. „Jedem Vogel gefällt das
Seine." „Jedem Vogel gefällt sein Gesang", sagt man in Schweden (99, I).
„Man muß den Vogel erst im Käfig haben, ehe man ihn singen lehrt."
„Frühsingende Vögel haben bald versungen." „Vögel, die zu früh singen,
hören bald wieder auf." „Man muß das Säen nicht unterlassen, weil die
Vögel das Korn abfressen", sagt der Däne, „Es fliegt kein Vogel so hoch,
er läßt sich zuletzt doch nieder." „Wie der Vogel, so legt er auch Eier."
„Ein böser Vogel legt böse Eier." „En selzna Vogel, es selzes Nest" (99, I).
„Je älter der Vogel wird, je fester hält er seine Federn." „Alte Vögel sind
schwer rupfen" (99, I).

„Jeder Vogel preist sein Nest", sagt der Holländer für unser Sprichwort. „Ein jeder Vogel liebt sein eigen Nest." „Für jeden Vogel ist sein
Nest stets das schönste", sagt der Franzose. Der Italiener aber meint: „Jeder Vogel wünscht in sein Nest zu kommen" oder „Jeder Vogel begrüßt
sein Nest mit Freuden" und „Jedem Vögelchen behagt sein Nestchen."
„Nach und nach baut der Vogel sein Nest." „Man sieht's wohl am Nest,
was für Vögel darin sind." „Einerlei Vögel hocken auf einerlei Nest."
„Liederliche Vögel bauen auch liederliche Nester." „Man sihet bî dem ne-
ste wol, wie man den Vogel loben sol", hieß es schon im Altdeutschen
(99, I). „Gleiche Vögel sitzen auf gleichen Ästen." „Gleiche Vögel streichen gerne miteinander" (125, I). „Jeder Vogel bessert sein Nest" (108,
II). „Ein guter Vogel hat ein gutes Nest." „Kleiner Vogel, kleines Nest"
bedeutet soviel wie „Kleines Haus, kleine Sorgen" (99, II). „Vögel von einerlei Federn fliegen gerne zusammen", „Vögel von einerlei Farbe fliegen
gerne miteinander" (99, II). „Zarte Vögel, zarte Schnäbel." „Mit schlimmen Vögeln gegangen, mit bösen Vögeln gefangen" (125, I).

Die Vogelfeder

Eine Feder auf dem Hut zu tragen war noch im vorigen Jahrhundert Raufbolden von ungewöhnlicher Körperstärke geboten, damit sich jedermann vor ihnen hüten könne. „Hu-Federe" wurde noch im 17. Jahrhundert eine weiße Feder genannt, die man als Zeichen der Herausforderung trug (44, I).

Die Sitte, Vogelfedern als Schmuck zu tragen, aber auch als schützende Kleidung, geht weit zurück und ist über die ganze Erde verbreitet. Bei vielen Naturvölkern wurden Federn und Vogelbälge als Schmuck und auch als Prunkgewänder verwendet. Es waren in alten Zeiten vor allem Mexikaner und Peruaner, die sich am reichsten mit Federn schmückten. Ihnen mußten die „lebendigen Blumen der Tropen", die Kolibris, ihre Federn lassen, aus denen wunderbare Federmosaike zum Putz und Schmuck der Frauen, aber auch der Krieger und Fürsten angefertigt werden konnten.

B. Placzek schreibt hierüber: „Alte und neuere Schriftsteller, besonders jene Zeitgenossen der spanischen Eroberer von Mexiko und Peru, konnten sich beim Anblick der Prachterzeugnisse der Federmalerei vor Bewunderung und Staunen gar nicht fassen. Die Kunst, welche die Mexikaner über allem liebten, waren ihre Federarbeiten, vermöge derselben sie ganz die Wirkung einer schönen Massivmalerei hevorbringen konnten. Das prachvolle Gefieder der Vögel des Wendekreises, besonders des Papageiengeschlechtes gewährt jede Farbenmannigfaltigkeit und der schöne Flaum des Bienenvogels versah sie mit weichen, zarten Farbtönen, die dem Gemälde einen ganz besonderen Reiz höchster Vollendung gaben. Die auf Baumwollgewebe geklebten Federn wurden zu Kleidern für die reichen Leute, zu Zimmervorhängen und Tempelverzierungen verarbeitet."

Andere berichten: „Mit dieser Palette fertiger Naturfarben wußten die alten Mexikaner die nur ihnen eigenen Federmosaike zu schaffen. Neben der künstlerischen Anordnung und Zusammenstellung der einzelnen Federchen, der geschmackvollen Wahl der Nuancierungen, der tadellosen Regelmäßigkeit der Verhältnisse, ist auch die unendliche Geduld und Unverdrossenheit zu bewundern, deren die Künstler bei ihrer Arbeit bedurften. Mehrere beteiligten sich zugleich bei der Ausführung und arbeiteten mit einer solchen sorgfältigen Genauigkeit, daß oft einer einen ganzen Tag mit dem Einsetzen einer einzigen Feder verbrachte. Waren die Federn mit einem leimigen Stoff auf dem Grunde festgeklebt, so preßte man

Abb. 4: Ausschnitt aus einem Gemälde von Lucas Cranach d. Ä. (Drei junge Damen), das die Verwendung von weißen Reiherfedern als Hutschmuck zeigt.

sie allmählich so lange nieder, bis sie das glatte Aussehen eines Gemäldes hatten."

Die Mexikaner, Frauen wie Männer, trugen mit Federn durchwebte Mäntel, worüber die Reichen noch ein weiteres Überkleid von prachtvollem Federwerk hingen.

Madoc. P. 1, canto 7, singt davon:

> „Gekleidet sind and're, höhern Ranges,
> in Federbuschharnisch von schön'rer Farbe
> Als selbst des Auerhahns bunt Gefieder,
> Als Fasanes stolzer Glanz."

Bei weitem nicht so verbreitet war das Tragen von Federschmuck in der Alten Welt, und von einer solch massenhaften Anwendung ist nie die Rede.

Vielfach trugen die alten habsburgischen Heerscharen Pfauenfedern auf ihren Helmen. Zur Verzierung der militärischen Kopfbedeckung dienten den deutschen und österreichischen Armeen der jüngsten Vergangenheit Hahnenfedern. Ungarische Reitertruppen trugen Federbüsche des heute beinahe ausgestorbenen Silberreihers als Helmzier. Jäger von Tirol und Steiermark schmücken ihre Hüte mit Schwanzfedern der Birkhähne, und wie bei den Vorarlbergern der Gemsbart, so ist bei den jungen Tschechen die Adlerfeder sehr beliebt.

Ebenfalls verbreitet war die Verwendung von Vögeln und Federn zu Modezwecken der Frauenwelt. Besonders zu Beginn des 19. Jahrhunderts finden sich in den Modezeitungen Federn als wichtiges Assessoir erwähnt. Es handelt sich dabei in der Hauptsache um Straußenfedern, deren Hauptexportland vor dem ägyptischen Aufstand die Kolonien der Nordküste Afrikas waren. Als dieser Vogel, als Folge der unaufhörlichen Verfolgung aus der ägyptischen Wüste verschwunden war, legte man ausgedehnte Straußenfarmen an, so bei Kairo, in den Kapkolonien, die 1879 für 25 Millionen Franken Federn exportierten. Zu Ende der 70er Jahre des 19. Jahrhunderts gab es auch in Ostkalifornien solche Farmen. Die Vögel hatte man aus Natal importiert.

Schon 1810 genügten Straußenfedern allein nicht mehr, und in einem Pariser Modebrief vom 31. Oktober 1819 findet man die spöttische, zugleich aber bezeichnende Klage für die Modetorheit: „Sonst reichte zum Ausputzen des Hutes einer schönen Dame eine einzige Feder aus; bald trug man zwei und später drei. Jetzt gelten drei Federn soviel wie nichts, man muß wenigstens ein Dutzend haben, die um den Hut herumflattern."

Schmuckfedern und Federmode nahmen bald, wie alles, was Mode je und je gebar, plötzlich ebenso große Dimensionen wie abnorme Formen an. Zu Putz- und Schmuckgegenständen verwendete man neben den begehrten Reihern, den Trägern der wunderbaren Aigrettes, Kronentauben, Sittiche, Kakadus, Kolibris, Paradiesvögel, Bienenfresser, Glanzstare, Leierschwänze. Von einheimischen Arten waren es: Distelfinken, Meisen, Lerchen, Schwalben, Kiebitze, Schnepfen, Seeschwalben, Möwen, Taucher, Eisvögel, Kuckucke, Eulen, die wegen ihres originellen Kopfes eine Zeit lang sehr beliebt waren. Kurz gesagt: Es wurde alles, was Federn trägt, auf dem Hut getragen.

Um diese Damenhüte zu schmücken, brauchte es einst jährlich nicht nur Tausende, sondern Millionen von Vögeln. So berichtet J. Thienemann in der Ornithologischen Monatsschrift 1898, daß ein Händler in London einmal eine Sendung von 6000 Paradiesvögeln, 360 000 Vögel verschiedener Arten und 400 000 Kolibris, ein anderer 32 000 Kolibris, 80 000 Wasservögel und 800 000 Flügel aller Art erhielt. Dr. Rey berichtet in der Ornithologischen Monatsschrift 1878, es hätte eine Leipziger Firma aus Finnland jährlich 4,25 Millionen Lerchen- und 1,5 Millionen Schneehuhnflügel bezogen. Eine andere Firma benötigte binnen Jahresfrist 800 000 Stück Häute von Tauchern, 300 000 Paar Schnepfenflügel. Frankreich, vor allem Paris, exportierte gegen Ende des 19. Jahrhunderts jährlich für 30–40 Millionen Franken zu Hutputz verarbeitete Flügel, Federn und Vogelbälge. Anderseits bezog die Pariser Modeindustrie jedes Jahr

Abb. 5: Groteske Karikatur auf die überzogene Federmode.

aus Italien 5000, aus Spanien 200 000 Schwalben, obwohl ein spanisches Sprichwort das Töten einer Schwalbe mit dem entsetzlichen Verbrechen des Muttermordes gleichstellt.

Lange Zeit waren die wunderschönen „Aigrettes", die die Silberreiher nur während der Fortpflanzung tragen, sehr beliebt. 1898 wurden in Venezuela laut amtlichen Statistiken allein 1 538 738 Reiher ihrer Federn wegen getötet. Wegen der gnadenlosen Verfolgung der Vögel sank diese Zahl 10 Jahre später schon auf 257 916. Im Dezember 1897 betrug die Reiherfedern-Ausfuhr Argentiniens 6891 kg, ein Gramm zu 5 Francs ge-

rechnet. Heute gehört die Federmode, die schon durch eingreifende Jagd-
und Vogelschutzgesetze unmöglich gemacht wird, der Vergangenheit an.

Vogelfedern spielen auch im Volksglauben eine große Rolle. Weit verbreitet ist der Glaube, daß man auf einem Federbett oder -kissen nicht ruhig schlafen, insbesondere aber, daß man auf ihnen nicht leicht sterben
könne. Nach einem rabbinischen Autor des 16. Jahrhunderts halten Vogelfedern die Seele zurück, daher muß man den Sterbenden das Kopfkissen wegziehen (141, XII). In Mähren stirbt man auf Vogelfedern nur
schwer (35), und in Pommern darf man einem Toten kein Federkissen unter den Kopf legen, weil er sonst im Grabe keine Ruhe fände. Wenn das
Wegziehen des Kopfkissens dem Sterbenden den bitteren Todeskampf
nicht verkürzt, legt man ihn vom Federbett weg auf Erbsenstroh, denn es
könnten in jenem Taubenfedern sein, und darauf können Menschen nicht
sterben (141, XII). In Frankreich kann man in Betten nicht sterben, die
mit Federn von Vögeln gefüllt sind, die auf der Jagd getötet wurden (113,
III). In Norwegen darf man für die Betten keine Federn von Raubvögeln
verwenden, denn sonst widerfährt einem bald ein Unglück (141, XII).

In Antwerpen soll, wer auf Federn schläft, die Neigung haben, Zahnschmerzen zu bekommen (141, XII). Wer im Kanton Zürich an Zahnschmerzen leidet, darf nicht auf Federkissen ruhen, da die Federn die
Schmerzen anziehen und diese dann nicht vergehen können.

Bettnässen wird in Mecklenburg dadurch geheilt, daß man die „Seelen" (das trockene Innere des Kieles) von drei Federn fein zerhackt und
in fließendem Wasser dem Kind zu trinken gibt.

Das Vogelnest

Wahrscheinlich aus der Zeit des Vogelfanges stammt der Glaube im mecklenburgischen Silberberg, man solle am Fastnachtdienstag die Bäume vor Sonnenaufgang schütteln, dann werde man das ganze Jahr über Vogelnester finden. Ebenfalls viele Nester wird man finden, wenn man im Hemd ums Haus läuft oder derart spärlich bekleidet unter dem Tisch sitzt (6). In Frankreich muß man am Karfreitag fasten (108, II). Wollen die Kinder in Estland bei der Frühlingshütung viele Vogelnester finden, müssen sie am Morgen des Gründonnerstag vor Sonnenaufgang nackt Späne durch das Fenster ins Zimmer tragen; diese sollen aber recht breit sein, denn wer längliche Späne hat, wird anstelle der Vögel nur Schlangen finden 614). Wer im deutschen Mittelalter ein Vogelnest fand, die Mutter wegfliegen ließ, die Jungen aber behielt, dem brachte dies Glück und ein langes Leben (141, XI).

In Deutschland ein Vogelnest mit Eiern oder Jungen im Traum zu sehen, deutet auf einen gesegneten Hausstand; leere Nester aber auf lange Abwesenheit vom Hause (141, XIX).

Wer in Tirol ein Vogelnest ausnimmt und die Jungen martert, wird fortan kein Glück mehr haben (154). Spricht man in Schlesien beim Essen von Brot von jungen Vögeln, gehen diese ein (24). Nießt an der österreichischen Grenze ein Kind bei einem Vogelnest, lassen es die Vögel im Stich, oder der Kuckuck saugt die Eier aus (24).

In Frankreich kennt man verschiedene volkstümliche Ermahnungen, die die Tiere vor dem Ausnehmen ihrer Jungen schützen sollen. In der Gironde schärft man den Kindern ein, weder am Mittwoch noch am Freitag in ein Vogelnest zu schauen, da sonst eine Schlange die Eier fressen werde (113, III). Wer in der Montagne-Noire ein Vogelnest gefunden hat und in der Nähe eines Baches davon spricht (150, II) oder in Böhmen zu Hause von ihm erzählt, macht, daß die Ameisen die junge Brut anfallen oder die Eier zerstören. Wer eines Vogels Nest mit Eiern oder junger Brut im Walde findet, der hüte sich, seine Zähne dem Nest zu zeigen, widrigenfalls verläßt der Vogel seine Nachkommenschaft, und man wird sein ganzes Leben hindurch von Zahnschmerzen geplagt werden (11).

Das Ei

Das Ei ist in der christlichen Kirche das Symbol der Auferstehung, denn Christus stieg am Ostermorgen aus dem Grab wie das Küchlein aus dem Ei, in dem es „begraben" liegt. Deshalb war es in früheren Zeiten Sitte, die Ostereier mit allen möglichen heiligen Bildern zu bemalen (85, II).

Schon im ältesten Heidentum war jedoch das Ei bei Frühlingsfesten Sinnbild des jedes Jahr neu erstehenden Naturlebens (85, II). Sich darauf beziehend, meint Wuttke (154), daß die Ostereier keineswegs kirchlichen, sondern heidnischen Ursprungs und mit der Frühlingsgöttin Ostara in Verbindung zu bringen seien. Der Gründonnerstag steigert die ursprüngliche Bedeutung des Donar-Tages; er war vor allen anderen Tagen besonders unheilvoll, wurde dann aber durch die Kirche zu einem eigentlichen Glückstag (154). Aus Eiern, die an diesem Tag gelegt wurden, werden in Westfalen lauter Hähne oder Hühner, die jährlich die Farbe wechseln. In Baden sollen auch Karfreitagseier diese Eigenschaft haben (154). Im Piemont sind solche Eier der beste Schutz gegen Feuersbrünste (150, III). Wenn man in Hessen bei Sonnenschein in der Kirche durch solche Eier sieht, kann man alle in der Gemeinde vorhandenen Hexen erkennen. In Niedersachsen ist jener, der ein solches Ei bei sich trägt, befähigt, im Menschen überhaupt alles Versteckte zu entdecken (154).

Legt man in Baach (Schwaben) ein an einem Gründonnerstag gelegtes Ei einer schwarzen Henne unter, schlüpft eine Schlange heraus, mit der man hexen kann (12, I). Hühnereier, am Gründonnerstag gelegt, nennt man zwischen Landshut und Rothenburg, Antlaßeier. Sie werden an Ostern zur Eierweihe in die Kirche getragen und hernach den Dienstboten, hauptsächlich den Knechten, je eines gegeben. Ein derartiges Ei gegessen, schützt bei Heben und Tragen vor Schädigungen. Die Eierschalen werden hernach auf die Felder gestreut. In Bayern schützen diese Eier namentlich vor Hodenbruch (43).

In Bayern werden in der Nacht auf den Karfreitag von schwarzen Hennen die hochgeweihten „Antlaßeier" gelegt. Diese Eier, die bereits vor Sonnenaufgang gelegt sein müssen, sind nach dem Volksglauben schon im Loch (Cloaca) geweiht. Von der Hausmutter wurden solche Eier in die Teigfiguren des Osterbrotes eingeschlagen, mit dessen Genuß das belebende Element in Wirksamkeit treten sollte (43).

In manchen Gegenden Böhmens wirft man an Ostern geweihte Gründonnerstagseier über das Haus und vergräbt sie, wo sie niederfallen. Das

Abb. 6: Ostereier aus Polen mit einer Verzierung aus Scherenschnitten mit verschiedenen Motiven aus der Volkskunst.

soll vor Blitzschlag und sonstigem Unglück schützen (35). Ein solches Ei, über das Haus geworfen, soll im Kanton Zürich die Feuersbrunst löschen (125, I). Alle am Karfreitag von den Hennen gelegten Eier werden im Kanton Zug aufbewahrt, da ihnen besonders schützende Kraft beigemessen wird (44, V). Hier legt man auch in jede der vier Ecken einer Scheune an geschützter Stelle ein Karfreitagsei, dem man schützende Kraft gegen Blitzschlag beimißt (44, V). Weitere Orte, wo das Auslegen solcher Eier noch Brauch ist, sind nach Professor Stoll (130): Innerwäggital, Goldinggen, Schmerikon, Niederhelfenswil im Toggenburg und Rorschach. Die Eier werden alljährlich erneuert und die alten entweder verbrannt oder sorgfältig aufbewahrt (130). Wer im Besitz eines Karfreitagseies ist, wird nie vom Blitz getroffen, und auch die Häuser, Ställe und Alphütten, in

Abb. 7: Ostereier mit der symbolischen Darstellung von Christus als Lamm Gottes.

welche man ein solches Ei legt, bleiben vom Blitz verschont. Das Auslegen der Karfreitagseier in diese Gebäude geschieht am zweckmäßigsten zwischen 11 und 12 Uhr, da diese Stunde an Jesu Sterben am Kreuz erinnert (130). Auch im Kanton Bern sowie in protestantischen Gegenden soll diese Sitte noch üblich sein, und eine Frau erklärte, daß sie ein solches Ei zur Verhütung von Blitzschlag höher schätze als alle Blitzableiter der Welt (130). Da das Karfreitagsei auch die Eigenschaft haben soll, in der Hand gehalten das Fieber der Kranken an sich zu ziehen, sollen sich oft katholische Krankenschwestern dieser Eier bei ihren Kranken mit gutem Erfolg bedienen (130).

In Tirol geben Karfreitagseier Glück im Spiel und schützen vor Lawinen (154). Um den Leibschaden eines Kindes zu heilen, bohrt man im Kanton Bern das Ei einer schwarzen Henne am frühen Morgen des Karfreitags in eine Eiche (125, I). In Sachsen läßt man die an Brüchen leidenden Kinder ein frisches Ei austrinken, darauf in die Schale harnen und hängt diese dann in den Kamin. Ist der Inhalt vertrocknet, wirft man die Schale auf den Mist und das Kind wird geheilt sein.

In Bering bei Moosburg geht am Ostertag jeder Bauer um jeden seiner Äcker und steckt in jede Ecke des Grundstücks ein Kreuz aus Zweigen des am Palmsonntag geweihten Palms und legt dazu die Schale eines geweihten Eies. In der Mitte des Ackers wird nebst dem Palmkreuz ein am Karfreitag gebranntes, keilförmiges Stückchen Holz in den Boden eingesteckt und ein geweihtes, rotes Hühnerei vergraben. Wer das nicht tut, hat Hagel zu fürchten (95, II).

In Böhmen muß man, um Mäuse zu vertreiben, in der Karfreitagsnacht gesottene Eier und Kreuzchen aus geweihtem Palm auf die Felder legen (35).

Damit die Leinsaat gut gedeiht, schreitet der Thüringer beim Säen so weit als möglich aus, steckt an beide Enden des Leinfeldes große Holunderbüsche und legt auf den besäten Acker einige frische Eier. Vergräbt man aber in Westfalen auf einem Acker ein Ei, wird er unfruchtbar werden (154).

Am Karfreitag gelegte Eier aller Hühner nehmen nach dem zürcherischen Volksglauben keine Farbe an (125, I). In Horgen sind es jene, die am Gründonnerstag gelegt wurden. Sie bleiben das ganze Jahr frisch (125, I), auch in Baden faulen diese Eier nie (154). Am wirkungsvollsten sind die zwischen 11 und 12 Uhr gelegten Eier, solche faulen nach Meinung mancher Leute nie, sondern vertrocknen höchstens und erlangen quecksilbrige Beweglichkeit (130). Eier, welche die Hühner am Karfreitag legen, sind die kraftvollsten, wenigstens im Kanton Bern (110).

Wirft man im württembergischen Weingarten ein Karfreitagsei von einer schwarzen Henne über ein in Flammen stehendes Gebäude, greift das Feuer nicht mehr weiter um sich (12, II).

Das am Karfreitag gelegte Ei eines schwarzen Huhnes fault nie und bringt Glück im Spiel. Es wird auch in Wuhrbauten gelegt, um die angrenzenden Wiesen und Felder vor dem Einbrechen der Dämme zu schützen. Mit einem ausgegrabenen Sargnagel stigmatisiert und in der drei Höchsten Namen in einem Ameisenhaufen verscharrt, heilt es das Gliederweh (136).

Ein Antlaßei wird in Bayern in den größten Weizenacker eingegraben und links und rechts ein geweihtes Brandkreuz gesteckt. Wer das nicht tut, dem verderben Hagelschlag und Brand die Frucht (95, II). In Tannheim wird ein Antlaßei in einen Fetzen Leinwand gewickelt und an dem Holzkreis vor dem Hause aufgehängt. Ein anderes Ei wird geteilt und je eine Hälfte, in Leinwand gewickelt, in den Kuh- und Pferdestall gehängt. Ein rotes Antlaßei wird in die erste Garbe gelegt und nach dem Ausdreschen ins Ofenfeuer geworfen. In Niederalteich wird in die erste der eingeführten Garben ein Stück von einem geweihten Brot, ein Antlaßei und -kranz sowie ein geweihter Palmzweig gebunden. Die Garbe wird dann abgeladen, aufrecht gestellt und zuletzt gedroschen. Die geweihten Sachen werden im Ofenfeuer verbrannt. Wer diese Bräuche unterläßt, hat Hagelschlag und Brand im Haus und Getreide zu fürchten (95, II).

Trägt man in Böhmen ein Ei einer schwarzen Henne sieben Wochen lang unter dem linken Arm, kommt ein Männchen heraus, das die Gabe verleiht, sich unsichtbar zu machen. Man darf aber während sieben Wochen keinen Gottesdienst besuchen, und sobald sich das Männchen zeigt, ist die Seele dem Teufel versprochen (35). Trägt man ein solches Ei 9 Tage lang unter der linken Schulter, während welcher Zeit man aber nicht beten und auch nicht sich waschen und kämmen und zudem Haare und Nägel nicht schneiden darf, kommt daraus ein Geist hervor, der seinem Herrn alles verschafft, was er will (35). Brütet man in Schwaben ein solches Ei, das am besten am Gründonnerstag gelegt wurde, unter dem Arm aus, kommt eine Schlange heraus. Wer diese aufbewahrt, kann hexen.

Im Erzgebirge läßt der Hirte, wenn er das Vieh zum erstenmal auf die Weide treibt, gekochte Eier von demselben zertreten. Werden die Schalen vergraben, so bewirken sie, daß die Tiere beisammen bleiben. Die Esten legen, wenn sie das Vieh ein erstes Mal austreiben, ein Ei vor die Stalltüre. Jenes Haupt Vieh, das dieses zertritt, wird den nächsten Winter nicht erleben oder zu Schaden kommen. In Gegenden, wo ein solches Ei nicht mehr gebräuchlich ist, pflegt man dem Vieh schneidende Instrumente in den Weg zu legen. Wenn eines sich an den Werkzeugen verletzt, soll es den nächsten Winter nicht überleben (14).

Erhält im Kanton Bern ein noch nicht einjähriges Kind auf Besuch drei oder fünf Eier, wird es glücklich (110). In Oldenburg schenkt der Pate dem Täufling ein Ei. Das bringt ihm Glück. Im Stedingerland schenkte man den Kindern, die zum ersten Mal in ein Haus kamen, ein Ei; das bedeutet, es solle einmal ein eigenes Gespann haben, mit eigenem Wagen und Pferden fahren (131, III).

Weit verbreitet ist in Deutschland die Sitte, dem Säugling, der auf der Mutter Arm bei Nachbarn den ersten Besuch macht, ein Ei zu schenken und ihm dieses mit den Worten: „Wie die Hühner gackern, so lern' das Kind plappern" dreimal an den Mund zu drücken. Fährt man ihm in Schwaben mit dem ersten Ei einer schwarzen Henne im Munde herum, zahnt es leicht; dieses Ei gekocht und auf einen Balken des Dachbodens gelegt, bewirkt, so lange es dort liegt, daß sich das Kind durch Fall nicht schadet (154). Kinder, denen man in Bayern das erste Ei einer jungen Henne zu essen gibt, lernen gut singen (154). Noch nicht einjährige Kinder dürfen im Vogtland keine Eier essen, sonst werden sie geschwätzig (57).

In Stammheim schmückt, wenn ein kleines Kind gestorben ist, dessen Patin den Sarg mit einer Blumenkrone, in welcher ein vergoldetes Ei, das

Symbol des nur vorübergehend im Grabe eingeschlossenen Lebens, an einem schwarzen Band schwebt (125, I). Mit demselben Bild künftiger Lebensentwicklung wird der Tannenbaum versehen, mit welchem man den First des neu errichteten Hauses zu schmücken pflegt, ebenso derjenige, der am Sennenumzug in Unterwalden paradiert (125, I).

Findet man im Eiweiß eines geschälten Ostereies ein kleines Grübchen, so heißt es in Schwaben, die Mutter Gottes habe sich ein Löffelchen voll davon herausgenommen, um ihrem Kind das Mus damit zu kochen. Die Kinder freuen sich darüber, wenn die Narbe im Ei recht tief ist, also die Mutter Gottes viel verbrauchte (104).

Gegen die Blasenschwäche der Kinder empfiehlt man in Bayern und auch im Vogtland (115) das folgende unfehlbare Mittel: Das Wasser des Kindes muß man in einem Töpfchen, in dem ein ungehandelt gekauftes Ei einer schwarzen Henne, in das im Vogtland neun Löcher gestoßen sein müssen, liegt, auffangen. Ist der Topf mit Leinwand gut verbunden, muß er nach Sonnenuntergang in einem ungesucht gefundenen Ameisenhaufen vergraben werden. Wer einen solchen Topf findet, darf sich seiner nicht bedienen, denn er würde sonst die vergrabene Krankheit selber bekommen (115). Bestreicht man in Thüringen einen Kranken mit einem Ei und legt dieses auf einen Weg, geht die Krankheit auf jenen über, der das Ei aufhebt.

Wer im Schwabenland in der Morgenfrühe des Karfreitags ein Ei nüchtern austrinkt, ist gegen Bruchschaden gefeit (12, I). Im Vogtland wird Heiserkeit mit Crocus und Eidotter behoben (57). Wer in der Oberpfalz nach der kirchlichen Weihe Eier mitsamt der Schale ißt, tut sich beim Heben von schweren Lasten nicht weh (154). Wollen die Wenden schlimme Augen heilen, müssen sie dreimal mit einem soeben gelegten und noch warmen Ei darüber fahren (134). Um die männliche Potenz zu steigern, wird in Bayern zu folgendem Mittel geraten: Eier, Sellerie und Krebse, namentlich aber die Ostereier, d.h. die am Ostersonntag am geweihten Osterfeuer gesottenen Eier, die Sinnbilder des neu erstehenden Naturlebens (43). Um in Böhmen Beulen zum Verschwinden zu bringen, legt man hartgesottene, durchschnittene Eier mit dem Dotter darauf (154). Um die Geburt zu erleichtern, trinkt in Sachsen die Gebärende Wasser, in dem Eierschalen gesotten wurden, denn nicht nur die Eier selbst, auch das Wasser, worin sie gekocht wurden, wirkt Wunder und ist heilkräftig (115). Schon im Mittelalter hieß es daselbst: „In schwerer Geburt gibt man das Wasser, darin drei frische Eier gesotten" (115). In München erleichtert der Genuß eines frisch gelegten Eies die Geburt (46, II). Bei drohender Fehlgeburt muß die Frau heimlich den Keimfleck eines Eies essen (154).

Findet man im Hause ein ganz kleines Hühnerei, ein sogenanntes Drusen- oder Unglücksei, im Kanton Zürich (125, I) Rüsch-Eili (unfruchtbares Ei) genannt, bedeutet das in Oldenburg sogar einen Todesfall (131, I). In Schwaben muß man ein solches Ei über das Dach werfen. Zerschellt es, hat man Glück, wenn nicht, eben Unglück. Um sich vor Behexung zu schützen, muß man es auch in Franken, Baden und Böhmen über das Haus werfen (154). Nach den einen soll das bevorstehende Unglück einfach unabwendbar sein. Im Jeverland tut man gut daran, das Ei in fließendes Wasser zu werfen (131, I). „Augusten-Ei" bezeichnet man im Kanton Zürich ein im August gelegtes Ei, im Gegensatz zum „Bluest-Ei", ist es als besonders dauerhaft geschätzt. Beim „Bluest-Ei" handelt es sich um ein Ei, das in der Blütezeit gelegt wurde, wenn die Hühner die herabfallenden Blütenblättchen fressen. Es soll sehr schlecht haltbar sein (125, I).

In der Steiermark wird gegen Heiserkeit der Genuß eines frisch gelegten Eies oder eines mit Eidotter abgesprudelten Bieres sehr empfohlen (46, II). Mit Zucker vermischter Eidotter oder ein ungekochtes Ei sind in Böhmen gute Hausmittel gegen Husten (46, II). Ein Eßlöffel fein zerstoßener Eierschalen unter ein rohes Ei gerührt und täglich morgens nüchtern eingenommen, ist in Weesen als ein gutes Mittel gegen Bettnässen im Gebrauch (130).

Das Wasser, in dem Ostereier gekocht wurden, gießt man in Butjadingen an die Stallwand, so werden die Euter der Kühe das ganze Jahr nicht wund (131, I). Wirft man in Oldenburg die Schalen der Ostereier ins Wasser, es handelt sich hier namentlich um den den Hof umgebenden Graben, gibt es darin im Sommer keine Mücken (131, I). Wenn die Kühe nicht rindern wollen, ist es das beste, man gebe ihnen pulverisierte Schalen von Eiern, aus denen Kücken gekommen sind (131, I).

Will man in der Oberpfalz eine lästige Liebe los werden, muß man drei Totenknochen nebst einigen Haaren und Eierschalen unter die Kuhstallschwelle legen (154).

Eierschalen darf man in Bayern nicht ganz lassen, denn wenn jemand, der das Fieber hat, daraus trinkt, so bekommt der, der die Eier genossen hat, das Fieber (95, II), in Oldenburg bekommt man Zahnschmerzen (154). In Thüringen muß man sie zerbrechen, sonst legen die Hühner nicht mehr (154). Ißt man in Böhmen ein weichgekochtes Ei, muß man die Schale sorgfältig zerdrücken, damit niemand sie zur Hexerei gegen einen verwenden kann (35).

Zertritt der Schlesier Eierschalen, glaubt er, er habe sein eigenes Glück zertreten (154), zerbricht er sie, wird er Zahnschmerzen bekommen.

Will in Oldenburg eine Kuh nicht zum Bullen, gibt man ihr gepulverte Schalen von Eiern, aus denen Küchlein gekommen sind (154).

In Böhmen darf man Eierschalen nicht ins Feuer werfen, sonst bekommt man ein Geschwür (154). In Halle darf die Schwangere nicht über Eierschalen treten, sonst bekommt sie den weißen Fluß (154).

Am Sonntag Eier ausnehmen bringt im Emmental Unglück (44, XXIV). Bringt in Franken die Braut Eier ins Haus, wird die Ehe eine unglückliche werden, d.h. es gibt viel Zank (154). Zerbrechen die Wenden im Traum Eier, werden sie bald unter Klatscherei zu leiden haben (134). Von Eiern träumen bedeutet im Sarganserland Ärger und Verdruß. Träumt man in Bern von Eiern und schmutzigem Wasser, entsteht Streit (44, VII). Im Emmental heißt es, im Ei seien sieben Sünden, und wer einmal ein Ei gestohlen hat, kann nicht mehr damit aufhören (44, XXIV). Wer ein Ei stiehlt, begeht in Basel sieben Sünden (44, XII).

Im Emmental ist es Sitte, daß zu Ostern die Mädchen jenen Burschen, die sie gerne leiden mögen, ein Ei schenken und dann als Gegengabe von diesen einen Lebkuchen erhalten (44, XXIV).

In Leberberg im Kanton Solothurn hängt man, wenn ein Marder, Iltis oder Hühnerhabicht erlegt worden ist, diesen an eine Stange mit Quersprosse und geht damit vor alle Häuser des Dorfes und ruft: „Eier us! De Marder ist vor em Hus." Jeder pflegt dann ein Ei zu geben (125, I). Auch in einigen Orten des Emmentales hat sich dieser Brauch erhalten. Gelingt es hier einem Schützen, einen Habicht zu erlegen, geht er damit „goh eiere" oder sendet wenigstens einen Stellvertreter, etwa einen jüngeren Burschen. Mit einem Korb und selbstverständlich auch dem Habicht beladen, zieht er im Umkreis von ein bis zwei Stunden von Haus zu Haus. Sind auf sein Klopfen Leute herausgetreten, ruft er allemal den Spruch:

> „Eier, Eier us
> Dr Habicht ischt vor em Hus!"

Während nun die Frau im Hause die Belohnung, bestehend aus wenigstens drei Eiern, holt, gibt der Schütze den Männern Auskunft, wann und wie das Tier, dessen Schnabel, Krallen und Flügel gründlich in Augenschein genommen werden, erlegt worden ist (44, VII).

Ammern

Die Goldammer

In der Schweiz gelten heute für Goldammer allgemein die vom lateinischen *Emberiza* sich ableitenden Varianten Ammeritz, Ammeritze, Ämerze (117), Ammerizili (125, I) und Emmerlig (132). Zahlreiche Namen des Vogels beziehen sich auf die gelbe Farbe. So nennt man ihn in der Schweiz Gilwerich, Gilwerisch, Gilbrätsch (117), Gälvogel, Gülblig, Gälämetz (132). Von seiner Nahrung und den Standorten, an denen er sich mit Vorliebe aufhält und seine Nahrung sucht, stammen die schweizerischen Namen: Drösch-, Haber-, Schüüre-, Chornfink, Gerste-, Haber-, Drösch-, Stroh-, Chern-, Chornvogel (132) und Gerstenfresser (125, I). Weil die Goldammer sich auch im Winter dort aufhält, wo sie im Sommer war, heißt sie in Deutschland Winterlerche, wegen ihrer Wetterprophezeihung in den schwäbischen Mundarten: Schneegitz, d. h. Schneepfeifer (117). Geschlechtsnamen, die auf diesen Vogel zurückgehen, sind: Goldammer (100, XI), Bruant, Bréant, Bréhan, Verdière, Verdier und Duverdiereb (108, X).

Wie schon aus den Namen Schneegitze hervorgeht, gilt die Goldammer auch als Wetterprophet. Fallen Ammern (122) auf den Mist im Hofe ein, oder ziehen sie in Scharen, zeigen sie in Mecklenburg Schneefall an (6).

Wenn die Leute in Gnesen eine Goldammer mit dem Schnabel in die Erde picken sehen, meinen sie, es werde eine solche Hitze kommen, wie sie in der Hölle herrsche; dann werde alles verdorren und deswegen trage die Goldammer, der man die Kunst des Weissagens zuschreibt, ihre Nahrung zusammen und verberge sie in der Erde, um für Zeiten der Not vorzusorgen (58).

Im Volke ist man immer bestrebt, die Krankheiten nach dem Grundsatz „Gleiches mit Gleichem" zu bekämpfen. Wie schon bei den Indern die Gelbsucht in Gelbe Vögel gebannt wurde, so gilt es im Volk heute noch als eine unumstößliche Tatsache, daß mit Goldammern Gelbsucht geheilt werden könne, da sie, wie übrigens auch die Kanarienvögel, diese Krankheit anziehen (46, II). In Belgien muß man den Vogel nur fest anschauen, dann verendet er, der Kranke aber wird genesen (108, X).

Weil dieser Vogel einmal am ersten Maienmorgen vom Teufel drei Tropfen Blut erhalten haben soll, wird er an der Sazawa von den Landleuten verfolgt (35).

Das Männchen, eine Kornähre im Schnabel tragend, singt seinem Weibchen zu:

Emmeritz, witt e Bitz? (106)

Den Winzer am Zürichsee mahnt sie: Heft, heft (binde die Reben) es ist Ziiiit (125, I). Dem mähenden Bauern ruft sie zu: Wenn i e Sichel hätt, wollt i mit schniiiied (31). Zu oberst auf dem Birnbaum jubelt sie aus voller Kehle in den werdenden Frühling hinein: Wie ist die Welt so schöööön; oder: Itz ist es doch schöööön (98).

Den Bauern bittet sie: Pauala, Pauala, see frii, see frii, see a Kernla für mich müt (97, I). Im Herbst singt sie bittend: Bäuerche, Bäuerche, laß mich in dein Scheuerche (13, III), oder: Bur, Bur, late mik in dine Schün (3). Sie ist aber ein undankbarer Vogel, denn im Winter bittet sie: Gib, gib (141, X), im Sommer aber verachtet sie den Bauern und ruft ihm zu: Bauer, Bauer, ich brauch dich net (13, III) oder: Bur, Bur, Bur lick met in stüt (150, III). Dann wieder bettelt sie im Winter beim Bauern: Bauer mieth' mich, Bauer mieth' mich. Ist im Frühling aber ihr Tisch reichlich gedeckt, meint sie: Bauer behalt deinen Dienst. Schon 1685 dünkt sich der kleine Vogel, im Frühling verächtlich auf den Bauern sehend, ein Edelmann und singt daher in Süddeutschland: Edledledl bin i! Kommt aber wieder der Winter mit seiner Not, meint sie zum Bauern freundlich: Herr Vetta, Herr Vetta (141, XXIII). Bei den Siebenbürger-Sachsen schilt sie den Landmann im Lenz doch: Ei da daef, ei da daef, im Herbst aber schmeichelt sie neuerdings: Här fäter, Här fäter (37). An der fränkischen Grenze singt sie: Michel, Michel, friss Dreck (11, XIV). Der Engländer hört aus dem Gesang die Worte: Give me a little bit of bread and no chesse (141, XXIII). Von der kurzen Rockmode der weiblichen Welt will sie nichts wissen und ruft den Mädchen mahnend zu: Maedle, Maedle, däck d'rsch Kniii zuu (97, I).

In der Mark lobt sie ihr Federkleid: Bat sin 'k, sin 'k so fin, oder sie fragt: Sühste nitt den dikken fetten slik (148)? Über die Hitze klagt die Goldammer: Hüt, hüt is't hit (141, XIII). In Mecklenburg bittet die Goldammer im Winter den Bauern: Bur, bur, leihn mi dien schüün; im Sommer aber ruft sie ihm zu: Lick, lick, wat ik schiet, dann wieder: Ik schiet den Buurn in de Schüün. Gerade in diesem Sinne gibt es Varianten fast ohne Zahl. Jagt man den Vogel vom Nest auf, fliegt er nicht gleich hoch, sondern läuft erst eine Strecke weit fort. Die Laute, die er dabei jammernd, singend von sich gibt, kleidet das Volk in die Worte: Mien Nest ist wiet, wiet, wiet, oder: Mien Nest, mien Nest is wiet wech. Aus ihrem Gesang hört man aber auch die Worte: Kiek, kiek, kirk, bün ok all wedder hier: Sünn', Sünn', Sünn' schient; Is, is, is noch viel zu früh; Wie hab ich dich lieb, lieb (151, II).

Nach einer lettischen Sage sah einst die Goldammer, wie eine Mutter ihr Kind stillte und ihm dabei die Brust reichte. Seither hört man sie hier singen: Dem Mädchen ist nackt die Zi-Zi-Zitz (22, III).

Die Gartenammer

Die Gartenammer, die unter diesem Namen kaum landläufig bekannt ist, wird in den romanischen wie germanischen Sprachen nach der lateinischen Artbezeichnung *Hortulana* genannt und heißt so, von sprachlichen Variationen abgesehen, Ortolan oder Hortulan. Wegen der rötlichen Farbe an Brust und Unterleib nennt man sie in der Schweiz Rotammer oder Rotembrüze (132). In den Niederlanden ist sie als Vogel des mittleren und südlichen Europa ein seltener Vogel, und daher nennt sie der Holländer Vremdeling (91, III).

In Frankreich bringt man die Gartenammer mit der zu erwartenden Ernte in Zusammenhang, daher lauten hier Bauernregeln

> S'il passe des ortolans en mai,
> C'est eigne de bonne récolte en paille et en grains[1].
>
> Maggio ortolano
> Assai gaglia e poco grano[2]

In der Rouergue deutet man den Gesang des Vogels: Ni pain, ni vin. Hört man diesen Gesang öfters, ist es ein Zeichen für eine schlechte Ernte (108, II). Wenn die Ortolane singen, stehen die Reben in Blüte, weiß eine alte französische Bauernregel (108, X).

Ortolane sind für Feinschmecker hochgeachtete Bissen. Da es aber vorkommen kann, daß, wer derlei teure Speise genießt und deshalb oder überhaupt über seinen Stand lebt, in arge Verlegenheit geraten kann, sagt der Franzose: Tel qui mange aujourd'hui des ortolans sera demain rongé des vers (108, X). In Mecklenburg kleidet man den Gesang in die Worte: Dick, dick, dick, dick Thrien; Dick, dick, dick, dick Marie; Is noch so früh, dicke, dicke Marie; Kiek, kiek, kikerien, höd' den buurn de swin (151). Der Ortolan ruft in Deux-Sèvres den Winzern zu: Bines, bines-bi-nes-tu? In Lot mahnt sie zur Eile: Bino, bino, bino witt (Bine la vigne). In Savoyen singen sie: Pauvre, pauvre fossori oder: Fauche, fauche fau-cheri; in der Provence ruft der Ortolan: Barral, barral sans vi (108, X).

---

[1] Ziehen die Gartenammern im Mai, ist es Zeichen, daß eine gute Stroh- und Körnerernte erwartet werden kann.
[2] Gartenammern im Mai, Viel Stroh und wenig Körner.

Finken

Der Grünfink

Der Grünfink wird meist mit Namen bezeichnet, die sich auf die Farbe des Gefieders beziehen. Schon Gessner kennt in seinem Vogelbuch (30) die noch heute allgemein gebräuchlichen Namen Grünfink und Grünling. Im Elsaß heißt er Gelbfink. Andere Benennungen wie Rappfink (von Rapp, Reps) und Hirsevogel (von Hirse) bei Gessner und auch das heutige steirische Hirschvogel, bezeichnen ihn nach seiner Nahrung (117).

Nach einer flämischen Sage führte der Grünfink einst ein Wirtshaus; die Wachtel trank bei ihm ein Kännchen. Als es aber ans Zahlen ging, hatte sie kein Geld und wollte sich sacht wegschleichen. Der Grünfink bemerkte dies aber und packte die Wachtel rasch beim Schwanz und zog und zog. Die Zechprellerin machte Anstrengungen, sich loszureißen und riß so lange, bis ihr Schwanz in den Händen des Grünfinken blieb. Seitdem haben die Wachteln keinen Schwanz mehr, und der Grünfink ruft stets nach dem Geld für sein Bier: Het geld van mijn bier, het geld van mijn bier (22, III).

Als Gasthausbesitzer lieh der Grünfink auch dem Specht drei Krüge Bier, die dieser aber bis auf den heutigen Tag nie zurück gab. So oft nun der Betrogene den Specht sieht, ruft er ihm in Flandern zu: Ik kom om't geld van mijn bier. Der Betrüger Specht aber antwortet: Ge hebt het gehad (22, III).

Nach einer belgischen Legende war es der Grünfink, der das Grab Christi entdeckte und dabei in seiner Sprache rief: Catche, catche, disso cisse pîre (er ist unter diesem Stein (108, X). In Böhmen heilt das Wasser aus einem Trinkgeschirr eines Grünfinken, wenn Kinder davon trinken, deren Gichter (35).

Mit Grünfink und Grünschnabel bezeichnet man zuweilen einen jungen, unerfahrenen und manchmal auch etwas vorlauten Menschen, der, weil er noch „grün", also unreif und unerfahren ist, sich auch auf die plumpeste Weise im Sinne von übervorteilen fangen läßt, wie der Grünling, der zur ergiebigsten Beute der Finkenherde gehört. Mit dem sehr leicht auf alle möglichen Arten zu fangenden Vogel vergleicht man in Frankreich einen nicht besonders schlauen Menschen und nennt ihn ironisch: fin comme un verdier (108, II).

Der Distelfink

Der Name des Distelfinken, der auf die Disteln zurückgeht, deren Samen sie mit Vorliebe fressen, daher lateinisch *carduelis*, italienisch cardello, französisch Chardonneret, englisch Thistle-Finch, ist im ganzen deutschen Sprachgebiet allgemein verbreitet. Als Kurzformen des zusammengesetzten Namens sind in der Schweiz die Form Disteli, im Elsaß Dischel, Dissele und Disserle üblich. Die alte Variante ist Distelzwî (erstmals bezeugt im 11. Jahrhundert). Zwî als eine Ableitung von ahd. zwîônder, mhd. zwîgen gleich rupfen, pflücken und distelzwang, sind in der Schweiz, im Elsaß und in Schwaben heimisch (117).

Weite Verbreitung hat das slavische Lehnwort Stieglitz erhalten, welches im 12. Jahrhundert aus dem Slovenischen entlehnt wurde. Das früheste Zeugnis von diesem Wort auf deutschem Sprachboden gibt Albertus Magnus in „De animalibus" (117). Entgegen der Ansicht Suolathis (117) wären aber nach Naumann (91, III) deutsch: Stieglietz, Stichlitz, Stechlitz, dänisch und norwegisch Stillids und schwedisch Steglitz, Stiglits, nicht auf die slovenische Benennung zurückzuführen, sondern sie sind lautmalender Natur, hergeleitet von der Lockstimme des Vogels, die wie die Silben steglitz oder stichlit ertönt. (91, III). Mit Naumann stimmt auch Brehm überein, wenn er schreibt: „Seine Lockstimme wird am besten durch seinen Namen wiedergegeben. Dieselbe Auffassung vertrat schon Gessner (30): „Von etlichen wird er seiner Stimme wegen Stieglitz geheißen."

Bereits im Lateinischen gab es topographische Namen, die im Namen des Distelfinken ihren Ursprung hatten. So anno 1139 ein Grangia Chardinetti und anno 1209 ein Nemas des Chardinetto. Heute noch beziehen sich in Fankreich auf den Vogel die Namen Bois du Chardonnet, Landes des Chardonnerets, Le Chardonnet, La Chardonnière (108, X). In Frankreich bringt ein Distelfinkennest im Garten Glück, denn es ist ein Zeichen, daß sich die Tochter des Hauses bald verheiraten wird (108, X).

Gessner in seinem Vogelbuch erwähnt, daß nach Kiranides das Fleisch dieser Vögel gebraten und gegessen das Bauchgrimmen und die Darmgicht vertreibe.

Wie der Kreuzschnabel, so soll auch der Distelfink die Fähigkeit haben, Krankheiten anzuziehen. Schwindsüchtigen hängt man daher einen solchen Vogel in das Zimmer, damit er die Krankheit auf sich lenke.

Als Gott alle Tiere erschaffen hatte und sie nun bemalte, da kam, als er endlich seine Arbeit beendet hatte, ein kleiner Vogel, unser Stieglitz. Er war, wie deutsche, holländische und rumänische Sagen wissen, nicht zur rechten Zeit gekommen und sollte nun, da Gott seine Farbtöpfe bereits

Von dem Distelfincken.

Carduelis.

Von Gestalt dieses Vogels.

Abb. 8: Darstellung des Distelfinken aus Gessners Vogelbuch.

leer hatte, ohne Farbe bleiben. Über dieses Unglück jammerte der kleine Vogel sehr, machte aber Gott darauf aufmerksam, daß doch in jedem Topf noch ein kleines Restchen Farbe übrig sei und bat, er solle ihm doch von jeder nur einen kleinen Klecks auftragen. Das tat der liebe Gott, und so erhielt der Vogel von allen Farben etwas (22, III).

Der Augsburger Nachtwächter und die Königsberger Stadtsoldaten hatten einst die Ehre, wegen ihrer bunten Uniformen Stieglitze genannt zu werden (20). Distelfinken heißen in Frankreich wegen der Buntheit der Uniformen die Polizisten. Auch die Bewohner verschiedener savoyardischer Dörfer nennt man deshalb Stieglitze, weil sie außerordentlich buntscheckige Krawatten und Westen tragen (108, X).

Allgemein gilt der äußerst vorsichtige Distelfink als klug, daher das Liedchen:

> Wenn i scho kei Tiste bi, bin i doch kei Spatz
> Wenn i scho keis Bernermaitli ha, ha i doch en Schatz.

Mit dem immer lebhaften und zierlichen Vogel, dem in seinen Bewegungen etwas eigen ist vom Liebreiz und der Anmut eines Kindes oder Backfisches, vergleicht der verliebte Franzose seine Freundin und nennt sie deshalb mein „Distelfinkchen". Cadoureux braucht er als Kosename für ein Kind und cardinà, vom Distelfinken abgeleitet, bedeutet ihm das fröhliche, kindliche Schwatzen und Plaudern, indem er dieses mit dem krausen, zwitschernden und schwatzenden Gesang des Vogels vergleicht (108, X). Im Kanton Bern singt der Distelfink: Zitig birli, zitig birli (44, XI).

Der Buchfink

Als der bekannteste unter den Finken verdankt der Buchfink seine Artbezeichnung der besonderen Vorliebe für die Samen der Buchen, als Buch-
eckern oder Buchnüßchen bekannt. Der Name, der heute weitverbreitet
ist, wird schon im 13. Jahrhundert bezeugt. Schon zu dieser Zeit mußte es
sich der Vogel aber auch gefallen lassen, daß man ihn, da er seine Nahrung auch aus dem Kot der Straße sucht, Mist-, Dreck- und Kotfink
nannte (117). Die Namen Garten-, Wald- und Dorffink weisen auf den
Aufenthalt des Vogels hin. Das in der Schweiz wie in Holland gebräuchliche „Schildfink" bezieht sich auf die bunte Färbung, indem hier Schild
die Buntheit bedeutet.

Droht dem Vogel Gefahr, vor allem von Seiten einer Katze, läßt er ein
schallendes pink, pink oder fink, fink ertönen. Aus diesem Ruf geht ohne
weiteres hervor, daß die Bezeichnung Fink onomatopoietischer Natur ist.
Der Zusammenhang zwischen dem Namen und dem Ruf des Finken ist
auch schon dem Verfasser des Straßburger Vogelbuches aufgefallen, was
seine Bemerkung „Finck, Finck, Finck ist doch ihr Geschrey" deutlich beweist. Lautmalender Natur ist aber nicht nur das deutsche Fink oder
Pfink (132), sondern auch das holländische Kwinker, englisch chinck-
chink, pink, pink-twink, estnisch Wink, Wint, lettisch Pinkis, schwedisch
Kvint, tvint und französisch quinquin (91, III).

Eine sehr ansehnliche Zahl topographischer Namen bezieht sich in
Frankreich auf den Finken, z. B. Le Pinson, Le Quinson, Les Pinsons, Les
Quinsons, Les quinsans, Les Pinsards, La Pinsonnière, La Pinsardière, La
Pinsonnais, La Pinsonnellerie, Quincenard, Pinchonleu, Galle-Pinson.
Eine Rue Puech-Pinson kennt man in Montpellier, Lac Quinzonnet ist
der alte Name des Lac Rousse im Vallé de Joux. Bereits im Lateinischen
gab es anno 1100 Pincionis Villa (108, X).

Vom Fink stammen die Geschlechtsnamen: Finke, Vincke, Finck, Fink
von Finkenstein, im Englischen Finch (121), im Französischen Pinson, de
Montpinson, Pinsard, Pinchard, de Quinsonnas, Pinsonnat, Pinchonnat,
Pichon, Pinsan, La Pinsonnière, Quinchon, Quinzard (108, X). Der Name
Finkler (39) dagegen stammt nicht vom Vogel selbst, sondern verdankt
seine Entstehung dem „Finkeln", was speziell „Finken fangen", allgemein
auch „Vögel fangen" bedeutet. Neben dem Vogelfang überhaupt, zum
Zwecke des Fangens von Käfigvögeln, war der Finkenfang insbesondere
in Deutschland ehedem sehr beliebt, und das Halten von Finken als Kä-
figvögel, wegen ihres frischen, fröhlichen Schlages, war vor allem bei der
Bevölkerung Sachsens, im Anhaltischen und im Thüringerwald eine außerordentlich verbreitete Liebhaberei (91, III).

Pfeifunterricht.
Nach dem Gemälde von C. Schloeſſer.

Abb. 9: Der Buchfink wird wegen der Variationsbreite seines Gesanges, des „Finkenschlages" und seiner Lernfähigkeit für verschiedene Gesangsmuster seit langem von Liebhabern gezüchtet und zum Wettbewerb im Gesang „ausgebildet".
Dieser „Pfeifunterricht" stammt aus der Zeitschrift „Die Gartenlaube", Heft 40,
1853.

Vom zweiten König aus nichtkarolingischem Geschlecht, dem Sachsen
Heinrich I. berichtet die Weltgeschichte, daß er mit dem Beinamen Finkler oder Vogler bezeichnet wurde, weil er eben zu jener Zeit, da die Wahl-
abgeordneten ihm die Nachricht von seiner Wahl zum deutschen Kaiser
überbrachten, seiner Lieblingsbeschäftigung, dem Vogelfang, oblag.

In der allgemeinen Weissagung kommt dem Buchfinken keine große
Bedeutung zu, doch als Wetterprophet steht er in vorderster Reihe und ist
einer der bekanntesten „Wettermacher" des Volkes. Es ist der Buchfink,
der, schon ehe die Sonne den Himmel rötet, mit seinem unermüdlichen
Schlag, den man in „schütt, schütt", in unsere Worte übersetzt ankündet,
daß es bald „schütten", d. h. regnen wird. Sollte noch so hell die Sonne
strahlen, nie wird der Ruf des Finken, von dem schon Theophrastus beobachtet haben will, daß er Unwetter bedeute, besonders wenn der Vogel
dabei auf dem Dach sitze (45), täuschen. „Wenn die Finken des Morgens
frueh auff den Daecherns singen, deutet es auf Regen" (96). Wenn in
Schlesien (97, II) am frühen Morgen bei Windstille die Finken schlagen,
ist Regen zu erwarten. Regen gibt es im Thurgau, wenn der Buchfink
„schütt, schütt" ruft anstatt: „hüt isch schö – Hüt isch schö" (44, XI). Ruft
in Thüringen der Fink „s trieft, s trieft", dann wird es bald regnen
(141, X). Bei trüber, feuchter Witterung oder bei bevorstehendem Regenwetter läßt der Buchfink ein melancholisches „trihf" ertönen (91, III).
Brehm bemerkt, Ammern, Finken und Grünlinge würden sich im Frühjahr und Herbst bei herannahendem Unwetter zusammenrotten und unruhig hin und her fliegen und auffallend scheu sein (45). Rufen die Finken
in Mecklenburg: Wind, Wind, dann folgt bald ein Unwetter (151, II).

Wie der Spatz sucht auch der Fink im Winter seine Nahrung aus dem
Pfedermist heraus und wird deshalb, wie bereits eingangs erwähnt, Kot-
oder Dreckfink genannt. Mit den in heute beinahe einer fernen Vergangenheit angehörenden „Roßäpfeln" herumsuchenden Finken vergleicht
man gerne einen Menschen, der sich mit unsauberer Arbeit abgibt oder
überhaupt sehr unordentlich ist, und nennt ihn Mist-, Schmir-, Schmutz-
(125, I) oder Säufink. Mistfink gilt auch als eine scherzhafte, doch mit einem kleinen Anflug von Geringschätzigkeit behaftete Bezeichnung des
Landmannes. Allgemein wird Fink gerne auf physisch und auch psy-
chisch „unsaubere" Personen angewandt, und daher ist es keine Ehre, „en
fule, en schöne oder en nette Fink" genannt zu werden.

Von einem fröhlichen Menschen sagt der Franzose, sich auf die Munterkeit des Vogels beziehend: Fröhlich sein wie ein Fink, und fringuer
und fringoter ist gleichbedeutend mit tanzen und springen. Als Symbol
der Einfalt ist der Fink im Englischen: to pull a finch, einen Finken rupfen, d. h. jemand übervorteilen, namentlich in pekuniärer Beziehung. Die
Federn, die man dem „Vogel" ausrupft, sind in diesem Falle die Goldstücke, die man jemandem ablockt (102).

Ein Analogon findet die „Schnepfe" im „Fünkli" (44, I), das ebenso
wie jene eine Dirne bezeichnet. So versteht man auch unter „Schnepfen-
strich" und „finkeln" (44, I), jemanden in einer ganz bestimmten Absicht
fangen.

Der männliche Buchfink ist einer der beliebtesten Singvögel. Überall nennt man seinen Gesang, da die verschiedenen Silben, aus denen er zusammengesetzt ist, hart und abgesondert wiedergegeben werden, Schlag. Der „Finkenschlag" besteht aus einer Reihe von kurzen Lauten mit einem regelmäßigen Schluß, welche sich recht gut mit menschlichen Worten nachbilden lassen. Da nun sozusagen jeder Vogel seinen eigenen „Schlag" hat, der besonders von dem anderer Vögel stark abweicht, ist die Reihe des „Finkenschlages" nicht nur eine sehr ansehnliche, sondern beinahe unerschöpfliche.

Die Liebhaber der Stubenvogelpflege bewerteten daher die Vögel nach ihrem Schlag und gingen selbst so weit, die Vögel nach ihrer Endsilbe zu bezeichnen. So kannten sie einen: Schitzekebier, Nutschkebier, Deutschebier, Würzgebier, Hochzeitbier, Hochzeitgebühr, Gerichtsgebühr, Weizenbier, Reitzu, Reitherzu, Sparbarazier, Musketierer, Kalvasier, Mitsoviel, Goldschmidbus, Davida, Quakia, Kühdieb, Ritscher usw. (91, III). Es würde zu weit führen und ginge über die Grenzen dieses Buches hinaus, wollte man alle diese Liebhaber-Schläge, deren Auslegung geradezu eine Leidenschaft der alten Finkler war, aufzählen. In vielen Fällen entbehren sie des tieferen Sinnes der einstigen Wortfassung des Volkes und erscheinen als etwas Gekünsteltes und etwas, das man hören – will. Dafür ist der Buhler Weingesang, der Lieblingsschlag der dortigen Vogelfreunde, ein treffendes Beispiel. Er lautet: Finkferlinkfinkfink zissspeuzia, parverlalalala ziskutschia. Nach Naumann lautet der Schlag des Schitzkebier: Titititütütut aschitzkebier oder: Klingklingkling rrrrr a schitzekebier (91, III).

Unser Buchfink ist einer der ersten Vögel, die aus voller Kehle dem wiedererwachenden Frühling zujubeln. Kaum ist der Schnee geschmolzen, hebt ein unüberhörbares Singen an, das auch uns zur Freude feststellt: Itz, itz, itz, itz muß der Winter wieder marschiieerr. Dem Gärtner, der im Garten eine Flasche Bier trinkt, ruft er zu: Fritz, Fritz, Fritz, Fritz trink de nit zuviel Bierrr. Gehen die Schüler am Morgen in die Schule, singt er ihnen mahnend zu: Itz, itz, itz, itz schribet de hüt wieder e chli vieeel. Hat er seinem Weibchen Futter ins Nest gebracht, meint er: Itz, itz, itz, itz Bäbeli mußt wieder e chli schnabulieerr. Ist das Weibchen mit dem Nestbau fertig, rühmt das Männchen: Itz, itz, itz, itz hei mer hie es prächtigs Quartieerrr (98, I).

Dem Morgenwanderer ruft der Fink zu: He, he, bist-bist scho wieder so früije? Den über Land zu Besuch Kommenden fragt er: Wie wit? wie wit witt? Als eines Abends ein Bursche zu seinem Mädchen ging, sang der Vogel auf einem Zweig: Wip, wip, wip? „Jo frili", antwortete der seines Schatzes schon gewisse in vergnügtem Ton. Frühmorgens auf dem Rückweg sang jener Buchfink wieder: Bsinn di wol, bsinn di wol. Da brummte der Bursche: „Du Narr, hättisch mirs nächten gseit." Ninive, niene gseh!

ruft der Buchfink dem Hirtenjungen zu, dessen Weidevieh sich verlaufen hat. Nicht erklärlich ist es, warum der Vogel den Holzbauern zuruft: Ge-ge-ge Gigebiel, Gigefil. Es scheint, er solle zu Säge und Beil greifen und für die Säge auch die schärfende Feile mitnehmen. Im Kanton Aargau nennt man, wenigstens im Kulmertal, die große Waldsäge Gige, und die dem Waldsaum nahe gelegenen Äcker und Gründe haben daher den häufig vorkommenden Namen Gigebühl, Gigeacher bekommen. Man übersetzt den Finkenruf auch: Biddi-biddi-bum Hansjoggeli, Gigebiel (106).

Im Kanton Bern fragen die Meisen: Wi witt?, wie witt?, wie witt? Der Buchfink antwortet: Wit, wit, wit, wit bis ge Sigriswiu (44, XI). Aus dem Liebesleben der Eifeler Burschen plaudert der Buchfink, wenn er singt: Fit, fit, fit, jrf (gib) demm fenge Määdche e lecker, lecker Bützje (152).

Der Buchfink kann sein Weibchen nicht lange missen, darum fragt er so oft: Sech, sech, sech! hiäste mine graite nit esaihn? Ein gefälliger Nachbar antwortet dann wohl: Süh, süh, süh! da sitt se im wiächeltenbusk (148). Im Nassauischen singt der Fink: Michelche, Michelche, ich komme in dein Haus, ich komme in dein Haus (52). Im März lädt er freundlich zur Geselligkeit ein: Willst du mit zum Weine gehn (141, XIII)? Kommt der Fink im Braunschweigischen, wenn der Speck angeschnitten wird, ruft er: Schink un speck, schink un speck. Im Sommer fragt er: Sin de Kirschen balle ripe? Er lobt auch die Frauen: Das fruenstüch, das fruenstüch is saun schöne tü-ü-ü-ü-ch (63). In der Iserlohner Gegend deutet man die Finkenschlag:

> Sük, sük, sük, sük
> im twêun twintigsten Jar
> im twêund twintigsten Jar
> da kommen die prüsken Soldaten (65, II).

Als einst im Norden ein Fink sah, wie ein Bursche ein Hütermädchen umarmte und küßte, war er von diesen Liebesbezeugungen so beeindruckt, daß er fortan von diesem Glück in die Welt hinausjubelt: Bis, bis, bis in den Herbst will ich Gott loben (22, III).

Der Erlenzeisig

Der heute allgemein gebrauchte Name Zeisig, unter dem immer die häufigste Art, der Erlenzeisig verstanden wird, ist ebenso wie Stieglitz ein Lehnwort, das aus dem Tschechischen stammt. Heute lauten die gebräuchlichsten Namen: Zeisel, Zeiserle, Zeiselchen, Zeisich (117), Zeising, Zisin, Zischen, Ziesle, Ziesel, Ziesk, Zeiske, Zensle, Zinsl, Zeischer, englisch Disikin, holländisch Sisje, norwegisch Sisik (81, III). Da der Gesang dem Schnarren eines Strumpfwirkerstuhles ähnlich ist, wird der Vogel auch Strumpfwirker genannt (73). Auf einem weiteren Vergleich des Gesanges mit dem Schnurren der Nähmaschine des Schumachers beruht wohl auch der Name Schumächerle.

Vom Zeisig, französisch Tarin, rührt der französische Geschlechtsname Tarin her (108, X).

Nach böhmischem Volksglauben hat der Zeisig einen Stein im Nest, mit dem man sich, trägt man ihn unter der Zunge, nicht nur unsichtbar machen, sondern jede beliebige Gestalt annehmen kann. Um in den Besitz dieses Wundersteins zu kommen, muß man einen jungen Zeisig am Nistbaum aufhängen. Wenn dann der alte Zeisig das Vergebliche seines Bemühens, ihn ins Leben zurückrufen zu können, einsieht, holt er den bewußten Stein, den er dem Toten in den Schnabel steckt, um das Elend nicht mehr länger mit ansehen zu müssen. Aus dem Schnabel kann man sich dann den Stein mit Leichtigkeit aneignen (35). Daß die Sache aber einen großen Schwierigkeitsgrad aufweist, übersieht der Volksglaube vollkommen, denn der Vogel ist ja gerade wegen des Steins unsichtbar.

In Tirol glaubt man, der Zeisig mache mit seinem Blendstein sein Nest unsichtbar (136). Wer aber in Tirol das Nest eines Zeisigs mit sich trägt, ist unsichtbar. Glückskindern wird hier die Fähigkeit verliehen, schon mit einem Ei des Vogels sich unsichtbar machen und allerlei Künste treiben zu können. Da es sehr schwer ist, ein Zeisignest zu finden und eines solchen Zaubereies habhaft zu werden, sagt ein Sprüchlein:

> A zinslenäst – und suech wo d'witt
> i felse oder Wald
> und nähmst o a brille mit –
> des findst it grad so bald.

Das Geratenste ist, um das Nest zu finden, man stelle eine „Gelte" voll Wasser unter den Baum, auf dem man es vermutet, dann wird man im Wasserspiegel das Nest gewahr (136).

Schon im 16./17. Jahrhundert war es üblich, Zeisigmist in der Volksmedizin zu verwenden. Da heißt es: „Wan einem weibe Eine Brust wehe thut und wil schweren. Nim Zeischken (Zeisig) Treck, den Stos klein zu Mehle und Rosenwasser darein. Mache es wie eine Salben, schmiere es uff ein Tuch. Mache es laulicht uf einem heissen Stein und legs Ihr vor die Brust, unnd wens dürre wird, so Mache ein anderes" (51). Trinkt in Nürnberg ein Epileptiker Badewasser eines Zeisigs, so wird er genesen, der Vogel aber verenden (46, II).

Der Zeisig hat ein recht buntes Gefieder, an dem die vorherrschenden Farben Gelb oder Grün sind. Darauf beruht die Mehrzahl der sich auf den Zeisig beziehenden Metaphern. So nannte man noch zu Anfang des

Jahrhunderts in Österreich jene Eisenbahnwagen, die Erst- und Zweit-
klass-Abteile aufwiesen und zudem zur besseren Unterscheidung der Wa-
genklasse gelb oder grün gestrichen waren, Zeiserlwagen (102). Daß bald
das Gelb, bald das Grün als ausschlaggebende Farbe im Gefieder des Zeisigs erscheint, zeigt sich auch darin, daß Italiener und Franzosen von gi-
alle lucherinoserin jaune sprechen, während Deutsche und Engländer
den Ausdruck zeisiggrün bzw. siskin-green gebrauchen.

Unter den Finkenvögeln ist der Zeisig entschieden der lebhafteste. Sein
Treiben macht den Eindruck der ausgelassensten Lustigkeit. Daher nennt
man im Deutschen einen fröhlichen Kumpan gern einen lustigen Zeisig.
Tadelnden Sinn hingegen hat der Ausdruck „lockerer Zeisig", womit man
einen leichtsinnigen Menschen bezeichnet (102). Den zur Ausgelassenheit
aufpeitschenden Alkohol mit dem leichtsinnigen und lockeren Zeisig vergleichend, versteht der Franzose unter „Préné un lucré" ein Gläschen
Rum nehmen und unter „boire un tarin" ein Glas Wein, Bier etc. trinken
(108, X).

Wegen der Leichtigkeit, mit der sich der Zeisig fangen läßt, gilt er dem
Franzosen als Symbol der Einfalt, spielt hier also dieselbe Rolle wie im
Deutschen der ihm nahe verwandte Gimpel. Die Entstehung ist leicht verständlich, wenn man in Betracht zieht, daß „serin" als Adjektiv zunächst
„leicht fangen" bedeutet (102).

Im pfälzischen Volksmund nennt man ein zartes, schwächliches Kind
Zeiserle. Zeiserlich bedeutet zierlich und schwächlich (102). Den Gesang
des Vogels übersetzt man in der Schweiz in die Worte:

> Es zwitscheret zwü Zeisig
> Zwüschet zweü Zwetsche-Gezwige:
> Z'Schwyz, z'Schyz
> zwitzerlet d'Sunne
> a d'Zit, a d'Zit (106).

An der fränkischen Grenze singt der Vogel:

> Bauer, Bauer, loss me nei dein' Scheuer
> oder i geb der an Pritsch (11, XVI).

Im Vogtland deutet man den Gesang:

> Dide dile dileda,
> Mädel weis' mer dei Bä (Bein),
> ich weis der meins ä (157).

Im Mecklenburgischen ruft der Vogel: „Dule dule däh, a Zwiefl und a
Kräh', wennst⁰ das nit magst, dann lässt'r steh', dule dule däh (6, 11)."

Der Nordische Leinfink

Das unregelmäßige Wandern der Nordischen Leinfinken oder Birken-, Berg- und Flachszeisige (91, III) ist der Grund, daß man sie vielfach als Unglücksboten auffaßt und mit Tod und Pest in Zusammenhang bringt. Daraus erklärt sich schon der 1603 bezeugte Namen Totenvogel. Schwenkfeld erzählt in seinem Buch, daß die schlesischen Bauern glaubten, die oft plötzlich erscheinenden Leinfinken oder Birkenzeisige würden aus Mäusen entstehen und im Frühling wieder in solche verwandelt werden, weil man sie den Sommer über nicht mehr sieht. Deshalb werden sie von den Bauern auch Mäusevogel genannt (117).

Wegen ihrer streichenden Lebensart werden sie auch als überseeische Vögel betrachtet und deshalb hießen sie schon 1720 in Österreich Meer-Zeißlein, in Bayern, Franken und Steiermark Meerzeisel oder Meerzeiserl (117), im Kanton Glarus Meerzisle (132). Gessner bezeichnet sie als Schösserle, und heute noch heißen sie in der Schweiz Schössli, Bluetschössli (117), Schösserli oder Rebschössli (132). Lautmalender Natur sind die Namen Zittscherling, Schittscherling, Tschütscherlein, Zötscherlein, Tschätschke, Tschettchen und Zätscher (91, III).

In seinem Vogelbuch schreibt Gessner (30) über den Vogel: „Sy fliegend etwan scharweyss dahär, und wenn das geschicht, halt man dass in kurtzen ein pestillenz darauf volgen solle." In seinem Buch über den Zürichsee schreibt Escher: „Zun zeiten giebet es ganz Frömde Vögelein die schwarenweise durch unser Land fliegen, als: Böhmerlein, Böhmische Hätzlen oder Roller (Blauracke), Totenvögelein, Tütscherlein u. a. m. Sind aber gemeinlich keine gute vorbotten, dann meistentheils schwere Krankheiten oder sonsten großes Ungemach darauf erfolget."

Der Bluthänfling

Für die Namen des Bluthänflings sind nur zwei Kennzeichen maßgebend, seine Farbe und seine Nahrung. Nach der ersteren nennt man ihn in der Schweiz Bluetströpfli, Bluetschößli (132), andernorts Rotbrüster, Rotböster, Rubin, Rotkopf oder Rotblattl (91, III). Was die Namen angeht, die sich auf die Lieblingsnahrung des Bluthänflings beziehen, schreibt Gessner (30): „Diser Vogel wirt zu Latin *Linaria* genennt, vom wältschen Namen Linota (lt. Syn. *Linota cannabina*); darumb da er dess lynsamens fürauss geläbt." Abgesehen von Hänfling nennt man ihn heute Hanefferl, Hanfvogel, -fink, Lein-, Flachs- oder Saatfink (91, III). In der Westschweiz heißt der Vogel: Linot, Lunotte, im Wallis Linota (132).

Linot, Linotte und ebenso Delinotte sind Geschlechtsnamen, die sich auf den Hänfling beziehen (108, X).

Wo in Böhmen viele Hänflinge sind, soll es Streit geben (35). In Frankreich kann man fröhlich, dann aber auch wieder bösartig und eigentümlich sein wie ein Hänfling (108, X). Im Vogtland singt der Hänfling: Bauer spann an und helf mer zieh oder Kerl gih ra (geh heran) (57).

Der Kernbeißer

In Gessners Vogelbuch (1537) wird der Vogel Steinbeisser genannt. Weitere Namen sind: Steinbisser, Bollebick, Knospenbeisser (117), Chernbisser, Brombysser und Chriesibisser (132). Gessner erwähnt auch eine Synomine Klepper (von klepnen, nhd. kneppen, knallen) und Kirseschneller. Noch heute nennt man den Vogel in der Schweiz Chersichchlöpfer, Chirsignäpper, Chirsifrässer (132), im Elsaß Kirsenkleppe-(ri), in Rheinhessen Kirschenknäpper (117).

Der Kirschkernbeißer steht in Frankreich für Dummkopf, einen Schmutzfinken und Tölpel. Daher gereicht es niemandem zur Ehre, wenn er ein „Durbé" genannt wird (108, X).

Der Gimpel

Eine synonyme Benennung für den Gimpel ist in einigen Gegenden Niederdeutschlands Goldfink. Wegen der zinnoberroten Unterseite, die dem Vogel diesen Namen verschafft hat, heißt er in Turners avium historia (1544) Bloedtfink. Heute noch ist der Name Blutfink im Elsaß und in der Schweiz üblich. Gessner kannte ihn unter dem Namen Rotvogel. Auf die Färbung bezieht sich auch der Name Dompfaff (117), Domherr, Dompaap, Thumpfaff, Pfäffchen, dänisch und norwegisch Dompap, schwedisch Domherre (91, III). Aus solchen Namen erkennt man, daß er wegen der schwarzen Kappe und vielleicht auch wegen der vollen Figur mit einem Geistlichen verglichen wird. Analogien für diesen Vergleich, den Gessner damit begründet, daß er eine Mönchskappe trage, finden wir auch im italienischen monacchino (Mönchlein) und im französischen prêtre (Priester) (103).

Da der Vogel sich gerne von den Knospen verschiedener Baumarten ernährt, sind für ihn in der Schweiz die Namen Bollenbisser, Boll(en)bikk(er) üblich. Schon Gessner erwähnt Bollenbysser und Bollebick, daneben auch Brommeiss (Knospenmeise). Der heute sehr verbreitete Name Gimpel – zuerst Gümpel – ist ein vorzugsweise bayerisch-österreichisches Wort, abgeleitet von „gumpen" (hüpfen) und bezieht sich auf die ungeschickten, hüpfenden Bewegungen des Vogels auf der Erde (117). Nach der roten Paeonie nennt man den Gimpel in der Westschweiz und in Frankreich Pivoine (108, II).

Im Aargau brachte einmal ein Mann einen Dompfaff zu einem Chorherrn. Dieser wollte den Namen des Vogels wissen. Auf die Frage, weshalb man ihn Dompfaff nenne, antwortete der Mann: Weil er nicht schön singe, aber desto mehr fresse (125).

Der Volksglaube bringt den Kuckuck in unmittelbaren Zusammenhang mit dem Gimpel, der im Volksmund allgemein Rotgügger (132) heißt und eben dieselbe Neigung zum Geld und Geiz an sich hat. Man ruft ihm deshalb zu:

„Rotgügger:
siebe Chrützer
acht Rappe:
git e gueti Pelzkappe.
Rotgügger
für siebe Chrützer
und 'n Grosche
bist scho lang dem Tüfel versproche!

Wer so im Kanton Aargau spricht, ungerades Geld bei sich trägt und dabei auf die Tasche klopft, dem geht das Jahr über das Geld nie aus (106).

Einen Gimpel zu sehen ist in Fougerolles ein Vorzeichen, daß man eine unangenehme Neuigkeit erfahren wird (108, X). Ein Gimpel, im Hause gehalten, sichert dieses bei den Siebenbürger Sachsen vor Blitzschlag (147). In Franken (154), in Böhmen (35) und im Allgäu (101, II) hält man gerne Gimpel im Krankenzimmer, denn sie sollen Krankheiten an sich ziehen und so den Leidenden gesund machen. Vor allem hält man sie im Zimmer, weil sie den Rotlauf anziehen. Ihre Füße sollen sich dabei merklich röten (46, II). Hält man in Tirol einen Gimpel im Hause, bekommt darin niemand den Rotlauf (158). Wenn in Schwaz ein Epileptiker Wasser trinkt, von dem ein Gimpel getrunken hat, wird er gesund (158). Gegen die Rose wenden die Zigeuner folgendes Mittel an: Das Blut eines Gimpels wird in einem neuen Gefäß mit der abgeschabten Rinde eines Holunderbaumes vermischt und dann auf ein Tuch gelegt, mit welchem man den leidenden Körperteil verbindet (145). Nach einer steiermärkischen Sage trauerten alle Vögel, als Jesus gekreuzigt wurde. Auch Gimpel und Kreuzschnabel legten ihr Leid an den Tag. Sie setzten sich auf das Kreuz und versuchten die Nägel mit den Schnäbeln herauszuziehen. Im Eifer aber bogen sich die einen den Schnabel krumm, während die Gimpel sich ihn stumpf hieben. Zugleich bespritzten sie sich Brust und Leib mit Blut (22, II).

Ein Krämer, so berichtet eine Sage aus Rumänien, betrog, wen er nur konnte, sowohl seine Kunden, als auch die, welche von ihm Geld liehen. Schließlich wurde er ein solcher Betrüger, daß ihn Gott zur Strafe in einen Gimpel verwandelte: Er hat deshalb einen so großen Kopf, weil auch schon jener Betrüger einen Kopf von der Größe eines Kürbis und einen breiten Mund mit herabhängenden Lippen hatte. Das Rote an Schnabel und Leib bedeutet das Blut, womit sich der Krämer durch den Betrug befleckte und das Schwarze auf dem Kopf seine Schlafmütze. Wenn man nun einen Gimpel fängt und in einen Käfig sperrt, lebt er nicht lange, sondern beißt sich die Zunge ab, um nicht dem Spott derer ausgesetzt zu sein, die er früher betrogen hat (22, III).

Da sich der Gimpel leicht fangen läßt, spricht man vom Gimpelfang, wenn es um ein betrügerisches Geschäft geht. Auf Betrug verweist auch die Redensart: „Einen Gimpel rupfen." Hier vergleicht man die Federn, die man dem Vogel ausrupft, mit den Geldstücken, die man jemandem ablockt (102). Im Deutschen gilt der Gimpel als Symbol der Einfalt und Dummheit. Blöder Gimpel oder simpler Gimpel sind deshalb Bezeichnungen für einen einfältigen Menschen, einen Tölpel (98, III). Im Aargau meint man mit Gimpel im besonderen einen mageren, langbeinigen Menschen, im Kanton Bern ein mageres, schwächliches Kind (125, II). Jedenfalls beziehen sich diese Metaphern nicht auf die behäbige oder wohlgenährte Gestalt des Vogels, sondern sie sind ebenso wie der Name Gimpel eine Bezeichnung, die sich auf den unsicheren Gang solcher Menschen bezieht. Hierher gehört vor allem auch das in Nidwalden bekannte Adjektiv „gimple" für unsicheres Gehen und einfältiges Gebahren (125, II).

Der Fichtenkreuzschnabel

In der Schweiz nennt man den Fichtenkreuzschnabel Chrünitz, Chrünitzer (132), in Deutschland Krinietz, Grinitz oder Grünitz, ein Wort, das im 15. Jahrhundert erstmals als crînis erscheint und wie so manche Benennung für Finkenvögel der slavischen Sprache entnommen ist. Das tschechische krînis hat sich im Anschluß an die Bildungen Stieglitz, Girlitz zu Krinitz entwickelt (117). Der schweizerische Name, den bereits Gessner erwähnt, ist Chrummschnabl, Chrüzschnabl (132), auch Krützvogel, von den hackenförmig gekrümmten Schnabelspitzen hergeleitet. In Preußen lautet ein Synonym Zapfenbeißer (117). Im Kanton Solothurn nennt man den Vogel Dannababegei (Tannen-Papagei) (132).

Wie alle unregelmäßig erscheinenden Vögel gelten auch die Kreuzschnäbel als Vorboten von Pest und Zeiten der Not (117). Höfler, Volksmediziner in Oberbayern (43), meint, der Kreuzschnabel sei wohl ur-

II. Platte

2

Dompfaff (Gümpel) oder *Blutfink*, Fringilla rubecula.
(Hahle.) Pivoine.

Sie

Er.

Grünling (Grünschwanz) oder *Grünfink*, Vireo, Verdier.

Sie

Er.

26.

Der III.^{ten} Hauptart   I.^{te} Abtheilung
II.^{te} Platte.
Die Wacholder-Droßel oder Ziemer, Turdus medius pedibus nigris,
La grive à pies noirs.

Sie

Er

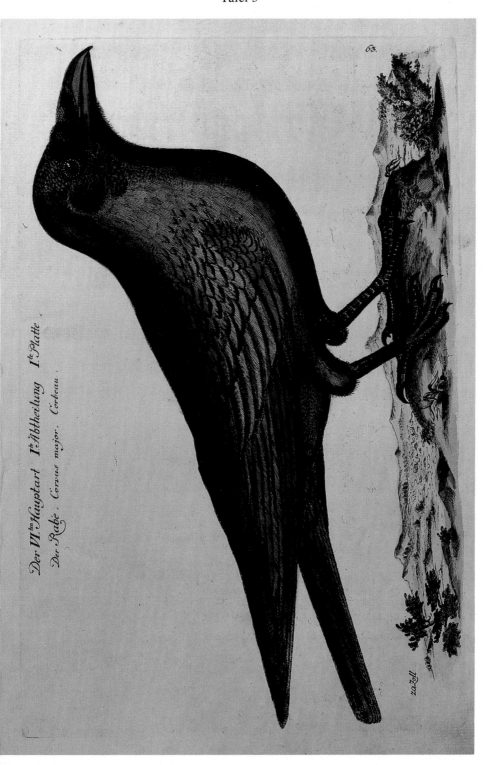

63.

Der VI.^{tn} Hauptart I.^{te} Abtheilung I.^{te} Platte.
Der Rabe. Corvus major. Corbeau.

Der VI.ten Hauptart.
III.te Abtheilung.
II.te Platte.

68.

Die schwartze Dohle.
Monedula nigra Spermologus.
s. Frugilega.
Grage. Freux et Grolée.

Von dem Creutz-Vogel.
Von dem Creutz-Vogel / oder Krummschnabel.
Loxia.

Abb. 10: Der Fichtenkreuzschnabel aus Gessners Vogelbuch.

sprünglich dem rotbärtigen Thor heilig gewesen und sein Schnabel möchte einst Hammer und Rune des Gottes vorgestellt haben. Einigen Bezug auf Thor könnte man auch daraus erkennen, daß im Vogtland (57) keine Blitzgefahr für ein Haus bestehen soll, wenn ein Kreuzschnabel darin gehalten wird. Aus dem 17. Jahrhundert berichtet der Verfasser der „Rockenphilosophie": „Wer einen Krummschnabel, Creutzvogel oder Grünitz im Hause hat, da schlägt das Wetter nicht ein" (115). Auch im Harz gilt der Vogel als Blitzableiter, denn „hat man einen Krinnitzer im Hause, dann schlägt das Gewitter darein nicht ein". Krummschnäbel in und Schwalben an den Häusern sollen auch in Bayern vor Blitzstrahl bewahren (54, II). In Schwaben gilt der Kreuzschnabel als bester Vogel, der noch über Schwalbe und Storch steht. In einem Hause, in dem ein Kreuzvogel mit rechts gebogenem Schnabel gehalten wird, kehren Krankheit und Tod nicht ein (57). Der Vogel bringt auch in Tirol dem Hause Segen, wenn der Unterschnabel rechts heraufgeht; wenn aber links, dann ist ihm nicht zu trauen (42). In der Umgebung von Marienberg im Erzgebirge hängt man den Kreuzschnabel über die Haustüre, damit er Glück bringe. Unglück kommt in Thum über das Haus, sobald man den Platz des Vogels in der Stube wechselt (50). In Nürnberg wird der Vogel dadurch für ein Haus vorbedeutend, daß Krankheit oder gar sein Tod gleiches Schicksal seinem Besitzer voraussagen (141, V). Andererseits soll gerade dieser Vogel die Krankheit des Hausherrn an sich ziehen und ihn davon befreien (69). Stellt man in Neukirchen in der Brautnacht unter das Bett des Brautpaares einen Kreuzschnabel, so wird zuerst ein Knabe geboren

(49). Krallen vom Kreuzschnabel bei sich getragen, schützen in Bayern vor Zahnschmerzen, hindern aber auch den verderblichen Einfluß von Hexen und verscheuchen in Tirol sogar den Teufel (158).

In Sachsen glaubt man, daß gewisse Tiere, in unmittelbare Nähe eines Kranken gebracht, Krankheiten gleich einem Magnet auf sich lenken, dabei selbst krank werden und sterben, während der Patient gesund wird (115). Ein solcher Schutzgeist, der alle Krankheiten anzieht, ist auch der Kreuzschnabel. Im Ötztal sollte man in jeder Wohnung einen solchen Vogel halten, denn er besitzt, da er Christus vom Kreuz befreien wollte, allerlei Tugenden. Bricht im Hause eine Krankheit aus, fährt sie in den Vogel. So kommt es, daß diese oft krank werden und schwer am Leben zu erhalten sind. Vor allem sollte der Vogel in keinem Kinderzimmer fehlen, da er Krankheiten von den Kindern abwendet. In Kirchbühel nimmt der Kreuzschnabel sogar alle erblichen Krankheiten in der Familie an sich (49). In Schönwerth übt er seine Heilkraft aber nur dann aus, wenn er am Dreifaltigkeitstag gefangen wurde und die Spitze des Schnabels nach rechts gedreht ist (49).

Schon im Altertum, bei Plinius, wird der Vogel als ein Magnet der Krankheiten, der besonders Gelbsucht anzieht, erwähnt (115). Dieser Glaube ist heute noch weitverbreitet. So hilft er gegen Gelbsucht in Bayern, der Steiermark (54, II) und im Allgäu (101), aber auch gegen Rotlauf.

Werden kleine Kinder vom „Unkraut" (Krämpfen) geplagt, hängt man in einigen Orten Sachsens den Käfig mit dem Kreuzschnabel in die Nähe des Bettchens. Man stellt ihn aber auch unter den Kinderkorb, mit Spannung wartend, ob er nicht freundlichst krepieren wolle. Dem Wasser, von dem der Vogel getrunken hat, wohnt ebenfalls besondere Heilkraft inne: Tropfenweise bekommt das Kind davon zu trinken (115). Auch in Churrätien hält man den Vogel gerne im Käfig und gibt als sicher wirkendes Mittel dem an Schwindsucht leidenden Kind aus dem Geschirr des Vogels zu trinken (136). Hat in der Schweiz ein Kind den „fressenden Rätticher", d.h. das Zerrfieber mit Heißhunger, läßt man es aus dem Geschirr eines Kreuzschnabels trinken (46, II). Dieses Wasser gilt schon dem Verfasser der „Rockenphilosophie" als „spezificum" für das „Fresel" oder die fallende Sucht der Kinder (115).

In Frauenreut zieht der Kreuzschnabel böse Augen an sich, dann aber auch den Fluß und Schlagfluß (49), in Hindelang die Epilepsie. Hier sind besonders die mit links gebogenen Schnäbel die besten (101). Wasser, in dem ein Kreuzschnabel gebadet hat, ist gut gegen die Gicht. In Tirol besprengt man Kranke mit Weihwasser. Trinkt nachher ein Kreuzschnabel davon, wird der Leidende gesund und der Vogel hat die Krankheit am Halse (158). Besprengt sich aber ein Kranker mit Weihwasser, von dem ein Kreuzschnabel getrunken hat, so bekommt er die Sucht (51).

Über die vermeintliche äsculapische Wirkung des Kreuzschnabels schreibt Jühling (51) aufgrund persönlicher Erfahrungen: „Wir hatten zu Hause mehrmals in Bauern solche Vögel, dieselben lebten aber nie lange; denn sie zogen den Rheumatismus meines mit diesem Leiden sehr behafteten Vaters an und starben. Ich begrub die Tiere selbst und bemerkte dabei an ihren Füßen knollige, krankhafte Anschwellungen, die ich in meiner Einfalt als Zeichen dafür deutete, daß die Vögel wirklich die Krankheit angezogen hatten. Jetzt bin ich allerdings geneigt, diese Erscheinung und den daraus resultierenden Tod der armen Tiere mehr den schwachen Sitzstangen zuzuschreiben."

So oft in Nordböhmen die in den Käfigen gehaltenen Kreuzschnäbel ihre Farbe wechseln, glaubt man, sie hätten eine Krankheit an sich gezogen (35).

Wie der Vogel zu seinem Namen kam, der sich auf die krumme Form des Schnabels bezieht, erzählt die Legende: „Als der Herr auf Golgatha am Kreuze hing, flog ein zierlich grüner Vogel vorbei, nicht aber ohne sich, gerührt von der Qual des Menschensohnes auf dem Kreuzesstamm niederzulassen, versuchend die harten, blutigen Eisennägel auszupicken, bis sich der Schnabel nach vergeblichem Mühen in Kreuzesform bog" (136). Eine Legende aus Bayern weiß, daß zwei Kreuzschnäbel mit einst geraden Schnäbeln am Kreuz die Nägel ausziehen wollten; der eine rechts, der andere links. Deshalb ist nun auch heute noch dem einen der Schnabel links, dem andern aber rechts gebogen (95).

Einst fanden die Villinger, ohne es zu ahnen, ein Kreuzvogelnest vor den Stadttoren, mit einem Ei darin. Weil aber die Finder nicht wußten, was für ein Ei das war, wurde sogleich dem Magistrat Anzeige von dem Fund gemacht und von diesem dann das Ei als ein außergewöhnliches Phänomen gerühmt und in höchst eigener Person in die Stadt getragen. Nun ergab sich aber die große Frage, wie man den geheimnisvollen Inhalt des Eies lebendig ans Tageslicht brächte. Nach langen Beratungen entschied man, daß ein wohlweiser Rat selbst sich diesem Geschäft zu unterziehen hatte. Vom Ratsdiener bis zum Bürgermeister verlegten sich nun die Herren aufs - Brüten. Durch die kraftvolle Wärme des wohlbeleibten Stadtoberhauptes sprang endlich die Schale des Eies, und ein wunderschöner Kreuzvogel kam zum Vorschein. Nun hatte der weise Magistrat nichts Eiligeres zu tun, als alle Stadttore schließen zu lassen, um das Entfliehen des Vogels zu verhindern. Aber er entfloh ihnen doch, ebenso wie den Halleinern ihr Zeiserl. Nur der Spottname Kreuzvögel ist den Villingern geblieben (54, II). In spöttischem Sinne braucht man „Krüzvögel" in der Schweiz für Chorherren (125, I).

Grasmücken

Die Grasmücke

Der Name Grasmücke soll nach Suolahti aus dem Kompositum gra-
sa – smucka entstanden sein (117). Der zweite Teil dieses Wortes, eine Ableitung von smucken (mdh. smücken = schmiegen), hat Parallelen in
skandinavischen Vogelnamen: schwedisch Busksmygge, Aertsmygg,
Törnsmygg (91, II) oder Gärdsmyg, Busch-, Erd-, Dorn- oder Zaunschlüpfer; dänisch Graesmutte, Grasmücke oder eigentlich Grasschlüp-
fer, Gjoerdesmutte, Zaunschlüpfer (117). In Deutschland heißen sie Hek-
kenbrüter, -schlüpfer, Haagschlüpfer, bei Innsbruck Studenfahrer (91, II)
und in der Schweiz Hagschlüüferli (132). In England sind sie die nettle-
creeper, Nesselschlüpfer, in Westfalen Smielenstrieper oder -strecker,
d. h. Halmstreifer oder -zieher (117).

Die **Mönchsgrasmücke** wird wegen ihrer schwarzen Kopfplatte in der
Schweiz Schwarzschöpfli, -blettli, -plattli oder Kapernegerli genannt
(132). Im allgemeinen mit der Ordenskappe des Mönchs vergleichend, ist
es zu den Namen Mönch, Plattenmönch, Kardinälchen, Pfaff, Thumpfaff
oder Klosterwenzel gekommen (91, II).

Ganz allgemein auf die Grasmücken ohne Unterscheidung einer besonderen Art beziehen sich in Frankreich die topographischen Namen: La
Fauvette, Chante-Fauvette. In Tours und Epernay kennt man eine Rue de
la Fauvette. Als Geschlechtsnamen sind bekannt: De Fauvette und Bous-
carle (108, X).

Zur Wetterprophetin wird die Grasmücke in der zürcherischen Bauernregel: Wenn die Grasmücke singt, ehe die Rebe hervorkommt, gibt's ein
gutes Jahr.

Schon im Mittelalter erscheint Grasmücke als Anrede für ein leichtsinniges Mädchen, das die Warnungen der besorgten Mutter mißachtet. In
der späteren Studentensprache kehrt die Grasmücke als Dirne wieder. Sicher mag diese Benennung darauf beruhen, daß die Grasmücke der Vogel
ist, in dessen Nest der Kuckuck besonders häufig seine Eier legt. Aus dieser Tatsache, die schon Shakespeare bekannt war, schloß man, daß die
Grasmücke häufig von zu Hause abwesend und daher unsolide sei (20).
„Eine nette kleine Grasmücke" heißt der Franzose ein hübsch gekleide-
tes, schönes und deshalb vielleicht etwas verführerisches Mädchen. Als
Mönchsgrasmücken bezeichnet der französische Argot die Polizisten
(108, X).

Als es galt, das Singen zu lernen, sah die Grasmücke nach lettischer Sage einen Burschen mit der Egge über den Acker ziehen. Sie schlüpfte in das niedere Gesträuch und hörte zu, wie der Bursche trällerte und unter mancherlei Bewegungen pfiff. Sie versuchte ihn nachzuahmen und hat seither Gesang und Gewohnheit beibehalten: Immer hält sie sich in niederem Gebüsch auf und singt mit sanftem Zischen (22, III). Eine andere Sage weiß, daß die Grasmücke die Zeit verschlafen hatte, als sie von Gott das Singen hätte lernen sollen. Darum lernte sie ihren Gesang von einer Melkerin, deren Lied sie heute noch zwitschert:

> Silke, solke, silku, leiba,
> Soldat söögu welt ja leiba,
> Mina ise plima leibe.

In Schlesien singt der Vogel: „Briid'rle, Briid' rle, schleefst" (97)? In Mecklenburg hört man die Worte „Plück, plück, plück, plück ierbeeren" oder „Lisetteken, Lisetteken, Lisetteken" (151).

Den Gesang der Gartengrasmücke kleidet man in der Schweiz in die Worte „Ih gibe d'r es Zehni, wenn d'mi channst fäh, aber de musst die Länge füre nä!" (Ich gebe dir einen Zehner, wenn du mich fangen kannst: aber dann mußt du lange Beine hervornehmen) (98, III).

Der Drosselrohrsänger

Der Gesang des Drosselrohrsängers ist ein lautes Quacken oder Rätschen, weswegen er in der Schweiz Rohrspatz, Rohr-, Streui-, Schilfrätsch (132), in Holland sehr treffend Karekiet (91, II) genannt wird. Auch als Rohrsperling oder Rohrspatz wird er bezeichnet. Obschon sein nichts weniger als schöner oder melodischer Gesang gar keine Ähnlichkeit mit demjenigen der Nachtigall hat, wird der Vogel doch Sumpf-, Wasser-, Fluß- oder Rohrnachtigall geheißen (91, II). Zu diesen vergleichenden Namen mag in erster Linie der Umstand beigetragen haben, daß der Drosselrohrsänger ebenso wie die Nachtigall gerne bei einbrechender Dämmerung und in den ersten Nachtstunden singt.

Der große Rohrsperling soll seine Jungen taufen, wenn sie ausgebrütet sind, indem er einen kleinen Stein in das Nest legt. Man kann das Nest aber nicht mehr sehen. Kann man jedoch dieses Steinchens habhaft werden, ist man unsichtbar (6). Wo es Wasser und Schilffluren gab, da gehörte vor einem halben Jahrhundert, so um 1930, mit dem Ruf der Unke, dem Geklingel des Glockenfrosches und dem Ruf des Steinkäuzchens der Gesang des Drosselrohrsängers zur Melodie der milden Abende des Frühlings und Vorsommers.

In unzähligen Varianten wird sein Gesang in Worte übersetzt. In Latendorf singt der Rohrspatz: Karl, Karl, Karl, Karl, kiek, kiek, kiek, wecker,
wecker, wecker? De dick, de dick, de dick. Andernorts wieder: Wadder,
wadder, wadder, wadders, de lütt diern, de lütt dirn, de lütt diern, de
groot, de groot. In Klein-Schmöllen: Johann, Johann, griep mi de diern,
de lüttje, de lüttje, de Mariek, de Mariek. Dann tönt es auch wieder: Korl,
Korl, küss de diern, küss de diern; Karl kiek, Karl kiek, Karl kiek, kiek
wat hebben de dierns vör groote büük, büük, büük. Karra, karra, karra,
karra, kiek, kiek, Frierik, Frierik, Frierik, züh, züh, züh, Philipp, Philipp,
Philipp. Korl kiek, is de Roggen noch nich bald riep? Karra, Karra, kiek,
kiek, mi de bunte jack, jack, karra, karra kiek (151, II). Der Franzose
übersetzt den Gesang dieses Vogels in die Worte: Tire! tier! arrache! arrache! Dann wieder: Cra, cra, tiro, tiro. Der „Engländer" ruft: Toto! tret!
fius! huy! tret (108, X)!

Drosseln

Die Misteldrossel

Der Name der Misteldrossel, der zur wissenschaftlichen Artbezeichnung geworden ist, erklärt sich daraus, daß der Vogel im Herbst sich hauptsächlich von Mistelbeeren ernährt. Dies war schon den alten Römern bekannt, und weil aus den Mistelbeeren Vogelleim hergestellt wird und gerade die Drossel zur Verbreitung der Mistel beiträgt, sagt ein lateinisches Sprichwort: Turdus ipse sibi cacat malum, die Drossel bereitet sich (durch Ausbreitung der Mistel) ihr Unheil selbst.

Zahlreiche Mundarten nennen die Misteldrossel nach ihrem schnarrenden Angstruf „scherr oder tärrr". In der Schweiz lauten solche Namen: Schnerr, Schnärr, Schnarrziemer, Schnarre, Zehrer (142), Schnärz (132). Lautmalender Natur sind auch: Zierig, Zierlig, Ziemer und Zeumer (91, I).

Noch zu Anfang des 18. Jahrhunderts gab es in Frankreich eine Familie De Mauvissière. Die Gegenwart kennt nur noch die Geschlechter De Mauvise und Maviez (108, X).

Das lange Verweilen nordischer Vögel in ihren Winterquartieren, läßt das Landvolk auf einen späten Frühling schließen. Die Misteldrossel betreffend, sagt eine alte Bauernregel:

> Sitzt der Mistler hoch am Baum,
> Pfleget Winter noch zu werden,
> Wählt er in der Mitt' den Sitz,
> grünt hingegen bald die Erden.

Auch aus dem Gesang zieht man, wenigstens in Frankreich, Schlüsse auf den Charakter des kommenden Wetters: Quand la grive chante le 2. fevriér, autant de froid il y a en deçà qu'en delà. Auch die Fortpflanzung der Misteldrossel und ihre Beziehung zum Wetter sind in einer Bauernregel festgehalten: Draine bien hivernée – à Paque a sa nichée (108, II & X). Nach einer lettischen Sage sah einst die Misteldrossel, wie eine Bäuerin im Herbst den Hütejungen barfuß zur Weide schickte. Der Knabe zog die Füße an sich und schrie: „Die Füße frieren, Bäuerin einen Bastschuh" – Kajas salst, Kajas salst! saimeeze -wischuh-. So singt die Misteldrossel heute noch, wenn im Herbst der Reif fällt (22, III).

Die Singdrossel

In den deutschen Mundarten sind die Namen für die Singdrossel häufig den Lockrufen des Vogels, einem weithin hörbaren „Zip, zip, zip", abgelauscht. Schon zu Gessners Zeiten heißt sie Ziepdruscher. Heute nennt man sie in der Schweiz Zippe, Ziemer (142), in Thüringen Zib, in der Altmark Zip, in der Wetterau Zitdrossel und in der Steiermark Zickdröscherl (117). Onomatopoeitischer Natur sind auch die italienischen Namen: Cion, Cipper (142), Zip, Zipom, Ziparol (91, I).

Topographische Namen, die sich auf diesen Vogel beziehen, sind in Frankreich: La Grieve, Grivel, La Fosse de la Grive (108, X). Auf die Singdrossel, Grive, weisen die Geschlechter: Delagrive, Lagrive, De Grivelle, Dugrivel, Griveau, Grivaux, Grivel, Grivelle, Grivier, Grivillier, Crivot, Grivart, Grivotte und Grivelet (108, X).

Über die Ankunft der Singdrossel im Frühjahr sagt eine französische Bauernregel auf Grund guter Beobachtung des Landvolkes: Wenn die Amseln pfeifen, sind die Drosseln nicht mehr fern (108, X). Wenn die Drossel im Kanton Uri beim ersten Frührotschein des erwachenden Tages ihr Lied über den dunklen Fichtenwald jubelt, sagt man, sie rufe den von ihren Kiltgängen heimkehrenden Nachtbuben im Hinblick auf das, was sich in den Nachtstunden hat ergeben können, recht derb zu: Griggibüeb, Griggibüeb, Griggibüeb, dann wieder Sywcheib, Sywcheib, Sywcheib. Andere, mit besonders schlechtem Gewissen, sollen sogar den scharfen Tadel: Hierähund, Hierähund, Hierähund hören und von dieser Wahrheit geschlagen nach Hause schleichen. Doch nicht immer ist der Vögel derart bösartig, er kann auch ganz prosaisch singen: D'Hosä verzerrt, d'Hosä verzerrt (141, IV). Andernorts soll die Drossel zum Frühlingsbeginn singen:

> Ihre drei
> Fresse Brod, fresse Brod
> Feüfedrissg (106).

In der Mark hat sie es mit ihrem Philipp (Vielgeliebten) zu tun: Fillip, fillip ba büstu? Jm siepen (148).

Im Mecklenburgischen lautet ihr Gesang: Sophie, Sophie, Sophie, dann bricht sie nach ihrer Gewohnheit ab und ruft: Quinque, fiefunviertig. Wilhelm, Wilhelm, söök mi doch, dor bün ik, dor bün ik. Wenn der Lenz erwacht, wacht auch allüberall die Liebe auf, oft sorgsam behütet vom dunklen Tannenwald. Was aber die Singdrossel unter den Fichten Geheimnisvolles schaut, jubelt sie in den sterbenden Tag hinaus: Uns lütt Friedrich küßt de diern, de diern in't holt. Den Schüchternen muntert sie auf: Küss de bruut, küss de bruut. Dann wieder meint sie: Wir lieben uns, wir lieben uns (151, II). In der Normandie kleidet man ihren Gesang in die Worte: Pierrot, prends ta brouette, prends ton truble (ta bêche) pour faire une plache de porreaux (10, X). In der Bretagne neckt sie die Amsel: Cache ton bec rouge dans la Haie, merle, merle; je suis la grive. Die Amsel aber singt ihr zu: Répugnant, répugnant! est ton siflet, grive. Repugnant! l'hiver est parti, grive, répugnant, répugnant (108, XII).

Die Schwarzdrossel

Die meisten mundartlichen Formen des Namens der Schwarzdrossel sind aus der althochdeutschen Form amsala hervorgegangen. So heißt sie im Elsaß Amsel, schwäbisch Amsl (117), in der Schweiz Amstel, Amsle, Amschle (132). In den Gegenden am Mittel- und Niederrhein ist der germanische Amselname durch das lateinische *merula* verdrängt worden. So gilt heute in Luxemburg Mierel, in Westfalen Merdel (117), in Chur sogar, hier wahrscheinlich aus dem Romanischen herübergenommen, Märla (132). Auf die Aufenthaltsorte des Vogels beziehen sich Wald-, Stock-, Bärg-, Birg-, Hag- und Garteamsle (132). Wegen der tiefschwarzen Färbung nennt man sie in der Schweiz Cholen-, Kolamsel (132). Auf den gelben Schnabel weisen die Namen Guelnabbet (117) und Gälneb (91, I) hin.

Topographische Namen, die sich auf die Amsel, französisch Merle, Mesle, Merlat, Mielle, Marlot und Mouillat (91, I) beziehen, gibt es eine lange Reihe. Daraus einige Beispiele: Le Merle, Le Merlet, Merlaut, Les Merlets, Le Merlou, La Merlatière, Les Merlonges, Le Bois au Merle, Rocher des Merles, Combe du Merlet, Mont-Merle. Font du Merle, L'Etang du Merle, La Ville des Merles, La Saigne-Merle, Château-Merle, Le Merlier, ein Fluß im Pas-de-Calais usw. (108, X).

Der Vogel ist auch Ursprung der französischen Geschlechtsnamen: Champ de Merle, Aumerle, Delmarle, Dumerle, Le Merle, Le Mesle, La Melle, Lemielle, Merlette, Marlot, De la Merlière, Merliaux, Merlier, Merlieux (108, X).

Albertus Magnus schrieb 1755: Wenn man Federn aus dem rechten Flügel einer Amsel mit einem noch ungebrauchten roten Faden umbindet, so kann niemand im Hause schlafen. Dieser Glaube war früher auch im Simmental (156) und in Frankreich (108, X) verbreitet und herrscht noch heute in Thüringen (143). Um die Zauberkraft der Amsel auszunützen, nehme ein Mann, der gegen die Treue seiner Frau Verdacht hegt, den linken Flügel einer Amsel und lege diesen unter die linke Brust der schlafenden Frau. Alsdann wird sie im Schlaf alles erzählen, was sie getan hat;

ein Amselherz unter den Kopf einer schlafenden Person gelegt, soll ebenfalls bewirken, daß sie alles erzählt, was sie tagsüber tat (108, X).

W. Wenzel meint, der Glaube an diese Wirkung des Vogels beruhe auf
einem alten Vergleich der Amsel mit dem Beichvater. So wird denn vielfach heute noch die schwarze, ernste Amsel mit der katholischen Geistlichkeit verglichen. Von dieser Beziehung zum geistlichen Stand berichtet
das elsässische Volksliedchen:

> Do steh i uff der Kanzel
> unn breddi wie e-n Amsel (85).

Amseln bargen einst magische Kräfte in sich. Damit die Weiber nackt aus
dem Bad laufen, sollte man nach einem handschriftlichen Arzneibuch nur
Amseleier und Quecksilber in die Badestube legen (144, VI).

In Süddeutschland verkündet die schwarze Amsel den Tod. Denn wenn
sie sich auf einen Zaunpfahl vor dem Hause setzt und singt, wird darin
bald jemand sterben (154).

In Mayenne die Amsel am Morgen in aller Früh zu hören ist ein Zeichen, daß man eine angenehme Neuigkeit erfahren wird. Fliegt vor einem
eine Amsel über den Weg, bedeutet dies in Frankreich Glück. Wer am
Morgen nüchtern einen dieser Vögel über seinen Weg fliegen sieht, wird
das ganze Jahr gut singen können (108, X). Ist eine Amsel im Hause,
bleibt dieses vor Blitzschaden bewahrt. Wer im Winter bei Eis und Schnee
darbenden Amseln Futter streut, hat Glück und bleibt vom Fieber verschont (89).

Amselfleisch verwendet man gegen Melancholie, und Amselkot galt im
Mittelalter als probates Mittel bei Hautkrankheiten (72). Gessner lobt das
Fleisch der Amsel, in deren Gestalt in Frankreich (108, X) zuweilen der
Teufel erscheint, nicht sonderlich: „Etliche meydend die in der speyss
darumb, dass sy würm und houwschrecke essend, dannenhär das fleisch
einen unlieblichen geruch gewünt. Arnoldus verbütet sie denen zeässen so
stäts den blutflussz habend" (30). „Das fleisch verstopfet den Stuhlgang.
Die Amsel geässen, ist gut dem so mit dem krimmen beladen ist. Dise gebraten mit myrtenbeer, weert die rote rur. Alt oel, darin ein Amsel gekochet ist, bis dass sy zerfart, nimpt die kranckheit dess hindersich starrenden Halses, und das hufftwee" (30).

„Amselmist (wo man ihn aber in der erforderlichen Mengen herneh-
men soll, unterläßt Gessner anzugeben) sol der best seyn die äcker damit
zetüngen" (30).

Die Amsel ist einer jener Vögel, die schon an den ersten warmen Tagen
nach der Jahreswende zu singen beginnt und den Bauern an das Nahen
des Lenzes erinnert. Im Pays de Tréguier verkündet sie, wenn sie am ersten warmen Tag in die Bäume hinaufsteigt und singt, geradezu den Früh-

ling (100, XII). Weil zuweilen während der letzten Tage des Januar oft das herrlichste Frühlingswetter eintritt und die Amseln zu singen anfangen, nennt man in der Lombardei diese Tage die „Amseltage". Besonders reich an Redensarten, die sich auf das frühe Balzen und Brüten der Amsel beziehen, ist Frankreich. So heißt es in der Bretagne: Im Februar muß eine rechte Amsel nisten. In der Normandie soll sie schon an Lichtmeß (2. Februar) auf den Eiern sitzen. In Anjou ist man sogar der Ansicht, in einem kalten Januar würden die Amseln auf ihren Eiern erfrieren. Andere Bauernregeln lauten:

> Pas de mois de fevri
> Sans Marle dans le nid,
> Sans Feuille au gruizali[1].

An der Somme sagt man: Février, Févriot, si tu gèlees, t'engeleros mes kiots (108, X). Andernorts heißt es:

> A la mi février
> Une marlasse doit cuer (couver)[2].

> Pâsque bas,
> Pâsque haut
> Toujours y a des marlands.

> Que Pâsque soit haut ou soit bas
> On voit toujours merle dans les has (haies).

> Le merle bien hiverné
> A Pâsques a merloté;
> Bien hiverné ou non
> A Saint Georges (23. Avril) il y a son petit merle[3] (108, II).

In Frankreich sagt man, wenn die Amseln vor dem 2. Februar singen, müßten sie hernach noch sechs Wochen schweigen. Damit läßt man sie zu Propheten neuer, allerdings im Bereich der Möglichkeit liegender Winterstürme werden. Ja, in der Franche-Comté soll man sogar die Holzvorräte auf der Winde erneuern, wenn die Amseln schon im Februar singen. Denn damit verkünden sie, daß der Winter noch recht lange dauern wird (108, X). Ein später Frühling, wie ihn der Vogel mit allzu frühem Singen voraussagt, ist für den Getreidebau nicht günstig. Daher sagt der Land-

---

[1] Vergeht der Februar, ohne daß die Amseln auf ihrem Nest sitzen, gibt es zu Ostern keine Blätter.
[2] Mitte Februar muß die Amsel brüten.
[3] Ob Ostern früh oder spät ist, immer sieht man Amseln in den Hecken. Ob die Amsel gut oder schlecht überwintert hat, spätestens an St. Georg hat sie ihre Jungen.

mann, wenn die Amsel vor dem März singe, werde das Getreide teuer (89). Einen harten Winter künden sie an, wenn sie hoch bauen; baldigen Schneefall, wenn sie drei Tage lang an derselben Stelle erscheinen (72). Kälte steht in Aussicht, wenn sie in der Haute-Bretagne schreiend die Wiesen aufsuchen (113, III).

Singen bei uns die Amseln anhaltend bei Regenwetter, ist keine Änderung des Wetters zu erwarten. Regen gibt es nach dem Volksglauben im Thurgau, wenn sie den ganzen Tag singen, statt nur am Abend (141, IX).

Noch im 18. Jahrhundert behauptete man in Frankreich, das Leben der Amseln sei kurz, und zwar deshalb, weil sie die Gewohnheit hätten, mit dem Hinterteil gegen den Wind zu schlafen. Dies ganz im Gegensatz zu anderen Vögeln, die immer den Kopf nach der Richtung halten, aus der der Wind bläst (113, III). Konrad von Megenberg berichtet von einer weißen Amsel, die einst der Domprobst von Regensburg besaß und deren weiße Farbe er folgendermaßen zu erklären sucht: „Daz der selb vogel von ainem kalten sâmen kommen was und daz sein vater ain kalt dinch gezzen het, oder in der pruot ist ain kaltes dinch zuo dem ai gevallen, wan (denn) in dem nest wâren zwuo swarz Amseln und zwuo weiz und ain swarzeu, diu het ainen weizen zagel" (72, I).

Mit gewissen eigenen Zweifeln hat Geßner in sein Vogelbuch auch eine „Amsel ohne Füß" übernommen von der alte römische Quellen berichten. Worauf dieser merkwürdige Glaube an einen Vogel ohne Beine zurückzuführen ist, bleibt dabei im Dunkeln.

Vom heiligen Keiwing erzählt die Legende, indem sie sich darauf stützt, daß man die Amsel wegen ihrer Trauerfarbe und ihres einsamen Lebens im Walde, was natürlich zu des Heiligen Zeit noch stimmte (der lateinische Name des Vogels, Turdus merula, heißt von mere, die Einsame; die Hebräer nennen sie chamsa, die Verborgene) mit den heiligen Waldbrüdern verglich oder sie doch wenigstens in Verbindung mit ihnen brachte. Der Heilige habe gleich indischen Büßern stets die Hände zum Gebet, ohne sie sinken zu lassen, emporgehoben. Da sei es einst geschehen, daß eine Amsel ihre Eier hineinlegte und brütete (85, I).

Eine rumänische Sage weiß, daß die Amsel einst eine sehr schöne Königstochter gewesen sei, die von zahlreichen Freiern den zum Gatten wählte, der sie am meisten liebt. Nicht lange aber war sie glücklich; der Mann starb und die arme Gattin konnte sich nicht über seinen Tod trösten. Schließlich bat sie Gott, sie in einen Vogel zu verwandeln. So wurde sie zur Amsel. Das schwarze Gewand zeigt noch heute die Trauer der Amsel, die durch ihren schönen Gesang den Toten aufzuwecken versucht. Deshalb lernt sie auch leicht neue Lieder, im Bestreben immer besser und schöner singen zu können. Auch baut sie ihre Nester immer in Sträuchern, um dem in der Erde schlummernden Gatten näher zu sein (22, III).

De Merula Apode.

Ein Amsel ohne Füß.

ES soll diese Amsel von Natur keine Füß haben/ wann Malocchio bey Aldrovando zu glauben/ in der Größ ist sie einer Spannen lang/ und 3. Finger breit; auff dem Rücken/ Bauch/ und Kopff ist sie hoch Scharlachen Farb; an den Flügeln und Schwantz aber schwartz/ sie hat einen Schnabel wie die gemeine Amseln/ außgenommen daß er an der Spitz gekrümmet und schwartz/ oben aber an dem Kopff weiß ist.

Abb. 11: Wie sehr sich der Naturforscher Gessner auch von dem Volksglauben beeinflussen ließ, zeigt diese merkwürdige „Amsel ohne Füß" aus seinem Vogelbuch

Eine französische Sage berichtet: Die Amsel, die früher ein blendend weißes Gefieder hatte, saß einmal ganz versteckt in einem Busch. Zu ihrem großen Erstaunen bemerkte sie, wie eine Elster nacheinander Diamanten, Kleinode und Goldstücke in die Höhlung eines Baumes legte. Die Amsel kam hervor, zeigte sich der Elster und fragte sie, wie man es machen müsse, um sich solche Schätze zu verschaffen. Die Elster, die sich ertappt sah, wagte nicht, die Auskunft zu verweigern und sagte: „Gehe zum Prinzen des Reichtums in das Erdinnere, biete ihm deine Dienste an, so wird er dir erlauben, soviel Schätze mitzunehmen, wie du in deinem Schnabel tragen kannst. Du wirst durch viele Höhlen kommen, von denen immer eine herrlicher ist als die andere. Aber vor allen Dingen, berühre nichts, ehe du den Prinzen des Reichstums gesehen hast." Die Amsel begab sich an den Ort, den die Elster ihr bezeichnet hatte und fand dort den Eingang zu einem unterirdischen Gang, in den sie eintrat. Sie gelangte in eine Höhle, die von lauter Silber erglänzte, sie erinnerte sich jedoch an den Rat der Elster und ging weiter. Da kam sie in eine zweite Höhle, die war ganz mit Gold ausgefüllt. Diese Versuchung war zu stark für die Amsel, und sie versenkte ihren Schnabel in den Goldstaub, der den Boden der Grotte bedeckte. Im selben Augenblick aber erschien ein Ungeheuer, das rauchte und spie Feuer und wollte sich auf die arme Amsel werfen. Erschreckt floh sie und konnte sich gerade noch mit Mühe und Not retten. Aber der dichte schwarze Rauch, mit dem das Ungeheuer sie angeblasen hatte, färbte ihr schönes weißes Gefieder. Es wurde ganz schwarz, und nur ihr Schnabel behielt die Farbe des Goldes, das sie hatte rauben wollen. Noch heute, wenn man eine Amsel überrascht, läßt sie einen jämmerlich ängstlichen Schrei ertönen, als fürchte sie, daß sie es wieder mit einem solch schwarzen Ungeheuer zu tun bekomme (22, III). Wegen ihres glänzend schwarzen Gefieders und ihres gut genährten, behäbigen Aussehens vergleicht man Geistliche mit der Amsel und bezeichnet sie in Schwaben als Choramsle (11, XVI). Wie man im Deutschen von einem weißen Raben spricht und damit etwas sehr Seltenes meint, so wendet der Franzose die weiße Amsel als Symbol des Seltenen an, zum Beispiel in der Redensart: „Etre rare comme un merle blanc", selten wie eine weiße Amsel (102).

Sehr verschieden sind die Auffassungen von den geistigen Fähigkeiten der Drosseln. Die Naturgeschichte schildert alle dieser Gattung angehörenden Vögel als außerordentlich listig und intelligent. In Übereinstimmung damit wird im Italienischen merlo und im Französischen fin merle auf einen schlauen verschmitzten Menschen angewandt. Hierauf bezieht sich auch die italienische Redensart „Canta merlo", sing nur, Amsel. Mit diesem Zuruf will man einem schlauen Verführer zu verstehen geben, daß man seine Absichten durchschaut und sich durch seine Überredungskünste nicht fangen läßt (102). Eine listige, aber auch hinterlistige Frau nennt der Franzose (108, II) eine listige Amsel. In direktem Widerspruch dazu steht italienisch tordo als Bezeichnung eines unpraktischen oder auch geistig beschränkten Menschen sowie merlotto oder merlo grullo, dem etwa unser Einfaltspinsel entspricht. Analog nennt der Franzose gerne einen dummen Menschen beau merle, schöne Amsel (102). Merlette bedeutet in Frankreich: für eine Heirat unterhandeln, mit Merlet wird dabei der Unterhändler oder Kuppler bezeichnet (108, X). Die Redensart: „dar la caccia ai merli", auf Amseln Jagd machen, wendet der Italiener auf Mädchen an, die ihren Liebhaber auf der Straße suchen (102). Ein Mädchen, das gerne den Burschen nachstreicht, schonend als Buebemeitli bezeichnet, nennt man in der Schweiz Hagamsle (118).

In der Studentensprache des 16. Jahrhunderts nannte man einen tüchtigen Bierzecher auch Bieramsle (102). Unter „En Amsle ha" versteht man heute noch in der Bündner Herrschaft einen Rausch haben (125, I). Dieser Ausdruck ist entweder vom Vogelfang hergenommen, im Sinne von „etwas gefangen haben" oder bezieht sich, an die sangesfreudige Drossel denkend, auf die Sangeslust des Betrunkenen. Im Sinne der Geringschätzigkeit ruft man in der Schweiz bei einer Aufforderung zur Abfertigung eines unangenehmen Handels: „Hau si Lukas, es ist en Amsle" (118).

Ein Gegenstück zur alten Eule bildet im Deutschen die alte Drossel (102) und in Frankreich die „vilain merle", die garstige oder – ironisch – schöne Amsel als Bezeichnung einer häßlichen Weibsperson oder überhaupt eines unangenehmen Menschen. In Oberhessen wird eine schmutzige und faule Person Drossel genannt (20), und Schwarz- oder Dreckamsel wendet man im Pfälzischen (102) auf Menschen an, die sich in Unordentlichkeit hervortun.

Hagamsle gilt im Kanton Appenzell als Scheltname für weibliche Personen, die im Äußeren unordentlich sind. Im Kanton Schaffhausen ist die Hagamsle eine lustige, aufgeweckte Person, nur in Stein a. Rh. ist es der Ausdruck für moralische Verdächtigkeit. Chammer-Amsle ist in den Katonen Zürich und Graubünden humoristische Bezeichnung für einen Säugling oder kleinen Schreihals. Chlag-Amsle schilt man allgemein melancholische zum ständigen Jammern neigende Menschen; in Glarus und St. Gallen wendet man das Wort auf Kinder an, die andere verpetzen. Nahe verwandt mit der jammernden Chlag-Amsle ist die Betamsle, die im Kanton Luzern mit der Betschwester identisch ist (125, I).

Da gerade die Amseln nicht nur lebhafte, sondern auch sehr dreiste Vögel sind, werden sie in Frankreich zur Bezeichnung etwas resoluter Frauenspersonen (102). „Aspetto il merlo", er wartet auf die Amsel, sagt der Italiener von jemand, der müßig herumsteht und Maulaffen feilhält. Dabei denkt man sich freilich die gebratene Amsel, von der einer hoffen mag, daß sie ihm wie die gebratene Taube in den Mund fliegt (102). Von einer Frau, deren Schönheit zu schwinden beginnt, sagt der Italiener, sich auf den Vogelfang, insbesondere an die Zeit der besten Fänge beziehend: „La merla a passato il Pô (108, II). Vom Vogelfang hergenommen ist auch die im 16. Jahrhundert üblich gewesene Redensart: „Schiacciare il calo al tordo", der Drossel den Kopf zerdrücken, d.h. einer Sache ein Ende machen. Amseln und andere Drosselvögel sind dem Italiener im Herbst sehr begehrte Leckerbissen, deren er möglichst habhaft zu werden sucht. Es ist aus diesem Grund leicht verständlich, daß zahlreiche Redensarten dem Vogelfang entspringen: „Non ne passa ogni giorni di quisti tordi", solche Drosseln ziehen nicht alle Tage vorüber. „Il tordo é andato nella ragna", die Drossel ist ins Netz gegangen (102). Solche Redensarten finden im täglichen Leben Anwendung und werden nie mißverstanden. Wer sich besonderer Körperfülle erfreut, ist in Italien, dem klassischen Land des Vogelfanges, grasso come un tordo (102). Allgemein gilt der Amselgesang als sehr melodisch und wohlklingend, und die Redensart „Singen wie eine Amsel" bedeutet ein großes Lob für den Sänger. Ganz anderer Auffassung ist man in Schlesien. Hier, wo die Amsel als Gespenstervogel gilt, gebraucht man sie für gespenstische Töne: Es pfeift wie eine Amsel (24, II). Auf die Unermüdlichkeit im Gesang spielt der Franzose an in der Redensart: „Siffler, jaser comme une merle", wie eine Amsel pfeifen und schwatzen (102). Ein Amselnest nennt der Franzose feinfühlend einen „Haufen". Im Argot aber wird dieser Ausdruck zur Bezeichnung eines runden Hutes verwendet (108, X). Wie man ein Goldstück allgemein mit einem Vogel vergleicht und deshalb Goldvögeli nennt, so vergleicht der

Franzose das Frankenstück mit der flüchtigen Amsel und nennt es im Argot Merle (108, X). Das Fleisch des Kiebitzes und der Drosseln gilt als Delikatesse und ist so berühmt, daß man sogar sprichwörtlich sagt:

> Qui n'a mangé grive ni vanneau
> N'a jamais mangé bon morceau (108, II)[1].

„Faute de grives, on mange des merles." In Ermangelung der Drosseln ißt man Amseln, meint der Franzose, im Sinne der deutschen Redensarten: „In der Not frißt der Teufel Fliegen" oder „Man muß sich mit Brot behelfen, bis man Fleisch bekommt" (111).

In Châtillon-sur-Loing legt man den Amselgesang folgendermaßen aus:

> Marguerite, Marguerite,
> Couve les bien ces pauvres petits;
> Car il viendra un grand goulu
> Qui les mangera tout drus
> Tout drus, tout drus[2].

Andernorts hört man daraus die Worte:

> Laboureu,
> Attelle tes bœufs
> Tous les huit, tous les huit,
> Marguerite
> Allons vite,
> Allons vite[3] (108, II).

Die Walcholderdrossel

Wie die Misteldrossel, so wird auch die Wacholderdrossel nach ihrer Nahrung benannt, und je nach dem Synonym, das die Mundart für die namengebende Pflanze kennt, heißt auch der Vogel. So gibt es einen Krammets-, Kranwets-, Kranvit- (91, I), Kranavets- oder Krammsvogel. Im Elsaß nennt man ihn Chrammisvogel und unter diesem Einfluß in der Schweiz Kramnutzer, Chrammis (117), Chramitsvogel oder Chrähitzler (132). Die üblichsten schweizerischen Bezeichnungen sind Räckholdervogel oder Räcköldeler (132). Von den scharfen Lauten der Vögel, scha,

---

[1] Wer niemals Drossel oder Kiebitz gegessen hat, hat nie ein gutes Stück gegessen.
[2] Margarethe, Margarethe, bedecke gut Deine armen Kleinen, denn wenn ein großer Vielfraß kommt, dann frißt er sie ganz schnell.
[3] Bauer, spanne sofort Deine Ochsen an, Margarethe komm schnell, komm schnell.

schack, heißt man sie auch Schaker (132), Schacher, Schnagezer, Tschakt-schakat in Luxemburg, französisch Chackchack (117), Cacha, Clacla, italienisch Ciac ciac oder Tordo ciàco (91, I).

Im Elsaß gilt die Ankunft der Wacholderdrossel als ein Zeichen des nahenden Winters. Daher pflegt man zu sagen: „Wenn es Schnee hat auf dem Ballon, ist die Wacholderdrossel nicht mehr fern (108, II). Fallen sie in der Oberpfalz auf die Vogelbeerbäume in den Tälern, wird es bald schneien (122, II). Lange anhaltende Kälte verkünden die Krametsvögel den Bauern, wenn sie auf den Bäumen sitzen und singen (96).

Wenn die von Norden kommenden Drosseln, Wacholder-, Wein- und Misteldrosseln nicht vereinzelt, sondern in großen Scharen fliegen, so sollen sie nach Aldrovandus eine bevorstehende Pestepidemie anzeigen (45). In diesem Sinne schrieb auch schon Gessner: „So dise Vögel nit zerströuwt, sunder dick und scharweyss fliegend, meinend etlich sie sollend ein zeichen einer zukünfftigen pestilenz seyn (30).

In Fougerolles bedeutet eine Drossel am Vormittag in der Schlinge zu fangen eine schlimme Neuigkeit, der Fang am Nachmittag ist Vorzeichen von etwas Angenehmem (108, X). Rote Milch geben die Kühe desjenigen, der im Kanton Bern junge Wacholderdrosseln im Nest stört (110).

Ärzte verordneten Drosseln, die man im Altertum meisterhaft zu mästen verstand, gern als Krankenkost, so Galenus, Philumenos, Marcellus, Empiricus und Alexander von Trallis (54, II).

Lassen wir uns von Gessner sagen, wie herrlich gebratene Wacholderdrosseln schmecken und wie gesund sie für den Menschen sind: „Dieser Vogel ist seer lieblich und wolgeschmackt, darumb wirt er, als ein besonderer schläck, zur Speyss ausserkoren, bezeüget Horatius. Galenus zelt dise Vögel unter die Speysen, so nit zu ein dicke doch zarte, sunder ein mittelmässige feuchte im menschen gebärend. Bapt. Fiera lobt ein feiste Amsel mer, darumm dass der Krametsuogel hitziger ist, und stercker schmöckt: doch wenn der vom weidmann in einem strick oder garn gefangen, lass er denselbigen gleych so gut seyn als die Amsel. Die so stäts den flussz der guldinen anderen habend, fürauss den zockenden, die söllend dise vögel und Kränch in der Speyss meyden."

„Dise vögel und die Amsel solt du braten: wiewohl sy gesotten mit pfäffer und salbinen auch nit unlieblich sind. Nach dem du disen vogel nach notdurfft gebraten hast, so nimm wol zerstossen mandelkernen, mit saltz besprengt un mit unzeitig treübelsafft, unn einem brüllin vermischt, darauf spreng einwenig imber und zimmet: diss alles vermischt, schlach durch ein härin sib in einen hafen: und wenn dise ein wenig gekochet, so schütt es in den hafen darin die gebratnen vögel ligend. Etliche wöllend es an die gebratenen Krametsvögel pomerantzen aussdrucken, oder süss gwürtz darauf sprengen, als Platina leert. Alexander Benedictus lobt zu

der zeyt der pestilenz einen gebratenen Krametsvogel zwen tag in essich
gebeitzt, etlich füllend mit disem, als auch mit Hünermägen, ein Saug fär-
lein. Man mag auch darauss, als auss jungen Hennen, pasteten machen."

„Varro gibt den preyss disem und der Amsel mist, nit allein die äcker
damit zu tüngen, sunder auch den Ochsen und Schweynen zur speyss ze-
brauche: dann sy von diser speyss ee dann sunst von keiner anderen feisst
werdend" (30). Schon vor einem halben Jahrtausend waren also die Wacholderdrosseln gesuchte Leckerbissen, die zudem gut bezahlt wurden.
Ein guter, frischer reckholtervogel galt anno 1578 gern seine zwei Schilling (125, I).

Im Kanton Appenzell vergleicht man kleine, aber scharfe und lebhafte
Augen mit denen der Wacholderdrossel und sagt von ihnen: „Auge wie-
n-en Reckholdervogel." Auf die Vorsicht des Vogels bezieht sich die Redensart: „Vorsichtig wie en Reckholdervogel" (125, I).

Die Nachtigall

Die Nachtigall hat ihren Namen von dem berühmten Gesang, den sie in
nächtlicher Stunde ertönen läßt. Mittelhochdeutsch nahtegal und althochdeutsch nahtigala sind in ihrem zweiten Kompositionsglied eine Ableitung des altgermanischen galan, „singen", und bezeichnen den Vogel
als Nachtsängerin (117), Nachtsänger oder Nachtkönigin (132). Die romanischen Namen für diesen Vogel: italienisch Usignolo, Rusignol, französisch Rossignol, beruhen sämtlich auf dem lateinischen *Luscinicola*.

Auf die Nachtigall weist eine ganze Reihe topographischer Namen:
Nachtigallenwäldli in Basel; Le Rossignol, La Rossignole, La Fontaine
du Rossignol, L'Etang du Rossignol, Le Bois du Rossignol, La Combe-
Rossignol, La Butte-Rossignol, La Chemin du Rossignol, Le Luisigneul,
Le roussignol, Le Lucignol, La Rue Rossignol, eine Straße in Bar-le-Duc.
Eine alte Herberge in Etampes hieß Au Rossignol (108, X). Von der
Nachtigall, der verehrtesten und herrlichsten Sängerin, stammen die Ge-
schlechtsnamen: Nachtigall (39), Rossignol, Roussignol, Rossignol, Ros-
silhol, Roussigneul, Rossigneux, Lossignol, Lorcehnol, Lorsignol und
Rossignon (108, X). Über die Ankunft der Nachtigall im Frühling sagt
man in der Provence:

> Acu sinq d'abriétou
> Lou roussignoou canto
> Hort ou viéou[1] (108, X).

---

[1] Wenn der fünfte Monat kommt, singt die Nachtigall im Garten und im Hain.

Wie der Ruf des Kuckucks soll auch das herrliche Lied der Nachtigall in Luxemburg am Johannistag verstummen (28).

Wie heute noch, so wurde die Nachtigall wegen ihres schönen melodisch-traurigen Gesanges schon im Altertum bewundert und verherrlicht. Wie in Deutschland, wo ihre Freiheit in Bamberg im Jahre 1532 obrigkeitlich anerkannt wurde: „Gebot der Nachtigall halb: soll nicht gefangen werden", so wurde sie auch im alten Hellas, wo auch auf den raffiniertesten atheniensischen Küchenzetteln im Gegensatz zum luxuriösen Rom keine Nachtigallen figurierten, geschont. Es war eine natürliche Folge dieses Schonungssystems, daß überall in Griechenland, auf dem europäischen, wie auf dem asiatischen Festland, auf den Inseln des ägäischen Meeres, auf Sizilien und überall, wo es Haine gab, mit jedem erstehenden Frühling auch der prächtigste Nachtigallengesang sich einstellt. Fast mehr noch als das frische Blumenkleid der Erde galt die Ankunft der Sängerin den Griechen als Zeichen des Frühlings (54, II).

Die älteren griechischen Dichter sahen die Nachtigall gleichsam als den heiligen Vogel der Poesie, wie die späteren Dichter den Schwan (54, II). So wird sie häufig als Sinnbild der veredelnden Poesie gerühmt. Von Stesichorus, dem berühmtesten Poeten, erzählt die Sage, auf seinem Munde habe in den Tagen seiner Kindheit eine Nachtigall gesungen.

Die Pamphylier des klassischen Altertums nannten Pallas Athene eine Nachtigall, und Euripides war die „süß singende Nachtigall des Theaters". Die Nachtigall galt aber den Alten auch als Sinnbild der Liebe und Trauer, denn diese waren es, die der Nachtigallenschlag verriet und erweckte (54, II)

Die Römer waren solche Liebhaber der Nachtigallen, daß sie riesige Preise für sie zahlten. Schon Plinius erregte sich darüber, daß sie teurer seien als Sklaven, ja sogar teurer als ehemals die Waffenträger (54, II). Agrippina, der Gemahlin des Kaisers Claudius, soll einst eine weiße Nachtigall zum Geschenk gemacht worden sein, die 300 Gulden kostete (159, I). Plinius und eigentlich das gesamte Altertum schwärmten für den schmelzenden und wunderbar wechselnden Gesang dieses Vogels, und wenn es vorkam, daß ein verrückter Protz möglichst teure Sänger zusammenkaufte, um sie braten zu lassen und zu verspeisen – die Söhne des Arrius und ein Sohn des Schauspielers Aesopus in Rom werden erwähnt –, verfielen sie geradeso der allgemeinen Verachtung wie andere gleichartige Narren (54, II). Auch der römische Imperator Elagabal soll seinen Gästen Pfauenhirn und Nachtigallenzungen vorgesetzt haben. Als Sängerin trauriger Melodien findet man die Nachtigall neben anderen Singvögeln auf den Wandgemälden römischer Grabmonumente (56).

Der christlichen Kirche ist die Nachtigall, hervorgegangen aus dem Symbol tiefer Trauer im alten römischen Reich, der Vogel der Erlösung

und der Seligkeit. So wird die Seele der Frommen mit ihrer Sehnsucht
nach dem Himmel, der Nachtigall verglichen, die in der Nacht aus Sehnsucht nach dem Licht stirbt (85, II).

Der Gesang der Nachtigall wirkt schmerzlindernd und bringt dem Sterbenden einen sanften Tod, dem Kranken aber eine schnelle Genesung,
daher ruft man in Bayern gerne die Muttergottes an, sie möchte die Nachtigall schicken und den Kranken „zeichnen", sei es zum Leben oder seligen Entschlummern (51). „Wenn doch nur die Nachtigall käm und uns
tät auflösen", klagt der des Lebens und seines Siechtums überdrüssige
Bauer am bayrischen Lechrain (105, I).

In der christlichen Symbolik fußt wohl auch der bretonische Glaube,
der Gesang der Nachtigall, in der Nacht gehört, verkünde das nahe Ende
eines Menschen (108, X). Vorbedeutend ist der Gesang dieses Vogels
auch in Posen. Hört man ihn nämlich im Frühjahr bei Sonnenuntergang
zuerst, wird ein Unglück in der Familie passieren; hört man sie aber vor
jener Zeit oder bei Sonnenaufgang, wird entweder ein Sohn geboren oder
sonst etwas Glückliches geschehen (58).

Plinius (159, I) glaubte, die Nachtigallen hätten „fünfzehn Tage und
Nächte ohne Unterbruch, wenn sich das Laub verdicket, einen geschwät-
zigen Gesang". Weil sie heute noch Tag und Nacht singt und so schnell
ihre Kräfte verbraucht, lebt sie nach dem Volksglauben nur ein Jahr (58).
Nach französischem Glauben schläft die Nachtigall nicht vor zwei Uhr
nachts. Ißt man nun das Herz dieses Vogels, wird man nicht vom Schlaf
heimgesucht oder schläft wenigstens nicht vor zwei Uhr morgens ein. Das
Herz gegessen, verleiht auch die Zauberkraft, daß man hernach ebenso
gut singen kann wie die Nachtigall (108, X). Wenn in Psalm 104,12 die
Rede ist von Brunnen, über denen „sitzen Vögel des Himmels und zwischen den Zweigen tönt ihr Lied", vermutet man hier nicht mit Unrecht
Nachtigallen, die heute noch in den blühenden Rosen und Granaten des
Heiligen Landes singen.

Begann die Nachtigall bei hellem Abend frühzeitig mit ihrem Gesang,
verkündete sie den Alten baldigen Regen (96). Mit der sozusagen heiligen
Verehrung, die das Volk von alters her für diesen Vogel hegt, stimmt es
vollkommen überein, daß die Nachtigall in der Volksmedizin nirgends erwähnt wird. Nur die Japanerinnen brauchen neben dem Pulver von verschiedenen Pflanzen auch getrockneten, zu Pulver zerriebenen Kot der
Nachtigallen, um eine glänzende Hautfarbe zu erhalten (46, II). Nach
dem böhmischen Volksglauben soll sich jene Nachtigall, der man die Jungen raubte, nachdem sie diese ängstlich und vergebens suchte, aus Gram
an einem Gabelast erhängt haben (35). Im Waadtland erscheint der Teufel neben Hase, Bär, Fuchs, Katze usw. gar zuweilen in Gestalt einer
Nachtigall (44, XII). Die griechische Mythe verwandelte Philomela, die

Philomele.
Originalzeichnung von E. Schmidt.

Abb. 12: Nach einer griechischen Sage wurde das Mädchen Philomela in eine Nachtigall verwandelt. Aus diesem Grunde wird in manchen Gegenden die Nachtigall noch heute auch „Philomele" genannt. Hier auch auf einem Stich aus einer Wochenschrift (wahrscheinlich „Die Gartenlaube") aus dem Ende des 19. Jahrhunderts.

Tochter eines Königs von Athen, nachdem sie von Thereus entehrt und, um die Schandtat nicht mehr verraten zu können, der Zunge beraubt, dessen Sohn tötete und ihm zur Speise vorsetzte, in eine Nachtigall, um sie der Verfolgung des Thereus zu entziehen. In dieser Gestalt muß sie ewig ihre Tat bereuen. Aus diesem Grund wird die Nachtigall noch heute manchmal als „Philomela" oder „Philomele" bezeichnet (Abb. 12).

Dante erwähnt die Mythe in „Fegefeuer", XVII:

> „Die Arge sah ich, die sich im Gefieder
> Des Vogels barg, der ewig Reu und Gram
> Verhaucht im Klang der süßen Klagelieder."

Eine andere Mythe läßt die Nachtigall den Tod ihres eigenen Kindes, das sie versehentlich ermordet hatte, beklagen. Homer singt in der Odysee 19. 520 ff.:

> Sitzend unter dem Laube der dicht umschatteten Bäume,
> Rollt sie von Tönen zu Tönen, die schnelle melodische Stimme,
> Ihren geliebten Sohn, den sie selber ermordet, die Törin!
> Ihren Itykos beklagend, den Sohn des Königs Zethos."

Nach einer bulgarischen Sage hatten sich einst der Sperling und die Nachtigall vorgenommen, allerlei Sprachen zu erlernen. Sie gingen deshalb auf die Landstraße und setzten sich auf einen Baum, damit sie hörten, was die vorbeiziehenden Reisenden redeten. Später fragten sie einander, was sie gehört hätten. Die Nachtigall sang allerlei Lieder her, der Sperling aber konnte nur: Gragra, gra sagen. Denn als sie sich auf den Baum gesetzt hatten, schlief er ein und erwachte erst, als Schweine ein langweiliges: Gra, gra, gra grunzten (22, III).

Ein Kaiser, so berichtet eine russische Sage, verheiratete seine schöne Tochter. Beim Hochzeitsmahl begann der Trauzeuge die Trauzeugin zu beschuldigen und zu verspotten, sie habe eben ein Brot gestohlen und bei sich verborgen. Die Frau war zu schüchtern, um sich zu rechtfertigen; sie bat Gott vielmehr, sie in einen Vogel zu verwandeln, wenn er von ihrer Unschuld überzeugt sei. So geschah es. Sie wurde zur Nachtigall und beschuldigte ihren Begleiter, er habe das Brot gestohlen. Das war auch der Fall, und er erhielt seine Strafe. Die Nachtigall aber kann immer noch nicht die ihr angetane Schmach vergessen, sondern ruft noch heute, man solle den Dieb fangen, um dessen Willen sie zum Vogel geworden sei (22, III).

In alten Zeiten, so weiß eine estnische Sage, hatte die Nachtigall eine überaus laute Stimme. Wo sie ihren Gesang ertönen ließ, vermochte man nichts anderes mehr zu hören. Einst hatte nun ein Mann auf dem Felde mit Ochsen gepflügt, als plötzlich in einem Maulbeerbaum am Feldrain die Nachtigall ihr Lied zu singen begann und so laut sang, daß die Ochsen vor dem Pflug tot niederfielen. Da begann der Pflüger mit lauter Stimme, der Nachtigall und ihrem Schöpfer zu fluchen, der sie mit einer so starken Stimme geschaffen hatte, daß seine Ochsen darüber zu Tode erschraken. Gott war darüber so ärgerlich, daß er die Stimme der Nachtigall fünfzigmal verringerte. Seitdem singt sie nun so sanft wie heute (22, III).

Eine französische Sage weiß davon, daß einst die Nachtigall, die damals nur ein Auge hatte, zur Hochzeit des Zaunkönigs eingeladen war. Da sie aber nicht gerne so erscheinen mochte, erbat sie sich das zweite Auge von der Blindschleiche. Auf der Hochzeit beglückwünschte man sie allgemein zu ihren schönen Augen, weshalb sie sehr stolz wurde und sich entschloß, das geborgte Auge der Blindschleiche nicht mehr zurückzugeben. Jene aber rief zur zu: „Du bist ein Gauner, aber ich weiß mich zu rächen an dir, früher oder später, am Tag oder bei Nacht, wenn du schläfst." Seit jener Zeit nahm sich die Nachtigall vor, nie zu schlafen. Einmal aber schlief sie, in einem Weinstock sitzend, ein, und die Ranken der jungen Rebe schlangen sich um ihren Hals. Sie erwachte, glaubte, daß die Blindschleiche sie überrascht habe und befreite sich ohne Mühe. Bei Tagesanbruch sah sie ihren Irrtum und beruhigte sich, seitdem aber schläft sie nicht mehr, und um sich wach zu halten, singt sie: La vigne pouss', pouss', pouss', je ne dors ni nuit ni jour (22, III).

Nach einer maltesischen Sage geschah es einst, daß die Muttergottes ihr Kindlein nicht in den Schlaf singen konnte, da sie heiser war und müde vom Spinnen. Der kleine Jesus aber wollte nicht schlafen, da er an den Gesang seiner Mutter gewöhnt war. So versuchte sie es ihm zu liebe noch einmal, aber es wollte nicht gehen. Da ließ sich plötzlich ein Vöglein vernehmen, das der Muttergottes heimlich die schönen Lieder abgelauscht hatte und sie nun wundervoll und rein wiedergab, so daß der kleine Jesus glaubte, seine Mutter sänge sie ihm wie gewöhnlich. Als er eingeschlafen war, sprach sie zum Vogel: „Du sollst von nun an meine Stimme in dir tragen, damit du den Menschen von Leid und Freude erzählst und von der Sehnsucht nach dem Frieden. Deinen Namen aber wird man mit dem meinigen verbinden." Seit der Zeit singt die Nachtigall mit der Stimme der Gottesmutter und ihre Namen vereint man, weil es heißt: Marie, du Nachtigall des Himmels. Weil die Nachtigall Jesus oder das Christkindlein in Schlaf gesungen hat, soll sie in der Steiermark für heilig gelten (22, II). Wie in Westfalen und Mecklenburg, so ist auch in Pommern die Nachtigall ein verwandelter Schäfer, hier speziell eine Schäferin, die noch jeden Morgen kurz vor Sonnenaufgang ihren gelieb-

ten David zu wecken pflegt: David! David! Nu ist Tied, is Tied, is Tied!
Stah up, stah up, Hurtig, hurtig, to Bucht, to Bucht 22, III).

Auf Rügen erzählt man sich, die Nachtigall sei eine verwünschte Schäferin, die ihren Bräutigam, einen Schäfer, schlecht behandelte, da sie ihn
ihre und seine Schafe bis spät in die Nacht hinein treiben ließ. Lange
schon hatte sie ihm die Ehe versprochen, aber nie ihr Wort gehalten, bis
der Schäfer einmal im Unmut ausrief, er wünsche, daß sie bis an den
jüngsten Tag nicht schlafen könne. So ist's denn auch gekommen, die
Nachtigall schläft auch bei Nacht nicht und singt ihr Klagelied in folgenden Worten: Is tît, is tît, to wît, to wît. Trizy, Trizy, Trizy (so hieß ihr
Hund) – to bucht, to bucht, to bucht (es ist dies der gewöhnliche Schäfer-
ruf, wenn der Hund die Schafe im Bogen treiben soll); darauf pfeift sie
noch dreimal und schweigt dann (65, II).

Gemäß einer Sage aus der Dauphiné schlief die Nachtigall einst auf einer Wiese; andere aber sagen, in einem Walde. Sie saß auf einem Ast, auf
den eine Ranke eines Geißblattes kletterte, die dann während der Nacht
einen Fuß des Vogels umrankte, so daß die Nachtigall sich am Morgen
beim Erwachen gefangen sah. Sie schrie um Hilfe und konnte endlich ihren Fuß befreien. Seit der Zeit singt sie die ganze Nacht, um wach zu bleiben, damit sie nicht mehr gefangen würde (100, VI).

Wie schon aus ihrem Namen hervorgeht, ist die Nachtigall nicht durch
ihr bescheidenes Kleid, sondern durch ihren Gesang so bekannt, weshalb
man auch gute Sängerinnen, die einen Höhepunkt in der Sangeskunst erreichen, mit diesem Vogel vergleicht. Das höchste Lob, das man einer
Sängerin zollen kann, ist, daß man von ihr sagt, sie singe wie eine Nachtigall. Weiter als der Deutsche, dessen Sprache nicht so voller Phantasie ist
wie die des Romanen, geht der Franzose und meint die gute Sängerin,
von der auch er sagt: sie *ist* eine Nachtigall „Elle des rossignols dans la
gorge", sie hat Nachtigallen in der Kehle. Rossignoler bedeutet geradezu
„schön singen", und analog bildet der Engländer von nightingale „nicht-
ingalise", ein allerdings selten verwendetes Wort (102).

Zum Symbol der Sängerin wird die Nachtigall in dem durch die Naturgeschichte vollauf bestätigten Sprichwort: „Quand le rossignol vu ses petits, il ne chante plus", wenn die Nachtigall ihre Jungen sieht, hört sie auf
zu singen, d. h. wenn erst Kinder da sind, hören Mutwille und sorgloses
Leben von selbst auf (108, II).

Einen schlechten Sänger nennt man in Frankreich ironisch eine arkadi-
sche Nachtigall. Ein Analogon findet sich im italienischen rusignuolo di
maggio, Mainachtigall, einer scherzhaften Bezeichnung des Esels. Ähnlich nennt der Franzose das Schwein rossignol à glands, „Eichelnachti-
gall", mit Anspielung auf die Lieblingskost des Tieres. Auf den schönen
Gesang der Nachtigall bezieht sich der Gebrauch dieses Vogelnamens als

Epithtons für Dichter. So nannte man Luther aufgrund seiner geistlichen Lieder „die Nachtigall von Wittenberg". Hans Sachs wurde zur „Nürnberger Nachtigall". Auch den Humanisten Melanchthon verglich man mit der Luscinia (102).

Da die Nachtigall mit ihrem bezaubernden Gesang alle Herzen gewinnt, sagt man in Frankreich von einer Frau, die viele Eroberungen macht: „C'est un rossignol", und zwar auch dann, wenn es mit anderen Reizen geschieht als mit dem Gesang (102). An diese „rossignol" lehnen sich verschiedene andere, oft zweideutige Redensarten an. So versteht der Franzose mit „Eine Nachtigall fangen" ein Mädchen verführen. „Auf die Nachtigall warten" kann ein Stelldichein mit der Geliebten bedeuten, handele es sich dabei um ein ehrbares Mädchen oder eine „rossignol" (108, X).

Die Nachtigall, die gepriesene Sängerin, die man im Mittelalter mit „Ihr" anredete, muß es sich aber gefallen lassen, daß man ihr eine zweifelhafte Tugend zuschreibt und, sie mit einem neugierigen Menschen vergleichend, von jenem sagt, er sei neugierig wie eine Nachtigall (20).

Obwohl man aber der Nachtigall die Ehre erwies, sie mit „Ihr" anzureden, benannte man im Mittelalter ganz prosaisch Geschütze nach der herrlichen Sängerin. Nachtigall hieß man 1569 in Frankreich auch ein Folterinstrument (108, X). Nachtschwärmenden Burschen gab man zu Anfang des 17. Jahrhunderts den Namen „Nachtigallsvögel". So hieß es Anno 1644 in einer Zürcher Anleitung zum Kriegswesen: Alle Nachtigallsvögel, so die Straßen unsicher machen und berauben und darneben keinen Herrn haben, soll du henken lassen (125, I).

Da, als die Nachtigall einmal eingeschlafen war, die Weinrebe sich um ihre Füße gerankt hatte, schläft sie nicht mehr, solange die Rebe treibt, und in der Franche-Comté ruft sie daher dem Winzer zu, ihn zum raschen Schneiden der Reben aufmunternd: Teille vite, teille vite, que peuille dormir.

In der Provence übersetzt man den Nachtigallenschlag:

> Dur, dur, dur, mol, mol, mol,
> Chuco, chuco, al roussignol.

Bei Tithiviers:

> vieux, vieux, vieux,
> Racoupia, racupia, racupia,
> Je te battrai tant
> Tant, tant
> Que je te ferai mouri,
> Mouri, mouri (108, X).

Das Rotkehlchen

Überall ist das Rotkehlchen unter dem Namen bekannt, welcher die Farbe der Kehle und der Brust hervorhebt. So heißt es in der Schweiz Rotbrüschtli, Röteli, Waldröteli, Rotacheli, Rotchröpfli (132), Rothälseli, Rotgügger, in Schlesien Routschatzla, im Elsaß Rostbrüsterle, in England Robin redbreast, im Dänischen rödhake, in Italien petti-rosso und im Französischen rouge-gorge. Die älteste deutsche Benennung ist althochdeutsch rotil oder rotilo, auf dem das neuhochdeutsche Rötele, ein alemannisches Wort, das schon Gessner im 16. Jahrhundert (30) anführt, beruht (117). Weitere deutsche Namen sind Kehlrötchen, Rotbart und Winterrötelein (91, I). In Frankreich nennt man das Vöglein auch ventrerouge, la pauvreté und, jedenfalls ganz besonders jene Vögel, die im Winter im Lande bleiben und aus nördlichen Ländern hergezogen sind: Prusse, Russe, Rossignol d'hiver (108, II).

Einst war der Vogel dem Thor heilig, jenem Gott, der in besonderem Maße für den Milchreichtum sorgte (74). Als ehemals göttliche Vögel stehen sie heute noch unter dem Schutz des Volkes (44, II), und wer sie plagt, verfolgt oder vertreibt, tötet, ihre Nester ausnimmt oder sie der Jungen beraubt, dessen Kühe geben im Simmenthal (44, XIII), im Kanton Zug (443, I), in der Innerschweiz (74) und im Zürcher Oberland (87) rote Milch. Diese blutige Milch ist ein gefürchtetes Übel, das man nur dadurch beseitigen kann, daß man die Milch „rückwärts" durch einen durchlöcherten Fingerhut auf den Boden schüttet (44, XIII). In Kärnten geht es dem Frevler auf alle Fälle übel. Im Kanton Bern brennt dessen Haus nieder (110), in Tirol erkrankt er an Fallsucht (154), und in Böhmen stirbt er schwer oder bekommt sein Leben lang Zittern in den Händen (35). Die Esten (63) und die Schweden (78) fürchten, wenn ein Rotkehlchen unter einer Kuh durchfliege, werde diese rote Milch geben.

Baut der Vogel sein Nest in der Nähe des Hauses, glaubt man, er bringe Frieden in dasselbe. Wo die Rotkehlchen nisten, leben die Eheleute in Glück und Frieden (35). Sehen die aus der Kirche tretenden Brautleute zuerst Rotkehlchen, wird ihre Ehe, wenigstens in Böhmen, eine glückliche sein (35). In Frankreich dagegen ist das Rotkehlchen ein Vogel von schlechter Vorbedeutung, und deshalb heißt es auch „Bezuet", was dasselbe bedeutet wie schlechtes, böses Auge (108, II).

Vom Rotkehlchen will Aldrovandus beobachtet haben, daß, wenn es in ungewöhnlicher Weise sich an die Dächer und das Innere der Wohnungen drängt, dies als ein Bestreben zu deuten sei, vor kommenden Stürmen Schutz zu suchen (45). Regen gibt es, „wenn die Rotkaelichen sich in die hohlen Löcher der Erden verkriechen", sagt schon die Alte Bauernphysik

Abb. 13: Die enge Verbindung des Menschen zu dem häufig in menschlicher Nähe nistenden Rotkehlchen zeigt sich in dieser Zeichnung einer kleinen „Idylle". Abbildung aus einem Heft der „Gartenlaube", Ende des letzten Jahrhunderts.

zu Anfang des 18. Jahrhunderts (96). Noch heute bedeutet es Regen in Frankreich, wo der Vogel immer noch ein beachteter Wetterprophet ist, wenn er auf der Erde sitzt und singt. Schönes Wetter aber wird erwartet, wenn die Rotkehlchen, um zu singen, auf die Wipfel der Bäume fliegen (108, II). Wenn die Tage nach der Wintersonnenwende allmählich länger werden, sagt der Franzose:

> A la Saint-Luce
> Les jours allongent d'un pas de russe[1] (108, II).

Das kleine zutrauliche Rotkehlchen mit seinen traurig groß-schauenden Augen spielt in den Christuslegenden eine wesentliche Rolle. So erzählt

---

[1] Am Tage St. Luzius werden die Tage um einen Rotkehlchenschritt länger.

eine niederländische Legende: Als Jesus voll Schmerz und Pein am Kreuze hing, sah er in einiger Ferne ein kleines Vöglein im Walde. Das trauerte am Rande seines Nestes. Bittere Tränen rannen aus seinen Augen, als es die scharfen, stacheligen Dornen sah, die das Haupt unseres Heilandes durchbohrten. Da sagte es zu sich: „Niemand kommt, um seine Leiden zu mildern. So will ich ihn zu trösten suchen." Es fliegt zum Kreuz, und es glückt ihm, einen Dorn aus dem Haupt zu lösen. Zugleich springt ein Blutstropfen auf des Vögleins Brust. Und Jesus sprach: „Zum ewigen Gedächtnis, liebes Vöglein, sollst du und deine Nachkommen das rote Flecklein auf der Brust behalten, und die Menschen sollen euch Rotkehlchen nennen."

Nach wallonischer Überlieferung waren es Rotkehlchen, die sich dem Herrn näherten auf dem Schmerzensweg zum Kalvarienberg und dort die Henker zu verjagen suchten. Als Jesu Blut floß, beeilten sie sich, es zu stillen, was ihnen aber nicht gelang. Heute noch haben aber die kleinen Vögel als einziges Zeichen ihrer Schönheit ein blutrotes Zeichen an der Kehle (108, II). Nach französischem Glauben sind die Eier des Rotkehlchens deshalb himmelblau, weil sich das Vöglein, als der Herr am Kreuz mit dem Tode rang, sich mitleidsvoll zum Himmel erhob (113, III). Als nach einer Sage aus der Bretagne Christus die Vögel versammelte und ihnen sagte, wer am höchsten fliegen könne, solle König sein, war es das Rotkehlchen, das sich im Gefieder des Adlers versteckte, und dann, noch nicht ermüdet, schließlich ein Stück höher flog als dieser (22, IV).

In Guernsey flog einst der Sage nach das Rotkehlchen übers Meer, um von einer Insel den Menschen das ihnen unbekannte Feuer zu holen (113, III). Dabei verbrannte es sich jedoch die Federn, und seither ist seine Brust rot geblieben (22, III).

In Frankreich sagt man den Kindern, sie dürften die Nester der Rotkehlchen nicht zerstören, da diese sonst Feuer in das Haus oder die Scheune brächten (113, III). Sébillot ist der Meinung, dieser Glaube stütze sich wahrscheinlich auf die oben erwähnte Sage von der Überbringung des Feuers auf die Erde.

Im Kanton Schwyz wurde das Rotkehlchen für einen Verbrecher zum Propheten. Davon erzählt die Sage vom blutenden Totenschädel: Auf den Höhen einer Schwyzeralp war einst ein Fremder erschlagen und ausgeraubt worden. Als mutmaßlicher Täter wurde der Senn der Alphütte zu Schwyz hingerichtet, obschon er bis zu seinem Tode seine Unschuld beteuerte. Lange Jahre waren seitdem verflossen, und niemand sprach mehr von der Begebenheit. Da kehrte eines Tages ein Einheimischer, der dreißig Jahre außer Land gewesen war, zurück. Er hatte Glück gehabt und war reich geworden. Es traf sich nun, daß man gerade in Morschach Kirchweih feierte. Der eben zurückgekehrte Mann ging auch hin, um sich zu vergnügen. Als die Leute ihn kommen sahen, liefen sie herbei und versammelten sich um ihn, seinen Erzählungen aus fremden Landen und von ihren Menschen zu lauschen. Wie ihm nun alle in gespannter Aufmerksamkeit zuhörten, ging die Türe auf, und herein trat ein Geißbub mit einem Totenschädel in den Händen. Er habe diesen, berichtete er, heute beim Kreuz oben auf der Höhe der Ziegenweide gefunden. Die Morschacher staunten über den weißen Schädel, und dieser ging von Hand zu Hande. Als nun die Reihe an den Heimgekehrten kam, fing der Schädel an zu bluten, und das Blut rieselte über seine Kleider. Erschüttert durch dieses Wunder, bekannte er sich als Mörder des Fremdlings. Im Gefängnis zu Schwyz erzählte er weiter: Am Morgen nach seiner Untat habe ein Rotkehlchen an sein Fenster gepickt und dabei gezwitschert: „Drysg Jahr, drysg Jahr, drysg Jahr." Da habe er den Entschluß gefaßt, die Heimat zu verlassen; dem Arm der Gerechtigkeit Gottes sei er aber nicht entgangen, und so sei das Vöglein an ihm zum Propheten geworden. Der Verbrecher aber zahlte seine Schuld mit dem Tode durch das Schwert (44, II).

In der Haute-Bretagne hört man im Gesang des Rotkehlchens die Worte: „Le cur dit spiritu pour des gros sous, pour des gros sous" (100, VII). Weil das Vöglein mitleidig war mit Jesus, während er am Kreuze hing, singt es heute noch: „Jésus, Jésus!" In Baguer-Morvan singt das Rotkehlchen im Winter, wenn es bettelnd vor die Türe kommt, der Hausfrau zu: „Ma cousine, ma cousine."

Der Hausrotschwanz

Als schweizerischen Namen für den Rotschwanz führt Gessner Hussrötele an. Er leitet den Namen aus dem Aufenthalt des Vogels in der Nähe der Häuser und Gärten ab (30). In den heutigen schweizerischen Mundarten ist Husröteli oder, mit der Umstellung der Kompositionsstelle, Rothüserli der allgemein übliche Name, daneben auch Baum-, Dachröteli oder umgestellt Rotdacheli, ferner Rökle, Rekle und Rekelti.

Im Elsaß kommt neben Husroterli die Benennung Hussel vor, die bei Martin und Lienhard, allerdings mit Fragezeichen, als Hausseele gedeutet wird (117). Summerröteli heißt der Hausrotschwanz im Solothurnischen, chlis Steiröteli, Rotzigeli, Rotstörzli im Jura, Gaderetele am Gotthard, Schwarzbrantele im St. Gallischen, Brandvogel, Brandvögele und Kesselflickerle im Kanton Graubünden (132), Branderl in Steiermark, Branter in Kärnten, Brantele in Tirol, Rotbrändelein in Bayern (117).

Es läge völlig im Bereich der Möglichkeit, daß alle diese mit „Brand" zusammenhängenden Namen des Hausrotschwanzes sich auf die abergläubische Vorstellung beziehen, daß, wenn man dem Vogel etwas antue, er Brand, Feuer ins Haus bringe. So sehr diese Auslegung nicht ohne weiteres von der Hand zu weisen ist, gehe ich doch mit Suolahti (117) einig, wenn er meint, diese Namen erklärten sich eher aus der schwarzen, wie verraucht oder verrußt aussehenden Brustfärbung des Vogels, die ihm auch in Bayern den Namen Brandreiterl und in den Alpen die Benennung Rußvogel verschafft hat. Es ist überdies eine ganz gewöhnliche Erscheinung, daß man schwarz gefärbte Tiere mit Ruß, Kohle und Brand vergleicht und sie danach benennt. Wie der Bündner den Vogel mit einem Kesselflicker, der bei seinem Beruf ebenfalls schwarz wird, vergleicht, so tut es der Tessiner mit dem Kaminfeger und nennt den Vogel seinerseits Codirosso, Spazzacamino. Die Art des Rotschwanzes, mit gespreizten Beinen (Grätschstellung) zu schreiten und zu stehn, hat ihm im Elsaß die Namen Dachgrätzer und Dachspatz eingebracht (117).

Der Gartenrotschwanz

Neben Rotbrantele, Brantele in Graubünden, Schwarzbrüstle und Schwarzkehlche am Bodensee, Thurgau und Schaffhausen wird der Gartenrotschwanz in den Mundarten der Schweiz vornehmlich nach seinem Lieblingsaufenthalt benannt: Baumröteli, Baumrotschwänzli im Mittelland, Hoschteröteli im Niederamt, Fäldröteli im Bipperamt, Haagröteli, Haghüseli im oberen Baselbiet. Wegen seines schmelzenden, schmatzenden Gesangs, der nicht unähnlich den Lauten klingt, mit denen das Landvolk die Schweine ruft und lockt, heißt man ihn im Kanton Bern Saulocker (132). In der Altmark wird das Locken des Gartenrotschwanzes als „Hüt-dick-dick-dick" aufgefaßt und der Vogel daher Hütik oder Hüting genannt (117). In Frankreich gibt seine schwarze Kopfplatte dazu Anlaß, ihn mit der Geistlichkeit zu vergleichen, daher die Namen Petit Prêtre, Pretro, Clerc (108, II).

Die rote Farbe des Vogels ohne besondere Artunterscheidung, dessen Heiligung aus der heidnischen Zeit in die christliche übernommen wurde und ihn in Tirol zum Muttergottesvogel erhebt, weist darauf hin, daß er einst dem Donar geheiligt war (78). Als der heilige Vogel Donars hat er die Kraft, das Haus, an dem er nistet, vor Wetterschaden zu beschützen. Im Kanton Bern bringt er Glück und Segen ins Haus. Wer ihm im Kanton Luzern etwas antut, den erreicht Unglück und seine Kühe geben fortan rote Milch, oder es geht ihm das liebste Tier im Hause zugrunde (125, II). Im Ötztal (158), in Westfalen (154) und auch in Davos (125, II) wird dem Übeltäter das beste Stück Vieh im Stalle umkommen oder (125, II), wie in Böhmen (35), das Haus in Flammen aufgehen, weil es vom Blitz getroffen wird. Werden im Kanton Zug die Vögel, die man hier, wenn sie im Stallgiebel nisten, Stal-Röteli nennt, vertrieben, schlägt als Rache des Wettergottes der Blitz ein (125, I). Hat man Rotschwänzchen im Hause, geben die Kühe rote Milch (183). Am Lechrain mag man es nicht leiden, wenn die Rotschwänze im Stalle nisten, denn dann harnen die Kühe Blut, und dies ist ein sicheres Vorzeichen, daß sie bald auch rote Milch geben, wovor jede Bäuerin einen heiligen Schreck hat (71). In Schwaben geben die Kühe rote Milch, wenn Rotschwänze in der Esse nisten (154). Die Inselschweden auf Worms sind der Auffassung, die Kühe gäben schon rote Milch, wenn nur ein Rotschwanz unter einem Tier durchfliegt (178). In Churrhätien muß man dann die Milch in rinnendes Wasser gießen, dann gibt die Kuh alsbald wieder weiße Milch (136). Fliegt in Tirol ein Rotschwanz ums Haus, wird bald jemand darin sterben (158).

Wenn ein Rotschwanz eine ungerade Zahl von Eiern ausbrütet, schlüpft nach dem Glauben der Tiroler aus einem Ei ein Kuckuck (158).

Obgleich sie dem Hause Glück bringen und es vor Blitz und Feuer schützen, bricht in Schlesien Feuer aus, wenn ein Rotschwanz auf dem Dach singt (24, II). Bringt in Böhmen ein Kind Rotschwänze ins Haus, wird darin Feuer ausbrechen (49).

Über die Rotschwänze als Wetterpropheten berichtet schon der 1791 verstorbene Klosterkaplan Franz Niklaus von Sarnen: „Wann ein Husräthelein anstatt ihress gesanges nur quetschgen, als wann Sie das Schnäbelein auf einander reibeten, ist dieses ein Zeichen, das ess innerhalb 3 Tagen entwederss regnen oder schneien werde" (125, IV). Wenn in Absam Rotschwänze unruhig umherfliegen und pfeifen, gibt es Regen (158). Auch am Zürichsee steht Regen in Aussicht, wenn die Vögel auffällig häufig und laut ihr „hüit, hüit, hüit" rufen. Auf dem Dachfirst stehend, singt der Hausrotschwanz, sein Weibchen fragend: „Tri-tri-trineli, wowo-wo bi-bist" (98, III)? In Schlesien singt er: „Pau'r seest Haab'r, Pau'r seest Haab'r (97, I).

Um die Knaben von Störungen des Nestes abzuhalten, sagt man ihnen, das Vöglein rufe mahnend: „Hüete di, Hüeti di, di" (125, II).

Sperlinge

Der Haussperling

Der Allerweltsvogel Spatz oder Sperling hält sich gerne in der Nähe menschlicher Siedlungen auf und wird deshalb als Schüre-, Strosse-, Stadt-, Dach-, Gartenspatz (132), Hof- und Rauchsperling bezeichnet (91, III). Nach seiner Stimme nennt man ihn in der Schweiz Philipp; Tschirp in der Steiermark; Jadeker, d.h. Schwätzer, in Luxemburg (117). Onomatopoetischen Ursprungs sind auch die französischen Namen Tiri, Pillery und Filip (108, II).

Mit Recht gilt der Sperling für den Garten- und Getreidebau als gefährlicher Schädling und erscheint deswegen schon in Klein's „Historiae" als Speicherdieb und Korn-Werfer, und noch heute heißt er in ganz Niederdeutschland Korndieb (117), dann auch Haus-, Speicher-, Feld-, Gerstendieb (91, III). Da er sowohl ein unordentlicher als auch aufdringlicher, nur mit Mühe und Gewalt zu vertreibender Vogel ist, schimpft man ihn in Leipzig Dachscheißer, im Elsaß Jude und in der Steiermark Tscheche (107). Dem Sperling wird nachgesagt, daß er in der Ausübung physischer Liebe ein nicht zu überbietender Verschwender sei. Konrad von Megenberg folgert aus dieser Tatsache, daß es ihm unbedingt ergehen müsse wie dem Menschen, daß auch für ihn die Redensart „allzuviel ist ungesund" gelte. Als Beweis führt er den lateinischen Gattungsnamen passer an: „Darumb habent si den namen ze latein passer. daz ist ain leider, wan welhez tier diu prunst der unkäusch vil rüert, daz hât vil leidens" (151, II).

Obwohl der Sperling überall bekannt und seine Individuenzahl eine sehr große ist, sind es doch, da der Vogel seines Schadens wegen nirgends gerne gesehen wird, nur wenige topographische Namen, die sich auf ihn beziehen: Les Moineaux, La Ferme des Moineaux, Les Haies Moineau, Les Trois Moineaux, Le Fief du Mayneau. A Moisonnière heißt ein altes Haus im Darnétal. Eine Pont des Trois Pierrots gibt es auf der Straße von Saint-Cloud nach Rueil. Le Blanc Misseron ist ein Dorf bei Valenciennes, ein „Hotel zu den vier Spatzen" befindet sich in Langres, ein altes Haus in St. Quentin heißt La Maison des Blancs Moinets. Eine Rue des Blancs Mouchons gibt es in Douai. Weitere Hausbezeichnungen gibt es in Compiègne: Au Grand Moineau, in Mans: Au six Moineaux (108, X). Im Deutschen verdankt einzig das Geschlecht der „Sperling" dem Vogel seinen Namen. Im Französischen dagegen ist die Reihe der Geschlechtsnamen, denen er Ursprung ist, eine beträchtliche. Daraus eine kleine Auswahl: Laprasse, Depasse, Passat, Laparra, Passerat, Passereau, Passeron, Moinel, Moineau, Mounet, Moinet, Moisson, in Belgien: Lemouchoux, Mouchon, Moisnel, Passerotte (108, X).

Auch der heute am meisten verachtete in der Vogelwelt, der Allerweltsvogel Spatz, nahm im griechischen Altertum eine hervorragende Stellung ein. Er, dem man vorwirft, er lebe nach dem Grundsatz jener, die kein Vaterland wollen, „ubi bene, ibi patria", wo es mir gut geht ist mein Vaterland, genoß die hohe Ehre, dem Asklepios heilig und wegen seiner Unermüdlichkeit im Liebesspiel zur Zeit des Frühlings, der Aphrodite zugeordnet zu sein. Die heiligen Sperlinge, die an den Tempeln nisteten, standen unter hohem Schutz, und Aelian berichtet, daß einmal gegen einen gewissen Atarbes die Todesstrafe verhängt und ausgeführt wurde, weil er des Asklepios heilige Sperlinge erschlagen hatte (54, II).

Durch ihre unmäßige Vermehrung sollen die Sperlinge einst ein ganzes Volk, nämlich die Meder, zur Auswanderung genötigt haben, da sie ihnen allen Samen wegfraßen. Auch bei Aristophanes lesen wir von einer Wolke von Sperlingen, die den Samen auf den attischen Feldern auspicken, und eine lateinisch-griechische Glosse nennt sie daher ausdrücklich Getreidefresser (54, II).

Um die gefräßigen Sperlinge von der Saat abzuhalten, ist der Volksglaube in den Ratschlägen für ihre Abwehr nicht verlegen. So muß man die Gerste, damit sie von ihnen verschont bleibe, vor Sonnenaufgang säen oder eine Handvoll Saatgut abseits für die Vögel hinwerfen, in Oldenburg beim Säen der Erbsen die erste und letzte Erbse in den Mund nehmen (154), in Böhmen entweder einen Span vom Holz, aus dem ein Sarg gemacht wurde, ins Feld stecken oder ein Totenbein vom Kirchhof auf das Gesims der Scheune legen (35). In Mecklenburg ist es das Beste, wenn man in der Johannisnacht an allen vier Ecken des Ackers einige nackt abmäht. Allgemein ist der Glaube, man müsse, drei Samenkörner unter der Zunge, schweigend säen und diese dann im Namen des Allerhöchsten in einen Strauch spucken (154).

Noch heute tragen die Bauern in Thüringen am Karfreitag kleine Erlen- oder Weidenzweige schweigend ins Haus und geben ihnen, ohne ein Wort zu reden, die Form eines Kreuzes oder Kranzes. Wenn sie dann Weizen oder Gerste säen, nehmen sie das Kreuz in den Mund, oder wenn sie einen Kranz gewunden haben, nehmen sie das Saatgut durch den Kranz aus dem Sack. Sie glauben, damit die Sperlinge von den noch nicht eingeackerten Körnern abzuhalten. Andere nehmen zum selben Zweck ein Körbchen mit Erde aus einem frisch gegrabenen Grab mit sich, teilen sie auf dem Acker in vier Teile und tragen in jede Ecke des Ackers einen Teil dieser Erde. Wieder andere werfen die erste Handvoll Weizen für die

Sperlinge hin und die zweite mit drei Würfen im Namen Gottes des Vaters, des Sohnes und des Heiligen Geistes auf den Acker (143). Gut ist es auch, beim Säen den Sack mit der Frucht auf den Acker des Nachbarn zu setzen, so sollen nämlich die Sperlinge blind werden und können dann der gereiften Saat nichts anhaben. Von Vorteil ist es auch, wenn man zuerst den Weizen an den Außenseiten des Ackers sät und dazu beim Werfen des Samens in den Ecken sagt: „Das ist für die Vögel." Dann sät man den Acker vollständig an und sagt, während man die letzte Seite des Akkers ansät: „Im Namen Gottes des Vaters, des Sohnes und des Heiligen Geistes. Amen." So wird sich kein Spatz an die reifende Frucht wagen, es sei denn, daß gerade ein Schelm an dieser Stelle die Hosen kehrt und einen Haufen in die Frucht setzt. Dies hebt den Bann auf und lockt zudem alle Spatzen der Umgebung auf den Acker. Man kann den ausgestreuten Samen auch dadurch vor Vogelfraß schützen, daß man dreimal um das Saatfeld herumgeht und den Spruch hersagt:

Meinen Weizen will ich säen.
Die Vögel sollen Erde fressen
Und meinen Weizen lassen stehn.

Beim dritten Mal darf man aber nicht vergessen hinzuzufügen: Im Namen Gottes des Vaters, des Sohnes und des Heiligen Geistes (143). Wenn man in einigen Ortschaften Schlesiens beim Säen spricht, fressen die Sperlinge die Körner und tragen auch das Stroh fort. Ein uraltes Rezept, das heute noch angewandt wird, heißt daher: „Wilt du, daß kein Spatz oder ander Vogel dir den Hirse oder Gerste fressen, so nimm von einer Radspeichen ein Spänlein, und wenn du säest, so nimm selbiges zwischen die Zähne und rede nicht. Hernach wenn du mit dem Säen fertig bist, so vergrabe solches Spänlein an einem Ende des Beetes. Wenn nun der Hirse reif, so setzen sie sich zwar darauf, sperren die Mäuler auf, können aber nichts genießen, sondern müssen wieder davonfliegen." Von einem Bauern in Hochkirch bei Trebnitz wird erzählt: „Er hatte die Kunst erlernet, so ihm die Spatzen seinen Hirsen, Erbsen oder Weizen nicht sollten anrühren, müsse er den Samen vor Tag, wenn die Vögel noch in der Ruhe wären, ganz nackt und zwar mit einem aufgepeilten Mund, daß er nicht rede, den Vögeln dadurch aber auch das Maul zuschließe, ausstreuen." Steckt man andernorts einen Knochen vom Karfreitagsbraten oder einen Stecken mit einem toten Sperling daran in den Acker, hat man darin ein gutes Mittel zur Abwehr der Spatzen. Auch wenn man Hirse nach altem Rezept durch eine Wolfsgurgel laufen läßt, kommen die Vögel später nicht (24, II). Damit die Spatzen das Korn nicht fressen, wirft man in Belgien, nachdem man gesät, in jeder Ecke des Feldes etwas hinter sich und spricht hernach fünf Vaterunser und ebenso viele Avemaria (108, X). In

Schlesien sät man heute noch gerne die Erbsen nach Sonnenuntergang, damit sie von den Sperlingen und Tauben nicht geholt werden (24, II). Sollen sich dagegen die Sperlinge auf dem Acker eines Feindes einfinden, kaut man fünf Weizenkörner zu einem Brei und spuckt sie auf den Acker jenes Mannes, dem man schaden will. Auf diese Art soll sich der Geruch des die Vögel anlockenden Getreides vermehren. Alles muß aber geschehen, ohne daß dabei ein Wort gesprochen wird (143).

Ein Sperling, der eine Zikade zerpflückte und die Hälfte auf dem Tempel der Bellona zurückließ, die andere aber forttrug, soll nach Plutarch der ganzen Sippe zur Ehre verholfen haben, indem er den ersten furchtbaren Bürgerkrieg zwischen Marius und Sulla angedeutet habe (45).

Nach Aldrovandus sollen die Sperlinge den baldigen Ausbruch der Pest anzeigen, wenn sie fluchtartig ihre Nester und Eier verlassen (45). „Wenn die Sperlinge und andere Hauss-Vögel sich in Wald begeben, oder derer etliche schleunig todt niederfallen, ists gewiß mit der Lufft nichtig, sondern eine Pest oder Sterben vorhanden", lehrt 1706 die alte Bauernphysik (96). Sieht man in Posen einen weißen Sperling, wird man ein großes Glück erfahren (58), in Böhmen aber verkünden sie schlechte Zeiten (35). Kein Glück weissagte ein weißer Sperling auch dem Kronstädter Stadtrichter Michael Weiss. Als er am 10. Oktober 1612 vor der Schlacht von Marienburg die Reihen seiner Krieger vor dem Kronstädter Klostertor aufstellte und musterte, kam plötzlich ein weißer Sperling – andere sagen, es sei eine weiße Schwalbe gewesen – geflogen und setzte sich auf seines Helmes Spitze. Die Schlacht endete unglücklich, und Weiss selbst fiel (147).

Fliegt ein Sperling in eine Wohnung, zeigt er damit schlechte Nachrichten an (147), setzt er sich aufs Fensterbrett und piepst, wird etwas Unglückliches im Hause geschehen; kommt er gegen das Fenster geflogen, bekommt man in Rogasen einen Brief, fliegt er aber am Fenster vorbei, zeigt er in Gnesen an, daß die Frau einen Sohn gebären wird (58). Fliegen beim Herannahen eines Menschen Sperlinge auf, wird er bald eine böse Nachricht vernehmen; träumt man aber von ihnen, kann man gewiß sein, bald irgendeinen Schaden zu erleiden (147). Wenn in Annaberg die Sperlinge den Staren den Einflug in ihren Nistkasten verwehren, wird sich der Hauswirt mit dem Mieter zanken, so daß dieser auszieht (50).

Nach der alten „Weiberphilosophey" ist's ein Glückszeichen, wenn die Spatzen in einem Hause nisten (149, III). Schmidts „Rockenphilosophie" (121, I) legt diesen Glauben nun dahin aus, daß das Glück im Sinne von Reichtum immer dort vorhanden sein müsse, wo Vögel nisten; denn es ist ihre Art, nur dort sich einzufinden, wo es genug zu fressen gibt und das Fressen zudem auf leichte Weise zugänglich ist.

Im klassischen Altertum wurden Sperlinge für eine gute Speise gehalten und massenhaft gegessen. Um ihrer ohne sonderliche Mühe habhaft zu werden, ließ man sie, die nur in den Tempeln unter dem Schutze der Gottheiten standen, an den Häusern nisten und gab ihnen auch zu fressen (154). Naumann (91, III) erwähnt, daß die Spatzen kein übles Gericht gäben, ihr Fleisch aber büße doch gegenüber dem anderer Vögel an Feinheit und Zartheit ein. Gessner, unser großer Zürcher Gelehrte, schreibt aber in seinem Vogelbuch von 1557, Spatzenfleisch sei „schwarlich zu vertöuwen, böss blut gebäre" und auch den Magen verderbe. In Tirol muß man sich heute hüten, Spatzenfleisch zu essen. Wer es dennoch tut, bekommt den Veitstanz (158), in Posen die Fallsucht (58).

Ganz im Gegensatz zur wissenschaftlichen Medizin, in der es kein erwiesenes Mittel gibt, um zum Beischlaf zu reizen, kennt der Volksglaube unzählige Dinge, die die männliche Kraft stärken, Impotenz beleben und fruchtbar machen. Von besonderer aphrodisischer Wirkung gilt von jeher der Samen von Tieren, die als sexuell sehr kräftig (Hengst, Hirsch, Hahn) oder für außerordentlich fruchtbar angesprochen werden. Zu ihnen gehört aus der Klasse der Vögel auch der Sperling der Aphrodite, von dem schon ein römischer Dichter sagt: „Vernis passeribus salaciores", üppiger als ein Sperling im Lenz. Bei Aristophanes ritten die sehnsüchtigen Weiber auf Spatzen von der Akropolis zu ihren Männern hinab, und bei spätgriechischen Erotikern lesen wir von Prachtteppichen eines Ehegemachs, in welche spatzenreitende Amoren eingestickt waren (54, II). Vom Spatzenfleisch wußte man bereits zu Gessners Zeiten, daß es zur Unkeuschheit reize. Im 16. Jahrhundert war man auch in Frankreich der Auffassung, das Fleisch dieser Vögel erzeuge glühende Liebe und sporne zur Unzucht an (113, III). Nach Gessner ist es vornehmlich das Gehirn des Sperlings, das diese Erektion des männlichen Gliedes bedingt und zum Koitus reizt. Gessner verbreitet sich sehr ausführlich darüber, in welcher Jahreszeit es am wirkungsvollsten sei und wie man es zu bereiten habe. Bei der Zubereitung sei gar vieles zu beachten. Ein kleines Beispiel soll das erkennen lassen: „Man thut auch allwegen zu zähen (10) hirninen ein eyertotter von einem neüwen Henneney, so erst vom hanen bedeckt ist worden. Unn so du diss vermischet hast, so tröckne es in ejner blatten auf warmer äschen, darnach derr es an der Sonnen" oder „Mit eine eyertotter vermengt, ein wenig of dem fheür gekochet, darnach an der Sonnen, oder ob dem fheür gederrt: ein wenig honig wenn du wilt, darzu gethon, werdend sy zu der unkünschheit bereit. Schon Plinius bezeichnet frischen Spatzenmist als sehr hitzig, bemerkt aber, daß er sehr rasch erkalte. Dieser Kot soll die Laubflecken im Gesicht beseitigen und mit Öl aufgewärmt und ins Ohr geträufelt heilt er Zahnweh" (30). Die Magyaren behaupten, daß man einem Trinker das Laster abgewöhnen könne, wenn man ihm Sperlingsmist heimlich in den Branntwein oder in den Tabak der Pfeife lege (46, II). Bei Hornhautgeschwür träufelt man in der Pfalz frisches Spatzenblut ins Auge (69). Wirft man in Tirol abgeschnittene Haare ins Freie und die Spatzen verwenden sie zum Nestbau, bekommt man einen Ausschlag auf dem Kopf (158).

Aldrovandus berichtet, gestützt auf das Zeugnis des Theophrastus, wenn Haussperlinge in der Frühe eifrig schreien, liege Sturm und Regen in der Luft, schreien sie aber abends, ist nur Regen zu erwarten (45). „Auch machen die Sperlinge Andeutung zum Regen, wenn sie des Abends sehr untereinander zwitschern, geschieht solches frueh Morgens, zeigt es auf Platz-Regen", weiß die alte „Baurenphysik" (96). Im Schwabenland wußte die alte Weiberphilosophey: „So die spatzen auf dem Haus schirffen, oder ihre nest machen, dass ist ein Zeichen eines guten wetters" (150, III). Schon im Altertum rechnete man mit einem Kaltlufteinbruch, wenn die Sperlinge ihre Nester ausbauten (45). In Mecklenburg sind die Sperlinge mit ihrem vielfältigen Verhalten Wetterpropheten, deren Vorhersagen man sehr beachtet: Zeigen sich im Winter Spatzen, Finken und Ammern nahe bei den Wohnungen mit struppigem Gefieder, ist strenge Kälte zu erwarten; wird das Federkleid aber glatt und entfernen sich die Vögel, wird es milde. Sitzen sie zusammengeschart mit gesträubtem Gefieder, kommt Schnee mit Kälte, schreien und zirpen die Sperlinge übermäßig, sitzen faul und träge herum, wird ungestüme Witterung kommen, im Winter Schneegestöber (6). Wenn Spatzen sich eifrig Ungeziefer absuchen, im Staub baden und sich wälzen, steht bei den Siebenbürger Sachsen baldiger Regen in Aussicht (147).

Sperlinge sind Attribute des heiligen Remigius; sie sollen sich oft zahm um ihn versammelt haben. Auch der hl. Dominius wird mit einem Sperling abgebildet, weil der Teufel in Gestalt dieses Vogels ihn zu ärgern suchte.

Dem Spatzen traut die Legende zu, er habe die Nägel zur Kreuzigung Christi herbeigeschleppt, und als Jesus am Kreuze schmachtete, rief die Spatzensippe „schif, schif", er lebt, er lebt, um die Henker aufzureizen, ihn noch mehr zu peinigen. Früher waren die Sperlinge viel größer als heute. Warum sie jetzt so klein geworden sind, kam nach einer rumänischen Sage so: Als Christus am Kreuze hing, flogen sie um ihn herum und zwitscherten: „Jevivu, jevivu", er lebt, er lebt. Wie ihn nun die Sperlinge nicht in Ruhe sterben ließen, verfluchte er sie und sagte: „Möget ihr ganz klein werden, euch nur von Brosamen am Weg nähren, mögen euch die Kinder mit Netzen und die Reisenden mit Peitschen töten." Nach einer russischen Sage verwirrte ihnen Jesus die Füße, und seit der Zeit können die Sperlinge nur noch hüpfen. Eine Sage der Kosaken aus dem Terekgebiet weiß, daß Jesus die Sperlinge dafür, daß sie die Nägel brachten, verfluchte: „Wie meine Peiniger, so sollt auch ihr euch über die ganze Erde zerstreuen. Den Menschen werdet ihr Schaden zufügen, deshalb werden sie euch hassen und auszurotten suchen" (22, II).

Eine russische Sage erzählt, daß alle Vögel, als man Jesus im Garten suchte, die Juden von seinem Versteck abzubringen suchten, mit Ausnahme des Sperlings. Er lenkte sie mit schrillen Zirpen auf ihn, worauf ihn der Herr verfluchte und den Menschen verbot, von seinem Fleisch zu essen (22, II).

Am Tage der heiligen Apostel Simon und Judä zeigen sich in Rußland keine Sperlinge auf den Feldern. Denn an diesem Tage fängt der Teufel diese Vögel in einem ungeheuer großen Viertelmaß und schüttet sie in die Hölle. Was aber nach Abstreichen des Maßes an Vögeln übrig bleibt, das läßt er frei in die Welt fliegen (22, I).

Eine Sage aus der Bukowina überliefert, daß Fuchs und Sperling die besten Freunde seien. Einst saß ein hungriger Fuchs unter einem Baum, auf welchem ein Sperling lustig zwitschwerte. Nach einer Weile rief er hinab: „Vetter Fuchs, was sitzest du da wie ein geistlicher Herr, der über die bevorstehende Sonntagspredigt nachdenkt?" – „Du hast leicht reden", versetzte der Fuchs, „mit einem hungrigen Magen denkt man nicht an Predigten, und wahrlich, ich bin sehr hungrig." Da meinte der Sperling: „So, du bist hungrig, Vetter. Warte nur ein Weilchen! Da sehe ich einen Knaben herankommen, der seinem Vater das Mittagessen in den Wald bringt. Du sollst es verzehren Vetter." Als der Knabe herankam, flog der Sperling auf den Boden und stellte sich, als ob er nicht gut fliegen könne, indem er stets einige Schritte vor dem Knaben herflog, der seine Töpfe auf den Boden stellte und, vom Sperling verlockt, immer tiefer in den Wald drang. Inzwischen machte sich der Fuchs über das Essen her und fraß alles auf. Dann schlich er sich zum Baum zurück und legte sich nieder. Als der Knabe zurückkam und seine Töpfe leer fand, begann er zu weinen und zu jammern und lief nach Hause. Der Sperling aber flog zurück auf den Baum und rief dem Fuchs zu: „Bist du nun satt, Vetter?" „Ja, ich danke, Vetter", versetzte der Fuchs, „ich fühle mich sehr wohl; nun ist es mir schrecklich langweilig, hier ohne Unterhaltung zu lungern und zu liegen!" Da sprach der Sperling: „Wenn du, Vetter, lachen willst, so komme mit mir." So folgte der Fuchs dem voranfliegenden Sperling. Sie kamen zu einer Scheune, wo zwei Kahlköpfe droschen. Der Sperling hieß nun den Fuchs aufs Dach zu klettern und durch das Dachloch hinab zu gucken. Der Fuchs tat, wie geheißen. Der Sperling aber flog in die Scheune, wo er sich auf den Schädel des einen kahlköpfigen Dreschers setzte. Der andere bemerkte den Vogel und hieb mit dem Dreschflegel nach ihm, traf aber dabei nur den Kopf seines Genossen, der ihm den Schlag zurückgab. Sie begannen sich nun zu schlagen und zu balgen, worüber der Fuchs so herzlich lachte, daß er durchs Dachloch zwischen die

Abb. 14: Der Ulmer Spatz von dem Dach des Ulmer Doms.

balgenden Drescher fiel, die erschreckt auseinanderstoben. Der Fuchs lief alsdann lachend in den Wald zurück und ließ seine ganze Sippschaft schwören, daß weder sie noch ihre Kindeskinder je einem Sperling ein Leid zufügen sollten; denn die Sperlinge seien die anständigsten, klügsten Vögel der Welt (144).

Auf dem Turm des Münsters zu Ulm ist anstelle eines Hahnes ein Spatz, der weithin bekannte Ulmer Spatz, mit einem Strohhalm im Schnabel angebracht. Dieser nistende Spatz, der einst, den langen Halm im Schnabel, in eine Turmnische flog, zeigte damit den ratlos vor dem Stadttor stehenden Ulmern, wie sie die langen Balken, ohne, wie schon beschlossen, das Tor zu erweitern, der Länge nach in die Stadt bringen könnten. Dieses Schildbürgerstückleins wegen nennt man sie heute noch spottweise die „Ulmer Spatzen".

Auf dem Weiler Kratzerach bei Tettnang läßt sich niemals ein Spatz sehen. Einst kam ein fremder Mann auf die beiden Höfe und hörte, wie eine Schar junger Spatzen ihr „pipa" schrien, was ihm unangenehm war, weshalb er sie alle verwünschte. Seither ist hier die ganze Sippe verschwunden (83).

In dem aus vier Häusern bestehenden Lauterholz und Stangengrün im Voigtland soll man keine Sperlinge finden. Man hat sie schon in Nestern dorthin verpflanzen wollen, aber sie sind nicht geblieben. Dasselbe erzählt man von Karlsfeld an der böhmischen Grenze, wohin man Sperlinge aus Eibenstock brachte, ohne daß sie geblieben wären. Es wird berrichtet, daß diese Vögel von Zigeunern umgebracht worden seien (57). Auch in Böhmen, und zwar in Schönbühel zwischen Rumburg und Schönlinde, gibt es keine Spatzen. In Chlum auf der Lomnitzer Herrschaft soll einmal Rübezahl in Gestalt eines Bettlers erschienen sein und um Brot gebeten haben. Als ihm die Bauern klagten, daß ihnen die Spatzen alles Getreide abfräßen, soll er um einen Laib Brot diese verbannt haben. Nur anderthalb Paare durften zurückbleiben zum Gedenken daran, daß auch hier einmal Spatzen genistet hätten (35). In Gestraz im Allgäu sollen einst die Spatzen so zahlreich geworden sein, daß sie zur allgemeinen Plage wurden. Da beschloß man, die lästigen Vögel zu vernichten. Zu diesem Zweck verschafften sich alle Leute lange Fischerruten mit Schnüren und Angeln, und dann gingen sie daran, die Angeln auf die Hausdächer, wenn die Sperlinge darauf waren, zu schleudern oder, wenn diese im Hof drunten waren, von den Dächern und oberen Stockwerken zu angeln. Andere zogen hinaus auf die Felder und angelten tagelang nach den lästigen Spatzen. Daher kommt es, daß man die Gestrazer früher gerne Spatzenangler nannte (101, I).

Von Cirencester, zwischen Oxford und Bristol, wird erzählt, König Gormund habe diese von ihm belagerte Stadt dadurch erobert, daß er eine große Anzahl eingefangener Sperlinge mit unter die Flügel gebundenen und mit Schwefel und Pech gefüllten Nußschalen frei ließ. Die Vögel flogen, das Feuer dadurch in den Schalen anfachend, in die Stadt zurück, die am folgenden Tag in Brand geriet.

Als die Fürstin Olga von Rußland die Stadt der Drewier, Korosten, Iskorost an der Usha in Wolhynien, vergeblich belagerte, bot sie um den Tribut von drei Sperlingen und einer Taube Frieden an. Die Vögel, so sagte sie, wolle sie auf dem Grab ihres Gatten opfern. Als sie aber, schmählich betrügend, den Vögeln in einem Tuch Schwefel und Zunder umband, entzündeten sie, zu ihren Nestern zurückkehrend, auch hier das die Stadt vernichtende Feuer (78).

In Gossau *St. G.* wurde einst alljährlich ein sogenannter „Spatzenball" abgehalten, zu dem jeder Teilnehmer ein Dutzend Sperlinge abzugeben hatte, die dann in aller Gemütlichkeit verspeist wurden.

Wegen seiner Häufigkeit, denn er war jahrhundertelang der meistverbreitete und zahlenmäßig am meisten vertretene Vogel Europas, erscheint der Sperling in zahlreichen Metaphern und metaphorischen Redensarten, oft auch als Vertreter der gesamten Vogelwelt überhaupt.

Wer kennt nicht die „Spatzen" oder „Spätzli", diese in der Schweiz und vor allem im Schwabenland so bekannte und beliebte Mehlspeise, deren Klößchen – es gehört allerdings reichlich Phantasie dazu, eine solche

Form zu erkennen – als Vögel oder Spatzen angesprochen werden. Soldaten kennen den „Spatz", jenes vogelgroße Stückchen Rindfleisch, das sie während ihrer Dienstzeit zu fassen pflegten. Wer „Spatzenwaden" hat, auf den trifft die französische Redensart zu: „Manger comme un moineau", essen wie ein Spatz oder wie ein Vögelchen. Ein Mensch, von dem der Franzose sagt: „Coucher à l'hôtel des trois moineaux", ist derselbe Bruder wie jener, der bei uns bei Mutter Grün, also im Freien übernachtet. Spatzen sind unerträgliche Schwätzer, die nicht einmal während des Fressens den Schnabel halten können. Ihr Gezwitscher, das jeder Melodie entbehrt und eher den Eindruck des Schimpfens erweckt, läßt sie in Metaphern als Muster der Frechheit erscheinen. Von einem dreisten Menschen sagt man daher „Er ist frech wie der Spatz oder ein frecher Spatz." „Spatzenzunge" ist gleichbedeutend mit Lästermaul (102). Mit dem Gezwitscher der Spatzen vergleicht man auch das Geklatsch der Leute und meint deshalb von einem Geheimnis, das bereits in aller Mund ist: Die Spatzen pfeifen's von den Dächern. Der Italiener wendet „passeraio", Sperlingsgeschwätz, metaphorisch auf das Durcheinanderreden vieler Menschen an, wie es besonders in Versammlungen in Erscheinung tritt.

Wie wir heute noch an Stelle von Schätzli, „es lieb's Spätzli" kennen, war auch schon den Römern „passercula" (Dim. von passer) ein Liebkosungswort für ein junges Mädchen (102). „Mein kleiner Spatz" und „Armer kleiner Spatz" sind Koseworte, die auch der Franzose verwendet (108, X).

Auf keinen Vogel trifft wohl das Sprichwort „Kleider machen Leute" treffender zu als auf die Spatzen. Wegen ihres bescheidenen Federkleides ergeht es ihnen wie einem Menschen in seiner Arbeitskleidung. Seine geistigen Fähigkeiten werden leicht übersehen. So wird er, dessen Klugheit alles übertrifft und dessen Scharfblick nichts entgeht, das ihm schaden oder nützen kann, für geistig minderwertig gehalten und mit verächtlichem Blick betrachtet.

Beim Volk, das sich um wissenschaftliche Beobachtungen nicht kümmert, sondern nach oberflächlichem Schauen urteilt, steht der Spatz im Verruf des Leichtsinns. Da nun Leichtsinn auf Mangel an Überlegung beruht, wird „Spatzenkopf" zur Bezeichnung eines unüberlegt und töricht handelnden Menschen gebraucht. Analog sagt der Italiener von einem solchen Menschen, er habe nicht mehr Hirn als ein Spatz. Ein großes Maul vergleicht der Engländer mit dem großen und plumpen Schnabel des Sperlings und sagt daher von einem Großmaul: „Er ist sparrowmouthed", spatzenmäulig (102). „Spazzekind ist im Elsaß Schimpfname für ein leichtfertiges Mädchen (20). Ein Mensch, von dem der Franzose zu sagen pflegt, er sei ein schmutziger Spatz, dem gibt er durch die Blume zu verstehen, er sei ein Dummkopf. „Spatzen ohne Federn oder

Schwänze" schimpft man in Frankreich zuweilen Kinder (108, X). Spatz
oder Fink sind dem Franzosen allgemein Ausdrücke der Verachtung
(108, X).

Von einem Menschen, der nicht ganz normal ist, sagt der Italiener: „In
seinem Kopf hat sich ein Spatz eingenistet." Geistig nicht normal will
hier aber nicht dumm oder beschränkt heißen, sondern es bedeutet soviel
wie geisteskrank, und der Spatz erscheint hier als Symbol der hin- und
herschwirrenden Gedanken des Irren. Daß der Sperling im Italienischen
überhaupt als Sinnbild für Gedanken gelten kann, beweist die Redensart
„Cacciar le passere", die Sperlinge, d. h. die lästigen Gedanken verscheuchen (102). In der ägyptischen Symbolik bezeichnete der Sperling, der
hier ebensowenig zu den heiligen Tieren zählte wie Schwalbe, Rabe,
Krähe, Wiedehopf u. a., einen Vater vieler Kinder (154, II). So ist er auch
heute noch nicht nur Sinnbild des Leichtsinnes, sondern auch der Liederlichkeit, wozu seine angebliche erotische Unersättlichkeit beiträgt, die
aber von neueren wissenschaftlichen Beobachtern widerlegt und als blo-
ßes Liebesspiel bezeichnet wird. „Du bist ein netter Spatz", sagt der Franzose von einem, der sich in moralischer Beziehung eine starke Blöße gegeben hat. Da aber dem Spatz im Volksglauben hartnäckig nachgesagt wird,
er sei in der Ausübung physischer Liebe eine Größe, erscheint er in allen
Sprachen, selbst schon im Altertum, als Symbol der Geilheit. Dementsprechend sagt man im Deutschen von einem in erotischer Beziehung
sehr leistungsfähigen Manne: „Er kann wie ein Spatz." Der Franzose
meint: „Er ist hitziger als ein Spatz" (102).

Von der englischen Redensart „To go out sparrow-catching", auf Spat-
zenfang gehen, glaubt Riegler (102) annehmen zu müssen, sie sei nichts
anderes als das Gegenstück zum Gimpelfang. Ich möchte diese Redensart
ebenfalls in das Gebiet der Erotik verweisen, vergleicht man doch das
männliche Glied der Knaben im Französischen und Italienischen mit einem Vogel (102), in Frankreich ausdrücklich mit einem Spatzen (108, X)
und nennt hier zudem sehr zutreffend die Genitalien der Frauenspersonen, sich wahrscheinlich auf jene beziehend, die auf den Straßen nach
männlichen Opfern suchen, „Cage à mouchons", Spatzenkäfig. Les moineaux, die Spatzen, heißt man auch die weiblichen Brüste (108, X).

Da der Spatz keinen großen Wert repräsentiert, wird er namentlich im
Französischen zum Ausdruck des Wertlosen und Unbedeutenden. Der
Sinn der Redensart „Er verschießt sein Pulver auf Spatzen" ist deshalb
nicht mißzuverstehen (102).

In den Ardennen hält man sehr wenig von jungen Spatzen und sagt, sie
mit ihren Eltern gegenüber undankbaren Kindern vergleichend: „Man
hat noch nie einen Spatz gesehen, der seiner Mutter einen Schnabel voll
Futter brachte" (108, X).

Mannigfaltiger Art sind die Übersetzungen dessen, was die Spatzen rufen, in menschliche Worte. Im Sommer und Winter rufen sie stets „hiesch, hiesch" (hübsch, hübsch). Bei den Siebenbürger Sachsen rufen sie wie der Kuckuck, doch in magyarischer Sprache ihren Namen: tschirib, tschirib (37). In Posen rufen sie, während sie dem Bauer das Getreidefeld verwüsten, immerzu spöttisch: Philipp, Philipp (58), und im Voigtland fordern sie mit ihrer schimpfenden Stimme „me, me, me" (mehr) (57). In Schwaben schreit die Spätzin in hohem Ton: Gigerigiz, gigerigiz, der Spatz antwortet im Baß: Sperk, sperk, sperk (12, XI). In Mecklenburg übersetzt man seinen Ruf „schilling, schilling, schilling", dann wieder in „tell, tell, tell" oder „delf, delf, delf, dieb schilk". In Neubrandenburg bettelt er „gieb, gieb, gieb", anderorts „piep, piep, piep, gieb mi wat ut de kiep, kiep" oder „jipp, japp, broot her". Die Katze necken sie „kriech mi, kriech mi", hat sie aber einen erwischt, schreit er aus vollem Halse „tiet, tiet, tiet" (zum Sterben). Wie die Goldammer ist auch der Spatz froh um das, was bei der bäuerlichen Scheune im Winter für ihn abfällt, aber undankbar für die guten Tage, wenn der Frühling zu sprießen beginnt und der Vögel Tisch überall reich gedeckt ist. Ein Beispiel dieses Bettelns und Spottens lautet „Buur, buur, leihn mi din schuur". Morgens mahnt er zum Aufstehen: Is tiet, is tiet, is tiet (151, II). Das Gezwitscher formt man in Frankreich in die Worte „juif, juif, juif", im Flämischen „dief, dief, dief" (Dieb) (108, X).

Stare

Der Star

Im Elsaß heißt der Star Pfersichklepfer, d.h. Pfirsichverzehrer, in der Steiermark in der Nähe von Graz ist er der Zimmermann (117). In der Schweiz nennt man ihn Rinderstar oder Spottvogel (132), andernorts Wiesenstar, Starmatz, Sprehe, englisch Starling, französisch Etourneau, Sansonnet, italienisch Storno (91, IV). Topographische Namen, die sich auf diesen Vogel beziehen, sind: Storni im Tessin; L'Etourneau, Les Etourneaux, le Sansonnet, L'Etournière, La Sansonnière; in Paris gibt es eine alte Straße Rue du Sansonnet (108, X).

Auf den Star deuten die Geschlechtsnamen: Lestournel, Letournel, d'Estournelles, Eternoz. Im 16. Jahrhundert gab es eine Familie Le Sansonnier (108, X).

Will man, daß die für die Stare ausgehängten Nistkästen von den Vögeln angenommen werden, muß man sie in Annaberg im Erzgebirge, am Bußtag vor Ostern, dem „Nistertag", anbringen; dann werden sie sicher bezogen (20).

Stare werden seit Jahrhunderten als Wetterpropheten genau beobachtet und aus ihrem Verhalten auf den Charakter des kommenden Wetters geschlossen.

Sich auf Gratarolus berufend, behauptete schon Aldrovandus, Stare zeigten baldiges Unwetter an, wenn sie früh in Haufen fliegen und noch mehr, wenn sie während des Fluges umkehren. Diese alten Beobachtungen wurden auch durch Pastor Brehm bestätigt. Er will zudem wiederholt gefunden haben, daß sich Stare bei drohendem, anhaltendem Unwetter zusammenrotten, und dies sogar auch während der Brütezeit. Pastor Brehm geht aber noch weiter, indem er die Stare das kommende Wetter auf längere Zeit voraussagen läßt. Machen sie schon zeitig im April Anstalten zum Brüten, soll ein schöner Mai zu erwarten sein (45). Auf schönes Wetter darf man hoffen, wenn die Stare lustig singen und schwatzen. Zeigen sich Stare in großen Flügen, wird in Frankreich der Winter rau und streng (113, III). Verlassen Stare einen Baum in einem großen, vereinigten Flug, verkünden sie damit in Frankreich große Kälte. Fliegen sie aber in kleineren Gruppen oder gar einzeln ab, ist dies ein Zeichen kommenden Regens (108, X).

Wenn ein Star in Belgien auf dem Dach eines Hauses singt, kündet er einen Todesfall in der Familie (108, X) an. Stare halten sich gerne auf den Weiden auf und suchen hier, auf dem Rücken des Viehs sitzend, diesem

Der erste Star.
Nach einer Originalzeichnung von Lothar Meggendorfer.

Abb. 15: Der Star als früher Verkünder des nahenden Frühjahres.

Ungeziefer ab. Hat es nun viele Stare auf den Schafen, sagt man, diese
würden fett (108, X).

Nur schwer Verständliches übermittelt uns Gessner in seinem Vogelbuch 1557, über die Verwendung des Staren in der dazumaligen Heilkunde: „Sein Fleisch ist dürr und trocken, doch guter narung, als Albertus bezeuget. Es wiltelet auch ein wenig. Galenus sagt, dass die hitziger
natur seyend, denen diene diss Fleisch, dieweyl diss auch seye. Andere sagend, dass sy vil böser feuchte im menschen gebärind, sy sind auch
schwaarlich zu vertouwe, und gebend böse narung. Die den Fluss der guldinen adern stäts habend, söllend die meyden. Ein Staaren in der Speyss
genossen, hilft denen so etwas tödtlichs getruncken habend: und wenn einer die vorhin versucht, wirt er keinen schaden dauon empfahen, als Kiranides aussweysst. So diser vogel mit ryss gespseysst worde, benimpt sein
kaat ungestaltet fläcken, und die schwär malecey" (30).

Handelt es sich da um das Leben im Mittelalter, also vor bereits fünf
Jahrhunderten, müssen wir dennoch feststellen, daß auch unsere Gegenwart nicht frei ist von solchem Aberglauben. So wird ein Kind in der
Oberpfalz ohne Mühe alles lernen, wenn man ihm ein Starenherz zu essen
gibt. Das Herz des Vogels unter den Kopf eines Schlafenden gelegt, bewirkt, wenigstens in den Ostkarpaten, daß dieser mit lauter Stimme auf
alle Fragen antwortet. Wirft man das Vogelherz in Brunnenwasser, dem
Wiedehopfblut beigemengt ist, und reibt man damit jemandes Schläfe
ein, erkrankt er schwer (141, XVIII).

Eine badische Sage erzählt von einem jungen Mann, der während des
Hochamtes ein Nest junger Stare aus einer Eiche holen wollte. Ehe er auf
den Baum stieg, versprach er, Gott zuliebe den schönsten Vogel fliegen zu
lassen. Das Versprechen hielt er nicht, und zur Strafe fiel er von der Eiche
und war tot. Jedenfalls war einst das Fliegenlassen des ersten gefangenen
und schönsten Vogels Brauch gewesen, um damit gleichsam die Vögel wegen des Raubes zu versöhnen (149, II). Bei der Erlernung des Gesangs
flog der Star im Norden an einer Badestube vorbei, wo sich die Mädchen
gerade quästeten. Er sah eine Weile zu und meldete dann in seiner Geschwätzigkeit den Burschen:

> Ich hockte, ich hockte
> Unter den Sparren der Badestube
> Unter den Sparren der Badestube.
> Ich sah, ich sah
> Die Mädchen sich quästen;
> Nackt, nackt
> Der Mädchen Busen.
> Sie schlugen kreuz und quer über die Brüste (22, III).

Mit „Sprehe", das in einigen Gegenden Deutschlands „Star" bedeutet, bezeichnet man in Preußen auch einen mageren Menschen (20).

Bittend singt der Star sein Weibchen an: „Lisabeth, Lisabeth, Lisabeth, schau zu mir; schau zu mir" (98, I). Bei strenger Kälte ruft er in Mecklenburg im Frühling: Pfuii, pfuii (151, II). Besonders eindrücklich wird in Österreichisch-Schlesien der Gesang des Staren wiedergegeben: „Schpitzbub, schpitzbub, schau, achau sich haar! Ich wiu, ich wiu, ich wiu" (97).

Der Rosenstar

Die Rosenstare sind die Seleukidenvögel des Altertums, von denen Plinius X. (75) berichtet, daß die Bewohner des Kasiosbergs Jupiter, den Herrn des Ungeziefers, um ihre Ankunft baten, wenn ihre Früchte von Heuschrecken vernichtet wurden (54). Der Rosenstar ist in erster Linie ein Vertilger der gefürchteten Wanderheuschrecke. Ihrer gedenkt man denn auch schon als Heuschreckenfeinde in der Zendavesta. In Armenien sind die Vögel als Bekämpfer der Heuschreckenplage sehr beliebt und geehrt. Tartaren wie Armenier veranstalten Bittgänge, wenn die Rosenstare erscheinen, da sie als Vorläufer der Heuschrecken gelten. Von diesem Vogel geht die Sage, wo eine Flasche mit Wasser aus der Jakobaquelle am Ararat aufgestellt werde, erscheine er sofort. Die Pilger holen sich daher solches Wasser und stellen es aus, sobald sie verheerende Heuschreckenschwärme bemerken (85, II). Nach Ansicht der Türken tötet der Rosenstar erst 99 Heuschrecken, bevor er eine einzige verzehrt. Das will nichts anderes heißen, als daß der Vogel mehr Heuschrecken umbringt, als er frißt. Leider aber läßt er es damit nicht bewenden, sondern fällt, sobald seine Jungen groß geworden sind, verheerend in Obstgärten ein, besonders in Maulbeerpflanzungen und Weinbergen. Daher wird er bei Smyrna im Mai „Heiliger", im Juli aber „Teufelsvogel" genannt (160, IX).

Rabenvögel

Rabe, Rabenkrähe und Krähen

Weil sie so krächzen, nennt man die Rabenkrähen oder Raben in Luxemburg Gâkgâ, in der Schweiz Gâgg, Gâgger (117), Grag (132), Gragg, Grapp (125, II), im Elsaß Quäcker, in der Pfalz Krack und anderorts Quaag, Quaka oder Krapp (91, IV). Onomatopoietischer Natur sind auch die französischen Namen Croc, Crox, Cro, Crou, Cra (108, II). An die Eigenschaft der Raben, sich bei Aas und Leichen aufzuhalten, knüpft der Name Galgenvogel in der Schweiz und im Elsaß. Hier wird er auch noch Rappenkeib – ursprünglich wohl Keib-Rapp, Aasrabe – genannt (117).

Abgesehen davon, daß Rapp, später in Rabe umgewandelt, von jeher eine Benennung für Gasthäuser war, kommt der Vogelname Rapp oder Rabe außerordentlich häufig in Flurnamen vor. So kennen wir einen Rappenacker, -felsen, -Fluh, -Gubel, -Gass, -Gässli, -Grund, -Halde, -Hof, -Holz, -Loch, -Nest, -Bach, -Schnabel, einen Berg bei Rietheim im Aargau, -Tobel, -Tal, -Wald, -Wegli, -Winkel (125, VI). Das mittelhochdeutsche ram für den Raben findet sich heute noch in den Orten Ramberg und Ramstein (102). Den Raben führen im Wappen die Benediktiner-Abtei Einsiedeln, die Karthause Valsainte sowie die Gemeinden Claro, Corbières, Cressuz, Denens und Einsiedeln. Eine große Reihe von Flurnamen verdanken der Krähe ihre Bildung: Kräh, -bach, -berg, -bühl, Krähen, Kräheck, Krähenberg, -boden, -brunnen, -bühl, -bühlboden, -burg, -halde, -matt, -nest, -riedt, -thal, -winkel, -loch, -Tobel, -gütsch, Kraialp, -gaden (Ortsbuch der Schweiz 1978). Eine Krähe im Wappen führt die Gemeinde Rapperswil im Kanton Bern.

Die zahlenmäßig enorme Verbreitung und ihre Bedeutung im Volksglauben aller Zeiten bedingen, daß eine Legion französischer topographischer Namen sich auf die Krähen und Raben beziehen: Le Couarp, Le Corgeau, Les Corbeaux, Le Corbas, Le Corbel, La Corberie, La Corbière, Le Bois des Corbeaux, Le Bois Corbeau, La Roche des Corbeaux, Le ruisseau du corbeau. Val-Corbeau, Le Chêne-Corbin, Le Chene-Corbeau, Canta-Cor, Cante-Cor, Canta-Corp, Le Vallon des Croupatas, Les Corbieyres, Corbi in der Somme, Corbarieu, Poi-Corber, La Roche Corbière, Pierre-Couard, Corbey, Pic de Corbier, Dent de Corbelet, La Corbachére, La Corbassière in Savoyen, Montcorbeau, Corbeau-lieux, Le Nid de Corbet, La Fontaine des Corbeaux, Pointe des Cras, Corvil l'orgueilleux (108,

IX). Insbesondere auf die Krähe beziehen sich die Namen La grolle, Les grolles, La graule, La graille, Le grollier, La grollière, Bois-grollier, Chante graule, Chantegrole, La Cornaillière, Le Cornillon, Le Cornillards, Le Champ-Cornille, Le Mont-Cornillon, Les Cornioz, Lac-Corny Pellegrolle, La Cabane des Corbineaux, Mare aux Corneilles, La Corneille rose. „Krähengemeinden" sind: La Graulle, Groland, Lagraulas, Lagraulet, Lagraulière, Corneilhan, Corneillan (108, IX). Vom Raben stammen die Familiennamen: Hiltiram, Guntram (Kriegsrabe), Sigihram, Walaram (Rabe des Wal, d. h. der Gefallenen) (39). Ferner: Hrabanolt, Grannold, Kranold, Granold, Rabenold, Rabenhold, Hrabano, Rabo, Ramo, Raven, Rabe, Rave, Rappe, Rapp, Raap, Ramm, Rabens, Rahms, Ramming, Bertram, Wolframm, Bertrab und Gaurapp (39).

Noch im christlichen Altertum galt der Rabe vielfach als Bote Gottes. Erinnernd daran bedeutet der Eigenname Williram des Bischofs von Ebersberg nichts anderes als Willi-hraban, des Gottes Odin siegbringender Rabe. Heimeran, der 652 verstorbene und in Regensburg begrabene heilige Bekehrer, ist Heim-hraban, der Dorfrabe (106).

Von der Krähe stammt der Geschlechtsname Kragenbrink (4). In Zofingen kannte man 1884 noch einen Rapplin, in Baden 1448–71 einen Arnold Rappli. Hier war auch wohnhaft 1387 ein Cuorat Rappenfuoss. In St. Gallen gab es 1431 einen Bartlome Rappenschnabel und in Frutigen im Jahre 1553 einen Prediger namens A. Rappenstein (125, VI). Das Geschlecht der Rham im 16. Jahrhundert verwandelte sich bis zum 19. Jahrhundert in den Namen Ramm (39).

Schon im Lateinischen gab es im 12. Jahrhundert ein Geschlecht der Corbaranus, auch die Scorbiac gehören bereits dem Altertum an, und Crocgu ist schon im 16. Jahrhundert belegt. Heute beziehen sich im Französischen auf den Raben die Geschlechtsnamen: Couerbe, Corbel, Corbeau, Corbon, Corboin, Corbie, Corby, Corbin, Corbinier, Corbineau, Corbet, Courbet, Courbé, Corbier, La Corbière, Corbichon, Corbassière, Courbassier (108, IX). Auf Corneille, Rabenkrähe, fußen die Familiennamen: Cornil, Cornille, Cornillet, Cornillot, Cornillon, Cornillier, Cornilleau, Corneille, Corneillat, Cornillien, Croul, Croulier, Crolier, Crolar, Crouiller und Craulhet (108, IX). Eine sehr bedeutende Rolle spielte im alten Rom die Mantik oder das Augurenwesen. Nicht nur bei wichtigen Staatsangelegenheiten, auch beim scheinbar unbedeutendsten Anlaß war dem Römer das Orakel, in dem er immer göttliche Winke erkennen konnte, von höchster Wichtigkeit. Wie in der babylonischen Mantik war auch hier das bedeutungsvollste Orakeltier der Vogel, vor allem Spechte und das Rabengeschlecht.

Es waren die Auguren, die in erster Linie auf Flug und Stimme der Vögel zu achten hatten. Am Himmel wurde ein Bezirk abgegrenzt und dieser nach zwei Seiten in Dextra – rechts und Sinistra – links, die anderen beiden Seiten in vordere und hintere (Antika und Postika) eingeteilt. Die Auguren waren Mitglieder eines Priesterkollegiums. Die Aussprüche und Anzeigen dieses Kollegiums hießen Auguren oder Auspizien, d.h. Vogelschau oder vorbedeutende Wahrzeichen. Das Recht, solche von Staats wegen einzuholen, hatten nur höhere Beamte und Feldherren.

Beim Befragen des Orakels kam es aber darauf an, was für ein Vogel den Raum des Auguriums kreuzte, von welcher Seite er geflogen kam, und wie er seine Stimme erschallen ließ (93, II). Nach Festus gehörten die Raben besonders zu den Oscines, es kam also hier zur Hauptsache darauf an, die verschiedenen Töne, welche diesen Vögeln zu Gebote stehen, richtig zu deuten (45). Von schlimmster Vorbedeutung waren Raben, wenn sie ihre Stimme wie erstickt hervorröchelten (159, I).

Nächst der Stimme kam der Seite, von welcher der Rabe erschien, am meisten Bedeutung zu. Ein von links kommender Rabe brachte nach Meinung der römischen Auguren stets Unglück. Das Sichtbarwerden mehrerer Raben oder gar eine Versammlung solcher Vögel an einem Ort wurde immer mit argwöhnischen Augen betrachtet und galt besonders in letztem Falle als ein Zeichen nahenden Unglücks für das Volk. Wie den Geiern der Vorgeschmack eines Leichenfeldes zugeschrieben wurde, so glaubte man auch die Raben im Besitze einer Ahnung baldigen Leichenfraßes und erwartete eine Niederlage derjenigen Partei, bei welcher die Raben erschienen. Dem Marius, und nach Valerius Maximus (lib. I, c.4), auch dem Tullius Cicero soll durch Raben ihr Tod angekündigt worden sein (45). Auch dem Tiberius Gracchus, dem Sejan und dem byzantinischen Kaiser Leo Copronymus haben Raben, die wegen ihres unheimlichen Krächzens, ihrer kohlschwarzen Farbe und ihrer Neigung, Aas und Leichen zu fressen, ganz von selbst Anlaß genug boten, sie zu einem schlechten Omen zu stempeln, ihren bald erfolgenden Tod vorausgesagt (55).

Flog eine Krähe von Sinistra nach Dextra und setzte sich gar auf die hohle Eiche, bedeutete das unvermeidliches Mißgeschick und in diesem speziellen Falle ein Verwüsten des Landes durch fremde Soldaten. Virgil sagt:

> „Oft schon sagte Unglück vorher die Krähe zur Linken,
> schreiend von der Eiche herab, die das Alter gehöhlet."

Wenige Monate vor der Ermordung Domitians, der sich keiner besonderen Beliebtheit erfreute, soll auf dem Kapitol eine Krähe, die wahrscheinlich ihrem Besitzer entflogen war, die griechischen Worte gesprochen haben: „Es wird schon besser werden." Sofort machte einer darauf das Epigramm:

„Auf dem Tarpejischen Felsen saß jüngst eine Krähe:
„es ist gut"
Konnte sie leider nicht schreien, darum rief sie:
„es wird" (55).

Glückliche Rabenauspizien sind von den alten Schriftstellern nur wenige angeführt. So erzählt zum Beispiel Livius (X) von einem schreienden Raben, welcher dem Papirius Cursor vor seinem Sieg über die Samniter erschienen sei, und Valerius Maximus berichtet, als der Pontifex Maximus Metellus nach Tusculum habe reisen wollen, seien ihm zwei Raben ins Gesicht geflogen, als ob sie ihm den Weg hätten versperren wollen. Zurückgekehrt, habe er den Tempel der Vesta brennend gefunden und nur mit Not das Palladium retten können (45).

Plutarch, der den Tod Alexanders des Großen in Babylonien durch Raben verkünden läßt, führt auch ein sybillinisches Orakel an, in welchem den Griechen ihre letzte Niederlage prophezeit wird, und zwar durch Raben (45). Von diesen Raben, die Alexander der Große mit seinem Heer zum Orakel des Jupiter Ammon führten, weiß Plutarch: „Als die Boten über die Wegweiser im Ungewissen waren und die Nachfolgenden sich verstreuten und verirrten, erschienen Raben als Wegweiser. Ging der Zug schnell, flogen sie eilig voran, bewegte er sich langsam, warteten sie auf ihn. Wunderbareres erzählt jedoch Kallisthenes. Nach ihm wurden die Verirrten durch das Geschrei der Raben auf den rechten Weg gewiesen (95, II).

Der Respekt vor dem Ahnvermögen der Raben war bei den Griechen so groß, daß man ihnen sogar zuschrieb, anderweitiges Unheil, das ihrem Heimatland von Ferne drohte, vorauszusehen. Nach Pausanias zeigten Raben von Alolkomeä in dem Walde, wo die größten Eichen Böotiens standen, die Bäume an, aus welchen Götterbilder geschnitzt werden sollten. Zu diesem Zweck legten die Plataier Stücke gekochten Fleisches aus. Aufmerksam, ohne sich um andere fressende Vögel zu kümmern, verfolgten sie einen Raben, der Fleisch wegtrug. Sie merkten sich genau den Baum, auf den er sich setzte. Diesen fällten sie und verwendeten ihn zur Herstellung des Daidalons oder der Bildsäule des Gottes (95, II).

Kleitodemos, der älteste von allen, der über die Begebenheiten in Athen geschrieben hat, berichtet in seiner attischen Geschichte: Als die Athener eine Flotte gegen Sizilien ausrüsteten, ließ sich ein ungeheurer Schwarm Raben auf Delphos nieder. Sie stürzten sich auf das Daidalon der vergoldeten Athene, auf dem erzenen Palmenstamm, und hackten das Gold mit den Schnäbeln ab. Auch den Spieß, die Lieblingsvögel der Athene und die erzenen Früchte der Palme zertrümmerten die Unglück anzeigenden Raben. Der Geschichtsschreiber Heraklides, der 328 v. Chr.

lebte, berichtet auch, daß unter der Regierung des Arkesilaos in Cyrene ein weißer Rabe von übler Vorbedeutung erschienen sei (95, II).

In fast noch höherem Ansehen als bei den Griechen und Römern stand der Rabe als Orakelvogel bei den germanischen Völkern, die aber mehr auf die Stimme (116) als auf den Flug achteten. Ihnen galten die Raben vorzüglich als Schlachtorakelvögel. Sie waren ein gutes Zeichen, wenn sie den ausziehenden Helden folgten. Als Hakon bei seiner Rückkehr zum Heidentum den Göttern ein großes Blutopfer brachte, kamen dahin Raben und schrien laut. Dieses Orakel verkündete ihm, daß Odin das Blutopfer angenommen hatte und daß Hakon in kommenden Schlachten glücklich sein werde (45).

Die Kriegs- und Todesverkündigung der Raben weist darauf hin, daß sie die Vögel sowohl des nordischen Gottes Odin wie auch des germanischen Wotan waren. Raben waren das Symbol der Allwissenheit und wurden wegen der Eigenschaft der erwähnten Götter als Kriegs- und Schlachtengott, vielfach als Habichte bezeichnet:

> Wie die aasgierigen Habichte Odins,
> Wenn sie Leichen wittern und warmes Blut.

Es war Sitte bei den nordischen Völkern, ihrem Kriegsgott vor Beginn der Schlacht zu geloben, ihm die Toten und oft auch die Gefangenen zu opfern, denn damit erwarb man sich nach ihrem Glauben dessen Gunst und Beistand. So ließen die Germanen die Gefallenen den heiligen Tieren Wotans, den Raben und Wölfen, unbestattet auf dem Schlachtfeld liegen.

Raben und Krähen galten stets als Tiere der Richtstätten, der Kirchhöfe und der Schlachtfelder. Die früheste griechische Stelle, wo der Rabe ausdrücklich als Todesvogel erscheint, ist im 6. Jahrhundert v. Chr. bei Theognis V. 833. Natürlich ist er aber auch schon in der Ilias unter den Vögeln gemeint, denen wie auch den Hunden so viele Leiber gefallener Helden zum Mahle dienen. In ziemlich frühe Zeit mögen auch die Schildzeichen zurückgehen, wo die Raben neben einem toten Krieger oder mit einem Knochen im Schnabel dargestellt sind (55). Augustinus Niphus behauptete, Raben und Krähen würden die Heere nur deshalb begleiten, weil sie vorausahnten, daß es hier ihr Lieblingsgericht, Leichen gebe (128, I).

Wegen ihrer schwarzen Sendboten wurden Odin und Wotan auch Rabengott genannt. Zwei Raben nämlich, Hugin und Kunin, saßen stets auf ihren Schultern. Sie sandten sie alle Tage aus, die Zeit zu erforschen und um Kunde zu bringen von dem Geschehenen und Gehörten (149, I).

Als Auguralvögel gab das Rabengesindel nicht nur durch Flug und Stimme, sondern durch seine Bewegungen überhaupt den Ausschlag. Hermegisel, König der Warner, erblickte, über das Feld reitend, einen Vo-

Abb. 16: Der Rabe, als Aasfresser dargestellt, aus Gessners Vogelbuch.

gel auf einem Baum und hörte ihn krächzen. Auf Vogelgesang sich verstehend, sagte der König zu seinem Gefolge, es werde ihm sein Tod nach 40 Tagen geweissagt (45). Olaf Trygvason, obgleich Christ, beobachtete, ob die Krähen auf dem rechten oder linken Fuß standen und weissagte daraus Gutes oder Böses (45).

Im Gegensatz zu den Römern, denen eine Krähe, die von links erschien, immer Schlimmes bedeutete, hofften die Franken auf glücklichen Ausgang einer Reise, wenn eine Krähe dem Reisenden von links nach rechts flog und ihre Stimme hören ließ (45). Die Raben verkünden eingangs vorzugsweise etwas Schlimmes. Auf sie achtete man nicht nur im alten Europa, sondern auch von jeher in Asien. Nach altindischem Glauben erhielt die Krähe von Yama das Recht, die Leichenspeise zu essen, weshalb die Schatten der Toten, die sie in der indischen Sage (36) überhaupt personifiziert, wenn der Krähe diese Speise gegeben wird, in eine bessere Welt eingehen können (45).

Von übler Vorbedeutung, ja geradezu Unglücks- und Todesvögel sind die Raben heute noch in der Schweiz, in Deutschland, Österreich, Frankreich (141, XXIII), Italien, Rußland und Griechenland (36). Unglücksvö-

gel ersten Ranges waren sie auch in Persien (36), obwohl sie hier dem
Gott der Sonne und des Lichtes heilig waren (55).

Die einzigen Länder, wo man an die gute Vorbedeutung der Rabenkrähen glaubt, sind Albanien, wo man auf die Geburt eines Knaben hofft,
wenn man den schwarzen Vogel schreien hört (45), und Bayern, wo der
Rabe dem Bauern zum Glücksvogel wird, weil er ihm zuruft: „'sgraht,
'sgraht, 'sgraht", das will heißen: Die Saat wird gedeihen, die Arbeit wird
Früchte bringen (206).

In der Provence, wo sich die altkeltische Bedeutung von Vogelflug und
-schrei bis ins Mittelalter hinein erhalten hat, galten nach Peire v. Cor-
bian, der Flug der Raben und Krähen von rechts oder links, ihr Hin- und
Herfliegen, ihr Schreien und Schweigen als entscheidend (45).

Als Überbleibsel der antiken Rabenaugurien verkündet ein von links
fliegender Rabe heute noch in Böhmen Unglück (45), und wer sich auf
dem Wege befindet, kehrt am besten wieder um (35). Fliegt der Vogel von
rechts nach links über den Weg und ruft: „wahr deck, wahr deck, wahr
deck", tut man auch in Hildesheim gut, wieder kehrt zu machen (114).

Fliegt eine Krähe in Frankreich vor einem her, kündet sie künftiges Unglück, fliegt sie zur Rechten, ist es schon da. Zur Linken bedeutet es ein
solches, dem man bei einiger Klugheit ausweichen kann. Fliegt die Krähe
krächzend über dem Haupt, kündet sie den Tod (149, I).

Der schwarze, heiser krächzende, Aas fressende und dabei auch allwis-
sende Rabe, der bei den Esten (14) zu den verrufensten Unheilverkündern
gehört, gilt im Süden und Norden, im Osten wie im Westen als Todesvogel. Wenn Raben sich in Horgen am Zürichsee (44, II) oft, im Glarnerland (125, II), in der Bretagne (113, III), in Westböhmen (49) und im
Voigtland (57) überhaupt nur aufs Dach setzen, zeigen sie einen Todesfall
an. Im Schwabenland wußte der „Alten Weiber Philosophey": „Wann ein
rab auff ein hauss, darinn der mann oder die fraw kranck ligt. sitzt und
schreyet, das ist ein zeichen, dass der kranck an der kranckheit sterben
sol" (150, III). Das letzte Stündlein eines Menschen ist gekommen, wenn
ein Rabe auf dem Hause sitzt und dreimal krächzt, in Neudorf, wenn ein
solcher dicht ans Haus heranfliegt oder sich in den Hof niedersetzt.

An verschiedenen Orten heißt es im Erzgebirge:

> Fliegt ein Rabe krächzend übers Haus,
> So trägt man bald einen Toten raus (50).

Im Sarganserland zeigt der sich auf den Dachfirst setzende Rabe durch
sein Gekrächze einen Krankheits-, durch dreimaliges Krächzen einen Todesfall an (80). Kräht eine Krähe an drei Morgen hintereinander vor Tagesanbruch auf einem Hause, ist dies ein sicheres Todeszeichen
(44, XIX). Wenn drei Raben in Biel dreimal um den Kamin fliegen, sich

darauf setzen und häufeln (ihre Excremente fallen lassen), stirbt jemand aus dem Hause (44, X).

Als ganz schlimmen Todesboten betrachten auch die Südslawen den Raben, krächzt er in der Nähe eines Gehöftes. Setzt er sich sogar auf den Dachfirst, gibt es in der Umgebung bald einen Toten (141, II). Wenn in Horgen Krähen in der Nähe eines Hauses laut krächzend umherfliegen und nicht wegzuscheuchen sind, ist in dem betreffenden Hause bald ein Todesfall zu befürchten (44, II). Fliegen in Bern drei Krähen zusammen auf ein Haus, stirbt dort bald jemand (44, VII). Tod verkünden im Kanton Bern Krähen auch, wenn sie auf den Dächern der Häuser schreien (110), wenn sie in Posen (58) ein Haus krächzend umkreisen oder ans Fenster kommen, wenn sie in Schwaben (12, I) um ein Haus fliegen und dabei ihr „Grab, Grab, Grab" rufen, wenn sie sich im Sarganserland (80) nur in der Nähe eines Hauses sehen lassen und in Schlesien (24, I) längere Zeit über einem Hause verweilen und häßlich schreien. Um Chemnitz bedeutet ein Krähenschrei um das Haus eine Leiche und sollte auch nur ein Stück Vieh umstehen (33, III).

Wenn im Kanton Bern ein Rabe den Schwanz gegen das Haus kehrt und schreit, wird bald jemand darin sterben. Einen Todesfall in der Familie weissagt der Vogel in Bern, wenn er vor dem Fenster krächzt (44, VIII).

Ziehen Raben in Böhmen über einen hin und schreien „Grab, Grab", stirbt bald jemand. Wenn in Tirol Raben um ein Haus krächzen, viele Hennen sterben, die Bienen verderben oder ein Grab einstürzt, stirbt bald jemand (158). Wenn sich Raben auf die Straße oder auf ein Kreuz des Kirchhofes setzen, ist es ein Zeichen eines baldigen Todesfalls (44, XXV). Wenn in Bayern ein Rabe über einem Haus krächzt, zeigt er damit einen Todesfall in der Verwandtschaft an (95, II). Fliegen Raben über das Dorf, sagt man in Tartlen bei den Siebenbürger Sachsen, die Vögel wollten Fleisch haben, d.h. es stirbt jemand im Ort (37).

Nach dem Glauben der heidnischen Letten verkündigte das Geschrei der Raben und Krähen den Tod guter Freunde oder Krieg (2). Schreit ein Rabe in der Bretagne dreimal, wird es ein Mann sein, der bald stirbt. Schreit der Vogel zweimal, bedeutet es eine Frau (108, IX). Hört man in Annaberg einen Raben in den Winternächten vom Bett aus krächzen, dann hat man nicht mehr lange zu leben (50). Kommen Raben häufig in die Nähe eines Hauses, zeigen sie einen baldigen Todesfall darin an. Erscheinen sie jedoch im Kanton Luzern (125, III) bei einem Todesfall, so bedeutet es ein schlimmes Ende; als Boten des Satans holen sie die Seele zur Hölle.

Albertus Magnus erzählt, ihm hätten viele glaubwürdige Personen mitgeteilt, daß Raben einst in der Burg der Schwabenfürsten erschienen seien und Mauern und Dächer bedeckt hätten. Plötzlich sei der Fürst gestorben, so daß das Volk angenommen habe, die Raben hätten seine Seele fortgenommen (45).

Allgemein wird geglaubt, jedem Haus seien zwei Krähen zugewiesen. Wenn das Haupt der Familie im Sterben liege, setzten sich die Unglücksvögel auf das Dach und schrien so lange, bis die Leiche hinausgeführt sei. Dann verschwänden sie auf Nimmerwiedersehen (45).

Nach W. Menzel (86) sollen die Raben als Tod ankündende Vögel sowohl den Tod als auch die Wiedergeburt und den Übergang in ein besseres Leben bedeuten.

Im Aargau bedeuten Raben, die in einer Reihe auf ein Haus zufliegen, die Reihe der schwarzen Leichengänger. In Böhmen und Südfrankreich glaubt man ähnliches (46, I). Fallen Raben mit ihrem Krächzen ein, wenn die Glocken einen Toten zu Grabe läuten, glaubt man in Lothringen, es werde nächstens ein großes Sterben geben (113, III).

Schreien zwei von nordwärts kommende Rabenkrähen jemandem nach, der von einem Begräbnis kommt, ist dies für ihn Verkündigung eigenen Leides noch vor Jahresende (45). Zeigt sich im Wierland nach Besuch des Predigers zuerst eine Krähe, wird der Kranke nicht mehr genesen (14). Auf Krankheit deuten die sich auf den Dachfirst setzenden Raben auch auf dem Horgenberg (44, II).

Im 17. Jahrhundert bedeutete das Krächzen der Raben in Frankreich auch den Tod von Pferden (108, IX). Wenn in der Bretagne die Raben eigentümlich mit dem Schnabel knirschen, sagt man: Sie sägen einen Sarg (108, IX). Tod bedeutet es in Frankreich, wenn man einem Raben begegnet oder wenn ein solcher über die Stadt fliegt (100, IX). Sind es aber viele Raben, folgt bald Krankheit (149, I). Kreisen Raben im Ötztal über einer gewissen Stelle auf der Alm und fahren dann plötzlich zu Boden, geht dort in drei Tagen ein Stück Vieh zugrunde (46, I). Kreist der sog. „Hochrabe" der Alpen mit dem Ruf: „koch, koch, koch" über einer Viehherde, gilt bei den Alpknechten ein Stück der Herde für verloren (80). Umfliegen im Kanton Bern (110) Raben ein Haus, deutet das auf Unfälle beim Vieh. Erscheinen aber bei einer „Metzgete" keine Krähen in Hausnähe, wird bald jemand aus dem Hause zu Grabe getragen (44, VIII). Deutet hier ihr Ausbleiben auf Unglück, bringt anderseits das Erscheinen der Vögel Glück, daher sieht man es gerne, wenn Krähen herbeikommen, wenn man im Emmental ein Schwein schlachtet (44, XXIV).

Wie sehr man das Rabengekrächze oder eigentlich eher seine damit angesagten Folgen fürchtete, berichtet die Magiologia Basel 1874: „Andere glauben wann sie die Raben schreien hören, gehe ihnen ein Unglück zur Hand, und förchten sich bald mehr vor einem Eulen- und Rabengeschrei, als vor einem grossen Schwert" (44, IV).

In den Reimen, die Pfarrer Müller in Thalwil anno 1646 zu „Gewerbs-, Leuth- und Vychbesegnen" verfaßte, heißt es:

> „Wann durch den dünnen Luft ein schwarzer Rabe fleucht
> Und kraket sein geschrey, und wenn des Eulen frauwe
> Ihr Wiggen-gwige heült sind Losungen sehr rauhe" (105, I).

Wenn sich in Kärnten (150, III) viele Raben zeigen und in Tirol (158) die Aasraben übers Feld fliegen, bedeutet es Unglück. Die Zigeuner glauben, es werde ihnen schlecht gehen, wenn des Morgens beim Verlassen des Wagens oder des Zeltes Raben über ihnen fliegen, kreisen und schreien, oder wenn sie beim Gehen diese Vögel über sich gewahr werden (44, XV). Raben in ungerader Zahl zu sehen bringt in Frankreich Unglück (108, IX). Das Volk ist nie verlegen und kennt auch Mittel, um Unliebsames von sich abzuwenden. So muß man in Schlesien, um das Unglück, das die Raben verkünden, von sich abzuwenden, zweimal auf den Boden spucken (24, II).

Wenn im Kanton Bern (110) Raben auf den Dächern der Häuser oder auf nahen Bäumen schreien und sich am oberen Zürichsee (130) die Rabenkrähen in großer Zahl in der Nähe der menschlichen Wohnungen zusammenfinden und ihr Geschrei ertönen lassen, so setzt es binnen kurzem in einem dieser Häuser Zank und Streit ab, der um so ärger wird, je größer die Zahl der versammelten Krähen war. Fliegen in Böhmen (35) drei Raben über ein Haus und krächzen, ist darin sicher Zank und Verdruß zu erwarten. Erblickt ein neuvermähltes Paar in Böhmen (35), aus der Kirche tretend, Krähen, ist es ein Zeichen, daß, wie die Krähen vereinzelt fliegen, auch von den Ehegatten das eine dahin, das andere dorthin möchte und deshalb in dieser Ehe Uneinigkeit herrschen wird.

Im Herbst des Jahres 1588 sowie im März des folgenden Jahres erschienen an verschiedenen Tagen auf dem Rathaus und der Kirche zu Königsberg große Massen von Krähen, Dohlen und Raben, die in heftigen Kampf miteinander gerieten, worauf auch in einer folgenden Nacht ein plötzliches Licht in allen Gassen, das aber bald wieder verschwand, gesehen wurde. Zum Andenken daran sind über dem Tor des Rathauses zwei gegeneinander sitzende Dohlen oder Raben gemalt, die aber kaum noch zu sehen sind; auf dem untersten Rathausgiebel befand sich ehemals ein eiserner Rabe, der aber vor vielen Jahren weggenommen wurde. Dieser Rabenkrieg war um so denkwürdiger, als er ein Vorzeichen des Kampfes war, der bald darauf im Jahre 1589 zwischen Rat und Bürgerschaft der Stadt wegen eines Stücks Land unweit des Pimpinellenberges ausbrach; darüber entstand ein so gewaltiger Lärm in der Stadt, daß Kurfürst Johann Georg endlich die Stadt brennen und über die Hauptunruhestifter schwere Strafen verhängen ließ (66).

Unglück hat man in Böhmen (35) zu erwarten, wenn Raben auf dem Wege über einem fliegen. Raben- und Elsterngeschrei verkündete den französischen Bauern noch zu Anfang des 19. Jahrhunderts, daß im Laufe der Woche Unglück zu erwarten sei (100, XII). Hört man in der Montagne Noire in der Morgenfrühe den Schrei eines Raben oder einer Elster, kann man nach dortigem Glauben sicher sein, daß eine Handlung dieses Tages unglücklich verlaufen wird (108, III). Begegnet man an einem Freitag in den Vogesen drei Raben, verkünden sie einem in nächster Zeit erfolgendes Leid in der Familie an. Tätigt man ein Geschäft, endet es schlecht, wenn man zu gleicher Zeit eine Krähe hört (108, IX). Den Bulgaren (141, II) verkündet das Krächzen der Raben in den Abendstunden Krankheit und ein bald folgendes großes Sterben. Bei den Siebenbürger Sachsen (37) kommt unter das Volk Aufruhr, wenn die Krähen, deren Farbe ihnen die dunkle Sturmwolke bedeutet, nachts schreien.

Ein großes Unglück steht bevor, wenn ein Rabe oder eine Krähe einzeln in einem Ort krächzt. Das Unglück von Bun soll durch einen solchen Unglücksvogel angekündigt worden sein, wie überhaupt bei diesem erschütternden Unglücksfall mancherlei Aberglaube zu Tage trat. Am 13. Mai 1870 nach 6 Uhr abends ergoß sich nämlich über dem eine Stunde oberhalb Schässburg in einem Seitental der Kockel gelegenen Dorf Gross-Bun ein Wolkenbruch, dessen Wasser innerhalb zwei Stunden über 60 Wohnhäuser samt Wirtschaftsgebäuden und an 200 Menschen, die in den Fluten ihr Grab fanden, mit sich fortrissen: ein Unglück, das durch sein plötzliches Hereinbrechen weithin allgemeines Entsetzen verbreitete (37).

Wenn Raben in der Luft schreien, verkünden sie Hungersnot, schlagen sie sich aber (108, IX) oder fliegen gegeneinander (154), bedeutet es Krieg. Große Krähenflüge verkünden durch die Richtung ihres Fluges und des Tones ihrer Stimme in der Normandie nicht nur Not, sondern auch Überfluß (113, III).

Kommen Raben in der Innerschweiz halb verhungert und „nötig tuend" ungescheut in Städte und Dörfer, glaubt man allgemein, daß eine Teuerung bevorstehe. Diese Meinung fand Cysat, der ehemalige Stadtschreiber von Luzern, 1609 und 1610 bestätigt. Denn es kam eine solche Anzahl dieser Vögel und so verhungert an und setzte zumal den jungen Störchen in den zahlreichen Storchennestern auf den Häusern der Stadt Luzern so gierig zu, daß man förmlich Jagd auf sie machen mußte. Wirklich blieb denn auch die Not in Korn, Wein und anderem Gewächs nicht aus (74). Ungeheure Rabenschwärme, die man schon zu allen Zeiten beobachten konnte, betrachtete man stets auch in Frankreich als Vorläufer großer Verhehrungen, die ganze Länderstriche bedrohten. So sah man vor der großen Pestepidemie, die Paris und ganz Frankreich Anno 1561–1563 heimsuchte, große Rabenflüge, angelockt durch den Geruch des bald erfolgenden Sterbens. Am 4. Mai 1492 sah man zwischen Paris und Villejuif mehr als 400 Raben, die sich unter schrecklichem Krächzen so wütend bekämpften, daß sie sich rot färbten mit ihrem Blut. Die schlimme Vorbedeutung bewahrheitete sich schon am selben Abend um 9 Uhr, da es wie mit Kübeln zu regnen begann, so daß das Hochwasser in die Häuser und auch in die Kirche eindrang (113, III).

Kämpfe zwischen Krähen und Habichten sind unfehlbare Kriegsvorzeichen. Je öfter sie vorkommen, desto früher bricht der Krieg aus. Je länger die Verfolgung in den Lüften dauert, desto länger wird auch der Krieg dauern. Öfter sollen solche Rabenkämpfe seit 1913 beobachtet worden sein (44, XIX).

Als 1879 das Leben Kaiser Wilhelms I. durch Attentäter in Gefahr war, will man einen von Raben verfolgten Adler über Berlin gesehen haben (72, I).

Schreit in Miemingen ein Rabe nachts auf dem Friedhof, bedeutet dies, daß ein jüngst Begrabener noch am Leben sei (158). Wenn in Höfen ein Rabe schreit, kommt ein Raubvogel und frißt die Hennen. Schreien diese Schwarzröcke aber in Pflach, sind sicher Engerlinge im Felde (158).

Setzen sich in Rotenburg (125, III) Krähen auf einem Hause nieder und krächzen, sagt man, es hause darin ein Gespenst. Setzen sich in Westböhmen ein oder zwei Raben auf ein Dach und verweilen hier lange, ist eine Hexe im Hause (49). Die Wenden sind fest überzeugt, daß, wenn ihnen ein Rabe über das Haupt wegfliegt und im selben Augenblick schreit, sie bald eine Neuigkeit erfahren (34). Bei den Siebenbürger Sachsen zeigt die aufs Hausdach fliegende Krähe Gäste an (37).

Während des Mohnsäens wird in vielen Gegenden Böhmens (35) nicht gesprochen, denn sonst würden die Krähen und andere Vögel den Mohn auffressen (35). Stellt sich im Vogtland beim Säen auf dem Feld ein Rabe oder überhaupt ein schwarzer Vogel ein, wird die Frucht niemals gedeihen (57).

Fliegt in Böhmen ein Rabe in einen Garten, wird einem Mädchen im Hause die Unschuld geraubt. Aus diesem Grunde jagen die Mädchen die Krähen schimpfend weg, wenn sie sich nur dem Hause nähern (35).

Anno 1721 berichtet die Chronik von Villingen als Merkwürdigkeit: „Es haben die Rappen einem Schlosser zu Rottweil sein Schurzfel auf den Galgen getragen. Gott behüet ihn Johannes und einen jeden vor solcher Er" (11, XII).

Über die Weissagung des Raben, der die Zukunft kennt, berichtet Seifart (114): „Der alte Denkstein, der im Jtzumer-Holz auf dem Wege nach Lechstedt steht, würde nicht dastehen, wenn ein Mann, der Boteweis, nicht hier durchgegangen und der Warnung der Raben gefolgt wäre. Der

Mann hatte viel Geld bei sich und ging mit einer Frau den Feldweg nach Lechstedt. Als sie nun im Lichtenpahl angekommen waren, flog ein Rabe von rechts nach links über den Weg und schrie: ‚wahr deck, wahr deck‘. Erschrocken blieb die Frau stehen und wollte nicht weiter mit; der Mann aber lachte, sagte, das wäre dummes Zeug und ging allein seinen Weg. Am anderen Morgen fanden die Lechstedter den erschlagenen und beraubten Mann an der Stelle, wo noch heute der Gedenkstein steht."

Einigen Bezug der Raben auf Wotan glaubt Vonbun (136) auch in einem Maienfelder Hexenprozeß zu finden. „Eine gewisse Anna Thöny, gebürtig von Seewis war es, die im Jahre 1656 der Hexerei angeschuldigt, vor dem Gericht in Maienfeld stand. Unter anderem wurde folgende Anklage gegen sie erhoben: Sie habe letztes Jahr zu Malans in ihres Vetters Weinberg die ‚Halden‘ genannt, Binderinnen gehabt. Als diese einen Steg hinauf gebunden hatten und sich wieder nach unten begaben, um auf's neue zu beginnen, habe sich ihr, als sie auf einem Bauhaufen gesessen, ein Rabe, der vorerst um ihren Kopf geflogen, auf ihre Schulter gesetzt, sei aber sofort wieder aufgeflogen und habe ein solch wüstes Geschrei vollführt, daß die Weiber erschreckt ausriefen ‚Bhüetius Gott!‘."

Die Kosten dieses lächerlichen Hexenprozesses beliefen sich auf 550 Gulden. Die Frau wurde nach der üblichen, vorangegangenen Folterung, wie diese zur Erpressung eines Geständnisses angewandt wurde, vom Feuertod begnadigt, aber zum Tod durch das Fallbeil verurteilt (136).

Von einem anderen Hexenprozeß, den ebenfalls Vögel, besonders Raben, der Frau voraussagten, schreibt der Bürgermeister und Rat der Stadt Münster an Dr. Kaspar Vogler in Straßburg: „Eine Hebamme in Münster im Elsaß, die beschuldigt war, eine Kindbetterin verhext zu haben, machte Anno 1596 folgende Aussagen: Die Vögel hätten ihr solch Unglück und Gefangenschaft vorbedeutet, denn als sie in ihrem Krautgarten gewesen, wären zwei Raben kommen und hätten auf den nächsten Bäumen stark miteinander gehadert, als wenn zwei Männer hart miteinander redeten. Folgends wären auch zwei Atzlen kommen und hätten sich so nahend zu ihr gethan, dass sie gemeint, sie wollen ihr auf den Kopf sitzen; darauf sie stracks zur gemeldeten Kindbetterin berufen worden. Sie zeigte auch gestrigen tags an, es wäre ein klein Vögelein, aber schneeweiss, dass es vor weisse gezwitzert hab, oben durch das thurmloch zu ihr hinab geflogen und sich auf den Korb, den sie auf dem Schoss gehabt, gesetzet. Sie hab gedacht, es soll etwa seine Nahrung suchen, hab aber doch nit geessen; sie hab es auch nicht fahen wollen und es sey hernach lang bey gedachtem thurmloch neben den Deckel gesessen" (150, I). Nach Talmud Sanhedrin 85 b macht man sich des Aberglaubens schuldig, wenn man in dem Krächzen der Raben ein Unglückszeichen sieht. Obgleich das Achten auf die Weissagungen der Raben etwas Heidnisches und daher verboten ist, hat sich dieser Aberglaube bis heute auch im jüdischen Volksglauben erhalten (141, XXIII).

Trotz einer langen Reihe krassesten Aberglaubens sind wir Europäer im Ausspinnen des Krähenaberglaubens gegenüber den Orientalen nur Stümper geblieben. Ein charakteristisches Bruchstück über solchen Aberglauben teilt Schiefner in seinem Krähenaberglauben bei den Indern (Bulletin de l'Académie des sciences de S. Petersbourg tom. I.1860) mit. Hier heißt es, nachdem in detaillierter Weise davon die Rede ist, was alles je nach den verschiedenen Tageszeiten das Krähengeschrei unter gewissen Umständen zu bedeuten habe: „Also sind die verschiedenen Arten des Krähenschreies beendigt. Nun sind die Zeichen des Ganges und die Zeichen des Krähenschreies zur Zeit des Gehens aufzuführen.

1. Wenn am Rande des Grabens oder Wassers oder auch auf einem Baume, auf einem Ameisenhaufen und an einem Kreuzweg zur rechten Hand eine Krähe einen Laut von sich gibt, so wisse man, daß man bei dem Gange Glück haben wird.

2. Wenn zur Zeit, wo man auf dem Wege vorwärts geht, im Rücken eine Krähe einen Laut von sich gibt, wird vollendet werden, was man beginnt.

3. Wenn zur Zeit, wo man auf dem Wege geht, eine Krähe die Flügel schlägt und schreit, so wird man auf ein großes Hindernis stoßen.

4. Wenn zur Zeit, da man sich auf den Weg macht, eine Krähe mit dem Schnabel Haar ergreift und dabei schreit, so ist es ein Zeichen baldigen Todes.

5. Wenn man zur Zeit, da man sich auf den Weg begibt, eine Krähe, Unreines verzehrend, einen Laut von sich gibt, so ist es ein Zeichen, daß Speise und Trank kommen.

6. Wenn zur Zeit, da man sich auf den Weg begibt, eine Krähe, auf einem Dornbusch sitzend, einen Laut von sich gibt, so weiß man, daß Feindesgefahr da ist.

7. Gibt zu der Zeit, da man sich auf den Weg macht, eine Krähe auf einem Milchbaum sitzend einen Laut von sich, so wird eine Milchspeise kommen.

8. Gibt eine Krähe auf einem dürren Baum sitzend einen Laut von sich, so ist es ein Zeichen von Mangel an Speise und Trank.

9. Hat man sich zum königlichen Palast begeben und ertönt dann Krähengeschrei, so wird man einen guten Sitzplatz erhalten.

10. Gibt eine Krähe, wenn man sich auf dem Sitz niedergelassen hat, einen Laut von sich, wird ein Feind kommen.

11. Gibt eine Krähe einen Laut von sich, wenn man auf die Türe blickt, so wisse man, daß Grenzgefahr da ist.

12. Faßt eine Krähe ein Kleid mit dem Schnabel an und gibt dabei ein Geschrei von sich, so wird man ein Kleidungsstück finden.
13. Wenn zu der Zeit, da man sich auf den Weg begibt, eine Krähe sich auf den Turban setzt und dabei schreit, so ist es ein Zeichen des Todes.
14. Schreit eine Krähe auf dem Dach eines Hauses und hält dabei eine rote Schnur, die sie irgendwo gefunden hat, so wird das Haus niederbrennen.
15. Sammeln sich vormittags viele Krähen, so wird ein Sturm kommen.
16. Wenn man sich auf den Weg begibt und eine Krähe schreit, indem sie ein Stück Holz im Schnabel hält, so wird ein Gewinn kommen.
17. Wenn zur Zeit, wo man sich auf den Weg begibt, bei Sonnenaufgang eine Krähe einen Laut von sich gibt, so wird man einen Schatz finden.
18. Wenn zur Zeit, da man sich auf den Weg begibt, Krähengeschrei ertönt, so wird der Wunsch erfüllt. Also sind die Zeichen des Weges beendet."

So lautet ein einziges Kapitel jenes indischen Krähenorakels, welches auch in Tibet Bewunderer gefunden haben muß, denn es ist in tibetanischer Übersetzung auf uns gekommen. Keller schreibt dazu: „Man wird bemerkt haben, daß alles im allgemeinen sinnloser Aberglaube ist, und doch scheint mir auch unter dieser vielen Spreu ein gutes Korn zu stekken: Es ist der Satz, daß, wenn sich vormittags in Indien Krähen in großen Flügen sammeln, dies Sturm bedeute. Und eben durch solche ‚Körnchen‘ Wahrheit ist es zu erklären, daß ein so offen zu Tage liegender Aberglaube wie dieser indische Krähenglaube Jahrhunderte und Jahrtausende hindurch seine Existenz aufrecht erhalten kann" (55).

Mit der Verbreitung des christlichen Glaubens, der mit den alten heidnischen Göttern gründlich aufräumte, trat an Stelle Wotans der Teufel, und die Raben, des Kriegsgottes geflügelte Sendboten, wurden auch zu jenen Satans und damit zu teuflischen und unheimlichen Tieren.

Mit dem Teufel erscheint stets der Rabe als dessen Begleiter. Zur Zeit der Hennig Brabantschen Bewegung (1604) umschwebte ein Rabe auf dem Aegidienfriedhof unablässig Hennig Brabants Haupt und ließ sich krächzend auf dessen Haus nieder, woraus der Aberglaube jener Zeit und vor allem Grobschmied Aschen Kamla einen Bund auf Hennig Brabants Bündnis mit dem Teufel zogen (3). Das Gesetzbuch Manus, der nach dem älteren Brahmanismus der Stammvater der Menschheit sein soll, sagt in der Lehre von der Vergeltung durch Seelenwanderung, daß nach dem Tode ein Mensch, der Milch stahl, eine Krähe, ein Fleischdieb ein Geier werde.

Vom heiligen Augustinus wird der Rabe deswegen ein teuflisches Tier genannt, weil er immer cras, cras (morgen, morgen, nur nicht heute) rufe und damit die Menschen zum Aufschub der Pflicht und zur Faulheit verführe. Andererseits versinnbildlicht der Rabe deshalb wieder den Teufel, weil er wie dieser den Seelen der Verstorbenen und ihren Leibern nachstellt (85, II). Weil die Raben teuflisches Gelichter sind, vor denen man sich in Acht nehmen muß, rufen die Kinder im Liechtensteinischen diesen Vögeln nach:

> „Rapp! Rapp!
> Kogafleisch
> Bhüet mi vorem
> bösa Geist.“

Besonders wenn sie sie zum Weiterflug aufschrecken wollen, rufen sie:

> „Rapp! Rapp!
> mach mer en ring
> oder du bist ds Teufelskind (136).

Einmal wettete der Teufel mit einem Schuster, welcher von beiden in einer bestimmten Zeit am öftersten Pech sagen könne. Da fing der Schuster, so schnell er es vermochte, das Wort zu wiederholen an, und zwar Pech, Pech, Pech, hundertmal Pech und immer wieder Pech. Der Teufel aber wollte klug sein, blieb aber dabei doch ein dummer Teufel, und damit seine Zunge nicht erschöpft werde, sprach er langsam: Paach, Paach, Paach usw. Der Schuster ermüdete jedoch nicht, wie der Teufel gehofft hatte und gewann die Wette. Aus Ärger darüber verurteilte der Teufel die Krähen, seine Kinder, dazu, die ihm noch abgängigen Worte zu sprechen, und seitdem rufen sie immer: Paach, Paach, und zwar ebenso gedehnt wie der Teufel (22, II).

Wie die Seele eines Menschen, die vor Gott rein ist, dessen Leiche als eine weiße, unschuldige Taube verläßt, so verläßt in der Haute-Bretagne jene einen Menschen, der nach schwerem Todeskampf ohne Vergebung der Sünden gestorben ist (113, III), in Böhmen (35) die Seele eines Verbrechers den Leichnam als ein schwarzer Rabe. Nach dem Tode als Krähe zu fliegen ist auch dem Geiste eines Geizhalses beschieden (9). In der Ille-et-Vilaine sind die Raben Seelen, die der Hölle verfallen sind (113, III). Man sieht daher beim Hinscheiden verworfener Menschen häufig Raben, die dann des Teufels Boten sind, sich dem Gehöft nähern, um die Seele zur Hölle abzuholen (89). Nach einer bretonischen Erzählung sind die Raben Ehegatten, die während ihres irdischen Lebens schlecht mit ihrem Geld gewirtschaftet hatten und nun in diese Vögel verwandelt wurden (113, III).

Im Languedoc glaubt man, daß schlechte Priester nach ihrem Tode Raben, die Nonnen aber Krähen werden (108, II). Sehen die Kinder nun eine Krähe, die für das Volk dasselbe ist wie der Rabe, sagen sie, dies sei ein schlechter Priester (113, III). Noch 1866 bestätigte ein französischer Pächter, daß seine Nachbarn während eines Gewitters einen sündigen Priester gesehen hätten, der Hagel aus der Wolke schleuderte. Ein Bauer schoß daher mit einem Gewehr in diese Wolke, und sogleich verließ sie ein Rabe, in den sich der tödlich verwundete Priester verwandelt hatte (108, I). Gregor Agricola, der Pfarrer in Hatjendorf, des Teufels Sekretär und Landschreiber, wie ihn die Beschuldigten nannten, wurde vom Henker im Kerker erdrosselt, und unmittelbar danach soll man einen Raben vom Fenster des Gefängnisses über den Marktplatz haben fliegen sehen, den alle für die schwarze Seele des Bösewichts hielten (141, XII). Cäsarius von Heisterbach erzählt, wie beim Tode des abtrünnigen Novizen Benneco so viele Raben erschienen, daß alle erschreckt aus dem Hause stürzten (141, XV). Wenn im schwäbischen Ertingen ein Bösewicht stirbt, sieht man nicht selten auf dessen Füßen einen Raben sitzen. Das ist allgemein bekannt, und man benützt zum Scherz den Doppelsinn dieses Geredes, da es im Schwäbischen lautet: „Wo dear und dear g'storba isch, hot ma en Rappe uff seine Füess stauh seah" (12, I).

In Brusasco im Piemontesischen singen die Kinder, indem sie im Chor das Geschrei der Krähen nachahmen:

> „Curnaiass,
> Porta l' sciass
> Me mari l'è morta
> Sut la porta.
> Qué".[1]

Das Sieb verrichtet hier wahrscheinlich denselben Dienst wie die Waage, auf welcher der hl. Michel im piemontesischen Glauben die Seelen der Abgeschiedenen abwiegt; ist die Seele ohne Sünde, muß sie durch das Sieb hindurchgehen, wenn nicht, bleibt sie darin (36). Da die sündhaften Seelen jedenfalls vom Teufel übernommen werden, wird das Ganze auch mit den Boten des Satans, dem Rabengesindel, in Verbindung gebracht.

Eine dänische Sage weiß, daß die Seelen der Verstorbenen dazu verdammt werden, als Nachtraben im Fluge immer ein Kreuz zu machen und so lange zu fliegen, bis sie im heiligen Grabe zu Jerusalem Ruhe finden (85, II).

In den Hinduüberlieferungen personifiziert die Krähe die Seele des toten Menschen. Den Krähen Speise geben bedeutet soviel wie den Manen

---

[1] Krähe bringe das Sieb; meine Mutter ist gestorben unter der Tür, Qué!

opfern. Bei den Permiern im Kreise Orlov versammeln sich alle Angehörigen am dritten Tag nach einem Sterbefall zum Totenmahl. Eine Schüssel wird für den Toten gefüllt und nach der Mahlzeit im Grase eines entlegenen Winkels auf dem Gemüsefeld niedergestellt. Haben nach drei Tagen die Raben und Krähen nicht alle Speise vertilgt, so ist das ein Zeichen des Ärgers des Verstorbenen, der die vorgesetzten Speisen verschmäht hat (141, XV).

Eine jüdische Sage macht den Raben, weil der vom Aas lebt, zum Symbol des Todes. Auch soll er es gewesen sein, der für seine Jungen das erste Grab auf Erden grub. Von ihm wieder lernte dann Adam, wie er die Leiche Abels beseitigen solle (85, II). In Frankreich sollen die Priester die Fähigkeit haben, sich in Raben verwandeln zu können, um in dieser Gestalt die Hagelwolken zu leiten. Ein Mann hatte nun einst einem Raben mit einem Flintenschuß ein Bein gebrochen. Die Messe des nächsten Tages konnte nicht gehalten werden, weil der Pfarrer den Arm gebrochen hatte, denn er war jener Rabe (108, IX).

Das Alte Testament erwähnt den Raben wegen des Aasfressens als unrein, und im 1. Buch Moses 8,6 wird davon berichtet, daß Noah als der erste Seefahrer nach 40 Tagen seine Arche öffnete und einen Raben aussandte, Land zu suchen. Dieser kam aber nicht zurück, sondern labte sich an seiner Lieblingsspeise, dem auf dem Wasser schwimmenden Aas, so erzählt die Legende. Schiffer, die auf Entdeckungen ausfuhren, nahmen Raben mit sich, die sie dann auf der See fliegen ließen, um ihren Kurs der Richtung des Vogels zu geben, den sein Instinkt den kürzesten Weg zum Land finden ließ.

Plinius berichtet von den Schiffern von Ceylon, daß sie zum Zweck der Ausfindigmachung der Fahrrichtung an Stelle eines Kompasses Vögel mit sich führten. Raben waren es, deren sich die von Norwegen im 9. Jahrhundert aussegelnden Wikinger statt des Kompasses bedienten. Sie hatten gewöhnlich mehrere Vögel an Bord, ließen sie auf hoher See von Zeit zu Zeit frei, folgten der Richtung des Fluges und entdeckten mit ihrer Hilfe festes Land, so unter anderem das von den Vögeln gewitterte Island. Als die Theräer nach Lybien auswanderten, flogen vor ihren Schiffen Raben einher, um ihnen den Weg zu zeigen. Nach Kallimachos war es Apollo selbst, der die Gestalt eines Vogels angenommen hatte (55).

Von einem indischen König namens Mares wird berichtet, daß er eine zahme Krähe besaß, die er als Brieftaube verwendete. Sie brachte seine Briefe schneller als jeder Bote an ihre Adresse, und als sie gestorben war, setzte ihr Mares ein schönes Grabdenkmal (55).

Bereits die Römer kannten das Sprechvermögen der Raben und haben es auch gelegentlich zu ihrem Vergnügen genützt. Nach Fulgentius, der sich dabei aber, wie Keller glaubt, fälschlich auf Pindar beruft, ist der

Rabe allein unter allen Vögeln im Stande, 64 verschiedene Laute auszu-
drücken. Macrobius (sat. II. c. 4) erzählt einige hübsche Anekdoten von
solch sprechenden Raben. Stolz im Gefühl des Sieges bei Actium, kehrte
Augustus zurück. Da nahte sich unter den Glückwünschenden auch einer
mit einem Raben in der Hand, den er die Worte gelehrt hatte: „Ave Caesar, victor, imperator." Der Kaiser, erstaunt über den höflichen Vogel,
kaufte ihn um 20 000 Sesterzen. Ein Kamerad des Handwerkers jedoch,
der bei diesem freigebigem Akt leer ausgegangen war, versicherte dem
Kaiser, der andere habe auch einen zweiten Raben und bat, er solle gezwungen werden, auch diesen herbeizubringen. Man schaffte ihn herbei,
und er sprach die Worte, die er gelernt hatte: „Ave victor imperator An-
toni." Ohne darüber böse zu werden, begnügte sich Augustus damit, dem
Besitzer aufzutragen, daß er jene Gnadengabe mit seinem Zimmergenos-
sen teile. Als einst Augustus einen Papagei und ebenso eine Elster kaufte,
die ihn grüßten, sah sich ein armer Schuster dazu veranlaßt, einen Raben
ebenfalls zur Begrüßung abzurichten. Da nun aber der etwas schwer ler-
nende Vogel den Mann auf eine harte Probe stellte, entfuhr ihm oft die
Redensart: „Opere et impensa periit" (im Sinne von: da ist Hopfen und
Malz verloren). Endlich fing der Rabe aber doch an, die vorgesagte Begrüßung nachzusprechen. Augustus, der vorbeiging, hörte den Vogel, erwiderte aber: „Solche Begrüßer habe ich schon genug zu Hause." Da fiel
dem Raben noch ein, bei dieser Gelegenheit an den Mann zu bringen,
was er seinen Herrn sonst noch hatte sagen hören, und er rief: „Da ist
Hopfen und Malz verloren." Der Kaiser mußte lachen und befahl, den
Vogel zu kaufen und noch mehr dafür zu zahlen, als er jemals vorher dafür gegeben hatte.

Von einem sprechenden Raben zur Zeit des Kaisers Tiberius erzählt
Plinius, ohne Zweifel nach der damaligen Staatszeitung, folgendes: Als
ganz jung sei er vom Dach des Castortempels, wo die Alten ihr Nest hatten, herabgeflogen und von einem Schuster aufgenommen worden, der
neben jenem Tempel seine Werkstatt hatte. Früh ans Sprechen gewöhnt,
flog er alle Morgen auf die Rednertribüne und grüßte, gegen das Forum
hingewendet, den Kaiser, dann die Prinzen Germanicus und Drusus mit
ihren Namen, darauf das vorübergehende römische Volk, hierauf kehrte
er zu der Bude zurück und war so mehrere Jahre lang durch seine Höf-
lichkeitsbezeugungen Gegenstand der Bewunderung. Sei's aus nachbarli-
chem Neid, sei's, wie er glauben machen wollte, in plötzlicher Zornesauf-
wallung, weil der Rabe seine Schuhe mit Unrat beschmissen hatte, tötete
der Pächter der nächsten Schusterbude das Tier. Die Menge aber war so
furchtbar erregt darüber, daß er zuerst aus dem Stadtteil vertrieben und
später sogar gelyncht wurde. Dem Vogel aber veranstaltete man ein feier-
liches Leichengeleite mit riesiger Beteiligung, sein Leichnam lag auf ei-

nem Polster, das auf den Schultern zweier Schwarzer ruhte, voraus schritt ein Flötenbläser. So zog man bis zum Scheiterhaufen, der an der rechten Seite der appischen Straße beim zweiten Meilenstein auf dem sogenannten Feld des Rediculus errichtet war: So geschehen am 25. März des Jahres 35 n. Chr. (55).

Als Wegweiser kommt der Rabe in der christlichen Zeit nur einmal vor, und zwar bei Paul Fiacon, I. 26, wo drei fliegende Raben den heiligen Gregor begleiten (45). Indem sie wie eine Taube bei Pfäfers die blutigen Spähne vom Nefaminger nach dem Wolaberg trugen, sollen Wotans Raben nach der Sage den Bauplatz der Kirche auf dem Wolaberg bei Waldkirchen gewiesen haben (95, II). Den Bauplatz des Gotteshauses von Neunkirchen haben ebenfalls Raben gewiesen, dadurch daß sie hier die blutigen Spähne nach Maidenbeth trugen (95, I). Als auf dem Staffelberg am Main der heiligen Agundis eine Kapelle gebaut werden sollte, zeigte ein Rabe den Sand zum Mörtel (95, II).

In der Kirche auf dem Kastelberg in der Oberpfalz stehen in Stein gemeißelt die Denkmale ihrer Stifter, der Grafen Friedrich, Berngar und Otto. Der Anno 1125 verstorbene Berngar hat auf der linken Hand einen Raben sitzen, mit der Rechten berührt er dessen Brust. Dieser Rabe, berichtet die Sage, habe einen goldenen Ring gebracht, womit das Kloster gebaut werden konnte (95, I).

So viel Übles man dem Raben auch nachsagt, so ist ihm doch, wie alte Überlieferungen nachweisen, eine wichtige, im Menschenleben seltene Tugend bekannt: die der Dankbarkeit. Ein Rabe nährte den Propheten Elias in der Wüste und ebenso den hl. Einsiedler Paulus. Nachkommen jenes Raben, der dem hl. Benedikt Brot brachte, sollen noch auf dem Monte Cassino leben. Zu Lissabon am Grabe des hl. Vincenz werden immer noch vier Raben unterhalten, weil sie einst seine Leiche übers Meer begleiteten. Wenn einer stirbt, findet sich immer wieder ein neuer ein (85, II).

Einst fand der Einsiedler Meinrad im dunklen Wald an einem kalten Wintertag zwei vom Frost erstarrte Raben und pflegte sie. Als der heilige Eremit am Etzel ermordet wurde, waren seine beiden Raben, mit denen er in der Waldeinsamkeit sein spärliches Brot teilte, die Rächer an den Mordbuben. Meinrads Raben, so erzählt die Sage, verfolgten mit Geschrei die Mörder bis nach Zürich und verließen sie erst, als über ihnen der Stab gebrochen und sie hingerichtet waren. In Zürich soll der Gasthof, in dem des frommen Waldbruders Mörder dingfest gemacht wurden, seit jener Szene Name und Schild des Raben getragen haben. Zu Ehren dieser Raben hielt besonders das Stift Einsiedeln stets einen oder mehrere dieser Vögel (44, XXII). Raben wurden auch zum Attribut des hl. Meinrad, und als an Stelle seiner Klause das Kloster Einsiedeln erbaut worden

Abb. 17: Die Rabenkrähe als Wappenvogel von Einsiedeln (Schweiz).

war, wählte der Abt zum Zeichen der Verehrung die Raben zum Wappen-
tier der Abtei Einsiedeln. 1341 erscheint auf dem Siegel des Abtes Konrad
II. von Gösgen der erste Rabe. Noch 1386 ist es auf dem Siegel des Abtes
Peter II. von Wolhusen nur ein Rabe, jedoch mit einem Kreuz auf dem
Rücken. Erst nach vielen Änderungen fliegen zwei Raben seit 1773 beständig nach links, vom Standpunkt des Beschauers aus gesehen (44, IV).
Noch heute ist der Rabe nicht allein Wappentier der Benediktiner-Abtei
Einsiedeln, sondern auch der Karthause La Valsainte und der schweizerischen Gemeinden Claro, Corbières, Cresuz, Denens und Einsiedeln.
Odins ständiger Begleiter, der Rabe, wird auch anderwärts zum Rächer
begangener Mordtaten und Unehrlichkeiten. So rächte einst ein Rabe auf
der Schierser Alp im Prätigau einen Hirtenknaben. Vonbun (136) gibt
diese Sage in Versform wieder:

> „Der Senn erschlug den Hirtenknab',
> Er warf ihn über die Fluh hinab,
> In's tiefe Tobel, in tiefe Schlucht,
> Wo niemand den fremden Knaben sucht;
> Nur Raben umkrächzen die tiefe Schlucht,
> Nur Raben kreisen in hoher Luft.
> Es flossen die Tage und Jahre hin,
> Der arme Knabe vergessen schien.

Da zogen einst die Bauern zu Hauf,
Zur Messe auf die Alp hinauf;
Sie sassen beim Imbiss im Sonnenschein
Da fiel hernieder ein Totenbein,
Die Raben brachtens aus tiefer Gruft,
Die Raben krächzten in hoher Luft;
Herumgeboten wird im Kreis
Das Bein: dem Sennen perlt der Schweiss
Als ers berührt; denn Blut entfliesst
Dem Bein, weils seine Hand umschliesst,
Und was er nachts verübt allein,
Was er gesponnen hielt so fein,
Gestand er jetzt im Sonnenschein.

In Böhmen zeigt die Krähe die Diebe an und schreit über den Erschlagenen und Erhängten. Sobald sie jemand im Walde erblickt, der auf Schaden ausgeht, fängt sie an zu krächzen: krad, krad (Dieb, Dieb) und gibt
dadurch dem Jäger ein Zeichen, wo Holzdiebe sind (35).

Ein Tier, das in seinem Wissen manchmal über den Menschen steht,
mußte vielfach als von einer Gottheit inspiriert angesehen werden. Als
Vogel Wotans und auch Begleiter Apollos, des Hauptgottes der Weissagung, weiß der Rabe alles Vergangene und Künftige. Daher pflegten
Abergläubische Rabenherzen zu essen, um als Propheten zu gelten.

Aus der dem Vogel seit Urzeiten angedichteten Weisheit ergibt sich,
daß er auch in der Zauberei sehr gute Dienste leisten soll. Noch im 17.
Jahrhundert bedienten sich die französischen Hexen bei ihren Zaubereien
eines Rabenkopfes (113, III).

Wer in Böhmen die Herzen von drei Raben und drei Maulwürfen zu
Asche brennt (35) oder das zu Pulver zerstoßene Herz eines am Karfreitag
gefangenen Raben (154) unter Schrot und Pulver mischt, wird nie einen
Fehlschuß tun.

Wenn man Krähenaugen, klein zerrieben, unter das Fleisch mischt, soll
man die Krähen gut fangen können (44, XV). Ißt man diese Augen aber
in der Neujahrsnacht, sieht man ebenso gut in der Nacht wie am Tag
(147). Pulverisierte Krähenaugen sind überhaupt zu vielem gut. Formt
man aus diesem Pulver und weichem Brot Kügelchen und wirft diese ins
Wasser, so werden die Fische, sobald sie davon fressen, sogleich so taub
und dumm, daß man sie mit den Händen fangen kann. Fressen Vögel von
diesen Kügelchen, kann man auch sie ohne große Mühe mit den Händen
greifen (24, II).

Von Zauberei und magischer Wirkung des Raben weiß ein handschriftliches Arzneibuch: „Wenn ein Mannsbild von einem bösen Weibe wäre

verzaubert worden. Schmiere den ganzen Leib mit Raben Gallen und du wirst erlöset." „Ein Schwein so zahm zu machen, dass es einem nachläuft: Man soll ihm im Gespühlicht das Gehirn von einem Raben oder solches ihm sonst zu fressen geben, so läufts dem nach, der es ihm gegeben" (44, VI). „Wilt du Gärn stark seyn im Streit, so fach Ein Läbändiger raph (Rabe) und nimm das Härz von im und Trags bi dir, so bist du stark im streit" (44, VII).

Mit Krähenfedern kann man Wanzen aus den Betten vertreiben, wenn man diese damit bestreicht und nicht vergißt, die gebrauchten Federn wegzuwerfen (152, II). Wenn man eine Rabenfeder findet, hat man Glück (89). Findet man eine Krähenfeder, steckt man sie in Böhmen ins Krautfeld, dadurch kann es nicht „verschrien" werden (49). Krähenfedern bewirken auch Liebeszauber. Wenn ein Bursche mit einer solchen Feder auf dem Hut zu einem Mädchen kommt, so hat sie allen Grund zur Vorsicht. Denn wenn er während des Gesprächs in unauffälliger Weise die auf den Hut gesteckte Feder abnimmt und, so oft er kann, die innere Handfläche des Mädchens kitzelt und ihr zum Überfluß noch einige Male über den Mund hin- und herstreicht, so ist es um das Mädchen geschehen: Der Bursche ist ihrer Gegenliebe sicher, und sie ist nicht mehr imstande, ihm Widerstand zu leisten, falls er sie verführen will (130).

Der Rabe gibt aber auch Mittel, die es erlauben, sich gegen allen Zauber zu schützen. So muß man in Sachsen, um vor allerlei Zufällen, jedenfalls vor solchen unglücklicher Natur bewahrt zu bleiben, drei Raben-Nestlinge nehmen, sie in einen Topf mit Stürze, der mit Lehm verschmiert wird, sperren, um sie über starkem Kohlenfeuer zu verbrennen und nachher die Asche zu genießen (115).

Als nach dem Dreißigjährigen Krieg vom Vogtland eine furchtbare Pest herrschte, die Menschen zu Hunderten starben und manches Dorf ganz verödete, soll von Norden her über das Erzgebirge ein weißer Rabe geflogen sein, der gleich einem Retter in der Not rief:

> „Fresst nur recht Rapuntika,
> Sinsten kimmt kä Mensch derva" (57).

Bei den Esten ist der Glaube verbreitet, Krankheiten könnten auf andere Gegenstände, besonders Tiere übertragen werden. Haben die Kinder einen kleinen Schaden genommen, bläst man unter Nennung eines heiligen Namens auf den kleinen Schaden und sagt:

> „Krankheit auf die Elster,
> Weh zu der Krähe,
> Andere Schwäche dem schwarzen Vogel;
> Unser Kind genese" (63).

Auch in der Zeit des Mittelalters fanden Bestandteile der Krähe oder des Raben verbreitet Verwendung in der Medizin. Schon im Altertum gab Kiranides als wirksamstes Mittel gegen Podagra an, einen lebendigen Raben in Roßmist zu vergraben, ihn 40 Tage faulen zu lassen und dann zu verbrennen und zu einem Pflaster zu verarbeiten. Plinius behauptete, man könne mit einem gekochten Raben, der über Nacht in einem bleiernen Geschirr gelegen habe, die Haare schwärzen. „Rappenblut macht zart Haar. Etliche brauchend Rappenblut und sein hirn mit rotem weyn vermengt, das haar damit schwartz zemachen. Rappenunschlit und frische rauten vermisch mit Öl, damit mach das haar schwartz", lehrt Gessner (30).

„Es hat ein verrümpter artzet zu unserer zeyt zween jung Rappen im Mertzen auss dem näst genommen, und zu kleinem pulver verbrennt, und dene, so den fallenden siechtag habend, zu trincken geben, alle tag zwey oder dreü mal ein quintlin schwär, mit gekochtem Bibergeilwasser" (30). Was Gessner aber schon vor Jahrhunderten als „verrümpet" bezeichnete, gilt heute noch in Tirol: „Nimm im März einen jungen Raben, der noch im Nest sitzt, verbrenne ihn zu Pulver und nimm es ein, es hilft gegen die fallende Sucht" (42).

Gegen Zahnweh gilt noch zur Zeit von Plinius: „Man soll Rabenmist in Wolle aufbinden oder Sperlingskoth in Öle warm gemacht, und aufs nächste Ohr aufschlagen" (159, II). Rabenmist bewirkt aber noch Wunderbareres: „Item wem die Zen sein ausgefallen unnd nicht wieder wachsen wollen, der neme Wilder raben mist unnd thue das in die lucken, so wachsen die Zene wieder" (51). „Rappenhirn mit gebrenntem eysenkrautwasser getruncke, sol für die fallend sucht dienstlich seyn, als mir ein guter freünd, so diss erfaren, zugeschriben hat" lesen wir bei Gessner (30).

„Rappengall mit aliuiule oleo vermischt, und auff den gantzen leyb gestriche, hilfft dem vergallsterten menschen dem sein mannheit genommen ist, als Rasis aussweysst" (30). Gegen Impotenz gebraucht man in Westböhmen und Friaul Rabengalle (72, I). „Einer hat sich auff ein zeyt mit Rappengall beröuckt, damit er das haar weyss machte, und das ist jm verlangt, als Rasis schreybt. Wenn man einem kind einen Rappenfuss ann halss nenckt, so es den husten hat, so wirt es jm seer dienstlich seyn, als Rasis bezeügt" (30). „Ob Rappemist geröuckt, benimpt die weyssen fläcken des leybs, und den weyssen aussatz, sagt Kiranides. Rappenkaat mit wullen den kinden angebunde, gneert den husten" (30). Gegen Schwerhörigkeit verwendet man in der Steiermark die Galle einer Forelle, eines Aales, eines Hasen und eines Raben, die zusammengemengt, mit etwas Branntwein vermischt, in einem geschlossenen Topf über dem Feuer erwärmt wurden. Von dieser Mischung flößte man dem Leidenden drei Tage hindurch je drei Tropfen ins Ohr (29).

Damit Kopfweh aufhört, muß man den Kopf einer Krähe (139) oder eines Raben (108, IX) nehmen und diesen, nachdem man ihn gebraten hat,
essen. Bei Frostschäden streicht man am besten Krähen- (3) oder Raben-
hirn (69) auf.

Rabeneier waren bereits zu Gessners Zeiten ein begehrtes Medikament.
In seinem Vogelbuch schreibt er darüber: „Dise eyer schwertzend das
haar, wenn sy auff einen beschornen kopff gestrichend werdend. Ein
Rappeney in einem erdinen geschirr wol zerrürt, bizs das es sein farb enderet, und mit einem malerbensel auff den kopff gestrichen, am schatten,
biss das ey verzeert wirt, machet ein schwartz haar: doch muss man so
lang es getröcknet unnd dürr wirt, öl im mund halten, damit die zän nit
auch schwartz werdind: dann sein krafft ist so mächtig, dass es auch die
zän, dieweyl es trocknet, vergifften und schedigen mag: man muss auch
das angsicht mit Hirtzenunschlit schmirben, damit es von abhintrieffen-
den tropffen nit verunreiniget werde: und das sol man am schatten thun,
und vor freyen tagen nit abwüchen: od als Sextus aussweysst, solt du den
bestrichnen kopff verninden, und am vierten tag wiederumb auflösen:
und das machet dass dir kein graw haar wachsst: am vierten tag, spricht
Marcellus, solt du zwahen. Vast auf die weyss schreybend auch Elianus
und Constantinus" (30).

„Dise eyer werdend auch für die fallend sucht gelobt. So die fallend
sucht auss der melancholey oder bösem schwartze blut enstadt, so vermisch Taubenkaat mit Rappeneyeren, und leg es pflesterweyss auff das
miltz, vorhin wasserägle oder schräpffhörnlin darauf gethon: dann diss
pflaster zücht die materi vom haupt zum miltzen, und gebirt das feber,
und entledigt also den krancken von der fallenden sucht, und fürauss
wenn das im Herbst geschicht, als Arnoldus Villan leert" (30).

„Kräyenfleisch geässen, sol in veralteten Kranckheiten seer dienstlich
seyn. Das hirn von disem vogel gekochet, und in der speyss genützet, sol
den schwären und veralteten kranckheiten dess haupts dienen. Kräyen-
mist mit weyn getruncken gneert die rote rur" (30).

Die Asche von Krähen, die im Dezember geschossen sind, bildet ein
Heilmittel für Krämpfe (51).

„Man sagt, wenn man Krähenaugen esse, wüchsen die Augenbrauen",
berichtet ein altes Zauberbuch (139).

Um in Böhmen ein Überbein zum Verschwinden zu bringen, muß man
es im Walde mit einer ungesucht gefundenen Krähenfeder kreuz und quer
bestreichen und dann sofort, ohne sich umzusehen, heimlaufen (35).

Im Jeverland findet man bei alten Bauern im Pferdestall an den Pfäh-
len hinter jedem Pferd eine tote Krähe angebunden. Sie soll die Tiere vor
Krankheit bewahren (131, I).

Bei den Slawen in Böhmen ist es nicht der Storch, sondern die Krähe,

die die Kinder (die sich vor ihrer Geburt im Gebirge unter Steinen befinden) bringt und diese entweder durch den Schornstein fallen läßt oder am
Fenster der Hebamme übergibt (35). Ein sonderbarer Brauch, der die
Krähe ebenfalls mit der Geburt eines Kindes in Verbindung bringt,
herrscht in Frankreich. Bei der Verkündigung einer Geburt bindet man
nämlich über die Türe eine Krähe mit einem Stück weißem Leinen. Ist
das Neugeborene ein Knabe, ist die Krähe mit jenem ganz bedeckt, ist sie
es aber nur halb, bedeutet es ein Mädchen (108, IX).

Eine ganz eigentümliche Auffassung von der Fortpflanzung der Raben
hatte das Volk des klassischen Altertums. Raben sollten nämlich aus dem
Maule legen und sich auch mit demselben begatten. Daher sollten
schwangere Frauen, wenn sie ein Rabenei essen, das Kind aus dem Mund
kriegen: überhaupt auch, wenn man einen Raben ins Haus bringt, schwer-
lich gebären (159, I). Im gleichen Sinne wie Plinius berichtet Megenberg
(82): „Etleich sprechent, daz die raben mit den snäbeln zuovahen und
auch gepern."

Weil die Raben als Teufel gelten, wird ihnen gedroht, vom andern Teufel, dem Kuckuck, geholt zu werden:

> Grag-grag, der Gugger chunt
> er nimmt di in es Chrättli!

rufen ihm die Kinder zu. Hexen verwandeln kleine Kinder gerne in Krähen, die dann auf Holderbüschen nisten müssen; daher der Ringelreihen:

> Ringe-ringe. reihe
> d'chind sind alli Chraije
> d'Chind sind alli Holderstöck
> und mached alli Bode-Bodehöck.

Der letzte Reim gilt als Zeichen, sich zu ducken, als ob der Stoßvogel
käme (106).

Raben und Krähen gelten, wie bereits erwähnt, als Teufels- und Diebs-
gesindel. Ihr Erscheinen bedeutet immer und allerorts Schlimmes. Lär-
mend oder auch schimpfend, um sie zu erschrecken, rufen deshalb die
Kinder im Kanton Genf diesen Vögeln zu:

> Corbeau! corbeau!
> La matagace,
> Ta mère t'embrasse,
> Les pieds te brûlent,
> Ta langue hurle:
> Coua! coua! coua[1]!

---

[1] Rabe, Rabe, deine Mutter umarmt dich, deine Füße verbrennen, deine Stimme ist heiser: Que, que!

Wie bei uns die Kinder dem Raben zurufen:

>Rab', Rab', dis Hüsli brennt!

und in Frankreich:

>Corbeau, corbeau,
>Le feu est dans ta maison[1] (113, III),

so tun es auch die Kinder im Erzgebirge:

>Kro, Kroh, Kroh
>Dei Nest brennt o.
>Dei Nest brennt wack
>Sann haste en Drack.

Oder:

>Kroäk, Kroäk!
>Dei Heisel brennt.
>Dr Kuckuck hot dr'sch o'gezindt,
>Dr Krimmer hoot dr'sch ausgelescht.

In Jönstadt hat es der Teufel angezündet, der Kuckuck aber löscht es aus (50).

Die Verse, welche die Kinder an den Raben oder die Krähe richten, ist von Europa bis nach Japan (141, X) ohne Zahl. Davon noch eine bescheidene Auslese: Der die jungen Gänse raubenden Krähe wünscht man in Schönbeck, der Bauch möchte ihr bersten:

>Kreih, Kreih krocken,
>die mudder sitt in de hocken
>hett'n kropp vull gasten,
>de buuk dee sall er basten (151, II).

Verse der französischen Kinder lauten:

>Corbeau engelé
>Passez la Vallée,
>Vous verrez votre père pendu.
>Votre mère au voin du fu,
>La porte fermée,
>Les chandelles allumées[2].

---

[1] Rabe, Rabe, dein Haus brennt.
[2] Himmlischer Rabe, beim Durchqueren des Tales werdet ihr euren gehenkten Vater sehen, eure Mutter ist verschwunden, die Tür ist zu und die Kerzen sind angezündet.

Dann wieder:

> Corbeau, corbeau
> votre maison brûle,
> venez ké (quérir) un seau
> d'eau pour vous la destrure[1].

In Belgien hört man den Ruf:

> Noirs corbeaux
> Gris manteaux
> Rueges bounets,
> voleur de blé[2] (100, XII).

Ein Vers englischer Kinder lautet:

> Crow, Crow, get out of my sight
> Or else i'ill eat thy liver and lights[3] (108, II).

Raben und Krähen sind Merkzeichen und Attribute des Winters. Aus diesem Grund nannte man auch die Krähe im Mittelalter „St. Martinsvogel", weil mit dem Fest dieses Heiligen der Winter einsetzte.

Alljährlich im Herbst herrschte in Griechenland der eigentümliche Brauch, daß Leute herumzogen und im Namen der Krähe, welche den Winter repräsentiert, unter Absingen von volkstümlichen Liedern Gaben sammelten. Diese Gesänge hießen Krähenlieder. Ein solches in Hinkjamben, verfaßt von einem Dichter Phönix von Kolophon in Jonien (gegen 300 v. Chr.), ist, wenn auch leider nicht vollständig, auf uns gekommen. Es lautet, soweit es überliefert ist:

> „O Edle, reicht der Krähe eine Hand Gerste,
> dem Kind Apollos oder eine voll Weizen,
> Um einen Deut Geback'nes oder auch sonst was;
> Gebt, o ihr Guten, was ihr eben zur Hand habt,
> Der Krähe; sind's auch nur ein wenig Salzkörner,
> Die hat sie ganz besonders gern zum Aufknuspern;
> Das nächstemal dann gebt ihr einen Topf Honig.
> Mach' auf die Türe, Bursch'; das reiche Haus hört uns,
> Die Jungfrau kommt zur Krähe her und bringt Feigen.
> O Götter, schenkt dem Mädchen alle Vorzüge
> Und einen reichen, angeseh'nen Gatten,

---

[1] Rabe, Rabe, euer Haus brennt, kommt und tragt einen Eimer Wasser um es zu löschen.
[2] Schwarze Raben, Graumäntel, Korndiebe.
[3] Krähe, Krähe, verschwinde, sonst werde ich deine Leber und Deine Augen essen.

> Laßt sie dem greisen Vater einen Enkel zuführen,
> Der Mutter eine Enk'lin auf den Schoß legen,
> Die ihren Vettern einst zur Frau heranwachse.
> Ich aber ziehe fort, wohin mich mein Fuß trägt,
> Und singe meinen Sang vor aller Welt Türen,
> Ob einer weniger spende oder mehr ..."

Am Schluß heißt es:

> „D'rum gute Leute, gebt, woran der Schrank reich ist
> Gib mir, o Herr, und auch du, junge Frau Herrin:
> Der Krähe Sitten zu erhören ist je doch Volksbrauch.
> Das Lied ist aus: jetzt gib was und es wird gut sein" (55).

Ganz abgesehen von ihrem ominösen Wesen, sind die Raben auch noch aus einem anderen Grund hervorragend prophezeiende Vögel, und zwar wegen ihrer merkwürdigen Fähigkeit, bevorstehende Änderung des Wetters zu ahnen. Diese sonderbare Eigenschaft ist schon im frühesten Altertum beobachtet worden. Die Alten, die für Derartiges viel Sinn hatten, beobachteten, daß Raben und Krähen eigentümlich zu krächzen pflegen, wenn Regen kommen will, daß sie bei bevorstehendem Sturm oder Gewitter mit großer Unruhe am Strand hin- und herlaufen und sich den Kopf baden (55).

Wenn die Krähen außergewöhnlich schrien und in großen Scharen von den Feldern zurückkehrten, rechneten die Römer auf Regen (45). „Sturm bedeuteten ihnen auch die seltenen (alba) Vögel, wann sie sich versammeln; auch wann die Landvögel dem Wasser entgegen ein Geschrey machen, oder sich baden; am meisten die Krähe. Auch die Raben wann sie mit einem Schluchzen schreyen, sich schlagen und lange damit anhalten, zeigen Wind an; wann sie aber ihr geschrey kurz in sich holend abbrechen, einen windigen Regen" (159, II).

Die alte Bauernphysik weiß: „Wind und Sturm wird es geben, wenn die Krähe sich mit einem Geschrey mit Wasser begiesst. Regen folgt bald, wenn die Raben nach dem Futter die Flügel sehr und offt schwencken. Wenn die Raben und Krähen mit grossem Geschrey gar niedrig hinschiessen und auf die Wälder zueilen, bricht ein ungetuem Wetter ein" (96).

Nach derselben Bauernphysik steht aber schön Wetter in Aussicht, „wenn die Kraehen sich frueh morgens hoeren laesst, die Raben Hauffenweiss zusammen kommen, sich lustig machen und desto oeffter schreyen, oder bey der Abend-Dämmerung Tropfen-weiss sich versammlen und mit schreyen und ruffen wieder in ihre Nester kehren oder des Morgens auff den Baeumen ihre Federn ausbreiten und dergleychen drey-biss viermahl widerhohlen" (96).

Über die Wettervorhersagen der Raben und Krähen berichtet Gessner: „Der Rapp erkennt auch die verenderung dess Wätters gar wol, und verkündt etwan mit seine geschrey das schön wätter: etwan aber das ungwitter, also, dass er, sein stimm ye nach selbigem enderet. Dieweyl der Rapp und, die Kräy gar trockner natur sind, fröuend sy sich vast der feüchtmachenden dingen. Wenn sy nun dess ungwitters innen worden, und der lufft jre leyb befeüchtiget, denn schwümmend sy auch auff dem wasser, als die so einen grossen lust daran habind. Wenn die Rappen und Tulen klein schreynd als die Hapchen, verkündend sy einen rägen. Wenn der Rapp, die Kräy und Tulen gegen dem abend laut schreyend, verkündend sy ein künfftig ungewitter, sagt Elianus. Wenn sy auch ein stimm habend wie die tachtropffen verkündend sy auch einen rägen. Etliche sagend dass so offt der Rap zu schöner zeyt nit seingewonte stimm brauche, sunder viel schreye, verkünde er wasser oder rägen. Wenn die Rappen gegen der Sonne ginend, bedeütend sy ein warm wätter. Wenn sy jr gmein geschrey brauchend und frölich sind, verkündend sy gut wätter" (30).

Nicht nur den früheren Völkern, denen Barometer und moderner Wetterdienst unbekannte Dinge waren, sind Raben Wetterpropheten, sondern auch den Bauern der Gegenwart. Die Altvorderen haben ihre Erfahrungen auf Kinder und Kindeskinder weitergegeben, und darum beobachtet man auch heute noch das vielfältige Gebahren der Rabenvögel und weiß daraus wie die Ahnen Schlüsse zu ziehen. Wie vor Jahrtausenden verkündigen noch heute die vom Felde heimkehrenden und dabei lärmenden Raben und Krähen eine Änderung des Wetters (145). Das Geschrei der Raben verkündet schlechtes Wetter: „More isch nid hübsch, los wie d'Gragge leid tüend" (125, II). Regen gibt es, wenn die Raben in der Nähe des Wassers schreien oder in Gruppen fliegen (113, III), sich in Mecklenburg (6) in Scharen versammeln, im Vogtland (57) sich in der Nähe der Häuser und Dörfer zeigen, am Obern Zürichsee ihr „Rägg, Rägg" (130) ertönen lassen oder in Basel (44, XII) in der Morgenfrühe sich zu dreien auf den Kirchturm setzen und in Brudzyn (58) gegen den Wind fliegen.

Schreien die Raben in Biel, gibt's entweder Regen oder Schnee (141, X). Das Wetter verkünden die Raben auch in Frankreich und England:

> Quand une corneille se baigne,
> Ce nous est un présage d'eau
> Et quand elle chante en la campagne
> C'est un grand signe de temps beau[1].

---

[1] Wenn eine Krähe badet, ist das ein Zeichen kommenden Regens, ruft sie aber auf dem Felde, ist das ein sicheres Zeichen dafür, daß das schöne Wetter weiter anhalten wird.

Oder:

> Quand le corbeau passe bas,
> Sous l'aile il porte le glace,
> Quand il passe haut, il porte le chaud[1].

Ebenso heißt es „Si elles regardent la rivière, c'est signe de pluie" (108, II).

Schreien die Krähen im Winter in Rogasen stark und versammeln sich krächzend bei den Häusern, gibt es Schnee (58). Schnee und nochmals Kälte folgen, wenn sie bei nahendem Frühling in Böhmen (55) in die Nähe der Häuser kommen oder wenn die Ackerkrähen nach Nordwesten ziehen. Krähen sie dabei viel und steigen in die Luft, wird's stürmisch und rauh, Tauwetter aber tritt ein, wenn sie im Winter schreiend aufs Feld fliegen (6).

Wie auch der altnordische Name Hungerkrähe auf schlechte Witterung und dadurch bedingte Mißernte hindeutet, so hängt auch die eigentümliche Beziehung des Raben zu Elias vielfach mit dessen Wetterprophetie zusammen. Elias verdankte einen großen Teil seines Ruhmes seiner berühmten Regenverkündung, die ihm nur seine Raben, die ihn der Sage nach ernährten, weissagten. Tatsache ist ja auch, daß schon die alten Araber aus dem Geschrei der Raben auf bevorstehenden Regen schlossen. Ebenfalls in Zusammenhang mit der Regenverkündigung der Raben steht das Wappen von Krannon in Thessalien, das zwei Raben auf einem ehernen Wagen zeigt, weil es eine Eigentümlichkeit der Stadt sein sollte, daß dort nie mehr als zwei Raben gesehen wurden. Der eherne Wagen war in einem Heiligtum aufgestellt, und wenn Dürre eintrat, schüttelte man ihn, d. h. man stellte in primitiver Weise den Lärm eines Gewitters dar und betete zur Gottheit um Wasser, und man behauptet, sagt Theopomp bei Antigonos von Karystos, daß dann wirklich Regen eintrete (55). In Basel soll am Georgstag (23. April), in Luxemburg am Markustag (25. April) der Rabe sich im Korn verstecken können (28). Ist zu Georgi in Westböhmen (49), im Braunschweigischen am 1. Mai (3) das Korn so hoch, daß sich ein Rabe darin verstecken kann, gibt es ein gutes Getreidejahr. Dieser Zusammenhang der Ernte mit dem Rabengelichter bezieht sich auf seine Zugehörigkeit zu Donar, dem die Ernte segnenden Wettergott.

Wie ein anderer Vogel Wotans, der Specht, so kennt auch der Rabe in Schwaben die Springwurzel und bringt diese, sobald man ihm seine Eier gesotten wieder ins Nest legt, um sie damit neuerdings fruchtbar zu machen. Wer die Wurzel im Beutel trägt, dem wird das Geld nie ausgehen

---

[1] Wenn der Rabe tief fliegt, wird es bald kälter werden, fliegt der Rabe aber hoch, kann man mit baldiger Erwärmung rechnen.

(12, I), auch wird er an allem, was er kauft und verkauft, gewinnen (83) und stets Glück in seinen Geldgeschäften haben (154).

Ebenso wertvoll wie die Springwurzel ist der Lebens- oder Rabenstein, den der Vogel allgemein aus dem Meer, in den Ostkarpaten (141, XVIII) oder auf einer Insel des roten Meeres, wo Alodrius begraben liegt, holt.

Der glückliche Besitzer dieses kostbaren Steines ist mancherlei Zauberei fähig, kann sich unsichtbar machen und versteht, wenigstens in Tirol (141, VII), den Stein im Munde getragen, die Sprache der Vögel.

Die Erlangung dieses Rabensteines ist aber stets mit etwelchen Schwierigkeiten verbunden, auf Rügen glaubt man sogar, der Besitzer müsse seine Seele dem Teufel verpfänden (65, II). In einer alten deutschen Handschrift aus dem 14. Jahrhundert heißt es darüber: „Stiehl einem Raben die Eier, siede sie hart und lege sie wieder in das Nest, dann fliegt der Rabe über das Meer und bringt einen Stein, den er über die Eier legt, so daß diese neuerdings weich werden. Dieser Stein, in ein Lorbeerblatt gewickelt einem Gefangenen gegeben, macht ihn frei. Eine Tür damit berührt, geht sofort auf. Wer ihn im Munde trägt, versteht die Sprache der Vögel (95, II). In einen Ring gefaßt und am Finger getragen, bewirkt er, daß auch Unfruchtbare gesegneten Leibes werden. Zur besseren Glaubhaftmachung ist angegeben, daß schon Aristoteles von diesem wunderbarsten aller Steine wußte und daß dessen Wirkung von edlen Leuten „vil dik" geprüft sei (95, II).

Den Rabenstein erhält man in Pommern, indem man in das Nest eines hundertjährigen Rabenpaares steigt und ein männliches, höchstens sechs Wochen altes Junges tötet. Den Standort des Nistbaumes muß man sich aber genau merken, denn der alte Rabe bringt nach dem Mord einen Stein, den er dem Toten in den Schnabel steckt, wodurch sowohl das Nest als auch der Baum unsichtbar werden. Nun soll man aber auf den Baum hinaufsteigen und sich den Stein herunterholen (165).

Der Sage nach soll ein Rabenpaar, das 100 Jahre lebte, den Rabenstein legen, mit dem es, wie nachfolgende Geschichte lehrt, eine besondere Bewandnis hat. Nachdem das Rabenpaar den ersten Stein gelegt hat, soll es alsdann alle zehn Jahre einen neuen liefern und dieser soll sich aus den Augen bilden, welche die Raben 100 Dieben ausgehackt und dann vrschluckt haben. Er ist von der Größe einer welschen Nuß oder eines Rabeneies, glatt und rund, und glüht wie ein Karfunkelstein, dazu leuchtet er in der Nacht wie die Sonne und macht alles um sich hell, seinen Besitzer aber unsichtbar, der, wenn er will, nun die Nacht zum Stehlen benutzen kann. Aber der Stein hat auch die unheimliche Eigenschaft, seinen Besitzer unwiderstehlich in die Nähe von Galgen und Rad zu ziehen.

Der Vogel, der solche Steine legt, baut sein Nest in den höchsten Gipfeln der Fichten, Eschen oder Buchen, da wo der Wald am dichtesten

steht, damit ihm nicht so leicht nachzustellen ist. Wer den Stein haben
will, muß sich, wenn Schnee gefallen ist, um Mitternacht in den Forst begeben und darauf acht haben, wo er unter den Bäumen keinen Schnee
findet, denn der Rabenstein besitzt solche Wärme, daß der Schnee in derselben Minute schmilzt, da er zur Erde herniederfällt. Auch muß derjenige, der nach dem Stein ausgeht, allein sein, und niemand darf wissen,
wohin er gegangen ist, noch darf er einen Laut von sich geben, selbst
nicht einmal husten. Er muß nachts zwischen 12 und 1 Uhr an der Stelle
sein, denn nur in dieser Stunde ist der Stein zu erlangen. Alsdann muß er
sich ganz und gar auskleiden und völlig nackt und ohne einen Laut auszu-
stoßen den Stamm des Baumes hinaufklettern und sich oben dreimal um
den Baum winden. In das Nest hineinzuschauen ist nicht erlaubt. Er muß
vielmehr mit geschlossenen Augen in das Nest greifen, und was er zwischen seine Finger bekommt, das muß er behalten. Da ist es nun oft geschehen, daß mancher statt des hell leuchtenden Steines ein faules Ei in
den Händen gehalten hat. Es bringt überhaupt selten einer den Stein herunter, die meisten werden schon zaghaft, wenn es in der kalten Winternacht ans Auskleiden geht; oder sie erstarren auch von der Kälte während des Hinaufkletterns, oder reiben sich die bloße Haut an den Knien,
Schenkeln oder Armen wund und können vor Schmerz nicht weiter; oder
sie stürzen, wenn sie sich um den Stamm des Baumes winden, hinunter
und brechen sich den Hals.

In Oldenburg nimmt man, um den Stein zu erlangen, ein Junges aus
dem Nest, knüpft an Unter- und Oberschnabel einen Faden und hängt
das Tier so an zwei Ästen auf, daß der Schnabel weit geöffnet bleibt,
dann bringt ein alter Rabe den unsichtbar machenden Stein, den er dem
Jungen in den Hals steckt, um das Elend und den Jammer nicht mehr mit
ansehen zu müssen (154). Wer ihn andernorts in seine Hände bekommen
will, soll am Tage Mariä Verkündigung vor Sonnenaufgang mit geschlossenen Augen ein Rabennest aufsuchen, die Eier nach Hause bringen, sie
kochen und wieder zurücktragen. Findet der Rabe die Eier unbrauchbar
zum Ausbrüten, dann holt er sich von dort, wo Himmel und Erde sich berühren, den weißen Wunderstein. Berührt er die Eier damit, werden sie
wieder zum Brüten brauchbar. Bevor er aber die Eier berühren kann, muß
der Mensch den Stein erfassen, denn gleich darauf verschluckt er ihn, wo
er im Magen sofort zu Wasser wird (22, III).

Auf den färorischen Inseln tut man gut daran, den Raben sofort zu er-
schießen, sonst fliegt er mit dem Siegstein, wie er hier genannt wird, wieder dorthin, wo er ihn geholt hat (141, II).

Jeder Gegenstand, den man unmittelbar mit dem Rabenstein berührt,
wird unsichtbar. So kann ein Mensch ungesehen anstellen, was er will,
wenn er auf den bloßen Arm einen solchen Stein gebunden hat. Auch

pflegt am Besitze des Steins großes Glück zu haften. Wer ihn suchen will, muß vor allen Dingen wissen, daß er nicht unmittelbar dem Auge sichtbar ist, sondern nur mittels eines Spiegels wahrgenommen werden kann. Er findet sich in manchen Nestern der Raben und Elstern, allein auch solche Nester sind dann dem bloßen Auge nicht sichtbar und müssen erst mit Hilfe eines Spiegels aufgefunden werden (158).

Wer bei den Esten einen Rabenstein findet und diesen mit dem Finger berührt, erhält die Gabe, Gebärenden helfen, Geschwülste vertreiben und Schmerzen stillen zu können. Bestreicht man mit dem Stein einen Wollfaden dreimal neunmal (eine Zahlenverbindung, die auch bei russischen Zauberheilungen vorkommt) und bindet den Faden bei Anschwellung des Unterleibes um denselben, schwindet die Geschwulst in dreimal 9 Tagen. In derselben Zeit heilen auch verrenkte Glieder, sofern sie mit dem Faden umwunden werden (63).

Wer in Tirol den Rabenstein in einem Ring trägt, der kann auch die stärksten Ketten zerreißen und verschlossene Türen öffnen, wenn er sie nur damit berührt (141, VIII). Anno 1827 hieß es: „Wan man den stein in ein silbernen ring fasst undt wikhlet in ihn ein lohrbeerblatt und heb den an ein schloss oder verschlossene thür, so geht es auff" (11, II). Der erste Rabe, von dem wir etwas erfahren, ist jener, den Noah, wie das Alte Testament berichtet, aus seiner Arche als Boten fliegen ließ und der sich seiner Botschaft so liederlich entledigte, wie es dem verrufenen Raben eben geziemt. Weil er Noah im Stich ließ, wurde sein einst blendend weißes Gefieder zur Strafe kohlschwarz.

Über diesen Raben Noahs berichtet eine lange Reihe durch die Phantasie der Menschen mehr oder minder ausgeschmückter Legenden: Als die Wasser anfingen sich zu verlaufen, schickte Noah den Raben aus, um die Erde zu untersuchen. Dieser fand aber ein Pferdeaas, das er ohne Zögern in drei Tagen und Nächten auffraß. Als er endlich in die Arche zurückkehrte, verfluchte ihn Noah: „Dein Gefieder soll fortan sein so schwarz wie mein Herz." Und da Noahs Herz schwarz war, veränderten die Federn augenblicklich ihre Farbe und wurden schwarz (22, I). In der Ukraine heißt es, Gott habe den Vogel verflucht: „Geh, schau nach dem Pferd aus, solange die Welt steht." Darum kommt der Rabe noch heute von den Felsspitzen und Bergen, wohin er zudem verbannt wurde, ausgeflogen, wenn irgendwo ein Pferd verendet oder ein Aas liegt. Eine besondere Wendung hat die Sage in einer russischen Variante erhalten, in der begründet wird, warum der Rabe trup, trup, trup ruft. Er war so frech, ein Stück menschlichen Leichnams mit in die Arche zu bringen und muß nun zur Strafe bis ans Ende der Welt trup, trup (Leichnam) rufen. Noah bestimmte außerdem noch, daß die Raben in Zukunft von Dezember bis Februar brüten sollen, damit sie sich nicht so stark vermehren. Deshalb brüten Raben heute noch zu dieser Zeit. Im Februar überlassen sie die Eier ihrem Schicksal. Erst wenn die starken Schalen vor Kälte bersten, kommen sie wieder und ziehen die Jungen heraus. Weniger strafwürdig berichtet eine andere Fassung der Sintflutsage: Um die Erde schnell zu trocknen, habe die Sonne dermaßen heiß geschienen, daß die Federn des Raben verbrannten und schwarz wurden. Zudem wurde das Gefieder auch vom Schlamm, der an den Bergspitzen lagerte, beschmutzt (22, I). Noah verfluchte den Raben auch, den er auf einem gestrandeten Walfisch antraf, daß er in aller Zukunft nimmer an der Küste weilen dürfe, wo ein Walfisch tot dahintreibt. Darum wird er auch dort niemals gesehen (22, I).

Eine maltesische Sage weiß, daß der Rabe dazu verdammt ist, fortan mit verwesenden Leichen zu tun zu haben, weswegen er auch ein schwarzes Kleid tragen muß (22, II). Nach dem Glauben der Muselmänner wurde der Rabe verflucht, daß er nie gerade sehen kann wie die andern Vögel (22, I)

Außer der Sintflutsage gibt es noch eine ansehnliche Reihe weiterer ätiologischer Antworten auf die dem einfachen Menschen doch außerordentlich fragwürdig erscheinende Tatsache der schwarzen Farbe des Raben. So soll der Rabe einst aus Unvorsichtigkeit oder bei Ausführung einer Wette der Sonne zu nahe gekommen sein, weshalb sie alle ein verkohltes Gefieder haben (72, I).

Die Juden fabeln ebenfalls von den einstigen weißen Raben, die aber heute schwarz sind zur Strafe, weil jenes Rabenpaar, das Noah in die Arche nahm, sich paarte (85, II). Auch in Frankreich war der Rabe früher weiß. Als er sich aber einst mit einem Stück Menschenfleisch vor Gott blicken ließ, hielt ihn dieser für unwürdig, noch länger die Farbe der Unschuld zu tragen. So wurde er schwarz wie die Nacht, ein Symbol des Todes zugleich und der Trauer (141, XVI).

Eine Sage aus Tirol weiß, daß die Raben einst schneeweiß und gar schöne stolze Vögel waren. Sie hielten sich gerne an Bächlein auf und badeten darin. Da hatte einmal das göttliche Kind großen Durst und wollte an einem Bächlein trinken. Es saßen aber Raben im Wasser und trübten es in einem fort. Da sprach der göttliche Knabe: „Weil ihr so undankbar seid und so stolz auf euer blendenweißes Gefieder, sollt ihr bis zum Weltuntergang schwarze Federn haben." Deswegen sind, wenigstens im Unterinntal, die Raben schwarz (158).

Der Rabe, der einst beim Graben der Flüsse nicht mithelfen wollte, weil er fürchtete, sein damals weißes Gefieder zu beschmutzen, erhielt zur Strafe, gemäß einer estnischen Sage, ein schwarzes Kleid. Vom Allvater wurde er in eine Teertonne gesteckt, und seit jener Zeit hat er nur noch eine einzige weiße Feder im Flügel, die er aber sorgfältig verbirgt und, wenn er geschossen wird, wegwirft oder abnagt. Wer sie bekommen kann, erlangt damit aller Welt Weisheit und was er damit schreibt, hat die Kraft, alle zu überzeugen (22, III).

Der weiße und von reinlicher Speise lebende Rabe schrie, daß die Verfolger Jesus nicht erreichten: kar, kar, kar (schade, schade, schade). Jesus fluchte ihm, daß er schwarz werden und sich von Aas nähren solle (22, II).

Nach einer Sage der Berber verdammte Gott den Raben zur schwarzen Farbe, da er einen Befehl, den Muselmännern einen Sack mit Geld, den Christen aber einen solchen mit Läusen zu bringen, nicht ausführte, sondern den Geldsack, der ihm zu schwer war, dem ersten besten, der ihm begegnete und der war ein Christ, übergab. Mit den Läusen aber bescherte er die Muselmänner (22, III). Eine Sage von der Insel Ösel berichtet, daß die Raben ihr weißes Gefieder verloren und ein schwarzes erhalten haben, zu der Zeit, da auch die ersten Mädchen ihre Keuschheit und ihr Schamgefühl verloren (22, III).

Nur die jungen, unschuldigen Raben kommen weiß zur Welt und werden in Oldenburg (131, II) von Gott, in Schwaben während der ersten neun Tage nur vom Tau des Himmels ernährt. Weil sie nämlich nackt und hell sind, meinen die Alten, es sei nicht ihre Zucht und bringen ihnen kein Futter. Doch sehen sie dann und wann nach dem Nest, bekommen sie aber am neunten Tag schwarze, wollige Federn an der Brust, holen sie ihnen das erste Aas, und am Gründonnerstag (131, II) taufen sie sie und holen dazu das Wasser im Rhein. Im selben Sinne berichtet Megenberg in seinem Buch der Natur (82): „Augustinus spricht: Der rab hat die art, daz er seineu kindel niht speist unz daz er siht, daz in die federn swarzent; davon beleibent diu jungen räbel siben an allez ezzen, und an dem sibendem tag so swarzent si, da nach pringt er in ze ezzen."

Nach einer Urnersage aus Gurtnellen hatten die Raben einst ein prächtiges Gefieder und einen wunderbaren Gesang. Da sie aber als Boten Gottes Elias in der Wüste nur kärglich mit Nahrung versorgten, sprach dieser den Fluch aus über das ganze Rabengeschlecht. Seit jener Zeit sind die Raben schwarz und ihre krächzende Stimme verrät ihren steten Hunger, den sie nie gänzlich zu stillen vermögen. Von einem nicht satt werdenden Menschen sagt man daher in Gurtnellen: „Aer hett der Rappäflüech" (44, XVI).

Nach einer finnischen Sage ist der Rabe einmal auf einen heißen Stein geflogen und hat sich die Füße versengt. Als er aufflog, klapperten ihm die Flügel. Ebenso klappert es noch jetzt, wenn der Rabe fliegt, auch klagt er sein Lebtag darüber, daß er die Füße verbrannt hat (22, III).

Als der Heiland am Morgen des Gründonnerstag nach Jerusalem ging, war eine Krähe, die „Hurra" rief, der erste Vogel, der ihm begegnete. Sie war Zeuge gewesen vom Verrat Judas' und hatte den Vertrag betreffend die 30 Silberlinge gehört (22, II).

Nach einer griechischen Überlieferung ist der Rabe, weil er den ihm gewordenen Auftrag, aus einer Quelle Wasser zum Opfer zu holen, schlecht erfüllt hat, von Apollo verurteilt worden, während einer gewissen Zeit Durst zu leiden (64, I). In Untergodrisch können die Krähen von Johanni bis Jakobi nicht saufen, weil sie den Kreuzesstamm Christi vollgemacht haben (49).

Die Krähe ist sehr erpicht auf Menschenfleisch und Viehaas. Als die Juden Christum kreuzigten, beklagten alle Vögel Christi Qualen, nur die Spatzen kamen aufs Kreuz geflogen, saßen auf dem Querpfahl und riefen lachend: „Er lebt, er lebt." Die Krähe wollte Blut trinken, welches aus Christi Wunden zur Erde tropfte; darum hat sie solch einen blutbefleckten Unterschnabel, den wohl eine jede Krähe hat bis zur heutigen Stunde. Denn Gott hat diesen Vogel verflucht (22, II).

Als im ostpreußischen Samland die Vögel sich Brunnen gruben, aus denen sie trinken wollten, hatte die Krähe keinen Gefallen an diesem Werk, sondern wenn ein Wall rings um die Brunnen von den andern aufgeworfen war, scharrte sie ihn mit den Füßen wieder zu und hinderte so die Arbeit. Zur Strafe darf die Krähe kein Wasser trinken. Oft sieht man sie zwar über dem Wasser flattern, als ob sie trinken wollte, doch alsbald weicht sie wieder scheu zurück. So kommt es auch, daß die Krähe selbst in der Nähe des Wassers verdurstet.

In Thüringen können die Raben im Monat Juli nicht saufen. Sie laufen nur ängstlich trippelnd an den Rändern von Bächen und Flüssen umher, aber Wasser zu sich nehmen dürfen sie nicht. Es soll die Strafe dafür sein, daß der von Noah ausgesandte Rabe nicht wieder zur Arche zurückkehrte (141, X). In Bayern können sie im heißesten Monat nur vor Durst die Schnäbel, aufreißen, weil sie nicht wie die andern Vögel betrübt waren über den großen Durst des Heilandes am Kreuz (95, II). Auch in Kärnten können sie nur vom Regen Wasser trinken, daher schreien sie, wenn es lange nicht regnet (150, III).

In Böhmen dürfen die Raben vom Frühling bis zum Laurenziustag oder nach einer anderen Version bis Bartolomäi nicht im Walde oder auf den Bäumen übernachten, weil sie den hl. Laurentius oder Borromäus die Augen ausgehackt haben sollen (35).

Von den Krähen erzählt man im siebenbürgisch-sächsischen Volksmund: Im August, zur Zeit nach dem Getreideschnitt, sammeln sich gewöhnlich die Krähen in Scharen zu vielen Tausenden und verschwinden alsdann für einige Wochen. Eine jede soll in dieser Zeit eine Kornähre nach dem babylonischen Turm bringen (147). Nach einer arabischen Fabel sah einst ein Rabe ein Rebhuhn gravitätisch einhersteigen und fand solchen Gang so schön, daß er denselben auch zu lernen verlangte. Er gab sich viele Mühe, ohne indes etwas zu erreichen, und als er daran verzweifelte, wollte er wieder seinen gewohnten Gang annehmen. Da ward er aber ganz wirr in seinem Gehen und sperrte die Beine auseinander und bekam so den häßlichsten Gang von allen Vögeln. Die Fabel ist ein Gleichnis zu den Worten: Für einen Toren ist zu halten, wer sich mit Sachen abmüht, die ihm nicht anstehen und nicht zu seinen Geschäften gehören und wozu ihn seine Väter und Vorfahren nicht gebildet haben (22, III).

Als es an das Erlernen des Gesanges ging, flog der Rabe vor eine Haustüre und lauschte, ob man drinnen singen würde. Unterdessen aber hackte die Bäuerin in der Stube knochiges Fleisch: „Kram, kram". Zuletzt schnitt die Frau den Halsknorpel heraus und warf ihn dem Raben hin, deshalb nennt man noch heute dieses Stück „Rabenbissen". Der Rabe fraß es lüstern und vergaß darüber ganz, warum er gekommen war, deshalb kann er immer noch nur: „kram, kram, kram" rufen (22, III).

Nach einer ungarischen Sage hörten einst die Vögel im Paradies aufmerksam dem Singen der Engel zu. Die Nachtigallen, Amseln und Kanarien gaben acht, und so können sie heute noch so hübsch singen; andere flogen weg und setzten sich verschlafen auf Bäume, so auch die Raben und Eulen, und deshalb krächzen diese bis heute (22, I).

Eine estnische Sage weiß, daß zu der Zeit, als die Vögel reden konnten wie die Menschen, auch die Krähe nicht gekrächzt hat wie heute.

Einst faßte eine alte Krähe den Entschluß, auf die Brautschau zu gehen. Sie hatte sich ein schönes Lied ausersehen. An einem Donnerstagabend machte sich der Freier zurecht, zog sich graue Hosen, hohe schwarze Stiefel und einen schwarzen Frack an, nahm noch seinen Vetter, die Elster, mit und machte sich auf den Weg. Seine Werbung wurde angenommen und bis spät in den andern Morgen gefeiert. Als sie aufbrachen, fragte die Braut, ob er sie auch würde ernähren können. Stolz wies der Freier auf die Kornschober auf dem Felde und bemerkte, dies alles sei sein, sie brauche nur zu essen. Die Hochzeit wurde gefeiert und das Heim auf einer hohen, krausen Birke gegründet. Die erste Zeit war eine sehr glückliche, aber als der August zu Ende ging, wurden der Kornschober immer weniger, bis sie im November nur noch knapp das tägliche Brot spendeten. Einige Schober standen noch, wovon sie täglich aßen. Eines Tages, als das Männchen ausgegangen war und seinem Weibchen noch angesagt hatte, es solle auf das Korn aufpassen, kam ein Holzknecht und führte das Korn bis auf die letzte Garbe fort. Voll Verzweiflung rief Frau Krähe nach ihrem Mann: „Jaak, Jaak, fort wird es geführt, mit zwei weißen Pferden." Auf ihr Geschrei kamen alle Krähen herbei und riefen: „Jaak, Jaak." Aber Jaak erschien nicht. In ihrer Herzensangst vergaßen sie ihre gewohnte Sprache und behielten diesen Schrei als ihr ewiges Lied bei (22, III).

Der Rabe, dessen Charakter nach dem Volksglauben ebenso schwarz ist wie seine Farbe, ist von Natur ein ausgesprochener Dieb alles Glänzenden. Mehr als einmal sind unschuldige Dienstboten in Verdacht gekommen und mußten den nicht von ihnen, sondern von einem Raben begangenen Diebstahl sogar mit dem Leben büßen.

Ein Rabe mit einem Ring im Schnabel ist Attribut der heiligen Ida, weil ein Rabe ihr den Trauring entwendet hatte, den sie zum Trocknen an die Sonne legte. Ihr Gatte aber bildete sich ein, sie habe ihn einem Liebhaber gegeben und stürzte sie aus Wut in einen Abgrund (85, II).

Alexander von Lille erzählt, daß ein Rabe einst den Ring seines Abtes stahl. Dieser, der nicht wußte, von wem der Ring entwendet worden war, exkommunizierte aufs Geratewohl den Dieb, worauf der Rabe sofort in Traurigkeit verfiel und zu kränkeln anfing. Dies erregte Verdacht gegen ihn. Man stellte eine Nestuntersuchung bei ihm an und fand den Ring. Der Abt hob darauf die Exkommunikation auf, und der Rabe, der dieser Würde gar nicht würdig war, wurde wieder gesund und munter.

An vielen Häusern der alten Stadt Merseburg sieht man noch heute über den Türen einen Raben in Stein gehauen, der einen Ring im Schnabel hält. Den Grund zu diesen Bildern soll folgende Begebenheit geliefert haben:

In den Jahren 1466–1514 war Thilo von Trotha Bischof von Merseburg. Er war ein strenger, jähzorniger Mann, der sich zum Vergnügen einen Raben hielt, welcher ihm durch sein lustiges Gebahren und Schwatzen viel Spaß machte. Einst war dem Bischof ein kostbarer Ring weggekommen, den er von seinem Busenfreund Bischof Gerhard von Meißen zum Geschenk erhalten hatte. Nun hatte der Bischof einen alten, wegen seiner Gerechtigkeit allgemein geachteten Kammerdiener und einen etwas jüngeren Leibjäger. Letzterer aber trug einen schweren Groll gegen den Kammerdiener im Herzen, weil er glaubte, daß jener ihn hindere, so wie er es wünschte, in der Gunst des Herrn zu steigen. Der Leibjäger hatte nun den Raben verschiedene Worte gelehrt, unter anderem auch „Hans Dieb". Als nun der Bischof, nachdem er den Diebstahl erfahren, außer sich vor Zorn alle seine Leute streng befragte, um den Dieb herauszubekommen, da schrie der Rabe auf einmal: „Hans Dieb, Hans Dieb." Unglücklicherweise hieß der alte Kammerdiener Johannes und der Bischof hielt die Worte des Vogels gerade in diesem Augenblick für ein Gottesurteil. Trotz des Beteuerns seiner Unschuld ward der Greis ergriffen, ins Gefängnis geworfen, vor das bischöfliche Gericht gestellt und lediglich auf den durch das Vogelgeschrei erregten Verdacht hin verurteilt und hingerichtet. Einige Zeit nachher trug es sich zu, daß bei einem heftigen

Sturm das Nest des Raben vom Turm herabstürzte; darin befand sich
manches goldene und silberne Kleinod und auch des Bischofs Ring, um
den der fromme Kammerdiener unschuldig hingerichtet worden war. Das
traf des Bischofs hartes Herz wie ein Blitzstrahl, und es ergriff ihn eine
bittere Reue wegen seines Jähzorns, der ihn zu dem ungerechten Urteil
veranlaßt hatte. Er legte sein bisheriges Familienwappen ab und nahm
ein neues an, d. h. er setzte in das Schild einen Raben, der einen Ring im
Schnabel trug, und oben aus der Krone hoben sich zwei Arme und
Hände, deren Finger einen Ring faßten. Dieses Wappen ließ der Bischof
anbringen, damit es ihn stets an seine Untat erinnern möge und zu steter
Buße mahne, innen und außen am bischöflichen Palast, im Dom, an den
Mauern, in den Zimmern, auf den Gängen und an vielen Häusern der
Stadt. Dasselbe Wappen und über demselben des hingerichteten Kam-
merdieners Körper mit aufgehobenen Händen ohne Kopf erblickt man
auch an dem Grabdenkmal, welches im Dom zu Merseburg errichtet worden ist.

Auf der Spitze des Rathenower Tores zu Brandenburg sieht man einen
Raben, in dessen Schnabel ein Ring mit daran befindlicher Kette sichtbar
ist. Den hat einer der ehemaligen Bischöfe dort anbringen lassen zum Andenken daran, daß er einen seiner Diener ungerechterweise hinrichten
ließ. Dem Bischof war nämlich einst ein Ring fortgekommen und da, so
viel er auch hin und her sann, wer ihn genommen haben könnte, sein Verdacht sich immer wieder auf jenen Diener wendete, der allein in seinem
Zimmer gewesen war, befahl er, daß dieser wegen des Diebstahls mit dem
Tode bestraft werde, und dieser Befehl wurde auch sogleich vollzogen.
Darauf vergingen einige Jahre, und es wurde an dem Dach eines der
Kirchtürme etwas ausgebessert. Da findet man viele Rabennester und
wunderbarerweise in einem den Ring, um dessetwillen der arme Diener
hingerichtet ward (66).

In volkstümlichen Redensarten spielen die Vögel des Rabengeschlechts
eine große Rolle. Kurzweg wird ein schwarzer Vogel aus diesem Geschlecht Galgenvogel genannt, weil die Raben früher mit Vorliebe die
Richtstätten aufsuchten. Aus demselben Grund vergleicht man gerne mit
ihnen einen Menschen, der für seine Bosheit den Galgen verdiente. Auf
die Eigenheit, des Aases wegen die Richtplätze aufzusuchen, beruht auch
die Bezeichnung eines aufgemauerten Richtplatzes mit Rabenstein, dem
wörtlich das englische ravenstone entspricht (102).

An Stelle des Henkers oder Teufels, zu denen wir im Zorn einen Menschen wünschen, setzt der Grieche deren Begleiter, die sich auf dem Gal-
genhügel aufhaltenden Raben (55).

Wenn der Franzose von jemandem sagt: Er ist gerade soviel wert, daß
ihn die Raben fressen, d. h. er gehört zum Futter der Raben an den Gal-

gen gehängt, dann hat er den tiefsten Wert erreicht (108, IX) und ist das, was man in der deutschen Sprache unter „Rabenaas" versteht (102). „Den Gesang des Raben singen" bedeutete den Franzosen des 17. Jahrhunderts „Im Sterben liegen" (108, XI), kann aber ursprünglich ebenso gut eine Redensart sein, die auf den letzten Gang zum Richtplatz anspielt.

Außerordentlich derb klingt die englische Redensart „To give te crows a pudding", den Krähen einen Pudding geben, d. h. sterben und dadurch den Krähen als Aasfresser einen willkommenen Fraß bieten. Ein Pferd, unsere deutsche Schindermähre, die dem Verenden nahe ist, nennt der Engländer „Krähenköder" (102).

Da der Rabe ein großer Freund des Aases ist, wird er im Volksmund auch als zur Umgebung unbeerdigter Leichen gehörig betrachtet und erscheint deshalb geradezu als Leichen-, in der Schweiz deutlicher ausgedrückt, als Galgenvogel. Hierauf bezieht sich das italienische Sprichwort „I corvi volano dove sono le carogne", die Raben fliegen dorthin, wo Aas ist (102).

Rud. Walter nimmt Anno 1546 in einer Predigt zu Zürich die auf den Galgen, auf das Aas wartenden Raben zum Vergleich und ruft: „Die erben warten uf dyn end glych wie die gyren und rappen uf ein ass" (125, VI).

In Italien braucht man, wie übrigens auch in Frankreich „Rabe" als Spitzname für den Priester. Ob sich diese Metapher aber hier auf die schwarze Tracht des Priesters oder auf die wichtige Rolle bezieht, die er bei Beerdigungen spielt, ist nicht sicher. Wie man die Leichenträger in Deutschland, jedenfalls an Raben denkend, Leichenvögel nennt, heißt man sie in Frankreich (108, IX) corbeaux. Riegler meint, diese pessimistische Auffassung vom Raben habe ihre Wurzeln in altgermanischer Zeit, wo die Raben als mythische Vögel galten, die mit Odin in die Schlacht zogen und sich vom Blut und Fleisch der Gefallenen ernährten (102).

Alle Sprachen verwenden Metaphern, die sich auf das glänzend schwarze Gefieder des Raben beziehen. So finden unsere rabenschwarzen Haare ein Analogon in den englischen raven-locks, „Rabenlocken", und unser „rabenschwarz" findet sich ebenfalls in „raven-black". Geläufig ist diese Metapher auch in den romanischen Sprachen. Niger tamquam corvus, schwarz wie ein Rabe, sagten schon die alten Römer, und ebenso gebraucht heute der Italiener nero come un corvo, der Franzose noir comme un corbeau (102). Schwarz wie die Seele eines Raben und schwarz wie Rabenflügel bedeuten dem Franzosen das „schwärzeste" Schwarz (108, IX). „Ala di corvo", Rabenflügel, ist in Italien die Bezeichnung einer schwarzen Farbe. Eine adjektivische Weiterbildung von italienisch corvo liegt vor in italienisch corvino, z. B. chioma corvina (Raabenhaar). So beruht auch der Gebrauch von Rappe auf einer ursprünglichen Ne-

benform von Rabe, für ein schwarzes Pferd auf einer Metapher, bei der
ebenso wie bei den „Gwagge" (125, II) genannten, schwarzbefrackten
Stadträten, das tertium comparationis die schwarze Farbe ist (102).

Mit Bezug auf die schwarzen Füße der Krähe bezeichnet man im Deutschen ein unleserliches Gekritzel als Krähenfüße. Kleine, an den Augenwinkeln sich bildende Fältchen, Zeichen des Alters, nennt der Franzose
pattes d'oie, Gänse-, der Deutsche und der Engländer aber Krähenfüße.
Ebenso nennt man bei uns jene dunklen bläulichen Winkel, die die Augen um die Nase bilden und die als besonderes Merkzeichen nächtlichen
Aufbleibens oder auch des Unwohlseins infolge Ausschweifung, bei den
Frauen als Begleiterscheinung der Menstruation, gelten.

Da mit dem Raben der Begriff der schwarzen Farbe unzertrennlich ist,
wurde der weiße Rabe zum Symbol des Seltenen und Unerhörten. Schon
Juvenal 7. 202 nennt den *corvus albus* als Bezeichnung für einen Ausnah-
memenschen. Dementsprechend sagt der Italiener: „Una cosa è più rara
dei corvi bianchi", eine Sache ist seltener als die weißen Raben. Einen
weißen Raben nennt das Volk zuweilen einen Menschen, der eine nicht
gerade sehr lautere Tat, um sein Gewissen zu entlasten, wieder gut macht.

Die Redensart „Einen Raben weiß machen", die ein Analogon im
„Mohren weiß waschen" findet, will im Deutschen heißen: ‚etwas Un-
mögliches vollbringen'. Sehr richtig stellt der Engländer fest: Krähen werden nicht weißer, wie sehr sie sich auch waschen. Ein altdeutsches Sprichwort lautet: Ein swarziu krâ swer sie gebât, sô wirt si doch nith wîz (25,
II). Wo nichts auszurichten ist, sagt der Deutsche: Da hilft auch kein Bad
am Raben.

Auf den starken Schnabel des Raben bezieht sich der Gebrauch von lateinisch *corvus* als Bezeichnung einer Stange mit Widerhaken, die die Alten bei Belagerungen zum Einbrechen von Mauern benutzten.

Früher bezeichnete man im Französischen mit corbeau eine Enter-
brücke, wozu das italienische becco corvino, Rabenschnabel, als Bezeichnung des Enterhakens ein Analogon findet.

Auf die schrittweise steife Gangart der Krähe, die leicht als Ausdruck
des Stolzes oder der Selbstüberhebung erscheinen mag, bezieht sich die in
England gebräuchliche Redensart: Wie eine Krähe in einer Rinne einher-
stolzieren.

Als Symbol des Ehrgeizes erscheint die Krähe in der bekannten äsopischen Fabel von einer stolzen Krähe und dem Pfau. Hier ist die Rede von
einer Krähe, die sich mit den Federn eines Pfaues schmückt, aber damit
weder bei den Pfauen noch bei den Krähen Anklang findet. Auf dieser
Fabel beruht die deutsche Redensart „Sich mit fremden Federn schmük-
ken". Der Franzose nennt ein solches Individuum kurzweg la corneille
d'Esope „die Krähe des Aesop" (102).

Der Rabe gilt als Ausbund aller schlechten Eigenschaften, was vor allem im Deutschen zum Ausdruck kommt in dem Schimpfwort „Rabenvieh". Seine ausgesprochene Diebesnatur ließ den Vergleich „Stehlen wie ein Rabe" aufkommen und gab auch Anlaß zur Bildung des französischen corbiner, das dem Franzosen gleichviel wie stehlen und plündern bedeutet.

Die Gesamterscheinung der Krähe macht ebenfalls keinen vorteilhaften Eindruck, ja dieser Vogel erscheint im Deutschen gelegentlich als Sinnbild der Häßlichkeit. Wie Goethe für ein häßliches Mädchen das Wort Krähe gebraucht, so gaben auch die Franzosen der dritten Tochter Ludwigs XV. wegen ihrer Häßlichkeit den Spitznamen graille, Krähe.

Mit dem unsympathischen Äußeren steht im Einklang die tiefe, heisere Stimme des Vogels. Hierauf beruht die im Deutschen übliche Bezeichnung Krähe für einen Menschen, der mit lautem Geschrei von sich reden macht. Mit den krächzenden Krähen werden auch die schreienden kleinen Kinder verglichen, nämlich im Kanton Solothurn und auch andernorts in wegwerfendem Sinne nur „Gwagge" genannt. Wo zahlreiche Krähen sich aufhalten, ist, zumal da sie beim Fraß immer sehr neidisch sind und stets ihr zänkisches Geschrei hören lassen, immer großer Lärm. Darauf beruht die Verwendung von „Krähwinkel" für ein Klatschnest. Auf den Lärm bezieht sich auch das italienische cornacchia für ein schwatzhaftes Weib. Indes man das krächzende Räuspern beim Husten mit der Stimme des Vogels vergleicht, gebraucht der Franzose für „Schleim aushusten" das von grailler abgeleitete graillomner. Mit „mal de Sainte-Cornille" bezeichnet man in Frankreich eine Kinderkrankheit, bei der die Kinder heiser krächzen wie die Krähen.

Die Krähe, die schon im Alten Testament als unrein gilt, ist ein unreinlicher Vogel und verbreitet einen unangenehmen Geruch. Daher nennt der Franzose ein unsauberes Weib „une grande corneille" oder „Marie Graillon". Bei moralischer Unreinheit verwendet der Italiener für ein Freudenmädchen den Ausdruck cornacchia. Die Krähe bringt, wenigstens unmittelbar, keinen Nutzen. Ihr Fleisch ist im Gegensatz zu dem vieler anderer Vögel nicht oder kaum genießbar. Wenn der Engländer daher sagt: „to cat crow", Krähenfleisch essen, bedeutet ihm das dasselbe, was wir unter „in einen sauren Apfel beißen" verstehen. Diese englische Metapher bezieht sich hier auf das wenig delikate Fleisch, insbesondere der alten Krähen. Ganz denselben Ursprung hat auch die ebenfalls englische Redensart „Die Krähe rupfen", was, da der Vogel eben nicht wert ist, daß man ihn rupft, sich „um nichts bemühen müssen" bedeutet. Hat der Engländer eine unangenehme Streitsache zu erledigen, sagt er, sich beziehend auf das nutzlose Beginnen des Krähenrupfens, „to have a cowe to pluck with a person", er habe mit jemandem eine Krähe zu rupfen.

Die Krähe ist auch dem Schweizer ein Symbol der Minderwertigkeit und wird vornehmlich als Ausdruck der Geringschätzigkeit gebraucht. Die besonders nordost-schweizerische Synonyme „Gwagg" für Krähe wurde früher oft als Übernahme für Sektierer und Frömmler, die heute auch Krähenfräckler genannt werden, benützt. „Gwagg" ist aber auch Scheltname für ein schreiendes, unartiges Kind, daher sagt man von einem solchen geringschätzig „es sig schad für e Hebammelon, wo me für de Gwagg zalt häd" (125, II). Unter den Verachtungsnamen stehen die Einwohner von Stäfa als „Stäfner Chrehe" (118) und als „Gwagge" die Bewohner von Russikon (125, II). Nachtrabe ist ein häufiges Schimpfwort bei Luther (20).

Eine Metapher, die in den übrigen Sprachen kein Analogon findet, ist das in England landschaftlich beschränkte „crow-time", Krähenzeit, für die Abendzeit oder Dämmerung. Bevor sich nämlich die Krähen zu ihren Schlafplätzen begeben, versammeln sie sich in der Dämmerung auf großen, freien Plätzen (102).

Wie der Rabe ist auch die Krähe Unglück verheißend, daher ruft der Italiener aus, wenn ihm etwas Unangenehmes prophezeit wird: „Uh, che cornacchia", Hu, was für eine Krähe (102).

„Mager wie 'ne g'rupfte Gwagg" oder „Tönn wie e g'ropfte Chraje" (125, III) bedeutet die höchste Potenz des Magerseins.

Auch die in der Heiligen Schrift vom Raben vorherrschende Auffassung ist eine pessimistische. Da ist vor allem der Rabe Noahs, der von seinem Herrn aus der Arche als Kundschafter ausgesandt wird, aber sich am Aas gütlich tut und darüber Auftrag und Wiederkommen vergißt. Hierauf bezieht sich französisch: „Nicht wiederkommen wie der Rabe" oder „Eine Rabenreise machen", ebenso das italienische „Aspettare il corvo", d. h. vergeblich auf jemanden warten.

Rabenvater, -mutter und -eltern sind für Menschen, die gegenüber ihren Kindern ihre Pflichten ungenügend oder gar nicht erfüllen, geläufige Bezeichnungen. Nur damit aber zu erklären, daß man die Galgenvögel, von denen alles zu erwarten ist, vielleicht gestützt auf die Aussagen des gottesfürchtigen Hiob, „daß die Raben die Jungen aus dem Nest werfen" und nach dem Psalm Davids, „Gott den jungen Raben ihr Futter gibt", auch der Vernachlässigung der Elternpflichten zeiht, obschon mit Unrecht, denn auch die Raben sorgen für ihre junge Brut ebenso aufopfernd wie andere Vögel.

Die umgekehrte Auffassung, nach welcher der junge Rabe als Symbol der Lieblosigkeit und des Undankes gegen seine Eltern erscheint, finden wir in den Metaphern Rabensohn und Rabentochter. Hierher mag wohl auch das deutsche Sprichwort gehören: „Erziehst du dir einen Raben, so wird er dir ein Aug ausgraben." Analoga kennen auch die romanischen

Sprachen: „Tal nutre il corvo che gli cavara poi gli occhi" und „Elève un
corbeau, il te crèvera les yeux". Diese Redensarten beziehen sich aber weniger auf die „Raben"-Kinder als überhaupt auf undankbare Menschen,
die in ihrer Stellung hochgekommen sind durch den Einfluß Dritter und
nun ihre Macht zum Schaden anderer ausnützen.

Auf das gesellige Leben des Krähengesindels, das allgemein mit Dieben und überhaupt verkommenen Menschen verglichen wird, die einander nie verraten, immer zusammenhalten und stets das bleiben, was sie
sind, beziehen sich zahlreiche Sprichwörter und Redensarten aller Sprachen. Schon die Römer sagten „Cornix cornici oculos non confodit", ein
Rabe hackt dem andern nicht die Augen aus. Im Deutschen heißt es bereits im 14. Jahrhundert: „Ein croe klukt der andern nit die augen aus."
„Corbeaux avec corbeaux ne ce crèvent jamais les yeux", sagt der Franzose; „Corvi con corvi non si mangiam gli occhi", der Italiener.

„Krähe bleibt Krähe", „Vo Chräje git's keni Disteli" meint der Luzerner vielsagend (125, III). „Es sucht die Krähe ihresgleichen", meint der
Däne (25, II). Häßlich bleibt häßlich, gemein bleibt gemein, und aus Krähen werden nie Tauben. Gleich und gleich gesellt sich gern, deshalb fliegen Tauben und Krähen nie zusammen. „De Chräje rüefe" bedeutet, erinnernd daran, daß diese alles Unreine fressen, sich erbrechen müssen
(125, III).

Wegen der großen Verbreitung der Krähe wird ihr Name in vielen Fällen metaphorisch verwendet, so ganz allgemein das Wort Vogel gebraucht
werden könnte. Hierher gehören die französischen Redensarten: „Bayer
aux corneilles", den Krähen zusehen, wie sie fliegen, d.h. „Maulaffen
feilhalten" und: „Discourir aux corneilles", seine Zeit mit Unnützem zu-
bringen. An Stelle des Vogels setzt man auch die Krähe im englischen
„crow"-nest, Krähennest, als Bezeichnung des Mastkorbes auf Walfisch-
fängern und im „crow-flight", Krähenflug, was dasselbe bedeutet wie unsere Luftlinie.

Auf einem Stein früherer Zeit erblicken wir eingeschnitten Rabe oder
Krähe hinter dem aufrecht stehenden Aesculap. Die Beziehung auf Aesculap steht in engem Zusammenhang mit dem allgemein verbreiteten
Glauben an das außerordentlich lange Leben der Raben und Krähen. Daher tut auch Nedea bei Ovid. met. VII. 274 in ihren Verjüngungsbrei
Schnabel und Kopf einer Krähe, die schon neun Menschenalter hinter
sich hat. Diese Frist von 300 Jahren scheint das Ursprüngliche zu sein,
dann wird es gesteigert zu 400 Jahren, und das Mittelalter hat das Alter
vollends übertrieben. Alle aber stimmen überein, daß die Krähe überaus
alt werde. Ein sehr alter Mensch wird bei den Griechen „dreikrähenalt-
rig" genannt. Vereinzelt liest man auch vom Raben, daß er ein immenses
Alter erreiche: nach den pseudohesiodischen „Lehren des Cheiron" wird

er noch zwölfmal älter als eine Krähe, nämlich 108 Menschenalter oder 3000 Jahre (55). Wer alt ist wie ein Rabe, hat auch eine Reihe wertvoller Lebenserfahrungen gesammelt und ist auch klug und voller Weisheit, daher sagt das Sprichwort: „Alte Krähen sind schwer zu fangen" (25, I). Scharfe Augen vergleicht der Franzose mit denjenigen des Raben. Ein bekannter Ausdruck ist ihm auch die Rabennase (108, IX). Ein Rabe mit offenem Schnabel und vor ihm das Wort „cras" symbolisiert die Frist des Sünders, während der er sich bekehren kann (108, IX).

Eine Krähe hat vom Sonntag keine Ahnung, daher braucht sich jemand, von dem man sagt „Er weiß davon soviel, wie die Krähe vom Sonntag" (10), nichts einzubilden.

Die Gewohnheit der nördlich lebenden Krähen, bei strengen Wintern nach südlicheren Gegenden zu streifen, läßt sie hier als Zeichen einer strengen Kälte oder überhaupt des nahenden Winters erscheinen. Da sie aber oft trügt, sagt das Sprichwort: „Eine Krähe macht noch keinen Winter" oder: „Eine Krähe macht noch keinen kalten Winter" (25, I). Auch der Holländer meint: „Ein kraay maakt de winter niet" (108, II).

Zum Wetterpropheten wird der schwarze Vogel auch in der sprichwörtlichen Redensart:

> Steckt die Krähe um Weihnachten im Klee,
> sitzt sie sicher um Ostern im Schnee (25, II).

Die Älpler übersetzen den Ruf des Raben mit „chog, chog". Chog bedeutet aber Leichnam, daher ist der Rabe auf den Alpen ungern gesehen und die Älpler erschrecken, wenn sie sein Krächzen hören, weil sie glauben, es werde ein Stück Vieh umstehen.

„Wenn en Rapp Schrä lod, so gits en Chog", sagt der Appenzeller (125, VI). Im Kanton Uri rufen die Raben: „Chaschbi (Kaspar) magsch? Chaschbi magsch?" oder „Magsch, magsch, magsch?" Dann wieder: „Acht, acht, acht." Droben in den Bergstöcken, wo das Fressen nicht sehr üppig ist, rufen die einen voller Weisheit: „"Spar's, spar's, spar's", die übrigen antworten nicht minder weise: „Friß, wenn d'hesch, friss, wenn d'hesch" (141, IV). Im Sommer hört man im Rabenschrei die Worte: „Blank, blank, blank." Im Winter dagegen, wenn das Futter knapp ist, mahnen die Vögel auch hier: „Spar, spar, spar" (58). Gleichsam voller Lebensweisheit tönt das Rufen in Hessen: „Tracht denooch, tracht denooch, tracht denooch, dann gitt's sich denooch" (13, III).

Als Todesbote ruft die Krähe im Anhaltischen ein heiseres: „Starb, starb, starb" (141, XXXI). In der Bretagne, in der Nähe eines Kranken, schreit der Rabe: „Je t'aurai, je t'aurai, je t'attends" (108, XX). Heiser ruft die Krähe als Wintervogel: „Schnaa, schnaa, schnaa." Sitzen mehrere auf einem Dach und auf dem Boden, eine mit einem Stück Aas, so rufen jene:

„Aes mi do, äs mi do?" Letztere aber antwortet: „Nor de knochen, nor de knochen" (37).

Oft sind sinniges Empfinden, feinfühlendes, verständnisvolles Beseelen und Deuten des treu Beobachteten, auch den Übersetzungen des Rabengeschreis in menschliche Worte eigen. Der Rabe, der im nahrungsarmen Winter dem Pferdedünger auf Wegen und Straßen öfteren Besuch abstattet, ruft sich dabei überzeugend zu: „Piraks, Piraks" (Karpfen, Karpfen). Im Lenz aber schreit er, wenigstens in Litauen, diese früheren Karpfen verachtend: „Pui kraka, Pui kraka", Pfui Unrat (141, XXVII).

Ganz anders als im Sommer, wo es in Hülle und Fülle zu fressen gibt, ruft im Winter die Krähe: „Fi aas – Wat kost't de brad'? fief mark, Pfui ack" – „Swienskoettel kost't fief mark, wenn 'k'n dormit man haad." In Chemnitz ruft sie im Sommer: „Swienschiet is suur", im Winter aber: „Swienschiet is sööt." Hat die Krähe Käse, ruft sie: „Sarp, sarp, basch, basch"; beim Speck aber meint sie: „Dat glitt, dat glitt." Wird im Herbst die Nahrung knapper, ruft sie in Walkendorf: „Lang' harst", im Winter auf dem Misthaufen tönt es: „Keen worm mank."

In Mecklenburg ruft die Krähe dem Mäher zu: „Is krumm, is krumm" (Die geschnittene Mahd liege nicht gerade) (151, II). Die Kinder, welche das Bett nässen, lacht sie aus: „Pissaeck, Pissaeck" (26). Der allabendliche Alpsegen auf den Alpen bei Sargans lautet:

> „Sant Peter! bschliess wohl dem Wolf der Zahn,
> dem Luchs der Chräuel,
> dem Rappen der Schnabel, usw. (125, VI).

Allerdings wird hier unter dem Rappen nicht der Rabe oder die Krähe, sondern der Schrecken der Schaf- und Ziegenherden, der heute aber ausgestorbene Lämmergeier (80), verstanden.

Wie man heute noch für die Raben als schädliche Vögel Schußgeld bezahlt, so tat man auch vor Jahrhunderten schon. 1522 betrug im Kanton Schwyz diese Abschußprämie für Raben ein Schilling. Anno 1609 besagt das „Landbuch des freien Staates Uri": „Welcher ein Rappen – jedenfalls ist hier aber der Kolkrabe gemeint – schüsst, dem soll man geben ein Dopler und von einer Krähen ein Schilling." „Zwei Knaben von Ibach um Rappenklauwen 18 Schillinge, anno 1637; des Schlumpfen Buoben wegen Rappenköpfen 23 Schilling, anno 1680", berichtet die Chronik von Schwyz (125, VI).

Der Kolkrabe

Jedenfalls war der heute seltene Kolk mit seinem martialischen und vor allem edleren Aussehen als die Rabenkrähe der ehemalige Auguralvogel der alten Römer und ebenso der Bote der nordischen Götter. Erst mit seinem Rückgang tritt an seine Stelle die bedeutend kleinere Rabenkrähe, die im Laufe der Zeit aber ihr Feld auf dem Gebiete des Volks- und Aberglaubens so vollständig behauptete, daß bei Vergleichen der römischen und germanischen Augurien mit dem Aberglauben der Gegenwart beide nicht mehr auseinanderzuhalten sind.

Ob der Kolkrabe, der Rapp, Galgen- und Plagvogel (132) unserer Alten, wirklich der eigentliche Galgenvogel, und damit der Vogel der Hochgerichte gewesen ist, möchte Naumann (91, IV) der Scheuheit des Vogels wegen bezweifeln. Etliche glaubwürdige Leute versicherten ihm, „daß sie bei Hochgerichten, wo ein Mann aufs Rad geflochten war, nie einen Kolkraben bemerkt hätten, wohl aber, als der Körper schon stückweise herunterfiel, eine Menge Krähen, die sich mit einzelnen Stücken herumgeschleppt hätten".

Wenn der Kolkrabe im Berner Oberland krächzend über dem Dorf ruft: „Achtzg, achtzg, achtzg", so rufen ihm die Kinder in Brienzwiler zu:

> „Rabb, Rabb,
> Hinderem Hag
> Lit es tots Plag" (141, XI).

Auf das hohe Alter, das die Vögel erreichen sollen, bezieht sich in Giswil die Redensart: „Alt wie de Mörli-Plag-Vogel" (125, I).

Die Saatkrähe

Ihre Namen Saat-, Feld-, Acker-, Haferkrähe, Haferrücke, Wurmkrähe, Dreckvogel und Haberkrah (91, IV) weisen in erster Linie auf jene Örtlichkeiten hin, wo sich diese Vögel am meisten aufhalten und auch ihre Nahrung suchen. Ihr besonderes Artenmerkmal, die weißlich graue, schäbige Haut um die Nasenlöcher und Schnabelwurzel, haben ihr die schweizerischen Namen Nackt- und Grindschnabel (132) eingetragen. Von der Farbe des Vogels, einem glänzenden Schwarz mit violettem oder blauem Schimmer, stammen die Bezeichnungen Blaurock, dänisch Blaaraage, norwegisch Blaakrake und schwedisch Svart kraka (91, IV).

Von der Saatkrähe stammt ein einziger topographischer Name: La Roche aux Fras (108, IX).

Wenn Saatkrähen im Dezember in großen Scharen gegen Süden ziehen, folgert der Bauer daraus für den Winter heftige Schneefälle und strenge Kälte.

Fleisch und Blut frisch geschlachteter Tiere dienten schon seit uralter Zeit in der Volksmedizin zu Heilzwecken. So heilte auch ein Dr. Bonnejoie in Paris hartnäckige Schulterschmerzen durch Auflegen einer jungen Saatkrähe (46, II).

Da die Saatkrähen stets in größeren und dicht bevölkerten Kolonien nisten, nennt der Engländer ein verrufenes und schmutziges Stadtviertel, wo es nicht immer friedlich zugeht, Lärm und Unreinlichkeit vorherrschen, „rockery", Krähengenist. Speziell auf die Saatkrähe (rock), die dem Landmann wegen des Aufpickens von Getreidekörnern und Stehlens reifer Früchte ein Dorn im Auge ist, bezieht sich im Englischen der Gebrauch von „to rock" für stehlen und betrügen. Als Substantiv wird rock auch für Gauner und Schwindler gebraucht (102). Da die Saatkrähen, wenn sie in einen Acker einfallen, mit der Saat in kürzester Frist gründlich aufräumen, schließt der Franzose auf einen großen Appetit des Vogels, und von einem, der einen ebensolchen Appetit entwickelt, sagt er, er fresse wie eine Saatkrähe (108, IX).

Die Nebelkrähe

Der größte Teil der Namen unserer Nebelkrähe bezieht sich in fast allen europäischen Sprachen auf die graue, an das Düstere und Verschwommene des Nebels erinnernde Farbe ihres Gefieders. Da sie den Sommer im Norden zubringt und erst bei Beginn des Winters nach südlicheren Gegenden schweift, gilt sie als Ankündigerin des Winters und wird daher Schnee-, Winterkrähe oder Wintervogel genannt (91, IV). Ihr Gefieder vergleicht man in Frankreich auch mit religiösen Ordensgewändern und nennt sie deshalb Jacobine oder Religieuse (108, II). Auf ihr ominöses Wesen weisen Toten-Kroh und Starbvogel (91, IV).

Auf sonderbare Weise, sich jedenfalls stützend auf die Allwissenheit der Rabenvögel, kann man in Frankreich Heilung von Krankheit erlangen. Ein Grindiger soll eine nistende Nebelkrähe fangen und diese drei Tage in einen ausgetrockneten Brunnen sperren. Jeden Morgen bei Sonnenaufgang richtet man an die Krähe einige Formeln, worin man ihr unter anderem mitteilt, daß sie die Freiheit nicht wieder erlange, wenn sie dem Kranken nicht zeige, wie er zu heilen sei. Am dritten Tag findet der Kranke am Rande des Brunnens ein Kraut, das die Brüder der Gefangenen hergebracht haben, um ihre Freiheit zu erreichen (113, III).

Als nach einer lettischen Sage die Nebelkrähe ausging, um einen Gesang zu erlernen, hörte sie, wie eine Mutter ihr Kind schalt, das die dicke Milch vom Brot naschte und dieses ungegessen ließ. Seither ruft sie immer: „Du bist lecker, lecker" (22, III). Nach einer flämischen Sage war die Nebelkrähe einst ganz weiß und blieb im Sommer und Winter bei uns. Als sie aber einmal in einem Wirtshaus zuviel getrunken, konnte sie die Türe nicht mehr finden und fiel in den Kohlenkasten der Wirtin. Schwarzgrau kam sie wieder zum Vorschein und hat diese Farbe seither behalten. Kurz nach dem Vorfall begegnete ihr der liebe Gott und fragte sie: „Woher hast du diese Farbe?" Die Krähe erzählte ihm alles, ohne die mindeste Scheu. Da sagte der Herr: „Weil du so schamlos deinen Verstand vertrunken hast, sollst du keinen Sommer mehr haben, sondern allzeit Winter." Seit der Zeit verlassen die Nebelkrähen beim Nahen des Sommers unsere Gegend, um nach kälteren Ländern zu fliegen (22, III).

Die Dohle

Schwarze Vögel aus der Familie der Rabenvögel sind dem Volk, das wissenschaftlich genaue Namen nicht schätzt, nur Raben oder Krähen. Deshalb wird teils auch die Dohle in den lautmalenden Namen mit einbezogen, welche für Krähen und Raben gelten. So in den schweizerischen Ausdrücken Gagg, Gwagg und Graacke, welch letztere bereits Gessner im Sinne von Dohle kennt. Nähere Artbezeichnungen der Dohle, die häufig angewandt werden und von den Lieblingsaufenthaltsorten des Vogels hergenommen sind, sind Turmkrähe, -vogel, -rabe, Domrabe und holländisch Kerkkraaw (91, IV). Ihre Scharen, die wie Saatkrähen im November gegen Westen ziehen, gelten als Anzeichen des Winters, daher die Namen Schneekrähe, -dohle, -gake (91, IV).

Zur Saatzeit konnten die Dohlen im Altertum zu einer wahren Landplage werden. So stellten die Digesten Dohlen- und Starenfraß auf gleiche Linie wie Überschwemmungen oder Einbruch von Feinden und ordneten an, daß der Herr des Landgutes in solchen Fällen dem Pächter Nachlaß zu gewähren habe. In klassischen Ländern bekämpfte man sie mit Schleudern und suchte sie durch Lärm verschiedener Art, mit Klappern und Trommeln zu verscheuchen. Außerdem wird in der Geoponika empfohlen, damit ihre Genossen glauben, es seien Schlingen gelegt, eine Dohle zu fangen und aufzuhängen. Dann werden sie das Grundstück meiden. Daß sie, die sie selber Not und Unglück brachten und in sich eigentlich geradezu verkörperten, in der Antike als Vorzeichen von Unglück galten, ist erklärlich (54, II).

Da Dohlen zum „Krähengesindel" gehören, gelten sie bis heute noch
als Unglück verkündend und als Totenvögel. Krächzende Dohlen über einem Menschen verkünden in Böhmen (35) Unglück. Schreien sie in Münster (158) in der Nähe eines Hauses, wird bald jemand sterben. Dem
Hause sich nähernde Dohlen zeigen den Esten (14) Krankheit an, die mit
dem Tod enden wird. Wenn in Thum im Erzgebirge über einem Leichenzug schreiende Dohlen ziehen, zeigen sie damit an, daß in der Familie
bald wieder ein Todesfall folgen wird (50). Zanken Dohlen und ziehen in
großen Scharen, prophezeien sie damit in Böhmen (35) einen baldigen
Kriegsausbruch. In Neuhammer glaubt man, wenn Strichvögel z. B. Dohlen an Orte kommen, wo sie sonst nicht gesehen werden, folge ihnen die
Pest nach (122, III).

Im Mittelalter war es Sitte, beim Erbauen von Burgen und Festungen
dem Gott, an dessen Stelle vielfach der Teufel tritt, Kinder und selbst Er-
wachsene zu opfern. Bauten, in denen lebendige Menschen eingemauert
wurden, sollten dadurch fest und unbezwingbar werden. So fand man
beim Schleifen der Stadtmauer von Haarburg im Jahre 1819 mehrere Kin-
dersärge, desgleichen in der Stadtmauer von Kopenhagen, in Mauern von
Ritterburgen bei Göttingen, Goslar usw. Die Sage läßt entweder das Kind
um schnödes Geld verkaufen oder auch von Maurern gewaltsam rauben.
Bei den alten Schlössern gewahrt man nun so viele Dohlen, die diese
schreiend umfliegen, weil die Maurer für ihre grausamen Taten in diese
Vögel verwandelt worden sind.

Auch die Dohle besitzt die Fähigkeit, menschliche Laute meisterhaft
nachzuahmen. Wie mancher vor Zeiten tat und zur Kurzweil und Ergötz-
lichkeit heute noch tut, so zog auch einst Priester Burkhard von Meien-
berg eine Dohle auf. Während er seinem geistlichen Beruf nachging, zogen seine Mägde ihre Gespielinnen und Buhlschaften zu sich herein und
waren bei Speise und Trank fröhlich und guter Dinge. Der Vogel, mit
dem sich Burkhard viel abgab und mit dem er auch sehr häufig abgebildet
wird, verriet ihm jedoch stets, was seine ungetreuen Dienstmägde in seiner Abwesenheit trieben. Für diesen „Verrat" warfen sie aber einst das
Tier in die Abortgrube (44, XIV).

Die Dohlen, „wann sie späte von Aetzung zurückkehren", bedeuteten
im klassischen Altertum Sturm (159, II). Aldrovandus will wissen: Wenn
Dohlen einzeln auf den Dächern sitzen und sich in außergewöhnlicher
Weise mit dem Gefieder zu schaffen machen, steht Regen bevor. Wenn
sie aber am frühen Morgen viel schreien und schwatzen, so ist dies ein untrügliches Vorzeichen kommender Stürme. Nach Wiese soll immer mit
Sturm und Wind zu rechnen sein, wenn Dohlen in großen Scharen und
kühnen Wendungen die Luft durchsausen (45). Auf Stürme schließt man
auch in Tirol, wenn Dohlen in Scharen ziehen (46, I). Kreisen sie aber in

der Luft, sind sie ein sicheres Anzeichen für nicht so starken Wind (158).

Nach einer siebenbürgischen Sage war es allein die Dohle, die sich bei der Reinigung der Quellen nicht beteiligte. Deshalb verfluchte sie Gott, sie solle nirgends trinken können als vom herabfallenden Regen (22, III).

Dohlen sind unruhige, umherstreichende und wie alles Krähengesindel diebische Vögel, daher auch der Vergleich: herumschweifend, landstreicherhaft und diebisch wie eine Dohle. Rabe, Dohle und „Speicherdohle" sind Benennungen für liederliche Mädchen (20).

Auf die Farbe des Vogels bezieht sich die altfranzösische Redensart: „Schwarz wie eine Dohle." Treffend meint der Franzose: „Wer als Dohle geboren ist, bleibt eine Dohle. Wer aber als Pfau geboren ist, bleibt ein Pfau (108, II), und bildet damit ein Gegenstück zu unserem Sprichwort: „Der Apfel fällt nicht weit vom Stamm." In Braunschweig zeigt die Dohle Schneefall an, denn sie ruft: „Snei, Snei" (141, X).

In Wolkenstein im Erzgebirge deuten die alten Leute den Dohlenruf mit „Grab, Grab", an das sie denken sollen (50).

Der Eichelhäher

Vorzugsweise sind die Namen des Eichelhähers onomatopoetischer Natur. So nennt man ihn in der Schweiz Gäkser, Jägg, Gägst, Herregägger, Tschägger, Grägge (132), Gägsch (125, I), Gäggel, Here-Gäggi, und weil er gern Kirschen frißt, im Kanton Glarus Chriesi-Gägger (125, II). Bekannt ist er auch unter Here-, Herre-, Gerenvogel, Erehexler, Hätzler (125, I), Harzle (125, II), Holzheher, -schreier oder Siegelhäher (132). Weil sein Fleisch als eine Delikatesse gilt, nennt man den Vogel in der Normandie Couras (gourmand) (108, II).

Mit dem Eichelhäher können in Zusammenhang gebracht werden die topographischen Namen: Le gay, Les Geais, Le mas du gay, Les mas des gays, La ville aux geais, Le Moulin du geai, La ville aux Geais, Le village aux Geais, La Côte du geai, La Mare au gay, La Fontaine aux Geais, La Butte à gay, Gay, Le Grand Geai und Le petit Geai (108, X).

Auf diesen Vogel beziehen sich die französischen Geschlechtsnamen Del gay, Le Gay, Gay, jay, Le jay, Geai, Legeai, Lagaye, De Mont jay, Marchegay, Gachon, Gaget, Gail, Gayet, Cachot und Jaillot (108, X). Einst benützte man die Flügel der Häher als Hexenschmuck (89). In der Haute Bretagne sagt man sogar, sie seien selber Hexen (113, III). Einem Häher zu begegnen ist dagegen dem deutschen Landmann ein glückhaftes Zeichen (89).

Dem Fleisch des Hähers schrieb man ehemals Heilkraft zu und genoß es gegen Schwindsucht (89).

In Tirol findet man im Nest des Hähers, hier Gratsch genannt, Blendsteine, mittels deren sich der Besitzer unsichtbar machen kann. Diese Steine sind auch die Ursache, daß man die Nester der Häher so selten findet (150, I).

Als Maria, fliehend vor Herodes dem König von Judäa, der alle Kinder zu töten beschlossen hatte, um das Jesuskind umzubringen, sich unter Garben versteckte, rief der Häher Herodes verräterisch zu: Unter der Garbe, unter der Garbe. Jener aber verstand ihn nicht, und so wurde Maria mit ihrem Kind gerettet. Den Häher aber verfluchte sie: „Soviel du auch essen wirst, du wirst niemals satt werden" (22, II).

Eine rumänische Sage berichtet, daß die Eichelhäher einst ihren eigenen König hatten. Als sie einmal mit einer Streitsache vor ihn kamen und der König Recht sprach, waren sie mit dem Ergebnis nicht zufrieden und schrien unaufhörlich. Da verfluchte sie der König und wies sie alle von sich. Seitdem sieht man nie mehrere Eichelhäher an einem Ort beisammen 622, III).

Bekanntlich hat der Eichelhäher die Gewohnheit, Nahrung zu verstekken, um sie, wenn der Tisch nicht immer gedeckt ist, vorrätig zu haben. Um nun Eicheln und Nüsse, die er verwahrt, zum größten Teil aber nicht wiederfindet, doch wieder zu entdecken, sagt man in Schweden, suche er die Merkmale des Versteckes in den Wolken. Diese jedoch treiben weg, und der Vogel findet seine Nüsse nicht mehr (22, III).

Nach einer finnischen Sage wollte der Eichelhäher einst auf eine Hochzeit gehen. Weil er aber ein so schlechtes Gewand hatte, bat er den Kukkuck um ein schöneres Kleid und versprach, es wieder zurückzubringen. Er hielt aber nicht Wort und behielt das Kleid. Seither gibt der Eichelhäher keinen Laut von sich, solange der Kuckuck in seiner Nähe ist. Auch hat er viel schönere Federn als der Kuckuck, der sich nun sein Lebtag mit einem häßlichen Kleid begnügen muß (22, III).

Eine französische Sage weiß zu berichten, daß der Eichelhäher einst ein sehr schöner Vogel gewesen sei, von seinem schönen Gefieder aber nur noch einige klägliche Überreste trägt als Strafe dafür, daß er den Juden einst das Versteck Jesu verraten habe. Heute noch ruft er in Erinnerung daran: „Zou lou javelat! Zou lou javelat" (108, X)!

Weil „Her" oder auch „Herr" besonders den geistlichen Herrn, den Pfarrer, bedeutet, heißt man im Kanton Zürich auch die Geistlichen scherzhaft „Herevögel" (125, I).

Wegen des immerwährenden Hüpfens des Vogels, wenn er auf dem Erdboden ist, gibt man seinen Namen im Zürcher Oberland auch lebhaften, unruhigen Kindern (125, I). Sein durchdringendes Geschrei ist nichts weniger als ein guter Gesang, daher gebraucht der Zürcher für einen schlechten Sänger: „Er singt wie en Herehätzler" (125, II).

Metaphorisch verwendet der Franzose die Farbe des Eichelhähers und vergleicht damit ein grau-blaues Auge, das er Oelh gay' nennt. Sich unterhalten wie Eichelhäher heißt in Frankreich, sich wenig schöner, tierischer Ausdrücke bedienen. Wer ebenso anhaltend seine Sprachwerkzeuge benützt wie der Eichelhäher, von dem sagt der Franzose: Er schwatzt wie ein Eichelhäher und meint damit einen ganz ekelhaften Schwätzer. Wer bei uns „brüllt wie ein Stier", der schreit in Frankreich wie ein Eichelhäher, dem man die Federn ausrupft. Als höchste Potenz der Häßlichkeit gilt, auszusehen wie ein gerupfter Eichelhäher. Das ist ein schöner Eichelhäher, sagt der Franzose von einem ebenso häßlichen wie dummen Menschen (108, X). Diese Redensart bezieht sich aber nicht nur auf sichtbare Unschönheit und Häßlichkeit des Körpers, sondern hat denselben Sinn wie unser „Das ist ein netter Vogel", das ja in erster Linie moralische Minderwertigkeit und Häßlichkeit bezeichnet (108, II). Weil sich der Eichelhäher, im Käfig gehalten, leicht beschmutzt, gebraucht der Franzose die Redensart „Schmutzig wie ein Eichelhäher" (108, II). In Luxemburg nennt man das Wiesenschaumkraut, *Cardamine pratensis* L., und auch einen weißen Käse „chit du djâ, „Eichelhäherdreck" (108, X).

Den Ruf des Vogels übersetzt man in Liffré: „Jusqu'aux reins et que ça geint", in Limousin:

A Ringnac!
A Ringnac!
Cinq cent francs
Payats l'an.

In Bréal, sous-Montfort sollen sie rufen: „Tu, tu hagar! mets donc des avants! mets donc des avants!" Andernorts hört man im Ruf des Vogels die Worte: „Ma aux reins! ma aux reins!" Im Mai aber soll es tönen: „On traîne à la rame." Einem Bauern, der Erbsen sät, ruft der Vogel zu: „J'les mang'rai, j'les mang'rai!" Antwortet ihm drauf der Mann spottend, er lege sie ziemlich tief in die Erde, fragt der Eichelhäher, die reifen Erbsen in der grünen Hülse meinend:

„Et en gou?
Et en gou?" (Et en gousses) (100, VII).

In der Bretagne mahnt der Eichelhäher die pflügenden Ochsen: „Tahard, ta-hard, ta-hard" (profond, profond) (100, XII).

Der Alpentannenhäher

Als Namen des Tannenhähers führt Gessner Nußbrecher, -bretscher und -bicker an (30). Im Elsaß nennt man ihn Nussenkracher, in der Schweiz Haselnußvogel (117), Nußhäher, Nußpicker, -brecher, -gägg, Haselnüßler (132), in der Steiermark Nußbeißer, in Tirol Nußgratscher, in Kärnten Nußgraggl (117), französisch casse-noix, casse-noisette, englisch nutcrakker, holländisch Notenkraker (91, IV). An diese Namen schließen sich an Holzkrähe in der Schweiz (132), Zirbenheber in der Steiermark, Zirmgratsch, -krage in Tirol (117), Birk-, Grau- und Berghäher in der Schweiz (132) sowie Tannenelster (91, IV). Wegen seines kreischenden Geschreies hat der Vogel in der Schweiz die Namen Brätscher (132), Räggi, Rägher, Zäpfenräggi erhalten (117).

Wenn sich im Wipptal Nußhäher in großer Zahl bei einem Hause zeigen, wohnen falsche Leute darin (158).

In Böhmen besitzt der Nußhäher einen wunderbaren Stein, mit dem man alle unsichtbaren Schätze der Erde findet. Wer ein Hähernest mit Eiern oder Jungen findet, binde das Nest mit einem Tuch ein, so daß sich der Knoten über dem Nest befindet. Dann wartet man unter dem Baum, bis der Nußhäher kommt und den Knoten zu lösen versucht, wobei er den Stein fallen läßt (35).

Die Elster

Nach Suolathi (117) ist das althochdeutsche agalstra die normale Benennung der Elster. Darauf fußen heute zahlreiche Varianten, so die schweizerischen Namen Agerste, Aergeste, Agriste, Agertsche, Aergist (125, II), Agatsche, Aegerschte und Agerist (132). Aegerst kannte schon Gessner im 16. Jahrhundert, und im Elsaß läßt sich Aegerste nordwärts bis Colmar verfolgen (117). An den althochdeutschen typus agalstra mit seinen Varianten schließt sich in Niederdeutschland die Form agastra an. Im Laufe weiterer Sprachentwicklung erscheinen auch die Lautformen hagester und heister, daraus entstanden die vielen deutschen Varianten Ekster, Heister, Häster, Haster, Heisker, hegeter (117), Exter, Hetsche, haberhetsche und jedenfalls auch Jängst, Jängster (91, IV).

Wegen ihres lärmenden Schwatzens nennt man sie in der Steiermark Tratschkatel, von tratschen, schwatzen. Namen, die sich ebenfalls auf das Schwatzen des Vogels beziehen, sich aber von rauschen, plätschern ableiten, sind Tschadel und Tschaderer (117). In Deutschland vergleicht man sie mit den Raben und nennt sie deshalb: Gartenrabe, -krähe. Ihr langer

Schwanz trägt ihr den Namen Langstiel ein, und Diebsch erinnert an ihre diebische Natur. Da sie eine Unglück- und Tod-Verkünderin ist, nennt man sie am Niederrhein auch Leichenvogel (89). Wegen ihres schwarzweißen Gefieders, das an ein geistliches Ordenskleid gemahnt, nennt sie der Franzose Dame (108, X).

Eine ansehnliche Zahl topographischer Namen, die sich von der Elster ableiten, kennt man in Frankreich. Schon im Lateinischen gab es Anno 1005 ein Alodum Rajaciacum. Die Bezeichnung A la Pie Couronnée in Versailles stammt bereits aus dem 12. Jahrhundert. Hôtel de la Pie ist ein altes Haus in Compiègne. Ein Gäßchen in Vannes heißt Fontaine à la Pie, eine Straße in Auray und eine solche in Falaise tragen den Namen Rue de la Pie. In Lille gibt es eine Rue des Sept Agaches, in St. Quentin und in Arras kennt man eine Rue des Agaches, in Valenciennes einen Place de la Pie. Aux Agaches sind Häusernamen in Arras, Amiens und St. Quentin. Weitere Bezeichnungen von Örtlichkeiten lauten: Les Pie, La Pie, L'Agace, Les Agaces, L'Agache, L'Ajasse, La Jasse, L'Ajasseau, Le Jasseau, Cantepie, Chantepie, Le Nid de Pie, Le nid d'Agasse, Les Bois des Pies, La Chigepie, La Queue d'ageasse, Parc du Pie, Pie Noire, Val ès Pies, Mont à l'Agache (108, XI). Von der Bezeichnung Alster für Elster leiten sich die deutschen Ortsnamen: Alsterweiler und Alstertal ab (102). Das Vogtland kennt einen Badeort Elster, die Weiße Elster ist der Hauptfluß des westlichen Sachsens, die Schwarze Elster ein Nebenfluß der Elbe. Elsterberg ist eine Stadt im Bezirk Gera. Zwischen Erz- und Fichtelgebirge liegt das Elstergebirge.

Moillepie war Anno 1251 ein altes französisches Geschlecht in der Normandie. Seit 1386 sind die Maucepie und seit 1361 schon die Bergneagache aus Valenciennes ausgestorben. Die Elster zum Wappentier haben heute noch: De la Pie, La Pie, Picace, Pigache, Pigault, Pigeaux, Piard, La Pijardière, Piat, Pian, Piau, Piot, Piou, Piesse, Piette, Pyard, Lagache, La Gache, Aguesse, Ajasson, Chantepie (108, IX) und die deutsche Familie von der Elster.

Eine Elster im Wappen – es ist in Gold eine auffliegende, natürliche Elster – führt auch die freiburgische Gemeinde Agriswil (Agrimoine).

Daß die Elster Gegenstand des Aberglaubens geworden ist, erklärt sich leicht aus ihrer Doppelfarbigkeit, verbunden mit ihrem beweglichen und geräuschvollen Wesen und dem heiseren Schreien (125, I). Der Glaube an sie als Unglücksbote, Unheil- und Todverkündigerin in der heutigen Zeit ist, wie so mancher Aberglaube ein Überbleibsel aus dem heidnischen Altertum, wo sie der Vogel der Göttin des Todes war. Nach französischem Volksglauben trägt sie auf ihrem Kopf sieben Teufelsfedern (108, IX). Im Kopf steckt ein Knochen vom Teufel, um dessenwillen sie nun nichts anderes als Unglück verkünden kann (113, III). In der Schweiz, in Belgien,

Deutschland, Österreich, England und Frankreich, bis hinunter in den Süden (2) ist es ein bedenklich schlechtes Vorzeichen, einer Elster zu begegnen.

Im Zürcher Oberland gelten die Ägersten als Synonyme der Hexen und sind, wenn auch weniger gefürchtet, doch gehaßt, denn da, wo sie sich zeigen, soll es Zank und Streit geben (87, I). Elsterngeschrei vor oder auf dem Hause (in Böhmen jedoch nur dann, wenn es außerordentlich laut ist (35)) bedeutet Zank und Streit. „D'Aegerste chitzered wider emal recht, hüt git's tüchtig Händel", sagt der zürcherische Landmann (125, I). In der Gegend von Einsiedeln meint man:

> Wenn der Egerst schreit
> bedeutets Zank und Streit;
> Der Krämer geht bekümmert fort,
> ratscht ihm der Egerst am Wege dort (44, VIII).

Die Elster gilt überhaupt allgemein als Unglücksvogel. Ihr Erscheinen bedeutet Veränderung, und zwar meistens zum Unheil. Heilsam ist es nur, wenn es im Sommer die günstige Zeit zum Aderlaß anzeigt (44, XXI). Ihr Geschrei verkündet in Westfalen (2) und am oberen Zürichsee (130) Zank und Streit unter den Nachbarn, ein großes Viehsterben oder eine Feuersbrunst, Verdruß, überhaupt Unglück (24, II) oder langweiligen Besuch (113, III). In der Gironde verkündet sie den Bewohnern eines Hauses, in dessen Nähe sie schreit, Widerwärtigkeiten, und in der Basse-Bretagne hört der verheiratete Bauer aus ihrem Geschwätz, das sie über seinem Hause hören läßt, daß die eheliche Harmonie sehr bald durch seine Frau gestört werden wird (113, III).

Wer den Vogel in Neukirchen schreien hört, kann gewiß sein, daß bald der Amtsknecht in sein Haus kommt. Auch wenn die Elster schreiend in einen Hof oder zu einem Hause geflogen kommt, folgt ihr der Scherge, wenn nicht am ersten, so doch am nächsten Tag nach. Deshalb hier der Name Schergen-Elster (122, III). Elsterngeschrei in der Nähe des Hauses kündet den Esten Besuch an, der aus jener Richtung zu erwarten ist, nach der der Schwanz des Vogels zeigt (14). In Rußland glaubt man, daß die Elster, die sich auf die Schwelle des Hauses setzt, die Ankunft von Gästen bedeute. Darüber heißt es in einem russischen Volkslied:

> Die Elster, die Elster
> Hatte die Grütze gekocht,
> Sie sprang auf die Schwelle,
> Sie lud die Gäste ein (45).

Schwätzt der Vogel munter (154), oder kommt er in den Garten, zeigt er in Böhmen (35) den Besuch lieber Gäste an, unliebsamen Besuch aber wird man in Tirol erhalten (154), wenn die Elster über dem Haus schreit. Den Wenden sagt eine Elster, die sich aufs Dach setzt, Besuch voraus. Aus ihrem Schreien kann man auf den Verwandtschaftsgrad desselben schließen. So bedeutet ein Schrei den Bruder, zwei Schreie den Vetter usw. (134).

In Malmédy bringt eine Elster vor dem Fenster Unglück (113, III). Angenehme Neuigkeiten sagt sie in Neuern voraus, wenn sie sich in der Nähe des Hauses auf einen Baum setzt und ruhig sitzen bleibt. Sobald sie aber Geschrei macht, steht einem Unangenehmes bevor (49). Umfliegen in Tirol die Vögel ein Haus, ist Unfrieden zwischen den Eheleuten (158) zu erwarten, in Böhmen verkünden sie damit eine nahe, besondere Neuigkeit an oder die Ankunft von Briefen der in der Fremde weilenden Verwandten (35).

Ein übles Vorzeichen ist es, wenn Elstern sich mit Geschrei einem Menschen nähern und über ihm hin- und herfliegen. So auch, wenn man beim Öffnen der Fenster am Morgen oder bei irgendeiner Unternehmung eine Elster hört oder zu Gesicht bekommt. Auch von ihnen zu träumen bedeutet nichts Gutes (125, I). Wenn die Elstern wiederholt um einen herumrätschen, so muß man beten. Will man die bösen Absichten des Vogels vereiteln, soll man rufen: „Elster, Elster, weiß und schwarz, wenn du eine Hexe bist, dann flieg auf deinen Platz." Wer katholisch ist, weiß, daß er gut daran tut, im stillen ein Ave Maria zu beten (125, I), denn es steht einem dann jedesmal Schlimmes bevor. So pflegte die Frau des Urban Waldmeier in Münchwiler anzufangen, wenn sie auf eine ihrer Geschichten überspringen wollte, welche also lautet:

„An einem Sommernachmittag arbeitete sie im Weinberg, als eine Elster wiederholt heraufgeflogen kam, sich auf den nächsten Rebstecken setzte und sie heftig anschrie. Das Weib wußte wohl, daß es in diesem Falle das Beste sei, ein Ave Maria im stillen herzusagen, um damit ein drohendes Unheil noch abzuwenden. Als aber die Elster neuerdings zu ihr kam, erschrak sie, packte alles zusammen und eilte heim. Auf dem Weg zu ihrem Haus trifft sie den Buben, ihren jungen Dienstknecht, der mit den Ochsen eben vom Neuhaus ab dem Berg hergefahren kam und so verdattert und blaß aussah, als ob er vom größten Elend befallen wäre. Jetzt war die Geschichte nicht mehr zu verheimlichen und der Bub mußte ihr alles haarklein erzählen. ‚Als wir', sagte der Bub, ‚unsern Wagen voll Heu droben in des Chrumben Scheune einfahren wollten, in die es so jäh hinaufgeht, stellte sich der Meister, während ich vorne die Stiere antrieb, an den Wagen zwischen die Räder, um durch Lüpfen nachzuhelfen. Im Sprunge gings jetzt durch die Einfahrt hinein; der Meister aber kam dabei enge zwischen das Wagenrad und die Steigleiter der Obertenne, daß er in der nächsten Minute an der Futterwand wäre erdrückt gewesen, wenn die

angetriebenen Stiere nur noch einen Ruck vorgetan hätten. Das sah der
Chrumbe, der an beiden Füßen lahm auf seinen zwei Krücken hinten in
der Scheune stand. Schnell gab er den Stieren einen solchen Treffer mit
der Krücke auf die Mäuler, daß sie in diesem entscheidenden Augenblick
wie angenagelt stehen blieben. Gottlob, dem Meister ist nichts geschehen,
und das Heu ist unter Dach"" (107, II).

Von der Elster heißt es in England, daß sie nicht in Noahs Arche gehen
wollte. Sie zog es vor, sich auf das Dach zu setzen und über die unterge-
hende Welt zu schwatzen. Seitdem soll es Unglück bringen, wenn man
dem widerspenstigen Vogel begegnet (141, XVI). Um die unglückliche
Vorbedeutung nichtig zu machen, sollen, wie man in England versichert,
viele Leute, wenn ihnen eine Elster auf der Straße begegnet, das Haupt
entblößen oder mit dem Fuß ein Kreuzeszeichen machen (108, II).

Schon im 17. Jahrhundert bedeutete es in Frankreich Unglück, wenn
man auf dem Wege eine gewisse Anzahl Elstern oder andere Vögel wahr-
nahm. Einem Menschen, der eine Reise unternimmt, bedeutet eine Elster,
der er begegnet, etwas Unangenehmes. Auch in Lothringen, der Montagne Noire, der Normandie und in der Bretagne bringt es einen uner-
wünschten Zufall (113, III).

Wie schon die Auguren des alten Rom, so achtet man noch heute darauf, aus welcher Richtung ein Vogel geflogen kommt. Eine von links nach
rechts über den Weg fliegende Elster ist ein Zeichen für eine gute Neuigkeit (108, IX). Kreuzt der Vogel in dieser Richtung einen Hochzeitszug,
bedeutet es für die Braut Unglück (113, III). Gutes darf man erwarten,
wenn man den Vogel in der Bretagne von rechts nach links gewahr wird,
Unglück aber bringt dies in den Ardennen (113, III). In den Pyrenäen erfährt man in diesem Fall bald eine unerfreuliche Neuigkeit (108, IX).
Links vom Weg eine Elster zu sehen weist in Frankreich (108, II) und in
Belgien (108, IX) auf ein Unglück hin. Im Allgäu bedeutet es Krankheit
oder Tod in der Familie (101, II). Schäkert eine Elster zur Rechten des
Weges, den man gerade geht, kündet sie im Kanton Bern Unglück (44,
XXI), in Frankreich aber etwas Gutes an (108, II).

Nicht nur ihre Flugrichtung, auch ihre Zahl und ob diese gerade oder
ungerade ist, ist für die Weissagung von Bedeutung (45). In Luzy vier
hüpfenden Elstern zu begegnen ist ein bedenkliches Vorzeichen (108, IX).
Sieht man zwei Elstern, bedeutet es Glück, Unglück aber, wenn man einen einzelnen Vogel sieht. Ein französischer Bauer sah einmal eine Elster
bei seinem Hause. Wütend über ihre Anwesenheit, die nichts Gutes bedeuten konnte, suchte er seine Flinte und schoß auf den Unglücksvogel.
Die Vorbedeutung ging aber dennoch auf der Stelle in Erfüllung, denn
der Mann schoß sein Haus in Brand (108, II). Das Auffliegen von zwei
Elstern bedeutet in Herschberg Glück, Unglück aber steht einem bevor,

wenn es nur eine einzelne ist (24, II). Elstern in gerader Zahl zu sehen ist
in Namur ein Glückszeichen, eine ungerade Zahl bedeutet Unglück (108,
IX).

Begegnet man einer stillen und verdrießlich blickenden Elster, bedeutet
es Verdruß. Singt und schwatzt der Vogel, ist es ein Vorzeichen einer angenehmen Neuigkeit (108, IX).

Von den Unglück anzeigenden Elstern erzählt auch die Sage vom Hasen am Kreuzwegli bei Remetschwil:

„Vor nicht allzu langer Zeit kamen zwei Schwestern nach Baldingen
auf Besuch. Die eine von Bellikon, die andere von Spreitenbach kommend, wollten sie zu ihrer dritten Schwester. Beide hatten verabredet, sich
in Killwangen zu treffen und von da aus zusammen nach Baldingen zu
gehen. Auf der letzten Wegstrecke sahen sie Elstern unter immerwähren-
dem Gekreisch vor sich her fliegen. Die Vögel waren ihnen bis Baldingen
gefolgt und schwärmten ihnen auch noch nach, als man ins Freie ging
und mit dem Schwager die Felder beschaute. Deswegen vermutete dieser
auch gleich nichts Gutes. Er schärfte den beiden, als sie ihn nach zwei Tagen wieder verließen, besonders ein, auf ihrem Heimnweg ja recht vorsichtig zu sein. In Killwangen trennten sich die beiden Schwestern wieder, die eine um nach Spreitenbach, die andere um auf ihrem gewohnten
Weg nach Bellikon heimzugehen. Jene kam glücklich nach Hause, an dieser aber erfüllte sich jetzt das Mißgeschick, das durch die Galgenvögel ihnen angesungen war. Als sie nämlich in den Remetschwiler Weidgang
kam, sah sie zwischen dem Holz und den Gemeindematten ein schönes
kleines Häschen vor ihr herspringen. ‚Hätt' ich doch ein Flintchen!' sagte
sie bei sich und ergötzte sich herzlich darüber, daß das Tier so artig ihr im
Wege voraushüpfte. Als sie aber an das Kreuzwegli kam, rannte der Hase
mit einem Male in der Richtung nach Remetschwil zurück. Die Frau wendete hier gleichfalls um, ohne zu bedenken, was und warum sie es tat, und
lief nun anstatt den Bellikonerweg denjenigen nach Killwangen zurück,
immer des sicheren Glaubens, in der nächsten Viertelstunde an ihre Wohnung kommen zu müssen. Nun stieg sie aber mehrere Stunden durch
Busch und Strauch, geriet an abschüssige steile Orte und war gänzlich ermüdet und verwirrt, als sie endlich in Killwangen an ein Haus gelangte,
wo zufällig noch einige Burschen auf waren. Sie war so ganz der Meinung, sie stehe hier am eigenen Wohnhaus, daß sie den ersten, der ihr die
Tür öffnete, mit Staunen über sein Kommen fragte, und ob denn ihr
Mann Hans nicht zu Hause sei. Nur schwer konnte man sie von ihrem Irrtum überzeugen und sie überreden, sich von den Burschen heimführen zu
lassen" (107, II).

Sieht man in der Bretagne eine Elster am frühen Morgen, bedeutet sie,
daß man einen Brief erhalten wird (113, III).

Wenn in Waldmünchen den Handwerksburschen oder Bettelleuten eine Elster schreiend über den Weg fliegt, werden sie bald einen Bettelvogt sehen (122, III). Hört man den Vogel in Baden auf einer Reise, ohne ihn zu sehen, bedeutet es schlimme Gesellschaft, gute aber wird man finden, wenn man ihn zu Gesicht bekommt (154).

Sieht ein Jäger beim Ausgang Elstern, hat er, wenigstens in Tirol, Unglück auf der Jagd (158). Sieht ihm in Thüringen eine Elster ins Gewehr, dann ist es mit dem Jagdglück vorbei (143). Fliegt einem Fischer eine Elster nach, so wird er, wie man im Fricktal glaubt, am selben Tag wenig fangen (74).

Die Slawen glauben, ein Toter verwandle sich in einen Vampir, wenn eine Elster über den aufgebahrten Leichnam hinwegfliege. Deshalb wird der Tote vor einem solchen Zufall ängstlich bewacht und beschützt (61). Jene, die in Böhmen darauf ausgehen, anderen Schaden zu stiften, glauben, daß man sie ertappt, wenn sie dabei eine Elster hören (35).

In der Basse-Bretagne (113, III) und in Böhmen (154) verkünden Elstern, die sich in großer Zahl versammeln und mehr als üblich schreien, eine Staatsumwälzung oder einen langen blutigen Krieg. Große Kriege zwischen einzelnen ungeheuren Vogelzügen erwähnen schon, und zwar wiederholt, die alten Schriftsteller. So beschrieb Theodule, Bischof von Oléans, eine solche sonderbare Schlacht zwischen zwei Vogelgruppen, welche Anno 798 über den Grenzen von Toulons und Quercy stattfand und bei der er selber Zeuge war. Solche Schlachten waren stets von großer Vorbedeutung bei den Alten. Im Jahr 1481 bekämpften sich über den Grenzen der Bretagne große Schwärme von Elstern und Hähern. Dieses Wunder wiederholte sich 1488, als der Krieg zwischen diesen Ländern und Frankreich ausbrach (113, III). Tod und Begräbnis verkünden diese Hexenvögel, wenn sie sich schäkernd in der Nähe eines Hauses aufhalten oder es umfliegen (44, II). Einen Todesfall kündigen die Vögel an, wenn sie in Westfalen scharenweise bei einem Hause schreien (154), in der Auvergne in großer Zahl bei den Häusern erscheinen (100, XII), ein Haus umschwärmen (69) und in der Bretagne (108, IX) und auch in Oldenburg sich aufs Dach setzen (131, I), vor dem Fenster schreien (112, III) oder in Lothringen über das Haus fliegen (113, III).

Schon ihr „Rätschen" hört man nicht gerne, da es an den Tod mahnt, daher sagt der Appenzeller: „D'Aegasta rätschid, es ged en Chib" (125, I).

Eine Frau in Reichenburg rief einst ihrem Mann bei der Feldarbeit zu: „Du kannst es jetzt glauben oder nicht, die Kathri stirbt bald, gerade jetzt sind zwei Aegersten vor ihrem Haus gewesen, ich habe es selbst gesehen" (130). Einst wurde, so erzählt Strackerjan (131), beim Krankenhaus in Löningen ein Sandhügel abgefahren. Eines Tages machten Elstern in den Bäumen einen gewaltigen Lärm. „Mein Gott", sagte ein Arbeiter, „wie stellen sich die Vögel an, da muß ja wohl einer sterben." Am selben Tag wurde ein junger Mensch von niederschmetternden Sandmassen verschüttet und erstickte.

Zeichen eines bald erfolgenden Todes ist es in Tirol (158), eine Elster fliegen zu sehen. Fliegt in der Wetterau eine Elster quer über das Dorf, so stirbt bald einer der Bewohner (149, I). Schreien Vögel in Tirol um ein Dorf, so hat es Hungersnot oder große Sterblichkeit zu befürchten (46, I). Bald wird jemand sterben, wenn in der Neumark die Elstern auf die Erde herabfliegen (65, II). Tod verkündet der Vogel auch, wenn er an ein Fenster pickt, was allerdings nicht zu häufig vorkommen mag (16). Auch den Menschen in Siebenbürgen ist die Elster ein Todesbote. Dort kündet sie aber nicht den Tod eines im Hause wohnenden Familiengliedes an, sondern eines Verwandten, der in der Fremde weilt (141, XXII).

Wenn in Longuyon während des „Zusammenläutens" der Glocken zu einer Beerdigung die Elstern schwatzen, bedeutet das einen weiteren Todesfall, der durch äußere Gewalt herbeigeführt wird: durch Ertrinken, Selbstmord oder Mord (100, X).

Wenn in Morlaix eine Elster mit dem Schnabel das Kreuzzeichen macht, wird, ehe drei Tage um sind, ein Leichnam zum Friedhof getragen werden (108, IX). Begegnet man in der Basse Bretagne auf einer Straße einer Elster, die Strohhälmchen oder kleine Stückchen Holz sammelt und in ein benachbartes Feld trägt oder vergräbt, kann man sicher sein, daß diesen Weg alsbald ein Leichenzug passiert. In Guernesey auf einem Weg ihr zu begegnen, bedeutet eine baldige Beerdigung (108, IX).

Will man alle schrecklichen Vorbedeutungen verhindern, muß man in Schlesien die Elstern mit einem Besen vertreiben (24, II). Im 16. Jahrhundert galt es als ein gutes Omen, wenn man Elstern am Vormittag auf dem Hause sitzen, sie aber dabei von vorn sah. Sie am Nachmittag dagegen von hinten zu sehen bedeutete Schlimmes (150, III).

Das Gegenteil dieses Glaubens an die Elster als Unglücksbote vertrat ehedem „Der alten Weiber Philosophey" und behauptete: „Wann die atzlen darauff (ein Haus) kommen, und schreyen, das ist ein zeichen, dass der kranck genesen wirdt" (150, III). Auch bei den Esten glaubt man, wenn nach des Predigers Besuch bei einem Kranken zuerst eine Elster auf dem Hof erscheint, werde der Kranke genesen (14).

Bei den Chinesen gilt die in Europa fast ausnahmslos verfluchte Elster als ein Vogel von unbedingt guter Vorbedeutung (45). Daß die Elster aber auch hierzulande nicht überall für nichtsnutzig gehalten und zur Hexe herabgewürdigt wurde, beweist ein altfranzösischer Brauch, wonach man ihr zu Ehren in Poitou auf dem Gipfel eines höheren Baumes einen Strauß von Heide und Lorbeer band, weil sie durch ihr Geschrei den nahenden Wolf anzeigte (33, II).

Als ein gutes Vorzeichen galt unter gewissen Umständen die Elster auch in Frankreich im 16. Jahrhundert. Mit ihrem Geschrei kündete sie nämlich auch hier einem Kranken seine baldige Genesung an (113, III). Sieht man in Frankreich eine schwatzende Elster und kehrt sich ein solcher Vogel gegen das Haus, ist dies ein Glückszeichen (149, I). Begegnet in Fougerolles ein lediges Mädchen am Morgen einer Elster, zeigt sie ihr damit ihre nächstens erfolgende Heirat an. Zwei schwatzende Elstern bedeuten in Bigorre eine Heirat, drei einen Prozeß. Die Heirat wie der Prozeß werden glücklich ausfallen oder unglücklich verlaufen, je nach der Richtung, welche die Vögel einschlagen, wenn sie sich erheben. In Belgien bedeutet eine Elster Verdruß, zwei Glück, drei eine Heirat und vier sagen eine Taufe voraus. In Dinan heißt es: „Eine Elster gute Elster, zwei Elstern Unglückselstern!" In Mayenne lautet die Redensart: „Eine Elster schlimm, zwei Elstern schlimmer, drei Elstern Unglück." Trifft man auf dem Weg drei Elstern, bedeutet es Glück, wenn alle drei miteinander wegfliegen. Erhebt sich aber nur eine um die andere, ist es ein schlechtes Vorzeichen. In Chambon bedeutet einer Elster zu begegnen Glück, zwei verkünden Unglück, drei weissagen einen Todesfall in der Familie (108, LX). Nistet in der Haute Bretagne eine Elster im Obstgarten des Baunernhofs, auf dem heiratsfähige Töchter leben, bedeutet es, daß eine noch im selben Jahr Braut werden wird (113, III).

Fliegt eine Elster in Böhmen auf den Düngerhaufen beim Pferdestall, freuen sich die Leute, da der Vogel ihnen anzeigt, daß ihre Stuten Hengstfüllen gebären werden (35).

Französische Kinder achten auf ihrem Schulweg auf die Elstern. Sehen sie zuerst die weißen Partien der Vögel, sagen sie, sie werden zur rechten Zeit in der Schule sein. Zu spät aber werden sie kommen, wenn sie die schwarzen Partien der Vögel zuerst sehen (108, IX).

Den Deutschen galt früher die Elster als der Vogel der Göttin Hel, weil sie wie diese schwarz und weiß ist. Schon aus diesem Grund verwandeln sich, so in der Umgebung von Sargans (44, II), Hexen gerne in Elstern (116) und benützen bei ihrem Ritt in der Walpurgisnacht neben Ofen- und Heugabeln auch Elsternschwänze (154). In Tirol sitzen die Hexen als Elstern auf den Gartenbäumen (154). Wenn neun Elstern beisammen sind, behauptet man im Lechtal, ist unfehlbar eine Hexe darunter (46, I). Der Kooperator Mulser in Lüsen, der im vorigen Jahrhundert lebte, hatte die Gewalt, die bösen Hexenwetter zu vertreiben, und zudem war er ein Meister über die Hexen. Deswegen waren sie aber auch überall hinter ihm her und verfolgten ihn unter allerlei Gestalten, unter anderem auch als Elstern (42).

Man dichtete diesem Vogel seines kreischenden, den Menschen ärgernden Geschreies wegen unnatürliche Kräfte an. Er sollte verhext oder eine

umgewandelte Hexe sein und deshalb hütete man sich wohl, einem Aegerst nachzustellen, da in diesem Falle zu Hause gewiß ein Unglück geschehen müsse (87, I). Das Nest der Elster zu zerstören oder auf sie zu
schießen gilt als frevliche Herausforderung des Schicksals (154) und
gilt in Frankreich dann, wenn noch Junge im Nest sind, allgemein als Unglück bringend (108, IX). In der Haute Bretagne verflucht die Elster jenen, der ihre Eier ausnimmt. Eine Folge dieses Fluches ist, daß entweder
in dem Hause, wo der Schuldige wohnt, jemand krank wird oder ein
Stück Vieh im Stall umsteht (113, III).

Will man, daß eine brütende Elster das Nest verlasse, schneide man in
den Baum, auf dem sie sich befindet, ein Kreuz: das Symbol des Christentums (154).

Dem Ritt der Hexen auf Elsternschwänzen liegt das Verbot zu Grunde,
keine Elstern zu schießen, weil dies sonst Unglück nach sich zieht. Nur in
den 12 Nächten, da allen Wesen eine Heiligkeit innewohnt und keine He-
xenritte stattfinden, darf man die Elstern schießen (149, II). Auf Elstern
zu schießen ist auch deshalb ein gefährliches Unternehmen, weil sie verwandelte Hexen sein sollen. In der Nordschweiz geht der Schuß unfehlbar auf den Schützen zurück (46, I), in Tirol wird eine Kuh eingehen (141,
VIII), und in Brandenburg bringt es überhaupt Unglück (46, I).

Will man im Kanton Bern eine Elster schießen, muß man darauf achten, daß sie nicht in den Gewehrlauf sehen kann, sonst zerspringt dieser
(110). In Horgen darf man nach einer fliegenden Elster nur schießen,
wenn man etwas Brot unter das Pulver mischte. Unterläßt man es, zerspringt die Flinte und der Schuß geht auf den Schützen zurück (44, II).

Ein Berner Bauer hatte verschiedene Male vergebens auf Elstern geschossen, die in seine Hofstatt kamen. Erst als ein anderer, der Leute und
Vieh kurierte, die Flinte lud, traf er einen der Vögel. Als er aber damit
heimkam, fand er seine Großmutter in einer Blutlache auf dem Stubenbo-
den liegend (44, XXV). Als einst jemand einer Elster ein Bein abgeschos-
sen hatte, erzählt eine alte Hexengeschichte, fand er zu Hause seine Frau
hinter dem Ofen sitzend, sie hatte ein Bein ab (44, II). Einst schoß jemand
in Graubünden auf einen solchen Hexenvogel, da fiel eine halbe weibliche Brust herab (46, I). Eine Elster zu töten ist nur dann keine Sünde,
wenn man ihrer zur Heilung von Krankheiten bedarf.

In der alten „Materia Medica" spukt die Elster vielfach. Die Anzahl
der Medikamente, die sie in früheren Zeiten der Volksmedizin lieferte, ist
riesig groß. Die „Heilerfolge" sind für uns heute außerordentlich rätselhaft, und die Anwendung verursacht uns ein nicht gelindes Gruseln. So
leistete angeblich gebrannte Elster, unter anderem bei Augenkrankheiten,
vortreffliche Dienste. Dieses Mittel ist beim Volk auch heute noch bekannt. Zu Pulver gestoßene und geröstete Elster gilt als unfehlbares Mit-

tel gegen die Fallsucht und wird als sogenanntes „Diakonissenpulver"
noch heute unter der Hand empfohlen (46, II).

„Disen vogel isset man nit: allein die jungen aus dem näst genommen,
werdend etwan von armen zur speyss gebraucht: wo sy aber nit auffgezo-
gen, werdend sy schwarlich vertouwt. Dise stäts geässen, meerend das gesicht. Jr fleisch ist gar unässig, hitzig und etwas zart. Disen vogel läbendig
zerschnitte, legt man auff die krancken gleich. Der gebraten oder gesotten
geässen, ist den krancken seer dienstlich, fürauss denen so verzauberet
sind. Das wasser von den jungen, gestillieret, scherpfft unnd sterckt das
böse gesicht" (30).

„Nim eine oder zwo Atzlen, und leg dieselbig also gantz in ein verglase-
ürten hafen, der wol beschlossen, und mit lätt verstrichen seye: die derr
wol in einem ofen, und dass sy leychtlich mög gepulfferet werde aber
doch nit zuo hart werde. Dises pulffer sol man in die augen thun, oder ein
augenpflästerle darauss machen, und das für sich selbs brauchen. Dann
dises ist die eigenschafft der Atzlen, dass sy genützt wirt, so ist sy dem-
noch dem gesicht dienstlich, als Cordonius schreybt" (30).

„Die Atzel in eine hafen von versigleter erden zuo pulffer gebrennt,
und etwa mit eyngegebe, ist für die übersinnige, onmachten un melancholey so von kelte kommend, seer dienstlich: heilet auch den kräbbs an des
manns ruten, mit laugen gewäschen. Disen vogel soll man aufziehen, und
in weysswn wein gar eynsieden, also dz sich das fleisch ab den beinen
schelle. Demnach soll man es mit sampt der brüyen zerknitsche, und drey
tag an die sonn stellen: und so es not ist, sol man dises mit eine reine
tuchlin auf die augen legen: dann also nimpt es die reüche, tünckle, röte
und allen anderen schmertzen. Seyne eyer trocken zerriben, und in die augen gethon, nemmend die fläcken darinn, sagt Rasis" (30).

„Die gall von disem vogel, ist denen guot so im schnee wandlend, die-
selbis in die augen getroufft" (30).

„Vor das vorgifft (Vergicht). Nim Junge Elstern, die erst vom Nest
seindt unnd lass sie auff die Erde nichtt kommen, hackke sie mit den federn unnd allem von einander, lass sie ausbrenen. Trinck drey oder vire
Tropffen wan du es hast, oder wan es dich ankommen, den es, ist fast
köstlich unnd bewerdt" (51).

Ein altes Arzneibuch weiß: „Eine gute arzeney fur den Schlag unnd fallenden Siechtag. Nim eine lebendige Allster unnd reiss die mitten vonein-
and unnd thue es dann mit federen unnd allem in den Helm unnd brenne
wasser davon unnd setz in darnach tage in die Sonne. Das ist auch gut zu
der schwerenn kranckheitt zum schlag unnd allerlei kranckheitt" (51).

Aus Mecklenburg erfährt man: Eine Elster bringe man so, wie sie ist, in
einen Topf, binde diesen gut zu und lasse sie drei Stunden kochen. Trinkt
man die Brühe, habe man darin ein Mittel gegen die Wassersucht. Eine

geschossene Elster soll man mit Haut und Haaren kochen, in die Brühe etwas *Rhamnus frangula* L. hinein tun und dies dem Kranken eingeben. So verschwindet die Gicht" (6, II).

Bei hartnäckiger Verstopfung rühmt man in Oldenberg geröstete oder eingemachte Leber eines Fuchses oder der Elster (29). In der Côtes du Nord teilt man eine Elster in vier Teile, legt davon zwei Stücke warm auf die Lenden und die Fußsohlen und glaubt damit ein gutes Mittel gegen Fieber zu haben (113, III). Ißt man in Ineuil den Kopf einer Elster, wird man nie genesen, wenn man von einem tollen Hund gebissen wird (108, IX).

In Posen soll man in den „Zwölften", den Lostagen, geschossene Elstern mit Lehm umwickeln und in einen Backofen schieben, so man sie völlig dörren läßt; dann soll man den Lehm wieder entfernen und die ganze Elster zu Pulver reiben. Dies eingenommen, hilft gegen allerlei Krankheiten (58). Gegen Fallsucht hilft in Sprottau das Gehirn von Elstern, die in den 12 heiligen Nächten geschossen wurden (24, II). Ißt man aber in der Bretagne ein Elsternhirn, wird man sicher zu einem Idioten (108, IX).

In ganz Niederdeutschland sind Elstern, in den Nächten der 12 Lostage geschossen und zu Pulver gebrannt, ein vorzügliches Fiebermittel (154). Liebe meint, daß die früher in Thüringen sehr häufigen Elstern wegen ihrer Verwendung als Heilmittel stark vermindert worden seien.

Wer in Münster im unteren Inntal eine Suppe gegessen hat, in der eine Elster gesotten wurde, wird irre. Mit dieser Suppe aber heilte ein Dorfpastor bei Dresden die Epilepsie (46, I). Im Elsternnest findet man nach französischem Glauben einen kleinen Stein, der gegen Augenkrankheiten gute Dienste leistet (108, IX). Wer in Waldmünchen, ohne zu suchen, vor Walpurgi ein Elsternnest mit drei Eiern darin findet und drei Tage nacheinander nüchtern ein Ei trinkt, ist gegen Podagra gefeit (122, II).

Wenn man vor Sonnenaufgang auf einem Zaunpfahl eine Elster sich niedersetzen sieht, macht man in der „drei höchsten Namen" über seinem Hühnerauge ein Kreuz, dann verschwindet es (80). „Zigi Agerst, i ha drei Auge und du grad zwä", spricht man in Appenzell, während man ein Kreuz auf die Stelle zeichnet, auf der kurz zuvor die Elster gesessen hat. Dies vertreibt Hühneraugen (106). Wer im Zürcher Oberland Warzen hat, mache mit Kreide auf einen Pfahl, darauf gerade eine Elster gesessen hat, ein Kreuz, dann vergehen sie (44, II).

Wenn eine Kuh rote Milch gibt, nimmt man diese im Emmental und schüttet sie durch einen Ring ab. Wenn die Elstern kommen und sie fressen, dann bessert es (44, XV).

Mit dem Glauben an die dämonische Natur der Elster hängt auch der Brauch zusammen, sie nach Art der Kreuzigung mit ausgebreiteten Flü-

geln an die Stalltüre zu nageln. Das gekreuzigte Hexentier soll Zauber
vom Hof abhalten und Gespenster abschrecken, indem es ihnen kundtut,
wie unsanft der Hofbesitzer mit derlei Gelichter verfährt. Eine im März
geschossene Elster in Tirol (154) und in Oldenburg (131, I) einfach in den
Stall gehängt, in Belgien an der Stalldecke aufgehängt (108, IX) und in
Thüringen (143) an die innere Seite der Stalltüre genagelt, schützt das
Vieh vor Fliegen. Um diese Wirkung gegen Ungeziefer Wirklichkeit werden zu lassen, muß der Vogel aber in der Gegend von Erfurt am Karfreitag geschossen werden (143). Damit ansteckende Krankheiten vom Vieh
fernbleiben, muß man im Thüringischen eine im Mai geschossene Elster
in den Stall hängen (141, X).

Auch in Frankreich ist es üblich, daß man aus verschiedenen Gründen
in oder am Hause Vogelleichen aufbewahrt. So hängt man in Lothringen
eine Elster an einen Balken in der Scheune, um Ratten und Mäuse zu vertreiben. In der Haute-Bretagne vertreibt eine tote Elster Ungeziefer vom
Kornboden oder Speicher, wenn man sie gegen Ende des Monats August
geschossen hat (113, III).

Eine Elster nagelt man über die Türe, wenn man sich in Schlesien vor
Hexen schützen will (24, II). In Zwickau hat der Vogel in dieser Hinsicht
die beste Wirkung, wenn er am Walpurgisabend geschossen wurde (50).

Weil am Abend vor dem 1. Mai die Hexen auf Elsternschwänzen nach
dem Bocksberg reiten, sieht man in Güssefeld am 1. Mai keine Elstern,
denn sie sind dann noch nicht zurück (65). In Frankreich muß man an
Ostern neunerlei Kleider tragen, sonst werden einen die Elstern mit ihrem
Kot beschmutzen. In Belgien muß man neue Schuhe tragen, sonst werden
einem die Vögel ihren Kot auf den Kopf fallen lassen (108, IX). Am Tage
Saint-Guillaume (30. Juli) fliegen die Elstern nach französischem Glauben verkehrt (108, IX).

In der Bretagne sollen sie sich am Mathiastag (24. Februar) paaren und
am Karfreitag ihr Nest machen (108, II). Nach einer anderen Version beginnen die Vögel am Aschermittwoch mit dem Nisten und machen dann
sechs Nester, aber erst das siebente bauen sie zu Ende. Weiter sagt der
Franzose: „Les pies font la cour en carême et se marient à pâque."

In der Normandie sagt man:

> „Al la micarême
> Les pies sont au quêne;
> A la pâques-fleurie,
> L'œuf est sous la pie;
> A Rogations
> Les pitiaux s'en vont" (108, IX).

Nach dem Volksglauben soll gewöhnlich um die Zeit des Mathiastages eine durchgreifende Wetteränderung eintreten, daher sagt die Zürcherische Bauernregel: „Mathis bricht s'is, het er keis so macht er eis." In einer erstaunlich großen Zahl von Fällen trifft es nun tatsächlich zu, daß des Winters Macht um diese Zeit bricht und Frühlingsahnen anhebt. Auf diese Tatsache stützt sich in Frankreich auch der Glaube von der Paarung der Elstern an Mathias. Denn Elstern und auch Amseln drängt es schon im zeitigen Frühjahr zur Brut. So verkündet der Gesang oder das Geschwätz der Elstern in Frankreich das Ende des Winters (100, IX).

Ganz im Sinne der Zürcher Bauernregel lautet auch eine mecklenburgische Wetterregel:

> „Wenn sich die Elstern zanken,
> so brechen die eisigen Schranken" (6, II).

Auf Regen deutete es schon im 17. Jahrhundert, wenn die Elstern ungewöhnlich kirrten (96), und Regen steht heute noch bevor, wenn sich die Vögel zanken und streiten. Wind aber ist zu erwarten, wenn sie sich einem nähern und auffällig schwatzen (13, III). Rechts eine Elster zu sehen bedeutet gutes, sie aber links gewahr zu werden, schlechtes Wetter (108, IX). Mit der Art, wie sie ihr Nest anlegt, ist sie in Frankreich maßgebend für den Witterungscharakter des ganzen Jahres. Nisten die Elstern tief, weissagen sie einen gewitterhaften und stürmischen Sommer. Nisten sie aber hoch in den Wipfeln der Bäume, wird das Wetter im allgemeinen einen ruhigen Verlauf nehmen (108, II). Putzen Elstern ihr Gefieder, zeigen sie damit bei den Siebenbürger Sachsen eine Änderung des Wetters an (147).

Eine französische Sage berichtet, daß die Elster einst mit einem goldenen Federbusch, ihrem in Farben strahlenden Gefieder und dem Schwanz, länger und schöner als dem des Pfaues, der schönste Vogel war. Als aber Christus am Kreuz schmachtete, kamen Elstern, die, den sterbenden Erlöser verspottend, sich auf ihn setzten und lachten und schäkerten. Zur Strafe für diese ihrem Kleid angetane Unwürdigkeit verwandelte der Herr dieses in das heutige, und auch der herrliche Gesang wurde zu einem heiseren Gekrächze. „Weiche von mir, du bösartiger Vogel, du sollst fortan ein Verwünschter und Vorbote von Trauer und Unglück sein, auch wird fürderhin der Regen des Himmels auf Dein Nest strömen", sprach Jesus (108, II). Eingedenk dieser Sage drücken in Frankreich die Knaben gefangenen Elstern einen Dorn in den Kopf. In Oldenburg kann die Elster wegen ihres damaligen Schäkerns kein Ei legen, ehe sie sich neunmal an einem Ast aufgehangen hat (154).

Da die Elster nach englischer Legende bei der Kreuzigung Christi nicht tiefe Trauer anlegte wie die andere Vögel, muß sie zur Strafe dafür, ehe sie ein Ei legen kann, sich neunmal an einem Zweig herabhängen (22, II).

Eine Sage aus der Saintogne weiß: Jesus setzte sich einst im Wald auf den Rasen, um sich nach einem langen Weg im Schatten auszuruhen. Den Weg war er gegangen, um den Juden zu entrinnen, die ihn töten wollten. Da kamen die Elstern des Waldes und stachen eine Menge Dornen in die unbekleideten Füße und das entblößte Haupt des Heilandes. Die mitleidige Schwalbe aber machte sich daran, die Dornen zu entfernen. Da sprach der Herr: „Du Elster, wirst dein Nest in den höchsten Gipfeln der Bäume bauen und von allen verachtet werden, aber du freundliche Schwalbe, wirst deine Brut sicher vor Gefahren aufziehen, und die Menschen werden dich lieben" (22, II).

Eine Sage aus der Ville-et-Villaine erzählt, daß der Heiland, als er davon erfahren hatte, sein Tod sei von den Juden beschlossen, in ein Krautfeld ging und betete. Als ihn seine Feinde suchten, schrie eine Elster, die auf einem Baum saß, aus Leibeskräften: „Im Kraut ist er!" Ein Rabe aber krächzte entrüstet: „'s ist nicht wahr!" Als Jesus sein Gebet beendet hatte, wandte er sich zu seinen Henkern und ließ sich fesseln. Zum Lohn verhieß er dem Raben, daß seine Brut immer vor Regen geschützt sein solle; das Nest der Elster aber solle fortan das allerschlechteste sein (108, II).

Während nach einer französischen und wallonischen Legende das Rotkehlchen die Wunde an Jesu Seite zu schließen suchte, schwatzte die Elster: rac, rac, rac, denn sie sah voraus, daß es nichts helfen würde. Seitdem kann sie nun weiter nichts sagen und ist ein verwünschter Vogel, und ihr zu begegnen bringt Unglück. Ihr glänzender Schmuck ist stumpf und gemein geworden, und ihr ist verboten, ihr Nest unter dem Laub zu bauen, da sie die Gabe wohlzutun verloren hat. So bleibt sie nun allen vier Winden ausgesetzt und wird vom geringsten Regen durchnäßt (22, II).

Als sich Saint Gildas auf die Steine niederließ und sich mit Baumzweigen zudeckte, sammelten sich die Elstern um ihn und schrien: „Gib acht, gib acht" und entrissen sie ihm. Schließlich verfluchte sie der Heilige, daß sie immerdar ihr Nest zudecken müßten und doch den Regen nie daran hindern könnten, ihre Eier einzuweichen (22, II).

Als der hl. Adalbert sich vor seinen Verfolgern in einem Reisighaufen versteckte, kamen Elstern und verrieten seinen Zufluchtsort. Der Heilige wurde ermordet. Vor seinem Tod aber verfluchte er die Elstern, daß sie in das Land, wo er verfolgt und erschlagen wurde, nicht kommen sollten. So soll es nun in einigen Ländern, wie man in Galizien glaubt, keine Elstern geben (22, II).

Die heilige Oda wurde durch das beständige Geschrei der Elstern, die sich im Walde von Weert aufhielten, in ihrer Andacht gestört, und deshalb bat sie den Herrn, die Vermehrung dieser Vögel zu verhüten. Seitdem sieht man dort keine Elstern mehr (22, III). In Riga und fünf Werst weit in der Umgebung soll man keine Elstern mehr sehen, und zwar deshalb, weil einst Kaiser Peter bei der Einnahme von Riga eine Elster, die ihn, als er sich unter Kehricht als Spion aus der Stadt fahren ließ, durch ihr Geschwätz beinahe verraten hätte (22, III).

Nach einer Sage aus der Zentralheide waren auch die Elstern einst rabenschwarz. Nun kamen sie einst zu einem Begräbnis zusammen und folgten in endlosen Zügen dem Leichenwagen. In ruhiger und gemessener Würde schritten Raben und Krähen daher, vor ihnen die beweglichen Elstern. Ihr hüpfender und springender Gang bereitete den ernsten Raben großes Ärgernis. Als alle ihre Ermahnungen nichts halfen, fielen sie über die Elstern her und zerfetzten ihnen mit scharfen Schnabelhieben die schwarzen Trauergewänder, so daß die weißen Unterkleider zum Vorschein kamen, die man an ihnen bis auf den heutigen Tag sieht. Seither herrscht bittere Feindschaft zwischen den beiden Vogelarten, und wo die Elstern eine Krähe erblicken, suchen sie eilends und unter heftigem Schelten den erlittenen Schimpf zu rächen. Bezugnehmend auf diese Feindschaft, wird die Elster in der Heide „Kraichhicker", d. h. Krähenstößer genannt.

Einst badete der Teufel mit dem Erzengel Michael, den Gott auf die Erde gesandt hatte, um dem Teufel wieder die Sonne, die dieser, als er von Gott abfiel, mit sich genommen hatte, zu entwenden. Beide kamen, als sie einige Zeit gebadet hatten, überein zu tauchen. Der Erzengel Michael tauchte unter bis zum Grunde und brachte mit den Zähnen Meeressand herauf. Als nun die Reihe an den Teufel kam, spuckte er, nichts Gutes ahnend, aus und schuf aus seinem Speichel die Elster, die ihm die Sonne während seiner Abwesenheit bewachen sollte (22, I).

Auch nach einer russischen Sage ist die Elster vom Teufel geschaffen und dient ihm als Roß. Deshalb hängt man eine Elster im Stall auf, damit sie die Pferde vor dem Teufel schütze (22, I). Nach einer lettischen Sage aber entstanden die beiden ersten Elstern aus einer bösen Stiefmutter und ihrer Tochter, die zur Strafe in Gestalt dieser Vögel weiterleben müssen (22, III). Als einst die Elster den betrogenen Teufel auslachte, warf er einen Meißel nach ihr, der ihr im Hinterteil haften blieb, die Scheide nach außen, den Stiel nach innen (22, I).

Nach einer rumänischen Sage erregte die Elster einst bei einem Hochzeitsschmaus des Kaisers der Vögel den Unwillen des Kochs, der einen Löffel nach ihr warf. Der Teil, mit dem man schöpft, blieb an den Schultern hängen, der Stiel aber verwandelte sich in einen Schwanz, denn bis dahin hatte die Elster keinen (22, III). Eine Sage aus Mecklenburg weiß: Früher hatte die Elster nicht ein solch buntes Kleid. Da kam sie mit der Taube überein, wenn sie jene ein Nest bauen lehre, müsse sie ihr zum Lohn ihr buntes Kleid abtreten. Schon als die ersten Zweiglein hingelegt

waren, sagte die Taube: „Nu kann ’k ’t all.“ Als vereinbarten Lohn gab sie
der Elster ihren bunten Rock. Noch heute jammert sie aber wegen ihres
bunten Rockes: „Uf wuf, mien bunte rock“ (151, II).

Als die Vögel beschlossen, derjenige solle König werden, der das
schönste Kleid trug, ging die Elster zum Kiebitz und ließ sich mit den
schönsten, von anderen Vögeln abgelegten Federn schmücken. Schon
wollte man sie zum König wählen, als ein Papagei Einspruch erhob und
sich anheischig machte, den von ihm vermuteten Betrug der Elster aufzu-
decken. Am nächsten Tag hielt der Papagei eine lange Rede, während der
die Sonnenhitze bewirkte, daß die mit Wachs angeklebten Federn der Elster abfielen. Sie wurde verurteilt, keine Stadt mehr betreten zu dürfen
und für ewige Zeiten in schwarz-weißem Gewand auf dem Lande umherfliegen zu müssen. Der mitschuldige Kiebitz wurde ins feuchte Ried verwiesen, wo er in Trauerkleidern auf ewig seine Schuld beweinen und mit
kläglicher Stimme Tag und Nacht seufzen soll: „Wehe mir, wehe mir“
(22, IV).

Eine betrügerische und freche Kellermeisterin eines großen Gasthauses
wurde wegen eines schlechten Lebenswandels nach rumänischem Glauben in eine Elster verwandelt. Erinnernd an ihre frühere Stellung, kündet
sie nun heute noch durch ihr Geschrei Gäste an (22, III).

Nach schwedischem Glauben mausern sich die Elstern im Sommer und
werden dann kahl am Hals. Darum sagen die Leute, sie seien auf dem
Blakulli, welcher die gleiche Bedeutung wie der Bocksberg hat, gewesen
und hätten dem Teufel geholfen, sein Heu hereinzubekommen, wobei ihnen aber das Joch die Federn abgerieben habe (22, I).

Eine Sage aus Wil im Kanton St. Gallen berichtet, daß es im Wald ob
der Langensteig früher nicht recht geheuer gewesen sei. Fuhrleute, die in
später Nacht dort vorbeikamen, hörten in unmittelbarer Nähe der Straße
die „Aegersten“ heftig rätschen. Die Pferde standen dann bockstill und
waren nur mit äußerster Mühe von der Stelle zu bewegen. Das Gerätsch
ließ sich aber nur in den „heiligen Zeiten“ vernehmen (44, XII).

Als Wahrsage-Vogel soll die Elster einst die Gabe der Sprache gehabt
haben. Als Ezelin gegen die Peltriner zog, soll ihm eine auf seine Schultern sich setzende Elster angezeigt haben, daß sich das Volk in seinen
Willen fügen werde. Als er sich den Mauern näherte, kamen wirklich Ge-
sandte der Stadt und erklärten sich mit allen Bedingungen einverstanden
(45).

Die Elster, halb Nacht, halb Licht, bedeutet die gegenwärtige, vom Gegensatz getragene Weltperiode. Wird einst die Elster völlig weiß, so ist
das Böse und Nächtliche in der Welt überwunden, und dann hört auch
der bisherige Zeitwechsel auf, und es beginnt eine neue Weltperiode ohne
Nacht im ewigen Licht (86).

In Teilen der Schweiz (125, I) und auch in Frankreich nennt man die Hühneraugen Elsternaugen (108, IX). Im Kanton Freiburg (108, II) und auch in Frankreich (108, IX) vergleicht man sie mit einem Elsternnest. In den Kantonen Glarus, Luzern und Zürich nennt man die Vielblütige Weißwurz, *Polygonatum multiflorum* (L) All., deren mit den Narben der abgestorbenen Triebe bedeckte Wurzel Ähnlichkeit mit einer Zehe voller Hühneraugen hat und daher auch als Mittel gegen diese gebraucht wird, Aegerstenwurzenkraut, Aegerstentape oder Kräjenaug (125, I). Das Wiesenschaumkraut, *Cardamine pratensis* L., nennt man in Frankreich, dort wo es auf den Wiesen große mauvefarbige Flecken bildet, Elsterndreck (108, IX). Den lückenhaft auf den Wiesen liegenden Märzenschnee vergleicht der Franzose mit dem fleckigen Gefieder der Elster und bezeichnet ihn deshalb als Elsternschnee (108, IX). An die Zweifarbigkeit der Elster einnernd, nannte man früher scherzweise Staatsangestellte, deren Mantel sich durch ihre geteilte Färbung von den schlichten Röcken gewöhnlicher Sterblicher unterschieden, Elstern. Die Benennung mag aber auch insoweit doppelsinnig sein, als das Erscheinen eines Weibels mit dem Landvogt etwas Unangenehmes zur Folge hatte, wie es der Aberglaube von der doppelfarbigen Elster lehrt. „Wiss und schwarzi Aegesta" wurden die Basler Stadtknechte genannt. Der Zürcherische Amtsweibel trägt einen weiß-blauen Mantel, und daher sagt etwa ein hartnäckiger Prozeßgegner, der einen Augenschein verlangt: "D'Aegerst mueß mer uf de Platz" (125, I). Wegen des fleckigen Gefieders der Elster sagt man in Frankreich von einem, der besonders in religiösen Ansichten wankelmütig, d.h. heute katholisch, morgen aber protestantisch ist: „Er hat alle Flecken wie die Elster" (108, IX).

Die Elster leidet an der wenig ehrbaren Krankheit, die man auf gut deutsch Dieberei nennt. Sie hat die Gewohnheit, alles was glänzt und blitzt, zu verschleppen und regelrechte Diebeslager anzulegen. Diese ihre „krankhafte Veranlagung" wird im Volksmund gerne als Vergleich gebraucht, für dieselbe oft unheilbare Krankheit eines Menschen, von dem man dann sagt: „Er stiehlt wie eine Elster", wofür der Franzose einfach „Elsternaugen haben" setzt (108, IX). Selbst in den täglichen Polizeirapporten erscheint sie gerne als die in der „N. N. festgenommene diebische Elster". Gubernatis (36) meint zwar, die Elster stehle Gold und Silber nicht, weil sie Metall liebe, sondern weil sie alles Helle und Glänzende hasse.

In verschiedenen Gegenden in Frankreich kennt man die Legende von der Elster, die einen kostbaren Gegenstand stiehlt, wonach dann ein unschuldiger Dienstbote verdächtigt wird. So hatte einst auf die Behauptung hin, sie hätte einen silbernen Löffel gestohlen, im Elsaß das Gericht eine ehrbare Tochter dem Galgen überliefert. Später fand sich der Löffel, den

eine Elster verschleppt hatte. An dem Tag, an dem das unschuldig gerichtete Mädchen den Tod erlitt, regnet es nun alljährlich (113, III). Von einem durchtriebenen Lügner sagt der Franzose, er lüge „wie eine Elster".
Ohne Zweifel bezieht sich diese Redensart darauf, daß die Elster vorbedeutend ist, was sie mit ihrem Erscheinen aber verkündet, sehr oft nicht
eintrifft (108, II). Von jeher schenkte man der Elster kein allzu großes
Vertrauen. So heißt es in einem altdeutschen Lied:

> „Glaubet nicht, glaubet nicht, was die Elster spricht!
> Weiß zu schwätzen, weiß zu hetzen;
> Weiß die Leut' zu belügen, kann Vögel betrügen,
> Stiehlt Kette und Geld, taugt nichts auf der Welt" (45).

Das Schwätzen, Schreien und die Zudringlichkeit, mit der sie sogar in die
Nachtigallenhaine einzudringen pflegte, machte die Elster schon den Alten unangenehm, weshalb in Attika ein Vielschwätzer den Namen Elster
erhielt (54, II).

Mit der laut und zänkisch streitenden Elster vergleichend nennt der
Schaffhauser eine streitsüchtige Frauensperson: Strithetze (125, II). Aegersta wird auch eine schwatzhafte Frau genannt (125, I). In Frankreich
ist sie geschwätzig wie eine Elster oder hat sogar eine Elsternzunge (108,
IX). Da die Elster mit ihrem Geschrei, das sie stundenlang ertönen läßt,
nachgerade lästig wird, gebraucht der Italiener auch die Redewendung
„lästig wie eine Elster" (102). Wer lästig ist, der ist in Frankreich auch unverschämt und frech wie eine Elster (108, IX). Einfältige, dumme und
schwatzhafte Weiber bezeichnet der Franzose kurzweg als „bornierte Elstern" (108, IX). Anlehnend an den italienischen Namen gazza für die Elster, wird hier die Zeitung gazzetta genannt und damit als Schwätzerin
und Verräterin von Geheimnissen bezeichnet (36).

Die Griechen und Römer betrachteten die Elster als dem Bacchus heilig, weil sie in Verbindung mit dem ambrosischen Trank steht. Da nun die
Trunkenbolde stets geschwätzig sind, ist auch die Elster wegen ihrer Geschwätzigkeit berüchtigt (36). In diesem Sinne bedeutet dem Franzosen
noch heute „croqueter la pie" gut zechen und trinken können. Ein croque-la-pie ist ein guter Trinker (108. IX). Im Altfranzösischen verstand
man unter pion einen Betrunkenen, einen gottlosen Säufer, und im Argot
jener Zeit hieß eine Säuferin Gourde pie. Ja, man ging noch weiter, und
der Argot, der manch treffendes Wort prägte, bezeichnete eine Flasche roten Wein als Piboine (108, IX).

Aegerste heißt man in Luzern ein leichtfertiges Mädchen, und seine
Art, einnernd an die Worte „Der Apfel fällt nicht weit vom Stamm" mit
jener seiner Mutter verbindend, sagt man: „Die jung Aegerst lert's
Gumpe vu der alte" (125, I). Vergleichend mit der Elsternart, nennt man

in Frankreich eine Frau mit leichtem, wiegenden Gang oder auch ein kluges, lebhaftes Mädchen Saute-agache. Saute-agasse bedeutet aber auch
eine gezierte Frau, und wenn sie dazu einen gekünstelten und etwas hüpfenden Gang hat, geht sie wie eine Elster auf glühenden Kohlen (108,
IX). Der Elster darf man nie trauen, daher nennt man ein zweifelhaftes,
nicht Vertrauen erweckendes Subjekt Pigatt: eine verächtliche Tochter
wird zur Pigatte (108, IX).

Im Argot nennt man einen runden Hut Elsternnest. Wegen der Ähnlichkeit mit dem wirren Reisighäufchen, den ein Elsternnest darstellt, vergleicht man in Arrens auch die ungekämmten Haare, in Valecienne eine
schlecht genähte Stelle in einem Kleid mit einem Elsternnest (108, IX).

Alte Elstern sind mager, und wie schon im 16. Jahrhundert Gessner
wußte, schlecht zu genießen, daher sagt auch der Franzose: „Se desséher
comme une pie" (108, II). Mager sein wie eine Elster gebrauchte man
schon Anno 1625 (108, IX). Sehr mageren Käse nennt man Piyaweichen
und weißen Käse „fromage à la pie" (108, IX).

Zittern wie der Schwanz einer jungen Elster, wendet man auf einen besonders furchtsamen Menschen an (108, II). Der Umstand, daß die Elster
den Schwanz wippend bewegt, erklärt die französische Redensart: „Sich
brüsten wie eine Elster" (102). Wenn einst im älteren Englisch der Bischof
im Volksmund „Elster" genannt wurde, so verglich man dabei die
Schleppe des bischöflichen Talars mit dem langen Schwanz des Vogels.
Auch heute noch kennt der Italiener einen Rock mit Elsternschwanz
(102). Les frères agachies oder frères pies, waren einst ein geistlicher Orden, dessen Gewand, wie das Gefieder der Elster, weiß und schwarz war
(108, II).

Die Elster baut ihr Nest sehr hoch in den Bäumen, so daß es nur mit
besonderen Anstrengungen und recht schwer zu erreichen ist. Dieser Umstand prägte die Redensart: „Etre au nid de la pie", im Elsternnest angelangt sein. Wer in diesem Nest sitzt, der ist am Ziel, an der Spitze oder auf
der Höhe der Macht angelangt (108, IX). Die Elstern sind außerordentlich vorsichtige Tiere, denen nur sehr schwer beizukommen ist. Aus diesem Grund betrachtet man es als großes Glück, einen solchen Vogel gefangen zu haben. Etwas Seltenes und nicht Alltägliches, ein besonderes
Glück widerfährt einem Menschen, der eine Elster im Nest findet (102).

Elstern und Raben nehmen alle mögliche und unmögliche Nahrung zu
sich und verfügen allzeit über einen gesunden Appetit. Ein Kind, das
freudig alles ißt, was man ihm vorsetzt, glaubt der Franzose am besten mit
einer jungen Elster, agassat, vergleichen zu können (108, IX). „Den Aegerste chötte" braucht man im Kanton Bern für sich erbrechen (125, I).

Sprichwörtlich ist die Unverträglichkeit und auch die Geschwätzigkeit
der Elstern: „Zwei Elstern hausen nicht in einem Busch" und „Durch ihr

Geschwätz verrät die Elster ihr Nest" (10). Französische Sprichwörter sind: „Blanc comme foire de pie." „Il vit de paupières de pie" (108, II). Gut Ding will Weile haben oder nach und nach macht die Elster ihr Nest (108, IX).

Nach einer lettischen Sage beobachtete einst die Elster, als sie darauf ausging, einen Gesang zu lernen, auf einem Hof, wie ein Eber, von der Weide heimkehrend, in den Pferdestall zum Hengst stürmte. Dieser suchte mit zornigem Gewieher den Eindringling zu verscheuchen. Trotz der Hufschläge grunzte er freundlich: „urksch, urksch!" Aufmerksam geworden durch den Lärm, kommt der Bauer herbei; die Elster, die Klatschbase, fliegt ihm entgegen und will ihm den Vorfall melden. In der Eile aber verhaspelt sie sich und bringt nur ein Gemisch von der Sprache des Hengstes und des Ebers heraus, und dies ist nun ihr Gesang (22, III).

Die Elster macht sich lustig darüber, daß die Katze sie nicht erreichen kann. Sie fliegt so hoch hinauf, daß sie sich sicher weiß, und indem sie uf die Katze hinabschaut, ruft sie in Dänemark: „Kjik-op, kjik-op, hahaha!" (22, III).

Nach einer finnischen Erzählung hatte die Elster einst die Krähe zu einem Gastmahl in den Wald eingeladen, um dort im dunklen Dickicht Tannenmoos zu fressen. Der Krähe aber gefiel dies nicht, und sie sprach: „Oh weh, oh weh, liebe Elster, dein Gastmahl ist ja gar nichts wert. Da ist doch das meinige anders, wenn wir vor die Scheune des reichen Bauern fliegen. Aber freilich muß man sich dort beim Picken vorsehen." Da war die Elster bereit, mit ihr dorthin zu fliegen. Aber kaum waren sie angekommen, wurde die Krähe von einem Schuß getroffen. Die Elster aber lachte und schnatterte: „Mich hast du gewarnt und hast doch selber den Schaden." Da krächzte die Krähe in ihrer Todespein: „Ach, ach, ach!" So ist es heute noch. Die Elster lacht, und die Krähe ruft klagend „Ach, ach, ach!" (22, III). In der Bretagne sagt man, die Elster rufe: „Pik al lagard (crève-Lui l'œil), in den Pyrenäen ruft sie: „Garbe, garbe!" (Gerbes, gerbes) (108, IX).

Würger

Die im ganzen deutschen Sprachgebiet verbreiteten Namen Dorndreher, -reich, -greuel, -reiher, -dreckeler, -treiber (117), -treter (91, IV) für Vögel aus der Familie der Würger gehen zurück auf das althochdeutsche Dorndrâil. Der Ausdruck erklärt sich aus der Eigenart der Vögel, ihre Beute auf spitze Dornen aufzuspießen. Besonders auf mittel- und niederdeutschem Gebiet heimisch ist der Name Neunmörder oder Neuntöter, welcher der Volksvorstellung entsprungen ist, daß ein Würger an einem Tag neun Vögel töte. Heute kennt man im Elsaß auch die Varianten Nüntöter, Ülenmörder, Rimörder. Wegen ihres Geschreies werden sie vielfach als Häher oder Elstern bezeichnet, so im Elsaß Dornägerste, in Preußen Kaddigheister (Wacholderelster), in Oberösterreich Buschelster und bereits 1557 bei Gessner Waldhäher oder -herr (117). Gelegentlich werden die Würger aber auch mit Namen bezeichnet, die auf den dicken Kopf dieser Vögel Bezug nehmen, so Dickkopp in der Altmark, Dickschädel in der Steiermark. Besondere Namen finden sich regional auch für die verschiedenen Arten in der Familie der Würger, so heißt der **Rotkopfwürger** auch Krick-, Wald-, Steinelster, Finkenbeißer oder Finkenwürgvogel (91, IV).

Der **Rotrückenwürger** heißt in der Schweiz Hagspatz oder Haagägerst (132). Nach Naumann (91, IV): Würgengel, Dorndreher, -treter, -hacker, -stecher, -häher, Schäckerdickkopf, Käferfresser, Alsterweigl, Totengräul, Dorngral, -gansl, Finkenbeißer.

Der Raubwürger

Weil er durch Dreifarbigkeit und Flug der Elster gleicht, auch weil er in Dornen nistet und seine Beute an solche spießt, wird er im Kanton Zürich Dorn-, im Kanton Thurgau Hagägerste genannt (125, I). Der Vergleich besonders dieses Würgers mit einer Elster ist im ganzen deutschen Sprachgebiet verbreitet. So wird er zur Berg-, Busch-, Kriek-, Wild- und Strauchelster, französisch Agasse, Darnagasse, holländisch Klap-, Tuinekster, italienisch Gazza sparviera, Gazeula, Gazzina reale usw. Als einen gefährlichen Feind der Singvögel bezeichnen ihn die Namen Spatzenstecher, Finkenbeißer, Meisenkönig, holländisch Waldherr (91, IV).

Auf die Würger gehen nur die wenigen französischen Geschlechter der Chante-Egrijole, L'Ancruère und Aux aguesses zurück (108, X).

Wenn die Würger im Frühling zum ersten Mal singen, dann sind nach französischen Bauernregeln keine Fröste mehr zu erwarten (108, X). In Tartlen darf man keinen Neuntöter oder -mörder töten. Wer dieses Gebot nicht hält und den Vogel dennoch tötet, wird über die Zeit von neun Jahren stets vom Unglück verfolgt sein (37).

Sieht man in Antwerpen einen Würger fliegen, bedeutet es Glück. Zwei im Fluge zu sehen bedeutet eine baldige Heirat, drei zu sehen bringt aber Unglück. Sieht man in Namur Würger paarweise, bedeutet es Glück, sie einzeln zu sehen bringt Unglück (108, X).

Um die schlechte Luft zu vertreiben, hängen die Bauern in Polleus einen Würger in die Ställe (108, X).

Zu Pforzheim (33, III) und auch in Frankreich (22, II) glaubt man, es sei der Würger gewesen, der die Dornen herbeibrachte, mit denen Jesus gekrönt wurde. Das Ei des Würgers soll deshalb an seinem stumpfen Ende deutlich den Abdruck einer Krone zeigen (22, II). Wenn nun in Velocey die Kinder einen Würger fangen können, martern sie ihn bei lebendigem Leib mit Nägeln (108, X).

Dem Würger kommt die zweifelhafte Ehre zu, mit einem grausamen Tyrannen, einem tückischen (20), aber auch zänkischen (108, X) Menschen verglichen zu werden. Einen Würger heißt der Franzose ein zänkisches Weib. Von diesem sagt er, vergleichend mit dem Würger, der alle Vögel, die sein Nistrevier aufsuchen, vertreibt: „Sie hat es wie ein Würger", „Elle en rage sept fois par jour." Da der Würger, wo er erscheint, sich immer auf die höchste Spitze der Bäume setzt und von hier, nach menschlichen Begriffen, scheinbar frech Ausschau hält, wird er dem Franzosen auch zum Sinnbild der Unverschämtheit. Lachen wie ein Würger bedeutet unanständig und unverschämt zu lachen (108, X).

Pirole

Der Pirol

Das älteste Zeugnis für den Namen des Pirols findet man bei Konrad von Megenberg. „Wir haizen in ze däutsch Pruoder Piro." Das Straßburger Vogelbuch nennt die Variante Birolff im Elsaß. Gessner kennt die Namen Bierolff und Bruder Berolff aus Frankfurt a. M. Im Jahre 1552 erscheinen im Sächsischen die Formen Byrolt und Tyrolt. Zu diesen Namen in der älteren neuhochdeutschen Überlieferung gesellen sich aus den heutigen Mundarten Bierroller im Elsaß, Pirholer in Leipzig, Biereule in Dresden, Bierhahn, Bierhold, Bülau, Bülow, Herr von Bülow, Junker Bülow oder Schulz von Thierau in Preußen (117).

Wenn auch keine Zweifel erlaubt sind, diese ganze Namensreihe als lautmalend zu bezeichnen, ist Andreesen (4) doch der Ansicht, daß die Namen Bierhold und Bierholen, früher nur die fremde Benennung Pirol für Goldamsel verständlich machen sollten.

Naumann schreibt, indem er ebenfalls der Meinung ist, Bieresel und alle mit Bier in Zusammenhang gebrachte Namen des Vogels seien ono-matopoetischer Natur, die späte Ankunftszeit der Goldamsel die Veran-lassung zu diesen Bezeichnungen gegeben habe, da man in der Pfingstzeit auf dem Lande oft wahre Gelage abhalte, bei denen Bier die Hauptsache ist. Was nun dem Landmann an Pfingsten das Wichtigste ist, das Bier, das hört er im Gesang des Vogels (91, IV). In einigen Gegenden hat der Pirol den Namen Pfingstvogel erhalten, weil er erst spät im Frühling, um die Pfingstzeit, eintrifft (11). Seine Vorliebe für Kirschen gibt ihm die Be-zeichnungen Kirschdrossel, -pirol, -vogel, -dieb, und der griechische Tri-vialname Sykophagus, Feigenfresser deutet darauf hin, daß er sich in den wärmeren südeuropäischen Ländern die Feigen zur Lieblingsspeise er-wählt. Auf die Farbe des Vogels beziehen sich Olivenmerle, Chlorion, Goldamsel, -drossel, Gelbvogel und Gelbling (91, IV). In der Gegend von Grubenhagen kommt auch der Name Regenkatte, d. h. Regenkatze (117), im Anhaltischen Goißvogel (91, IV) vor, die den Pirol unter die vielen Re-gen verkündenden Vögel weisen.

Auf den Pirol beziehen sich die topographischen Namen: Les Oriots, Les Ourious, L'Oriolière, Les Loriots, La Lorioterie und die Namen der Geschlechter der D'Auriol, Auriol, Oriol, Oriolle, Montoriol, De Loriol, Lorieul, Lauriol, Auriel, Deslaurieux, Lorieux, Lorion, Louriou, Oriot und Loriloux (108, X).

In der Sauvage wird der Pirol zum Ankündiger der Feigenernte, da um die Zeit seines Eintreffens im Frühling die Feigen reif sind (108, II). Nach Aldrovandus soll in Deutschland kein Frost mehr zu erwarten sein, wenn der Pirol erschienen ist (45). „Wenn diser vogel zu uns kumpt, nämlich um den 10. tag aprellens, verhofft man es werde kein reyff mer fallen", schreibt Gessner 1557 (30). „So er singt wie ein Pfeyff verkündet er einen rägen. Item so er nach den heüseren flügt" (30). Wenn ein Pirol schreit, gibt es in drei Tagen Regen (58) oder zumindest schlechtes Wetter (24, II).

Das Nest eines Pirols zu zerstören bringt Unglück. Den Nester zerstörenden Kindern ruft der Pirol in Frankreich zu: „Tu déniges mon nid, tu seras pendu" (108, X). In Frankreich ist man der Ansicht, daß die Augen gewisser Vögel eine Art terapeutische Kraft besitzen. So sollte auch der Pirol durch Ansehen eines Kranken diesen von der Gelbsucht befreien (113, III).

Auch im Estland nennt man den Pirol wihma kass, d. h. Regenkatze. Dieser Vogel hat die Eigenart, nur dann zu rufen, wenn lange kein Regen fiel. Von ihm heißt es: Als Gott allen Tieren Befehl gab, Flüsse zu bauen, damit die Wasser sich verlaufen, machten sich alle an die Arbeit, außer der Pirol. Auf die Frage, warum er nicht arbeite, gab er zur Antwort, er fürchte, dabei seine schönen Federn zu beschmutzen. Zur Strafe verfluchte ihn Gott, er solle nun auch nicht teilhaben am Nutzen der Arbeit anderer, und nur die Feuchtigkeit auf den Blättern der Bäume solle seine Zunge laben. Wenn nun Regen oder Tau fällt, ruft er nicht. Sind aber heiße Tage und stürmische Nächte, so daß kein Tau sich bilden kann, hört man ihn klagen: wibu, wibu wibu (Wasser), denn darum bittet er (22, III).

Eine rumänische Sage weiß, daß einmal eine Türkenbande einem Popen alle seine Habe entführte und seine Frau und seine Tochter in die Gefangenschaft schleppte. Als der Sohn heim kam und das Haus verwüstet fand, machte er sich, als Grieche verkleidet, auf die Suche nach den Seinen. Als er in seiner Verzweiflung vergebens zu Gott betete, verwandelte dieser ihn in einen Pirol, dessen Gewand noch heute an die griechische Tracht erinnert, ebenso der rote Seidenfaden, den er in sein Nest zu legen pflegt (22, III). Nach einer rumänischen Variante der Sage von der Verwandlung des Pirols ist er ein in diesen Vogel verwandeltes Mädchen mit dem Namen Florea (22, III). Nach einer dritten rumänischen Sage war der Pirol früher ein betrügerischer Jude, den Gott zur Strafe für seine Schandtaten in einen Pirol verwandelte. Er schreit daher noch heute in ungarischer Sprache: Solgobiro, solgobiro, d. h. Jude, Jude (22, III). Singen wie ein Kirschpirol bedeutet im Jura recht fröhlich singen (108, X).

Den Gesang des Vogels kleidet man in Mecklenburg in die Worte: Ich bin der Vogel Bülow, „Ik bün de vagel Bülow, kaam alle Johr in'n Frühjour, oewer nich to tidig" (151).

Nach einer Erzählung aus Nivernais ist der Pirol ein Ochsenhirte, der immer noch seine Ochsen zur Arbeit aufmuntert. Daher legt man im Vallée de la Mièvre dem Gesang die Worte unter:

> Papillo,
> Feuillot,
> Feuillot, (Ochsennamen)
> Allon'. arrivée …[1]

Im Lande zwischen Loire und Allier ruft er:

> Cadet,
> Feuillot,
> J'gard' bin les vaux[2]!

Zahlreich sind besnders in Frankreich die Übersetzungen des Gesanges des Pirols in menschliche Worte. Wir wollen hier aus der Fülle nur drei Beispiele folgen lassen. In Maine-et-Loire hört man:

> Je suis le compère Loriot
> qui mange les cerises et laisse les novaux[3].

oder

> Quand cerises sont en saison
> Je dis cofiteor Deo[4]

In der Umgebung von Pithiviers:

> Berlusiau, Berlusiau,
> Qui mange la cerise
> Et laisse le grimiau[5] (108, II).

---

[1] Papillo, Feuillot, laßt uns gehen und ankommen …
[2] Cadet, Feuillot, ich hüte gut die Ochsen!
[3] Ich bin der Gevatter Loriot, der die Kirschen frißt und die Kerne läßt.
[4] Wenn die Zeit der Kirschen gekommen ist, dann sage ich „Behüt Dich Gott".
[5] Berlusian, Berlusian, der die Kirschen frißt und die Steine läßt.

Meisen

Die Blaumeise

Die größere Reihe der Namen dieser Meise, nämlich Blaue Meise, Blaumüller, Blei- (92, II), Bla-, Blaw-, Bläumeise (117), Blauvögeli, Bläueli (132), italienisch Testa bleu und das luxemburgische Himmelmes (91, II) beziehen sich auf die blaue Färbung des Vogels. Nach der Nahrung, vorzüglich Hanf, den sie auf den Gehöften sucht, nennt man sie in Westfalen Hampmese, im Elsaß Kudermeis, von Kuder, Hanfabfall (117). Andernorts ist sie die Mehl- oder Käsemeise, und da sie den Bienen nachstellen soll, eine Bien- oder Pinelmeise (91, II). Der überaus zierliche Vogel heißt in Frankreich Damette (108, X), Religieuse, Annonciade, Dame, Fils de Dieu und sogar Dieu, Gott selbst (108, II). In Frankreich erzählt man sich: Als Jesus sich vor seinen Verfolgern versteckte, habe ihn eine Blaumeise verraten wollen und deshalb rief sie: „Il est sous le bois", „Il est sous le bois."[1] Der Zaunkönig, der Jesus retten wollte, schrie aus Leibeskräften: „Il est sous le sapin" (108, X)[2].

Den Ruf der Blaumeise übersetzt man in die Worte: „Sich dich für, sich dich für"; „Sich dich vor, sich dich vor, fall auch nicht in'n Dreck." Als einst ein Bursche in Wulkenzin ein Mädchen verführen wollte, sagte es zu ihm, ob er den Vogel nicht höre, der immer rufe: „Sich dich vor, sich dich vor." Vielfach legt die derbe Sprache des Landvolkes dem Gesang die Worte unter: „Schiet in't Heu, schiet in't Heu" (151, II). In Touraine singt die Blaumeise: „Huit ecus! huit ecus! Sept ecus! sept ecus!" In der Provence hört man die Worte: „Tété pus! Tété pus" (Je ne tette plus)! Hier traut sie auch dem Tauwetter nicht und ruft: „Fara fré, fara fré" (Il fera froid). In Belfort ruft sie: „Foutus gueux, foutus gueux"; in Guernsey: „Kikikü, kikikü" oder „Que de p'tits, que de p'tits." Wenn der Winter zu Ende geht und man das Feuer im Ofen nicht mehr braucht, meint sie: „Chie su l'feu, chie su l'feu" (108, X).

---

[1] Er ist unter dem Holz, er ist unter dem Holz!
[2] Er ist unter der Tanne.

Der Nusf. oder Eichen Heher. v. Holtzschreyer.
Pica Glandaria. Garrulus f. Graculus.
Le Geay.

13.

Der II.ten Hauptart I.te Abtheilung von den Maisen
I.te Platte
die Kohl=Maise, Parus major, Fringillago, Le Charbonniere

Sie

Er

die Tannen=Maise, oder Kleine Kohl=Maise,
Parus minor atris tractibus. la nonnette.

die Asch=Maise, Parus cinereus
vertice nigro,
la nonnette cendrée

F.

14

IIᵗᵉHauptartIIᵗᵉAbtheilung, IIᵗᵉPlatte,

die Blau=Maise, Parus: coeruleus, Mesange bleue,

die Hauben=Maise, Parus: crystatus, Mesange hupée,

die Langschwänzige Maise, Parus cauda longa, La lardere,

Der II.ten Hauptart III.te Abtheilung
II Platte

die Schwalbe innerhalb der Häuser
Hirundo rustica
Hirondelle de Campagne

die Ufer = oder Erd Schwalbe
Hirundo riparia
Hirondelle de rivage

Die Kohlmeise

Der Name Kohlmeise, den der Vogel seinem schwarzen Scheitel verdankt, begegnet einem als Kohlmeis zuerst im 15. Jahrhundert. In Niederösterreich wird heute die Kohlmeise Kohlmann, im nördlichen Böhmen Meisköhler, in Fankreich Charbonnier genannt (117). Ein synonymer Name, der ebenfalls mit Rücksicht auf den schwarzen Kopf des Vogels gebildet ist, ist Brantmeyse im Straßburger Vogelbuch, heute in Straßburg Brandele (117), andernorts Brand- oder Kollmeise (91, II), in der Ostschweiz Chöllerli (132). Auf das Äußere des Vogels bezieht sich auch der verbreitete Name Spiegelmeise, in der Schweiz Spiegeli (132). Wegen der gelben Unterseite heißt der Vogel in der Steiermark auch Gelbmeise (117).

Die Töne des allgemein bekannten Frühlingsrufes dieses Vogels werden je nach der Gegend in verschiedenen sprachlichen Variationen wiedergegeben. Im Nassauischen ruft sie „Schmiede das Sech, schmiede das Sech" und heißt daher Schmiedesech. Am Rhein nennt man die Kohlmeise Spitzeschar nach ihrem Ruf „Spitz die Schar, spitz die Schar". In der Altmarker Mundart werden die Schlagweisen des Vogels als: „Si di väör" (sieh für dich), „Düwelsdreck" oder „Schinkendew" verstanden, daher auch der Dialektname Schinkendew.

Gerade dieser Name weist auf die Vorliebe der Vögel für Fleisch und Speck hin. Bereits im Altnordischen begegnet einem als Bezeichnung der Meise der Name spiki, der aus spik, Speck abgeleitet ist. Im Schwedischen wird die Kohlmeise talgoxe, Talgochse, im Dänischen kijedmeis, Fleischmeise genannt. In Frankreich heißt sie von Lard, Speck, Lardière (117). Die schwarze Kopfplatte, die bei allen Vögeln, die eine solche aufweisen, Grund dazu ist, sie mit der Geistlichkeit zu vergleichen, gibt ihr in Frankreich den Namen Nonnette (108, X). Da die Meisen weit verbreitet und allgemein bekannt sind, ist es leicht erklärlich, daß sich eine ganze Reihe von topographischen Namen darauf beziehen, La Mésange, Les Mésanges, Les Mésinges, Les Massonges, Les Mésangeaux, La Musenguerre usw. Schon im Lateinischen gab es ein Masengevilla. Das heutige Mezangueville im Pays de Bray, das einstige lateinische Masengi des 11. Jahrhunderts im Departement de l'Oise, ist heute zum Mésanguy geworden (108, X).

Familiennamen der Gegenwart, die von der Meise stammen, sind: De Mérenges, Du Mellenger, Mesot, Mézerette, De Mésange, Mesanguy, Mazinque, Dezinge, Besanger, Marangé, Millanges, Lalargerie, Le Lardière, Lardier, Larderet, Larderiol, Lardreau, Lardin, Lardi, Lardanchet. Meize war Familienname im Jahre 1482 in Limoges, Bernardus de Mesencherlis oder de Mesenchis Anno 1348 ein solcher von Narbonnais (108, X).

Neben dieser langen Reihe französischer Namen steht bescheiden der deutsche Geschlechtsname Meise allein auf weiter Flur.

Meisen, die dem Franzosen Vögel von schlechter Vorbedeutung sind (108, X), verwendet man in den Ostkarpathen zur Zauberei. Hängt man hier ihre Füße an einen Baum, wird er keine Früchte mehr tragen. Verbrennt man das Herz einer Kohlmeise zu Asche und streut diese auf die Eier eines Vogels, werden keine Jungen ausschlüpfen (141, XVIII).

Bei Behandlungen von Krankheiten nach dem Grundsatz „Gleiches mit Gleichem" heißt es in Gessners Vogelbuch (30): „Etliche gebend der Meysen eben die krafft, und würkung zu, dz er namentlich die gälsucht, so er einen gesehen, an sich nemme, und der selbig deren ledig werde" (30).

Pickt im Winter eine Meise ans Fenster, gibt es nach dem Glauben der Esten strenge Kälte (14).

Als Gott die Welt erschaffen hatte, bestimmte er nach einer rumänischen Sage auch jedem Vogel seine Nahrung, der Kohlmeise Kürbiskerne. Diese freute sich, daß sie solch süße Speise essen sollte und dachte nicht an die Schwierigkeiten, die Kerne aus der harten Frucht herauszuholen. Als sie nun durch die Welt zog und an ein Kürbisfeld kam, wollte sie die Früchte sogleich mit ihrem Schnabel öffnen; aber alle ihre Bemühungen waren vergebens, denn die Kürbisse waren zu hart. Deshalb mußte sie ihren Hunger mit kleinen Fliegen stillen. So blieb es, bis Jesus Christus auf die Erde kam. Ihm klagte sie ihre Not und bat ihn, er möchte ihr doch ein Loch in die Kürbisse machen, damit sie die Kerne herausholen könne. Christus erfüllte ihre Bitte und machte in einen schönen großen Kürbis ein Loch, durch dieses schlüpfte die Meise alsbald hinein und fraß alle Kerne gierig auf. Seit dieser Zeit fliegt die Meise von einem Kürbis zum andern und sucht nach einem, der ein Loch hat; in den schlüpft sie hinein und stillt ihren Hunger. Da sie aber vergessen hatte, Christus zu bitten, zwei Löcher zu machen, eins zum Hineinschlüpfen und eines als Ausgang, wird sie oft von Kindern überrascht und so gefangen (22, III).

Als einst dem Bürgermeister von Kempten eine Meise fortgeflogen war, wurde sofort Befehl gegeben, alle Tore zu schließen, und die Bürger mußten alle Straßen und Häuser der Stadt durchsuchen, ob der Vogel zu finden sei. Wenn nun ein Kemptner einen Winkel durchsucht, sagt man noch heute, daß er Meisen fangen wolle (101, I).

Kleine, lebhafte Augen vergleicht man mit denen der Kohlmeise und sagt: „Er macht Oeigli wie ne Spiegelmeise" (118). Ein böses und boshaftes Auge nennt der Este, des scharfen, erfassenden Blickes wegen, Meisenauge (63).

Eine „höhere" Kinderstube.

Nach der Natur aufgenommen von Emil Schmidt.

Abb. 18: Immer wieder wird die Verbindung zwischen den Vögeln und dem Wetter dargestellt. Hier mit dem Nest einer Kohlmeise in einer Wetterfahne. Stich aus dem Ende des 19. Jahrhunderts.

Die niedliche, geschmeidige Kohlmeise, deren erste Tugend an Frechheit grenzende Neugier ist, vergleicht man mit einem Dirnchen und nennt daher in der Schweiz (20) ein solches Mädchen, von der Lebhaftigkeit des Vogels auf eine gewisse Liederlichkeit schließend, ein lockeres Weib, Meise. Merkwürdigerweise vergleicht der Franzose mit dem zierlichen Vogel auch eine schlanke und häßliche Weibsperson und nennt sie deshalb Mazinque (108, X).

Die Kohlmeise besitzt die Fähigkeit, die wie Silberglöcklein durch die ersten warmen Tage des werdenden Lenzes klingenden Töne ihrer Stimme vielfältig zu modulieren. So hat denn jedes Dorf, jedes Land seine eigenen Worte, mit denen es die fröhlichen Laute und oft sehr schönen Strophen dieses Frühlingsverkünders bezeichnet.

Fragend ruft der Vogel nach seinem Weibchen: „Wo bist, wo bist, wo bist?" Und lobt dieses auch: „Du bist lieb, Du bist lieb, Du bist lieb." Haben die Vögel im Frühjahr eine Höhle zum Bauen des Nestes gefunden, rufen sie den ganzen Tag: „Das ist mis, das ist mis, das ist mis" (98, I). Wenn die Spiegelmeise gebrütet hat, ruft sie den mit Puppen spielenden Mädchen zu: „Titi feil, Titi feil, Titi feil." Die Bräute mahnt sie: „Zit isch do, Zit isch do, Zit isch do." Die Hausmütter über der Arbeit erinnert sie: „Zit isch do, Mugge z'foh, Zit isch do, Mugge z'foh" (106). Am Zürichsee ruft sie stets: „Züri zue, Züri zue, Züri zue!" Rufen die Meisen: „Schistr'n Pelz, Schistr'n Pelz", dann glaubt der Landmann, des Winterpelzes nicht mehr zu bedürfen. Wenn sich aber die Leute getäuscht sehen, wenn abermals Frost eintritt und es sich bewahrheitet, daß eine Meise ebenso wenig wie eine Schwalbe den Frühling oder Sommer macht, dann sagen sie, der Vogel habe warnend gerufen: „Flick'n Pelz, flick'n Pelz" (91, II). Den Kurat, der mit der Wirtschafterin im Garten einen kleinen Spaziergang macht, höhnt die Meise: „Zie di zwee, Zie di zwee" (sieh die Zwei) (22, III). Im mährischen Kuhländchen aber ruft die Meise: „Du Dieb, du Dieb, Du Dieb" (90). Im Frühling ermahnt die Kohlmeise den Bauern zu pflügen: „Spitz' die Schar, spitz' die Schar, in Acker fahr" (150, I). Den Weinbauern schickt sie hinaus in den Rebberg, Pfähle zu setzen: „Stäke gon, Stäke gon." Wenn der Wald knospet, dann jubelt sie: „Tschutschi bäsch, tschutschi bäsch" (Schöner Wald). Tschutschi heißt in der Kindersprache hübsch, schön (37). Wenn die Meisen im Frühjahr aus dem Dorf wieder in die Felder und Wälder ziehen, rufen sie im Braunschweigischen hochmütig: „Ik schit in't dorp, ik schit in't dorp" (3).

Die Meise ist immer lebhaft, flink und fleißig, deshalb mahnt sie in der Mark: „Spinn dicke, spinn dicke, all dage drai stücke" (148). Im Frühjahr rufen die Vögel: „Schön, schön Froijahr." Auch zur Arbeit ermuntern sie die Bauern: „Snit Wicken, snit Wicken." Den Mann, dessen Ehe ohne den gewünschten Kindersegen bleibt, schilt sie verächtlich Stümperklot (141, X) oder Hümpeler (141, XIII).

Das Weibchen lockt sein Männchen: „Wiwiken, wiwiken, wiwiken." Andernorts hört man die Worte: „Scheperdüürt, scheperdüürt; Snid diester, snid diester." Dann wieder mahnt sie die Holzer: „Scharp sagen, scharp sagen", oder sie meint: „Flitig, flitig, flitig." Im Lenz singt sie in Wittenberg: „Tiet is her, tiet is her"; andernorts: „Jetzt ist's Zeit, jetzt ist's Zeit", oder: Schiet in't ei, schiet in't ei; Kiek in't nest, kiek in't nest"

(151). Den Menschen schimpft sie: „Schinkendeif, Schinkendeif." Die
jungen Mädchen mnahnt sie: „Sieh für dich, sieh für dich" (141, X). In
anderen Gegenden soll sie rufen: „Sitz ich doch, sitz ich doch" (91, II).
Im Oldenburgischen meint sie weise: „Werd Tit, werd Tit" (131, II). In
Frankreich ruft am Morgen der Vogel den Leuten zu: „Pries-tu Dieu?
Pries-tu Dieu?" Oder sie mahnt: „Prie Dieu, Prie Dieu." Tadelt eine Mutter ihre Kinder, meint sie: „Fouett' le p'tit, fouett' le p'tit." Einem Holzer,
dessen Säge rostig war und ihm daher die Arbeit erschwerte und nur sehr
langsam und mühevoll fortschreiten ließ, rief ein Trupp Meisen hoch vom
Baum herab zu: „Tu te tues, Tu te tues!" „Ja freilich töte ich mich fast bei
der Arbeit", erwiderte der Mann, „aber was soll ich machen?" Darauf gaben ihm die Vögel die richtige Antwort: „Lim' ta scie, lim' ta scie" (100,
VII). Dem Bauern in der Ille-et-Vilaine rufen sie zu „sème du line, sème
du line, sème du line"; dann auch wieder: „Il est étêté, il est étêté, il est
étêté" (100, VII). In der Solgogne hört man: „Que de petits, que de petits"
oder „fils de Dieu, fils de Dieu." Im Februar tönt ihr Liedchen:

> S'i, s'i tient, s'i, s'i tient
> Vends ton foin
> Ten éré l'ènaye que vient (108, II).

Beutelmeisen

Die Beutelmeise

In Italien, namentlich in der Gegend um Bologna, hängen die Bauern die Nester der Beutelmeise über die Türen der Häuser und Stallungen – zum Schutz gegen Blitzstrahl (73).

In Polen und Rußland gebraucht man die Nester als Heilmittel gegen Halsweh. Auch bedient man sich ihrer statt Filz in Schuhen und Stiefeln zur Warmhaltung der Füße (73).

Schwanzmeisen

Die Schwanzmeise

Wie der Haubenmeise der spitze Federbusch, so gab auch der Schwanzmeise ihr ungewöhnlich langer Schwanz den Namen. So nennt man sie heute Löffel-, Rührlöffelschwanz-, Stangenmeise, Teufelsbolzen oder Binderschlägel (91, II). In Gessners und auch im Straßburger Vogelbuch wird der Vogel Pfannenstiel genannt, ein Name, der heute noch neben Stilibirle und Chellestieli (132) in der Schweiz und im Elsaß gebräuchlich ist. Der Franzose nennt den zierlichen und eleganten Vogel dame oder demoiselle, dann auch wieder alumette (108, X) oder sehr prosaisch grand père (108, II).

Kommen im Herbst herumstreifende Schwanzmeisen in die Nähe der Häuser, schließt man im Kanton Zürich auf baldiges Unwetter oder Schneefälle.

Den Germanen galt die Erzfeindin der Raupen und Larven, die Schwanzmeise, als unverletzlich. Das germanische Recht setzte auf ihren Fang in Bannforsten zuweilen die höchste Strafe: „Wer ein sterzmeise fahet, der ist umb leib und guet und in unsers Herren ungnad" (54, II).

Zaunkönige

Der Zaunkönig

Das althochdeutsche kuningilin, Königlein für Zaunkönig hat sich bis in die Neuzeit erhalten, und so heißt er heute in der Schweiz Chünigli (117), Königli, Königsvögeli, Chingli (132), Königle im Elsaß, Kineksvilchen in Luxemburg, Königsvögerl in der Steiermark (117), französisch Roitelet, italienisch Re degli uccelli (91, II). Da der Zaunkönig auch mitten im Winter sein munteres Lied ertönen läßt, hat man ihn in Mitteldeutschland Schneekönig getauft, in Oberösterreich Schneekinigerl (117), in Böhmen Schneekinich und in Holland Winterkoning (91, II). Ein tirolerischer und ein Kärntner Dialekt nennen ihn Pfutschkini oder Pfutschkünig (pfutschen, „schlüpfen"). In den westlichen Gegenden Deutschlands wird der Zaunkönig zum Mäusekönig (117), in Luxemburg zum Meisekinnick (91, II). In der Schweiz heißt er auch Müserli oder Muserli (132). Das weitverbreitete Muskünig im Elsaß bezeugt für jene Gegend schon das Straßburger Vogelbuch vom Jahr 1554. Von allen Namensformen, die auf dem alten Königsnamen fußten, hat unumstritten die Bezeichnung Zaunkönig die größte geographische Verbreitung. Sein erstes Auftreten geht ins 15. Jahrhundert zurück, wo es in einem mitteldeutschen Glossar belegt ist. Die ältere aus Oberdeutschland stammende Benennung ist schon im 13. Jahrhundert Zaunschlüpfer. In der Schweiz ist er zum Hagschlüpfer (117) und Haghäxli (132) geworden. Im Elsaß und in der Steiermark ist er der Zaunschliefer (117). Seine schnurrenden Laute haben ihm in der Schweiz den Namen Studeritschger (132), in Anhalt Zaunschnurz, im Elsaß Zaunschnärz eingetragen. Da des Zaunkönigs Singen Zeichen baldigen Regens ist, hat er in Nassau den Namen Naßarsch erhalten. Schließlich hat ihm seine geringe Größe noch verschiedene mundartliche Benennungen verschafft. So kennt schon Gessner (30) das Synonym Dumeling. Im Elsaß heißt er Dumenzwitscherle, -schlupferle. Auch in Schweden Tummeliten (117) oder Tummelhätr (91, II), in Dänemark Tommeliden, „Däumling". Ähnliche Namen sind Zitzerl, das heißt kleines Stückchen in Österreich, Zwergvogel in der Steiermark. Sein backofenförmiges Nest gibt ihm die Namen Backöfelchen, Backofenkröffer in Hessen und Backofenschlüpfer in der Pfalz (117). Seine Aufenhaltsorte machen ihn in der Schweiz zum Schiterchingli (132), andernorts zum Tann-, Nessel- und Kornkönig (91, II).

Einzige topographische Namen, die sich auf den Zaunkönig beziehen, sind: Chantebertault, eine Erhebung bei Saint-Laon und La Roche-Bertault (108, X).

Der Trochilius, der nach Sueton das gewaltsame Ende des Julius Cäsar prophezeite, war ein Zaunschlüpfer. Am Tage vor dem 15. März soll sich ein solches Vögelchen mit einem Lorbeerzweiglein im Schnabel auf die pompejanische Kurie gesetzt haben und dort von verschiedenartigen Vögeln, die ihn aus dem nahen Haine verfolgten, zerrissen worden sein (45).

Vorbedeutend ist der Zaunkönig heute noch in Frankreich. Kommt er in Nièvre in die Nähe eines Hauses und schreit kiki! kiki!, ist dies ein Zeichen, daß ein Unglück droht. Hört man aber dort seinen Gesang in Hausnähe, bringt er Glück (108, X). Glück für das Haus bedeutet der Vogel auch in den Vogesen (113, III).

Auf der Insel Man jagt man am Weihnachtstag die Zaunkönige. Die Federn, die sie auf der Flucht verlieren, bewahrt man sorgfältig auf, weil sie im nächsten Jahr ein wirksames Mittel gegen Schiffbruch sind. Ohne einen toten Zaunkönig betritt kein Schiffer sein Boot, denn dieser ist ein verzauberter Geist, der jedes Unglück fernhält (64).

Weil der Zaunkönig das Feuer vom Himmel gebracht haben soll, achten die Bauern in Frankreich sein Nest hoch. Dieses zu zerstören ist eine Sünde, und der Missetäter wird bestraft. In Ille-et-Vilaine verkrüppeln dem Täter die Finger. In der Loire Inferieure werden die Tiere des Sünders, wenn er solche besitzt, krank (113, III). Wer in der Normandie einen Zaunkönig tötet, der zieht das Feuer des Himmels auf sein Haus. Das Nest darf man hier nicht ausnehmen, denn diese Missetat hat Fußkrankheiten beim Vieh zur Folge (108, II). In Maine bekommt der Frevler krumme Finger. In Anjou wird er Unglück im Stall haben, und noch im Laufe des Jahres wird sein Haus abbrennen (108, X). Fängt man in Belgien einen Zaunkönig und hält ihn im Hause, führt das zum Tode eines Hausgenossen (149).

Um der Gabe des Wissens, was andere denken, teilhaftig zu werden, muß man angeblich den auf dem Grunde des Nestes eines Zaunkönigs befindlichen Stein bei sich tragen (80). Um in Mittelfrankreich in allen Spielen zu gewinnen, glaubt man, eine Feder des Zaunkönigs bei sich tragen zu müssen (108, X). Gegen die Steinkrankheit, die in deutschen Chroniken schon frühzeitig erwähnt wird, galt der zu Pulver verbrannte Zaunkönig als Heilmittel (69). „Brenn den Zaunkönig zu Pulver und nimm eine Messerspitze voll mit Ehrenpreiswasser ein oder dörre Froschlebern und nimm sie in Steinbrechwasser wider den Stein", wenigstens in Tirol (42). In Oberwölz wird gegen Schwindel das warme Gehirn eines frisch getöteten Zaunkönigs nüchtern des Morgens genossen (29).

Vom Zaunkönig berichtet Aratus, er sei als ein Zeichen kommenden

Zaunkönige beim Nest.
Nach einer Zeichnung von Adolf Müller.

Abb. 19: Zaunkönig an dem runden Nest, das ihm in manchen Gegenden den Namen „Backöfelchen" eingebracht hat. Stich aus der „Gartenlaube", Heft 39, 1893.

Unwetters zu betrachten, wenn er in Erdhöhlen schlüpfe, und Aldrovandus behauptet, wenn er in auffälliger Weise durch Gesang und Munterkeit sich bemerkbar mache, freue er sich auf demnächst kommenden Regen (45). „Er verkündt mit seiner stimm den rägen", schreibt Gessner (30).

Knarrt und schnarrt der Zaunkönig in Mecklenburg, kommt gutes Wetter, ist er aber im Fluge und Gesang lustig, kommt Regen, besonders

wenn er morgens viel singt. Läßt er sich im Winter in den Mittagsstunden
viel hören, schließt man auf beständiges Wetter und Nachtfröste (6).
Kommt der Vogel in der Oberpfalz in die Höfe und Zäune und singt sein
„Zezerrrr", wird es bald schneien (122, II). Im Mecklenburgischen ruft
man dem Zaunkönig als Regenverkünder zu:

> „Zaunkönig husch, husch, husch!
> Du hüpfest am Boden im dichten Busch.
> Ich sag dir, daß es Regen gibt.
> Ob dich es stört, ob dir's beliebt.
> Zaunkönig klagt, weil's noch regnet am Tag" (6).

Nach einer Sage aus Churrhätien gab es einst eine Wette zwischen Adler
und Zaunkönig, welcher von beiden höher fliegen könne. Der Adler begann zuerst den Flug und schwebte empor in majestätischen Kreisen. Da
stahl sich der Zaunkönig unbemerkt unter das Gefieder des kühnen Luft-
seglers und barg sich behaglich in dem weichen Federflaum. Höher und
höher drang der Adler in das unermeßliche Blau des Himmels, bis endlich seine Schwingen, den Sternen nahe, ermatteten. Da entflog der Zaunkönig seinem Versteck und ruderte mit seinen ungeschwächten Flügeln
noch eine gute Strecke ins Meer der Lüfte und gewann die Wette (156). In
Jütland und auch in der Champagne kommt er aber beim Wettflug um die
Königswürde der Sonne zu nahe, so daß seine Flügel verbrannten (22,
IV).

Nachdem der Zaunkönig den Adler betrogen und das Mißfallen der
anderen Vögel auf sich gezogen hatte, kroch er, um sich zu retten, in ein
Mäuseloch. Als Wächterin wurde die Eule vor das Loch gesetzt. Des Wa-
chens müde, schlief sie ein, und der kleine Schlingel entkam. Jetzt klagt
die Eule unaufhörlich: „Er-cet, er-cet, er ist draußen." Der Zaunkönig
aber ruft: „Koning, koning ben ik-kik-kik-kik-kik!" Er hat aber immer
noch Angst vor den anderen Vögeln und ruft dies nur, wenn er sich allein
weiß. Nach einer dänischen Sage warf der wütende Adler den Zaunkönig
ins Gefängnis und setzte die Schwalbe als Wächterin davor. Der Gefangene, der ein kleines Loch entdeckte, konnte auch hier entschlüpfen und
sich in einem Zaun verbergen. Die Schwalbe wagte danach nicht, vor dem
Adler zu erscheinen und streicht deshalb heute noch umher, den Zaunkönig suchend und rufend: „Vi du hit" (willst du hier). Er aber verbirgt sich
in Zäunen und Büschen, wo die Schwalbe keine Zeit hat zu suchen (22,
IV).

In einer anderen Fassung der Sage heißt es: Einst beschlossen die Vögel, derjenige von ihnen solle König sein, welcher am höchsten fliegen
könne. Sie veranstalteten ein Wettfliegen, aus dem dem Anschein nach
der Storch als Sieger hervorgehen sollte. Als er nicht mehr höher fliegen

konnte, erhob sich aber aus seinen Federn, wo er sich verborgen hatte, der Zaunkönig, schwang sich noch etwas höher und rief: „Ich bin der Höchste." Aufgebracht über den kleinen Wicht, riefen alle, daß der ihr König sein solle, der den niedersten Ort einzunehmen vermöge. Weil auch hier der in ein Mäuseloch schlüpfende Zaunkönig Sieger blieb, stellten die Vögel die Eule als Wächterin und Urteilsvollstreckerin vor das Loch. Als aber die Eule einschlief, gelang es dem kleinen Betrüger, durch Nesseln, Busch und Zäune zu entkommen. Seit der Zeit heißt er zum Spott Zaunkönig, und der Haß der Vögel wandte sich gegen die Eule (34).

Nach einer polnischen Sage wollten die Vögel bei der Königswahl dem Adler keine Schande antun, da er bereits zum König auserkoren war und wählten deshalb den Zaunkönig, der sich hervorgedrängt und gerufen hatte: „Ich bin König", nicht zum König der Vögel, sondern, da er sich in ein Mäuseloch gerettet hatte, zum König der Mäuse. Nach einer irischen Variante der Königswahlsage versetzte der Adler vor Wut dem betrügerischen Zaunkönig einen Schlag mit den Flügeln, so daß dieser seither keine größere Höhe als die eines Hagedorns erreicht.

Als die Vögel sich versammelt hatten, um einen König zu wählen, stand nach einer rumänischen Sage der Adler auf und beanspruchte diese Würde, da er der Stärkste sei. Keiner wagte zu widersprechen, obwohl die meisten dagegen waren. Nur der Zaunkönig begann mit dem Adler zu streiten. Sogleich aber sprang dieser herzu, um den kleinen Vogel zu strafen; der entfloh jedoch in einen Dornbusch und verspottete den Adler, der ihm dorthin nicht folgen konnte. Da riefen auch die anderen Vögel, der Zaunkönig solle König sein. Dann entflohen sie rasch und ließen den Adler mit Schande zurück. Seither führt der Zaunkönig seinen heutigen Namen (22, IV).

Auch in der Champagne heißt es, daß sich der Zaunkönig bei der Wahl des Königs im Gefieder des Adlers versteckte, um höher aufsteigen zu können als jener. Der Adler gesteht, übertrumpft worden zu sein, geht aber mit dem Kleinen einen Vergleich ein, so daß er, als der Kräftigere, zum Herrschen eher Geborene, zum König ausgerufen wird, der Zaunkönig aber die Würde eines Königleins erhält (100, I).

Zur Belohnung, daß ihm das verwegene Schelmenstück, den Adler zu überlisten, gelungen ist, darf nach einer schottischen Sage der Zaunkönig heute zwölf, der Adler aber nur zwei Eier legen (22, IV). Die Sage von der Königswahl der Vögel und dem betrügerischen Zaunkönig, der sich im Gefieder des Adlers versteckt, ist in Sizilien, Frankreich, Schottland, Deutschland, Rußland, Irland, Dänemark und Rumänien bekannt (22, IV).

Nach einer rumänischen Variante der Sage, die im übrigen die gewöhnlichen Züge aufweist, fliegt der Zaunkönig ohne Trug höher als der Adler und wird daher rechtmäßig König der Vögel (22, IV).

Auch eine Sage aus der Normandie, aus der Zeit der Kelten, läßt den
Kleinen den Adler übertrumpfen. Als nämlich die Menschen noch kein
Feuer hatten und zur Winterszeit entsetzlich froren, schwang sich der
Zaunkönig zum Himmel auf und entführte von dort den göttlichen Fun-
ken, um ihn den frierenden Menschen zu bringen. Doch dabei verbrannte
er sich so, daß er fast sein ganzes Federkleid einbüßte. Voll Mitleid kamen die anderen Vögel, um ihn neu zu kleiden. Alle wetteiferten, ihm
eine Feder geben zu dürfen. Der Distelfink gab ihm, der sich für andere
aufopferte, seine buntesten Farben, und so erhielt er das Krönlein, das
ihm seinen Namen gab. Auch das Rotkehlchen kam herbei, um seine Federn zu spenden, verbrannte sich aber an dem brennenden Wicht so, daß
es einen roten Fleck am Halse davontrug und daher Rotkehlchen geheißen wurde. Die Eule war die einzige, die keine Feder gab. Als Ausrede
sagte sie, es gehe auf den Winter zu und deshalb könne sie von ihrem
Kleid nichts entbehren. Zur Strafe für ihren Geiz kann sie nicht aufhören
bis zum heutigen Tag, wenn sie friert, ihr schauriges „Huhuhuhu" zu
schreien (149, II).

In der Haute Bretagne glaubt man, daß der Zaunkönig das Feuer nicht
im Himmel, sondern in der Hölle geholt habe. Als er damals durch das
Schlüsselloch der Höllenpforte flog, röteten sich seine Federn (22, III).

Der Zaunkönig, der sich seiner Kleinheit wegen überall verstecken
kann, wird dadurch zum Verräter des Teufels. Einst wollte dieser mit
Gott, der seine Herrschaft zu seinem Ärger immer mehr ausdehnte, einen
Vertrag schließen, wonach Gott nur in der Zeit herrschen sollte, da das
Laub an den Bäumen hing, der Teufel aber, wenn der Wald entblättert
stand. Um nicht belauscht zu werden, kamen die beauftragten Boten auf
einer einsamen Heide zusammen. Der Zaunkönig aber, unter einem verwelkten Blatt verborgen, hörte alles mit an und verriet es an den Häher,
der es laut in den Wald hineinschrie. So kam es, daß im Herbst Tanne,
Buchs, Efeu, Mistel, Wacholder und andere grün blieben und dadurch
die Herrschaft des Teufels zunichte gemacht wurde (22, I).

Eine alte Sage von der Insel Man berichtet, daß einst eine Fee, die sich
in eine schöne Frau verwandelte, viele der besten Männer der Insel be-
zauberte und sie über eine Klippe in die See führte, wo sie den Tod fanden. Um der Rache der Inselbewohner zu entgehen, wurde die Frau in einen Zaunkönig verwandelt. Seitdem ist dieser Vogel an jedem St. Stephanstag in großer Zahl gejagt, gerupft und zu Tode geschlagen worden
(22, III).

Da der Aberglaube über den kleinen Zaunkönig, den Lieblingsvogel
der Auguren, den die Druiden als den König aller Vögel ansahen, bei den
ersten christlichen Missionaren in Irland (15. Jahrhundert), großes Ärgernis erregte, wurden unter ihrer Herrschaft diese Vögel von den Bauern am

Weihnachtstag und am darauffolgenden Stephanstag verfolgt und getötet. An diesem Tag wurden, noch um die Mitte des vorigen Jahrhunderts, in Südirland Umzüge der Dorfjugend mit Gesängen, die sich auf den Zaunkönig bezogen, veranstaltet (22, IV).

Dem Zaunkönig sagt man nach, er sei bei der Geburt des Jesuskindes anwesend gewesen und habe sein Nest auf der Krippe zu Bethlehem gehabt (113, III).

Vonbun gab 1862 eine Erzählung eines vorarlbergischen Mädchens, nach welcher der unscheinbare Vogel sich seinen Königstitel bei der Geburt Jesu auf ehrliche Weise erworben habe, wie folgt wieder:

„Wo z'Bethlehem herr Jesuchrist
im Krippeli noch g'legen ist,
so hot a spinn 'a webba g'richt
dem wienachtskindli g'rad vors g'sicht.

Si muetter ros erschrocka drab
wüscht mit de hända d'webba – n – ab.
si förcht, es möcht dem lieba soh
das g'spimst noch gaer io d'oga ko.

Doch d'spinna focht vo neuem a
und zwürnet fäda druf und dra,
und vor ma nu recht füfi zellt,
ist scho en andere webba g'stellt –

Zlescht ist a vögeli no ko
hot d'spinna guot in schnabel gno
und hot si munter zemmapickt
und ahi i si kröpfli g'schickt.

Und jetzt ist d's kind im krippeli
von alla webba sicher gsi,
und s vögeli sell het zum loh
de künigstit'l öberko" (136).

In Frankreich gehört der Zaunkönig zu den Tieren, die „des lieben Gottes Tiere" heißen. Mehr als jedes andere soll er diesen Namen verdienen, weil er, wie man versichert, bei der Geburt des Jesuskindes alles Moos und allen Flaum aus seinem Nest herbeibrachte, um dem Kind ein Lager zu bereiten (22, II).

In der Gironde glaubt das Volk, der nicht sehr flugbegabte Zaunkönig reise auf den Flügeln der Schnepfe (113, III). In Frankreich gilt der Zaunkönig aber auch als Symbol des Hochmutes und der Einbildung (108, II). Eine Redensart lautet: „Lebhaft wie ein Zaunkönig (108, X). In der Gegend um Dinan sollen auch die Vögel Auferstehung feiern. Der erste, der

Halleluja singt, ist der Zaunkönig, der nie an einem Sonntag arbeitet (113, III).

In der Mark Brandenburg singt der Zaunkönig: „Zickerickik, König bin ik" (26). In Münchehof bei Seesen läßt man ihn seine Stimme mächtig erheben: „Meister zieh, zieh Meister, Meister zieh, jetzt trampe ik dik dine Rege in" (141, XIII). In der Gascogne lautet der Gesang: „Quito mandilh, quito mandilh." In der Provence hört man die Worte: „Aco s'clargis lis ioués" (cela éclaircit les yeux). Andernorts wieder singt er: „Madure, madure, cérése; cabelhe, cabelhe, balhar, qué sécréy galhal" (mûris, cerise; pousse ton epi, orge; je serai gros et gras) (108, X).

Seidenschwänze

Der Seidenschwanz

Der Name Seidenschwanz, der sich auf das weiche Gefieder des Vogels bezieht, ist bereits im 16. Jahrhundert belegt (117). Wie Rotdrosseln, Bergfinken u. a. wird auch der Seidenschwanz vom Volk als Fremdling angesehen, dessen Heimat das ferne Böhmen ist. Gessner, der sogar die wissenschaftliche Benennung *Garrulus boehemicus* angibt, kennt auch die Bezeichnungen Boehemli oder Boemerle aus Nürnberg. In schweizerischen Quellen des 17. Jahrhunderts werden die Seidenschwänze öfter als Boehmen oder Böhembli erwähnt (117). Ein heute geläufiger Name bei uns ist Böhmer (132), in Westfalen bêmer, in Frankreich Jaseur de Bohème (böhmischer Schwätzer) (117), in Italien Garrula di Boemia (91, IV).

Der italienische Gelehrte Ulysses Aldrovandi erwähnt in seiner Ornithologie mehrere Fälle, in denen die Seidenschwänze in seiner Heimat als Verkünder schwerer Pestepidemien erschienen seien. In Deutschland wird dieses Aberglaubens von Aitinger gedacht, der in seinem Bericht vom Vogelstellen Anno 1631 berichtet: „Es seyn viel Leute der sonderlichen Meynung, dass, wenn dieser Vogel bey uns gesehen werde, dass es jederzeit ein besonder Omen und bedeutung habe, ja der drey Principal Hauptstraffen, Krieg, Pest, Theuwrung, oder Hunger mit sich bringen, wiewol sie vielmahls in etzlichen Landsarten in viertzehen und mehr jahren nicht gesehen werden." Auf diesen Volksglauben beziehen sich die Namen Pestvogel in Oesterreich, in der Schweiz und in Schwaben (117), Pestdrossel in Bayern (108, II), Sterbevögeli und Totenvogel in der Schweiz (125, I), Ucello della guerra in Italien (91, IV) und Kriegsvogel in der Schweiz (117). Da der Seidenschwanz nur in großen Zwischenräumen, seltener in großen Scharen bei uns erscheint, glaubte man von ihm, er verkünde Krieg, Pest und Tod. Was man von diesem Vogel einst hielt, erzählt Heinrich Bluntschli in seinem 1742 erschienenen Werk „Merkwürdigkeiten der Stadt und Landschaft Zürich": „Anno 1570 hatten sich in unserem Land aufgehalten die sog. Böhmer-Vögelein, darauf erfolgte schädliche Kälte, Hungersnoth und eine gefährliche Rebellion im Luzernischen. Man hat sie auch gesehen anno 1414 vor dem Concilio zu Constanz, desgleichen vor des Waldmanns Auflauff, wie anno 1519, darauf erfolgte ein Sterbend und Theuerung. Man hat einen grossen Schwarm

dieser Vögeln auch gesehen anno 1628, darauf folgten schädliche Wasser-
güssen, zornige Strahl-Wetter, ein flammender Komet, Untergang des
Fleckens Plurs. Bündnerische Unruhen. Böhmische Verfolgung und der
Teutsche Krieg. Anno 1652 haben sie sich abermahle im Januario erzeigt
dazu Ausgang desselben und zu Eingang des folgenden 1553 ten Jahres
der Geist der Empörung die ganze lobl. Eydgenossenschaft durchstri-
chen. Diese Vögel sahe man wiederum anno 1602. Zwey Jahre hernach erfolgte der Wigoldingerhandel."

Auch das Zerspringen des Geissturmes in Zürich, am 10. Juni 1652, sollen die Seidenschwänze durch ihr Erscheinen angezeigt haben. Im Herbst
1913 sind Seidenschwänze, jedoch nur in wenigen Exemplaren, nochmals
in der Schweiz beobachtet worden. Sie waren damals seit Menschengedenken nicht mehr gesehen worden und sollen mit ihrem Erscheinen den
1. Weltkrieg (125, XIX) angezeigt haben.

Aldrovandus führt als Beispiel des an diesem Vogel haftenden Volksaberglaubens das Jahr 1571 an, in welchem während des Monats Dezember der Seidenschwanz in Italien erschienen und in Ferrara ein starkes
Erdbeben mit nachfolgender Überschwemmung entstanden sei. Als kriti-
scher Geist führt er auch an, daß zur selben Zeit, als Karl V. in Bologna
Anno 1630 gekrönt wurde, eine große Menge Seidenschwänze erschienen
sei, ohne daß eine Pestepidemie darauf gefolgt wäre. Er behauptet sogar,
daß sie gerade Pestgegenden unter Zurücklassung von Eiern und Jungen
verlassen und anderswo hinziehen. Daraus folgert er, daß gerade jene
Länder, in welche Seidenschwänze und andere Vögel in großen Flügen
einwandern, auf gesunde Zeiten rechnen dürfen (45).

Noch heute gilt der Seidenschwanz am Zürichsee als Vorbote eines kalten Winters.

Stelzen

Die Bachstelze

Fast allgemein wird angenommen, der hochdeutsche Vogelname Bachstelze sei aus der niederdeutschen Imperativbildung Wackstêrt (hochdeutsch gleichsam Wegesterz, auf Rügen Queck- oder Wippstert (141, I), in der Schweiz Wasser- oder Bachstälz (132), englisch Wagtail, dänisch Wipstjaert und holländisch kwikstaart (91, III) entstellt) und an beiden Seiten umgedeutet hervorgegangen. Unterstützung findet diese Auffassung in der Tatsache, daß auch außerdeutsche Sprachen dieselbe Imperativbildung aufweisen (lateinisch Motacilla, französisch Battequeue, italienisch Quassacoda, Batticoda, Tremacoda). Andresen meint in seiner Volksetymologie zwar, die Richtigkeit dieser Ableitung könnte als nicht unbedingt sicher angefochten werden. In dem vor dem 15. Jahrhundert üblichen Namen Wasserstelze – von mittelhochdeutsch stert über sterz zu Stelze ist nur ein kleiner Schritt und eine solche Umformung im Laufe der Jahrhunderte sehr wohl möglich – will er einen Beweis sehen, daß es sich wirklich um eine Stelze handelt.

Wegen des langen Schwanzes nennt man die Bachstelze auch Wedelwipp (91, III), auf Rügen Wackelschwanz (141, I), in Luxemburg Panestierzchen, d.h. Pfannenstielchen (117). Da sie ihre Nahrung gern auf dem frisch bearbeiteten Acker hinter dem Bauern sucht, wird sie, wie bereits aus dem 16. Jahrhundert belegt ist, in Niederhessen, Thüringen, Holstein, Altmark, Preußen, Ostfriesland, am Niederrhein und ebenso in der Steiermark Ackermann genannt. In Holland heißt man sie zudem bouwmeerstertje (91, III), in Tirol Bauvogel. Ebenfalls an ihren liebsten Aufenthaltsort erinnert der elsässische Ausdruck Schollenhoppler, d.h. Schollenhüpfer. Wegen ihrer schwarz-weißen Tracht, die an weibliche Klostergewänder erinnert, wurde sie zu Zeiten Gessners (30) auch Klosterfreule genannt. Noch heute heißt sie Chlosterfräuli in der Schweiz (132), andernorts Stiftsfräulein oder Klosternonne (91, III), in Frankreich Damette, Jacobine und Religieuse (108, II). Durch ihr munteres, immer bewegliches Wesen wird sie für den Italiener zur Ballerina, zur Tänzerin. In der Wetterau gilt die Bachstelze als Frühlingsbote, und wer sie tötet, über den kommt Unglück (154). Im Languedoc glauben die Hirten, wenn sie eine Bachstelze töten, werde das schönste Schaf der Herde eingehen (108, II). In Tirol sollen sich die Bachstelzen deshalb gerne in der Nähe des weidenden Viehs aufhalten, weil ihre Seelen früher vierfüßigen Tieren, besonders Kühen angehörten (158).

Sieht in der Oberpfalz ein Mädchen im Frühjahr zum ersten Mal eine Bachstelze, wird sie weiterhin ledig bleiben, ist es aber ein Bachstelzenpaar, heiratet sie mit Sicherheit noch im selben Jahr (154). Wer in Schlesien die erste Bachstelze sieht und dreimal auf seinen gefüllten Beutel schlägt, wird das ganze Jahr Geld in der Tasche haben (24, II). Der Zigeuner glaubt, er werde in jedem Unternehmen Glück und Erfolg haben, wenn er bei Arbeitsbeginn eine Bachstelze sieht, zum mindesten zeigen ihm mehrere herumhüpfende Vögel an, daß er noch am selben Tag mit anderem fahrendem Volk zusammentrifft (44, XV). Sieht man in Krugsreut die erste Bachstelze im Frühjahr ruhig sitzen, so bleibt man in diesem Jahr, wo man ist, fliegt der Vogel aber unruhig hin und her, bedeutet das Wohnungswechsel oder Wanderung (49). In Oldenburg bleibt man gesund, wenn man beim Anblick der ersten Bachstelze sich auf der Erde wälzt (154). Geht eine Bachstelze in Brulon vor einem Hause, kündet sie damit einen baldigen Todesfall in der Familie an (108, X). Sieht man in der Oberpfalz im Frühjahr zum ersten Mal vier Bachstelzen beieinander, so bedeuten sie die vier Totenmänner, die einen in diesem Jahr noch zu Grabe tragen werden (141, XV).

Regen zeigt die Bachstelze dem Bauern an, wenn sie sich in der Nähe der Gehöfte aufhält. Schreitet sie aber zierlichen Schrittes in der Ackerfurche hinter dem Pfluge, ist dies ein Zeichen für schönes Wetter.

Philes und Aelian überliefern eine Volksmeinung, nach der die Bachstelzen ähnlich handeln sollen wie der Kuckuck. Zu schwach, um ein eigenes Nest zu bauen, sollen sie ihre Eier in ein fremdes Nest legen, weshalb die Bauern jener Zeit sprichwörtlich sagten: „Ärmer als eine Bachstelze." Der Glaube soll damit zusammenhängen, daß in Griechenland die Bachstelzen im Sommer aus den Ebenen fortziehen, um zu brüten, teils, je nach ihrer Art, ins Hügelland oder in die Lagunen (54, II).

Nach einer rumänischen Sage hatte die Bachstelze früher keinen Schwanz. Als sie nun einmal zur Hochzeit der Lerche eingeladen war, bat sie den Zaunkönig, ihr den seinen auf einige Tage zu leihen. Der Zaunkönig, so klein er war, hatte damals noch einen sehr langen Schwanz, den er seinem Freunde lieh. Als er ihn aber wiederhaben wollte, tat die Bachstelze, als ob sie taub wäre. Seitdem hat der Zaunkönig keinen Schwanz mehr. Die Bachstelze aber wippt mit dem Erborgten immerfort hin und her, um sich zu vergewissern, daß sie ihn nicht verloren habe. Nach einer anderen Version dieser Sage war einst die Bachstelze bei einem Hochzeitsmahl des Königs der Vögel mit den aufgetragenen Speisen nicht zufrieden. Da schlug sie der Koch wütend mit dem Löffel, der als Schwanz an ihr festblieb (22, III). Eines Tages, vor langer Zeit, hatten die Vögel nach einer Sage aus Flandern den vierfüßigen Tieren den Krieg erklärt. Als nun die Schlacht geschlagen werden sollte, befand sich die Bachstelze in den vordersten Reihen, und kurz ehe der Kampf begann, blickte sie sich noch einmal um und wollte sehen, wie stark das Heer der Ihrigen sei. Aber ach! Fast alle ihre Kampfgenossen waren winzig klein im Vergleich zu den Feinden. Da klopfte ihr Herz dermaßen, daß ihr Schwanz zu zittern begann und auf- und abwippte. Obgleich damals die Vögel siegten, denkt die Bachstelze noch heute an diesen Tag der Angst. Besonders wenn sie sich auf die Erde niederläßt, dann kommt jedesmal die Furcht wieder über den kleinen Vogel, und man sieht seinen Schwanz auf- und abwippen (22, III).

Als die Vögel ihren Gesang lernen sollten, beobachtete die Bachstelze einen alten Bauern beim Pflügen, ob er vielleicht etwas singen werde. Doch alte Leute schweigen lieber. Eins aber fiel ihr beim Pflügen auf, ab und zu zieht das Pferd stärker an, dann schwankt der kraftlose Alte nach vorn, und der Pflug knirscht, indem er sich an Steinen reibt. Das hat sich der Vogel eingeprägt, und noch heute wippt er beim Laufen hin und her und ruft zuweilen: tschiwi, tschiwi, tschiwi (22, III).

Ihr tänzelndes Wippen verglichen die Alten mit den Bewegungen lustig spielender Mädchen (54, II), und noch heute ist im Elsaß (20) Bachstelze ein Schimpfwort für ein aufgeputztes, stolzes, tänzelndes und sich im Gehen wiegendes Mädchen.

Schwalben

Die Rauchschwalbe und die Hausschwalbe

Bereits im Jahre 1517 kennt man den Namen Rauchschwalbe. Popowitsch, der den Namen aus dem Eichsfeldischen kennt, deutet ihn 1780 in seinem Versuch eines Wörterbuches daraus, daß der Vogel in Küchen niste. Wollen wir hierin einig gehen, dann gehören auch die Namen: Küchen-, Schornstein-, Schlot-, Feuer- und Bauernschwalbe (91, II) hierher. In der Steiermark nennt man den Vogel wegen seines tiefgefurchten Schwanzes Spalter, Spalkel oder Gabelschwalbe (117), in der Schweiz Stachelschwalbe (132). Die rotbraune Stirn und Kehle (132), nach Naumann (91, II) die abergläubische Annahme, sie steche die Kühe in die Euter und sauge ihnen Blut aus, sollen ihr den Namen Blutschwalbe eingetragen haben.

Die Hausschwalbe heißt in der Schweiz auch Dorf- oder Gabelschwalbe (91, II). Ihr schwarz-weißes Gefieder gibt ihr in Frankreich den Namen Religieuse (108, II), der weiße Bürzel in Österreich die Benennungen Weißärschel und Bleckarsch (117).

Im allgemeinen pflegt man im Volk keinen großen Unterschied zwischen den beiden Vogelarten zu machen, und daher kommt es auch, daß in der Regel nur von Schwalben die Rede ist. Inmmerhin sei aber bemerkt, daß aus der großen Fülle der Überlieferungen deutlich hervorgeht, daß die Rauchschwalbe, d. h. jene Schwalbe, die in Ställen, Scheunen und Wohnungen zu nisten pflegt, dem Menschen näher steht und seine Aufmerksamkeit mehr in Anspruch nimmt als die Hausschwalbe, jene Schwalbe also, die unter den Dachvorsprüngen außerhalb der Häuser nistet.

Auf die Schwalben beziehen sich die topographischen Namen Schwalmenacker, Schwalmenackerstraße, Schwalmenwiese, Schwalbenköpfe in den Schwyzer Alpen, Schwalbenboden, Schwalbengut, Schwalbenheim, Schwalbennest, ein an einem Abhang gelegenes Gut, das wegen seiner Lage mit einem angeklebten Schwalbennest verglichen wird (125, IX). L'Hirondelle, L'Hironde, L'Aronde, Les Arondaux, L'Arondière, L'Hirondelle als ein Zufluß zur Sensée, Le Lironde als ein solcher zur Lez, Arondel hieß eine alte Mühle in Angres. Besançon kennt Le Fort de Randouillet, La Hollande ist eine Bezeichnung in den Vogesen, wo man im Patois die Schwalbe olande nennt, eine Rue de L'Hirondelle gab es anno 1221 in Paris, und eine solche gibt es heute noch in Montpellier (108, X).

S'Schwalme ist Zuname der Familie Vonruef zu Erlenbach, angeblich weil einer ihrer Angehörigen einmal gerufen haben soll: „Luegid ich cha springe wie-n-en Schwalm flüge" (125, IX). Schwalm ist Familiennamen in Appenzell (125, IX), Schwalbe in Deutschland. Französische Geschlechter, deren Namen auf die Schwalbe zurückgeht, sind: D'Arondelle, Lirondelle, Hérondelle, Arondel, Rondel, Héronde, Lhérondel, Arondeau, Lhérondeau, Hirondart, Girondau, Guirondet, Rondet, Lalondre, Lalondrelle, Holandre, Rondonneau. Schon im Altertum kannte man eine Familie der Gauda Harundini (108, X).

Woeste (148) nimmt an, es sei die Schwalbe schon im Altertum dem Donar und der Freya heilig gewesen. Als Überbleibsel dieser einstigen Verehrung hat die Schwalbe heute noch für das Haus hohe Bedeutung und wird daher in Schwaben Herrgottsvogel, in Tirol und Böhmen Marien- oder Muttergottesvogel genannt.

Die Araber nennen sie den Vogel Jesu (108, II). Verfolgt wurden die Schwalben im Altertum nirgends, weder in Rom noch in Hellas. Im Gegenteil, sie waren so beliebt, daß sie sogar in Tempeln und Staatsgebäuden nisten durften. Wie häufig Schwalbennester an den antiken Häusern waren, zeigt sich daran, daß ein Erkennenungszeichen der pythagoreischen Freimaurer darin bestand, daß sie keine Schwalben an ihrem Dache dulden durften (54).

Doch gilt beim Landvolk, das sich gewissermaßen Haus und Hof nicht ohne seinen segelnden Frühlingsboten denken kann, der poetische Glaube, dem schon Shakespeare in dem Drama „Macbeth" Ausdruck verlieh:

> „Und dieser Sommergast, die Mauerschwalbe,
> Die gerne der Kirche heiliges Dach bewohnt,
> Beweist durch ihre Liebe zu dem Ort,
> Daß hier des Himmels Atem lieblich schmeckt.
> Ich sehe keine Friesen, sehe keine
> Verzahnung, kein vorspringendes Gebälk,
> Wo dieser Vogel nicht sein hangend Bette
> zur Wiege für die Jungen angebaut
> Und immer fand ich eine mildre Luft
> Wo dieses fromme Tier zu nisten pflegt."

Wie schon die alten Griechen auf der Insel Rhodos die ersten Schwalben festlich empfingen, so tun es die griechischen Kinder heute noch. Am 1. März laufen sie auf der Straße zusammen, ziehen singend von Haus zu Haus und tragen eine aus Holz geschnitzte Schwalbe in der Hand (143).

In der märkischen Grafschaft ging an dem Tage, an dem man die Ankunft der Schwalbe erwartete, die ganze Hausgemeinschaft, voran das Fa-

milienoberhaupt, ihnen bis an das Tor des Gehöftes entgegen, ihnen festlich die Scheunen öffnend. In Hessen gehörte es früher zu den Pflichten
des Turmwächters, die Ankunft der ersten Schwalbe durch Hornstöße zu
verkünden, worauf dann die Ortsbehörde soweit ging, das freudige Ereignis öffentlich anzuschlagen (154).

Als heiliger Vogel Donars schützt die Schwalbe das Haus, an oder in
dem sie nistet, in der Schweiz (125, IX), in Deutschland (150, I) und in
Belgien (108, X) vor Blitzgefahr und Feuer. In Tirol (158), wo man Tag
und Nacht die Fenster offen hält, um den Glücksvögeln den Eingang
nicht zu verwehren und im Voigtlande (57), bringen sie Glück ins Haus.
Bei den Siebenbürger Sachsen ist ein Haus, an dem Schwalben nisten, allgemein sicher vor Erdbeben (37), und in der Bretagne ist es dem Himmel
geweiht (108, X).

> Wo die Schwalbe nistet im Haus,
> Zieht der Segen niemals aus

heißt es im Erzgebirge (50). Nistet eine Schwalbe im Kuhstall, hat man
Glück mit den Kühen (24, II), in Thüringen stirbt kein Vieh (141, X). Im
Ötztal macht die Anwesenheit der Schwalben ein Dorf reich, ihr Fehlen
aber arm. Hier verläßt auch mit den Schwalben der Segen das Haus (158).

Im Kanton Zug bauen die Schwalben ihre Nester nur in den Dachgiebeln jener Häuser, wo Friede herrscht. Entsteht Streit, ziehen sie aus
(44, I). Auch im Zürcher Oberland glaubt man, daß dort, wo sie nisten,
Friede im Hause sei (44, II), und auch in Tirol soll es in einem solchen
Hause keinen Unfrieden geben (158).

Ganz das Gegenteil glaubte man im 15. Jahrhundert. Damals bedeutete
es Armut, wenn Schwalben an einem Hause nisteten (113, III):

„Wenn die Schwalben in ein Hauss nisteln, bedeutets Armuth, die
Sperlinge aber Glück und reichthum. Die armen Schwalben sind solche
Voegelein welche sich nur mit Hinweghaschung der Fliegen und dergleichen Ungezieffer behelffen, und ihre Nester von Koth und Schlamm
bauen, dahero finden sie auch nirgends bessere Herberge, als bey ihres
gleichen, denen armen Leuten. Denn reiche und vornehme Leute koennen nicht wohl leiden, dass diese arme Voegel ihre Drecknester in oder an
ihre grosse ausgezierte Palaeste anbaueten, und ihren Koth und Mist in
die schoenen Saele fallen liessen, sondern wenn zuweilen die Fenster
auffgelassen werden, und die Schwalben thun einen Versuch alda einzu-
nesteln, ey da muessen sie bald wieder fort und heist: Wo die Schwalben
nisten, da ist Armuth. Und muessen demnach die armen Schwalben Herberge bey denen armen Bauern suchen, die sie gar wohl leiden koennen,
auch noch wohl Spaene an die Balcken in heusern einschlagen, auff dass
die Schwalben desto bequemer farauff bauen Koennen."

Das bestätigt uns die Rockenphilosophie Anno 1706. Die Verehrung der Schwalbe bei den heidnischen Völkern ist in unsere Zeit herübergenommen und der Vogel mit der Religion in engsten Zusammenhang gebracht worden. Als Muttergottesvögel holen sie nach dem Volksglauben in Tirol (42) das Futter für die Jungen bei der Muttergottes selbst, und zudem haben sie Gott beim Himmelsbau geholfen.

Wer eine Schwalbe tötet, ihr Nest zerstört oder Junge ausnimmt, begeht eine schwere Sünde, zieht in den Cevennen den Fluch des Himmels auf sich (150, II) und jagt in Tirol das Glück aus dem Hause (42). Im Kanton Bern verläßt das Glück den Schuldigen, und der Blitz schlägt in sein Haus, in Böhmen (35) und im Erzgebirge (50) wird das Haus ein Opfer des Feuers. Deshalb heißt es auch hier:

> Nimmst du mir mein Nestchen aus,
> Brenn' ich dir aus das ganze Haus.

In Schlesien holen die Tierchen Kohle aus dem Ofen und werfen diese brandstiftend ins Heu (97, II). In Frankreich (108, X) bringen sie das zerstörende Feuer auf dem Schwanz ins Haus. Brennt aber in der Oberpfalz ein Haus, helfen die Schwalben Wasser zu tragen (122). In der Montagne Noire und andernorts in Frankreich betrachtet man das Zerstören eines Schwalbennestes und das Töten der Jungen als eine Entheiligung, weil es Schwalben waren, die versuchten, die Dornenkrone des Heilands auf Golgatha loszumachen. In der Franche-Comté hat diese Missetat zur Folge, daß einem im Verlauf des Jahres ein Tier im Stall hinkend wird (113, III), daß Krankheiten das Vieh heimsuchen, oder daß man sogar ein Haupt verliert. Tötet man in Nauders eine Schwalbe, sterben dem Täter Vater und Mutter, im Ötztal kostet es die beste Kuh im Stall (46, I). Im Pays d'Albert verliert er das Augenlicht, und in Anjou bekommt er krumme Finger (108, X). Die Südslaven sagen, die Schwalbe verfluche den, der ihre Jungen tötet, bis in das dritte Glied der Nachkommenschaft (13, III). Auch bei den Zigeunern wird der Frevler Unglück an seinen Kindern haben (44, XV), und in Böhmen muß er noch im selben Jahr sterben (35). In Tirol (158) und in Schwaben (12, I) geben die Kühe des Schuldigen rote Milch, in Böhmen (35) Blut oder überhaupt keine Milch mehr. Wenn in Böhmen die Schwalben in einem Stall nisten, so verbeißen sie den Kühen die Euter, so daß diese sich nicht melken lassen wollen. Dann muß ein altes Weib in der Nacht mit einer Laterne ein Stück von einem Strick suchen, ihn aufheben und, mit Weihrauch vermischt, den Kühen ins Futter geben (35).

Ein Schmetterling, das Rote Ordensband, *Phalaena noctua*, heißt, da rot des Donars Leib- und auch Festfarbe ist, die Braut. Dasselbe gilt von der Schwalbe, die ebenfalls des Ehegottes Leibfarbe trägt. Wenn nun ein

Mädchen ein Schwalbennest zerstört, verjagt es den Freier (105). Werden alle Schwalben vom Haus verjagt, zerstört ein Nachtreif die Kräuter im Garten (89). Ihr Töten bringt in Frankreich (113, III) und in Mecklenburg (6) vier Wochen dauernden oder sogar anhaltenden Regen.

Wenn in Tirol (149, II) und bei den Wenden (134) die im Haus nistenden Schwalben nicht zurückkehren, wird das Haus in Flammen aufgehen; meiden sie es, wird jemand darin sterben. Wo die Schwalben im Frühjahr nicht wiederkehren, trüben in der Innerschweiz böse Ahnungen das Gemüt der Bewohner (74). In Böhmen deutet es darauf hin, daß die Leute schwer gesündigt haben (35). Lassen die Vögel jahrelang ihre Nester leer, glaubt man, daß Krankheit oder irgend ein anderes Übel der Hausbewohner daran schuld sei (24, II).

Fällt in Oldenburg ein Schwalbennest am Haus herab, werden es die Bewohner noch im selben Jahr verlassen (154). Verlassen in Ambert die Schwalben während des Sommers ein Haus, ist dies ein Zeichen kommenden Unglücks (108, X), im oberen Inntal wird bald jemand im Hause sterben (46, I). In den Monaten September und Oktober versammeln sich die Schwalben und verlassen ihre Heimat, dem gastlicheren Süden entgegenziehend. Über den Schwalbenzug ist Plinius, der von Vogelberingung und Vogelzugforschung noch keine Ahnung haben konnte, der Ansicht: „Es ziehen auch die Schwalben die Wintermonathe über weg; doch gehen sie nur an nahe Oerter, und in Vertiefungen der Berge, welche gegen die Sonne zu liegen und man hat sie daselbst nackend und ohne Federn gefunden" (159, I). Lächeln wir jedoch nicht über die Weisheit des alten Gelehrten, denn auch in Mecklenburg (6) und in Posen (58) ziehen nach dem Volksglauben die Schwalben nicht fort. Im Herbst versammeln sie sich scharenweise im Röhricht der Teiche und Seen. Einer der Vögel, welcher auf dem Rohr sitzt, reicht dann eins seiner Füßchen einem anderen Vogel, dieser einem dritten und so fort, bis der letzte Vogel wieder ein Rohr erreicht. So entsteht eine schwankende Kette von Schwalben. Die beiden äußersten lassen dann das Rohr los, und so versinken sie auf den Grund des Teiches, wo sie ihren Winterschlaf halten. In Kujawien will man oft solche schlafende Schwalben aus dem Wasser gezogen haben. In Brudzyn ernähren sie sich dann von einem kleinen gelblichen Kiesel, der die Form eines Brotes hat und deshalb auch Schwalbenbrot genannt wird.

Claus Mag. lib. 15. cap. 10 und lib. 20 cap. 11 schreibt: „In den Mitnächtigen Ländern, werden die Schwalben offtermahls von Fischern unversamblet, und die Schnäbel, Flügel und Füss gegen einander kehret, und zwischen den Rohren sich under das Wasser gesenckt haben, dan man wahr genommen, das sie um selbige Zeit nach lieblichem Gesang also in das Wasser steigen, und im Frühling mit freuwden widerumb herauss fliegen" (160). Selbst Cysat, ein Luzerner Forscher des Mittelalters vertritt derlei Anschauungen und schreibt: Die Schwalben liegen zur Winterszeit wie tot in ihren Nestern, so habe er von einem Casparus Feldlin erfahren. Er bemühte sich aber die Nester zu überprüfen und stellte dann fest, daß sein Gewährsmann eine unwahre Behauptung verbreitet hatte. Anderseits berichtet Cysat nicht minder Merkwürdiges und schreibt: „Von Werck- und Handwercksleuthen, so dass Fundament umb Winters oder Weynacht-Zeiten, zu dem Rathauss der Stadt Luzern gegraben, hab ich gehört dass sie under dem Erdtrich ein Vaccuum oder holen Furt oder Gang gefunden, auss welchem bey 15. oder 20. Schwalben herauss geflogen, da sie nicht verspüren können wo sie hinein kommen."

Überall und zu allen Zeiten ist und war die Schwalbe ein jubelnd begrüßter Frühlingsverkünder. Ihre Wiederkunft war schon für die Städter Griechenlands ein augenfälliges Zeichen des Frühlings, und als die herrliche Botin des lieblich duftenden Frühlings wurde sie schon seit Hesiod von den Poeten gepriesen (56, II).

In Frankreich wird die Schwalbe, auch in vielen Legenden, mit den religiösen Festen in Beziehung gebracht. So sollen die Schwalben immer vor dem Karfreitag aus dem Süden zurückkommen und bei der Passion anwesend sein (113, III). In Bayern heißt es: „An Mariä Verkündigung (25. März) kommen die Schwalben wiederum" (54). Über ihre Ankunftszeit im Frühling sagt man in der Normandie:

> En mars pour fêter Gabriel
> Revient la première hirondelle,
> Mais toutes, elles sont en chemin
> Le jour de Saint-Benjamin[1].

In Baugé meint man: „L'hirondelle arrive la jour de Annonciation (25. März) et depart le jour de Notre-Dame de septembre" (8. September) (108, X). Bei uns sagt man: „An Mariä Geburt ziehen die Schwalben furt." In Frankreich rüsten sie sich zur Reise nach dem Süden am 14. September, daher sagt man in der Franche-Comté:

> „Si l'hirondelle voit la Saint-Michel (19. Septbr.)
> Pas d'hiver avant Noel"[2].

Wohl ist die Schwalbe eine Verkündigerin des Lenzes, wer aber den ersten Ankömmlingen allzu stark vertraut, sieht sich hernach leicht enttäuscht; so weiß der Franzose sehr richtig: „Wenn die Schalbe kommt, ist

---

[1] Im März, Am Tag Gabriel sind die ersten Schwalben zurück. Alle aber sind zurück am Tag Benjamin.
[2] Wenn die Schwalben noch am Michaelstag da sind, gibt es keinen Winter vor Weihnachten.

der Winter zu Ende", aber: „Une hirondelle ne fait pas le printemps"
(108, II). Die alten Deutschen sagten, gestützt darauf, daß nach Ankunft
einer ersten Schwalbe noch immer leichte Kälterückschläge und Schneegestöber an der Tagesordnung sind: „Ein swalbe ouch nit bringet den
Lenzin, wan sie komit geflogin" (25, I). Diese alte Erfahrung ist sowohl in
den germanischen als auch den romanischen Sprachen sprichwörtlich geworden:

„Eine Schwalbe macht noch keinen Sommer."

„L'hirondelle aux champs
Amène joie et printemps"[1] (108, II).

„Una rondine non fa primavera"[2] (108, II).

Wie der erste Kuckucksruf, so ist auch das Erblicken der ersten Schwalbe
vorbedeutend.

Noch im 14. Jahrhundert steht in einer Heilmittellehre zu lesen: „Wenn
du zum erstenmal eine Schwalbe siehst, so sprich dreimal: Ich bitte dich,
Schwalbe, daß meine Augen heuer nicht triefen oder schmerzen." Dies
hängt schon mit dem bei Aristoteles und Plinius erwähnten Glauben zusammen, wenn man den Schwalben die Augen aussteche, so wachsen sie
wieder nach (54, II).

Sieht ein lediger Bursche in Westfalen (154) und in Frankreich (113,
III) im Frühjahr die erste Schwalbe, muß er nachschauen, ob sich nicht
ein Haar unter seinen Füßen befindet. Trifft es zu, werden auch die Haare
der zukünftigen Braut von derselben Farbe sein. Wenn man im Frühjahr
die erste Schwalbe sieht, soll man die Schuhe ausziehen und die Fußsohlen untersuchen. Findet man ein weißes Härchen daran, so wird man –
wie die Katzendorfer und Groß-Alischer behaupten – glücklich (37).

Betet man am Karfreitag vor Sonnenaufgang im Freien mit gefalteten
Händen, bis die erste Schwalbe sichtbar wird, und öffnet man dann die
Hände, sieht man darin ein Haar, dessen Farbe bestimmend ist für den
Ankauf des Viehs. Ist es rot, gedeihen die Kühe (Rotvieh), ist es schwarz,
die Schweine (Schwarzvieh) (24, II). In der Lausitz findet man, wenn man
die erste Schwalbe sieht, eine Kohle unter den Füßen, die dann, bei sich
getragen, das ganze Jahr vor Kopfschmerzen schützt (154). Trägt man
diese Kohle, die schon zu Anfang des 15. Jahrhunderts bekannt war
(143), bei sich, bekommt man das Fieber nicht (24, II). Im Oldenburgischen nimmt man bei Fieber davon etwas ein, dann verschwinden sie
(131, I). Die Kohle findet man auch in Mecklenburg, wenn man sich,

---

[1] Die Schwalben über den Feldern bedeuten Freude und Frühling.
[2] Eine Schwalbe macht noch keinen Frühling.

Boten des Frühlings.
Originalzeichnung von Albert Richter.

Abb. 20: Schwalben als freudig begrüßte Frühlingsboten. Stich aus dem Ende des 19. Jahrhundert.

sieht man die erste Schwalbe, dreimal schweigend auf dem linken Fuß von Osten nach Westen umdreht. Gepulvert ist sie gut gegen mancherlei Tierkrankheiten (6). Wenn man in der Languedoc am heiligen Samstag geweihtes Wasser trinkt, dreimal um das Feuer des heiligen Jean springt oder drei Luftsprünge vollführt, wenn man die erste Schwalbe sieht, bleibt man das ganze Jahr von Fieber frei (100, VI). Der Augenblick, in dem man in Frankreich im Frühling die erste Schwalbe sieht, kann von glücklicher Vorbedeutung sein, nämlich dann, wenn man, wird man den Vogel gewahr, unter den Füßen nachschauend dort etwas findet. Trifft dies zu, wird man das ganze Jahr so glücklich sein, Geld zu finden (108, X).

Um Flechten und Sommersprossen zu verlieren, wäscht man sich beim Anblick der ersten Schwalbe mit Wasser aus einer Mistpfütze (154). In Böhmen muß es aber, obschon das Töten einer Schwalbe eine Todsünde

ist, das Blut der zuerst gesehenen Schwalbe sein, mit dem man sich
wäscht (35). In Bandenburg genügt ein sofortiges Waschen; dann wird
man auf alle Fälle schön (154). Wäscht man sich beim ersten Gesang einer Schwalbe, werden die lästigen Sommersprossen sofort verschwinden
(125, IX). Bei den Siebenbürger Sachsen muß man sich schnell waschen
oder wenigstens, das Waschen nachahmend, das Gesicht mit den Händen
reiben und rufen:

> „Sprossen, Sprossen, Sommersprossen,
> Sind in mein Gesicht gechossen!
> Schwalbe ist gekommen,
> Hat sie weggenommen (147).

In der Neumark muß man sich sofort, sieht man die erste Schwalbe, waschen, sonst wird einem die Sonne das Gesicht verbrennen (46, I).

Sieht man in Schlesien, wo die Schwalbe ebenfalls der Jungfrau Maria
geweiht ist, im Frühling die erste Schwalbe, soll man sich geschwind auf
den Rücken legen, dann bekommt man das ganze Jahr keine Rückenschmerzen und bleibt auch von Halsweh und Hexenschuß verschont (24,
II). Im Pays d'Albret (108, X) wird man dann nicht unter Hüftweh und
Zahnschmerzen zu leiden haben. Wenn man die erste Schwalbe sieht,
muß man sich, um nicht von Nierenleiden geplagt zu werden, in der
Basse-Bretagne die kranke Stelle mit Erde reiben, in der Yonne aber auf
dem Boden wälzen (113, III).

Beim Anblick der ersten Schwalben soll man, wenigstens in Schüttar-
schen, recht schwer heben, man bewahrt sich dadurch vor Leibschaden
(49). Sieht man in der Lausitz die erste Schwalbe, muß man mit der großen Zehe etwas Erde aufheben und hat dann ein gutes Mittel gegen Flöhe
(37). Sieht man in der Schweiz die erste Schwalbe, soll man mit der Hand
auf die Tasche schlagen und das Geld schütteln, dann wird man den ganzen Sommer Glück im Haushalt und im Spiel haben (125, IX). In Schlesien (24, II) und in Thüringen wird man das ganze Jahr über Geld verfügen. In der Oberpfalz muß man den Vogel fest im Auge behalten und
einen Stein aufheben. Trägt man diesen stets in der Tasche, wird man
reich (154). Im Vogtland kann man am ersten Pfingstfeiertag in der Kirche die Hexen mit Milchkesseln, in der Altmark mit Butterfässern auf den
Köpfen sehen, wenn man ein Stückchen Erde bei sich trägt, das man
beim Anblick der ersten Schwalbe aufhob (57). Sieht man in Oldenburg,
wenn man die erste Schwalbe erblickt, über die linke Schulter, kann man
das ganze Jahr Geister schauen (154).

Sieht im Frühling ein böhmisches Mädchen zuerst ein Schwalbenpaar,
kann es mit Sicherheit rechnen, daß es noch im selben Jahr heiraten wird
(35). Auch eine einzelne Schwalbe kann baldige Heirat verkünden, meh-

rere aber bedeuten ein ferneres Ledigbleiben (35). Sieht eine französische Schöne im Frühling zum ersten Mal eine einzelne Schwalbe, wird sie während des Jahres sicherlich nicht Hochzeit feiern, sind es aber zwei Vögel, die sie miteinander sieht, geht sie gewiß bald die Ehe ein (108, X). Wer bei den Zigeunern am Morgen beim Verlassen des Wagens oder Zeltes eine Schwalbe hört, wird an diesem Tag Erfolg in seinen Geschäften haben (44, XV).

Wie heute die Schwalbe für den Menschen der Ausdruck der Liebenswürdigkeit ist, so war es auch schon im Altertum. Um so auffallender ist es, daß diese Vögel dagegen von den Auguren überwiegend als unheilvolle oder zumindest verdächtige Erscheinungen betrachtet wurden. Schwalben waren es, die Darius bei seinem Zuge gegen die Skythen den unglücklichen Ausgang des Feldzuges anzeigten. Besonders wurde dem Erscheinen von Schwalben vor einer Schlacht eine schlimme Vorbedeutung beigelegt. So zeigt dem Pyrrhus eine Schwalbe, die in seinem Kriegszelt ihr Nest baute, die unglückliche Schlacht bei Beneventum an. Antiochus, König von Syrien, verlor im Krieg gegen die Parther sein Leben, weil Schwalben in seinem Kriegszelt ihr Nest gebaut hatten, und vor der Seeschlacht zwischen Caesar und Antiochus hatten Schwalben unter dem Heck des Schiffes der Cleopatra ihr Nest gebaut, das aber von anderen Schwalben mit Hinauswerfen der Jungen in Besitz genommen wurde. Das einzige glückliche Schwalbenorakel aus der klassischen Zeit betrifft den Tyrannen Dionysius, dem nach der Vertreibung Schwalben, die in seiner Burg nisteten, seine Rückkehr prophezeiten (45).

In Avon bedeuteten Schwalben Glück, wenn sie einem entgegenflogen, Unglück aber, wenn sie einem den Schwanz zukehrten (108, X). In Böhmen fliegen die Schwalben gerne um oder über einer Braut. Fliegen sie ständig über einem Hause oder um die Fenster, ist dies ein untrügliches Zeichen, daß ein Mädchen aus dem Hause bald Braut wird. Es kann aber ebensogut bedeuten, daß ein Sohn des Hauses in den Krieg ziehen muß (35). Sieht das aus der Kirche kommende Brautpaar zuerst Schwalben, darf es in Böhmen eine glückliche Ehe erwarten, nisten die Vögel am Hause des Paares, bedeuten sie ewige Liebe (35). Sieht in der Wallonie eine Tochter eine Schwalbe im Fluge das Wasser streifen, bedeutet es ihr, daß sie sich verheiraten wird, ehe sie 19 Jahre zählt (113, III). Noch zu Anfang des 19. Jahrhunderts glaubte man in Frankreich, wenn eine Schwalbe über eine Frau fliege, die mit dem Waschen von Kindersachen beschäftigt ist, werde sie allerlei Hautkrankheiten bekommen (100, XII). Fliegen in Schlesien Schwalben in das Zimmer einer schwangeren Frau, hat diese Zwillinge zu erwarten (24, I). Fliegen sie durchs offene Fenster in die Stube, ist dies in Posen nichts Gutes (113, III), und bei den Siebenbürger Sachsen zeigen sie einen Todesfall an (141, XIII). Im Kanton Bern darf man Schwalben nicht ins Haus nehmen, sonst stirbt jemand noch im selben Jahr darin (44, VII).

Zwitschert in Gnesen eine Schwalbe auf dem Fensterbrett, wird sich im Hause etwas Glückliches begeben; setzt sie sich darauf, bekommt man in kurzer Zeit einen angenehmen Brief, fliegt sie dicht am Fenster vorüber, wird die Hausfrau einer Tochter das Leben schenken.

Die Schwalbe, schön und segensreich im Frühling, wird häßlich und fast diabolisch in den anderen Jahreszeiten. Daher hielten es die Alten für ein schlechtes Zeichen, von Schwalben zu träumen (36). Von ihnen zu träumen ist dagegen in Paris ein Zeichen der Treue (108, X). Stößt in Schwarzenau eine Schwalbe an ein Haus, soll dies ein Zeichen dafür sein, daß darin fromme Menschen wohnen (58).

Die Schwalben können aber auch Unheil anzeigen: Haben die Vögel ihr Nest in oder an einem Hause oder Stall gebaut und werfen ein Junges heraus, so wird bald ein Glied in der Familie sterben (141, X). Findet man auf der Straße eine tote Schwalbe, so soll sich in einem Haus dieser Straße bald ein Todesfall ereignen (11, VIII). Überall bedeuten Schwalben meist Glück und Segen. Wo sie aber neue Nester bauen, da stirbt noch im selben Jahr jemand aus dem Hause (33, III).

In einigen Gegenden Norddeutschlands wird die Rauchschwalbe auch Blutschwalbe genannt und von abergläubischen Menschen beschuldigt, sie sauge den Kühen Blut und Milch aus dem Euter. In Pommern und auch in Frankreich (113, III) soll schon, wenn nur eine Rauchschwalbe unter einer Kuh durchfliegt, diese rote Milch geben. Um nun die verhexte Milch wieder gut zu machen, schüttet man sie in einen alten irdenen Topf und setzt ihn auf einen Zaunpfahl. In Frankreich (113, III) läßt man die erwärmte Milch auf einen Scheideweg fließen. In Ostpreußen ist es aber gerade die Rauchschwalbe, die zur Behebung des Schadens darüber fliegen muß (154).

Wo in Westfalen die den Milchkühen so gefährlichen Schwalben in der Esse nisten, kann man keine Kälber großziehen (154). Rote Milch geben im Allgäu (101, II) die Kühe, wenn man die Schwalben ins Haus einsperrt. Auch gefangene Vögel sind Gegenstand des Aberglaubens. So bringt in Frankreich das Gefangenhalten einer Schwalbe Unglück; Glück bringt es aber, wenn man eine Schwalbe fangen kann, dieser einen Faden an den Fuß bindet und sie wieder fliegen läßt. Noch um die Mitte des letzten Jahrhunderts kauften die Leute aller Volksschichten auf dem Vogelmarkt zu Paris Schwalben, gaben diesen die Freiheit wieder in der Hoffnung, daß ihnen die Tierchen den Segen des Himmels einbringen und sie in ihren Unternehmungen stets Glück haben würden (113, III).

Das Wechseln ihres Aufenthaltes und die frühzeitige Abreise der Zugvögel bedeutet auch in Frankreich nichts Gutes. In der Gironde fürchtet man, die Schwalben würden dadurch, daß sie früher als üblich wegziehen, Epidemien verkünden (113, III).

Für die Zauberer und Magier des Mittelalters waren die Schwalben außerordentlich bedeutungsvoll und von vielerlei Wirkung. Wollte man jedermann in Wort und Handlungen gefallen, so mußte man einst eine Schwalbenzunge unter seiner Zunge tragen. Die Zunge, einer lebenden Schwalbe herausgeschnitten und im Mund getragen, bewirkte wenigstens Anno 900 in Frankreich (108, X), daß einen jedes Mädchen lieben mußte, das man küßte. Ein anderes Mittel, um eine Frau zur Liebe zu zwingen, war, daß man einer lebenden Schwalbe den Kopf abschlug und Hirn und Herz zu Pulver brannte und es der Angebeteten in Wasser zu trinken gab (150, III). Heute dünkt einen, es sei einst recht einfach gewesen, die Erwiderung der ersehnten Liebe eines Mädchens zu gewinnen: Man nehme das Herz einer Schwalbe, einer Taube und eines Sperlings und mische das Ganze mit dem frischen Blut der Person, von der man wünschte, daß sie einem ihre Liebe schenke. Die drei kleinen Vogelherzen waren wohl leicht zu erhalten. Wie man sich aber das Blut des Mädchens verschaffen sollte, wird verschwiegen (141, IV).

Wollte man im Mittelalter um Liebe werben, mußte man ein Schwalbennest mit Jungen, ehe diese Federn trugen, in einen Topf legen und diesen in die Erde vergraben, so daß die Vögel erstickten. Mit jenen, die mit aufgesperrtem Schnabel starben, konnte man Liebe erwecken, mit andern aber, die den Schnabel geschlossen hielten, erzeugte man Haß (89).

Die Liebe einer Frau erwirbt man in Frankreich (150, I), wenn man ihr einen goldenen Ring schenkt, der neun Tage lang in einem Schwalbennest gelegen hat. Erwiderung erfährt jedoch die Liebe auch, wenn man ein Schwalbenherz in der Tasche trägt. Darum tragen die Burschen, wenn sie sich bei den Mädchen beliebt machen wollen, mit Vorliebe ein solches bei sich (154). Mit diesem Herz in der Tasche hat man in Frankreich (108, X) Glück im Spiel, und im Sarganserland (80) vergißt man nichts, sofern das Herz in Milch gesotten wurde. Damit ein Kind sehr intelligent werde und ein gutes Gedächtnis bekomme, gibt man ihm das Herz einer Schwalbe zu essen (113, III). Nach dem Grundsatz der Homöopathie: „Similia similibus curanter", der der Lehre von der Sympathie des Alls entspringt, die der Ansicht ist, daß nichts im Universum ohne Ursache und Wirkung sei, jedes Teilchen Zweck und Bestimmung habe, eines sei bestimmt vom andern, eins steht in sympathischer oder antipathischer Beziehung zum andern. Nach diesem Grundstz „Gleiches gern zu gleichem" arbeiteten die Zauberer des 17. Jahrhunderts, wenn sie glaubten, um den Schlaf zu verhindern und Wachsamkeit zu erzeugen, müsse man eine Schwalbenzunge oder ein Schwalbennest ins Bett legen (113, III). Um jemanden wach zu erhalten, legt man ihm in den Vogesen (113, III) das

Ei einer Schwalbe ins Bett. Doch diese alte Lehre kurzerhand mißachtend, legte man 1762 im Waadtland demjenigen ein Schwalbenauge ins Bett, den man im Schlaf halten wollte, denn solange das Auge an seinem Platz lag, war ein Erwachen unmöglich (150, IV).

Indem man einen Schwalbenkopf ißt, kann man in Frankreich zur Hexe werden (108, X).

Um beim Schießen gut zu treffen, wird im Simmental empfohlen: „So du willst 3 gewüsse Schütz haben. So ein Schwalbennest findest so nim der Schwalben 3 oder 5 thu sie in einen neuen Topf brenn es also zu Pulfer und thu dasselbe Pulfer unter das andere Pulfer ist bewert" (44, XIX).

Wer die erste Rauchschwalbe in seinem Hause fängt, sie zu Pulver verbrennt und einem Menschen von diesem Pulver eingibt, bringt es ihm Glück (51).

Griechen und Römer hatten die kühnen Segler der Lüfte, die Schwalben, nicht nur im Verdacht, das am besten sehende Tier zu sein, sondern sie hatten auch die Vorstellung, daß die so überaus funktionskräftigen Augen dieser Vögel unzerstörbar seien. Verwunde sich die Schwalbe eines ihrer Augen durch Unglück oder steche man ihnen diese aus, so wüchsen sie – wenigstens bei jungen Tieren – wieder nach. So berichtet Aristoteles. Auf Grund dieser Vorstellung standen die Schwalben in der volkstümlichen Behandlung kranker Augen während des ganzen Altertums bis tief in das Mittelalter hinein in einem hohen Ansehen. Man röstete die Schwalben, zerstieß sie auf das feinste und verarbeitete das so gewonnene Pulver zu einer Salbe und glaubte, auf diese Weise ein Medikament zu erhalten, welches das Sehvermögen auf das beste stärke und auch erhalte.

Schwalbenblut empfahl Celsius bei Blutungen im Auge zu Einreibungen (46, I). Wie die Augen, so sollte auch das Blut der Schwalben für erkrankte Augen von wesentlicher Heilkraft sein. Besonders wurden von den antiken Volksärzten Augenverletzungen mit dem Blut dieser Vögel behandelt. Schwalbenblut, Schwalbenkot und Schwalbennester waren zu Gessners Zeiten begehrte Medikamente gegen Augenleiden, den Biß wütender Hunde, das Bauchgrimmen und auch für das Färben der Haare (30).

Schon damals hieß es: Wider die Bräune „Schwalbenmist mit Milch, Wein oder Essig zu einem Brey gesotten und warm um den Hals geschlagen, hat eine überschwenkliche krafft wider das Halsgeschwür." Das war vor 400 Jahren. Aus den Erinnerungen eines Eisenbahners, gebürtig aus Horgen, entnehme ich: „Als einst – es dürfte um die Jahrhundertwende gewesen sein – im weiten Umkreis von St. Margrethen im Rheintal die sogenannte Halsbräune grassierte und unter den Kindern viele Opfer forderte (einem Bekannten starben drei Kinder), wurde auch unser jüngstes Schwesterchen davon befallen. Der Arzt gab alle Hoffnung zur Rettung auf, zur großen Bekümmernis des Vaters. Im Dienst fragte ihn ein Kollege über den Grund seines Kummers. Als er ihn vernahm, tröstete er ihn und riet ihm, ein Schwalbennest in Milch zu kochen und den heißen Brei als Halsumschlag zu verwenden. Nach der Heimkehr des Vaters gingen meine ältere Schwester und ich auf die Suche nach einem leeren Nest, deren es im benachbarten Gasthaus ‚Zum grünen Baum' mehrere gab. Der Besitzer wies uns aber ab. Als wir ihm den Grund erklärten, fragte er: ‚Für das hübsche Mädchen?' Und auf unser Ja hin nahm er sofort eine Stange und stieß ein Nest herunter. Es fand nun in der angegebenen Weise Verwendung. Das Resultat war wunderbar. Als der Arzt in der Annahme, das Kind sei gestorben, vorsprach, fand er es vollständig geheilt."

Gegen Angina wirken in Liezen Umschläge von Schwalbenkot, in Graz solche von Hühnerdärmen oder Schwalbennestern. Entzündungen der Mandeln behebt ein warmer Umschlag eines fein zerstoßenen und in Essig, Kamillen oder Wein gekochten Schwalbennestes (46, II).

Leiden in der Steiermark Kinder an Konvulsionen, so gibt man ihnen, besonders in der Umgebung von Graz, in die Milch etwas gedörrte Nachgeburt oder vom abgefallenen Nabelrest des Kindes nebst Schwalbenkot, Schwaben-, Russenkäfern und selbst Filzläusen (29). In Westböhmen gibt man bei Geisteskrankheit zwei- oder dreimal täglich jungen „Schwalbensaft", das ist der Kot von jungen Schwalben (46, II). In Frankreich ist man überzeugt, wenn einem Menschen Schwalbenkot in die Augen falle, verliere er das Augenlicht (108, X). Um die Geburt zu fördern, empfahl man im 16./17. Jahrhundert: „Nim aus einem Schwalben Nest dass inwendige, Stos wol mit Eisenkraut wasser, das wie ein dünner Brey wirdt. Trucke es durch ein Tuch, das gieb der fraw oftmals warm zu trincken. Ein Löffel vol" (51). Schwalbenasche wird heute noch in Bayern als Volksmittel gegen Epilepsie gebraucht (43).

Zum „Aufzeutigen" der Eisse, Pünkel, des Wurmes, der Abszesse und Geschwüre dienen dem Volk vorzugsweise leicht zu erhaltende Breie, die eine gewisse natürliche, konstante Gährung und Wärmeerzeugung, damit auch eine Schmerzlinderung durch Wärmeabgabe des Organs, liefern und so eine Beschleunigung des Prozesses herbeiführen. Solche Gar-Kataplasmen sind: Lebzeltenteig, Sauerteig, Leinzelten, Dampfnudeln usw. Ein ganz vorzügliches Kataplasma wird zusammengesetzt aus: Schwalbennestern, Kuhfladen, Menschenkot, alles in Milch gekocht und geröstete Blätter dazugegeben (43).

Gegen ein Geschwür im Halse erweiche man ein zerstoßenes Schwalbennest in warmem Wasser und mache ein Pflaster aus dem Brei, den man auf den Hals legt (51).

Um Geschwüre zu lösen, streicht man in Schwaben (51) zu Pulver gestoßene Schwalbennester darauf, in Tirol (42) legt man sie in Wein gesot-

ten auf. Am Zürichsee gilt ein Schwalbennest, in Milch gesotten und auf
eine Geschwulst gelegt, als vorzügliches Heilmittel. Bei Bräune hilft der
Brei eines klein zerstoßenen Schwalbennestes, das aber in Tirol (141,
VIII) in Wein gesotten sein muß, um den Hals gelegt. Ein Schwalbennest,
um den Hals gelegt, hilft in Mecklenburg gegen alle Halsübel (6). Hals-
entzündungen heilen in Franken Umschläge von Schwalbennestern, die
man frisch vom Hause abnimmt und kocht (46, II). Andernorts nimmt
man zum Schwalbennest ebensoviel Taubenkot, siedet beides in Kuh-
und Ziegenmilch zu einem Brei und legt dieses Mus warm auf. Je öfter
dies getan wird, desto besser die Wirkung: „Wann einem der Hals ver-
schwollen ist. Ein Schwalbennest klein gestossen in butter geröstet und
warm umb den halss geleget" (51). Gegen den Biß toller Hunde empfiehlt
Plinius ein wenig von einem Schwalbennest mit Essig aufzulegen oder
auch verbrannte junge Schwalben (159, II).

Bei Engbrüstigkeit oder Verstopfung der Lungen und Luftröhren mit
Schleim koche man ein Schwalbennest mit Milch, Butter und ein wenig
Safran, hülle alles in ein Tüchlein und lege solches, frisch bereitet, warm
auf die Brust; bei Keuchen und Husten hilft auch Kuhkot, mit einem
Schwalbennest warm aufgelegt (46, II). Gegen Fraisen[1] der Kinder ist es
von Nutzen, wenn die Mutter dem Kind ein Schwalbennest vom Hause,
zu dem man andernorts noch eine seidene Brautschürze beifügen muß
(83), unter das Köpfchen legt (46, II).

Gegen angeschwollene Euter der Kühe ist es das beste Mittel, diese mit
Schwalbennestern zu beräuchern (58).

Bei Mundsperre dampft man ein Schwalbennest in gutem Wein ab und
legt es über, so wird das Übel in einigen Tagen behoben sein (51).

In Salz eingelegte Schwalben werden wider Bräune zu einem Drachma
getrunken: und diesem Übel, sagt man, soll auch ihr getrunkenes Nest ab-
helfen. Die Geschwüre der Zunge und der Lippen heilen in Methe gekochte Schwalben (159, II).

Von Gessner (30) erfahren wir: „Die Schwalme als auch die Spyren,
werdend von etlichen arme geässen, wiewol dise hitzig unnd gar schädlich sind. Die jungen wilden Schwalmen sind gantz krefftig, fürauss aber
die Rheynschwalmen. Die brüyen von einem gekochten schwalmen getruncken, wird für dess tobenden Hundsbissz gelobt. Gantze Schwalmen
werdend für das viertägig feber geässen. Drey jung schwalmen mit dreyen
stucken und weyn dem Ochsen in halss gestossen, behalt jn das gantz jar
gsund, als etliche geschriben habend, sagt Plinius und Columella Schwalmen offt genossen sind der fallenden sucht dienlich. Die jungen gebraten

---

[1] Fraisen [ahd. freisa ‚Gefahr'], Volksausdruck für Schrecken erregende, plötzlich auftre-
tende Krankheiten, bes. für die Krämpfe der Kinder (→ Spasmophilie).

oder gesotten und offt geässen, sind ein krefftige artzney den tuncklen und bösen augen" (30). Gegen Augen- und Halsleiden, hartnäckige Geschwüre und selbst Krebs führt Gessner in seinem Vogelbuch seitenweise Medikamente aus Schwalben, gedörrte, gebrannte Schwalben und insbesondere Schwalbenasche an. Immer wird auch darauf verwiesen, daß schon die Heilkundigen des Altertums, Dioskorides, Albertus, Kiranides, Plinius und Marcellus, diese Mittel als probat gefunden hätten. In einem Arzneibuch des 1671 verstorbenen Landammans Michael Schorno von Schwyz wird empfohlen: „Für gross Ruggenwehe. Lug in einem Schwalmennäst, wo jung sind, so wirst du allemal drei finden, so die Schnäbel gegen einander kerend; die drei nimb, Rupffs, nimbs aus und kochs und iss, so wird es nachlassen" (44, XV). Ein anderes handschriftliches Arzneibuch berichtet von einem Wasser zum Beseitigen der Haare: „Nim junge Schwalben, brenne sie zu Pulver, mische Bibegeyl darunter und ein wenig Essig, und distillier es" (44, VI).

Bei zunehmendem Mond nimmt man junge Schwalben aus dem Nest, schneidet ihnen die Köpfe ab und mengt das Blut mit einem halben Lot Weihrauch, daß es eine Salbe gibt. Von dieser wird dem an Fallsucht Leidenden bei abnehmendem Mond je ein Drittel an einem Tage eingegeben (51).

Gegen Krämpfe der Kinder hilft in der Gegend um Sprottau das Wasser, das man aus jungen Schwalben brannte. Sind die Vögel schon ziemlich flügge und nach Pfingsten gekocht, ist das Wasser gut gegen schwere Gebrechen (24, II). Ein handschriftliches Rezeptbuch aus der Berner Gegend von Anfang des 18. Jahrhunderts berichtet: „Für die hinfallende sucht oder böss wee. Nim Einhorn, Elendtklauwen und gutt goldt und trinck darab, nimb das pulffer von einer hauptschädelen, dem mann das hinterteil und einer frauwen das vorderteil in schwallmen oder aegersten wasser ingenommen" (11, X). Junge Schwalben, klein zerhackt oder zu Pulver gebrannt und mit Essig vermischt, heilen in Tirol, wenn man die Arznei nüchtern einnimmt, die fallende Sucht (141, VIII). Schon Plinius hielt „Schwalbenherzen mit Honig, das Fleisch der Krähen essen und ihr Nest auflegen, bei Fieber auch in den langwierigsten Fällen für das diensamste" (159, II). Schwalbenherzen wirkten einst Wunder: „Schwalmenhertz heissend etlich für das viertägig feber essen. Diss ist auch also geässen gut für die fallen sucht. Es sol auch gewüss seyn, dass jre hertz die gedächtnuss meerend, wenn die mit zimmet, amono und mit dem so ein geschlächt Elephangine genennt, genutzt worden. Diss getruncken benimpt den schmerzen des schlunds" (30).

Der Assyrer-König Horus (159, II), ein begeisterter Verehrer des Bacchus, empfahl, um nicht trunken zu werden, Asche vom Schnabel einer Schwalbe und Myrrhen in den Wein zu mischen. Um nicht betrunken zu werden, soll man nach einem altfranzösischen Rezept (108, X) und einem handschriftlichen Arzneibuch (44, VI) eine Schwalbe zu Pulver brennen und diese vor dem Gelage ebenfalls mit Myrrhen vermischt im Wein trinken.

Bei Epilepsie empfiehlt man in England die Asche einer verbrannten Schwalbe in Rautensaft einzunehmen (46, II).

Wer im Herbst die fortziehenden Schwalben grüßt und ihnen Lebewohl sagt, bleibt im Winter von Frostbeulen verschont (89).

Analog dem weisen Raben erhält man auch durch die Schwalbe einen große Heilwirkung und Zauberkraft in sich bergenden Stein, in Tirol die Springwurzel (158) und in Galizien (108, II) ein magisches Kraut, mit dem man Wunder vollbringen kann. Laut einem Auszug aus dem Rostokker Kriminal. Protokollgerichtsbuch bekannte die 20jährige Gersten Sasse am 22. März 1686: „Am Morgen muß man aufpassen, welcher jungen Schwalbe die Alten zuerst Futter bringen. Dann muß man ihr den Kopf abschneiden und findet einen Stein. Läßt man diesen in Gold fassen und hält ihn in ein Schloß, in der drei höchsten Namen, dann wird es aufspringen" (6).

In der Normandie holt die Schwalbe den Stein vom Meere und vernichtet ihn hernach im Feuer oder läßt ihn auch auf ein rotes Tuch fallen, das man ihr, das Feuer vortäuschend, ausbreitet (108, II). In Galizien legt man das Kraut (108, II), in der Schweiz den Stein (80) in das Nest, wenn man ihnen die Eier ausnimmt und wieder gesotten hineinlegt. Legt man diesen Stein, im Vogtland ist es ein Hölzchen (57), zum Geld, wird es in Österreich (46, I) und in der Schweiz (80) nie weniger.

Über diesen Stein, Chelidonius genannt, berichtet Gessner: „Die jungen Schwalmen söllend einen stein bey jnen haben, welcher Chelidonius genennt wirt, und den selben tragend sy im Augsten in der läberen oder im magen, und wirt von mancherley farben gefunden, als weyss und rot, oder schwalmenfarb, am anderen ort purpurfarb, mit schwartzen fläcken gesprengt. Den sol man auss söliche zeichen mercken: Welche Schwalmen den bey jnen habend die keerend die köpff zusammen: dann sunst pflägend sy die schwentz einander zu keeren, darmit sy jren kaat über das näst hinauss schmeissind. Jm Augsten sind sy krefftiger, und werden gewonlich zwei in einem Schwalmen gefunden, als Albertus schreybt. Dise stein sind in der grösse eines Hanffsämlins, auch also gestaltet: dann ich schwartz und rot also gestaltet gesehen hab, sagt Christophorus Encelius. Jch C. Gessner hab rot als ein linse gestaltet gesehen: und noch andere schneeweyss, aber nit durchsichtig: welcher dann vil in einem berg im wallis söllend gefunden werden, im sand zwüschend hohen schrofen. Als ich diser einen kaum zerbissen, hab jch nichts hols, sunder jn satt und vest seyn befunden. So du junge Schwalmen, so von der ersten geburt kommend, im wachsenden Mon aufschneydest, wirst du in jrem magen steinlin finde, auss welche zwen, einen gespreggelt, der andere rein, aussgenommen wirt. Auss welchem der ein, ein farb, der andere aber vil hat: die, ee dann sy auff das erdtrich kommind, in Küläd, od einer Hirtzenhaut an einen arm, oder ann halss gebunde, sind für den fallenden Siechtag, und genemmend den offt gar hinweg, als Dioscorides aussweysst. Dise ann arm gebunden, oder den kinden ann halss gehenckt, söllen auch für die obgenennt kranckheit dienstlich seyn. Dise stein söllend die Schwalmen dem erstgebornen geben, welche nicht bald gefunden werdend man schneyde sy dann all auf. So man die, fürauss die weyssen, allein in der hand hebt, oder in einem tuch ann kopff gebunden werdend, milterend sy die alten und täglichen weetagen dess haupts wenn sy nit vom berüren dess erdtrichs jr krafft verlieren, sagt Marcellus. Wenn man die in ein guldine feygbonen eyngefasset, an halss henckt, werdend sy den menschen vor allen bösen zufelligen kranckheiten der augen bewaren. Sy dienen auch für das viertätig feber, in einem gälem tuch gebunden, und mit einem faden annhalss gehenckt. Man braucht sy auch in die augensalb. Wenn etwas in die augen gefallen, thut man die dareyn: dann dieweyl sy klein und glat sind, mögend sy mit jrem last nit schaden, auch nit mit jrer figur oder ecken: unn mögend ein ding wohl herauss trucken, wie scharlachsomen. Ann rechten arm gebunde, geneerend sy die läbersiechen. Er sol auch also den menschen vor der fallenden sucht bewaren. Jtem vor dem husten, als Plinius und Galenus aussweysend" (30).

Auch ein deutsches Zauberbuch aus dem 16. Jahrhundert weiß von der Kraft dieser Steine. Um in ihren Besitz zu kommen, wird empfohlen: „Nimm drei junge Schwalben, die noch nicht flügge sind, binde sie, wenn du ihnen die Augen ausgestochen, mit einem seidenen Faden um die Beine. Am vierten Morgen schneide sie auf, dann findest du in ihrem Magen drei Steine. Der eine ist rot und wer ihn im Mund haltet dürstet nicht. Wer den andern, grünen bei sich trägt wird nie hungern, der dritte schwarze bewirkt, dass man alles sieht (150, III). Nach Tiroler Volksglauben findet man in den Leibern ganz junger Schwalben, besonders in der Leber, hier und da ein rotes, schwarzes oder auch rotgesprenkeltes Steinchen, den sogenannten Schwalbenstein. Häufig finden sich zwei Steine vor, aber nur der rote ist zu gebrauchen. Einen solchen roten Schwalbenstein, der bei abnehmendem Mond gewonnen wurde, bindet man sich in Hirsch- oder Kalbleder unter die linke Achsel, dann hat man einen vorzüglichen Talisman gegen Schwindel, fallende Sucht, Melancholie und Ohnmachtsanfälle (141, VIII).

Im Eggental (Tirol) sagt man, daß die Schwalben, wenn sie sieben Jahre in einem Nest gebrütet haben, darin ein Steinchen zurücklassen, das große Heilkraft besitzt. Vor allem soll es im Stande sein, Augenübel

zu beheben (154). Auch bei den Siebenbürger Sachsen hinterlassen die
Schwalben nach sieben Jahren ein Steinchen. Mit dessen Hilfe kann man
sich bei jedermann beliebt machen, und wen man damit berührt, der muß
einen lieben (147). Auch in Schlesien findet man im Magen junger
Schwalben, ehe sie die Erde berühren, Schwalbensteine, die für das Gesicht gut sind. Ist einem etwas ins Auge gekommen, muß man nur einen
solchen Stein, den aber unter hundert Schwalben kaum eine trägt, in den
Augenwinkel legen, dann geht er im Auge unter und bringt's heraus (24,
II).

In Westböhmen haben junge Schwalben, die noch im Nest sind und somit die Erde noch nie berührt haben, wenn man ihnen den Kopf abreißt,
im Hirn zwei Steinchen. Eines ist rot, das andere weiß. Dieses ist gut gegen die fallende Sucht, das rote bringt großes Glück, wenn man es bei
sich trägt (49).

Groß war früher die Zahl der Amulette aus dem Tierreich, die später
von der Kirche übernommen und christianisiert, d. h. durch Heiligenbilder ersetzt wurden. So galt auch der Schwalbenstein als Universalmittel
gegen Kopfweh, Epilepsie, Ohrengeschwüre (126), Schwermut und Besin-
nungslosigkeit (6). In Schwaben, wo man den Speichel des Epileptikers
für giftig hält, wird empfohlen: „Nimm von erster Zucht der jungen
Schwalben vor dem Vollmond, schneide sie lebendig auf, in ihren Mägen
findet man zwei Steinlein, das eine ist einfarbig, ds andere aber verschie-
denfarbig, dies Steinchen in ein Stücklein Reh- oder Kalbsfell genäht und
um den Hals getragen hilft" (46, II). Ein Basler Rezept aus dem 17. Jahrhundert läßt wissen: „Eine Gewisse Kunst für den hinfalden Sichtag. Ein
Junge Schwalben, so im Nest liegt, und stich ihr ein Aug auss, lass 3 Dag
ligen und bindt an dem recht fuss mit rottwerfaden mit Eydt und gehe an
dem dritten Dag wider hinzu umb die Zeit, da du im die augen Auss gestochen hast, dan kombt der Alt, und bringt dir ein Stein. Diesen Stein
thue in ein seides tiechle und henckh Jn an den halss, es verlest dich die
weil dus Am halss tregst und ist bewert" (141, XI).

Auch in Frankreich ist der Schwalbenstein Heilmittel gegen Fallsucht,
dient aber gleichfalls dazu, Unreinigkeiten aus den Augen zu entfernen
und gibt Blinden sogar das Augenlicht wieder. Nach den einen ist er im
Kopf des Vogels zu finden, nach andern muß man den Jungen die Augen
ausstechen, dann bringt der alte Vogel den Stein, mit dessen Hilfe er die
Jungen wieder sehend macht (108, II).

Schon in der Antike galten die Schwalben als Wetterpropheten. Aldro-
vanus schreibt darüber: „Hirundo aquas et paludes frequenter petens et
ventre illas et alis contingens adfuturas jam pluvias praenuntiat. Eadem si
nulla fixa loco modo hac modo illac volitans parietibus subinde haereat
vel demissum adeo execeat volatum, ut terram tangere videatur et pul-

verum excitare, pluviarum item signum adfert"[1] (45). In einem Manuskript des 1791 verstorbenen Klosterkaplans Franz Niklaus Jakob von
Sarnen heißt es: „Die Schwalben oder Schwalmen, wann sie dem Boden
nach flüegen, ist es ein Zeichen dess Regen-Wetterss" (44, IV).
Eine Tiroler Wetterregel lautet:

> Fliegt die Schwalbe hoch,
> Wird das Wetter schöner noch,
> Fliegt die Schwalbe nieder,
> Kommt grobes Wetter wieder (42).

Auf Wind deutet es in Frankreich, wenn sich die Schwalben den Bäumen
nähern und nahe der Erde dahinrasen (113, III). Darauf verweist in
Nordfrankreich die Bauernregel:

> Quin chès (les) arondelles volent àtierre
> Adieu l'poussière[2] (108, II).

Regen gibt es im Thurgau auch, wenn die Schwalben auf Drähten und
Dächern zusammensitzen (141, IX). Fliegen sie hoch um den Kirchturm,
dann wird das Wetter schön (125, IX). Schutz und Verehrung, welche die
Schwalben von Seiten der Menschen genießen, sind neben dem Bestreben, auf primitivste Art sich „Warum" und „Woher" und „Wozu" der
Schöpfung der Erde erklären zu lassen, auch Grund einer großen Anzahl
von Sagen und Legenden.

So waren in der ersten Zeit der Schöpfung nach einer Sage aus Ostpreußen die Tiere und Vögel anders verteilt als heute. Die Wachtel
wohnte und nistete in den Häusern der Menschen, die Schwalbe aber
wohnte auf den Feldern. Da die Wachtel den Menschen aber immer zurief: „The torügg! Möt Bedacht!", wurden diese schüchtern, legten bei jedem Unternehmen die Hände in den Schoß, und ihr Geschlecht drohte
unterzugehen. Da erbarmte sich Gott der Menschen, schickte die Wachtel
auf das Feld und die Schwalbe ins Haus. Diese rief nun den Bauern zu:
„fitschet, fitschet". Das klang nun, als triebe sie die Säumigen mit der
Peitsche an, und von nun an ging's besser (22, III).

Als nach einer wallonischen Sage Gott die Erde mit allem, was darauf
ist, geschaffen hatte, bemerkte er, daß das Feuer fehlte. Dieses war aber

---

[1] Wenn die Schwalbe regelmäßig Gewässer und Sümpfe aufsucht und dabei diese im
Flug fast mit dem Bauch berührt, so sagt dies Regen voraus. Und wenn sie, unstet bald hier-
und dorthin flatternd, sich immer wieder an die Wände klammert oder wenn sie sich plötzlich fallen läßt, um sogleich wieder zum Fluge zu drängen, so daß sie, Staub aufwirbelnd,
fast die Erde zu berühren scheint, so ist dies ebenfalls ein Zeichen für Regen.
[2] Fliegen die Schwalben tief, steht starker Wind und Sturm in Aussicht.

im Himmel, man mußte es herunterholen. Gott bat daher die Vögel, die in der Luft fliegen und fast bis nahe an den Himmel kommen, es zu bringen. Die Schwalbe erbot sich als erste. Der liebe Gott gab ihr das Feuer und empfahl ihr, es nicht loszulassen, bis sie auf der Erde sei. Beim Hinabfliegen aber blieb das Feuer am Schwanz der Schwalbe sitzen und brannte die Mitte aus. Als der Vogel dies sah, ließ er das Feuer fallen und stieg wieder zum Himmel. Seit dieser Zeit haben die Schwalben einen gegabelten Schwanz (22, III). Eine andere Sage lautet: Anfangs waren die Menschen ohne Feuer und nur der Teufel besaß es. Der Sperling aber war sein Diener, und von diesem Lumpen war natürlich nichts zu bekommen. Da schickte man endlich die flinke Schwalbe aus, etwas Feuer zu rauben. der Sperling verfolgte die Diebin, ohne sie jedoch ganz einzuholen, biß ihr aber ein Stück des Schwanzes ab, an dem er sie noch gerade zu fassen bekam. Auch versengte ihr bei dem schnellen Flug das Feuer ein wenig das Genick, so daß es noch heute rot ist. Seit der Zeit herrschte nach dieser russischen Sage Feindschaft zwischen Sperling und Schwalbe. Immer fragt jener: „Udsch, udsch" (von ugens, Feuer). Die Schwalbe aber verhöhnt ihn, indem sie im Kreise herumfliegt und singt: „Ssaki skaidri, ssaki skaidri, newar skaidri isteikt", sprich deutlich, sprich deutlich, kannst's nicht deutlich sagen". Nach einer anderen russischen Variante dieser Sage stiehlt die Schwalbe das Feuer in der Küche des Teufels. Als dieser sie fassen will, fliegt sie über seinen Kopf hinweg, und er kann ihr nur noch mit dem Feuerbrand das Genick versengen und eine Kerbe aus dem Schwanz reißen (22, I).

In Godarville war es die Schwalbe, die das Wasser auf die Erde brachte (108, X).

Nach einer Sage aus Frankreich schuf Gott einst zwei schöne weiße Vögel und sagte zu ihnen: „Ich nenne euch Schwalben. Ihr und euere Nachkommen sollen meinen Segen überall hintragen und den Menschen die schöne warme Jahreszeit verkünden, die Blumen und Früchte bringt. Baut euere Nester unter den Dächern der Wohnungen, sie sollen Zeichen des Glücks sein". Die Schwalben breiteten ihre Flügel aus und flogen zur Erde. Da wurde dort alles anders als zuvor. Der kalten öden Zeit folgten helle, freundliche Tage mit warmen, linden Lüften, und wo die Vögel einkehrten, verschwanden auch die Krankheiten. So blieb es mehrere Jahre. Die Menschen waren glücklich, und der schönen, weißen Vögel wurden immer mehr. Da zerstörte eines Tages ein finsterer, böser Mann das Schwalbennest unter seinem Dach; andere Taugenichtse waren auch dabei und lachten, wie die eben ausgeschlüpften Jungen herunterfielen. Als nun den Gottesvögeln solche Grausamkeit widerfuhr, entflohen sie zum Himmel. Aber indem die letzte Schwalbe entschwand, wurde es wieder Winter, und die Menschen wurden bald ihr Unglück gewahr. Da baten sie

Gott, er möge sie nicht alle für das Verbrechen dieses einen bestrafen. Gott erhörte ihre Bitte, und mit den zurückkehrenden Schwalben kam auch die schöne Jahreszeit wieder. Es gab aber ein paar böse Menschen, die fürchteten, daß die Boten des Frühlings noch einmal wegziehen würden, und eines Nachts, als die Schwalben schliefen, fingen sie sie und zerrten sie in einen großen Turm. Am nächsten Morgen sahen die armen Tierchen, daß sie gefangen waren, stießen jämmerliche Schreie aus und schlugen mit Flügeln und Schnäbeln an die Wände, um ihre Freiheit wieder zu gewinnen. Doch es kam noch schlimmer. Die Wächter, die die Vögel bewachen sollten, wurden ihres Geschäfts überdrüssig und rissen den Vögeln die Flugfedern aus. Die armen Vögel klagten, wie sie ihre weißen Federn vom Turm hinunterfliegen sahen, die Wächter aber lachten nur. Da verwandelten sich die weißen Federn auf einmal in dichte, weiße Flocken, die die Wächter einhüllten. Der Nordwind blies, Gras und Blumen verwelkten, die Bäume verloren ihre Blätter, und die Erde gefror. Auf die Menschen fiel Schnee, und sie flohen in ihre Wohnungen. Plötzlich brach ein Orkan los, der rüttelte an dem Turm, bis sich ein Spalt öffnete. Die Schwalben, denen die Federn bereits wieder gewachsen waren, flogen abermals zum Himmel. Zum zweitenmal baten die Menschen Gott um Verzeihung, und er verzieh ihnen, doch durften seitdem die Schwalben nur sechs Monate bei ihnen bleiben, und ihr Gefieder wurde schwarz zur Erinnerung an die Bosheit der Menschen (22, III).

Eine finnische Sage weiß, daß einmal eine Schwalbe im Winter im Lande geblieben war. Als nun die anderen im Frühling wiederkamen und sie sich zu ihnen gesellte, gab es viel durcheinander zu reden und zu streiten. Zuletzt fällten sie den Spruch, daß die Schwalbe, die so faul geworden war, in einen feurigen Ofen geworfen werden sollte. Seitdem blieb keine Schwalbe den Winter über im Lande (22, III).

Nach einer englischen Sage sollen es die Schwalben gewesen sein, die Adam und Eva vereinigten. Zur Belohnung für diesen Dienst dürfen die Vögel noch heute ihre Nester in den Häusern der Menschen bauen (22, I).

Als Maria über das Gebirge ging nach der Stadt Judas, in das Haus Zacharias, um Elisabeth zu grüßen, sproßten nach der Volkssage nicht nur Blumen, wie die Marienblümchen, die Rose von Jericho und andere unter ihren Tritten, sondern auch Schwalben gaben ihr freundlich zwitschernd das Geleite, weshalb sie noch heute der Muttergottes heilig sind und unter ihrem Schutze stehen (22, II).

Nach niederländischem Glauben waren die Schwalben die stetigen Begleiter der hl. Jungfrau, wenn diese fliehen mußte. Daher gelten sie dort als die Vögel der Maria und bringen Glück (22, II).

In Sizilien nennt man die Schwalben die Vögel der Madonna. Sie sind gesegnete Tiere, die man ehrt, und man wünscht, daß sie ihre Nester an das väterliche Haus bauen. Tötet man eine Schwalbe, begeht man eine Sünde, weil die Schwalben in ihrem Blut einen Tropfen vom Blute des Herrn haben, noch seit der Zeit der Flucht nach Ägypten, als ein Dorn das Jesusknäblein in den Finger stach und sie den Blutstropfen, der davon ausging, aufnahmen (22, II).

Nach einer spanischen Sage folgten die Schwalben dem Heiland zusammen mit den heiligen Frauen auf den Kalvarienberg und waren ebenso untröstlich wie jene. Dann holten sie die Stacheln aus der Dornenkrone, und als Jesus gestorben war, trauerten sie um ihn und nahmen ein schwarzes Gewand an, das sie nie wieder ablegten (22, II).

Eine venezianische Legende erzählt, daß die Schwalbe bei der Kreuzigung so nahe an der Muttergottes vorbeiflog, daß viele ihrer Federn weiß wurden wie deren Tränen (22, II). Als Christus im Sterben war, saß eine Schwalbe auf seinem Kreuz und tröstete den Heiland durch ihr Gezwitscher. Darum dürfen die Schwalben sich auch nach einer slowenischen Legende während des Meßopfers auf den Altar setzen, ohne verjagt zu werden (22, II).

Nach einer Legende aus Dänemark rief die Schwalbe, als Jesus sterbend am Kreuze hing: „Sval ham, sval ham", „erfrische ihn!" Darum ist sie überall beliebt und ihre Nester zerstört man nicht. Die Norweger erzählen sich, die Schwalben hätten sich auf dem Kreuz niedergelassen, sich gegen den Retter der Menschheit geneigt und gerufen: „Hugsvala, svala, svala" (100, III). Auch den türkischen Juden sind die Schwalben geheiligte Tiere; sie behaupten, daß diese Vögel den Brand des Tempels von Jerusalem während der Zerstörung der Stadt zu löschen suchten, indem sie Wasser herbeibrachten. Von dem Rauch, dem sie bei dieser Feuersbrunst ausgesetzt waren, sind die Tierchen, bis auf einen einzigen weißen Fleck, schwarz geworden (22, III).

Nach einer niederländischen Sage konnten die Schwalben einst sehr schön singen und fanden auch ihre Nahrung auf der Erde. Als aber Christus in Todesqual auf dem Kalvarienberg am Kreuze hing, setzten sich Schwalben auf seine Arme und hörten nicht auf zu singen. Die Schmerzen des Sterbenden waren so heftig, daß er den Gesang nicht ertragen konnte, sondern als Belästigung empfand. So verfluchte er die Vögel, daß sie fortan nur noch zwitschern sollten und die Erde ihnen keine Nahrung bieten möchte. Seitdem können die Schwalben nicht mehr singen und müssen ihre Nahrung im Fluge ergreifen (22, II). Weil nach einer polnischen Legende die Schwalbe Bienen fraß, welche Wachs zu Kirchenlichtern bereiten, gab ihr Jesus ein nur zweijähriges Leben. Nach diesem gehen sie ins Wasser und finden dort ihr Ende (22, II).

An Mariä Verkündigung brachte der Engel Gabriel der heiligen Jungfrau die Botschaft, sie werde den Heiland der Welt gebären. In einen sinnigen Zusammenhang mit diesem Ereignis brachte das Volk in Luxemburg die Schwalbe, deren Ankunft an diesem Tage erwartet wird. Sie ist nämlich der Engel, welcher der jungfräulichen Erde die Brautschaft des Heilandes, der Natur, des goldenen Frühlings meldet. An einem andern Muttergottesfest soll uns die Schwalbe wieder verlassen, und zwar an Mariä Geburt, 8. September, weswegen dieser Tag auch „Schwalbenabschied" geheißen wird. Zur Feier der geistigen Geburt Mariä am 15. August, bei ihrer Himmelfahrt, hat die Kirche Jubelchöre inmitten wirbelnder Weihrauchwolken zu den Sternen steigen lassen, für die irdische Geburt der Muttergottes, ihren Eintritt in das Tal der Tränen, verstummte jeder Freudengesang, und die Schwalbe zieht von dannen; sie ahnt des Winters Eis und Stürme und sucht eine bessere Heimat auf (28).

Eine Sage aus Pommern weiß, daß die Rauchschwalben von jeher sehr neugierig gewesen sind. Sie flogen immer an den Fenstern auf und ab, um zu sehen, was in den Häusern vorgehe, um so ihre Neugier zu befriedigen. Das ärgerte einen Finken. Er bestellte sich ein Faß rote Tinte und schrieb darauf mit großer Schrift: In diesem Haus ist ein Geheimnis. Sofort kamen die Rauchschwalben geflogen und sahen zum Spundloch hinein. Der in der Nähe sitzende Fink eilte schnell hinzu und stieß sie mit dem Kopf hinein. Seither tragen die Schwalben den roten Fleck an der Kehle (22, III).

Als einst König Salomo herrschte, ordnete er an, daß die Schlange sich vom Blut der Menschen ernähren sollte. Als diese sich hierüber beklagten, berief er alle Tiere zu einer Versammlung ein und bestimmte, daß die Mücke innerhalb Jahresfrist das zarteste Blut herausfinden solle. Die Mücke tat, wie ihr geheißen, und als sie nach einem Jahr wieder zur Versammlung ging, verriet sie der Schwalbe, daß der Mensch das zarteste Blut hätte. Darüber erbost, riß ihr die Schwalbe die Zunge aus und antwortete Salomo an ihrer Stelle: „Die Frösche haben das zarteste Blut." Die Schlange, die sich nun fortan davon ernähren sollte, war erbost und suchte die Schwalbe zu erwischen. Diese aber bemerkte den Sprung und schwang sich mit einem kräftigen Flügelschlag in die Höhe. Die Schlange vermochte nur noch die Mitte des Schwanzes zu erhaschen. Seit dieser Zeit hat die Schwalbe einen gegabelten Schwanz und seither muß sich die Schlange vom Blut der Frösche ernähren. Die Schwalbe aber liebt noch immer die Menschen, und diese sind nicht undankbar. Während sie die anderen Vögel verfolgen, gewähren sie der Schwalbe einen Platz an der Schwelle ihrer Häuser und betrachten ihre Gegenwart als ein glückliches Zeichen (22, I).

Einmal fuhr, so berichtet eine Sage aus Estland, ein Hochzeitszug in den Hof des Bräutigams. Schnell setzte man sich an die Tafel und griff nach den Speisen. Der Brautvater wollte ein Tischgebet sprechen, aber

der Bräutigam wehrte ihm mit den Worten: „Sei still, heute wollen wir
fröhlich sein; ohne Gebet kann man auch leben." Nach dem Essen kam
ein kleiner schwarzer Vogel mit einem geteilten Schwanz ins Zimmer und
rief: „Weil ihr alle ohne Tischgebet gegessen habt, sollt ihr alle in Vögel
verwandelt werden, die aussehen wie ich. Ihr sollt Schwalben heißen. Nur
der Brautvater soll ein Mensch bleiben, weil er beten wollte." Als der Vogel schwieg, waren alle Hochzeitsgäste zu Vögeln geworden und wollten
hinausfliegen. Der Brautvater hatte allein seine menschliche Gestalt behalten und stand an der Tür und spaltete jedem Vogel den Schwanz. So
sind nach dieser Sage die Schwalben entstanden. Jene mit der weißen
Brust sollen die jungen unverheirateten Männer gewesen sein, jene mit
der roten Brust die Frauen, und die Kirchenschwalben sind Ehemänner
gewesen. Wenn man, was aber sehr selten vorkommt, eine weiße
Schwalbe sieht, sagt man, sie sei die Braut (22, III).

Nach einer russischen Sage gab es einmal eine gute Frau, die von ihrem
Mann außerordentlich geliebt wurde. Eines Tages nun schlachtete dieser
ein Tier und beschmutzte sich die Hände mit Blut. Da kam sein Weibchen
zu ihm und begann ihm etwas sehr Schönes zu erzählen, was ihn so sehr
freute, daß er die Frau mit den Worten „meine liebe Schwalbe" um den
Hals faßte und küßte. In diesem Augenblick verwandelte sich die Frau
auch in eine Schwalbe unf flog zwitschernd davon. Infolge der Umar-
mung der Frau mit seinen blutigen Händen haben die Schwalben rote
Hälse, und weil sie aus einer guten Frau entstanden sind, ist es eine
Sünde, sie zu töten. Auch bei den Ruthenen in Galizien ist die Schwalbe
eine verwandelte Frau, die von ihrem Mann blutig geküßt und Schwälb-
chen genannt wurde (22, III).

Bei den Polen war die Schwalbe einst ein Mädchen, das die Tartaren
fingen. Sie bat, in ihr Land zurückkehren zu dürfen und wurde dazu in
eine Schwalbe verwandelt. In Estland, in Finnland und ebenso in Galizien ist die Schwalbe eine verwandelte Schwiegertochter (22, III).

Nach einer wallachischen Sage war die Rauchschwalbe ehedem ein
Mädchen, das stets mit seinen Eltern haderte und andere verleumdete.
Zur Strafe wurde sie in ihre jetzige Gestalt verwandelt und muß ihr Nest
in Schornsteinen bauen, dem ätzenden Rauch ausgesetzt (22, III).

Zu der Zeit, als die Tiere noch redeten, versammelten sich, so berichtet
eine schwedische Sage, die Vögel, damit sie sich alle Kräuter der Erde an-
sähen. Am Gras angelegt, waren alle, mit Ausnahme der Schwalbe, zufrieden. Diese aber konnte den Lein nicht ertragen, weil Netze und Schlingen
daraus gemacht wurden. Die Bachstelze aber verteidigte unter dem Bei-
fall der anderen Vögel den Lein, doch die Schwalbe sprach: „Ich flüchte
mich unter das Dach der Menschen und werde nimmer die Erde mit meinen Füßen berühren." Auch in anderen Legenden tritt sie als eine nicht

gehörte Weise auf, die die übrigen Vögel vor dem Hanfsamen warnt, weil aus ihm Fangstricke gedreht werden (22, IV).

In der Franche-Comté erzählt man, daß jedesmal, wenn ein Mensch seine Seele dem Teufel verschrieb, eine geheimnisvolle Schwalbe den teuflischen Vertrag, den sie unter den Flügeln trug, auf die Erde fallen ließ. Noch zu Anfang des 17. Jahrhunderts war es dagegen im Elsaß der Storch, der in dieser Angelegenheit des Teufels Vertrauter war (113, III).

Auf das Äußere der Schwalbe bezieht sich im Deutschen der metaphorische Gebrauch von Schwalbenschwanz, womit man zunächst die spitz zulaufenden Frackschöße und dann auch den Frack bezeichnet. Dieselbe Metapher findet sich auch im englischen swallow-tail und im italienischen Abito a coda di rondine, wogegen der Franzose hierfür Stockfisch- (102) oder Elsternschwanz (108, X) verwendet. Schwalbenschwanz ist übrigens auch die Bezeichnung eines Schmetterlings mit geschwänzten Hinterflügeln: engl. swallow-tail, franz. queue d'hirondelle (102). Neben verschiedenen Gebrauchsgegenständen und Werkzeugen in Form eines Schwalbenschwanzes nennt der Franzose auch einen langen Bart, wenigstens im Argot, Schwalbenschwanz (108, X).

Unsere Vorfahren beobachteten die lieblichen und zierlichen Schwalben sehr genau und brauchten „Hirundo" (102) als Ausdruck der Zärtlichkeit der Schwalben füreinander, als Liebkosungswort. Heute noch bedeutet in Einsiedeln „schwälmele" liebkosen und küssen, indem man sich, im Übermaß der Liebe, gegenseitig die Zunge in den Mund stößt (44, IX).

Schwäbeln war früher auch gleichgesetzt mit Schmeicheln und Plaudern, dann aber auch mit Lügen (20), und bedeutet heute noch im Deutschen, sich auf das fröhliche Gezwitscher der Schwalben beziehend, Plaudern und Schwatzen – in dem Sinne, wie eben Verliebte zu zwitschern, plaudern und zu schwatzen pflegen.

Die Schwalbe, deren mutmaßlicher Ankunftstag, der 15. April, in England swallow-day, Schwalbentag, heißt, gilt vor allem als Frühlingsbote und Verkünderin der warmen Jahreszeit. Hierauf stützt sich auch das in allen Kultursprachen geläufige Sprichwort: „Eine Schwalbe macht noch keinen Sommer", das seinen Ursprung in der 304. Fabel des Aesop „Der verschwenderische Jüngling und die Schwalbe" hat, wo erzählt wird, wie ein Jüngling, der seine Habe bis auf den Mantel vertan, auch diesen verkaufte, als er die erste Schwalbe heimkehren sah. Danach aber fror es noch so, daß die Schwalbe starb und der frierende Verschwender ihr Worte des Zornes über die Täuschung nachrief (102).

Auf die Schwalbe als Frühlingsverkünderin bezieht sich im Italienischen auch: „Fico rondinino", Schwalbenfeige, als Bezeichnung einer frühen Feigensorte. Treffend nennt der Pariser die italienischen Kastanienhändler und savoyardischen Schornsteinfegerjungen, die im Winter nach der Millionenstadt kommen, um dort ihr Brot zu verdienen, hirondelle d'hiver, Winterschwalben (102). In Deutschland nennt man, sich beziehend auf den Zugvogelcharakter der Schwalbe, die aus dem Süden kommenden Maurer Lehm-, Dreck- (151, II) oder Mauerschwalben (20). Das unermüdliche Hin- und Herschießen der Schwalben in der Luft erklärt die Verwendung des Wortes Schwalbe für Leute, deren Beruf es mit sich bringt, beständig von einem Ort zum andern zu wandern. Mietskutscher und Handelsreisende nennt der Pariser hirondelles, und der Polizist muß es sich gefallen lassen, hirondelle de potence „Galgenschwalbe" genannt zu werden. Schwalben oder Fastenschwalben nannte man auch jene Ordensgeistlichen, die während der Fastenzeit in Paris Gelder sammelten und dann zu Ostern wieder in ihre Klöster zurückkehrten (108, X). Als Schwalben, Schwalbenbrüder oder -kutten verspottete man früher die Predigermönche (20). Kirchhofschwalben heißen in Frankreich die Totengräber und, wegen des Übernachtens unter dem Pariser Brückenbogen, was dasselbe ist wie bei uns bei „Muttergrün" zu übernachten, nennt man im Argot die Vagabunden Brückenschwalben (108, X). Dem Italiener gilt die Schwalbe als Sinnbild der Lebhaftigkeit und Raschheit, und deshalb vergleicht er flinke Personen gerne mit diesem Vogel und sagt: „Essere vispo, lesto come uno rondine" (102).

Auf den Zugvogelcharakter der Schwalbe bezieht sich die französische Redensart „Ami par intérêt est une hirondelle sur le toit", die auf einen Freund anspielt, auf den man sich nicht verlassen kann, der einer Schwalbe gleicht, die auf dem Dache sitzt und jeden Augenblick unvermittelt wegfliegen kann (111).

Die Gedanken eines Menschen, in dessen Kopf es nicht ganz richtig zu sein scheint, der eben ein Rädchen zu viel hat, vergleicht der Pariser mit dem Hin- und Herschwirren der Schwalbe und sagt: „Il a une hirondelle dans le soliveau", er hat eine Schwalbe unter dem Dach (102). Ein „enfant d'hirondelle" bedeutet ein schwatzhaftes Kind, eine „hirondelle de l'amour" eine leichtsinnige Frau oder auch ein Straßenmädchen (108, X). Einen armen Menschen nennt der Holländer eine nackte Schwalbe (108, II). Spaßhalber nennt man die Einwohner einer verräucherten Hütte Rauchschwalben (20). Da der Bauer den Gesang der Schwalbe sehr schätzt, ist die Zahl des Gezwitschers, in menschliche Laute übersetzt, sehr groß. Zahlreich sind die Varianten jenes Schwalbenliedes, wie es schon Rückert in Worte faßte. Da diese Varianten lediglich auf die sprachlichen Verschiedenheiten zurückzuführen sind, der Sinn aber stets derselbe bleibt, sei nur eine Auswahl erwähnt. Wenn die Schwalben dem Süden entgegenziehen, sind unsere Scheunen und Vorratskammern mit der Ernte gut gefüllt, kommen aber die Vögel zurück, finden sie nach dem langen Winter alles leer und deshalb rufen sie in Oldenburg:

> As ik hier dit Jahr was,
> as 'k hier dat Jahr was,
> was dit Fack vull,
> was dat Fack vull
> nu is't all verschlickschlackschliert (131, II).

In der Wetterau singen sie:

> Wann ich fortzieh', wann ich fortzieh',
> Ist Kiste und Kaste voll, ist Kiste und Kaste voll;
> Wann ich wiederkomm', wann ich wiederkomm',
> Ist alles geleeee.... ret (150, I).

In Mecklenburg heißt es: „As ik hir vörrig Jahr was, dunn wüss hir Lof un Gras, dit Jahr is hir nix – nix – nix" (6)

In Neundorf übersetzt man den Gesang:

> Wenn ich fortzieh, wenn ich fortzieh,
> Is S'Haus un de Schei voll
> Wenn ich wiederkomm, wenn ich wiederkomm,
> Find ich's leere Gesparr (50).

Bei der Rückkehr schilt die Schwalbe den Bauern, daß er nicht sparsam genug gelebt habe:

> As iek futt trock, as iek futt trock
> Was hus und huof voll;
> nu iek wi'er kuem, nu iek wi'er kuem,
> es aller verrieten, verslieten, verdrieten, versplieten (148).

Auch in Frankreich singt sie im gleichen Sinn:

> Quand nous nous allons, tout est plein;
> Quand nous revenons il n'y a plusrien;
> perde bien, perde bien[1] (108, II).

Im Kanton Zürich hört man im Schwalbengesang die Worte:

> „D'Muetterset-mer d'hose büezen und hät ke Bletz und hät ke Bletz – wo ne?" (44, IX).

Im Braunschweigischen zwitschern sie:

> Bin verreist gewesen, hab mein Kleid zerrissen,
> Wollts wieder flicken, hatte keinen Zwirn, Zwirn, Zwirn (3).

---

[1] Als wir fortzogen, waren alle Speicher voll, wenn wir wiederkommen ist alles leer, leer.

Nicht minder reichhaltig sind die Gesänge der Schwalbe, die über die
Schönheit der Frauen berichten. Die Kirchen- und Hausschwalbe unter-
hielten sich einst über die Schönheit der Frauen. Jene rief entzückt: „Dos
weibsbild, do zâde Bild, wîl's in de kirche gê!" Ihr antwortete die Hausschwalbe rasch und heftig:

> Wenn du se sêst, wenn ik se sê,
> des morgens früh, des abends späte,
> dann würstu dos nit ssagê',
> dann würstu dos nit ssagê.

In Ilseburg am Harz antwortet die Rauchschwalbe, die in den Häusern
vieles sieht:

> Wenn du se sêst, wenn ik se sê,
> wenn se middags in'r köken stêt
> sûtse ûtas de düwel in'r hölle (65, II).

Die Kirchen- oder Hausschwalbe, die nicht in die menschlichen Wohnungen kommt wie die Rauschschwalbe, sagt in ihrem Gesang stets das Gegenteil von dieser:

> Wat is dat frugensvolk fien,
> wenn es gaht to kark. –
> Wenn du se sehgst, wenn ik se seh,
> denn süüst di verfarren.
> Wo nüdlich, wo nüdlich, wo nüddlich
> is dat wiwervolk,
> wenn dat geit na de kark. –
> Du nark, sasst s'sehn, wenn ik se seh,
> morgens wenn de köh rut gahn,
> dasst di hellschen verfiren (151, II).

Die Hausschwalbe meint sogar:

> Dat Wiwer-Volk, dat Wiwer-Volk,
> dat beste Volk up Erden (6).

Daß die Lerche und die Rauchschwalbe in ihren Liedern nicht dasselbe
ausdrücken können, liegt auf der Hand. Sieht doch die Lerche die Frauen
sauber gekleidet auf dem Felde, die Rauchschwalbe aber sieht die Intimi-
tät des Schlafzimmers. Wenn es auch der Mensch ist, der die betreffenden
Worte dem Vogel zugedacht hat, sind sie nichtsdestoweniger einzigartig
und zeichnen ein treffendes Bild. So jubelt die Lerche in der Morgenfrühe in Herde:

> Dat Fruenstüg, dat Fruenstüg
> dat is sau nüdlich Tüüg.

Dem kann nun die Rauchschwalbe nicht zustimmen und zwitschert:

> Du sost se seihn, wie ik se seih,
> Det morgens, wenn se froi opsteit,
> Im Underrock,
> Im bloten Kop,
> Du wost dik mal verferen (141, XIII).

Da meint die Lerche:

> Dat wiwertüüch, dat wiwertüüch
> dat ist doch ganz famoses tüüch.

Dieses prächtige Bild zerstört die Schwalbe:

> Wenn du't so goot wüsst, as ik dat weet,
> wo de lütt diern de strümp utseht,
> pfui ark, pfui ark.

In Frankreich hört man aus dem Schwalbengesang auch die Worte: „Jé-ousé-Cris, Jéousé-Cris" (108, X).

Die Uferschwalbe

Uferschwalben lieben vor allem das Wasser und halten sich gerne dort auf, wo es an Teichen, Flüssen, Seen und am Meere hohe, steile Ufer gibt, die ihnen, wenn sie von sandiger Beschaffenheit sind, wie übrigens auch in der Nähe des Wassers gelegene Kies- oder Sandgruben, vorzügliche Nistgelegenheiten bieten. Auf ihre Aufenthaltsorte weisen auch die Namen: Bach-, Dreck-, Sand- (132), Erd-, Kot-, Strand- und Uferschwalbe hin (91, IV).

Der Umstand, daß die Uferschwalbe meist fern von menschlichen Siedlungen lebt, bringt es mit sich, daß ihr in volkskundlicher Hinsicht keine große Bedeutung zukommt.

Wie die übrigen Schwalben prophezeien auch die Uferschwalben baldigen Regen, wenn sie tief über den Gewässern dahinjagen und sogar zuweilen in diese eintauchen. Bereits Aristoteles berichtet, daß sie große Flüsse meiden und Bäche mit hohen Uferböschungen aufsuchen, wenn ein an Überschwemmungen reiches Jahr in Aussicht steht.

Plinius hält als Arznei gegen Halsleiden die Asche von erwürgten und mit ihrem Blut in einem Gefäß verbrannten Uferschwalben, auf Brot oder in Getränken eingenommen, für das Beste (159, II).

Nach deutschem Glauben soll die Uferschwalbe die Seele eines reichen Kaufmannes sein, dem seine Schiffe auf dem Meere zu Grunde gingen. Sie fliegt daher ständig am Ufer umher, unruhig wartend, ob sie nicht doch ankommen werden (22, III).

Segler

Der Mauersegler

„Spîre" als Bezeichnung des Mauerseglers im Mittelhochdeutschen wird im 16. Jahrhundert von Gessner als echt schweizerisch angegeben. Spyr, Spyri, Schwarzer Spyr, Kirchen-, Turmspiri (132) heißt der Vogel heute noch in der Schweiz, Spire, Spirle, Spirel im Elsaß, Speier in Tirol (117), Spier-, Spir-, Spür-, Spur- und Quieckschwalbe in anderen deutschen Gegenden (91, IV). Suolathi (117) meint, das mittelhochdeutsche spîre sei schon deshalb schwierig zu ermitteln, da man nicht sehen könne, ob sich das Wort von Ober- oder Niederdeutschland weiter verbreitet habe. Weigand in seinem Wörterbuch (II, 674) denkt an den Zusammenhang mit dem mittelniederdeutschen spîr, „kleine Spitze", wonach der Vogel seinen Namen von den langen, spitzen Flügeln erhalten hätte. Geht man aber von der erwähnten Wortsippe aus, könnte man auch an die Bedeutung „Turmspitze" anknüpfen, die im Dänischen als spir, schwedisch spira und niederdeutsch als spyr bezeugt ist; denn der Vogel hält sich gerne auf Türmen und anderen hohen Gebäuden auf und wird deshalb schon bei Gessner (30) als Münsterspyre, seit 1746 als Turm- (117), heute noch als Mauer-, Kirch-, Steinschwalbe, dänisch und norwegisch als Taarsvale, holländisch als Steen-Zwaluw (91, IV), in Luxemburg als Lêendecker, d.h. Schieferdecker bezeichnet. Eins steht unumstößlich fest, nämlich daß diese Namenreihe den Vogel, gleich ob sie ihn -spire, -schwalbe oder -segler nennt, nach seinen Aufenthaltsorten bezeichnet, damit aber doch keine Erklärung für „Spare" oder „Spir" gibt. Winteler (142) erwähnt den Ruf des Mauerseglers als „spi" oder „kri" und kommt damit zu dem guten Schluß, daß der Name Spyre onomatopoetischer Natur sei.

Daß der Mauersegler in den Anschauungen des Volkes keine wesentliche Rolle spielt, hat seinen Grund darin, daß er, ohne nähere Artbezeichnung, einfach zur Familie der Schwalben gezählt wurde.

In Tirol zieht das Glück auch dort ein, wo Turmschwalben nisten (158). Plinius (159, II) behauptet, mit Spierschwalben in Wein könne man das Bauchgrimmen heilen.

Über den alten, heute noch herrschenden Glauben, daß Schwalben und Segler solche Sperlinge, die von ihrem Nest Besitz ergreifen und sich nicht vertreiben lassen, einmauern, berichtet Gessner: „Und diss hab ich offt zu Cöln wargenommen, dass wenn der Schwalm den Spatzen nicht mocht auss seine näst treyben, hat er mit seinem geschrey vil Schwalmen zusammen gerüfft, welche all heüfligen zuhär geflogen, kaat in jren schnäbeln getragen, und das loch am näst verstopfft, un den Spätzen darin also ersteckt habend" (30).

Nachtschwalben

Die Nachtschwalbe

Der seltsam klingende Name Ziegenmelker für die Nachtschwalbe, der allerdings nichts anderes ist als eine wörtliche Übersetzung des lateinischen *Caprimulgus*, beruht auf einem alten, weitverbreiteten Volksglauben, von dem bereits die griechischen und römischen Schriftsteller zu berichten wußten. In der „Historia naturalis" (X, 40) erzählt Plinius, daß der Vogel Caprimulgus in der Nacht die Ziegen in den Ställen besuche, um ihnen die Milch auszusaugen, und daß die Tiere infolgedessen blind werden. Diese Anschauung hat in den verschiedensten Sprachen die Veranlassung zu den Benennungen des eigentümlichen Nachtvogels gegeben: Kuhmelker in Tirol, Geißmelcher im Kanton Bern (117), Kindermelker, Ziegen-, Kuh-, Milchsauger (91, IV), italienisch succiacapra, französisch Tette ehèvre, englisch goarsucker (117).

Die nächtliche Lebensart und der schattenhafte Flug gaben Anlaß, den Ziegenmelker (132) als Nachtschatten, -wanderer, -rabe, -räblein, -vogel, in Preußen als Hexe, in Luxemburg als Doudevull (Totenvogel) (117), im Altdeutschen als Wehklage zu bezeichnen (91, IV). Wegen der schwalbenartigen Gestalt heißt der Vogel Nachtschwalbe, wegen des krötenartig dicken Kopfes mit dem großen Rachen in Preußen Großmaul, in Luxemburg Muetsmouk, d.h. Nachtkröte (117), in Frankreich Grapaud volant

(91, IV), als eifriger Mückenfänger in Luxemburg auch Flei mouk, d. h. Mückenkröte; in Österreich ist sein Name Mückenstecher (117).

Das sehr auffällige Synonym „Pfaff" für Ziegenmelker, das in den ornithologischen Werken der letzten vier Jahrhunderte immer wiederkehrt, beruht auf einer Mystifikation, die bis auf Turner zurückgeht. In seinem Buch „Avium historia" (1544), S. C. 5 b, erzählt der englische Naturforscher von einer Unterhaltung über die Untaten des Ziegenmelkers, die er auf einer Reise in der Schweiz mit einem alten Manne gehabt habe. Als schweizerischen Namen habe der Mann „paphum, id est sacerdotum" angegeben. Turner spricht aber zuletzt den Verdacht aus, daß der Greis ihn nur zum Besten gehabt hat (117).

In Yorkshire sollen die Ziegenmelker die Seelen ungetaufter Kinder sein, die verdammt sind, auf ewig umherzufliegen (22, III). Als alle Tiere auf Gottes Befehl Flüsse bauen mußten, arbeitete nach einer estnischen Sage die Nachtschwalbe nicht mit. Sie flog auf eine niedrige, im Sumpfboden gewachsene Fichte und beobachtete von hier aus die Arbeit der andern. Wie nun die Flüsse fertig waren, strafte sie Gott für ihre Faulheit dadurch, daß er ihr verbot, aus einem Fluß zu trinken (22, III). Weil sich die Nachtschwalbe einst verspätet hatte, war sie ohne Gesang geblieben. In ihrer Not flog sie von Vogel zu Vogel, von Tier zu Tier, daß jemand sie noch möchte singen lehren. Doch niemand erhörte sie. Nur ein Pferd erklärte sich endlich bereit, ihr zu einem Gesang zu verhelfen, und sagte, sie solle, als es zu harnen begann, den Laut, den sie höre, in ihren Gesang aufnehmen. Bis heute ahmt der Vogel diesen Ton nach und heißt deshalb bei den Esten „hobu soristes", d. h. das Geriesel des Pferdes (22, III). Nach einer lettischen Sage ging die faule Nachtschwalbe, die sich verschlafen hatte, im Viehhof in die Lehre. Hier besorgte eben eine Kuh ihr Geschäft, und die arme Nachtschwalbe sang ihr gleich nach: „Plaks, plaks, schlirrgs" (22, III).

Lerchen

Die Haubenlerche

Abgesehen von den Namen, die an ihre Haube erinnern: Rupp-, Tschupp-, Chrüz-, Kobellerche usw., wird sie in der Schweiz in der Regel nach ihren Aufenthaltsorten, Straßen, Haus-, Dorfplätzen und Bahnhöfen benannt und wird so zur Kot-, Stroße-, Hus-, Dorf-, Schnee-, Grien-, Winter-, Stadt- und Bahnhoflerche (132). Deutsche Trivialnamen sind: Schopf-, Zopf-, Kamm-, Töppel-, Edel-, Weg-, Haus-, Kopf-, Mist-, Sträußel-, Rot-, Wein- und Salatlerche, Kotmönch (91, III). „Darumb dass es offt an den Fuesswaegen gesehen wirt", heißt sie schon bei Gessner „Waeglerch". Wie Gessner die Haubenlerche als Kobellerche anführt (30), so heißt sie noch heute, von Kobel (Feuerhaube) in elsässischen Mundarten. Wegen ihrer Federhaube nennt man sie in Preußen Kapp- oder Schubslerche. Da sich der Vogel vornehmlich auf Straßen herumtreibt, wird er in Preußen auch scherzhaft als Straßenräuber bezeichnet (117). Im pays messin findet sich die Haubenlerche nur sehr selten. Weil sie nun aber in Deutschland recht häufig ist, nennt man sie hier Alouette de Prusse (108, II).

Die Heidelerche

Nachtjodler, Jodler, Bergjodler, Jodlervogel, Baum-, Himmels-, Nacht-, Holz-, Chorn-, Bärg-, Allmendlerche, Nacht-, Bärgsänger, Allmendvogel im Solothurnischen, Liedler im Jura (132). In Deutschland nennt man sie, abgeleitet vom lateinischen *lullula*, Lu- oder Lullerche. Dann wieder vergleicht man sie mit der herrlichsten Sängerin, der Nachtigall und läßt sie zur Wald- und Heidenachtigall werden. Baum-, Wald-, Busch-, Holz- und Steinlerche deuten auf die Aufenthaltsorte des Vogels hin (91, III).

Die Feldlerche

Schon Gessner nennt sie 1557 in seinem Vogelbuch (30) Himmellerch, und heute noch ist in der Schweiz der Name Himmellörchli verbreitet. Ihr lateinischer Name *Alauda* wurde von Schwenkfeld als Alauda deum, lobe

Gott, gedeutet (85, II). Verbreitete Namen sind bei uns für die häufigste Lerche, die wegen ihres trillernden Gesangs während des Auffliegens in blaue Himmelshöhen beim Volk Verehrung genießt, die Feldlerche: Fäld-, Morge-, Früe-, Sing- und Sturzacherlerche. Himmelsänger nennt man sie im Kanton Solothurn (132). Im übrigen deutschen Sprachgebiet kennt man die Namen: Brach-, Acker-, Weg-, Korn-, Saat-, Luft-, Tag-, Sang- oder Holzlerche (91, III).

Zahlreiche kleinere Landstriche in Frankreich sind nach den Lerchen benannt. Einesteils handelt es sich dabei um unfruchtbares, sandiges Land, wo sich die Vögel gerne aufhalten. Ironisch nennt der Franzose solches Land, im Sinne von etwas Nichtswertigem, Lerchenland. Anderseits sind es auch Gebiete, die infolge ertragreichen Ackerbaus in günstigerem und namentlich poetischerem Sinne zu Lerchenland werden. Ländereien, denen Lerchensang und -jubel in besonderem Maße eigen ist. Die Reihe der topographischen Namen, die in Frankreich auf die Lerche zurückgehen, ist beträchtlich. Cantus Alaudae und Cantualaudae waren bereits zur Zeit der Römer bekannt. Eine Auslese heutiger Namen lautet: Campalausié, La Champ de l'alouette, Chantelouse, Chanta Alauza, Chante-Aloue, Cantalausette, Cantelauvette, L'Alouettière, La Cabane à la Lauvo, Pont de l'Alue, Les Alutats, La Belle-Alouette, Les Trois Alouettes, Le Pont de l'Alouette, La Place de la Croix-l'Alouette, La Montagne des Alouettes usw. Rue de L'Alouette ist eine alte Straße in Montpellier und Rue du Chant de L'Alouette eine Straße im 17. Jahrhundert in Paris (108, X).

Den beiden deutschen Familiennamen Lerchenmüller und Lerch, die sich von der Lerche ableiten, steht eine stattliche Anzahl französischer Familiennamen gegenüber. Ursprung des Namens ist die Lerche den Familiennamen: Laloue, Lalauze, Alauze, De l'Alouette, L'Alouette, Lalouette, Alouette, Louette, Lalouet, Lalouel, Alauzet, Allouzard, Dalaudié usw. (108, X).

Überall ist die Lerche Zugvogel, nur in Posen soll sie nach dem Volksglauben auch im Winter bleiben: Sie lege sich unter einen Stein und halte dort ihren Winterschlaf. Am Fest St. Agnes (21. Januar) durchwärmt die Sonne den Stein, und die Lerche wendet sich auf die andere Seite (58).

Früh schon kehrt die Lerche aus dem Süden zurück. Sie bringt aber keineswegs schon den Frühling oder gar den Sommer, wie ein Handwerksbursche in Ribnitz meinte, der beim ersten Lerchengesang Strümpfe und Schuhe wegschmiß und barfuß ging. Da es aber über Nacht wieder kalt wurde, war er der Ansicht, die Lerche habe ihn betrogen, erst der Kukkuck sei der erste Sommervogel. Deshalb nennt heute noch der Mecklenburger die Lerche einen Spitzbuben, den Kuckuck aber einen braven Vogel (151, II).

Wie der Volksglaube schon beim Kuckuck gewisse Daten festlegt, an denen der Vogel unbedingt aus dem Süden zurück sein und rufen müsse, so auch bei der Lerche. Geht alles mit rechten Dingen zu, soll sie in Frankreich und Deutschland zur Lichtmeß singen (141, XII). In Schlesien sagt man: Zu Lichtmeß muß die Lerche singen und „söd er's Köppel wie a Sren zerspringen" (141, XII). Die Lerche steht unter besonderem Schutz der Muttergottes, darum fängt sie an einem Marientag, Lichtmeß (89), in Frankreich jedoch auch am Tage Saint-Vincent an zu singen (108, X). In der Yonne ist sie besonders innig mit der katholischen Religion verbunden, hier soll sie immer an Lichtmeß zu singen beginnen, in dem Moment, da man in der Messe die Wachskerzen verteilt und die Worte rezitiert: „Lumen ad revelationem gentium" (113, III). Einen eigentümlichen Brauch kannte man früher in Twieflingen (Braunschweig) bei Schöningen, das „Lerekenfegen". Am frühen Morgen des 2. Februar nämlich bewaffneten sich die jungen Burschen mit Besen, gingen auf das Feld und fegten die Lerchen, indem sie ihnen zuriefen:

> Lereke, du fule Su,
> Wi sünd ehr opstan wie du (141, XII).

Nicht gerne sieht man es, wenn die Lerche schon vor Lichtmeß singt. Eine alte Bauernregel weiß: So lange die Lerche vor Lichtmeß singt, so lange muß sie hernach schweigen. Dann wieder heißt es: So lange die Lerche vor Mariä Reinigung singt, so lange schweigt sie hernach (96). Singt sie vor Lichtmeß, soll sie in Frankreich hernach 6 Wochen schweigen (108, X). Eine französische Bauernregel geht noch weiter und sagt: So lange die Lerche vor Matthias (24. Febr.) singt, so lange muß sie danach schweigen (108, II).

Neben Tauben und Enten ist auch die Lerche in England ein glückliches Vorzeichen (141, XXVII). Glück bedeutet eine Lerche, die aufsteigt, dem auf das Feld ziehenden Bauern (89). Hört man am Morgen eine Lerche singen, bedeutet das kommenden Reichtum (108, X).

Eine Lerche zu töten galt früher in vielen Gegenden als Frevel (89), wer es aber dennoch tut, kommt in Mecklenburg in die Hölle (151, II). Wie auf die Sterne und einen Regenbogen, so soll man auch nie mit dem Finger auf eine singend aufsteigende Lerche zeigen. Wer es tut, bekommt ein Nagelgeschwür (89).

Ruft in Anjou die Lerche oder die Wachtel drei- oder viermal hintereinander, wird auch die Maß Korn drei oder vier Franken kosten (100, VIII).

Wer in Frankreich Füße einer Lerche bei sich trägt, hat keine Verfolgung zu fürchten und wird stets seinen Feinden voraus sein (149, I).

Bittend rufen die Kinder in Perche der Lerche zu:

> P'tit alouette, monte en haut,
> Prier Dieu qu'il fasse chaud,
> De l'avoine plein en faux.
> Du blé à moussiaux,
> Pour tous nos p'tits alouettiaux[1] (108, X).

Das jubelnde, jauchzende Aufsteigen der Lerche in die blaue Unendlichkeit, gleichsam in den Himmel, bewundern die Menschen überall. Da ist es nicht verwunderlich, daß die Lerche in Frankreich zum Seelenvogel wird. Nach bretonischem Glauben nimmt die Seele, nachdem sie den Körper verlassen hat, die Gestalt einer Lerche an (113, III). Dieser in den Himmel und zu Gott auffliegenden Lerche geben die Bauern Gebete mit:

> Petit alouette, monte en haut
> Priant Dieu, sans ton bachot
> Pour les pauvres
> Et pour les riches[2] (108, II).

> Petit alouette de saint Tribault,
> Monte vite, monte en haut.
> Prie le bon Dieu pour qu'il fasse chaud;
> Pour les riches, pour les gueux,
> Pour les petits malheureux[3] (108, II).

Sehr wahrscheinlich sind aber diese Gebete nicht an die in Lerchengestalt aufsteigende Seele, sondern vielmehr an den in große Höhe, wo man sich Gott wohnend denkt, fliegenden Vogel gerichtet.

Steigt die Lerche trillernd in die Luft, bedeutet das dem Bauern schönes Wetter, erklingt aber zwischen den Ackerschollen ihr eintöniger Ruf, besteht Aussicht auf Regen. Wenn in Rogasen die Lerchen viel singen an einem Tag, dann wird es am folgenden Tag sehr heiß werden (58). Fällt im Frühling noch einmal Schnee und Stare und Lerchen singen lustig, bleibt er nicht lange liegen. Sind diese Vögel aber traurig, zirpt die Lerche und der Fink schlägt nicht, wird der Schnee liegen bleiben, und es folgt Kälte (6). Kälte und rauhe Witterung sagt die Lerche dem Vogtländer Bauern voraus, wenn sie schon im Februar singt; daher die Bauernregel: Wenn im Februar die Lerchen singen, wird's uns Frost und Kälte bringen (57).

In Böhmen Lercheneier genossen, geben eine helle Stimme zum Sin-

---

[1] Kleine Lerche, steige in Höhe, Bitte Gott, daß er es warm werden läßt, daß der Hafer voll unter der Sense fällt und der Weizen überquillt für alle uns kleine Lerchlein.
[2] Kleine Lerche, steige in die Höhe, Gott anbetend für die Armen und für die Reichen.
[3] Kleine Lerche des heiligen Tribault, steige schnell, steige hoch, bitte den lieben Gott, daß er es warm werden läßt, für die Reichen, für die Bettler, für die kleinen Unglücklichen.

gen, man muß aber deren drei am Sonntag früh vor dem Kirchenläuten austrinken (35). Eine schöne Stimme bekommt man ebenfalls in Schwaben, wenn man ein Lerchenei trinkt (12, I). Einem Kind, das schwer sprechen lernt, muß man in Böhmen Lerchenzungen geben (35). Im Vogtlande genügt es, damit ein Kind gut sprechen und singen lernt, daß man ihm als erste animalische Nahrung Lerchenfleisch gibt (57). Gut singen aber lernt im Erzgebirge ein Kind schon, wenn man ihm eine Lerche schenkt (50).

Ein Kind, das als erstes Fleisch eine gebratene Lerche erhält, wird fromm, denn auch die Lerche ist ein frommer Vogel. Gebete singend, schwingt sie sich zum blauen Himmel auf und vergißt nach jeder Mahlzeit nie, Gott zu danken und zu bitten (89).

Die Ärzte des Altertums empfahlen Lerchen gegen Magenbeschwerden (54). „Die Lerch ist warmer und trockner natur im end dess andere grads. Von disen fleisch schreybt Galenus, dass es den bauch zuosaem ziehe, sein bruey aber denselbigen aufloese, und den stuolgang bringe. Jr fleisch ist seer lieblich und wolgeschmackt. Dise in der speyss genützt, wermend und verstopffend: so aber yemants die brauchen wil, sol er ein brueyen von essich, coriander und senffsafft darzuo thuon. Man sol aber allzeyt die jüngsten und feissisten auserlaesen" (30). „Die Kobellerch gebraten und geaessen, ist guot für das bauchgrimmen und darmgicht. Allein und fürsich selbs in einer brueyen gesotten, dienet auch für die obgenennt kranckheit: man muoss die aber staets mit sampt der brueyen aessen. Galenus sagt dass er dises war seyn, auss erfarenuss erlernet habe" (30). Schon Plinius weiß von der großen Heilkraft der Lerchen. Von ihm vernehmen wir aus der Zeit vor bald 2000 Jahren: „Das Gebrechen des Unterdarms wird am kräftigsten durch eine gegessene, gebratene Zopf/Lerche geheilet. Einige wollen, man solle sie, mit den Federn, in einem neuen geschirre verbrenen, zu Asche zerreiben, und vier Tage lang, zu drey Löffeln, aus wasser trinken. Einige man sollte ihr Herz an den Schenkel binden: andere, dasselbe frisch und noch rauchend essen. Das Haus der Asprenater ist von bürgermeisterlicher Würde: ein Sohn desselben ist, durch Essen dieses Vogels, von der Mastdarmplage befreyet worden, da er zugleich dessen Herz in einem goldenen Armband einschloß" (158, II).

In Aussig (Böhmen) glaubt man, wenn die Lerchen im Frühling sehr hoch fliegen, fallen sie plötzlich, von rasenden Winden getötet, herunter. Findet ein Hund nun eine solche Lerche, wird er wütend (35).

Über die Lerche schreibt Menzel in seiner Christlichen Symbolik (85, II): Sie lobsingt Gott in der Höhe, ohne daß man sie sieht. Niedrig ist ihr Nest, aber hoch ihr Flug, sie singt nie, außer wenn sie sich zum Himmel erhebt, und wird so zum Sinnbild eines demütigen Priestertums (85).

Nach der Legende sollen sich, als der heilige Franziskus von Assisi starb, alle Lerchen der Umgebung auf das Dach seiner Hütte gesetzt und gesungen haben, obgleich es schon Nacht war (85, II). Die heilige Coleta von Gent war stets von einem Lamm und einer Lerche begleitet. Ihr Kalendertag, der 6. März, zeigt zugleich die Lerchenzeit an (85, II).

Als nach einer Legende aus Westflandern die heilige Familie auf der Flucht nach Ägypten unter einem Olivenbaum rastete, flog eine Lerche herzu und fing an, laut und lustig zu singen. Die Jungfrau Maria aber, die zutiefst ermattet und betrübt war, konnte den Gesang nicht ertragen, er schnitt ihr ins Herz und machte sie noch trauriger. Sie sah daher auf und sagte zu dem Vöglein: „Ich sitze hier seufzend und weinend, und du kommst und schwatzest voller Freude über meinem Haupt. Vöglein, Vöglein, nie sollst du fürder auf einem Zweig sitzen." Da flog die Lerche zwitschernd in die Höhe und rief: „Unsere liebe Frau, gib mir ein Kornährchen, ich will's nie wieder tun." Seitdem baut sie ihr Nest im Kornfeld und fliegt fortwährend aufwärts, ohne sich je auf einen Zweig zu setzen (22, II).

Nach einer bayerischen Sage waren alle Vögel betrübt über den großen Durst unseres Herrn am Kreuze. Die Lerchen wollten ihm Wasser bringen. Zum Lohn erhielten sie den hohen Flug und den schönen Gesang. Weil die Lerchen bei der Kreuzigung Brunnenwasser brachten, die Schwalben aber Mistpfuhl, sind letztere den Kindern in Luxemburg verhaßt, und ihre Berührung gilt als giftig. Wer aber eine Lerche tötet, kommt in die Hölle (22, II). Nach einer polnischen Sage ist die Lerche der Vogel des Herrn Jesus und der Muttergottes. Sie erwacht im Sommer um vier Uhr morgens, wenn die Mönche zur Frühmesse gehen (22, II). In alten Zeiten pflegte die Lerche nach französischem Glauben den Seelen der Verstorbenen die Himmelspforte zu öffnen. Als aber Christus gen Himmel fuhr, wollte er sie nicht mehr als Pförtnerin, weil sie so oft dem Hergott fluchte und ersetzte sie durch Petrus. Seitdem versucht sie immer wieder in den Himmel zu fliegen und beteuert in ihrem Gesang, daß sie nie mehr fluchen werde; wenn sie aber Petrus vergebens angefleht hat, gerät sie in Wut und läßt sich pfeilschnell herab, indem sie ganz gehörig flucht (22, II).

Eine Feldlerche soll es gewesen sein, die Colaenus dahin geführt hat, wo er später die attische Kolonie Colonides gründete (45).

Wie die Nachtigall das Sinnbild einer vorzüglichen Sängerin ist, so erscheint auch die Lerche bereits im 18. Jahrhundert, namentlich in der deutschen Poesie, als Symbol des Sängers (102). „Singen wie eine Lerche" bedeutet heute noch dem Franzosen, im gesanglichen Können den Höhepunkt zu erreichen (108, X). Von jungen Mädchen, deren muntere Laune sich gewöhnlich in fröhlichen Liedern äußert, sagt man in England: „Munter wie eine Lerche." Analog sagt der Italiener von einem sangeslustigen Mädchen: „Sie singt wie eine Lerche" und für „Flöten wie eine Lerche" gebraucht der Pfälzer „lercheln". Sowohl der Deutsche als auch der Franzose sagen von einem, der früh aufsteht: „Er steht mit den Lerchen auf" (102).

„Aloueteau" bedeutet dem Franzosen nicht nur die Lerche, sondern er wendet diesen Ausdruck auch, vergleichend mit dem zierlichen Vogel, auf ein schwächliches Kind an. Ein kleines, mageres Mädchen nennt er „une mauviette". Essen wie die Lerchen, eine Redensart, die gerade das krasseste Gegenteil von unserem: „Essen wie ein Drescher" bedeutet, oder einen Lerchen-Appetit haben, gebraucht der Franzose für solche Menschen, die sehr wenig essen (108, X).

Da Lerchenfleisch eine ausgezeichnete Delikatesse ist, nennt man Speisen, die auch den verwöhntesten Feinschmecker befriedigen, mit Vorliebe Lerchen. Lerche nennt der Franzose den saftigen Lendenbraten, Spitzvögel bezeichnet man mit Speck gespicktes, am Spieß gebratenes Kalbfleisch im Deutschen. Wie außerordentlich die Italiener Lerchenfleisch schätzen, erhellt aus der Redensart: „Dare carne di Lodola", jemanden Lerchenfleisch geben, d. h. ihm ganz besonders schmeicheln (102). Auch dem Engländer gilt Lerchenfleisch sehr viel. Daher sagt er „Ein Lerchenbein ist einen ganzen Geier wert" (102). Gebratene Lerchen fallen nicht durch den Kamin oder finden sich nicht in den Zäunen, will dasselbe heißen wie unser: „Gebratene Tauben fliegen einem nicht ins Maul." Es muß eben alles erarbeitet sein, ohne Fleiß kein Preis (108, II).

Ein Land, von dem der Franzose sagt: „Cent éperviers n'y prendaient pas uns alouette", 100 Sperber fangen keine Lerche, ist ein armes Land (108, IX). Ebenso ist Lerchenland sandiges Land, der Lieblingsaufenthalt dieser Vögel, aber mageres und infolgedessen unfruchtbares Land (108, X). Von solchem Land sagt der Deutsche, es sei Land, das die Lerche mästet (102). In der Gegend von Pithiviers, die früher wegen ihrer Fabriken für Wachteln- und Lerchenpasteten berühmt war, gebraucht man die Redensart: „Fett wie eine Lerche" (108, II).

Einen recht prosaischen Sprachgebrauch von der Lerche machte man in Frankreich im 17. Jahrhundert. Damals bezeichnete man einen Dummkopf als Lerche (108, X).

Als ein jeder Vogel seinen Gesang zu lernen hatte, ging die Lerche zu den Hirten, die sie so begrüßten: „Ein Mann, ein Mann, seht da, ein ganzer Mann. Hat den Winter durchlitten, kein Feuer geheizt, keinen Kessel aufgehängt." Die Lerche sang diese Worte gleich nach und behielt sie (22, III).

Vielfältig sondergleichen sind die Deutungen des Lerchengesanges. In der Haute-Bretagne singt sie: „Jele f'rai plus, j'le frai plus", wenn sie zum Himmel steigt (100, XII). Im Niedersinken aber lautet das Gezwitscher:

„J' le f'rai cor, j' le f'rai cor." Steigt die Lerche in Poitou in die Lüfte,
hört man die Worte: „L'bon Dieu me tire en sus! L'bon Dieu me tire en
sus! j n' jurerai plus." Ist sie sehr hoch angelangt, läßt sie sich mit einem
Schlag niederfallen und ruft: „Malouette, malouette, malouette" (100, V).
Aus ihrem Gesang hört das Volk auch die Worte: „Adieu Dieu, adieu
Dieu" (108, II). In Rhétiers singt die Feldlerche: „Nom de Dieu que je
suis haut. Saint-Pierre, ouvrez-moi la porte du paradis."[1] Weil Petrus aber
nicht öffnet, beteuert sie: „Non, je ne jurerai plus, jamais, jamais."
    In der Bretagne bettelt und bittet sie:

> Pierre, Pierre, ouvre-moi;
> Jamais péché ne ferai.
> Pierre, Pierre, ouvre-Moi;
> Jamais péché ne ferai[2] (108, XII).

In Malchin singt die Lerche: „Dir, dir allein Gott in der Höh, sei Ehr."
Andernorts lautet der Gesang: „Dir, dir Jehova will ich singen" oder:
„Dir, dir, dir, o großer Gott allein, dir will ich ewig dankbar sein"
(151, II). Begeistert vom schönen Wetter, jubelt sie: „Ach, wie ist es
schön, schön ist es doch. In der Luft ist's so schön, so schön, so schön.
Liri, liri li, schön ist's in der Früh" (141, XXVII).
    In Baunschweig lobt die Lerche das weibliche Geschlecht:

> „Dat Wiwertüch, dat Wiwertüch
> Dat is so niedlich Tüüüch (141, X).

In feinerem Schriftdeutsch singt sie in Groß-Dahlum:

> Wie so schön
> Ist das Mägdelein,
> wenn ich es seh,
> Wie so fein
> Ist das Mägdelein.

Die Schwalbe aber, die auch in die Stuben und Schlafkammern dieser
Mägdelein sieht, entgegnet ihr in herbem Niederdeutsch kräftig:

> Sost se mal seihn,
> Wenn ik se saih,
> Du dedst dik nich freun,
> Denn sind se sau smerig (141, XIII).

---

[1] Im Namen Gottes fliege ich so hoch, Petrus, öffne mir die Tür des Paradieses!
[2] Petrus, Petrus, öffne mir, habe niemals gesündigt noch geschlagen.

In Mecklenburg jubelt die Lerche: „Ach die Mädchen sind so schön."
Die Schwalbe aber zwitschert erfahren:

> Wenn du sie sähst,
> Wenn ich sie seh,
> Wenn sie aus dem Bette kommen
> Denn sollst du dich verfiren" (151).

Die Lerche vergißt bei den Lobliedern, die sie dem Schöpfer singt, die
Teilnahme an dem Wohl und Wehe ihrer Mitgeschöpfe nicht. Sie trillert:

> „Pip, pip, pip
> Kaernken rip!
> kritt de arme lü ok wat,
> iek ok wat, iek ok wat" (148).

Die Siebenbürger Sachsen übersetzen ihren Gesang:
„Se kam mer dän no, an de hit, an de hit" – So komm mir denn nach in
die Höh, in die Höh (155)!
In Lelm schmettert sie, wenn sie ins ewige Blau aufsteigt:

> Dat Mäken, dat na Lutter geit
> Mit en langen Slürsleier,
> Wat sall ik denn wol middebringen?
> Dit un dat, dit un dat, dit un dat, dit un dat (141, XII).

Spechte

Die Buntspechte
(Großer, Mittlerer und Kleiner Buntspecht)

Die vorherrschende Gefiederfärbung der Buntspechte ist im Gegensatz zu dem Namen schwarz und weiß. Daher rühren auch Namen, die sie mit der ebenso schwarz-weißen Elster vergleichen: Elster-, Atzel-, Aglaster- (91, IV) und Ägerstspecht (132). Obschon in der Literatur nichts Näheres erwähnt wird, muß doch auch vor allem der Große Buntspecht im Volksmund als Wetterprophet gelten. Dies geht unumstritten aus den Namen Giesser und Schnaivogel (91, IV) hervor.

Eine Sage weiß, daß einst der Teufel die Spechte als Viehhüter benützte. Da sie ihre Arbeit aber nicht gewissenhaft taten, züchtigte er sie. Dem Kleinen schlug er aufs Hinterteil, den Großen auf den Kopf, und noch heute sind beide an diesen Stellen rot gefärbt. Heute noch suchen sie ihr Vieh: Der Große fliegt mit dem Rufe pru, pru, pru, und wenn er sich auf einen Baum gesetzt hat, schaut er lange nach den Tieren aus und hetzt den Hund auf sie: pih, pih, pih. Ebenso versucht er, in den Bäumen einen Stall zu hämmern, damit sein Vieh hineinlaufe (22, I).

Nach einer Sage aus Pommern bat einst der Herr und Heiland, als er noch auf Erden wandelte, eine Bäckersfrau um Brot. Diese aber war hartherzig und jagte ihn aus dem Hause. Da sagte der Herr, sie solle sich in einen Vogel verwandeln, der seine Nahrung aus dem Holz picken müsse. Alsbald wurde die Frau zu einem Buntspecht, und weil sie gerade eine rote Kopfbedeckung trug, hat auch der Vogel eine rote Kappe auf dem Kopf (22, II).

Der Grünspecht

Das Klopfen des Spechtes erinnert an den donnernden Hammer des Thor, und schon deshalb wird der Grün- oder Grasspecht (91, IV) von den Bauern Hammerspecht (56) oder Zimmermann genannt. Sein Ruf, der an das Wiehern eines Pferdes mahnt, gibt ihm im Kanton Glarus den Namen Märzenfüllen (132), in Deutschland wird er zum Wieherspecht (117). Da sein Ruf baldigen Regen verkündet, heißt er auch Regenvogel (91, IV), in Frankreich Pleu-pleu (64, I) und in der Altmark, wo er bevorstehendes Unwetter anzeigt, wird er Windracker genannt (117).

Auf den Grünspecht beziehen sich die topographischen Namen: La Pi-
verdière, La Pivardière, La Piverdarie. Eine Straße in Etampes ist die Rue
du Pivert (108, IX). Auch der Name des Spessarts, der vormals Spechtes-
hart hieß, leitet sich vom Specht ab und erinnert damit noch heute an die
Verehrung des einst heiligen Vogels (56).

Ohne Zweifel verdanken auch der deutsche Geschlechtsname Specht
und die französischen Geschlechtsnamen Le Pivert, Pivert, Pivart (108,
IX) ihre Entstehung dem Grünspecht als dem häufigsten und bekanntesten unter den Spechtarten.

Den Ruf des Grünspechtes übersetzt der Franzose mit den Worten:
plui, plui oder pleu, pleu. Nimmt er aber einen Raubvogel wahr, dann
tönt es: gare à mon cucu (108, IX). Den Spechtruf, dieses Lachen und
Wiehern, überträgt man in Laupin in die Worte: wief, wief, wief (151, II).

Schon Gessner kannte im 16. Jahrhundert ein Mittel gegen Blasen- und
Nierensteine. Er meldet darüber: „Für den stein in den Nieren, nimm die
Gebein von einem Grünspechten, macht die zu mäl oder pulver (on zweyfel vorhin gederrt oder gebrennt) und thuo si in einen bächer weysses
weyns, darauss dann der kranck pflägt zutrincken" (30). In alter Zeit
wußte die deutsche Volksmedizin (51): „Bei Kopfweh nimm das Nest eines Grünspechtes, wenn die Jungen schon ausgeflogen sind und binde es
über den Kopf, so verlierst du das Kopfweh und bekommst es nie wieder." Das wohlschmeckende Fleisch des Grünspechtes wurde früher in
Tirol als Mittel gegen die Fallsucht angewandt (89). Einen Grünspecht
mitsamt den Federn zu essen schützt in Frankreich vor Bezauberung (108,
IX).

Eine Sage aus Frankreich erzählt: Als der liebe Gott dabei war, das
Meer, die Flüsse und die Bäche auszugraben, beauftragte er mit dieser Arbeit die Vögel des Himmels, und alle machten sich ans Werk. Nur der
Grünspecht war faul und rührte sich nicht von der Stelle. Als die Arbeit
getan war, erklärte der Herr, daß der Grünspecht, weil er die Erde nicht
aushöhlen half, das Holz des Waldes aushöhlen solle; und da er nicht
hatte helfen wollen, die irdischen Wasserbehälter herzustellen, dürfe er
kein anderes Wasser als Regenwasser trinken, das er, so gut er könne, aus
der Luft aufschnappen müsse. Darum fleht dieser unglückliche Vogel die
Wolken immer um: plui, plui (Regen, Regen) an und befindet sich stets in
senkrechter Richtung, um mit seinem offenen Schnabel einen Wasserbehälter zu bilden und die Tropfen, die aus den Wolken fallen, auffangen
zu können (22, III). Eine deutsche Variante dieser Sage lautet: Als Gott
der Herr bei der Erschaffung der Erde durch die Tiere einen großen
Brunnen graben ließ, enthielt sich der Grünspecht aller Arbeit, aus
Furcht, sein schönes Gefieder zu beschmutzen. Da bestimmte der Herr, er
solle nun bis in alle Ewigkeit auch aus keinem Brunnen trinken. So sieht

man ihn nun heute noch aus hohlen Steinen und Wagenspuren, in denen
sich Regenwasser gesammelt hat, mühsam picken. Fällt aber lange kein
Regen und herrscht Trockenheit, dürstet ihn heftig, und ununterbrochen
hört man ihn schreien: piet, piet, piet. Dann erbarmt sich der liebe Gott
seiner und läßt regnen (33, II).

In der Steiermark verkündet der Grünspecht oder Göösvogel mit seinem Ruf Regen. Darum sagt man, wenn man ihn hört, er sei schon wieder
durstig.

Eine weitere Sage berichtet: Als sich die Wasser der Sündflut verlaufen
hatten, war die Erde so trocken, daß es keinen einzigen Tropfen Wasser
gab. Da befahl Gott allen Vögeln, sich nach dem Paradies zu begeben, damit jeder von den Bäumen, die dort wachsen, einen Tropfen Tau nehme
und diesen an einem bestimmten Ort niederlege. Alle gehorchten, und in
wenigen Minuten war das Meer geschaffen. Der einzige, der seine Mitwir-
kung versagte, war der Grünspecht, dem der Herr zur Strafe erklärte, daß
er fortan nicht trinken solle, bis der Regen zur Erde falle. Deshalb sieht
man ihn, wenn ihn der Durst verzehrt und seine Schreie den Regen her-
beirufen, die Baumstämme mit seinem Schnabel picken, wo er den Tropfen Wasser zu finden hofft, den er aus dem Paradies nicht holen wollte
(22, III).

Als nach einer Sage aus der Basse-Bretagne der Grünspecht nach Ar-
morique flog, war er in Begleitung des Wiedehopfs. (Siehe auch dort!) Er
war sehr müde und wäre sicher ertrunken, wenn dieser ihn mit seinen Rufen nicht aufgemuntert hätte. Seitdem fliegt der Specht in einer wellenför-
migen Linie (22, III) abwärts, weil er damals sehr ermüdet war, aufwärts,
da ihn die Zurufe des Wiedehopfs wieder aufschrecken.

Der Grauspecht

Allgemein vergleicht man im Volk diesen Vogel mit dem Grünspecht und
läßt ihn so zum Kleinen, Grauköpfigen oder Berg-Grünspecht werden. In
Schweden ist er der „mindere grönspett". Sein zahlenmäßiges Vorkommen steht beträchtlich hinter demjenigen seines grünen Vetters, und aus
diesem Grunde ergeht es ihm wie so manchem seltenen Vogel: Das Volk
betrachtet ihn als Fremdling und nennt ihn deshalb: Norwegischer
Specht (91, IV).

Aber trotz Seltenheit und Verwechslung war der Grauspecht einst in
der Volksmedizin begehrt. Aus Tirol berichtet Montanus (89), man habe
dort einst den Grauspecht gegen Kinderkrämpfe den Kleinen unter das
Kopfkissen gelegt.

Der Schwarzspecht

Wegen seiner schwarzen Farbe und weil er in der Größe mit derselben annähernd übereinstimmt, vergleicht ihn der Volksmund gerne mit der Krähe, und weil er in Baumhöhlen nistet, wird er bereits im Althochdeutschen zur holacrâ, zur Höhlenkrähe. In der Schweiz heißt er Hol-, Holz-, Berg- oder Tül-Chräje, im nördlichen Böhmen Hohlkroh (117), in anderen deutschen Dialekten Hohl-, Lochrabe, Hollakrogen, Holderkra, Hohlkrehe, Hohlrabe, Krah- oder Krohspecht (91, IV). Andere Namen verdanken ihre Entstehung dem weithin schallenden Ruf des Vogels. So unser Wald-, Holzgüggel, Tannhahn, -hähnchen, -roller (132), Holzhahn, -henne, -huhn oder Waldhun (91, IV). In der Schweiz nennt man ihn zudem Tann-, Bergspecht (132), Tann- oder Forenbicker (117), in deutschen Mundarten Baumhackl, -bickl, -beckl (91, IV). Als der einstige heilige Vogel des Kriegs- und Frühlingsgottes Mars heißt er heute noch Kriegsheld, Füsilier und Märzefühele, welch letzteres soviel wie Marsfüllen, das Pferd des Mars, bedeutet. Waldpferd dagegen hat mit der Gottheit nichts zu schaffen (91, IV). Dieser Name entstand aus dem mit dem Pferdewiehern verglichenen Geschrei. Weil sein anhaltendes Rufen dem Landvolk Regen verkündet, heißt er im Volksmund auch Wetterhansl, Gießvogel, in Schweden Regnstina, Regnkricke (91, IV).

Im nordischen Altertum galt der Specht als der heilige Vogel des Donnergottes. Als dem Stellvertreter dieser Gottheit, deren Hammerschlag den furchtbaren, vernichtenden Blitz hervorbringt, erzeigten die Wotjaken dem baumhackenden Vogel göttliche Ehre, damit er ihren Wäldern keinen Schaden zufüge (33, II). Wie schon die alten Germanen aus dem Fluge des Spechtes weissagten (116), so achteten auch die Römer auf Stimme und Flug dieses Vogels und sahen in ihm, vor allem dem geheimnisvollen und prophetischen Picus Martius (Schwarzspecht), das Sinnbild ihres Kriegsgottes Mars. Keller (56) meint aber, daß sicherlich der Specht nicht wegen seines martialischen Aussehens, dem Kriegsgott Mars geweiht sei, denn für diesen wäre ein Adler oder Falke schicklicher gewesen, sondern vielmehr deshalb, weil für den Gott wie für den Vogel der Frühling die Zeit ihres auffälligsten Wirkens sei. Mars war nicht nur Kriegsgott, sondern unter dem Beinamen Silvanus war er auch der Herrscher der Wälder und Gehölze. Allerlei Arten von Bäumen waren ihm heilig, vor allem hatte er eine große Vorliebe für die Eichen. Mars war zudem Frühlingsgott, dessen oberste Aufgabe die Befruchtung war. Ihm war der Monat März gewidmet, also jene Zeit, da der Specht in den Wäldern sein Klopfen und Lärmen hören läßt. Die Zeit, in der sich der Vogel am meisten bemerkbar macht und ebenso das Revier, in dem er sich aufhält, gehörten dem Gott Mars (56).

Zu Tiora Matinea im Sabinischen, an dessen längst versunkene Existenz noch heute kyklopische Mauertrümmer erinnern, war einst ein hochberühmtes altitalisches Orakel: Auf hölzerner Säule, vermutlich dem Ersatz eines abgestorbenen heiligen Baumes, saß ein weissagender Specht, der heiligste Vogel des obersten Gottes aller mittelitalischen Völkerschaften, des Mars (54, II).

Nach den iguvinischen Tafeln, die die Verehrung des Spechtes für die italische Vorzeit bezeugen (56), gehörte dieser zu den hervorragendsten Auguralvögeln der Umbrer und gewiß auch der Picener, Sabiner und Latiner (54).

Wenn alte Völker auswanderten und sich neue Wohnsitze suchten, trachteten sie vorerst den Willen ihrer Götter zu erforschen. Die Führung der Ansiedler übernahm dann ein Gott oder sein Bote, der ihnen meist in Gestalt eines Tieres den Weg wies. Stabo berichtet, daß die Pikentiner, aus dem sabinischen Gebiet stammend, durch einen Specht in ihre heutigen Ländereien geführt worden seien. Daher nennen sie ihn, von dem sie glauben, er sei dem Ares heilig, Pikos (95, II). Als segenverheißendes Lieblingstier des sabinischen Nationalgottcs Mavors erscheint der Specht auch in der Gründungssage von Picenum, dessen Name davon hergeleitet wurde, weil damals, als die Sabiner nach Asculum zogen, auf ihre Fahne der heilige Marsvogel sich gesetzt hatte (56).

Bei den verschiedensten Völkern Europas, Asiens und Amerikas ist der Specht Gegenstand abergläubischer Scheu geworden. Nicht nur den Römern galt er als geheimnisvoll, sondern auch in Deutschland wird er von abergläubischen Menschen dafür angesehen, so gut wie im russischen Asien (56).

Als ein glückliches Omen erschien den Germanen ein von links kommender Specht (45). Ganz im Gegensatz dazu ist im römischen Augurium das Erscheinen des Vogels in diesem Falle ein bedenkliches Vorzeichen, darum: Taque nec laevus vetet ire Picus, nec vaga cornix[1] (45).

Großes Unglück, ja den Tod bedeutete es bei Plinius, daß sich dem Tubero, als er als Prätor vor allem Volk Gericht hielt, ein Specht aufs Haupt setzte (56).

In Böhmen weissagt der Specht heute noch den Liebenden, ob sie bald heiraten werden (35).

Das Klopfen und Suchen an alten Baumstämmen, besonders an morschen, alten Strünken (denn gerade in diesen findet er die meisten Larven, Puppen und Würmer), konnte vom abergläubischen Volk leicht als

---

[1] Weder der Specht zur Linken, noch die umherschweifende Krähe sind ein gutes Zeichen.

Schatzgräberei gedeutet werden. Der Specht galt als heilig und eingeweiht in überirdisches Wissen, und morgenländisch-griechische Sagen wußten ja bereits von heiligen Vögeln, welche Goldberge bewachen. So fabelte man, infolge einer Verwechslung des Volksaberglaubens, der orientalischen Greifensage mit unserem einheimischen Specht, daß auch er mit Bergen Goldes sich zu schaffen mache, daß er sie behüte, daß er sie aber auch öffnen könne, sobald es ihm beliebe. Hierzu soll er das Springkraut benützen. Das Hüten des Goldes finden wir schon bei Plautus, die Anwendung des Springkrautes durch den Specht treffen wir bei Plinius, Aelian und Pseudoppian (56).

In Süddeutschland und Böhmen glaubt man, der seiner roten Haube wegen dem Donar heilig gewesene Specht bringe die Springwurzel. Diese Wurzel, richtig ausgedrückt Sprengwurzel, soll nach einigen jene vom Salomonssiegel *(Polygonatum multiflorum)* sein. Andere glauben, daß sie von *Euphorbia Lathyris* L., die ja zu deutsch die Sprengwurz Wolfsmilch heißt, stamme. Wenn man mit ihr verschlossene Türen und Schlösser berührt, springen sie auf. In Schwaben in der rechten Tasche getragen, macht sie stich- und hiebfest, im Harz zeigt sie alle Schätze der Erde (109). Schon nach Plinius kann man diese wunderbare Wurzel nur durch den Specht gewinnen. Um sie in die Hände zu bekommen, muß man, während das Männchen abwesend ist, mit einem Holzkeil die Höhle verstopfen. Bringt der Vogel nun, um das Hindernis zu beseitigen, die Springwurzel, jagt man ihm diese ab, indem man entweder in der Nähe einen Kübel mit Wasser hinstellt, ein Feuer macht oder noch besser ein rotes Tuch ausbreitet, auf das er, in der Meinung, es wäre Feuer, die Wurzel fallen läßt (154).

Bartsch (9) ist der Ansicht, daß der Specht, der ebenso hämmere wie der Donnergott, auch Gewitterdämon und deshalb Herr über die Springwurzel sei, die nichts anderes versinnbildlicht als den Hammer des Gottes, dessen Schlag den Blitz hervorbringt und den Behälter öffnet, der das Naß, den köstlichen Schatz enthält. In Oldenburg ist man fest überzeugt, der Specht habe einen stählernen Schnabel. Wer einen Spechtschnabel bei sich trug, soll schon im Altertum zu Zeiten des Gelehrten Plinius nicht von Bienen, Wespen und Hornissen gestochen worden sein (159, II).

Selbst der Kot des Spechtes war einst ein Heilmittel: „Wen ein thörichter hund gebissen hat. Das man darauff lege den mist eines Spechts und den in ein leinen tuch hüllet" (51).

Nach Aldrovandus soll bald Regen eintreten, wenn die Spechte mit höherer Stimme und häufiger als gewöhnlich schreien. Nach einer alten Bauernregel deutet es auf Regen, wenn die Spechte ungewöhnlich kirren (96). Im Thurgau verkünden die Spechte Regen, wenn sie auffällig und laut popern (141, IX). In den Kantonen Zürich und Baselland sagt man:

Wenn der Specht schreit, gibt es Regen (44, XII). Regen verkünden sie
mit ihrem Schreien auch in Frankreich (149, II):

> Lorsque le pivert crie
> Il annonce la pluie[1] (108, II).

Wenn in Neudorf die Spechte in der Dämmerung die Mauern der Häuser
absuchen, schließt man auf eine Änderung des Wetters (50).

Bereits zu Gessners Zeit kannte man den Schwarzspecht als einen Wetterpropheten. Er weiß: „Die Specht verkünden mit jrem ton, welchen die
unseren rollen nennend, einen Rägen" (30). Wenn der Specht ruft sagt
man im Kanton Zürich, vermeinend, er leide an Rheumatismen und sein
durchdringendes und häufiges Schreien sei ein Ausdruck des Schmerzes:
„Dä Holzgüggel hät Chrämpf i de Baine es git ruch Wätter" (125, II).
Wenn Schwarz- und Grünspecht oft ihren Ruf erschallen lassen oder
abends mit lautem Schreien ihre Schlafstellen aufsuchen, wird es bald
regnen, also gießen, daher auch der Name dieses Vogels: Gießer.

Das hastige Auf- und Niederflattern des Spechtes, sein ewiges Hämmern und Schnarren, erklärt man sich in Italien als Ärger und Wut über
seine Verwandlung. So entstand die Fabel von dem verwunschenen Prinzen Picus, den man sich bald mehr als Regenten, bald mehr als Weidmann oder Augur vorstellte. Das tragisch-komische Märchen von seiner
Verwandlung in den Vogel ist nach Ovid kurz folgendes: Picus, ein König
im mittleren Italien, war wegen seiner Schönheit und Ritterlichkeit von
allen Nymphen der Quellen, Seen und Bäume gefeiert, aber nur eine
durfte sich seiner Liebe freuen. Sie hieß Canens, die Singende; denn mit
ihrer Stimme rührte sie nicht nur Menschen, sondern auch Steine und
Flüsse, ja die reißenden Tiere des Waldes. Nun ritt einst Picus ins Lauren-
tergefilde zur Eberjagd aus. Da erblickte ihn Circa, welche, um Zauber-
kräuter zu sammeln, dorthin gekommen war. Entbrannt von der Liebe zu
dem reizenden Jüngling, schuf sie das Trugbild eines stattlichen Ebers
und lockte dadurch den Geliebten von seinen Begleitern ab in unweg-
sames Dickicht und gestand ihm unter vier Augen die Gefühle ihres Herzens. Doch Picus verschmäht die Anträge der göttlichen Frau. Rasend vor
Schmerz und Verzweiflung, will sie den Grausamen zur Strafe verhexen;
sie kehrt sich zweimal gegen Abend und zweimal gegen Morgen, berührt
ihn dreimal mit dem Stock und murmelt drei Zauberformeln. Da ergreift
den Picus unheimliches Bangen; er flieht, aber unterwegs wird sein Pur-
purmantel zu rotem Gefieder, die Spange an seinem Halse zu goldfarbi-
gem Flaum: Er wird zum Specht, und noch jetzt hackt er aus Wut über
sein unverdientes Unglück tiefe Ritzen in das Geäst der Bäume (56).

---

[1] Wenn der Specht schreit, kündigt er Regen an.

Während der Vogel in dieser Darstellung seiner einstigen Menschheit und Metamorphose, als Folge der hohen Achtung, die er bei den italischen Völkerschaften genoß, als unschuldig leidend erscheint, sucht ein norwegisches Märchen die Verwandlung des Spechtes als verdiente Strafe darzulegen für seine Schlechtigkeit, die er während seines Menschenlebens an den Tag gelegt habe: Als der Herr mit Petrus auf der Erde wandelte, kamen sie einst zu einer backenden Frau namens Gertrud, die eine rote Haube auf dem Kopf trug. Müde und hungrig vom langen Weg, bat sie Jesus um ein Stückchen Kuchen. Ja, das solle er haben, sagte sie und knetete es aus, da ward es aber so groß, daß es den ganzen Backtrog ausfüllte. Weil es sie zu groß dünkte, nahm sie ein kleineres Stück, das ihr jedoch ausgeknetet abermals für ein Almosen zu groß schien. Ebenso erging es ihr mit einem dritten Stückchen. Hierauf machte sie Jesu klar, daß sie ihm, da das Brot immer zu umfangreich werde, nichts geben könne. Da ereiferte sich Jesu und sprach: „Weil du ein so schlechtes Herz hast und mir nicht einmal ein Stückchen Brot gönnst, sollst du dafür in einen Vogel verwandelt werden und deine Nahrung zwischen Holz und Rinde suchen und nur trinken können, wenn es regnet." Kaum hatte er die Worte gesprochen, war sie zum Gertrudsvogel verwandelt und flog zum Schornstein hinaus. Bis auf den heutigen Tag sieht man sie, kohlschwarz gefärbt vom Ruß und mit der roten Mütze auf dem Kopf, herumfliegen, beständig an den Bäumen nach Nahrung pickend und zirpend, wenn es regnen soll, damit sie ihren ewigen Durst löschen könne (116).

Auch nach einer russischen Sage war der Specht einst ein Mensch, der beständig, sogar auch in der Karwoche Holz hackte. Da strafte ihn Gott: Wenn du stets, ohne meine Woche zu achten, Holz hackst, so sei ein Specht, und wenn du hackest, so hacke ewig mit dem Schnabel (22, III).

Einst erbat sich der Specht von Gott ein prächtiges Kleid und erhielt es auch. Zugleich verhängte aber der Herr die Mühsal über ihn, sich sein Futter in der Weise zusammenzusuchen, daß er unter der Baumrinde Insekten hervorholt (22, III). Spechte sind nicht fett, sondern schlank und recht eigentlich mager, daher gebraucht man in Frankreich den Vergleich „mager wie ein Specht" (108, II). Benennt der Franzose einen Menschen mit Namen, die sich auf den Specht beziehen, wie: bèque-bois, Vieux pic, muß dieser sich nichts einbilden, denn darunter wird ein großer Dummkopf verstanden (108, IX).

In der Gaunersprache, die soviel Sonderbares und oft recht Treffliches hervorgebracht hat, nennt man den Förster, ihn mit dem Vogel vergleichend, Specht (20).

In Mähren genießt der Schwarzspecht den wunderbaren Ruf eines heilkräftigen Geschöpfes. Im nordöstlichen Teil dieses Landes soll sein Gefieder ein sicheres Mittel zur Heilung von Krämpfen und Epilepsie liefern. Zu diesem Zweck wird der Vogel gerupft; seine Federn werden in einem Topf verbrannt, und der Patient wird mit dem Qualm tüchtig eingeräuchert. Gessner (30) berichtet schon: „Für die ausseren und inneren büchel oder geschwulsten der hinderen, nemme man einen Kräenspecht und lege jn mit saltz über, als Aetius aussweysst."

Sowohl in Schweden und Norwegen als auch in Dänemark, Finnland und Ostpreußen ist der Schwarzspecht ein von Jesus zur Strafe in einen Vogel verwandeltes Weib (22, II).

Der Wendehals

Daß der Wendehals seinen Namen von den eigentümlichen Drehgebärden, die er mit dem Hals ausführt, bekommen hat, ist ohne weiteres klar. Schon im 16. Jahrhundert ist die Form Windhals (von winden, den Hals drehen) in Oberdeutschland öfters belegt. Im Elsaß heißt er heute Dreihälsel, Renk-, Wildhälsle und Windhals, in Luxemburg Dreihälsjen, in Preußen Drehhals (117). In einem weiteren deutschen Sprachgebiet wird er zum Drehvogel, Halswinder, Dreierfink und Fratzenzieher (91, IV). Andere Namen sind durch den Vergleich des Halses mit einer Schlange verursacht. Bereits Gessner erwähnt mehrere Varianten: Naterhalss, Naterwendel, Naterzwang. In der Steiermark nennt man ihn Natterwindel, im Sarntal Otterfink (117), in der Schweiz sind geläufige Namen: Nattervogel, Natterwendel (132). Nach seinem Geschrei heißt er in Thayngen Sägefeiler und Bibivogel (132), in Tirol Wid-Wid (117). Weil sein Ruf wie derjenige des Spechtes als Vorzeichen für baldigen Regen gilt, nennt man ihn Regenvögeli (91, IV), an der Grenze Kärntens und Tirols Regenbitter (117). Mitte April pflegt er in der Schweiz einzutreffen, daher wird er hier zum Osteren-Pfiffer (117). In Frankreich nennt man ihn auch Kuckucksbote, weil er mit seiner Ankunft, hier diejenige des Kuckucks auf den 14. April, ankündigt (108, II). In England und Skandinavien spielt der Wendehals als Ankündiger des Kuckucks dieselbe Rolle wie der Wiedehopf in Deutschland; daher heißt er in englischen Mundarten Cuckoos fottman, cuchoos mate usw., in Finnland käaenpiika, d.h. Kuckucksmagd (117).

Im alten Persien und Babylonien galt der Wendehals als ein der Gottheit besonders nahestehender Vogel. Babylonien, wo die Magier diese Vögel „Gotteszungen" hießen, hingen in dem richterlichen Gemach des Königs vier goldene Jynxbilder von der Decke herab, die den König an Adrasten erinnern und vor Hoffart warnen sollten (45).

„Für das haar so auff den augbrawen wachset: Nimm die gall von disem vogel, und halb so vil Wolffswurtzel, und brauch es also vermischt, das ist, bestreych das ort nach dem aussgerissnen haar damit", sagt Galenus (30). „Für etliche artzneyen der auge, braucht man allein die gallen für sich selbs" (30).

Ruft der Wendehals, wird es bald Regen geben. Seine Wetterprophezeiung soll so sicher sein, daß am Zürichsee auch beim klarblauesten Himmel kein Bauer Gras zur Heuernte mähen wird, wenn das „wäd, wäd, wäd" des Regenvogels zu hören ist. Meine Nachbarn waren manchmal dermaßen erbost über das Geschrei des Vogels, das nicht nur die Heuernte unmöglich machte, sondern auch ihren Arbeitsrhythmus durcheinander brachte, daß sie zur Flinte griffen und nach dem Vogel schossen.

Mit seinem Ruf kündet er dem Bauern auch den nahenden Sommer an. „Der Specht (mit diesem wird er oft verwechselt) ruft sein Weib, nun wird es Sommer", sagt man, wenn man des Vogels wie „Weib, Weib, Weib" klingenden Lockruf hört.

Als nach lettischer Sage der Wendehals sein Lied erlernen wollte, flog er in ein Gehöft, wo die Hüter soeben vor der Türe zu Mittag aßen. Nun hatte die geizige Bäuerin ihnen keine Milch zur Grütze gegeben. Da rief ein Hütermädchen: Peena, peena! – peena putrai (Milch. Milch – zur Grütze)! Das hielt er fest und wollte schon wegfliegen, da bemerkte er, daß der Bauer im Hause Bier bereitete. Während er nun dort zusah, kam ein Nachbar und fragte: „Weshalb braust du heute Bier?" „Morgen ist Michaelis (rit Mikjelis)", antwortete der Wirt. So lernte der Wendehals auch noch diese Worte und hat nun zwei Lieder. Im Frühling ruft er: Milch, Milch, Milch zum Brei und im Herbst: Morgen ist Michaelis (22, III).

Hopfe

Der Wiedehopf

Wie der Kuckuck seinen Namen von der auffälligen, der menschlichen Sprache gleichenden Stimme erhalten hat, so kehrt auch der eigentümliche Paarungsruf des Wiedehopfs, ein dumpfklingends „upup" oder „huppupp", im Namen des Vogels wieder.

Mit Recht darf behauptet werden, daß wir keinen zweiten Vertreter der Avifauna haben, dessen Name durch sämtliche europäischen und außereuropäischen Hauptsprachen so auffällig onomatopoetischer Natur ist wie die von *Upupa epops* für den Wiedehopf. Mit großer Leichtigkeit ist der lautmalende Charakter in den deutschen Bezeichnungen Hupphupp, Hupup, Wuppwupp, Wuddwudd, Wud-Wud (117), Hupak, Hupke, Huppe, Hupper, Luppe, Puphopp, Pupu, Wute und Wutte (91, VI) zu erkennen. Lautmalender Natur ist schon der lateinische Name *Upupa*. In Frankreich sind es die Namen Huppe, Houppe, Pubette, Duppe, Loupette (108, II), Bout-Bout, Bou-bou (91, VI), in Italien Buba, Bubbalo, Popa, Pupula (108, II), Boba, Bubba, Poupa, Uppola, Upuba, in England Hoopoo, Hoopoop, Hoop, Hoope, in Dänemark Wupper, in Schweden Oppopp, Poop, in Rußland Udod, in Rumänien Pupege, in Holland Hop, Hoppe, in Spanien But-But, Bubilla, Popa, Poput, im Persischen Hudhud, im Arabischen Hed-hed, Hidhid, im Indischen Höpöpö, im Tartarischen Güd-güd usw., usw. (91, VI).

Wenn schon die altüberlieferten Bezeichnungen des Vogels, Wiedehopf, Wiedehupp, Wedehuppe, Weidehupp, Wiehopp, Wieshopf, Witthupf und Weidenhüpfer aus dem ahd. Wuituhopfe, Wittuhopfe, Wituhoffa hervorzugehen scheinen und demnach ein Kompositum darstellen, dessen erster Teil ahd. witu „Holz, Wald" ist, dessen zweites Glied aber, dem Mittelhochdeutschen entnommen, „Hüpferin" bedeutet, wonach der Wiedehopf nichts anderes als die Holzhüpferin wäre, glaubt Suolathi (117) doch, daß auch die Bezeichnung Wiedehopf lautmalender Natur sei. Dabei stützt er sich auf die onomatopoetischen Namen Wudhupp und Wudhupp und Wudhupf in der Steiermark. Wenn seine Vermutung ohne Zweifel hier auch zutrifft, kann sie meines Erachtens dennoch für den Wiedehopf nicht gelten. Abgesehen davon, daß hier unbedingt das althochdeutsche wituhopfe zugrundeliegt und der Vogel tatsächlich als Holzhüpfer bezeichnet wird, weist schon „Weidenhüpfer" darauf hin, daß in „Wiedehopf" auch die Weide, in der er gerne nistet, eine Rolle spielt, und es ist nicht ausgeschlossen, daß unter unbewußter Umstellung des althochdeutschen witu in wiede (Weide) und der Vogel so im Volksmund zum Weidenhüpfer und in den Mundarten zum Widehup und seinen zahlreichen Variationen geworden ist.

Schon bei den Römern war der Wiedehopf wegen der Unsauberkeit des Nestes in üblem Ruf, und auch in unserer Zeit ist es damit nicht besser bestellt. Der Ausdruck Kothahn, der heute noch in der Schweiz (44, II) und auch in Deutschland (91, VI) gebräuchlich ist, erscheint schon in einem Glossar des Jahres 1512. Heute nennt man den Vogel in der Mark Brandenburg Misthahn, in der Pfalz Dreckvogel, im Elsaß Kothüenel, Stinkhahn, in Deutschland allgemein Mistfink, Mistvogel, Schmutzhahn, Kot-, Dreckkrämer, Kot- und Stinkvogel, in England Stink-bird, in Holland Drek-, Stinkhaan (91, VI).

Wegen seiner Haube nennt man ihn Kakadu oder deutscher Haubenpapagei, in Frankreich Coq des bois, – des champs, – du paradis, – sauvage, Poul de Lamberto, Poulet de Saint-Martin, in Italien Galleto da montagne, – de marzo, – del paradiso, – di Bosco, Gallo di selva (91, VI).

Da der Vogel sich gerne auf Viehweiden aufhält, um dort Nahrung zu suchen, heißt er in Tirol Gänsehirt und Fuhrmann, in Deutschland Herdenvogel, Kuhhirt, Saulocker, Schmähknecht, in Skandinavien allgemein Haerfugl (91, VI). Andere, eher scherzhafte Namen sind Wachtmeister in Preußen, Huppuppergesell in Fallersleben (117). Den Namen Kuckucksküster, Kuckucksköster, der in Holstein, Mecklenburg und Altmark vorkommt, Kuckucksknecht, -lakei, -bote, -roß, Küsterknecht und jedenfalls auch das französische Serviteur du Roi hat der Wiedehopf erhalten, weil er gewöhnlich 14 Tage früher als der Kuckuck erscheint und durch seinen Ruf die Ankunft dieses Vogels ankündigt. Die Erklärung des Namens gibt schon Colerus Calender (S., 83): „Die Mecklenburger sagen, der Widehopffe sei des Guchucks Küster. Denn wenn sich der mit seinem Närrischen gelächter oder geschrey auff den Bewmen hören lest, so lest sich bald hernach der ander narr, der Guckgug hören." Aus demselben Grunde nennt man in Luxemburg den Wiedehopf Riffer, d.i. Ausrufer (117).

Trotz der Namenfülle in allen Sprachen steht der Wiedehopf, wie es sich ja einem Küster und Untergebenen ziemt, an Volkstümlichkeit, wenn er auch besonders in der Zauberei eine große Rolle spielt, weit hinter dem Kuckuck. Das mag auch entschieden die Ursache dafür sein, daß sich nur wenige topographische Namen auf den Wiedehopf beziehen: Le bois de la Houppe, Les Huppes, L'Hoppe, La Poupette (108, IX). Als Wappentier kennen den Wiedehopf die Geschlechter der Hupier, Pupet, Dupupet, Pupeley, Puihoube, La Huppe de Lartuière (108, IX).

Die alten Ägypter machten den Wiedehopf, der ihnen, da man von ihm glaubte, er ernähre seine altgewordenen Eltern, ein Symbol kindlicher Liebe war, auch wegen der Anordnung und Verschiedenheit seiner Farben und wegen der 26 oder 28 Federn seiner Haube und in Anbetracht der Wintermauser zum Sinnbild der Abwechslung im Haushalt der Natur, der Zeitenfolge und Jahreszeiten und der Anzeichen dafür (91, VI). Aus diesem Grunde hatte Orus der Hieromant einen Wiedehopfkopf auf der Spitze seines Stabes, und in der Hand tragen die männlichen Götter des alten Ägypten den Kukupha-(Wiedehopf-)Stab, dessen Aufsatz aber nicht, wie sich vermuten ließe, den Kopf dieses Vogels darstellte, sondern einen Vierfüßer mit langen Ohren.

Schon Moses kannte den stinkenden Wiedehopf und erwähnte ihn (3. Mos. 41, 19 und 5. Mos. 15, 18) wohl wegen seiner unsauberen Brutstätten unter den unreinen Vögeln, welchem Beispiel auch der Prophet Mohammed folgte. So ist denn den Bekennern des mosaischen Glaubens und den Mohammedanern, so sehr diese letzteren den Hudhud schätzen, als unreines Wesen zu speisen verboten. In hieroglyphischen Darstellungen des alten Ägypten findet sich der Wiedehopf sehr oft, wie er im Schlamm des Nils nach Nahrung wühlt und sich dadurch bemerkbar und nützlich macht. Solche Funde stammen aus den bald 4000 Jahre alten Felsengräbern von Beni Hassan (91, VI).

Zu keiner Zeit fehlte es an mancherlei Wunderdingen, die man sich von diesem Vogel berichtete. So erzählt man aus dem klassischen Altertum, daß der verbrecherische Thrakerkönig Tereus in einen Wiedehopf verwandelt worden sei, als er die Tochter eines Königs von Athen, die er ihrer Jungfräulichkeit beraubt hatte, verfolgte. Sich der Entehrung, die er als Mensch beging, bewußt, baut er heute noch sein Nest in der Einöde (91, VI). Im deutschen Mittelalter glaubte man, daß die Hexen aus Wiedehopfköpfen, Wolfskot, Fledermausblut und Eulenherzen höllische und zauberische Ragouts bereiten und daß der Kuckuck und sein Küster, d. h. der Teufel und der Wiedehopf, auf dem Bocksberg herumtanzen (54, II).

In früheren Zeiten war der Wiedehopf, wenigstens in Tirol, ungern gesehen, und die Leute erzählten von ihm allerlei Unheimliches. Er sei vom Teufel oder dessen Leibvogel, dem Kuckuck, sagten sie, in alle möglichen Satanskünste eingeweiht. Sein unheimlicher Ruf im tiefen Wald hat Anlaß zu vielerlei Aberglauben gegeben. Man kennt diesen Vogel fast überall nur dem Namen und dem Rufe nach, ja andernorts schreibt man seinen Ruf einem anderen gespenstischen Vogel zu, der sogenannten Habergeiß, die sehr gefürchtet ist. Wenn die Leute dann einmal einen Wiedehopf zu Gesicht bekommen, wollen sie es nicht glauben, daß er es ist, der abends jene unheimlichen Töne hören läßt. Sie behaupten, jene Laute „pu, pu, pu, pu" kämen von einem anderen Vogel (42).

So gilt der Wiedehopf als Vorbote von Unglücksfällen (42), und zwar nicht nur in Tirol, sondern auch in Italien, wie dies sein Name Osèl de mal Auguri deutlich kundtut. Von schlechter Vorbedeutung ist er auch in Poitou, denn hört man ihn, ohne etwas genossen zu haben, wird man sich den Fußknöchel quetschen (100, V). Cardamus behauptet, durch Bestreichen der Schläfen mit Wiedehopfblut sähe man im Traum Wunderdinge. Nach einer anderen Version glaubt man, daß man im Traum von bösen Geistern verfolgt werde. Um angenehme Träume zu haben, muß man in Tirol ein mit Wiedehopfblut getränktes Tüchlein auf den Puls legen (141, VIII). Ein altes, handschriftliches Arzneibuch weiß: „Das einem wunderbarliche Ding im Traum erscheinen. Nimm Wiedehopfenblut, schmiere damit die Pulsader, die Schläfe und Stirn, und lege dich schlafen, so wirst du im Schlaf wunderliche Ding sehen" (44, VI).

Will in Frankreich ein Mädchen geliebt werden, muß sie die Schläfe mit dem Blut dieses Vogels einreiben. Hat sie es getan und dazu gesagt: baludeth, assarobi, abumeleth, wird sie bald wissen, welches ihr Zukünftiger ist. Ihr wird schon in der nächsten Nacht ihr Verlobter im Traum erscheinen (108, IX). Zauberer und heimliche Übeltäter benutzen für ihre Künste vielfach Wiedehopfherzen. In Bayern sind Wiedehopfaugen ein Amulett der Bauern und Jäger, die dann glauben, nicht betrogen werden zu können (43). Alte Aufzeichnungen eines Hexenmeisters in Horgen berichten: „Trage eines Widhopfen Auge bei dir, und wenn du es vornen auf die brust trägst, so werden dir deine Finde hold, und so du sie in den Beutel trägst, so gewinst du an allem was du kaufst" (44, II). Wer die Augen dieses Vogels bei sich trägt, ist in Tirol bei allen Menschen beliebt und hat Glück bei Gericht (154), in den Ostkarpaten aber läuft man Gefahr dickleibig zu werden (141, XVIII). Ein altes Arzneibuch von 1602 behauptet: „Nimm Wiedehopfzungen und lass vier Messen darüber lesen und legs zum Geld. Dann soll das Geld im Beutel nie weniger werden. Trägt man die Augen des Vogels beim Geld, gewinnt man in Frankreich viel und kann nicht betrogen werden" (108, IX). Um vor Betrügern sicher zu sein, trägt man am besten den Kopf des Wiedehopfs bei sich (154). Trägt man in Frankreich in einem Geldbeutel aus Leder eines Maulwurfs einen Wiedehopfkopf, wird man bewahrt bleiben vor Betrug und Arglist der Händler und Krämer (113, III). Den Kopf des Vogels in Maulwurfshaut bei sich getragen, bringt Glück im Spiel (89).

Gegen Vergeßlichkeit und Verstandesschwäche nimmt man in Unterfranken das Auge und die Zunge eines Wiedehopfs und hängt sie an: Gedächtnis und Verstand kommen dann wieder (69). In Frankreich seine Zunge auf den Kopf gehalten, stärkt mächtig das Gedächtnis, seine Haut heilt Kopfweh (108, IX). Um alles zu behalten, was man las, mit andern Worten, um ein gutes Gedächtnis zu haben, mußte man ehedem in Schle-

sien ein Wiedehopfauge bei sich tragen (24, II). Alte, handschriftliche
Aufzeichnungen berichten: „Zu lehren, was du wilt. So fach ein widhopf
und nim ihm die Zungen und is si, so kannst du lehren, was du wilt" (44,
VII)). „So du drey manns Stercke wilt haben. So fah ein widhopf und
haue ihm den kopf ab und brönne ihn zu bulfer und Trag es bei dir in den
Schuhnen" (44, VII).

Der rechte Flügel am Kopfkissen eines Menschen befestigt, bewirkt,
daß der Schläfer nicht aufwacht, bis zur Wegnahme des Talisman.

Im 17. Jahrhundert sagte man, um unsichtbar zu sein, müsse man eine
Perücke tragen aus den Haaren eines Erhängten und sich mit Blut des
Wiedehopfs benetzen (113, III).

Nach Megenberg findet man im Nest des Wiedehopfs einen Stein. Legt
man diesen unter das Kopfkissen, mehrt er die Träume und läßt heimliche Dinge im Traum erscheinen (82). Diesen Stein, mit dem man in
Frankreich Geheimnisse entdecken kann (108, IX), findet man in Pommern im Wiedehopf selbst, wenn man diesen öffnet. Unter den Kopf eines schlafenden Menschen gelegt, bewirkt er, daß dieser alles erzählt, was
er weiß (141, XXIII). „Discr vogel sol für einen unreinen vogel gehalte
werden, allein darum, dass er in kaat, darzuo auch in greberen sein Wo-
nung hat. Procopius zelt den under die Nachtvögel, und derhalben zur
speyss nit dienstlich. Diss ist auch ein trauriger und kläglicher vogel, und
derhalben im gsatz verbotten: Dann Traurigkeit der Welt, bringt nichts
dann den tod. Sein Fleisch ist rauch als Rasis leert", schreibt Gessner
(30).

„Einen Wadhopffen gebrennt, un die äschen auss weyn getruncken, benimpt das krimmen. Dise braucht man auch für Hundsbissz: er wirt aber
enthauptet, zerhauwen, und legt man ein pflaster über diss ort" (30).

„Seine fäderen auff das haupt gelegt, stillend das hauptwee. Ob denen
fäderen geröuckt, treybt die würm auss", sagt Rasis (30). Plinius lobt das
Herz des Wiedehopfs bei Seitenstechen (159, II). Ein Mittel, um Schmerzen bei Kolikanfällen zu lindern, kennt man auch in Frankreich: „Brenne
einen Wiedehopf mit samt den Federn und gebe dem Kranken von der
Asche in Wein zu trinken" (108, IX). Wie der Specht, so bringt auch der
Wiedehopf die Springwurzel, die er wie jener ihrem Element, dem sie ent-
stammt, dem Wasser der Wolke oder dem in ihr sich bergenden Feuer des
Blitzes zurückbringen muß. Daher auch hier die Wassergelte und das
Ausbreiten des das Feuer vortäuschenden roten Tuches, um der Wurzel
habhaft zu werden.

Von einem Wiedehopf, der den verschlossenen Nesteingang mit Hilfe
der Springwurzel wieder öffnet, berichtet Gessner in seinem Vogelbuch
(30): „So aber der vogel widerkommen, und sein Loch verschlossen gefunde hat, hat er ein kraut gebracht, welches er an das kaat gehalten, bis

dass es zergangen und hinab geflossen ist: er aber ist zuo seinen jungen hineyn gegangen. Und wie er nachmals widerumb umb speyss ausgeflogen, hat jm der obgenennt sein näst widerumb also verstopfft: der vogel aber hat diss abermals mit dem obgenennten kraut aufgeschlossen: um diss hat er thon zum dritten mal. Welches als der Hausswirt vermerckt, hat er diss kraut auss dem kaat genommen, und hat es nit als der Wydhopff gebraucht, sunder schlösser und schätz damit aufgethon, so aber jm nit gehört oder zuogedienet habend, als Elianus aussweysst" (30). In der Gegend von Derendingen in Schwaben verschafft man sich die Springwurzel durch einen Wiedehopf. Findet man das Nest dieses Vogels in einem hohlen Baum, muß man ein Brett vor dessen Eingang nageln, dann fliegt der Vogel fort und kommt mit der Springwurzel wieder, die, an das vernagelte Nest gehalten, das Brett augenblicklich abspringen läßt. Darauf trägt der Vogel die Wurzel, um sie zu vernichten, nach dem nächsten Feuer oder Wasser, in die er sie hineinfallen läßt. Deshalb muß man in der Nähe des Nestes eine Gelte mit Wasser aufstellen oder ein Feuer anmachen und die Wurzel auffangen, wenn sie fällt. Das Feuer kann man aber auch durch Hinbreiten eines roten Tuches oder Kleides ersetzen, da der einfältige Wiedehopf dieses für jenes hält (109).

„Ihr sollt nicht auf Vogelgeschrei achten", gebietet 8.Moses 19,26 und meint damit auch den Ruf des Wiedehopfs. Orphat führte 1805 den Vogel unter den Wetterpropheten auf und sagte: „Wenn der Wiedehopf eigentümlich klagt und schreit, besteht Aussicht auf Wetteränderung, nach einigen folgt gutes Wetter, nach andern aber Regen. Auf Regen deutet es, wenn der Wiedehopf seufzet" (96). Im Zürcherischen Amt und auch im Thurgau verkündet der Wiedehopf mit seinem Ruf dem Bauern Regen am selben Tag (141, IX). Eine französische Bauernregel weiß, daß es nicht mehr friert, wenn der Wiedehopf singt (108, IX).

Wenn in Frankreich der Wiedehopf schreit, ehe der Wein treibt, gibt es ein gutes Weinjahr. Anderseits entnimmt der Landmann aus des Vogels Ruf zugleich die Gewißheit, daß es nicht mehr gefrieren wird, wenn der Wiedehopf im Lande ist (108, IX). Ein quantitativ wie auch qualitativ gutes Weinjahr stand schon nach Aldrovadus in Aussicht, wenn der Wiedehopf seinen Ruf erschallen ließ, ehe die Rebe Sprosse trieb (45). „Wen der Wydhopff vor dem weynblüyet singt, sol das selbig jar vil und guot weyn wachsen, sagt Orus" (30).

Ruft in Mecklenburg der Wiedehopf dreimal huppup, wird der Hafer billig. So viele Male der Vogel im Frühling ruft, so viele Franken kostet in Frankreich das Scheffel Korn (108, IX). Sein eintöniger Ruf, der an jene Töne erinnert, mit denen der Hirte oder Bauer das Vieh aufmuntert und antreibt, gab zu folgenden Sagen Anlaß.

Im Freiamt sagt man, Wiedehopf und Rohrdommel seien einst Hirten gewesen. Der eine trieb seine Herde auf steiniges Land, damit sie nicht zu mutwillig umherlaufe und er mehr Ruhe beim Hüten habe. Infolgedessen magerten die Tiere ab, daß sie sich kaum mehr vom Boden erheben konnten. Zur Strafe wurde der schlechte Hirte in einen Wiedehopf verwandelt und muß nun bis auf den heutigen Tag sein „hüp-hüp" rufen, um die Tiere heimzutreiben. Der andere trieb nur in des Nachbars fette Wiesen, damit das Vieh schnell gedeihe und er sich nicht lange plagen müsse, immer frische Weideplätze aufzusuchen. Von dem guten Futter übermütig geworden, entsprang ihm die Herde und ließ sich nicht mehr in den Stall bringen, obschon er mit Steinen und Holzblöcken nach ihr warf. Zur Strafe muß er sein Leben lang als Rohrdommel sein vergebliches „oha" erschallen lassen (106).

In Posen ist der Wiedehopf ein in diesen Vogel verwandelter Bauer, der stets zufrieden mit seinen Ochsen pflügte. Darum ruft auch der Vogel heute noch im frühesten Frühjahr: hot, hot (58).

Nach einer Sage aus Pommern war der Wiedehopf ein Damenschneider gewesen, der, weil er so beliebt war, soviel Arbeit hatte, daß er jeden Abend, wenn er die Stoffe aus den vornehmen Häusern nach Hause trug, um daraus die schönsten Kleider zu machen, so schwer zu tragen hatte, daß er jedesmal beim Treppensteigen seufzte: huppupp, huppupp. Diese Arbeitslust und Freude am Verdienen hätte Gott dem Manne wohl verziehen, doch wuchs daraus im Laufe der Zeit eine Habsucht, daß Gott dem Tun und Treiben nicht länger zusehen konnte, und als der Schneider, der von allem, was er nach Hause nahm, seinen Teil sich widerrechtlich aneignete, wieder schwer beladen unter schwererem huppupp, huppupp die Treppe hinaufächzte, wurde er in einen bunten Vogel verwandelt, der Wiedehopf heißt und fortan die Häuser und Ställe umfliegen muß, um mit unersättlicher Gier das Allergarstigste aufzulesen und in sein Nest zu tragen. Er trägt bis heute einen bunten Rock, aber einen, der an einen schlimmen Ort erinnert, wohin die Diebe und Schelme gehören. Der eine Teil des Rockes ist rabenschwarz, der andere feuerrot. Beides sind Farben der Hölle, denn das Schwarze des Rockes soll die höllische Finsternis und das Rote das höllische Feuer bedeuten. Auch hat er aus seiner Schneiderzeit beibehalten, immer huppupp, huppupp zu schreien, als trage er noch die Diebeslast, die ihm so schwer wird.

Die Leute nennen ihn häufig Kuckucksküster, weil sein Laut aus der Ferne wirklich so klingt, als wolle einer den Ruf des Kuckucks nachahmen, wie der Küster den Pastor. Der Kuckuck aber ist ein lustiger Geselle und kann sein Lied in Freuden singen, der Wiedehopf aber ein trauriger Schelm, und darum muß er seufzen und klagen, und sein Huppupp, huppupp geht ihm schwer aus der Kehle (22, III).

Nach einer Sage aus der Haute-Bretagne waren der Wiedehopf und der

Grünspecht gute Freunde. Einst beschlossen sie, ihr Vaterland zu verlassen und in die Fremde zu ziehen. Zu diesem Zweck mußten sie über das Meer fliegen. Als sie nun auf halbem Wege waren, fing der Grünspecht an einzuschlafen, denn er war sehr erschöpft. Da rief ihm der Wiedehopf ermunternd zu: „huup, huup", damit er nicht ins Wasser falle. Er wachte jedesmal auf, faßte neuen Mut und legte zufolge der Zurufe seines Freundes den Weg ohne Unfall zurück. Da er aber den erwiesenen Dienst gar wohl zu schätzen wußte, wollte er ihm auch seine Dankbarkeit beweisen und begann Löcher in die Bäume zu bohren, damit sie den Nestern des Wiedehopfs als Schirmdach dienen sollten. Seit dieser Zeit höhlen die Spechte die Bäume aus (22, III).

Eine durch die Mauren nach Spanien gebrachte Sage berichtet, daß die Wiedehopfe früher wegen ihrer Goldkronen verfolgt wurden und sich deshalb von Salomo Federkronen erbaten (22, III). In Mecklenburg soll einst die Schildkröte ein König mit Krone und Panzer gewesen sein. Man hatte ihr aber die Krone gestohlen und nur den Panzer gelassen. Jene trägt heute der Wiedehopf, der es in seinem Stolz jedem mitteilt, daß er sie auf dem Kopf hat und deshalb immer ruft: Up, up, up (151, II).

Eine Sage aus Böhmen weiß aber, daß der Wiedehopf die Krone für eine Hochzeit vom Kuckuck borgte und diese dann nicht mehr zurückgab. Seit dieser Zeit ruft der betrogene Kuckuck immer: Kluku, Kluku, d.h. Bube, Bube, und meint damit den Wiedehopf. Dieser fertigt ihn jedoch mit den Worten ab: Jdu, jdu – ich komme schon. Der sein Recht und Eigentum fordernde Kuckuck berief in Rumänien eine Vogelversammlung ein, die unter dem Vorsitz der Lerche über die Angelegenheit der Krone beriet. Das Urteil aber fiel zu Ungunsten des Klägers aus, wahrscheinlich deshalb, weil der Wiedehopf mit seiner Krone gerade die Hochzeit der Lerche verschönt hatte (22, III).

In Rumänien wollte eine Stiefmutter ihre Stieftochter beseitigen. Eines Tages gab sie ihr zwei Pfund schwarze Wolle mit dem Befehl, sie weiß zu waschen. Das arme Mädchen quälte sich ohne Erfolg ab und betete schließlich zu Gott: Pu, pu, lieber Gott, verwandle mich doch in einen Vogel. Sie wurde erhört und wurde zu einem Vogel, den man von April bis August „pu, pu" schreien hört: zu einem Wiedehopf (22, III).

Als die Juden Jesus verfolgten, erzählt eine magyarische Sage, verkroch er sich unter einen Hagedornstrauch. Eine Piplerche setzte sich darauf und rief in einem fort: Zinzere, zinzere (er ist nicht hier). Der Wiedehopf aber schrie: Ott, ott! (da, da). Da richtete sich der Strauch auf und Jesus ward entdeckt. Zur Strafe wurde der Hagedorn von einem Baum in einen Strauch verwandelt, der Wiedehopf aber muß seither im Kot seine Nahrung suchen (141, IV).

Als Gott die Welt erschaffen, so berichtet eine rumänische Sage, be-

stimmte er jedem Wesen seine Nahrung. Die des Wiedehopfs sollte Mais-
brot sein. Damit war der Vogel aber nicht zufrieden. Da es Roggenbrot
damals noch nicht gab, bestimmte Gott ihm Weizenbrot. Als der Wiedehopf sich daran sattgegessen hatte, kam er wieder vor Gott und forderte
eine andere Nahrung. Da wurde der Herr zornig und sprach: „Wenn du
mit der besten Speise der Welt nicht zufrieden bist, so sollst du von nun
an Schmutz fressen!" So geschah's.

Ebenso war der Vogel mit seinem aus schönen Blumen hergestellten
Nest nicht zufrieden. Deshalb habe ihn Gott in bezug auf das Nest in derselben Weise gestraft (22, III): Nachdem Gott die Vögel geschaffen hatte,
gab er noch jedem Weisung, wie er sein Nest zu bauen habe. Der Wiedehopf vergaß es aber und fragte Gott daraufhin ungeduldig: „Und ich
Herr, ich bin der Schönste, wie und mit was soll ich mein Nest machen?"
Er erhielt aber keine Antwort, da er ja seine Weisung bereits erhalten
hatte, fragte aber ungeduldig weiter: „Mit Gold? Mit Silber?" Da gab ihm
der Herr zur Antwort: „Mit Kot." Seit dieser Zeit verwendet er diesen
zum Nestbau (108, IX).

In der ersten Zeit machte der Wiedehopf, wie eine französische Sage
weiß, ein schönes Nest, dessen Wände mit Talern verziert waren. Die
Menschen aber stellten aus diesem Grunde seinem Nest nach, zerstörten
es und nahmen das Silber an sich. Um die Diebe abzulenken, die ihn
nicht einen Augenblick in Ruhe ließen, ersetzte er das Silber durch Kot
und nistet nun im Schmutz (108, IX).

Bekannt ist das unsaubere, vor Schmutz starrende Nest des Wiedehopfs. Mit Bezug auf die Unreinlichkeit des Vogels gebraucht der Franzose den Vergleich: Sale comme une huppe, schmutzig wie ein Wiedehopf. Ebenso kennt man in der deutschen, englischen und norwegischen
Sprache eine Redensart: Stinken wie ein Wiedehopf. Auch in Frankreich
kann man stinken oder schmutzig sein wie ein Wiedehopf und sogar stinken wie sein Nest. Eine unsaubere Frau bezeichnet man als Saloppe, ein
schmutziges Dienstmädchen wird zur loppe de chambelere. Ein schmutziges Zimmer wird mit dem Nest des Vogels verglichen und deshalb ein
Wiedehopfnest genannt (108, IX). Saloperie bezeichnet, vom Wiedehopf
hergenommen, das, was wir Schweinerei nennen (108, IX).

Huppé bedeutet in Frankreich, erinnernd an das stattliche Aussehen,
das dem Wiedehopf seine Federkrone verleiht, stattlich gekleidet, heraus-
geputzt, vornehm. Un monsieur Huppé wird in ironischem Sinne von einem Hochgestellten gebraucht und entspricht ungefähr unserem „großen
Tier" (102).

Im österreichischen Dialekt bezeichnet Hopf, von Wiedehopf hergenommen, einen dummstolzen Menschen (102) und Jeremias Gotthelf sagt vom
Bauern: So ein Bauer habe einen Hochmut wie ein Kothahn (125, II).

Auf die große Furchtsamkeit des Vogels, der bei der geringsten Gefahr in Schrecken gerät, bezieht sich die italienische Redensart: Tremare come una bubbola, zittern wie ein Wiedehopf (102).

Als nach lettischer Sage der Wiedehopf singen lernen wollte, flog er den Hirten nach. Nun war aber das Vieh gerade in ein Kornfeld geraten und der Bauer packte den ersten Hütebuben und drohte ihm mit der Gerte. Der aber wies die Schuld auf den zweiten und sagte: Du, du bist daran schuld. Das gefiel dem lernbegierigen Vogel und er rief auch: Tu, tu, tu. Darauf entgegnete der Bauer: Jetzt glaube auch ich, daß dich die Schuld trifft, da der Wiedehopf es auch bezeugt. So bekam der zweite Hütejunge auch seine Prügel (22, III).

Im Frühling ruft der Wiedehopf: hupp, hupp und meint damit, Eis und Schnee sollten sich „heben". Dem Bauer ruft er zu: up, up, up, was bedeuten soll, er solle den Stall öffnen und das Vieh auf die Weide lassen. Dann wieder ruft er gleich einem Fuhrmann: Hott wud, hott wud (151, II). Den Schrei des Wiedehopfes: boute, boute oder pousse, pousse, hören die belgischen Bauern als Aufmunterung zur Arbeit (108, IX). Im Schwabenland ruft der Vogel: Böck der röck, böck de röck, d. h. Bück den Rücken, neige dich vor Gott (149).

Eisvögel

Der Eisvogel

Im Wehntal (Zürich) nennt man den Eisvogel Blauamseli, in Sulzmatt im Elsaß Wasseramstel (117), dann wieder Wassermerl, -hähnlein, -hennle (91, IV). Wegen der bunten Farben und des langen spitzen Schnabels heißt man ihn Ufer-, Wasser-, See- oder Blauspecht (91, IV). Auf seine leuchtenden Farben, die ihn gleichsam als einen lebendigen Edelstein erscheinen lassen, beziehen sich auch die altfranzösische Bezeichnung Paradiesvogel (108, IX) und die italienischen Namen Uccello della Madonna, Uccello Santa Maria und Uccello del Paradiso (108, II). Als Fischräuber bezeichnen ihn die Namen Fischer-Martin, Fischdieb, Fischfresser, englisch Kingfisher, italienisch Uccello pescatore, Martin Pescatore, Pescatore del Re, schwedisch Kungsfiskare, französisch Martin pêcheur (91, IV), Oiseau pêcheur, im Tessin Martina pescatore (108, II). Eine luxemburgische Benennung ist Mattevull, d. h. Mottenvogel. Dieser Name erklärt sich aus dem Volksglauben, daß die Haut des Eisvogels die Kraft besitze, Motten zu entfernen und auch zu vertreiben. Bereits Albertus Magnus (1193–1280), ein überragender Gelehrter seiner Zeit, erzählte, daß die Tuchhändler getrocknete Häute von Eisvögeln unter die Stoffe zu legen pflegten, um diese vor Mottenfraß zu schützen (117). In Meudon und Reims gibt es am Flußufer ein Restaurant „Zum Martin-pêcher" (108, IX).

Nach einem älteren heidnischen Volksglauben nistet der Eisvogel auf dem offenen Meer, und sobald er sich auf sein Nest niedergelassen hat, schweigen alle Stürme. Dies geschieht aber gerade in der Wintermitte, und man nennt deshalb die schönen, klaren und windstillen Tage des harten Winters die halkyonischen, von Halkyone oder Alkyone = Eisvogel. Da nun gerade in diese Zeit das Weihnachtsfest fällt, hat die christliche Kirche in den meerstillenden Nestern des Eisvogels ein Sinnbild der Muttergottes während ihrer Niederkunft in Bethlehem erkannt (85, I).

Über die Naturgeschichte des Eisvogels schreibt Plinius: „Einen Eisvogel sehen ist etwas höchst Seltenes: es geschiehet nicht anders, als beym Untergange des Siebengestirnes, bey den Sonnenwenden und am kürzesten Tag. Wenn er etwa um ein Schiff herum flieget, und gleich in seine Schlupfwinkel entwischt. Man bewundert ihre Nester: sie haben die Gestalt eines Balles, vorne heraus stehet eine sehr enge Oeffnung hervor, einem grossen Schwarme gleich: sie können mit Eisen nicht zerschnitten werden, und werden durch einen starken Schlag wie die trockne Meerschaum zerschlagen" (159, I).

Im deutschen Mittelalter bewahrten manche in ihren Schränken einen toten Eisvogel auf, eingewickelt in seidene Tücher und einen goldenen Ring um den Hals, weil sie glaubten, daß es ihnen, solange sie diesen aufbewahrten, nicht am Unterhalt fehlen werde und daß sie an Wohlstand und Ehren zunähmen. Manchmal legte man auch einen solchen toten Vogel, wenn die Messe gelesen wurde, unter den Altar (141, XI).

Ein gekäfigter Eisvogel, in Böhmen im Hause gehalten, soll für dieses ein Glücksgeist sein (35). Das Herz dieses Vogels, in Böhmen gegessen, soll gegen das „Werfende" helfen (46, II).

„Es sagend etlich, die straal schlahe nit in das hauss darinn die näst gefunden werde. Item so man den zuo den schätzen leg, sölle er dieselbige meeren, vnd also alle armut hinweg treyben, sagt Albertus Magnus" (30). Heute noch schreiben die Bauern auf Sardinien dem Eisvogel die Kraft zu, gegen Blitzschlag zu schützen (108, II).

Nach französischem Volksglauben soll der Eisvogel, wenn man ihn auf einen Ast legt, bewirken, daß dieser vertrocknet (10, IX).

Im Altertum war der Glaube weit verbreitet, daß Eisvögel eine Vorahnung des kommenden Wetters haben. Nach Antonius sollen sie, wenn sie am Ufer sitzen und ihre Flügel gegen den warmen Sonnenschein ausbreiten, Regen ankündigen (45). Französische Bauern hängen den Eisvogel

Abb. 21: Der Eisvogel und andere Vögel als allegorische Figuren in dem Triptychon „Der Garten der Lüste" von Hieronymus Bosch (1450–1516) (Ausschnitt).

an der Zimmerdecke auf und glauben so, in ihm eine Wetterfahne zu haben, da er stets den Schnabel jener Richtung zuwenden soll, aus der der Wind weht (108, II). Daraus erklärt sich die Sitte, Schlüsse auf das kommende Wetter aus einem an der Zimmerdecke aufgehängten Eisvogel zu ziehen (113, III). Früher trockneten die Schiffer Eisvögel, um sich ihrer als Kompaß zu bedienen (36).

Im Altertum und noch zu Zeiten Gessners stand Schlimmes bevor, wenn man die laute, eigentümliche Stimme des weiblichen Eisvogels hörte. Gessner schreibt dazu: „Doch wollt ich nicht, dass ich oder andere Leut diese Stimme sollten hören, dieweil diese viel Sorg, Unglück und den Tot selbst bedeutet" (45). Aus Schmerz über den Tod ihres Gatten, der bei einem Schiffbruch umgekommen war, stürzte sich Alcyone ins Meer. Hierauf wurden beide Gatten aus Mitleid von den Göttern in Eisvögel verwandelt (33).

Als Noah die Taube hatte fliegen lassen, nahm er den Wasserspecht und sagte zu ihm: „Du kennst die Wasser und wirst dich nicht fürchten. So fliege denn auch du aus und sieh, ob die Erde erscheint. Der Vogel brach vor Tagesanbruch auf, doch im selben Augenblick erhob sich ein starker Wind, daß er seinen Flug zum Himmel nehmen mußte, um nicht in die Wasser gestürzt zu werden. Er flog mit ungeheurer Schnelligkeit – er hatte ja schon solange nicht mehr fliegen dürfen – und kam auch bald im Himmelsblau an, in das er sich sogleich versenkte. Da bekam sein Gefieder, das bis dahin grau gewesen war, eine himmelblaue Farbe. Als er sich nun in dieser großen Höhe befand, sah er die Sonne weit unter sich aufgehen, und eine unbezwingbare Neugierde trieb ihn, sich die Sonne in der Nähe anzusehen. Er richtete seinen Flug auf sie zu, doch je näher er ihr kam, desto größer wurde die Hitze. Bald fingen seine Bauchfedern an rot zu werden und Feuer zu fangen. Er gab sein Vorhaben auf und flog schnell zur Erde hinab, um sich in ihren Wasserfluten zu kühlen. Nachdem er sich abermals in das erfrischende Naß getaucht hatte, erinnerte er sich seines Auftrages, aber, soviel er sich auch umsah, die Arche war verschwunden. Während seiner Abwesenheit war die Taube mit einem Eichenzweig wiedergekommen und die Arche war durch den großen Wind, den Gott erregt hatte, ans Land gestoßen. Als Noah sein schwimmendes Haus verlassen hatte, zerstörte er es, um Häuser und Ställe daraus zu bauen. Der Wasserspecht, der nun nichts mehr auf den Wassern sah, versuchte mit durchdringendem Geschrei, Noah herbeizurufen. Noch heute sieht man ihn an den Flüssen entlang suchen, ob er nicht die Arche oder ihre Trümmer wiederfände. Und noch heute hat er an seinem Oberkörper die blaue Farbe, die er in den Himmelshöhen bekommen hat, ebenso zeigt sein roter Leib immer noch die Folgen jener Kühnheit, die ihn bis zur Sonne streben ließ (22, I).

Kuckucke

Der Kuckuck

Gugugger, Guggug im Aargau, Guggu, Guggüser in Graubünden, Guggucher in Schaffhausen (125, II). Außerschweizerische Trivialnamen aus dem deutschen Sprachgebiet sind: Guckguk, Guckgu, Gugug, Guckaug, Gugack, Guckufer, Gucker, Gauch, Gutzgauch (91, IV). Da er als Frühlingsvogel gilt, heißt er in Sachsen Frühlingsvogel oder, weil er in der Regel um Ostern eintrifft, auch Ostervogel (117). Wie in der deutschen so wird auch in der romanischen Sprache der Vogel Kuckuck nach seinem charakteristischen Ruf benannt: französisch coucou, italienisch cuculo, slawisch kukacika, russisch kukudhka, ungarisch kakuk (91, IV).

Es ist die überaus große Volkstümlichkeit und der geheimnisvolle Sagenkreis, der den Vogel umgibt, die ihn auch in zahlreichen topographischen Namen in Erscheinung treten lassen. „Im Gugger" ist eine weitverbreitete Benennung von Gehöften, „Guggerloch" ist eine waldige Kluft bei Appenzell. Guggenmoos, Guggenried, Guggerberg, Guggerbühl, Guggerhorn, Guggerhubel, Guggersbach, Guggerhaus, Guggermatt ist schon aus dem Jahre 1576 belegt, Chante-coucou bei Nyon (125, II). Ein Dorf bei Elbing in Westpreußen führt den Namen Kuckuck. Ein anderes mit demselben Namen liegt mitten unter slawischen Orten im Kathäuser Kreis. Im Kreis Ortelsburg in Ostpreußen findet sich ein Kuckuckswalde (150, III). Les cocus, Cucuron, Les Coucoules, Cougousse, Mas-Cocu, Leu Coucutt, Le Puy-Cocu, Canto-Coucut, Chante-Cocu, Le Bois-Cocu, Le Pré-Cocu, Le Val-Coucou. L'Arbre du Cocu, Coucourou, Cocuroo, Fond du Cocu. Montcocu, Montcoguol, Le coucudou heißt ein See am Fuße des Mont d'Or. Im Lateinischen gab es einen Mons Cuculus, Mons Cuculuis, Coguletum, Podium Cocuum (108, IX).

Schon im Jahre 1464 ist im Kanton Schwyz der Geschlechtsname Gugger belegt (125, II). Ihm steht der reichsdeutsche Name Kuckuck gegenüber. Eine berühmte holländische Familie sind die Koekkoek. Neben den heutigen Geschlechtern Cocu, Cocud, Cucu, Coucoulle, Cocuelle, Cocula, Cougoule und Cucuron kannte man in Frankreich schon im 17. Jahrhundert eine Familie Coquilon und einen Bertrand de Cucuror (108, IX).

Nachhaltig und tief war zu jeder Zeit der Eindruck, den der erste Ruf des Vogels, den schon Aelian einen Boten des Frühlings nannte (45), auf

die Gemüter machte. Man grüßte ihn stets freudig als Lenzverkünder
(150, III). Es geht Frische des Leibes und des Geistes vom Kuckuck oder
dem in ihm wohnend gedachten Gott aus. Sein Erscheinen wirkte schon
auf die Indogermanen der nördlichen Länder auflebend und anregend,
deshalb lautet ein uraltes deutsches Mailied:

> der guckuck mit seinem schreien,
> macht frolich jedermann,
> des abends frolich reyen
> die meidlein wolgetan,
> spaziren zu dem prunnen
> pflegt man zue diser zeit,
> alle welt sucht freud und wunne
> mit reisen ferne (150, III).

Einst galt der Tag für festlich, an welchem man den Kuckucksruf auf eigenem Grund und Boden hörte. Darum war ein jedes Dorf auf die Ehre
eifersüchtig, den Kuckuck bei sich rufen zu hören (150, III). In Westfalen
feiert man, wenn der Kuckuck zum ersten Mal gerufen, ein frohes Fest,
und den Kindern, welche die Kunde vom ersten Ruf bringen, macht man
ein Ei zum Geschenk (154). Wer in Oerlighausen bei Olpe den Kuckuck
zuerst rufen hört, begrüßt den ihm Begegnenden nicht mit einem üblichen
„Guten Tag“, sondern ruft ihm zu: „Der Kuckuck hat gerufen“ (65). Im
Emmental und teilweise auch in den Kantonen Zug und Luzern knüpft
sich an die Eigenschaft des Kuckucks als Frühlingsbote der Glaube, daß
er gleich dem Osterhasen oder an seiner Stelle den Kindern bunte Eier in
ein Nest lege, das sie ihm aus ersten Blumen und Gräsern bereitet haben.

> U z’Ostere vor’em erste Glüt,
> Wenn als no i de Federe lit,
> So flügst du still zu jedem Hus
> Und chramist schöni Eier us (125, I).

Aus dem Glauben an den Eier bescherenden Kuckuck erklärt sich auch
im Luzernischen die gegenüber einem jungen Ehemann, dem das erste
Kind geboren wird, gebrauchte Redensart „De Gugger hed-em g’leit“.
Anspielend auf diese Worte schickt man auch etwa einem jung verlobten
Pärchen den Reimspruch zu: „Guggu! Kein liebere Vogel weder du“
(125, II)!

In Schleswig-Holstein vertritt der Kuckuck die Stelle des Storches und
wird zum Kinderbringer.

Eine unendliche Fülle von Geheimnissen, des Glaubens und auch des
Hoffens, knüpfen sich an die Ankunftszeit und den ersten Ruf des Vogels,
den man hört. Sprüche über das Eintreffen und die Maienlieder, die ihn

als Rufer des Wonnemonats besingen, stehen jedoch nur zu oft im Widerspruch zueinander. Wenn die Laubbäume, namentlich die Erlen, zu grünen beginnen, läßt sich der Kuckuck diesseits der Alpen für gewöhnlich zuerst hören. Der deutsche Bauer glaubt daher, daß er nicht eher käme, als bis er sich mit Erlenlaub sattfressen könne (91, IV). In Mecklenburg glaubt man, er lasse seinen Ruf erst hören, wenn im Moor die Birke grünt (150, III). In Stallikon im Bezirk Affoltern sagt der Bauer ungeachtet der Entwicklung des Laubes: Im Merze sett de Guggu cho und wänn er i Häntsche müesst cho. Drei Tag no mues er im Merze schreie und sött-em au der Buch verheie, weiß der Basler. Im Luzernischen ist man der Ansicht: Der Gugger mues me vor'em 9. April g'höre und wär em's Hinder verfrore. Dann auch wieder: De Gugger mues spötstes am 9. Abrelle schreie und sött-em's Füdli verheie. Daß im Frühling die Zugvögel, wenn ihre Zeit da ist, in ihre Heimat zurückkehren, auch wenn die Witterung ihren Lebensbedingungen kaum einem Minimum entspricht, ist eine durch zahlreiche Beobachtungen belegte Tatsache, worauf sich auch die Aussage der Bündner stützt:

> Der Guckus chunnt den nönte April
> si der Früelig wo er will (125, II).

Nach Aufzeichnungen des Anno 1791 verstorbenen Klosterkaplans Franz Niklaus Jakob von Sarnen soll „der Gugger den 10. April anfangen zu guggen und an S. Johannis Baptistä Tag aufhören" (44, IV). Erst am 14. April (St. Tiburtius) beginnt nach deutschem Volksglauben der Kuckuck zu rufen:

> Wann de kuku räupt ter rechten tit
> räupt he vertein dage vör Sünt vit. (St. Vitalis, 28. April)
> 'jei könnt räupen, wanner datjei willt
> Ik räupe nit eher bis den feifteinten April (150, III).

In Frankreich erwartet man den Kuckuck vor dem 15. April. Ruft er bis dahin nicht, sagt man, er sei tot oder seine Frau liege im Wochenbett (100, IX). Im Braunschweigischen muß er am 24. April rufen, sonst soll er bersten (3). Zerbersten muß er auch in Oldenburg, wenn er nicht vor dem 15. Mai ruft (131, II). Den Inselschweden scheint der 27. April als der Tag seiner Ankunft zu gelten, und in ihrem Runenkalender heißt dieser „gaucksmarks", Kuckucksmarkus, und führt auch das Bild dieses Vogels (150, III). In Belgien (108, IX) und in England soll er nicht vor dem 3. April eintreffen. Ein Kinderreim in Suffolk sagt:

> Cuckoo, cuckoo
> what do you do?

in april
I open my bill
in may
I sing nigth and day
in june
I change my tune
in july
away I fly
in august
away I must[1] (150, III).

Der Italiener glaubt, am 15. April müsse der Vogel ankommen, ist er aber noch nicht da am 7. oder 8. April, sei er gefangen worden oder gestorben. Ruft er in den letzten drei Tagen des März noch nicht, sagt man in der Bretagne, er sei gestorben. Ebenfalls hat ihn der Tod ereilt, wenn er in der Normandie seinen Ruf nicht bis zum 25. März erschallen läßt.

A notre Dame de la Marchèse (25. März)
L'coucou est mort si n'prêche (parle)[2]

Über die Ankunft des Kuckucks sagt man in Frankreich:

A la Saint-Benoit le coucou est en droit de chanter; si à Notre Dame de Mars (jour de l'Annonciation) il n'a pas chanté, il est tué ou a péri. A la Saint-Benoit, le coucou chant dans les bons endroits ou bien il est mort de froid[3] (108, II).

Entre mars et avri
On sait si l'coucou est mort ou vie.

Entre mars è abriou.
Cante, coucut, s'ès biou.

Quinze jours en mars, quinze jours en avri
On sait si l'coucou est en vie.

S'il n'est pas V'nu en avri
C'est qu'il est mort ou pourri[4].

---

[1] Kuckuck, Kuckuck, was tust du? Im April öffne ich meinen Schnabel, im Mai singe ich tags und nachts, im Juni ändere ich meine Töne, im Juli fliege ich weg, im August muß ich fort.
[2] Am Tage unserer lieben Frau von Marchèse (25. März) ist der Kuckuck tot, wenn er nicht ruft,
[3] Wenn der Kuckuck am Tag des heiligen Benoit ruft, so ist es richtig, wenn er am Tage der Verkündigung nicht gerufen hat, so ist er tot oder verunglückt. Ruft der Kuckuck am Tag des heiligen Benoit nicht in der Nähe, so ist er erfroren.
[4] Zwischen März und April weiß man, ob der Kuckuck tot ist oder am Leben. Ruft der Kuckuck zwischen März und April, so lebt er. Fünfzehn Tage im März, fünfzehn Tage im

Le 1. avril le coucou doit chanter sur le Château de Rome, mort ou vif[5] (108, IX). Kehrt er im Frühling nicht zur rechten Zeit aus dem Süden zurück, ertönt sein Ruf nicht Ende März, Anfang April oder doch in der Osterwoche, folgert man daraus, er sei krank oder tot (108, IX). In der Ille-et-Vilaine sagt man:

> A la mi-mars il est dans l'épinard
> A la mi-avril il est mort ou en chemin d'veni[6] (100, X).

Kommt er, ehe die Bäume belaubt sind, aus dem Süden zurück, was für das schweizerische Mittelland, das Elsaß und Süddeutschland zutrifft, so daß sein Ruf durch den kahlen „leeren" Wald schallt, gibt es eine teure Zeit und nach dem Glauben der Bündner hohe Lebensmittelpreise.

Das bestätigen die Worte:

> Kunnt der Gugger uf en dürre Ast
> So gilt d's Schmalz en ganze Last (125, II).

Der Franzose sieht es gern, wenn die Ankunft des Kuckucks in die Zeit fällt, wenn die Bäume noch kein Laub tragen, da in diesem Falle ein später Frühling und Sommer zu erwarten sind, was zur Folge hat, daß das Korn nicht hoch wird, also keine große Strohernte stattfindet, die Kerne aber desto reichlicher vorhanden sind. Daher sagt man:

> Quand le coucou arrive déshabillé,
> Peu de paille, beaucoup de blé.
>
> Si lou coucu vé nu (avant la feuille)
> Le paillo siro tout in gru[7] (108, II).

Ruft er in Savoyen schon im April, also ebenfalls bei kahlem Walde, ist eine große Weinernte zu erwarten (108, IX). Ein schlimmes Jahr sehen die Serben voraus, wenn der Kuckuck ruft, ehe die Bäume im Laub stehen, ein fruchtbares Jahr aber, wenn er wartet, bis sie belaubt sind (33, II). Nach ruthenischem Glauben kann der Dieb, der den ersten Kuckucksruf aus dem unbelaubten Wald hört, nicht hoffen, daß ihm in diesem Jahr ein Diebstahl glücken werde.

Den Einzug des Frühlings bezeichnen alte Rechtsformeln mit den Wor-

---

April, dann weiß man, ob der Kuckuck am Leben ist. Wenn er bis zum April nicht angekommen ist, so ist er tot oder vermodert.

[5] Am 1. April muß der Kuckuck auf dem Schloß von Rom gerufen haben, sei er am Leben oder tot.

[6] Mitte März ist er im Spinat, Mitte April ist er tot oder auf dem Rückflug.

[7] Kommt der Kuckuck bevor die Bäume belaubt sind, ergibt die Getreideernte wenig Stroh, aber viel Körner. Wenn der Kuckuck kommt, wenn alles kahl ist (vor den Blättern), wird die Ernte voll im Korn stehen.

ten „wann der gauch gucket" (33, II). Um den Lenzbeginn streiten sich in
alten Liedern Frühling und Winter, und die Hirten flehen:

> Tempus adest veris cuculus modo rumpe soporum[1].

Erscheint er nun und ruft sein „guck-guck" und alles ist herrlich geworden und alles jubelt dem Sommer entgegen, heißt es:

> Advenisse hyemen fringilla renuntiat ales,
> ad nos vere novo garrula hirundo redit
> indicat aestatem sese exspectare cuculuc[2].

Ein englisches Kinderlied lautet:

> The cuckoo's a fine bird
> he sings, as he flies
> he brings us good tidings
> he tells us no lies.
> he sucks little bird' eggs
> to make his voice clear
> and when he sings „cuckoo"
> the summer is near[3].

Bereits ein altenglisches Lied sagt:

> Sumer is icomen in lhude sing cucu[4].

Ist der Kuckuck da, dann treibt man rührig den Winter zum Land hinaus:

> Winter ade! Scheiden tut weh;
> Aber dein Scheiden macht,
> Daß mir das Herze lacht.
> Winter ade! Scheiden tut weh.
> Winter Ade! Scheiden tut weh.
> Wenn du nicht bald ziehst aus,
> Lacht dich der Kuckuck aus.
> Winter ade! Scheiden tut weh (150, III).

Ein Tessiner Volksliedchen jubelt:

---

[1] Die Zeit ist da, daß der Kuckuck endlich den tiefen Schlaf des Frühlings durchbricht.
[2] Nachdem der frostige Winter da war, meldet sich alles, was Flügel hat, wieder zurück.
Die geschwätzige Schwalbe kehrt im Frühling zu uns zurück und der Kuckuck meldet, daß
der Sommer zu erwarten ist.
[3] Der Kuckuck ist ein feiner Vogel, er singt beim Fliegen und bringt uns gute Zeiten, er
erzählt uns keine Lügen, er trinkt die Eier kleiner Vögel um seine Stimme klar zu machen
und wenn er ruft „Kuckuck", so ist der Sommer nahe.
[4] Der Sommer naht, im Lande ruft der Kuckuck.

L'inverno ha passato
L'aprile non c'è più,
è ritornato il maggio
al canto del cucù.

Cucù, cucù
l'aprile non c'è più;
è ritornato il maggio
al canto del cucù.

Lassù per la montagne
la neve non c'è più,
comincia a far il nido
il provere cucù.

Cucù, cucù ... usw.[1]

Vom Kuckuck als Frühlingsverkünder sagt man in der Haut Bretagne:

Coucou, coucou
Ramène le temps doux[2] (113, III).

Durch den Kuckucksruf läßt sich aber der Belgier nicht beirren; er weiß genau, daß wieder kurze Winterstürme einsetzen werden und sagt daher: „Es ist noch nicht Frühling, wenn der Kuckuck ruft" (108, IX). Auf die Tatsache, daß es eben noch lange nicht Frühling ist, wenn der Kuckuck ruft, bezieht sich auch die französische Redensart: On n'est en avril que quand le coucou le dit (108, II). Wenn der Vogel ruft, ist es aber immerhin erträglich warm, und man soll dann keine Handschuhe mehr tragen; tut man es aber doch, setzt man sich in Mecklenburg der Spottfrage aus: „Hast du keine Angst, daß dir der Kuckuck hinein macht?" (6, II).

Da die Saat im zeitigen Frühjahr bestellt werden muß (36), galt der erste Ruf des Kuckucks schon bei Hesiod als Zeichen, daß es Zeit sei zum Pflügen (36). Bei seiner Ankunft ist der Lenz soweit vorgeschritten, daß man in der Regel, um Dürrfutter zu sparen, das Vieh auf die Weiden treiben kann und die Bäuerin erste Gartenarbeiten besorgt, daher im Mecklenburgischen: Kukuk, dickbuuk, laat de gös' ut. Kukuk, dieckbuk, laat de swien rut. Kukuk, dickbuuk, pahl de bohnen ut (151, II).

Wenn der Kuckuck ruft, ist der Speck bald gegessen und daher rar. In Thüringen (141, X) und auch in Nordheim, wo man im Kuckucksruf die Worte: „Kuckuck schnid speck up" hört, ist sein Ruf das Zeichen, nun

---

[1] Der Winter ist vorbei, der April geht dem Ende zu, der Mai kommt zurück mit dem Ruf des Kuckucks. Kuckuck, Kuckuck, sein Ruf verkündet die schöne Zeit des kommenden Lenzes. Oben in den Bergen ist der Schnee vergangen. Er fängt an, sein Nest zu bauen, der arme Kuckuck.
[2] Kuckuck, Kuckuck, bringe uns die schöne Zeit zurück.

den neuen Schinken und Speck anzuschneiden (150, III). Wenn der Kukkuck ruft, macht der Wiedehopf nach französischem Volksglauben sein
Nest (108, IX).

Wie allen deutschen Stammesverwandten, so ist auch den slawischen
Stämmen, ferner in England, Frankreich und Italien der erste Kuckucks-
ruf von großer Vorbedeutung und der Glaube verbreitet, daß neben einer
Anzahl anderer Vögel, gewöhnlich ebenfalls Zugvögel, der Kuckuck, den
Mannhardt als Vertreter Donars, der zugleich Schatzgott war (150, III),
Einfluß auf Gesundheit, Glück und Reichtum dessen hat, der ihn im
Frühjahr zum ersten Mal hört (113, III). So ist es ein weitverbreiteter
Glaube, daß, wenn man zur Zeit, da man den ersten Ruf des Vogels vernimmt, Geld oder Brot im Sack hat, das ganze Jahr solches haben werde
oder, was gleichbedeutend ist, man werde reich sein (100, VIII) oder ein
besonders glückliches Jahr haben (38). Hat man in Tannheim im Allgäu
beim ersten Kuckucksruf Geld, Brot und einen Rosenkranz bei sich, hat
man das ganze Jahr über an diesen drei Dingen nicht Not (101, II). Hört
man den Vogel in Gnesen dreimal rufen, wird man in der Lotterie gewinnen (58). Wenn der Kuckuck bei Innsbruck auf einem Baum schreit,
wenn man vorübergeht, hat man Geld im Sack (158). Im Departement
Loiret muß man siebenmal einen Purzelbaum rückwärts schlagen, dann
wird man das ganze Jahr über Geld haben. In Luzy wirft man einen Sou
in die Luft in der Richtung, aus der die Stimme des Vogels ertönt, dann
verfügt man das ganze Jahr über Geld (108, IX). Schreit der Kuckuck in
Gelenau, wenn man die Geldbörse öffnet, so ist einem Reichtum beschieden (50). Wer im Emmental ein Messer im Sack hat, wenn er den Vogel
zum ersten Mal hört, wird auch das ganze Jahr über Geld besitzen
(44, XXIV). Wer im Frühling auf dem Horgnerberg am Zürichsee den ersten Kuckucksruf hört und dabei Geld in der Tasche und genug Speise im
Magen hat, dem bedeutet es für das laufende Jahr gutes Gelingen seiner
Geschäfte (44, II). Hat man in Basel beim ersten Ruf des Kuckucks kein
Geld im Sack, wird man auch während des ganzen Jahres keines haben
(44, XII).

Im Kanton Freiburg muß man beim Vernehmen des ersten Kuckucksrufes rasch die Taschen schütteln. Hat man das Glück, etwas darin zu finden, wird man während des ganzen Sommers Geld haben (44, XIII). Damit sich das Geld, das man in der Tasche trägt, reichlich mehre, muß man
es in Kärnten und in Belgien (108, II) schütteln, im Vogtland soll man es
umdrehen (57), bei den Wenden damit klimpern (134) und in Bayern auf
den Geldbeutel schlagen (43). Wenn die Zigeuner in der Osterwoche den
Kuckuck das erste Mal rufen hören, müssen sie den Geldbeutel bzw. das
Geld, welches sie bei sich tragen, kräftig schütteln, dann wird es ihnen
das ganze Jahr nicht mehr ausgehen (44, XIV). Hören die Deutschen im

Böhmerwald während des Hochzeitstages zum ersten Mal einen Kuckuck rufen, so greift jeder in seine Tasche, zum Zeichen, wie sehr er die Vermehrung des Wohlstandes der jungen Hausfrau wünsche (57). Auch in England rührt man beim ersten Kuckucksruf das Geld in der Tasche und tut einen Wunsch; hält sich dieser in den Grenzen der Vernunft, geht er sicher in Erfüllung (150, III). Im Zürcher Oberland geht jeder Gedanke, den man beim ersten Kuckucksruf hat, in Erfüllung (87). Ruft der Vogel in Annaberg zweimal, geht dabei ein gehegter Wunsch in Erfüllung (50). Beim ersten Ruf des Vogels muß man in Belgien das Kreuzzeichen machen, hernach einen Purzelbaum, dann macht man einen guten Fund, gewöhnlich ein kleines Messer (108, IX). Ebenfalls ein Messer findet man, wenn man in Clamecy dreimal einen Purzelbaum macht (108, IX). In Nivernais machen die Kinder einen Purzelbaum und glauben dann, stets Vogelnester zu finden (113, III). In Roschau zeigt der erste Kuckucksruf eine Verlobung an (57).

Als Lebensvogel gebietet der Kuckuck auch über Krankheit und Tod. Wer nüchtern den Vogel zuerst sieht, hat den Tod zu fürchten. Man beißt deshalb in den Baum, um auf diesen oder den darin wohnenden Geist die angehexte Krankheit zu übertragen. Nach dem Glauben der Inselschweden auf Worms geschieht die Rettung nur dann, wenn der Baum durch den Biß wirklich vertrocknet, weshalb man möglichst junge Bäume mit jungen, dünnen Stämmchen auswählt. Unter den Esten und Letten ist dieser Glaube sehr verbreitet, und es ist daher möglich, daß er von dort nach Preußen und zu den Schweden einwanderte.

Hat man etwas genossen und wäre es auch nur ein Bissen, dann mag der Kuckuck schreien, soviel er will, er kann keinen Schaden tun. Daher nehmen die Öseler ein Stückchen Brot mit ins Bett, um es beim Erwachen sofort in den Mund zu stecken, damit der Vogel sie nicht betrüge. Dieselbe Sitte herrscht bei den Letten. Das Stück Brot heißt bei ihnen „dsegguses nummosins" (Kuckucks Mundvoll). Die Esten halten es für unheilvoll, am St. Georgentag ohne diesen Vogelbetrug den Kuckuck oder auch einen anderen Singvogel, eine Glocke oder ein Horn zu hören; denn dann stirbt man oder wird taub (150, III). Hört man den ersten Kuckucksruf nüchtern, wird man in den Kantonen Appenzell, Basel, Freiburg, Solothurn und Zürich (125, II) und auch in Tirol das ganze Jahr nie satt. In der Bretagne wird man den Hungertod erleiden (108, IX).

In der Saintogne den Kuckuck zu hören, ohne gefrühstückt zu haben, macht dickbäuchig, andernorts aber wird man müde und faul (108, IX), in der Poitou schläfrig (100, V), oder man ist bei der Arbeit untüchtig und wird sogar unter Arbeitslosigkeit zu leiden haben (149, I). Die Inselschweden auf Worms sagen, wenn man den Kuckuck nüchtern hört, sei man das ganze Jahr hindurch hungrig und kränklich (150, III), in Frankreich wird man das ganze Jahr über Fieber haben (108, IX). In der Saintogne werden Mädchen, die beim ersten Ruf des Kuckucks nüchtern sind, sich während des ganzen Jahres schlecht frisieren (108, IX). Der Verheiratete, der das Unglück hat, den Vogel das erste Mal im Jahr nüchtern zu hören, wird ein Hahnrei (108, IX), in Mecklenburg wird man nicht von einem tollen Hund gebissen (6). In Schottland gilt es für günstig, den ersten Kuckucksruf im Gehen zu hören, denn dann bleibt man rührig für seine Geschäfte (150, III). In England läuft man rasch im Kreise herum und hofft, dann das ganze Jahr nie müßig gehen zu müssen (150, III).

In Limousin wird derjenige, der den Kuckuck zum ersten Mal im Bett liegend hört, während dieses Jahres ein Faulenzer sein (113, III). Wer im Vogtland beim ersten Ruf des Kurckucks barfuß geht, bekommt böse Füße (57).

In der Wetterau glaubt man, die ausgegrabene Erde, auf der man beim ersten Kuckucksruf stand, sei ein unfehlbares Mittel zur Vertreibung von Flöhen (150, III). Gessner in seinem Vogelbuch (30) schreibt: „Ein wunder wirt von disem vogel gesagt, dass namlich, an welchem ort einer disen vogel zum ersten mal höre und daselbst seinen rächten fuss umbzeichne und denselbigen herd ausgrabe, keine flöh an der statt wachsen werdind wohin der ausgegraben herd gesprengt wurde." Mit einer Handvoll Erde, die man beim ersten Kuckucksruf sammelt, kann man im Kanton Graubünden Flöhe vertreiben (125, II). Über diese, die Flöhe vertreibende Erde sagt der Franzose: „Lorsqu'on entend le coucou, il faut s'arrêter tout court et sans debourtend le corps prendre en arrière un peu de la terre, qui se trouve sous les pieds: elle garantit de piqûre d'insecte"[1] (149). Wirft man diese Erde um sich, sind dort, wo sie hinfällt, die Erdflöhe das ganze Jahr vertilgt. Mannhardt meint, es wäre möglich, daß der Glaube, mit der aus der Zeit des ersten Kuckucksrufes gesammelten Erde könne man Flöhe vertreiben, nicht bei uns entstanden sei, denn schon Plinius berichtet davon (150, III).

Wenn jemand im 17. Jahrhundert in Frankreich den Kuckuck zum ersten Mal hörte, nahm er die Erde auf, die sich unter seinem rechten Fuß befand. Diese im Hause ausgestreut, war ein gutes Mittel, die Flöhe zu vertreiben. In der Gironde glaubt man, daß solche Erde, ins Bett gestreut, bedinge, daß man das Jahr über von keinerlei unangenehmen „Hausleuten" besucht werde (113, III). In Thüringen gibt man den Rat: „Im Frühling, hört man den Kuckuck zum ersten Mal, sofort stehen zu bleiben und, ohne sich umzusehen, hinter sich zu greifen! Den Gegenstand, den

---

[1] Hört man den ersten Ruf des Kuckucks, muß man stehen bleiben und, ohne sich umzudrehen, etwas Erde aufnehmen, die sich unter den Füßen befindet. darin hat man ein Mittel gegen Insektenstiche.

man zuerst erfaßt, bewahre man auf, er ist gut gegen Wanzen" (154). Im 17. Jahrhundert glaubte man in Frankreich, man werde besonderes Glück haben, wenn man beim ersten Kuckucksruf diejenigen Gegenstände, die sich zufällig unter den Füßen fänden, aufhebe und einige Zeit bei sich trage (113, III).

Um nicht das Jahr über von Lendenschmerzen, Rheumatismen usw., im Departement des Landes von Kopfweh und in den Ardennen von Kolik, gegen die man in der Yonne als Heilmittel einen Purzelbaum schlägt, geplagt zu werden, muß man sich beim ersten Ruf des Vogels, den man im Frühling hört, auf der Erde wälzen (113, III). Wenn man in Tartlen zum ersten Mal den Kuckuck schreien hört, soll man sich vorwärts über den Kopf überschlagen, dann tut einem der Rücken das ganze Jahr über nicht weh (50). Um von Rückenschmerzen frei zu bleiben, wälzen sich auch die Meiniger, die hessischen und westfälischen Bauern einige Male auf der Erde, wenn sie den Kuckuck im Frühling zum ersten Mal hören (76).

Hört man in Böhmen den ersten Kuckuck aus Westen, ist dies mit Unglück gleichbedeutend, aus dem Osten jedoch verheißt es Glück (154). Ruft er im Aufgang der Sonne, bedeutet es den Menschen Glück, Segen und Fruchtbarkeit; ruft der Vogel aber im Untergang, ist dies mit Unglück, Teuerung und Sterben gleichbedeutend (35). Im Erzgebirge ist es besser, den Kuckucksruf von Osten als von Norden, besser von rechts als von links zu hören (50). In Schweden ihn von Norden zu hören, bringt Verdruß während des ganzen Jahres; der Ruf im Westen und Osten aber bedeutet Glück. Hört man ihn im Süden, steht ein gutes Butterjahr in Aussicht, dies sowohl in Schweden (161) als auch in Churrhätien, sofern man ihn hier am Himmelfahrtstag hört (136).

Im Erzgebirge, besonders in Neudörfel, ist die Patenehre hoch geehrt und begehrt. Darum glaubt man, innerhalb Jahresfrist ein Patenkind zu bekommen, wenn man beim ersten Ruf des Kuckucks sich schnell ins Gras legt (50). Hört man den Vogel bei den Siebenbürger Sachsen bei wichtigen Gängen zur rechten Hand rufen, ist dies ein glückliches Vorzeichen, ruft er aber linker Hand, ist Mißerfolg zu erwarten (147).

Die Inselschweden glauben, wer den Kuckuck, wenn er ihn zum ersten Mal schreien hört, zu Gesicht bekommen kann, sei das Jahr über vor Verleumdungen sicher. Hört man ihn aber, ohne ihn zu sehen, hat man das Schlimmste zu befürchten (150, III). Glück bringt es dagegen dem Franzosen, wenn er den Vogel von hinten hört, Unglück aber, wenn er dessen Kopf sieht.

Wer aber in Saugues vom Kuckuck gesehen wird, ohne diesen zuerst gesehen zu haben, muß im selben Jahr sterben (108, IX). Es gibt und gab nie einen zweiten Vogel, der im Volksglauben, vor allem im Orakelwesen, eine solche große Rolle spielte wie der Kuckuck. Wie er einst den heidnischen Alten ein Götterbote und das Kuckucksorakel für sie von ganz besonderer Bedeutung war, so war er auch schon im indischen Rigweda als Allwissender gepriesen und in indischen Kulturbüchern gesegnet und ihm gewünscht, „daß kein Falke ihn treffe, kein Geier, kein Bogenschütze mit dem Pfeile" (36). Ein Überbleibsel aus der heidnischen Zeit der Tierorakel ist noch die bei den Indogermanen – slawische Stämme und auch die Engländer kennen die Sitte des Befragens des Kuckucks nach der Lebenszeit nicht – (150, III) weitverbreitete Ansicht, daß der Kuckuck, den Vonbun (136) für den Boten Donars hält, der dem Körper Wachstum und Leben verleihe, mit seinem Ruf dem Menschen sein Schicksal verkünde.

Das altgermanische Leben gliederte sich durch die Kuckucksorakel in Schicksalsjahre, welche von der Ankunft des Vogels und dem Beginn des Kuckucksrufes im Frühling zur Wiederbefragung des Kuckucksorakels im nächsten Frühjahr dauerten. Der Monat des altnordischen Kalenders, welcher die Zeit vom 22. April bis 21. Mai der jetzt gebräuchlichen Kalenderrechnung einnimmt, hieß Gauksmonadr. In Norwegen heißt der 2. Tag des „Kuckucksmonates" Gauksmess, und gerade an diesem Tag befragen noch viele das Kuckucksorakel und legen Gewicht auf das Ergebnis des die Prophezeihung enthaltenen Rufes dieses Vogels. Der 4. Tag des Kuckucksmonates, welcher der erste Sommertag heißt und auf den 25. April unserer Zeitreichung fällt, ist auf den Kalenderrunenstäben mit einem Kuckuck bezeichnet. An diesem Tag pflegen in Dänemark Leute aus dem Volk die Stimme des Kuckucks um die Zukunft zu befragen. Der 10. Tag des Kuckucksmonates heißt wiederum Gauksmess und fällt auf den 1. Mai. An diesem Tag beobachtet man das Geschrei des Vogels abermals sehr gewissenhaft und deutet daraus die künftigen Ereignisse. Anklänge an diesen altgermanischen Glauben finden sich von der ältesten Zeit bis zur Gegenwart über ganz Deutschland verbreitet, und zwar bezogen sich die Augurien namentlich auf zwei Fragen, nämlich auf die Lebensdauer und die Zeit der künftigen Heirat (45).

Ein altfranzösisches Predigtbuch berichtet von dem Brauch, den Kuckuck nach der Dauer des Lebens zu fragen. Aus dem 13. Jahrhundert stammend, sagt es, daß man die Frage am 1. Mai stellt (113, III). Wie in Frankreich läßt sich auch in Deutschland dieser Aberglaube bis zurück ins 13. Jahrhundert verfolgen (37). Wenn die Schweizer Kinder den Kuckuck hören, rufen sie in den Wald hinein:

> Gugger uf-em breite Loh (Buschwald)
> rot wie mängs Jor leb i no?

Schweigt der Vogel, wird ihm verachtend zugerufen: Gugg-mer i's Loch. Die Kinder im Kanton Zürich fragen nur:

> Gugger wie lang leb i no?

und nehmen dann die Zahl seiner Rufe als jene der Lebensjahre (125, II).
Im Kanton Bern lautet die Frage:

> Guggu, ho, ho
> wie lang lebe-i-no?

In Liechtenstein:

> Gugger grau,
> sag mer au
> wie lang lebi noch au (136)?

In der Pfalz fragen die Kinder:

> Kuckuck im grünen Wald,
> sag, wieviel Jahre werd ich alt?

Auch wer in Niedersachsen die Dauer seines Lebens zu erfahren wünscht,
sucht im Kuckucksruf des Rätsels Lösung:

> Kuckuck van häven (Himmel)
> wa lang sall ik läven (150, III)?

In Mecklenburg lautet die Frage:

> Kukuk kukuk an'n häben,
> wovä l johr wisst mi noch gäben?
>
> Kukuk an'n häben, wolan sall ik läben,
> Kukuk anne grund, wolang' bün ik noch gesund?

dann wieder heißt es:

> Kukuk sett di in dat gröne gras, tell mien tiedsläven af.

oder:

> Kukuk in grönen twiech, sech mi mien johrtiet (51).

In Pommerellen lautet der Spruch:

> Kukuk, Kukuk
> wieviel Jahr soll ich noch leben?

oder:

> Kukuksknecht
> verstoa mi recht
> wevêl Joar
> sall ek läve (150, III)?

In Trebnitz ruft man dem Kuckuck fragend zu:

> Kuckuck zippel
> Steig auf die Wippel
> Zeig mir die Jahre an
> Die ich noch leben kann (24, II).

In Ostpreußen und Anhalt-Dessau lauten die Worte:

> Kuckucksknecht
> segg mi recht,
> segg mi wâr,
> wevel jâr
> Oek lewe warr?

In Hemschlag in Westfalen verwendet man mehr Worte:

> Kuckucksknecht
> sag mir recht,
> wie viel Jahr ich leben soll.
> Belüg mich nicht, betrüg mich nicht.
> Sonst bist du der rechte Kuckuck nicht.
> Kuckuck, Kuckuck (150, III).

In Schwaben heißt es:

> Kukuk, kukuk
> schrei mir meine jahr an,
> schrei mir sie in deckelkräbe,
> wieviel jahr darf i noch lebe?

Ein holsteinischer Reim hat gleich eine formelhaft klingende Antwort bereit:

> Kukuk van häven
> wo lange schall ik läven
> drê jâr un drê nacht!
> de kukuk up de wacht (150, III).

Ins Schweden lautet die Frage:

> göker grå
> seg mi då
> uppa quist
> sant og vist
> hur många ar
> jag leva sar[1] (150, III).

---

[1] Kuckuck auf dem Ast sag mir recht, wieviele Jahre ich noch leben soll.

In Leutasch ruft man dem Vogel zu:

> Guggu Lüger,
> Leutbetrüger,
> wie viel Jahre leb ich noch (158)?

In Österreich sagt man, fußend auf der Sage vom verwunschenen Bäcker und dem Siebengestirn:

> Kuckuck, Kuckuck, Peckerknecht
> sag mir recht
> Wie viel Jare wol
> ich noch leben soll (150, III).

In Oldenburg fragen die Kinder:

> Kuckucksknecht, sag' mi recht
> Wo veel Jahr ich lewen mot?

Hierauf werden die Rufe gezählt und wird zum Schluß gesungen:

> Beleg mi nich, bedreeg mi nich
> Sus biste de rechte Kuckuck nich (131, II).

Das älteste Zeugnis von der Befragung des Kuckucks nach der Dauer des Lebens stammt aus dem 13. Jahrhundert. Da erzählt Cäsarius von Heisterbach von einem Konvertiten, der, als er die Absicht hatte, Mönch zu werden, den Kuckuck befragte, wieviel Jahre ihm noch beschieden seien. Als dann aus dem Wald des Vogels Ruf 22mal ertönte, da besann er sich eines andern und sagte: „Wenn ich noch 22 Jahre zu leben habe, kann ich nicht einsehen, warum ich mich so lange kasteien sollte. Also kehre ich in das Leben zurück und genieße seine Freuden, um hernach noch zwei Jahre Buße zu tun." Da aber der Mönch zwei Jahre früher starb, also bereits nach 20 Jahren, mußte er in seinen Sünden dahinfahren, auf daß das gottlose Orakel keine Bestätigung finde (89). In Frankreich fragt man den Kuckuck:

> Coucou de ci, coucou delà,
> Coucou des bois,
> Coucou de la grand' ville
> dis mois,
> mon jeune Coucou,
> combien j'ai d'années à vivre[1]?

---

[1] Kuckuck hier, Kuckuck dort, Kuckuck des Waldes, Kuckuck der großen Stadt, sage mir, mein junger Kuckuck, wieviel Jahre ich noch zu leben habe?

In der Franche-Comté ruft man dem Vogel zu:

> Coucou
> Bolotou
> Regaide su ton grand livre
> Combien i années è vivre[1]?

In Clerval droht man ihm, wenn er nicht die Zahl der Lebensjahre sage, seinen Kopf mit einem Messer abzuschneiden (108, II). Um ihn zum Schweigen zu bringen, muß man ihm zurufen:

> Coucou bâtard (100, VII)

Ist der Kuckuck in der germanischen Mythologie nach der Ansicht von Manz (79) der Vogel des Donnergottes Donar und wird deshalb als Attribut dieser Gottheit zum Lenzesboten, Wettermacher und -propheten, aus dessen Ruf man Schlüsse auf Fruchtbarkeit, Wetter und die Ernte ziehen kann, ist er in der indischen Mythologie dem Donnergott Indra zugeeignet, in der griechischen dem Zeus, welcher bei Hesiod in Vogelgestalt in Sturm und Regenschauern sich der Hera, der Beschützerin der Heiraten und Geburten, zum ersten Mal zu nahen sucht, weshalb man letztere mit einem Kuckuck auf dem Stabe dargestellt findet (79). So ist der Kuckuck ein phallisches Symbol, liebt Mysterien und erscheint nur im Frühling, der Zeit der Liebe. Daher wird sein Gesang als gutes Vorzeichen für Heiratslustige betrachtet. Wegen seiner phallischen Bedeutung weiß er denn auch alles, was mit Liebe und Heirat zusammenhängt (36). In Salzburg sagt man:

> Wenn der Kuckuck schreit,
> Ist es für die Liebe Zeit (158).

Vor allem stand der Kuckuck den Funktionen der Zeugung vor. Daher wird nach Meinung Mannhardts bei diesem wie bei Frô und Donar besonders das Phallische hervorgehoben, und er gilt als Tier der Wollust.

> de kukuk un de sparling
> sêten am für un warmden sik.
> de kukuk verbrande sin ding,
> hu wo lacht de sparling (150, III).

Der Kuckuck macht die Ehe fruchtbar, daher der wiederkehrende Refrain eines Liedes im schwedischen Märchen:

> Der Kuckuck in der schwarzen Fichte singt,
> Daheim die Braut zur Welt ein Kindlein bringt.

---

[1] Kuckuck, sieh in Deinem großen Buch nach, wieviele Jahre ich noch zu leben habe?

Um der Fruchbarkeit der einzusegnenden Ehe willen tragen die schaum-
burgischen Hochzeitsbitter auf einem mit Bändern geschmückten Stab einen Kuckuck. In Böhmen achtet man beim Hochzeitszug auf den Ruf des
Kuckucks und entnimmt daraus Vorbedeutung für das Wohlergehen der
Hochzeiter (150, III).

In der Lombardei befragt man den Kuckuck nach Zeit und Ausfall der
Ehe; Aldrovandus meint deshalb, weil der Vogel einst der Juno heilig
war, Mannhardts Ansicht aber ist, daß man dies eher tue in Erinnerung
an einen langobardischen Brauch (150, III).

Die Sitte, den Kuckuck um die Dauer des ledigen Standes zu befragen,
ist aber nicht allein in der Lombardei, sondern auch in Frankreich, Holland, Deutschland und den slawischen Ländern üblich und selbst bei den
Finnen nachweisbar, wahrscheinlich aber hier von Deutschen und Schweden aus Estland übernommen (150, III). In Schleswig-Holstein zieht man
den Kuckuck zu Rat:

> Kukuk achter de heken,
> won lang' schall ik gân to blêcken?

In Schweden singt man:

> Kuckuck schreit im Maie:
> zähl mir meine Eier;
> zähl mir dreimal aus und ein
> Wieviel Jahr muß ich noch ledig sein?

In Hannover fragt das Mädchen den Kuckuck:

> Kukuk up de wîmen
> wannier schal ik friên?

In der hessischen Wetterau lautet die Frage:

> Kuckucksknecht
> sag mir recht
> sag mirs klar
> wieviel Jahr
> als ich noch Jungfrau bin.

Bei Berlin sagt man:

> Kuckucksknecht
> sag mir recht
> hübsch und fein
> wie lang daß ich noch soll Junggeselle sein (150, III).

In Lusern in Südtirol rufen die jungen Leute, sobald sie den Kuckuck hören:

> Guggo basuggo,
> Sohn des dummen Vaters,
> Sohn einer guten Mutter;
> wieviel Jahr gibst du mir (bis)
> zur Verehelichung?

Dann zählen sie, wie oft er ruft und sagen, sie blieben noch viele Jahre unverheiratet, und wenn er nicht mehr ruft, sobald sie zu fragen aufhören, sagen sie, sie verheirateten sich noch im selben Jahr oder nie (141, XI). In Brandenburg fragt die Jungfrau den Kuckuck:

> Kukuek
> Schpeckbuek,
> sag mi jeschwint,
> wi lange wer ik Jumfer sint (26)?

Im Braunschweigischen rufen ihm die Mädchen zu:

> Kukuk up'r wien,
> Wanner sal ik frien?

dann auch wieder:

> Kukuk in'r hanebäuken
> Wanner wird mik min schatz beseuken (3)?

In Mecklenburg rufen ihm heiratslustige Töchter zu:

> Kukuk up'n breeden stein,
> wolang' sall ik noch Jungfer sein?
> Kukuk in'n hogen häben,
> wolang' sall ik noch Jungfer wäsen?
> Kukuk in de eeken,
> wolang' sall mien bruutlaken noch bleeken?
> Kukuk in de schönen eeken, wolang' sall ik noch bleeken?
> Kukuk up'n grönen twiech,
> wolang' sall ik wol noch Jungfer blief?
> Kukuk up'n hoppenstaken,
> wolang' sall ik noch als Jungfer slapen (151, II)?

Ein Volkslied der Siebenbürger Zigeuner lautet:

Freitags in dem Wald allein,
Zählt ich jüngst des Kuckucks Schrei'n;
Neunzig mal der Kuckuck schrie.
Also heirat ich auch nie (145).

In Schweden lassen lassen sich die jungen Mädchen gleichfalls weissagen, wie lange sie unverheiratet bleiben sollen:

Kukuk, kukuk auf dem Zweig,
sag mir weis,
wie manches Jahr
ich ungefreit bleiben werd (150, III)

Ruft er mehr als zehnmal, so sagen sie, er sitze auf einem närrischen Ast (33, II).
Im Vogtland heißt die Frage der Schönen:

Kukuk, Kukuk, gahre,
Zähl mir meine Jahre,
Zähl sie auf der Messerspitz
Wie lange ich noch ledig sitz (57).

Gegen Ende des 18. Jahrhunderts kam auch in Frankreich die Sitte auf, den Kuckuck nach den Jahren zu fragen, die noch verstreichen, bis man sich verheiratet. So fragt man in Deux-Sevres:

Coucou des bois,
Coucou des maras
Comben si-z-y d'annayes a me maria[1] (113, III).

Wenn die jungen Töchter der Vorstadt Saint-Pol den Kuckuck rufen hören und sie den Wunsch in sich tragen, sich zu verheiraten, fragen sie den Vogel:

Coucou d'avrî, coucou d'mai,
Quand jou qu'ch'est que' je m'marierai?[2]

Die Zahl der Rufe bedeutet ihnen die Zahl der Jahre des Ledigbleibens. Schweigt er, werden sie sich aber doch verheiraten. Seine Antwort gilt ihnen als unfehlbar (108, IX). Den jungen Töchtern ist sein Gesang eine Ankündigung, wenigstens in der Bretragne und auch weit droben im Norden, in Finnland, daß sie sich noch vor Anfang des nächsten Winters ver-

---

[1] Kuckuck des Waldes, Kuckuck des Moores, wieviel Jahre wird es noch dauern bis ich heirate?
[2] Kuckuck im April, Kuckuck im Mai wann soll ich mich verheiraten?

heiraten werden (108, IX). Auch wieviele Kinder die ihn fragenden Frauen in Böhmen (35) oder in Ehrendfriedersdorf im Erzgebirge (50) ein verliebtes Paar zu erwarten haben, weiß der Allwisser Kuckuck ganz genau und sagt es mit seinen Rufen. In der Mark Brandenburg lautet die Frage:

> Kukuek,
> Schpekbuek,
> du werst nich schwien (schweigen),
> wi ville wer ik Kinder krien? (26).

In Frankreich fragen die Frauen?

> Coucou des Bois,
> Coucou des champs,
> Combien aurai-je d'enfants?[1] (26)

Auch für die Handwerksburschen ist der Kuckuck ein Vogel von Vorbedeutung. Fragend rufen auch sie ihm zu:

> Kukuk achter de oken, wolang' sall ik noch lopen?
> Veertig dag' un veertig nacht,
> Un wenn du denn noch keen arbeit hest, krichst schacht.

Oder:

> Kukuk achter de oken, wolang' sall 'k noch lopen?
> Dree dag' un dree nacht.
> Dat heff 'k mi wol dacht. (151, II).

Wenn der Kuckuck ruft, fragen die Kinder auf Korsika nach der Zeit, die noch verstreichen wird, bis sie über das Meer in die Fremde gehen können:

> Coucoù, couchello
> T'imbrigliou e t'inselo,
> Ti cocoù picùma é calamari,
> qucant' agiou da sta anni a franca lou mari?

> Coucou, mon petit coucou,
> je te mets la bride et la selle,
> je te donne la plume et l'encrier,
> combien dois je attendre d'années poir passer la mer?[2]
> (100, VII).

---

[1] Kuckuck im Wald, Kuckuck auf dem Feld, sag mir wieviele Kinder ich haben werde.
[2] Mein lieber kleiner Kuckuck, ich gebe dir Feder und Tinte. Sage mir doch wieviele Jahre ich noch warten muß, bis ich über das Meer in die Fremde kann.

Als Lebensspender verleiht der Kuckuck dem Körper Schönheit und kann ihn aber auch verunzieren, indem er das Scheckige seines Gefieders auf den Menschen überträgt und sie mit Sommersprossen segnet. In Bayern nennt man Sommersprossen „Guckgucksscheycken". Von einem Sommersprossigen meint man, der Kuckuck habe ihm ins Gesicht „gschissen". In Preußen sagt man von ihm: „Er sieht aus wie ein Kukkuck so bunt". Mannhardt meint, der Kuckuck habe einst unzweifelhaft auch die Fähigkeit gehabt, Schönheitsfehler zurückzunehmen. Daher in Anhalt die Aufforderung an den Vogel:

> Kuckuck ich hör dich rufen
> abwasche meine Sprussen,
> dass sie dich gestehn
> un mich vergehn (150, III).

Leute, die einen Schönheitsfehler haben, rufen in Mecklenburg dem Kuckuck zu, wenn sie ihn zum ersten Mal hören:

> Kukuk in'n häben,
> wolang' sall 'k minen fähler noch drägen? (151, II).

Wer Sommersprossen hat, muß in Sachsen, wenn er den ersten Kuckucksruf hört, frühzeitig an einen Teich gehen, sich waschen und dazu sprechen:

> Kuckuck ich rufe dich,
> meine Sommersprossen warten auf dich (115).

Wer zu Ostern bei den Zigeunern den Kuckuck schreien hört, wenn er sitzt oder liegt, wird das ganze Jahr krank oder leidend sein. Dies kann man aber verhindern, wenn man neun Mal um den Baum geht, auf dem der Vogel saß, und etwas von der Rinde ißt. Steht der Zigeuner unter einem Baum, auf dem der Kuckuck ruft, gilt ihm das ganz besonders gute Vorbedeutung (44, XIV). In Gurtnellen glaubt man, daß der erste Kuckucksruf imstande sei, kranke Ziegen zu heilen. Hatten sie z. B. die „Gelti", so führte man sie auf die „B'setzi" vor den Stall hinaus, oft mehrere Tage nacheinander, damit sie den ersten Kuckucksruf ja nicht verpaßten. Blieben sie trotzdem krank, so bereitete man aus Reckholdernholz (Juniperus) ein Feuer und hielt den Kopf des kranken Tieres über den Rauch. Schneuzte oder nießte dann die Ziege dreimal nacheinander, galt sie als gerettet (141, V).

An die Ernte und vor allem den die Herde segnenden Donar könnte ein Glaube der Inselschweden erinnern. Auf Nuckö schleichen sich diese, wenn der Kuckuck auf einem Baum sitzt, herzu und schneiden ein Stückchen von dessen Rinde ab. Gelingt dies, ohne daß der Vogel davonfliegt, so bringt das Stückchen, im Schafstall vergraben, der Herde Gedeihen. Man nennt dies „ställa gaukin" oder „gukin", den Kuckuck bestehlen. Durch des Kuckucks Gegenwart geht, so lange er sitzen bleibt, eine Leben spendende Kraft auf den Baum über und bleibt an der in dieser Zeit entwendeten Rinde haften (150, III).

Die schöpferische Kraft des Kuckucks äußert sich in allem Leben und Wachstum. Von ihm hängt das Gedeihen oder Mißraten des Getreides ab, daher in Deutschland die Ansicht: Wenn der Kukuk na dem halwen april räupet, slätt de roggen up (150, III). In der Schweiz sagt man: Im alte Abarella muess der Gugger im Laub chönna schnella (125, II). In Schwaben gilt der Scheffel Korn soviel Gulden, als der Kuckuck zum ersten Mal ruft. In Siebenbürgen sagt man: Der Kuckuck ruft so lange, bis er jungen Hafer fressen kann, dann erwürgt er. Der Irländer ist der Ansicht (150, III) und auch in der Franche-Comté meint man, er verstumme, sobald das Korn in die Ähren schießt. Dann bleibt ihm die Gerstenganne im Halse stecken und verdirbt ihm den Gesang. Der deutsche Kornbauer (91, IV) sagt: Wenn der Kuckuck erst Mandeln (Kornhaufen) auf dem Feld stehen sieht, hört er auf zu rufen und wird ein Stößer.

Der Kuckuck soll nur so lange rufen, als es Frühling ist, da er keine gemähte Wiese sehen kann. Der Bauer der Schwäbischen Alb folgert daraus: Der Kuckuck geht, wenn er den ersten Wiesbaum fallen hört, also zu Anfang der Heuernte (91, IV).

In der Bretagne sagt man, im Juni höre der Kuckuck auf zu singen, wenn er die Sense klingen hört, weil er einmal vor Zeiten einen Schlag von dieser bekommen habe. Im Tal von Aosta heißt es: Der Kuckuck singt nicht mehr, wenn er Heuschober sieht, da einer seiner Vorfahren in einem Heuschober verbrannt ist. Wenn man bei dem Friedhof des venetianischen Cadore das Heu mäht und Schober macht, singt der Kuckuck nicht mehr, weil seine Mutter tot ist und unter einem dieser Schober liegt (22, III).

Einigen Bezug des Kuckucks auf die Ernte mag auch aus nachfolgenden Sagen hervorgehen. Nach französischem Glauben ist der Kuckuck ein Vogel, dem nicht zu trauen ist. Er hat sich Getreide geborgt und dieses nie zurückgegeben. Sowie die Ernte herankommt und er die Sicheln schleifen hört, macht er sich davon, um neuem Drängen zu entgehen. Auch fürchtet er, von den Schnittern gezüchtigt zu werden. Nach einer Variante der Sage aus der Franche-Comté und Nivernais hatte der Kukkuck einst nichts mehr zu fressen und wurde so mager, wie er heute noch ist. Da mußte er sich Getreide borgen, und das schuldet er heute noch. Darum sieht man ihn im August nicht mehr, er fliegt davon (22, III).

Als der Kuckuck das erste Mal in die Bretagne kam, baute auch er sich ein Nest, und als er es fertig hatte, ging er voller Freude auf einer Wiese spazieren. Es fuhr aber ein Wagen voll Heu über seinen Rücken und brach ihm die Lenden. Deshalb fliegt er noch heute schwerfällig und bricht immer sein Hinterteil. Seit dem Tag zieht er fort, wenn das Heu reif ist (108, IX).

Gemäß einer weiteren französischen Sage arbeiteten einst der Kuckuck und die Elster zusammen bei der Ernte. Wenn man die Garben aufladen mußte, reichte sie der Kuckuck mit der Heugabel und die Elster verstaute sie auf dem Wagen. Sie war aber behender als der Kuckuck und sprang unaufhörlich von einer Seite zur anderen. Der Kuckuck, der nicht mitkommen mochte, wurde ungeduldig, warf seine Gabel fort und flog davon, ungeachtet seiner Verpflichtungen. Das tut er nun noch jedes Jahr, sobald er die Sicheln klingen hört; so große Furcht hat er vor den Erntearbeiten. Nach einer Erzählung aus Poitou fiel ihm einst eine Garbe auf den Rücken, die die Elster fallen ließ, als er ihr auf ihr Verlangen mehrere reichte; das brach ihm den Hals. Seit dieser Zeit verläßt er das Land, sobald man die Sense an die Gerste legt (22, III). Auf den Gott der Kornernte, der das Brot spendet oder zurückhält, muß nach Ansicht Mannhardts (150, III) sich auch die Mythe beziehen, daß der Kuckuck ein verwandelter Bäcker sei. Nach einer Sage aus der Zentralschweiz wollte einst ein Knabe von einer Bäckerin ein Brötchen kaufen, aber nicht um den geforderten Preis. Darauf sagte diese, ihn verwünschend: „So flüg uf und mach guggu", worauf der Knabe als Kuckuck davon flog. (125, II).

Nach einer Variante dieser Sage ist der Kuckuck ein in diesen Vogel verwandelter Bäcker. Einst hatte er den armen Leuten von ihrem Teig gestohlen, und wenn Gott den Teig im Ofen segnete, ihn herausgezupft und jedesmal dabei gerufen: „gukuk" (ei sieh). Darum strafte ihn Gott der Herr und verwandelte ihn in den Kuckuck, der unaufhörlich dieses Geschrei rufen muß (64, I). Auch die Legende erzählt in ähnlichem Sinne: Christus war einmal mit seinen Jüngern an einem Bäckerladen vorbeigekommen und hatte um Brot gebeten. Der geizige Bäcker schlug seine Bitte aus, nur dessen Frau und sechs Töchter erfüllten sie. Darauf wurden diese als Siebengestirn an den Himmel versetzt, der Bäcker aber damit gestraft, daß er in einen Kuckuck verwandelt wurde, der solange ruft, als das Siebengestirn am Himmel steht (35).

In Böhmen fragt man daher den Kuckuck:

> Kuckuck Bäckerknecht.
> sag mir recht,
> wieviel Jahre ich noch leben soll (35).

In Österreich lautet die Frage:

Kukuk, kukuk peckerknêcht
sag mir recht
wie viel jâre wôl
ich noch leben soll

Auf einen engen Zusammenhang mit dem Backen deuten auch die Worte:

backe, kuchchen back!
eichen ist im sacke,
mehlchen ist im korbe,
kukuk ist gestorben.
wo solln wir ihn begraben?
hinterm kachelawen.
schub in den Ofen (150, III).

In enger Beziehung steht der Kuckuck auch zu Wachstum und Gedeihen
der Frucht, daraufhin weißt der Glaube, wenn der Vogel dreimal sich an
Kirschen sattgefressen habe, höre er auf zu singen (150, III). Auch in
England wird der Kuckuck in einem Volkslied mit den Kirschen in Verbindung gebracht. Hier muß er, ehe er rufen kann, sich dreimal an Kirschen sattfressen. Im Kanton Zürich glaubt man, daß er dann fortziehe,
wenn er einmal sich an Kirschen sattgefressen habe. In den Vogesen hört
der Kuckuck auf zu rufen, wenn die Kirschen reif sind, denn die erste, die
er frißt, verdirbt ihm die Stimme (108, IX). Wenn der Kuckuck die erste
Erdbeere gefressen hat, hört er auf zu rufen, sagt man in Frankreich
(22, III).
    Auch bei den Finnen stand der Kuckuck mit der Ernte in Verbindung.
Er soll durch sein Rufen den Erdboden fruchtbar gemacht haben. Wainämoinen, der göttliche Gründer höheren Lebens in Finnland, fällte, um
den Ackerbau zu begründen, den ganzen Wald.

Ließ nur die Birke stehn
als ein Ruheplatz den Vögeln,
wo der Kuckuck rufen könnte.

Dann sät er und durch Ukkos, des Donnergottes Hilfe, schießen die
Halme bald üppig empor.

Wainämoinen alt und wahrhaft
schaute um sich, wandt, die Blicke.
Sieh da kam des Frühlings Kuckuck
und erblickt die schlanke Birke.
Weshalb ward denn so gelassen
unbeschadet diese Birke?
Sprach der alte wainämoinen:

> Deshalb ist sie hier gelassen
> diese Birke, daß sie wachse
> dir ein Platz zu munterm Singen;
> singe schön aus weicher Kehle,
> singe hell mit Silberstimme
> singeklar mit Zinnesklange;
> rufe morgens, rufe abends
> rufe um die Mittagsstunde,
> Zum Gedeihen dieser Stätte,
> zu des Waldes besserem Wachstum
> zu des Strandes größerm Reichtum
> zu der Haine Kornesfülle. (150, III)

Dem Holz soll der Kuckuck Saft und Kraft geben. Darum: „Nimm ungebrannte Asche, wie sie vom zweijährigen Kuckucksschrei am aller bequemlichsten ist, dazu mische ziemlich viel Saft von Bengel und Fünffingerkraut; streich ihr dieses des Morgens oder wenn sie die Seuch ankommt, um die Arme und Lenden oder wo sie es am meisten empfindet", rät 1602 ein Arzt einem Bauern, dessen Weib an Faulheit leidet. Der Bauer versteht die Anweisung richtig und treibt seiner Frau die Faulheit mit einer grünen Gerte aus. (22, III).

Auch die häufige Benennung von Pflanzen nach dem Kuckuck zeugt für seine schöpferische Natur. Mit dem Kuckuck in Zusammenhang bringt sie der Volksmund in der Hauptsache aber nur deshalb, weil sie meistens um die Zeit des ersten Kuckucksrufes in Blüte stehen. Guggesli (125, II) oder Guggasli nennt man im Kanton St. Gallen den Krokus (*Crocus albiflorus*) 161, II). Guggucher, Guggucherli, Guggoch-, Guggech- oder Guggerblueme nennt man das Buschwindröschen, *Anemone nemorosa* in der Schweiz, Kuckucksblume in Deutschland (161, III). Nach dem Kuckuck wird in Frankreich auch *Medicago lupullina* genannt, und auch die Narzisse heißt Kuckucksblume (108, IX). Da die *Primula veris* ihre Blüten zur Zeit der Ankunft des Kuckucks öffnet, nennt sie der Franzose fleur de coucou. Die Kuckuckslichtnelke, *Lychnis flos cuculi,* wird in der Schweiz Guggerblueme, Guggernägeli, in Schleswig Kuckucksspie, im übrigen Deutschland Kuckucksblume, französisch fleur de coucou, englisch Cuckoflower, italienisch fior-cuculo (161, III) genannt. Der Kriechende Günsel *Ajuga reptans* heißt: Blauer Kuckuck, *Anagallis arvensis,* Ackergauchheil (150, III). *Lysimachia nemorum,* Gauchheil, der Aronstab, *arum maculatum* ist in England der cuckoopint (150, III). In der Schweiz heißt er Guggerchindli (161, II). Der Wiesenbocksbart *Tragopogon pratensis* wird in Schwaben Gukkigauch, hier und in anderen Gegenden Kuckucksbrot, Gauchbrot oder Gauchlauch genannt (150, III).

Einige Pflanzen sind deshalb mit dem Kuckuck in Verbindung gebracht, weil sie nach dem Glauben des Volkes den Tieren des Waldes zur
Nahrung überlassen sind und vom Kuckuck gerne gefressen werden. So
heißt der Sauerampfer, den die Kinder gerne kauen, in Oldenburg Kuk-
kucksbrod, in Ober-Österreich Gugotzakraut, in der Schweiz Guggisur,
Gugger-Chrut, Surogogger, im Unterengadin pan cuc, im Tessin pan-
cucch oder panicüca (161, III), im Althochdeutschen schon gouchesam-
pfera, französisch pain de coucou, lateinisch panis cuculi (150, III). Aus
demselben Grunde wie *Rumex acetosa* wird auch der Sauerklee *Oxalis
acetosella* Kuckuckskohl, -brot, -salat genannt. Guggerblume heißt ebenfalls das Wiesenschaumkraut, *Cardamine pratensis,* und zwar deshalb,
weil daraus die Kinder Kränzchen flechten und Nester machen für den
Ostereier legenden Kuckuck. In Estland nennt man den Frauenmantel
Kuckucksschuh, in Deutschland den Frauenschuh, *Cypripedium calceolus,*
Kuckucksstiefel (150, III), in Thüringen Kuckucksschuh und im Vorarlbergischen Guggerschuh (161, II). In Vorarlberg nennt man eine Malven-
art Guggerbrod, eine andere Guggerkäs (150, II). Da der Frühling alle
Kräfte der Zeugung in der Natur aufweckt, lag die Beziehung des Kuk-
kucks zur Zeugung, ja die Ideenverbindung mit dem Phallus nahe, woraus die auf den Kuckuck bezüglichen Benennungen der Orchisarten entstanden (150, III). Als Pflanzen des Frühlings nennt man diese, ohne
einzelne Arten zu unterscheiden, nach dem Kuckuck, dem Vogel des
Frühlings und der Fruchtbarkeit. So lautet der Name englisch cuckoo-
flower, im deutschen Sprachgebiet: Kuckucksblume, Kuckuck, Kukukser,
Guger, Gutzegagel, Gugubleameln, Guga, Guggablüml, Guggublüe oder
Gugatzblüml (161, II).

Man glaubt, daß die auf Pflanzen häufig gefundene, immer in speichel-
ähnlichen Schaum eingehüllte Larve der Schaumzikade Kuckucksspeichel, in der Schweiz Guggerspeu, englisch cuckoospit oder cuckoospittle
sei (150, III). Aus diesem Schaum entstehen junge Insekten, deren Vater,
als der Vater alles elbischen Gewürms, der Kuckuck sein soll. In seinem
Buch der Natur schrieb Megenberg (82): „Der gäuch spaichel pringet akker grillen, die werdent dar auz." Durch diesen Kuckucksspeichel, der
schweigend vor Sonnenaufgang ausgewischt werden muß und dann gegen Ausschläge hilft, sollen aber in Mecklenburg die Pflanzen an Nah-
rungswert verlieren (6).

Mannigfacher Volksglaube kennt den Kuckuck als Regenvogel. Wenn
er sich einer Ortschaft nähert, besonders wenn er hinein kommt, ist schon
nach Aldrovandus Sturm zu erwarten (150, III). Gessner (30) schrieb im
16. Jahrhundert in seinem Vogelbuch über das Erscheinen des Kuckucks
in Hausnähe: „So er nach zu einer statt oder vil mer, so er gar darein
kumpt, verkündet er einen rägen oder ungewitter." Die alte Bauernphysik

wußte, daß es Regen gibt, wenn „der Guckug sich der Stadt naehert, ja wohl gar hinein fliegt" (96). Schreit der Kuckuck in Frankreich in der Nähe der Häuser, gibt es bald Regen (108, II). Fliegt der Vogel in Rogasen nahe an ein Haus heran, ist ein Gewitter zu erwarten (58). Auch in Skandinavien erwartet man, wenn der Kuckuck der Stadt oder den Häusern nahe kommt, Regen und Sturm. In Preußen glaubt man, wenn im Frühjahr viele Kuckucke schreien, sei ein nasses Jahr die Folge. In Bussbach, Oberfranken, regnete es einmal unaufhörlich. Die Bussbacher schrieben das Regenwetter dem Kuckuck zu und verjagten ihn mit dem Backwisch, alsdann wurde schönes Wetter (150, III). Wenn in Mecklenburg der Kuckuck lacht (6) und im Thurgau im Dorf statt im Wald ruft, gibt es Regenwetter (141, IX). Ruft er in Böhmen „kuku, kuku", gibt es schönes Wetter, lautet sein Ruf aber „patocky, patocky" verkündet er damit Sturm und Regen (35). Zum Wetterpropheten wird der Kuckuck auch im Gebiet Basses-Alpes: Hört man ihn im Norden rufen, bedeutet es für den folgenden Tag Regen, ruft er aber im Süden, wird es schönes Wetter (108, II). Der Kuckuck läßt hageln, schneien oder regnen. Das kann, wie Mannhardt meint, in heidnischer Auffassung ebenso heißen „Der Kuckuck (als Tierverwandlung des Donnergottes) ist Ursache des Regens" wie „Der Kuckuck fliegt dem Regen zu, und darum ist seine Nähe ein Anzeichen kommenden Wolkengusses für die Menschen". Ein sehr beliebter Volksreim schildert den Vogel in Holstein mitten in Gewitterschauern:

> Es saß ein Vogel im Gras
> es regnete und das (lese: er) ward naß.
> Da kam der liebe Sonnenschein
> Und trocknete das Vögelein.
> Und es flog in die Luft hinein.

Dann wieder heißt es in Siebenbürgen:

> Der Kuckuck auf dem Nußbaum saß,
> es kam ein Regen und macht ihn naß,
> es kam ein schöner Sonnenschein
> und trocknete den Kuckuck hübsch und fein (150, III).

Wenn bei der Ankunft des Kuckucks im Frühling unbeständiges Wetter herrscht, sagt man in Frankreich:

> Quand l'coucou chante et le soleil luit
> Les chemins sont tôtassis[1].

---

[1] Ruft der Kuckuck am frühen Morgen bei Sonnenschein, sind die Wege bald trocken.

Der Italiener meint:

Quando canta il cucco, un'ora molle e l'altra ascuitto[1].

Wenn dieser Vogel zum ersten Mal ruft, lehrt Hesiod in seinen Werken und Tagen, so regnet es drei Tage in einem fort. Es erinnert dies an die altgriechische Sage, nach welcher Zeus, nachdem er lange vergeblich um Hera gefreit, einen heftigen Sturm mit Platzregen erregte und sich der Hera in Gestalt eines Kuckucks näherte (45).

Wie dem Regen, so gebietet der Kuckuck auch dem Sonnenschein. Als einst in Griesheim Heu gemacht wurde, das Wetter aber regnerisch und ungünstig fürs Trocknen blieb, rief ein Mähder, indem er der Sonne winkte:

Hieher Heuwetter
Kuckuck ist mein Ort,
zwei Eisen auf dem Schornstein.

Er glaubte dadurch das gute Wetter herbeizulocken, weil sein Dorf unter dem Schutze des Kuckucks stand. Mannhardt meint auch, Gewitter, Blitz und Donner könnten ihre Verbindung mit dem Kuckuck nicht verleugnen.

Ein schlimmes Vorzeichen sieht der Franzose darin, wenn es donnert, ehe der Kuckuck ruft (100, IX). In den bergigeren Gegenden Frankreichs ist es nichts besonderes, daß nachdem der Kuckuck schon gerufen hat, wieder Schnee fällt. Daher sagt man in Ariège: Il faut toujours s'attendré á la neige du coucou[2] (108, II). In verschiedenen Gegenden Frankreichs nennt man den Schnee, der nach des Kuckucks Ankunft fällt, Kuckucksschnee". Dies ist der letzte Schnee dieses Winters", sagt man in Lothringen, denn er schmilzt sogleich wieder (108, IX).

Eine Wetterregel in Basel lautet: Wenn der Gugger gugget, eb Tube rugget, so wirts no cholt (144, XII). Ruft er nach seiner Ankunft in Frankreich in der Nähe von Bächen, wird es nochmals kalt, es gibt aber im selben Jahr eine gute Kornernte (108, IX). Wenn auf Korsika im Frühling der Kuckuck nach seiner Ankunft mehrere Tage hintereinander ruft, muß man nach dem Volksglauben keinen Kälterückfall mehr befürchten (100, XII).

Wie heute noch, so hatte man es im Mittelalter nicht gerne, wenn der Kuckuck lange nach Johanni rief (120). Nach allgemeinem Volksglauben sollen dann teure Zeiten in Aussicht stehen. Eine alte Bauernregel sagt: Läßt sich der Kuckuck schon im März hören, so wird der Frühling schön,

---

[1] Wenn der Kuckuck ruft, so ist es eine Stunde matschig, die andere Stunde trocken.
[2] Nach dem ersten Kuckucksruf ist immer noch Schnee zu erwarten.

der Sommer warm sein. Ruft er aber nach Johanni, reifen die Trauben schwer. „Wänn man sy nahin (nach Johanni) hört verhofft man dasselbig Jahr einen sauren Zürich-Wein", sagte schon Gessner in seinem Vogelbuch (30). „Wenn der kukuk umb johannis aufhört zu singen, so soll es auf den herbst zeitig anfangen zu frieren, wenn er bis Petri Pauli singet, so verhofft man einen warmen herbst" (150, III). Schreit der Kuckuck in Innsbruck nach Johanni, kommt ein kalter Winter. Schreit er in Stockach lange nach Fronleichnam, dann entsteht Teuerung (158). Im Erzgebirge heißt es:

> Der Kuckuck kündet teure Zeit,
> Wenn er nach Johanni schreit (50).

Hört man ihn in Luxemburg nach diesem Tag, steht eine Hungersnot bevor (28), in Westfalen und Tirol gibt es nach der Meinung der Landleute Mißwuchs und einen kalten Winter (46, I).

Schreit er in Schlesien zwei oder drei Tage nach Johanni, soll der Roggen kaum zwei oder drei Groschen gelten, ruft er aber länger hernach, wird auch der Roggen teurer (24, II). Ruft der Kuckuck aber in Böhmen nicht vor Johanni, kommt ein unfruchtbares Jahr und Hagelschlag wird die Saaten zerstören. Schreit er aber nach Johanni, sagen die Leute: „Der Kuckuck hat uns für das heurige Jahr Unfruchtbarkeit, Unwetter und Teuerung schon weggerufen" (35).

Träumt in Nivernais ein Mann von einem rufenden Kuckuck, ist ihm dies ein Zeichen, daß ihn seine Frau täuscht, hat eine Frau denselben Traum, soll sie den bösen Zungen mißtrauen, denn sie ist oder wird bei ihrem Manne angeklagt (113, III). Hört ein Tiroler den Kuckuck nicht schreien, so stirbt er im selben Jahr (42).

Hört man bei den Siebenbürger-Sachsen beim ersten Ausritt aus dem Hause früh morgens den Kuckuck rufen, vernimmt man bald eine Neuigkeit (147).

Wenn die böhmische Hausfrau den Kuckuck zur Zeit, da die Henne brütet, im Garten hört, streut sie Futter in den Hof und gibt acht, ob der Kuckuck sich dem Futter nähert oder, ohne darauf zu achten, davonfliegt. In letzterem Fall – was jedenfalls immer der Fall sein dürfte – hofft sie, daß die Küchlein gedeihen werden, andernfalls fürchtet sie Schaden von Seiten der Raubvögel (35). Die Mädchen jagen einen Kuckuck, der in den Garten geflogen kommt, schimpfend fort, denn er prophezeit ihnen Unglück (35). Weil der Kuckuck als Ehebrecher gilt, ist sein Ruf im Aargau unwillkommen, wenn man sich auf dem Weg zur Geliebten befindet (150, III). Ähnliches galt schon bei den Langobarden. Als sie 736 Hildebrand zum König wählten und ihm der Sitte gemäß den Speer in die Hand gaben, flog ein Kuckuck herbei und setzte sich auf die Spitze der

Waffe. Aus diesem Anzeichen entnahmen einige kluge Männer, daß Hildebrands Herrschaft nichts Gutes bringen werde. Sie folgerten nämlich, der König werde weibisch (106).

In Tartlen, bei den Siebenbürger Sachsen, kommt ein armes Jahr, wenn der Kuckuck im Dorf erscheint und schreit (37). Kommt im Riesengebirge ein Kuckuck in die Nähe der Häuser, bedeutet das Teuerung (35). Fliegt ein Vogel am Lechrain über ein Dorf oder läßt sich darin nieder, überfällt die ganze Gemeinde ein großer Schrecken, denn dann muß bald jemand aus dem Dorf sterben (71). Schreit der Kuckuck im Rücken oder links, bedeutet das den Siebenbürger Rumänen einen Todesfall. Den Ruf aber rechts zu vernehmen, ist immer ein gutes Vorzeichen (141, XXII). Vom Kuckuck als Vorboten des Todes heißt es in Annaberg:

> Im Sommer, wenn der Kuckuck schreit,
> Da rufen die Leute weit und breit:
> Gebt acht, der Sensenmann kommt;
> Der Kuckuck hat geschrien (50).

Wenn auf dem Balkan der Kuckuck über dem Hause ruft oder sich auf den Kamin setzt (128), in Böhmen auf einem Hause schreit (35), in den Vogesen in der Nähe menschlicher Wohnungen ruft (113, III) und in Frankreich (108, IX) näher als gewöhnlich zu den Häusern kommt, wird nach allgemeinem Glauben jemand im Hause sterben. Schreit er in der Nähe der Wohnungen, verkündet er in Estland Unglück (14), setzt er sich aufs Dach, wird eine Feuersbrunst entstehen (150, III). Auch den Russen verkündet der Kuckuck Tod und Feuersbrunst (150, III). Fliegt in der Provinz Posen ein Kuckuck in der Nähe eines Flusses oder einen solchen entlang, folgert man daraus einen baldigen Todesfall (58).

In Tirol steht der Kuckuck in hohen Ehren. Vor etwa 150 Jahren flog ein Kuckuck in der Nähe eines Bauernhofes auf einen Baum, gleich hieß es ringsum:

> „O wohl nun diesem Haus,
> Das Glück zieht nimmer aus" (42).

In Südtirol sieht man es gerne, wenn der so scheue Kuckuck sich einmal in die Nähe der Häuser wagt oder gar auf einem Hausdach den ersten Ruf ertönen läßt. Das bedeutet ein ganz besonderes Glück, kann aber seltsamerweise auch ein großes Unglück bedeuten (154). In Appenzell herrscht der Glaube, der Kuckuck könne nicht rufen, bevor er ein Ei gefressen habe (125, II). Nach böhmischem Volksglauben ruft er nicht, ehe er sich an Hafer oder Vogeleiern sattgefressen hat (35). Ein thüringisches Sprichwort lautet: „Solange der Kuckuck keine Eier aussaufen kann, ruft er nicht." Solche Aussprüche weisen auf den Volksglauben hin, daß der

Kuckuck eigentlich kein rechter Zugvogel, sondern ein Sperber sei, der, solange er ruft, täglich einen kleinen Vogel verzehrt, bis am Johannistag alle kleinen Vögel Rache üben und ihm jeder eine Feder ausrupft. Schon zu Aesops Zeiten glaubte man, daß der Kuckuck vom Habicht stamme. Auch Aristoteles (4. Jahrhundert vor Christi) erwähnt diesen Glauben, obgleich der große Forscher bemerkt, daß der Kuckuck weder Krallen noch Schnabel wie ein Habicht besitze. Nur der kleinsten Habichtsart sei er an Flug und Größe ähnlich. Plinius (natur. histor. X, 9) schöpft aus Aristoteles, mißversteht ihn aber und zählt den Kuckuck wirklich zu den Habichten. Dieser Glaube lebt bis auf die neueste Zeit in fast ganz Europa fort (150, III). Im nördlichen Böhmen nennt man den Kuckuck Vogelstößer, in Oberösterreich Vogelstössel (117): Namen, die eigentlich den Sperber bezeichnen. Diese Verwechslung ist auf den alten Irrtum von der Verwandlungsfähigkeit des Kuckucks gegründet und erhält dadurch, daß der Frühlingsprophet als überaus scheuer Vogel, von den wenigsten, die ihn hören, auch gesehen wird, so daß die Phantasie eben die unkontrolliertesten Wege gehen kann und immer wieder neue Nahrung erhält. Auch daß seine Färbung, seine Größe und sein Flugbild große Ähnlichkeit mit dem Sperber aufweisen, bedingt, daß die abergläubische Volksmeinung ihn mit dem Sperber in Verbindung bringt. Im Münsterland geht diese Verbindung soweit, daß man den Sperber sogar Kuckuck nennt (150, III). Am Johannistag, der dem Donar geheiligt ist, hört der Kuckuck auf zu rufen. Unter der Landbevölkerung ist man selbst heute noch der festen Ansicht, daß zu diesem Zeitpunkt der Kuckuck sich in einen Sperber verwandle (125, II). Daß der Kuckuck im Winter ein Hühnerhabicht werde, glauben auch die Bündner (125, II), die Inselschweden auf Worms und Nuckö (150, III) und die Böhmen. Deshalb soll hier auch der Hahn bei des Kuckucks Erscheinen den Hennen einen Warnruf geben, wie er es beim Nahen des Habichts tut (35). Wie die Inselschweden glauben, aus den Kuckuckseiern würden Habichte (150, III), so beharrt auch der Berner darauf, daß der Kuckuck überhaupt nichts anderes sei als ein junger Habicht. In Tirol glaubt man, der Kuckuck sei nur im ersten Jahr ein solcher, im zweiten werde er ein Stoß-, im dritten ein Hennengeier (158). Im Kreis Obonik schneidet die erste Garbe dem Kuckuck den Hals ab, und er wird ein Sperber (58). In Kujawien glaubt man, weil der Kuckuck ein unruhiger Geselle sei und immer wandern wolle, habe Gott beschlossen, ihn im Winter in einen Habicht zu verwandeln (58). Auch in Frankreich ist der Glaube verbreitet, daß der Kuckuck ein Sperber werde: In Châtillon de Michaille wird er ein solcher, wenn er zwei Jahre alt ist. Andernorts heißt es: A Sént-André Lou coucut bày't esparbé[1].

---

[1] Am Sankt Andreas-Tag wird der Kuckuck ein Sperber.

In der Wallon ist man überhaupt der Ansicht, er sei ein junger Sperber
(108, IX). Dann wieder glaubt man, er verwandle sich gegen Saint-Jean in
einen Raubvogel, nehme jedoch im Frühjahr wieder seine frühere Gestalt
an und kehre zurück auf den Schwingen des Milans (108, II).

Die älteren Ornithologen behaupteten, allen Vögeln sei der Kuckuck
verhaßt, mit Ausnahme der Weihen, die ihn angeblich in dichten Scharen
begleiteten. C. von Megenberg schrieb: „Ysedorus spricht eins von den
gäuchen, das ist zweifelig, daz der gauch also wider komm zuo lande in
der wunniklichen Zeit des glenzen daz er sich auf des weien achsslen hält,
darumb das er njcht müd werde mit langen flügen über serre land"
(150, III).

Wenn der Kuckuck mit Rufen aufhört, heißt es in der Bretagne:

> A la Saint-Pierre (29. Juni)
> Le coucou rentre à la maison[1] (108, II).

Im Pays d'Albret sagt man: La St. Jean le coucou est enrhumé[2].

Zu P. Aldrovandi's Zeit und auch noch neuerdings glaubte das Volk an
vielen Orten, daß der Kuckuck in hohlen Bäumen Speise zusammentrage
und so überwintere (150, III). C. von Megenberg schrieb darüber: „Der
gauch zeucht sein federn auz in dem winter und setzt sich in ain hol mit
mit den federn in ainen sichern paum; darain hat er den summer gesa-
ment daz ezzen, des er den winter bedarf" (82).

Plinius berichtet, daß der Kot des Kuckucks in Wein gekocht und getrunken, ein vorzügliches Mittel gegen den Biß eines tollwütigen Hundes
sei. C. Gessner schrieb in seinem Vogelbuch (30): „Der Guggauch in einen Hasenbalg auffgebunden, machet wol schlaaffen. Sein Kaat in weyn
kochet unnd getruncken, dienet dem wütenden Hundsbiss." Anno 1706
berichtet die Bauernphysik (96): „Wie mancher puelvert sich zu Schan-
den, und kan dennoch kein Quartan Fieber wegjagen. Etliche Bauren bedienen sich eines Guckugs, den pfluecken sie ab, hernach doerren sie ihn
im May-Monat mit allem wie er ist, und von dem Pulver geben sie hernach den Krancken, eine oder enderthalbe Stunde vor dem Paroxismo, 2.
biss 3. Messerspitzen vol zum hoechsten mit Wein ein, so offtmahl gut
gethan hat, auch noch juengst von D. Dahlborn gluecklich ist probiert
worden." Ein Kuckuck samt den Federn und Eingeweiden zu Pulver verbrannt und von diesem Pulver dem Kranken in warmem Wein zu trinken
gegeben, hilft in Tirol gegen Podagra und Gliederreißen (141, VIII). Daß
man den Kuckuck heute noch nach dem Rezept der mittelalterlichen Me-

---

[1] A la Saint-Pierre (29. Juni) ... Am Tag des Sankt Peter hört der Kuckuck auf zu rufen
und fliegt nach Süden (nach Hause).
[2] La Saint-Jean ruft der Kuckuck nicht mehr, er ist erkältet.

dizin zu Asche brennt und diese für ein gutes Mittel gegen Epilepsie hält, scheint für unsere Zeit fast unfaßbar (9).

Ein Kuckucksei oder eine Feder dieses Vogels in der Tasche getragen, machte einst in der Liebeswerbung unwiderstehlich (89). Der Ruf des Kuckucks als der eines Klagevogels weckt im Slawen und auch im Letten wehmütige Gefühle.

Die Königinhöfer Handschrift enthält das schöne Lied:

> Steht eine Eich in weitem Felde,
> auf der Eiche sitzt ein Kuckuck.
> Und er schlägt, hebt an zu klagen,
> dass der Lenz nicht immer währet.
> Wie möcht Korn im Felde reifen,
> wenn es immer Frühling wäre?
> Wie im Garten Aepfel reifen
> wenns nur immer Sommer bliebe?
> Wie im Schober Aehren frieren,
> wenn es immer Herbst nur bliebe.
> Und wie bange wär die Dirne,
> wenn sie immer einsam bliebe.

Nach einer serbischen Sage war der Kuckuck (kukavica) ein Mädchen, das um seinen gestorbenen Bruder soviel weint, daß es in einen Vogel verwandelt, der endloses Wehklagen durch die Luft tönen läßt. Nach einigen Jahren wurde das Mädchen durch den Fluch des Bruders verdammt, dessen Geist durch ihr Wehklagen an die Erde gekettet ward und dadurch Pein erlitt. Aus diesem Grunde hört eine Serbin, der ein Bruder starb, den Kuckuck nie ohne Tränen. Nach russischen Volkssagen war der Kuckuck ein von einer Zauberin verwandeltes Mädchen (150, III). Nach einer anderen Version war er ein Mädchen, das um seinen verlorenen Geliebten klagt. Deshalb kann auch ein junges serbisches Mädchen, dessen Geliebter gestorben ist, niemals den Kuckuck hören, ohne in Tränen auszubrechen. Nach einer anderen serbischen Sage ist der Kuckuck eine verwandelte Jungfrau, die seit Ewigkeit immer jeden Frühling neu um ihren toten Bruder klagt. So wird den Serben der Kuckucksruf zum Trauerruf, zumal eine Variante der Sage weiß, daß der Vogel eine verwandelte Mutter ist, die heute noch um neun durch den Tod verlorene Söhne klagt (22, III).

Trauernde Frauen nehmen im Volksglauben sehr häufig Kuckucksgestalt an. Die Wila des grünen Waldgebirges verlangte einst für die Heilung eines Jünglings, der den Arm gebrochen hatte, von seiner Mutter deren weiße Rechte, von der Schwester das Goldhaar und von der Gattin die Perlenschnüre. Da diese den Schmuck als Eingebrachtes verweigerte, träufelte die Wila Gift in die Wunde, und der Jüngling starb. Nun klagen die drei Frauen als Kuckucksweibchen am Grabe, die Mutter unaufhörlich, die Schwester morgens und abends, die junge Gattin, wann es ihr einfällt. Auf Grund solcher Mythen entstand der serbische Brauch, den Kuckuck auf den klafterhohen hölzernen Grabkreuzen abzubilden, und zwar so viele Male, als Angehörige, besonders Schwestern um den Toten trauern (150, III). Nach dem Glauben der Russen ist der Kuckuck eine trauernde Witwe. Ihr Mann ertrank, und jetzt ruft sie in großem Gram „kukuk" (22, III). In Litauen irrte die Schwester dreier Brüder, die im Krieg fielen, voll Verzweiflung und Trauer in den Wäldern umher, bis sie in einen Kuckuck verwandelt wurde (22, III). Auch in Böhmen glaubt man, der Kuckuck sei eine verwandelte Jungfrau, die ihren Bruder ruft oder sein Wiederfinden durch Schreien verkündet (35). Auch in kleinrussischen Liedern erscheint der Kuckuck als Vogel der Trauer und des Schmerzes (33, II).

Wie die Slawen, Letten und Albaner versetzt der Kuckuck auch die Finnen in wehmütige Stimmung (150, III). In Bosnien ist der Kuckuck Kaiser Lazarus' Schwester. Nachdem dieser zu Leitengeben sein Leben verlor, weinte seine Schwester unaufhörlich. Am Fest der heiligen drei Könige (Epiphanias) wurde sie von Gott verflucht mit den Worten: Du sollst in alle Ewigkeit vom Lazarus-Samstag (Samstag vor Palmsonntag) bis zum Peterstag (29. Juni) nur „kuckuck" rufen. So geschah es, und so geschieht es noch heute (22, III).

Nach einer rumänischen Sage gebar eine Frau Zwillinge, die weinten Tag und Nacht bis zu ihrem Tode, der bald eintrat; da wurden sie in zwei Vögel verwandelt. Der eine kam ins Paradies, das ist der Kuckuck, der andere aber ist noch heute bei uns auf der Erde, das ist Stefan. Der ruft nun von Mariä Verkündigung bis Johanni nach seinem Bruder: „Kuckuck, Kuckuck" (22, III).

Die Bäuerinnen in Bulgarien glauben, der Kuckuck sei eine Frau, die ihren einzigen Sohn beweint (141, II).

Auf Rügen erzählt man sich: Als Gott der Herr die Erde geschaffen und jedem Tier seine Wohnung angewiesen hatte, fügten sich alle in seinen Willen und waren zufrieden mit dem Platz, den sie erhalten hatten. Nur der Kuckuck murrte und fand an allen Plätzen, die ihm angewiesen wurden, etwas auszusetzen. Das Dach, auf dem der Storch nistete, war ihm zu luftig; die Wiese, auf welcher der Kiebitz wohnte, zu nass; die Furche, welche der Lerche zugewiesen war, zu niedrig; der Dachfirst, unter dem die Schwalbe ihr Nest baute, zu eng. Da ward der liebe Gott zornig und sprach: So wähle dir selbst einen Platz, der dir mehr behagt. Nun machte sich der Kuckuck auf die Suche, nirgends aber fand er einen Platz, an dem er nicht irgend etwas zu tadeln gehabt hätte. Und so ist es gekommen, daß er bis auf den heutigen Tag heimatlos umherirrt, seine Eier in fremde Nester legt und seine eigenen Kinder nicht kennt (22, III).

In Ungarn erbat sich der Kuckuck von Gott das allerschönste Gewand, denn er war mit dem seinigen nicht zufrieden. Da ward Gott zornig und setzte ihm den Teufelskamm auf. Seither bereut der Kuckuck stets seine Tat und ruft traurig, denn es lastet ein Fluch auf ihm (22, III).

Als nach einer Sage aus Pommern Gott der Herr die Tiere erschaffen hatte, erhielt ein jegliches seinen Namen, nur der Kuckuck ging leer aus. Das verdroß ihn, und er flog vor Gottes Thron und sprach: „Hab ich denn keinen Namen bekommen?" Der liebe Gott gab ihm zur Antwort: „Nein, guck dich nur nach einem um, guk, guk." Da sagte der erboste Vogel:

> „So will ich denn der Kuckuck sein
> Und ewig meinen Namen schrei'n."

So hört man ihn seit jener Zeit keinen andern Laut rufen als: Kuckuck (22, III).

In Wittenberg sagt man, daß er in jungen Jahren sehr faul gewesen sei und nichts habe lernen wollen, da habe ihn seine Mutter verwünscht, und so kann er bis auf den heutigen Tag nichts anderes, als seinen eigenen Namen rufen (151, II).

Beim Erlernen des Gesangs flog der Kuckuck in Finnland zu einem Pflüger, der vor Alter stocktaub war und fragte ihn, wo die Viehmägde seien. Der Alte verstand ihn aber nicht und fragte: Was, was (ko, ko?). Da spuckte der Kuckuck vor Wut und spottete; ku, ku, ku, ku. Deshalb soll er heute noch beim Fortfliegen spucken (22, III).

Nach einer schwedischen Legende verwandelte Jesus einen Bauern, der sein Weib ermordet hatte, in einen Kuckuck. So wie der Bauer ein Mörder war, behält auch der Kuckuck sein mörderisches Wesen bei und wird zu einem Sperber, der seine Pflegeeltern auffrißt. Auch sagt man: Wenn jemand den Kuckuck nachahmt, wird er so böse, daß er sein eigenes Herzblut ausspeit, daher die roten Flecken auf Blättern und Blumen. Da der Bauer seine tote Frau unter einem Heuschober verborgen hatte, ruft er immer: „Hon gick ut, sie ging aus", bis die Heuernte beginnt. Wenn er den ersten Heuschober sieht, schweigt er; er fürchtet, daß man seine Tat entdecke (22, II).

Eine russische Legende weiß, daß einst Petrus, als er noch auf Erden weilte, seine beiden Diener mit einem Auftrag fortschickte. Sie hatten aber nicht genug zu essen und schlachteten unterwegs die Ochsen. (Sie fuhren wohl im Ochsenwagen?). Darüber erzürnt, schlug Petrus den einen, Cucu mit Namen, bis er starb; der andere entfloh, verwandelte sich in einen Vogel und sucht noch jetzt seinen Freund Cucu, der im Himmel ebenfalls ein Vogel geworden ist (22, II).

Eine rumänische Sage berichtet: Der Vogel, den wir jetzt Kuckuck nennen, ist nicht der richtige Kuckuck, der ein goldenes Gefieder hatte und jetzt in „der andern Welt" lebt, sondern seine Frau Sava. Früher lebte der Kuckuck mit seiner Frau Sava auf der Erde, doch als diese ihm untreu wurde und gar zu enge Verbindung mit der Nachtigall einging, machte sich der Kuckuck auf, sie zu verlassen. Sava war sehr traurig, daß ihr Mann weggehen wollte und fragte ihn, wann und wo sie ihn finden könne. „Suche mich von Mariä Verkündigung bis Johanni", sagte der Kuckuck, „und wenn du mich dann noch nicht gefunden hast, suche mich nicht mehr". Damit flog er fort, um nicht wiederzukehren. Sava bereute ihre Untreue und sucht nun überall den Entschwundenen, indem sie von einem Baum zum andern fliegt und sich nirgends lange aufhält. Immerfort aber ruft sie ihren Mann beim Namen: Kuckuck, Kuckuck (22, III).

Nach einer dänischen Sage hatte ein Mädchen sieben uneheliche Kinder geboren. Ein Mann begegnete ihr und sprach: „Guten Tag du, mit deinen sieben Hurenbälgen." Zur Strafe für solches Reden verwandelte ihn Gott in einen Kuckuck, die Kinder aber wurden als Sterne in den Himmel versetzt. Solange der Kuckuck singt, sicht man im Sommer das Siebengestirn nicht.

Nach einer Variante dieser Sage lebten einst ein Mann und dessen Frau im Unfrieden und wünschten, daß sie sich nimmer in der Welt begegneten. Sie wurden erhört, der Mann wurde zum Siebengestirn, die Frau zum Kuckuck. In der Ukraine ist der Kuckuck aber eine Frau, die in diesen Vogel verwandelt wurde, weil sie ihren Mann erschlug. Sie muß nun bis zum letzten Gericht allein umherfliegen. Nach ruthenischer und polnischer Sage ist der Kuckuck eine verwandelte Prinzessin, die sich ihrer Mutter gegenüber weigerte, einen alten Mann zu heiraten und sich am Hochzeitstag versteckte. Ihre Abstammung nicht vergessend, ist sie heute noch zu stolz, sich ein Nest zu bauen und selbst zu brüten, sie fängt kleine Vögel und zwingt sie, ihre Eier auszubrüten (22, III).

In alten Zeiten, so berichtet eine Sage in Ostpreußen, lebten ein Mann und eine Frau, die hatten sieben Kinder. Der Mann war aber unverträglich und mißhandelte Weib und Kinder. Da flüchtete die Frau in ihrer Not mit den Kindern zu Gott und rief ihn um Hilfe an. Der liebe Gott war sehr entrüstet über die Roheit des Gatten und Vaters und wollte ihn zur Rechenschaft ziehen. Als er aber seinen Namen rief, antwortete eine Stimme aus dem Backofen: Kuckuck, Kuckuck. Nun sprach Gott: „Da du deine Frau und Kinder so schlecht behandelt und mich auch noch verhöhnt hast, sollst du ein Vogel sein, der nur Kuckuck ruft – der Welt zum mahnenden Beispiel. Deine Frau und Kinder aber will ich zu mir nehmen und zu Sternen machen. Hüte dich nun, daß dich deine Kinder nie sehen, sie würden sonst Rache an dir nehmen." Wie der Herrgott gesagt, so ist es gekommen. Der Kuckuck ruft seinen Namen noch heute durch die Welt. Die Frau glänzt als Abendstern am Himmel, und die Kinder leuchten als Siebengestirn. Sobald sie sich aber am Himmel zeigen, versteckt sich der Kuckuck und hütet sich, seinen Ruf erschallen zu lassen (22, III).

Nach einer Sage aus Pommern hatte einst ein armes Weib sieben Kinder. In einer Zeit der Not glaubte sie, diese nicht mehr länger ernähren zu können und ging mit ihnen in den Wald, um sie dort auszusetzen. Um sich von ihnen fortschleichen zu können, sagte sie zu ihnen: Wir wollen Versteck spielen. Ich werde immer Kuckuck rufen, und ihr werdet mich suchen. Auf diese Weise gelang es ihr, sich weit von den Kindern zu entfernen. Diese mußten schließlich elend zu Grunde gehen. Die Strafe traf aber auch die Mutter. Der liebe Gott verwandelte sie in einen Vogel, der immerfort Kuckuck rufen muß. Auch darf er nie mehr die eigenen Kinder pflegen, sondern muß sich scheu und ängstlich in den Kronen der Bäume versteckt halten und Tiere und Menschen meiden (22, III).

Nach einer russischen Sage war der Kuckuck eine Königin, die sich in einen Vogel verwandelte und zum Fenster hinausflog. Hierbei streifte man ihr einen Schuh ab. Deshalb hat der Kuckuck jetzt noch einen roten und einen gelben Fuß (22, III). Nach einer anderen russischen Sage ermordete einmal eine böse Frau ihren Mann. Dafür hat Gott sie zur Strafe in einen Kuckuck verwandelt und dazu verurteilt, ewig paarlos zu bleiben und in den Wäldern umherzuirren. Nach Varianten dieser Sage ist der Kuckuck ein Mädchen, das wegen eines verlorenen Schlüssels von ihrer Mutter verflucht wird; dann wieder ist er eine verwünschte Prinzessin, die mit allen Bewerbern buhlte, oder ein ausschweifendes Mädchen (22, III). Bei den Letten ist der Kuckuck aus dem Herzen eines Waisenkindes entstanden (22, III). Nach einer mecklenburgischen Sage ist er ein verwünschtes Mädchen, das ihr Kind aussetzen wollte (151, II). Wie die Ruthenen (22, II), so glauben auch die Polen, der Kuckuck sei ein verwandeltes Mädchen, und da alle Kuckucke von diesem, als einem reinen Mädchen abstammen, brüten sie ihre Eier nicht aus, sondern legen sie in fremde Nester (22, II). In Kujawien soll früher der Kuckuck eine Jungfrau gewesen sein, die sehr weltlich lebte und wenig an Gott dachte. Zur Strafe muß sie nun heute noch in Vogelgestalt leben. Doch ist sie immer noch Jungfrau und brütet deshalb ihre Eier nicht aus, sondern schiebt sie andern Vögeln unter (58).

Eine merkwürdige Sage erzählt man sich in Bulgarien. Einst war es so im Reiche, daß die Burschen jedes Jahr gegen Mitte März in die Schlacht zogen und nur zur Zeit des Mähens oder gar erst zur Ernte wieder heimkehrten. Den Burschen zogen ihre Schwestern nach und verfolgten von den Wipfeln der Bäume aus den Ausgang der Schlacht. Als nun einmal die Mädchen die Burschen recht bitterlich beweinten, wurden sie in Kukkucke verwandelt. So fliegen diese Vögel heute noch von Baum zu Baum, um ihre Brüder klagend, und bis zur Stunde bauen sie kein eigenes Nest, denn sie sind ja immer noch ledige Mädchen.

In Preußen bezeichnet man den Kuckuck als den dümmsten Vogel, denn er soll es nicht einmal verstehen, sich ein eigenes Nest zu bauen. Als einst die Goldammer ihn diese Kunst lehren wollte, wies er sie stolz und höhnend ab (22, III).

In Frankreich paaren sich nach dem Volksglauben alle Vögel am 19. März, ausgenommen der Kuckuck (108, IX). Nach dem böhmischen Volksglauben soll der Kuckuck früher auch ein Nest gehabt haben. Als aber das Kuckucksweibchen einst an Mariaverkündigung, als alle Vögel feierten, darin nistete, wurde es verwünscht und des Männchens beraubt und kann seit dem Tage kein eigenes Nest mehr bauen (35).

Sich des seltsamen Benehmens des Vogels erinnernd, der nach dem Volksglauben die Menschen neckt und betört, nennt man etwa Personen oder die Bewohner ganzer Ortschaften, denen ein lächerlicher Streich nachgesagt wird, mit dem Spottnamen „Guggu“. So die Leute von Meggen, Hegnau und Albisrieden usw. (125, II). Die Bürgerschaft von Albisrieden besitzt ein blechernes Trinkgeschirr in Form eines Kuckucks, das beim jährlichen Bürgertrunk, der bis in die letzten Jahrzehnte des 19. Jahrhunderts noch Sitte war, gebraucht wurde. Bei diesem Anlaß pflegte dann allemal der Witz neu aufzuleben, man wolle auch den ältesten Bürger von Albisrieden, und das war der Kuckuck, leben lassen (125, II).

Als man einst in Hegnau den Kuckuck eingefangen hatte, war das ganze Dörfchen auf den Beinen, denn jedermann wollte das Wundertier sehen. Einmütig beschloß man, den Vogel zu behalten. Auf die Frage, wer ihn zu sich nehmen wolle, meldeten sich gleich alle. Schon gerieten sich die biederen Hegnauer ob ihrer Ratlosigkeit in die Haare, als plötzlich des pfiffigen Gemeindeoberhauptes Gehirn erleuchtet wurde und er rief: „Wir bauen einen Zaun um das ganze Dorf, dann kann der Vogel in ihm herumfliegen, und ein jeder hat gleichviel.“ Die ganze Gemeinde lobte ihres Bürgermeisters Weisheit, und der Zaun wurde erstellt. Als man aber den Kuckuck frei ließ, schwang er sich rufend über den Hag in die blaue Höhe. Seit dem Ereignis sind die Hegnauer gar nicht mehr gut auf den Kuckuck zu sprechen. Wenn oftmals aus den Nachbargemeinden junge Burschen kamen und spottend riefen: „guggu, guggu“, gab es jedesmal große Schlägereien. Selbst heute noch werden sie in Hegnau recht ungemütlich, wenn man vom Kuckuck spricht. Ein andermal, als der Kuckuck wieder aus dem Süden zurückgekehrt war, schlug er seine Residenz in einem Schuppen von Hegnau auf. Nun beschlossen die Hegnauer, es besser anzufangen, und da ihnen das erste Mal der Kuckuck über den Hag geflogen war, sollten ihm nun die Flügel gestutzt werden. Weil man ihn aber noch nicht hatte, um dies mit der Schere besorgen zu können, beschloß man, ihm „d'fäcke abz'bränne". So zündete man nun den Schuppen an allen vier Ecken an. Trotzdem läßt der Kuckuck noch jedes Jahr um Hegnau herum seine Stimme erschallen. Ins Dorf hinein soll er jedoch nie mehr kommen. Bricht nun einmal in der Umgebung von Hegnau Feuer aus und man kann sich über die Lage desselben nicht sogleich orientieren, sagt man: „D'Hegnauer werde dem Guggu d'fäcke abbränne".

Auf diese „Hegnauer-Stückli" (118), mit denen man auch ähnliche Schildbürgerstreiche bezeichnet, bezieht sich auch die Redensart: „Da wers erger as z'Hegnau, wo's händ welle de Gugger iizäune (118).

Auch die Griesheimer hatten einst einen Kuckuck gefangen und hielten ihn für eine so große Merkwürdigkeit, daß sie ihn durch eine Deputation dem Landgrafen übersandten. Dieser tat, als ob er das Tier sehr bewundere, und bat sich auch das Nest zum Geschenk aus. Der Bürgermeister sprach: „Das ist das ganze Eichenwäldchen. Da ließ der Gemeinderat dem Landgrafen sagen, das Nest gäben sie gerne, aber er solle sich's selbst holen. Er bedankte sich für das Geschenk, meinte aber, er wolle es lieber lassen, wo Gott es hingesetzt habe. Andere erzählen, die Griesheimer hätten gehört, die Landgräfin in Darmstadt wolle sich gerne eine Kuh halten, da hätten sie ihr die Kuh samt der Wiese zum Geschenk gemacht, dem Landgrafen aber den Kuckuck, und zum Unterhalt hätten sie diesem das Eichenwäldchen gegeben. Auf Grund dieser Legende muß einst dem Kuckuck ein besonders begrenzter Waldbezirk eigen gewesen sein. So standen die Griesheimer unter besonderem Schutz des Kuckucks und führen seinen Namen, der noch jetzt spottweise gebraucht wird. Als Angehörige des Kuckucks wagten sie auch, vom Vogel „gutes Heuwetter" in Anspruch zu nehmen (150, III).

Wenn die Bauern von Heaspern bei Medebach im Bezirk Arnsberg nach der Stadt kommen, rufen ihnen die Jungen nach „Heaspersche Kuckuck, heaspersche Kuckuck!" Das soll davon kommen, daß der große Hannes zu Heaspern, als er einst an der Dreilarschen Grenze pflügte, auf einen Baum stieg und den Heasperschen Kuckuck gegen den auf der Dreilarschen Seite des Berges rufen half, weil er keine so starke Stimme hatte wie dieser. Von den Rehburgern am Steinhuder Meer im Hannoverschen erzählt man, daß sie einst, als sie viel Geld in der Gemeindekasse hatten, dieses am sichersten bei dem Kuhhirten, dem sie auch ihr Vieh anvertrauten, aufgehoben fanden. Der Hirt nahm die Geldkiste mit sich aufs Feld und trug den Schlüssel immer bei sich. Nun geschah es, daß der Kuckuck von Rehburg mit einem der Nachbardörfer Streit bekam und beide sich bissen. Der Hirt meinte, er müsse doch wohl dem Rehburger Kuckuck zu Hilfe kommen und ließ deshalb seine Kiste im

Stich, die ihm inzwischen gestohlen wurde. Als der Rückkehrende den
Verlust gewahr wird, sprach er lächelnd: „Geh du nur hin, ich habe ja den
Schlüssel zum Geld noch in der Tasche (150, III).

Die Leute in Haitersbach, einem alten Städtchen bei Nagold, sahen vor
vielen hundert Jahren im Wiestal zum ersten Mal einen Kuckuck. Erschrocken ob dem unbekannten Vogel, beschlossen sie sogleich, die
Stadttore zu schließen, und verstopften zur Vorsicht auch deren untere
Öffnungen mit Kraut, damit der, den sie so sehr fürchteten und von dem
sie glaubten, er bringe Unglück, nicht in die Stadt komme. Sie sollen sogar in der Kirche eine Betstunde gehalten haben, bei der sie ein Lied sangen, das so anfängt:

> Es ist ein fremder Vogel kommen
> In dem Wiestal une dran
> Kyrieeleyson.

Trotz aller Vorsicht kam der Kuckuck dennoch in die Stadt, indem er
über die Tore flog. Seither heißen die Haitersbacher auch „Kuckucke"
(22, I).

Die Leute von Hepsisau heißt man Bückigauch, weil sie das Recht, eine
Kirchweih zu halten, für einen Kuckuck verkauften. Sie kauften sich den
Vogel, wie man Kobolde kaufte, um seiner segnenden Nähe teilhaftig zu
werden. Da solches bereits in der christlichen Zeit geschah, verwirkten sie
mit diesem Rückfall ins Heidentum, das Recht einer Kirmes (150, III).

Die Havanger im Allgäu sahen einmal einen Kuckuck in ein Kornfeld
einfliegen, und weil sie noch nie einen solchen Vogel gesehen hatten und
ihn für eine ganz besondere Merkwürdigkeit hielten, auch argwöhnten, er
könne am Ende dem Getreide Schaden bringen, schickten sie den Ge-
meindediener hinaus, daß er ihn fange. Weil aber das Korn sehr schön
stand und es schade gewesen wäre, dieses zu zertreten, mußte der Ge-
meindediener sich auf einen Schragen setzen, und vier starke Männer trugen ihn hinein. Als sie aber in die Nähe des Vogels kamen, flog dieser auf
und davon. Seither neckt man die Havanger und heißt sie Gugger. Sie sollen aber den Spottnamen mit Vorliebe mit einer Tracht Prügel quittieren
(101, I).

Im Lande Lüttich ist das Dorf „Polleur" berühmt durch ein komisches
Fest, der „Hof des Kuckucks" genannt, welches man dort alljährlich am
ersten Sonntag nach Mariä Himmelfahrt in Szene setzte. Ein improvisier-
ter Gerichtshof trat bei der Brücke zwischen den Gemeinden Polleur und
Sart zusammen, und dort mußten alle von ihren Frauen mißhandelten
Ehemänner erscheinen. Massenhaft strömte das Vok herbei und hörte in
der heitersten Stimmung der Anklage wie der Verteidigung zu. Die Verur-
teilten setzte man auf einen Karren, welcher rückwärts bis an den Rand

einer Pfütze geschoben wurde. Hier hob man das Vorderteil des Fuhr-
werks in die Höhe, und unter allgemeinem Jubel fand der Rutsch der armen Ehemänner ins Wasser statt (28).

Daß die Ehe und die Fortpflanzung, diese „dunkelste Seite" im Leben
des Kuckucks, zu allerlei Märchen, Fabeln und Redensarten Anlaß gibt,
ist erklärlich. So soll der junge Kuckuck aus Futterneid seine kleineren
Stiefgeschwister verschlingen, und wie schon Plinius zu berichten weiß,
verschlingt der Undankbare, wenn er erwachsen ist und ihrer nicht mehr
bedarf, auch seine Pflegeeltern. Solchen Volksglauben kennt auch der
Franzose und gebraucht daher, um besonderen Undank zu bezeichnen,
den Vergleich: Undankbar wie ein Kuckuck. Auf den großen Appetit des
jungen Kuckucks anspielend, sagt man von einem Menschen in Frankreich, der einen gesunden Appetit hat: Er ißt wie ein junger Kuckuck
(108, II). Die alten Römer, wie übrigens auch die Griechen, hielten den
Kuckuck für dumm, feige und faul (102). Dumm wie ein Kuckuck sagt
man heute noch in Frankreich (108, IX). Im Italienischen bedeutet cucco
„dumm" und cuculiare „dummes Zeug schwatzen". Wie im alten Deutsch
mit Gauch, so bezeichnet man auch im schottischen Dialekt mit gowk einen beschränkten Menschen; gouky bedeutet, analog dem italienischen
cucco, ebenfalls albern und dumm (102).

Die Römer nannten einen treulosen Ehegatten, der sich gerne in fremden Nestern wärmte, dem Eheleben des Kuckucks zum Vergleich, cuculus (102). Den betrogenen Ehemann nannten sie cucus, cucussus (108,
IX), die Untreue cucucia, cugucia, cucugia oder cogocia, die Franzosen
gebrauchen hierfür: coquage oder coqulaige (108, IX). Sich beziehend
auf die Untreue des Weibchens, geben heute noch die Engländer einem
von seiner Frau betrogenem Ehemann den Namen cuckold. Der Franzose
machte aus dem lateinischen cuculus ein cocu (150, III). Daraus soll dann
infolge nachlässiger Aussprache coucou, der französische Name des Vogels entstanden sein. „Il est codufié," sagt der Franzose von einem Mann,
dem von seiner Gattin „Hörner" aufgesetzt wurden. Cocu gibt Rolland
als den Verführer einer Frau an (108, II). Cucu laccio, d.h. ein häßlicher
Kuckuck, nennt der Italiener einen Wüstling, der als Ehebrecher den
Frauen nachstellt (102). Im Deutschen kennt man die Redensart: Jemand
ein Kuckucksei ins Nest legen. Mit diesem Kuckucksei ist zunächst ein
im Ehebruch gezeugtes Kind, das der betrogene Gatte für sein eigenes
hält, gemeint, dann aber wird der Ausdruck überhaupt auf ein fremdes
Erzeugnis angewendet, das einem Ahnungslosen als sein Werk unterge-
schoben wird. Riegler (102) ist der Auffassung, das französische cocu für
Ehebrecher oder Hahnrei entstamme nicht dem coucou, sondern fuße
eher auf coqu, der Hahn. Cuckold bedeutet in England Ehebruch, und
ein Cuckoldmaker „Kuckucksmacher" ist ein Ehebrecher (Riegler 102).

Ehebruch und Mädchenraub hießen mittellateinisch: cucussus, cucu-
ciatus und cucucia. Die Kinder, welche ungesetzlichen Verhältnissen ent-
sprossen, hießen Kuckucksbrut, französisch Gouche. In Italien sagt man,
in ihren Adern fließe Kuckucksblut (150, III). Die unzähligen Volkslieder
vieler Länder zeigen den Kuckuck als Liebhaber in den zartesten und ga-
lantesten Situationen, und immer ist sein Liebeswerben unwiderstehlich
und immer bleibt er Sieger.

Das französische „Vivre sur le commun comme le coucou" bezieht sich
jedenfalls darauf, daß der Kuckuck seine Kinder anderen zur Aufzucht
gibt und sich nicht darum kümmert. Für Heiratende sehr anrüchige und
nicht mißzuverstehende Worte kennt der französische Volksmund, wenn
er sagt: Sie haben es so eilig wie der Kuckuck im Monat Mai (108, IX).

Gemäß der Redensart „Er brütet im Nest anderer wie der Kuckuck"
besteht im italienischen Volksglauben die Ansicht, der Kuckuck brüte
auch in den Nestern anderer Vögel (15). Ein Kuckucksnest nennt der
Franzose das, was wir unter einer Mietskaserne verstehen (108, IX).

Infolge ihrer Herrschaft über das Wetter wurden Frô und Donar zu Le-
bensspendern. Der Kuckuck nun, in welchem wir einen Diener, zu Zeiten
eine Tierverwandlung des einen oder andern dieser Götter vermuten müssen, waltet göttergleich über der cerealischen wie animalischen Zeugung
und Lebensfülle. Nicht allein daß bei des Kuckucks kommen im Frühling
frische Kraft durch alle Adern der Natur schießt und fröhlichen Jugend-
mut und Wanderlust im Menschen weckt, er bezeichnet auch die äußerste
Stärke von Krankheit oder Trauer. „Hei hört den Kuckuck ni mä räu-
pen", er wird den Kuckuck nie mehr singen hören, ist ohne Zweifel zu
verstehen (150, III). Von einem Menschen der den nächsten Frühling
kaum mehr erleben wird, heißt es, er habe den Kuckuck zum letzten Mal
gehört oder ebenfalls, er werde ihn nie mehr schreien hören. Von einem
Kranken, der noch lange leben wird, sagt man: „De g'hört de Gugger nu
mängs mal (125, II). Für trostlos gilt es bei den Slawen, den Kuckuck im
nächsten Frühjahr nicht mehr rufen zu hören. Ein slowakischer Schäfer
singt daher beim Verlassen des Berges vor Winteranfang:

> Ich bin schon ein alter Schäfer;
> Werd den Frühling nicht erleben.
> Kuckuck wird mir nicht mehr rufen.

Eine mittelalterliche Ecloge schreibt dem Kuckuck die Jahre der Sonne
zu. Daher sagt man im Piemontesischen, um ein hohes Alter zu bezeichnen: So alt wie ein Kuckuck (36).

Vielfach erscheint der Kuckuck, der wenigstens nach dem bündneri-
schen Volksglauben mit dem Schwanze singen soll, in Sagen und Ausdrücken des Volkes als dämonische Gestalt, ja als der Teufel selbst. So er-

wähnt Jeremias Gotthelf in seinen Schriften den Vogel öfters im Sinne eines bösen Geistes (125, II). So ist das Sprichwort „Müßigkeit ist Guggers Ruhbank" nur eine in milderer Form ausgesprochene Feststellung von „aller Laster Anfang". Teufels Undank ist der Welt Lohn, findet sich ebenso wieder in: „Der Welt Dank, des Gukers Lohn". Deutlicher kommt der mit dem Gugger verglichene Teufel schon zum Ausdruck, wenn der Glarner einem wenig schmeichelhaft nachruft: „Far dem Gugguser zue". (125, II).

Mannhardt meint auf den Aufenthalt beim Donnergott möchten vielleicht die Redensarten hinweisen: Dich soll der Kuckuck holen, hols der Kuckuck, elsässisch: i wolt de wärsch bim güxeli! zum güxel, geh zum güxeli! schick ne zum güxel (150, III). Hierher gehörten auch die schweizerischen Verwünschungen: Gang zum Gugger; lauf zum Gugger; de Gugger söll's hole oder, hol mi de Gugger (125, II).

In England bezeichnet man den Frühling, die Ankunftszeit des Kuckucks, als cuckcotime, „Kuckuckszeit" (102). Von einem, von dem wir sagen: Er singt immer d's glich lied wie der Gugger (125, II), meint auch der Engländer: Er singt wie ein Kuckuck (Riegler 102). Ironisch sagt der Franzose von zwei Personen, die sich ganz und gar nicht gleichen: Sie sehen einander ähnlich wie der Kuckuck und die Elster (108, II). In bezug auf die schlanke Gestalt des Kuckucks entstand in Frankreich der Vergleich: Mager wie ein Kuckuck. Ganz im Gegensatz zu dieser allgemeinen Redensart sagt der Südfranzose „gras comme une coucou", fett wie ein Kuckuck, offenbar deshalb, weil der Vogel, wenn er Europa verläßt, wohlgenährt ist (102).

Der monotone Ruf des Kuckucks hat wohl die Veranlassung dazu gegeben, den Vogel für einen Narren zu halten. In mehreren Sprachen ist sein Rufen des eigenen Namens geradezu sprichwörtlich geworden, und bereits bei Notker ist das Wort gouch in übertragenem Sinne als „Tor" bezeugt (117).

Von einem selbstgefälligen und eitlen Menschen sagt das Sprichwort: „De kukuk röpt sînen eigenen nâmen." Andere Sprichwörter sind: „Du singest iemer ein gesang, wie der guckuck", „der guckuck muß jm selbst sein orgycht ausrufen." Die Dänen nennen einen Menschen, der keine Sprachgeläufigkeit hat: „Stotternd wie ein Kuckuck" (150, III).

Der Kuckuck gilt den Südslawen als Sinnbild sowohl des jammervollen Elends als auch der knechtischen Feigheit. Daher wendet man auf Leute mit diesen Eigenschaften den Spottnamen „Kuckuckssohn" an (61). „Les coucous du Mont-Sint-Michel nennt man in Frankreich die Landbewohner (108, IX). Kuckuckssaat bezeichnet das Volk die Semen cuculi. Es ist dies eine der bekannten Verdrehungen von offiziellen lateinischen Namen, die der gemeine Mann genötigt ist zu verwenden (4).

Bei der „Sennenkilbi" in Emmeten (Unterwalden) wird vom Gugger-
vogt auf einer Stange ein Kuckuck getragen, der schreit, daß er die Alpen
überwacht habe und verraten könne, was er dort während des Jahres gesehen, und daß er wisse, welche Sennen zu saure Milch, von der der Urner
sagt, das Gerinsel mit den weißen Punkten auf dem Schwanze des Kuk-
kucks vergleichend: „Der Gugger wäscht – is esie einisch dr Schwanz
drin" zu Käse verarbeitet hätten (125, II). Im Tessin sagt man von dieser
Milch: „Nel lat' è dentr' el cucu" (44, XIX).

Der IV.ten Hauptart I.te Abtheilung
von den Spechten, I.te Platte.

34.

Der Schwartz-Specht.
Picus niger.
Le pic noir.

F.H.Frisch. sc.

14½ Zoll.

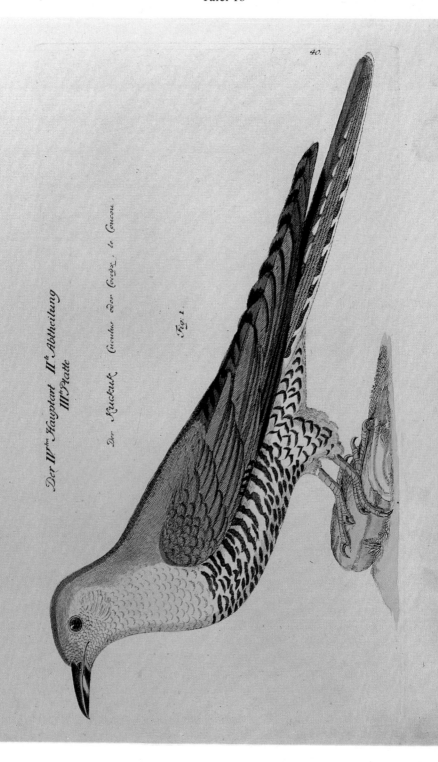

40.

Der IV.ten Hauptart II.te Abtheilung
III.te Platte

Der Kuckuk. Cuculus der Coucou, le Coucou.

Fig. 1.

Tafel 11

Der XII^{ten} Hauptart II^{te} Abtheilung VI^{te} Platte.
Der Kiewit. Vanellus. La Vaneau.

Der VII.ten Hauptart I.te Abtheilung.
II.te Platte.
Der braun-fahle Adler. Aquila pigargus.
Aigle brunatre.

70.

2 fuß 7 Zoll.

Eulen

Der Steinkauz

Auch Scheun-, Stock-, Wald-, Zwerg-, Spatzeneule, Lerchenkäuzchen genannt (91, V). Wegen seines Lautes wird er im Emmental Wiggle, in Mels
Schwiggla (132), dann wieder Wigweg oder Wigger genannt: Namen, die
bereits aus dem 8. Jahrhundert belegt sind (117). Im Elsaß kennt man die
Namen Wäckerle, Quäckerle und Quickli. Schon 1743 nannte man ihn
Kiwitt- oder Kliwitthuhn „wegen seines starken Geschreyes, welches ki-
witt, kiwitt klingt". Wegen seines eigenartigen Rufs, der den Abergläubischen wie ein Befehl „Komm mit, komm mit" klingt, heißt er in Preußen
„Kommit" (117). Unumstritten ist, daß alle diese Namen lautmalender
Natur sind und ihnen also der klagende, lockende Ton des Vogels, weswegen er schon im 15. Jahrhundert Klagefrau, Klagemutter (117) und
Wehklage (91, V) genannt wurde, zugrunde liegt. So unumstößlich auch
hier der onomatopoietische Charakter klar liegt, bleibt doch die weitere
Möglichkeit, daß speziell „Wiggle" mit seinen sprachlichen Variationen
vom althochdeutschen wigla, das mit dem heutigen Wicken, d. h. prophe-
zeien, identisch ist, abstammen könnte. Daraus ginge hervor, daß also die
Käuzchen als unheilverkündende Vögel benannt wurden.

Von allen Eulenarten ist es besonders der Steinkauz, der im Volk als
Todesverkündiger gilt, daher auch die ominösen Namen Totenvogel, Leichenhuhn. Über ihn finden wir schon bei Frisch (1763) VII C 2b, folgende Äußerung: „Weil diese kleinste Art der Kautze sich gemeiniglich
wegen der Einsamkeit in denen Kirchen, Gewölben und Kirchhöfen oder
Gottesäckern, die mit vielen Begräbnissen bebauet sind aufhält so nennen
es einige das Kirchen- oder Leichenhuhn. Ja weil es auch, wegen des To-
tengeruchs, so Sterbende von sich geben, oder Todtkrancke hinweg dun-
sten, zuweilen auf solchen Häusern auch wohl vor den Fenstern einfindet,
und sich sowohl durch Geschrey als flattern an den Fenstern hören läßt.
So nennt es der abergläubische Pöbel das Sterbe-, Leichen-, Todtenhuhn
oder den Sterbevogel. Weil man glaubt, daß dieser Vogel anzeigen wolle,
der Krancke müsse sterben." Für einen großen Teil Deutschlands gilt
heute noch der Name Leichenhuhn, für Thüringen auch noch Sterbekauz
(117).

Der Ruf des Käuzchens erinnert die Menschen stets und überall ans
Sterben, und daher übersetzt man seinen Ruf in der Schweiz: „Chuum,

chuum" (lang gedehnt) (141, XI), in Quellendorf: „Komm mit, komm
mit! Ins kühle, kühle Grab", im Anhaltischen: „Komm mit, Komm mit!
Bring Schipp und Spaten mit" (141, XXXI), in Unterwegfurth an der
Fulda: „Wellt de mit, wellt de mit, ins defe, defe Grääche" (tiefe, tiefe
Gräbchen). Klagend ruft der Vogel in Frankreich: „mours, mours" –
meurs, meurs, dann wieder schreit er: „moins haut, moins haut (108, IX).
In Böhmen hört man aus dem Ruf die Worte: „Poid, poid – komme,
komme" (35).

Zahlreich sind in Frankreich die topographischen Namen, die sich auf
das Steinkäuzchen beziehen: Huanaria, Chante-criant, Hupe-Chat-Hu-
ant, Huppe-Chavant, Le nis de Chouan, Plume-Chat-Huant, La Chouan-
tière, La Chouonnerie, La Choutière, La Chutière, La Chutellerie, La
Chutte, Chavanosse, Cavanhac, Chavagnac, Chavannes, Chavagnes, Le
Chouan, La Chouanne, Le Chouaigné, La Chouanellerie, La Chouante-
rie, Chavagné, La Chavagnerie, Chavant, Le Chou, Bois-Chouan, La
Chouanaie. L'Etang des Chouettes, La Chouetterie. In der Schweiz ist es
die Gemeinde Vugelles-La-Mothe im Distrikt Yverdon, die ein Käuzchen
im Wappen führt.

Auf den Steinkauz zurück gehen die Familiennamen: Cavaignac, Caba-
nel, De Chavane, Chabannes, Chavanié, Chavannes, Chavanon, Chou-
ard, Chouet, Chahu, Hurant, De la Huetterie, Chuard. (108, IX).

Als heilige Schützlinge der stadtbeschirmenden Göttin Athene hegte
man die Käuzchen auf der Burg, und sie hausten hier so ungestört und in
solchen Mengen, daß in des Aristophanes Lysistrata die dort belagerten
Athenerinnen in der Nacht kein Auge schließen können:

> O weh, uns arme bringen noch die Eulen um,
> Den Schlaf uns raubend mit dem ewigen kikkawau (54, II).

Seit ältesten Zeiten ist bei allen Völkern der Steinkauz der ausgesprochene Unglücksvogel (45), und nur ein einziges Mal wird in der griechischen Geschichte sein Erscheinen als ein glückliches Vorzeichen angeführt. Als Attribut der Athene hatte er wie Plutarch erzählt, am schönsten
Sieg Athens, an dem bei Salamis Anteil. Vor jener Schlacht flog nach der
Legende rechtshin zu den attischen Schiffen ein Käuzlein und setzte sich
auf das Takelwerk; dies steigerte aufs neue den Mut von Themistockles'
Truppen, und es entstand das Sprichwort: „Da fliegt eine Eule", was soviel sagt wie „das bedeutet Glück" (54, II). Da nun eine Eule fliegen zu
sehen den Kriegern Glück, d. h. Sieg bedeutet, ließ Agathokles, als er im
Jahre 310 gegen die Karthager kämpfte, vor der Schlacht Eulen fliegen,
um den Mut seiner Truppen zu entflammen (54, II).

Die Römer fürchteten den Steinkauz geradewegs als einen Boten des
Todes. König Pyrrhus von Epirus erlitt in Argos einen unrühmlichen Tod,

welchen ihm ein Käuzchen, das beim Einmarsch auf seinen aufrecht ge-
tragenen Speer saß, vorhersagte (45). Bekanntlich fliegt das Steinkäuzchen mehr als andere seines Geschlechtes mit Vorliebe gegen hellerleuch-
tete Fenster. Wenn es nun, angelockt durch den Lichtschein eines Kran-
kenzimmers, um das Haus fliegt, im Tessin vor ihm ruft (44, IV), in Horgen gegen das Haus fliegt (44, VIII) oder in Mecklenburg spät abends
noch mehrere Abende hintereinander ruft, zeigt es ihnen einen baldigen
Todesfall an. An Aussprüchen, die die kleine Athene als gefürchteten Todesboten bezeichnen, mangelt es nicht. Ein alter Kalenderspruch lautet:

> Der Aegerist verkündet Strit,
> Schreit's Wiggli, isch der Tod net wit,
> Wenn die Wiggle schreit,
> wirst bald use trait (106).

In der Gegend von Einsiedeln sagt man:

> Ruft dir nachts die Wiggle
> Gib acht! du könntest überniggle.

> Schreit die Wiggle nah ums Haus
> Stirbt gewiss bald jemand draus (44, VIII).

Im Kanton Baselland meint man:

> Schreit e Wiggle bim e Hus
> So git's e Todfall drus (44, XII).

Der Berner sagt: „Los! s'Huri rüeft! das het z'bidüte, du muescht verreise
(sterben)" (106).

Daß der Glaube an den Todesruf des Steinkauzes unter Umständen bei
ängstlichen Menschen nicht nur eine große Aufregung verursachen, sondern beunruhigend wirken, also den Tod tatsächlich herbeiführen kann,
mag folgender Fall beweisen: Eine lungenkranke Frau, die zur Erholung
in ihre Heimat zurückgekehrt war, hörte in einer Nacht den Schrei eines
„Wiggi" und geriet dadurch in größte Aufregung, so daß eilends der Arzt
und der Geistliche zugezogen wurden. Der Pfarrer suchte der Frau klar
zu machen, daß dieser Glaube nicht nur Unsinn, sondern sogar Sünde sei,
da eine Gotteslästerung darin liege anzunehmen, daß Gott sich solcher
Mittel als Vorzeichen eines baldigen Todes bediene. Die Frau aber erwiderte auf alle Einwände und Trostgründe: „Redet, soviel ihr wollt, ich
lasse es mir nicht nehmen, daß ich bald sterben muß." Der Arzt verbot
schließlich den Angehörigen, weiter auf die Frau einzureden und überhaupt den Namen des Unglücksvogels in ihrer Gegenwart zu erwähnen.

Auch in der folgenden Nacht, namentlich als es gegen Mitternacht ging, geriet die Frau in eine hochgradige Erregung, so daß man für ihr Leben zu fürchten begann, falls etwa der Ruf des „Wiggi" sich wiederholen sollte, was aber nicht der Fall war. Gegen Morgen verfiel die Kranke in Schlaf und bei Tag besserte sich ihr Zustand so, daß ihre Verwandten neue Hoffnungen schöpften. In der dritten Nacht wurde die Frau aber neuerdings von Angst und Unruhe befallen, und ohne daß jemand im Hause etwas gehört hatte, richtete sie sich plötzlich im Bett auf, stieß einen Schrei aus und rief: „Oh s'Wiggi". Dann wurde sie bewußtlos und starb am folgenden Abend, nachdem sie noch einmal zum Bewußtsein gekommen war und sich ganz ergeben in den Willen Gottes gefügt hatte (130). Prof. Stoll (130) ist der Meinung, in diesem Fall habe es sich offenbar um eine schwerkranke Frau gehandelt, aber es sei durchaus nicht ausgeschlossen, daß durch die maßlose Furcht vor dem „Wiggi" der Tod beschleunigt worden sei.

Ganz besonders gefürchtet ist der Ruf des „Wiggi", wenn er sich mehrere Abende hintereinander in der Nähe des Hauses oder der Scheune hören läßt. Am Morgen befragen sich die Hausbewohner und die Nachbarn gegenseitig ab, ob sie in letzter Nacht das Wiggi gehört hätten. Selten trifft es zu, daß alle Bewohner eines Hauses es gehört haben, und dies wird so gedeutet, daß jene, die nichts hörten, weniger vom kommenden Unglück zu fürchten haben und vom Tode bedroht sind, als diejenigen, die den Ruf deutlich vernahmen. Am meisten aber sind jene gefährdet, die das Wiggi gehört haben und doch darüber zu spotten wagen. Es ist nicht bloß der Tod des Menschen, sondern gelegentlich der Tod eines wertvollen Haustieres oder ein anderes Unglück, das durch den Ruf des Wiggi angekündigt wird. Ein alter Bauer am Oberen Zürichsee pflegte daher jedesmal, wenn er den Ruf des Vogels in der Nacht hörte, aufzustehen und im Stall nachzusehen, ob alles in Ordnung sei. Jedesmal zeigte sich dann, daß einer Kuh oder Ziege etwas fehlte, so daß durch schnelle Hilfe Unglück und Schaden vermieden werden konnte. Der Bauer pflegte denn auch Gott für die erhaltenen Warnungen zu danken und die armen Seelen der göttlichen Barmherzigkeit zu empfehlen (130).

Die Vorstellung, die das Volk mit dem „Totenvogel" verbindet, ist recht verschieden. Eine alte Frau meinte, „daß es der Tod selber sei, der sich in die Gestalt des Wiggi verwandeln könne"; eine andere Frau äußerte sich hingegen dahin: „Nein, der Tod selbst sei es nicht, wohl aber eine arme abgeschiedene Seele, welche durch diesen Ruf zur Vorsicht vor kommendem Unheil warne, sowie manchen sündigen und fehlenden Menschenkind das Gewissen aufrüttle (130).

Nach dem vorarlbergischen Volksglauben ist das Käuzchen der Tod selbst. Man soll ihn auch einmal rufen gehört haben: „Hannesöf pack

auf, pack auf, du stirbst jetzt bald" (136). Schreien in Biel eine Wiggle
und ein Kauz (wahrscheinlich ist darunter der Waldkauz zu verstehen)
auf demselben Baum, so stirbt jemand (141, X).

Die Magologia Basel 1674, S. 144, bringt folgendes: „Die Nacht-Eül
und der Wik werden Totenvögel genennt und glauben viel Leut vestiglich,
woherumb diese Vögel schreien, werde bald ein Mensch sterben" (11, IV).

Wenn im Zürcher Oberland sich abends auf dem Fenstersims ein Käuzchen niederließ, bedeutete das großes Unglück. Seine großen, glotzenden
Augen erschreckten und waren als die einer Hexe sehr gefürchtet (87, I).

Ein schlimmes Augurium ist das Schreien des Käuzchens auch in
Frankreich (100, IX), und man achtet sehr darauf, ob sich, wenn jemand
schwer krank ist, ein Käuzchen in der Nähe des Hauses zeigt (33, III).
Wo in Mähren das Käuzchen einkehrt, bringt es Trauer mit (35), in Rei-
chenbach und Zwickau zeigt sein Geschrei den innerhalb von drei Nächten erfolgenden Tod eines Freundes oder Verwandten an (57). Mit seinem
Ruf verkündet der Vogel in den Ardennen, daß während des Jahres noch
jemand aus dem Hause sterben wird oder ein sonstiges großes Unglück
(113, III) bevorsteht. Auch auf Sardinien ist der Steinkauz das Anzeichen
eines baldigen Todesfalles, und in der Franche-Comté sagt man:

> Quand on entend la choue
> C'o signe de moue (mort)[1] (108, II).

Kommt der Vogel in die Nähe der Dörfer, ist mit Hungersnot und Mißernte zu rechnen. Sein Erscheinen im Dorf wird auf Korsika als ein ganz
ungünstiges Zeichen betrachtet. Schreit er aber, wird ein unvermuteter
Todesfall eintreten. Setzt er sich auf ein Haus, wird die Familie, die darin
wohnt, ein Glied verlieren (100, XII). Neben Tod bedeutet der Ruf des
Käuzchens in Frankreich auch Krankheit (149, I). Ein verfluchter Vogel,
dessen Erscheinen Unheil verkündet, ist der Steinkauz auch den Mazedo-
niern. Setzt er sich auf das Dach eines Hauses oder den Kamin, wird sicher jemand aus dem Hause sterben; eine Vorhersage, auf die das Volk
großes Gewicht legt und an die es fest glaubt (100, VIII).

Wenn in Lothringen die Neuvermählten in den ersten drei Tagen nach
ihrer Hochzeit den Schrei eines Käuzchens hören, bedeutet es, daß demnächst eines von beiden oder von ihren Eltern sterben wird (100, X).

Wenn der Kauz schreit, weiß der Rumäne, daß es nichts Gutes bedeutet. In dem Haus, auf dessen Dach er schreit, stirbt bald jemand. Ist dann
ein Todesfall eingetreten, klagen die Frauen:

---

[1] Wenn man das Käuzchen hört, so ist das ein Zeichen des Todes.

Läute, läute, Glöcklein!
Es kommt dir noch ein Seelelein,
Läute, läute immer mit Trauer,
Damit sie's hören bis ins Tal.
Es habe sich so ereignet,
Wie gesungen hatte
Die Eule, die Wahrsagerin
Und des Schlechten verkündigerin (141, XXII).

Über den Zusammenhang von Steinkäuzchen und Unglücksfällen berichtet H. E. Escher in seiner „Beschreibung des Zürichsees sambt der daran gelegenen Orthen etc.", die 1692 erschien, wie folgt: „Steinkäuzchen, deren sich viel in Sonderheit 1652 in dem Geissthurn, vor dessen Zersprengung, mit kläglichen Seufzen und ächzen aufgehalten, dar durch unter den Leuten, die von diesen Vögeln nichts gewußt – als sie sich eingebildet, ein ächzen armer betrübter Leuthen oder sonsten Vorbott eines grossen bevorstehenden Unglücks zu seyn – welches dann auch den 10. Brachmonat erfolget, als der Geissthurn zersprungen – ein großer Schrecken erwecket worden."

Hören die Franzosen den Schrei des Käuzchens, werfen sie ein wenig Salz ins Feuer, um damit das Unglück, das ihnen diese Nachtvögel vorhersagen, von sich abzuwenden (108, II).

Die Rufe verschiedener Vögel werden namentlich in Frankreich mit der Schwangerschaft in Verbindung gebracht. In Saintonge, Poitou und in Savoyen verkündet das Käuzchen, das sich über einem Haus hören läßt, daß sich in der Umgebung eine schwangere Frau befindet. Hat sich in der Gironde einer dieser Vögel auf einem Baum in der Nähe des Hauses niedergelassen und ruft dort alle Nächte regelmäßig, zeigt er damit an, daß in diesem Haus eine Frau guter Hoffnung ist (113, III). Die Schwangerschaftsvorhersage beschränkt sich aber nicht nur auf ein Haus, sondern der ständige Ruf in der Nähe eines Dorfes verkündet in der Poitou, daß sich dort eine schwangere Frau befindet (100, VI). Schreit das Käuzchen in der Haute-Gruyère (Suisse) in der Nähe eines Hauses, in dem sich eine schwangere Frau befindet, wird sie ein Mädchen gebären. Ist es aber eine Eule, die ruft, kommt sie mit einem Knaben nieder (108, IX). Neben Tod verkündet das Käuzchen mit seinem Schrei bei den Albanesen ebenfalls die Geburt eines Mädchens. Bei den Wenden in der Lausitz bedeutet das Erscheinen dieses Vogels nahe der Wohnung einer Schwangeren eine glückliche Niederkunft (45).

Französische Dienstboten hören auf den Schrei des Käuzchens und orakeln daraus, was für einen Meister sie haben. Tönt des Käuzchens Ruf wie „chou", bedeutet das einen schlechten Meister, und das Beste ist, man verläßt ihn gleich. Schreit es aber „miaou", hat man einen guten Vorgesetzten (108, IX).

„Jm gsatz Mosis werden alle nachtvögel zuo der speyss verbotten, als der Kutz, die Späckmauss, ect. Dann dise vögel thuond böses. Dann Christus spricht: Ein yeder der da böses thuot der hasset das liecht. Sein fleisch ist kalter, trockner, und dicker natur. Andere sagend, daß der junge Hapchen und Kutzen fleisch gar wol geschmackt seye, und den mensche stercke: darzuo den melancholischen und betrübten Menschen guot seye" (30), „Für das pfiffe der Hünere, ist guot söliche speyss, die mit dem Wasser, darinn ein Kutz gebadet hab, übergossen seye, als Plinius leert. Aetius zellet das Kutzenbluot, under die artzneyen so das aussgerupffet haar der augenbrauwen nit mer wachsen und fürkommen lassend. Den weetagen dess haupts ist diss hirn, in der speyss genützt, dienstlich. Das hirn von diesem männlin geschlächt zuo einem augensälblin genützt, ist guot wider die übersichtige. Sein hirn od läber mit öl eyngegossen, ist guot für den orenmückel. Die läbern fleyssig behalten, und mit Spicanardensalb zerstossen, und stäts in die oren gegossen, benimpt schnell den orenmückel. Für disen gebrächen vermischend auch etlich butter under sein hirn: dann diss zerteilt die obgenennten orenmückel on schmertzen. Man muoss aber durch heisses meerwasser neüw schwümm darinn getruckt, die selbigen damit beröucken, und also dise artzney darüber streychen, und den gantzen backen mit schäbleter wulle überdecken. Diss hirn wirt auch für das wulcken und andere prästen dess halses gebraucht. Diss hirn trocken geässen, bringt das bauchgrimmen, verstopffung, und erkeltet den magen. Die Kutzeneyer habend ein widerwertige natur: dann so eyner das mittlest auss eynem erstgelegten ey nimpt, und etwan hin streycht, so vertreybt das haar, also dz es nit mer herfür wachsst. So aber einer vo anderen ey nimpt, und diss an ein kale statt streycht, wirt es haar herfür bringen. Dise eyer sol man zimlich gesotten einem kind zuo ässen geben: dann so es von diesen geässen ee dann es weyn getruncken, wirt es den weyn hassen, und also züchtiger läben, dieweyl durch diss die natürlich hitz gemilderet wirt: Man sagt auch das wenn die kind dise eyer zuo jne genommen habend, hassen sie alle zeyt den weyn, also, dass sy denselbigen nit allein nit trinckind, sunder auch ein forcht und abscheühen ab den vollen zapffen habind, als Philostratus aussweysst" (30). In der Gironde heilt man Personen die dem Trunke ergeben sind, indem man ihnen Omletten aus fünf, neun oder 13 Käuzcheneiern zu essen gibt" (113, III).

Wer in Böhmen das Fieber hat, muß um Mitternacht in den Wald gehen, wenn er den Ruf des Käuzchens vernimmt. Dann wird er bald geheilt sein (35).

Wer in Tirol den rechten Fuß eines Käuzchens unter der Achsel trägt, wird von keinem Hund gebissen. Legt man das Herz und den rechten Fuß auf eine schlafende Person, nötigt man sie damit, sowohl in Deutschland (154) als auch in Frankreich (108, IX), alles was sie macht, zu erzählen und auf alle Fragen zu antworten.

Ist jemand gestorben, nagelt man ein Käuzchen an die Türe und läßt es dort, bis es ausgetrocknet ist (108, IX). Mit ausgebreiteten Flügeln an Haus- und Scheunentore genagelt, sind sie ein Mittel, sich vor Hexen zu schützen (108, II).

Was das Wetter betrifft, glaubte man an baldigen Regen, wenn der Steinkauz zeitiger als gewöhnlich in der Dämmerung seinen Schlupfwinkel verließ und häufiger als üblich seinen Schrei ertönen ließ, während man im umgekehrten Falle auf schönes Wetter hoffte. Aldrovandus geht noch weiter und schreibt diesem Vogel eine Vorahnung von Unfruchtbarkeit und Hungersnot zu: Eine Vorahnung, die er damit bekunde, daß er seinen gewohnten Waldaufenthalt verlasse (45). Schönes Wetter bedeutete es den alten Griechen, wenn die Käuzchen die ganze Nacht hindurch „sangen" (54, II). Schreit das Käuzchen bei Regenwetter oder in der Haute-Bretagne des Abends, wird das Wetter schön und klar (113, III). Nach einer mazedonischen Sage war das Käuzchen ehedem eine Tochter von seltener Schönheit, die sich in diesen Vogel verwandelte (100, VIII).

Vergleichbar zum Deutschen, so bezeichnet man auch im Französischen mit ‚vieille chouette" ein altes, häßliches Weib. In direktem Gegensatz hierzu steht aber der Gebrauch von „chouette" im Argot. So bedeutet in Paris „une femme chouette" ungefähr dasselbe, was dem Wiener unter einem „feschen Madel" bekannt ist. Hier wird „chouette" auf eine hübsche Kokette angewandt, ebenso wie auch der Italiener unter dem Namen des Käuzchens, civetta, besonders noch im Sinne der Anlockung und Verführung, denn das Käuzchen wird gerne als Lockvogel benützt, ein kokettes und verführerisches Mädchen versteht. Kokettieren bezeichnet man italienisch mit „civettare", und ein „civettino" ist dem Italiener unser Geck oder Gigerl.

Wie wir die Goldmünzen als Goldvögel, der Engländer als yellow birds oder spezialisiert als canaries bezeichnen, nennt sie der Italiener, an die großen gelblichen Augen des Käuzchens denkend, „occhi di civetta" (Käuzchenaugen).

Daß gerade in der italienischen Sprache zahlreiche Metaphern entstanden sind, ist leicht erklärlich. Hier macht man sich noch heute die Feindschaft, die zwischen dem Käuzchen und den anderen Vögeln herrscht, trefflich zunutze und verwendet den Kauz, indem man seine nächste Umgebung mit Leimruten belegt und besteckt, zum Vogelfang. Mit Anspielung auf die jämmerliche Figur des gefesselten Käuzchens sagt der Italiener von einem, der unbeholfen in seinen Bewegungen ist: „Pare preso a civetta", er sieht aus, als ob man ihn mit dem Kauz gefangen hätte. Die Redensart: „schiacciare il capo alle civette", dem Kauz den Kopf zerdrük-ken, will sagen: Um eines gegenwärtigen Gewinnes willen sich einen an-deren, größeren für die Zukunft verscherzen. Auf das Auf- und Niederhe-ben des Kopfes bezieht sich „far civetta", es machen wie der Kauz, d. h. den Kopf bewegen, um einem Schlag auszuweichen (102). „Far cu cu, far la civetta", sagt der Italiener von einem, der den Kopf hebend und sen-kend, einen Gegenstand genau betrachtet (108, IX).

Chouetterie bedeutet dem Franzosen, was bei uns Liebkosung heißt, und so sind auch die Ausdrücke „Mon chou, mon chouchou" Worte zärt-licher Liebe. „Chouetter à belles dames" heißt soviel wie schönen Frauen den Hof machen. „Chouquet" ist dem Genfer das, was wir klein und niedlich nennen. Eine verbreitete volkstümliche Redensart für „das ist schön" lautet französisch „c'est chouette". „Une largue chouette" ist im krassesten Gegensatz zu „vieille chouette", eine schöne Frau (108, IX).

Sonderbarerweise ist dem Franzosen das Steinkäuzchen das Sinnbild eines Diebes, daher sagt er: „Larron comme une chouette" (108, II). Von jemand, der die Gewohnheit hat zu stehlen, meint er: „Er ist diebisch wie ein Käuzchen" (113, III). In der Naturwissenschaft ist aber nichts davon bekannt, daß Steinkäuze (ähnlich wie Elstern und Raben zu tun pflegen), Diebereien von kleinen glänzenden Gegenständen ausführen würden. Rolland (108) hat unbestritten recht, wenn er annimmt, die erwähnte Re-densart beziehe sich nicht auf die „kleine Athene", sondern auf *Corvus monedula,* die Dohle, die ebenfalls „chouette" genannt wird.

Mit Bezug auf den stark gebogenen Schnabel des Steinkauzes nennt der Italiener eine krumme Nase „naso di civetta" (102). Von einem, der das Essen nicht kaut, sondern hinunterschlingt wie die Eulen, meint er: „Mangiare come la civetta" (102).

„Maigre comme une chouette" hat in der Gegend von Orléans densel-ben Sinn wie das Schweizer „liecht wie es Heueli" (108, II).

Der Uhu

Die allermeisten Bezeichnungen des Uhu gehen auf die unheimlichen Rufe zurück, die er des Nachts von sich hören läßt und die zur Entste-hung mancher mythischer Vorstellungen und Sagen Anlaß gegeben ha-ben. Popowitsch vergleicht 1780 den „abscheulichen Laut" mit dem Jauchzen eines betrunkenen Bauern. Daher heißt der Vogel in der Steier-mark Juchetzerl, Jutzerl, Juchetzäugel oder Jutzeule (117). Das althoch-deutsche hû, eine direkte Nachbildung nach dem hu-Ruf des Vogels, läßt sich in der Schweiz bis auf den heutigen Tag verfolgen. Im 16. Jahrhundert verzeichnet Gessner Huw und Berghuw, heute heißt der Uhu Hûw, Hû (117). Andere Varianten, begleitet vom schriftsprachlichen Uhu, der schon in der Form den onomatopoietischen Charakter verrät, sind in der Schweiz: Huhui, Huhai, Huher, Huheler oder Huivogel. Als weitere Varianten schließen sich in Basel noch Tschuderihu, im Elsaß Tschuhu (117), in den Kantonen Thurgau und Zürich Tschuderheuel, in Saanen Nachthuri, im Kanton Bern gr. Hauri und Heun an (132). Suolathi (117) meint, daß wahrscheinlich die schweizerischen Wörter Huri, Nachthuri, Hauri, Nachthauri, auf französischen Einfluß zurückzuführen seien; denn die lautmalenden Synonyma in den französischen Mundarten heißen: hourouhou, hourougou in den Vogesen, hourette oder hurette wallonisch (117). Ob aber wirklich der Einfluß der französischen Sprache in diesen Namen maßgebend ist, wage ich anzuzweifeln; denn die Worte „Hui" oder „Hu", ausgenommen ist natürlich das berneroberländische und das luzernische „Hou", in dessen Schreibweise bereits der fremdsprachige Einschlag deutlich zum Ausdruck kommt, mit denen in unseren Mundarten der Ruf des Vogels wiedergegeben wird, deren Ursprung die mittelhochdeutschen Benennungen huwe und hiuwe für Uhu sind. Ähnliche lautmalende Wortbildungen, mit denen der Uhu bezeichnet wird, kennt man auch in Deutschland: Bubu, Schubut, Puhi, Hub, Hüru (91, V). Eine scherzhafte Bezeichnung ist schweizerisch Fukenz, d.h. Faulenzer, Müßiggänger (117). Neben Adlereule (91, V) nennt man ihn in Deutschland auch Großherzog, analog in Frankreich: Grand duc, Double duc (108, II). Nach Adelung heißt der Uhu Großherzog, weil ihn, wenn er sich bei Tag sehen läßt, ein verfolgendes Heer von Vögeln begleitet. Brandy führt den Namen auf eine Stelle bei Aristoteles zurück, wo von dem Vogel berichtet wird, daß er die Wachteln auf ihrer Reise im Herbst begleitet. Doch mag dabei auch das würdevolle Aussehen des Vogels und seine Vorliebe für Burgruinen und verfallene Schlösser mitgespielt haben (102).

Den Uhu zum Namengeber haben ein Berg, Le Rocher au Duc, im Bernischen Jura und Chante-Duc, ein Berg in den Alpen. Auch Canteduc ist ein Hügel, der dem Uhu seinen Namen verdankt (108, IX). Chandeduc ist ein Familienname in Frankreich (108, IX).

Mit seinen Feueraugen, seinem Stöhnen, seiner ganzen bedrohlichen Erscheinung galt der Uhu, wo immer er erschien, namentlich in auffälliger Weise bei Tag, im Altertum als das allerschlimmste Omen und bedeutete den Alten Hunger, Krieg, Tod und Verderben (45). Man haßte und fürchtete ihn und nagelte ihn an das Haustor, um das Haus vor Blitz und Zauberei zu schützen. Dieses Mittel wird schon bei Clumella und Palladius erwähnt und auf den mythischen Seher Melampus zurückgeführt. Der Uhu war der Trauer- und Totenvogel, der sogar Gräber als Aufenthalt liebte und stets schrecklichstes Unheil bedeutete. Sein Traumbild deutete auf Seesturm oder Überfall durch Banditen. Leichengesang, „Carmen ferale", nannte man seinen Ruf und fand ihn entsetzlich (54, II). Wenn er sich bei den Römern auf ein Haus setzte und seinen Ruf hören ließ, bedeutete es den Tod, und wenn er von einer Opferstätte ein Stück Holz auf das Dach fallen ließ, zeigte er damit eine Feuersbrunst an.

> Seraque culminibus ferali carmine Bubo
> Visa queri et longas in fletum ducere noctes

heißt es in Virg. Aen. 4, und ähnlich drückt sich Ovid aus:

> Sedit in adverso nocturnus culmine Bubo
> Funereoque sonos edidit ore graves.

Ohne Zweifel war jener Brandvogel, der Anno 135 unter den Sextus Papellius und L. Pedaniu auf dem Kapitol und dann in der Stadt Rom gehört wurde und der nach Aussetzung eines Preises gefangen und dessen Asche in den Tiber gestreut wurde, ein Uhu. Ähnliche Beispiele berichten Plinius, Diodorus und Jul. Obsequens, wobei sie ausdrücklich bemerken, daß die Römer bei solchen gräßlichen Vorkommnissen zur Abwehr des Unheils die Stadt mit Wasser und Schwefel gereinigt haben (45). Begegnete den Römern im Felde ein Unheil, mangelte es nicht an einem, der einen Uhu gesehen haben wollte. Vor der Schlacht bei Cannae hockten sie haufenweise vor den Toren des römischen Lagers und sollen auch die Niederlage herbeigeführt haben, wie Silius Italicus erzählt: „Obseditque frequens castrorum limina Bubo" (54, II).

Am Tage der Schlacht bei Bedriacum, kurz vor dem Tode Othos, Anno 69 n. Chr., ließ sich in einem vielbesuchten Hain bei Regio d'Emilia ein sonderbarer Vogel auf einem Zweig nieder und blieb eine Zeit dort sitzen, während andere Vögel ihn umflatterten, es war sicher ein Uhu. Ein Uhu soll es gewesen sein, der den Tod eines Dido und auch Julius Caesars vorherverkündet hat (54, II).

Über die Furcht der alten Römer vor dem Uhu äußert sich bereits Plinius dahingehend, daß seines Wissens sehr häufig kein Todesfall eingetreten sei, obgleich Uhus auf den Häusern saßen. Alle zum Geschlecht der Eulen gehörigen Vögel, besonders der Uhu, galten auch bei den Germanen als Schicksalsvögel. Ein gefangener Germane weissagte dem Herodes Agrippa, als dieser mutlos und traurig, mit Ketten an Händen und Füßen gefesselt, im Burghof des Kaisers Tiberius zu Tusculanum stand und ein Uhu sich auf den Baum setzte, an dem er lehnte: „Der du hier in der Nähe dieses Schicksalsvogels stehst, sei getrost, bald wirst du befreit werden und zu höchsten Ehren gelangen; aber merke dir, wenn du diesen Vogel wiedersiehst, wirst du fünf Tage später sterben" (57).

Wenn in Scharnitz in der Nacht der Uhu schreit, stirbt ein Mensch.

Schreit er „Buhin", sterben im Pitztal viele Knaben, schreit er „Gorbin", sind es viele Mädchen und Frauen. Im Etschtal bedeutet sein Schreien überhaupt Unglück. Wo er im Inn- und Pitztal aufsitzt, stirbt bald jemand (158). Wenn sich im Kreis Schroda ein Uhu auf das Haus eines Slawen setzt oder sich in der Scheune sehen läßt, wird jemand aus der Familie des Besitzers sterben. Der Vogel soll nämlich rufen: „Komm mit in die Gruft unter der Kirche" (58). Der Tod, den der Vogel verkündet, kann nur damit verscheucht werden, wenn er mit Nägeln, die in der Kirche während des Hochamtes unter dem Altarkissen gelegen haben, augenblicklich heruntergeschossen wird (141, II).

Für den Annamiten gibt es kaum etwas Schauerlicheres, als in der Stille der Nacht den klagenden Ruf des großen Uhu zu hören. Man vergleicht ihn mit dem Seufzer eines Sterbenden, mit dem letzten Röcheln eines Mannes, der im Busch erdrosselt wird (22, III).

Dem Muotis-Heer, der wilden Jagd Wodans, die um Mitternacht mit Lärmen und Brausen, Jägerschreien und Hörnerklang durchs Tal zog, jedesmal wenn das Wetter sich änderte, bei nächtlichen Gewittern und im Neumond, soll eine Anführerin auf einem ungeheuren Uhu vorangeritten sein. In dieser in den Sagen des ganzen deutschen Sprachgebietes vorkommenden wilden Jagd scheinen gerade die Vögel des Eulengeschlechts, vornehmlich der Uhu, ihren Anteil zu haben. Guetis-Ee nennt man im aargauischen Freiamt das wilde Heer, dessen Rauschen durch die Luft man dem Flügelschlag der Nachtraubvögel und ganz besonders auch ziehenden Wildgänsen zuschreibt.

Aber sogar der unheilvolle Uhu wurde einst in der Volksmedizin verwendet. Gessner schreibt: „Huwenfleisch, blut unnd brüyen dienet vast der engen brust unnd schwär athen. Die äschen von seinem kopff gebrennt, unnd mit einem sälblin übergestrichen, benimpt das miltzwee." Weiter berichtet er, daß man mit dem Blut junger Uhus krause Haare machen könne, und die Asche von Uhuaugen, zu einer Salbe verarbeitet, soll die Augen hell und klar machen. „Sein mark gestrichen auf des menschen augen macht si clar" schrieb auch Megenberg in seinem Buch der Natur (82). Bereits Plinius spottet über die Magier, welche Herz und Eier des Uhu als Heilmittel verschrieben. „Wer wird jemals ein Uhuei sich verschaffen, da es schon ein Prodigium ist, den Vogel selber zu schauen" (54, II).

„Wer des aufen herz nimt und legt es zu einer schlafenden frawen an die linken seiten, so sagt si allez daz si getan hat. Der auf trinket der tauben ir air auz und früzt die mäus und wont gern in den kirchen und trinket daz öl auz den ampeln und verunraint doch die kirchen mit seinem mist" (82).

Ulrich Zwingli, der große Zürcher Reformator, schrieb: „Die götzen

(Heiligenbilder) sind nüt anders weder ein verfüerniss der conscienzen und vogel kuzen des pabsttums" (125, III), so schreibt auch Megenberg (82) in ähnlichem Sinne vom Uhu: „Der Vogel bedäut die ungezogenen pfaffen in der christenheit, die waizt gotsgab habent von iren kirchen und sie doch verunrainet mit iren sünden, und wenne si die vögel strafent, die pei dem tag vliegent (daz sind die daz gots wort sprechent), so varnt di die an mit den scharpffen kraeueln irr grimmikait." Als Wetterprophet wird der Uhu im Altertum nur von Aldrovandus erwähnt. Er will auch wissen, daß mit heiterem Wetter zu rechnen ist, wenn der Uhu die ganze Nacht schreit (45). Auf Regen deutet es, wenn der Uhu sich allein in der Frühe mit Geschrei anmeldet (96).

Nach einer lettischen Sage wollte der Uhu, als er einen Gesang erlernen wollte, die mähenden Mädchen bei ihrem Singen belauschen, geriet dabei aber in den Obstgarten, wo sich ein Alter mit einem Unwohlsein quälte. Sein Stöhnen ahmt er nun nach: „u, u, wai, wai" (22, III). Polnische und ruthenische Sagen erzählen, daß einmal Streit entstand zwischen Uhu und Raben. Da kam die Eule, sie gilt als des Uhus Braut, mit einer Harke herbeigeflogen, um ihrem Geliebten zu helfen, doch bekam sie einen so gewaltigen Schlag auf den Kopf, daß sie tot zu Boden stürzte. Seit jener Zeit sitzt der Uhu schlaflos und weinend während der ganzen Nacht (22, III). Im Deutschen sagt man von einem zurückgezogenen Menschen: „Er lebt wie ein Uhu." Die romanische Sprache bezeichnet einen solchen Menschen als Uhu. Da es Eulenart ist, gerne versteckt, besonders in alten Schlössern und Ruinen zu leben, nennen der Deutsche und der Franzose solche Örtlichkeiten Eulennester. Der Italiener gebraucht ableitend von gufo, Uhu, gufarsi, für „sich verkriechen" (102). Von einem armen Kerl, dem es nirgends gut geht, sagt man in Frankreich scherzweise: „C'est un duc à corneilles" (108, IX).

Die Waldohreule

Wegen der aufgerichteten Ohren heißt die Waldohreule in Westfalen Harnule, in Luxemburg Harechel, Huerechel (von Har, Huer-Horn). Im Elsaß ist sie die Hörncrül oder der Hörnlekutz (117). Im Kanton Bern ist sie die Hornüele (132). In Deutschland kennt man die Namen: Langohrige Eule, Kleine Horneule, Hörnereule 691, V). Eine lautmalende Bildung ist der Name Hubert in Luxemburg (117). Wegen des katzenartigen Aussehens des Eulenkopfes wird die Waldohreule in einigen deutschen Gegenden auch Katzenkopf oder Katzeneule (102), aber auch Fuchseule (91, V) genannt. Vergleichend mit dem Uhu heißt man sie auch Kleiner Schubut oder Kleiner Uhu (91, V). Nach einem alten Aberglauben soll sie an schlafenden Kindern saugen, weshalb man sie in Schlesien auch Kinder-melker nennt (102).

Die Ohreulen hielt das Volk des antiken Rom für alte Hexen, die Vo-gelgestalt angenommen haben. Besonders auf römischem Boden fanden diese Vögel für Liebeszauber und Verhexung vielfach Verwendung. Nach Hor. epod, 5,20 bedient sich Canidida ihrer in Froschblut getauchten Eier und Federn für ihren Hexenspuck. Ebenso mengt Medea bei der Verjün-gung des Aeson Flügel und Fleisch der Eulen in ihren Zauberbrei (54, II).

Der Ruf der kleinen Ohreule in der Nähe eines Hauses, in dem eine junge Frau wohnt, verkündet, daß sie gesegneten Leibes sei (113, III).

Zu Anfang des 18. Jahrhunderts lesen wir in einem Zauberbuch (139): „Magier sagen, der Staar der Augen werde geheilt mit der frischen Galle einer Ohreule."

Da die Eulen wie die Katzen, die nachts auf Mäusefang gehen, phosphorisierende Augen haben, nennt der Franzose die Ohreule auch chat huant (108, II).

Mit der Eule vergleicht der Franzose einen sehr dummen, idiotischen Kerl und sagt von ihm: Er ist ein Chot banut. Das französische Còcornu bedeutet einen wunderlichen Menschen und entspricht ganz jenem, den wir einen wunderlichen Kauz nennen (108 IX).

Der Waldkauz

Wissenschaftlich nicht zur selben Gattung gehörend wie der Steinkauz, wird er doch im Volksmund gerne, da er in der deutschen Sprache eben-falls ein Kauz ist, mit jenem verwechselt und weist im Volksmund die gleiche Namenreihe auf: Wiggle im Berner Seeland, Wiggezer, Wiggler und Wiggerle im Glarnerland (132). Kurzweg als Eule angesehen wird er im Kanton Bern. Zum Nachtheuel, Nachthuri, Hauri, zum Heuchler wird er in Mels, zum Dchuderheuel im Thurgau: Namen, die übrigens für alle Arten des Eulengeschlechts üblich sind. Wegen seines runden Kopfes wurde der Vergleich mit einer Katze hervorgerufen; daher die Namen Kazekapp, d. h. Katzenkopf, Katul, d. i. Katzeneule in Luxemburg. In der Steiermark nennt man ihn Katzenäugel (177). Weitere deutsche Namen sind: Baum-, Busch-, Fuchs-, Geier-, Grab-, Hu-, Knapp-, Knarr-, Maus-, Zisch-, heulende Eule, Brandkauz, Nachtrapp, Waldauffel. Gleichen Ur-sprungs wie „Kindermelker" für die Ohreule sind auch die Namen Mel-ker und Milchsauger (91, V).

Vom Waldkauz schreibt Isidorus (Orig. 12), sein Klagen im Walde habe bei den Auguren Traurigkeit bedeutet, wenn er aber geschwiegen habe, sei dies als Zeichen kommenden Glücks aufgefaßt worden (45).

Die Schleiereule

Da die Schleiereule ihre Schlupfwinkel gerne in Kirchtürmen aufsucht, heißt sie in Preußen Turmeule, in Luxemburg Tûreil (117), Toren uil in Holland (108, II). Die Synonyme Kirchül, die schon Gessner für Flandern und einige Teile Deutschlands bezeugt, ist heute noch gebräuchlich in Bern (117). Kirchkauz nennt man sie allgemein in der deutschen Schweiz (132), Kircheule im Elsaß, Kirchkäuzlein im Ktn. Graubünden (117). Da sie in Frankreich den Tod verkündet, hat man ihr hier die Namen: „Oiseau de la mort und bete de la mort" gegeben (108, II). Da sie jedoch nicht nur Tod, sondern auch Feuer verkündet, wird sie in Deutschland neben der Klage- und Toteneule auch zur Feuer- und Flammeneule (91, V).

In der deutschen Schweiz kennt man die Schleiereule auch unter den Namen Perl- und Goldeule (132). Im Kanton Appenzell heißt sie Schnarcheule (125, I), in Deutschland Busch-, Herz-, Kauz-, Kohl-, Perücken-, Rauz-, Schläfereule, Schnarchkauz (91, V). Die Schleiereule soll die üble Gewohnheit haben, das Öl aus den Kirchlampen zu schlürfen, daher in Schlesien die Bezeichnung Öldieb (102) und die französischen Namen Jan l'Oli, Béu l'Olit, Boit l'huile (113, III) sowie sussa Lampea (108, II). Da der Vogel gerne das Innere von Kirchen aufsucht, schließt der Volksmund auf Gottesfürchtigkeit und nennt in deshalb in Frankreich Dama, Damasso, Dona in Piemont und Nonne in Bayern (108, II). In Frankreich zeigt ihr Name auch deutlich den Schrecken, den sie jemanden, der abergläubisch ist, einflößt, wenn er unvermutet auf den Vogel stößt: Effraie, Schleiereule, wird von effrayer, erschrecken, gebildet und bedeutet also wörtlich Schreckvogel (102).

Der lateinische Gattungsname *Strix* (*Strix flammea*), behauptet Plinius, leite sich von stringere ab, weil der unheilvolle Vogel nachts Kinder aus den Wiegen raube und ersticke (45).

Nach dem französischen Volksglauben wohnt die Schleiereule, die nächst dem Käuzchen am meisten gefürchtet ist, auf dem Friedhof und verläßt ihn nur, um jene Menschen zu suchen, denen sie den Tod zu verkünden hat (108, IX). Den Tod verkündet sie, wenn sie sich auf ein Haus niederläßt (108, II). Schreit sie in Anjou in der Nähe des Fensters, muß man in wenigen Tagen sterben (100, VIII). In der Bretagne kündet ihr Schrei den Tod der in der Ferne wohnenden Eltern an (100, VII). Kommt sie in die Nähe eines Hauses und ruft „uhu", sagen die Bosniaken, daß noch im selben Jahr der Hausherr oder die Herrin durch den Tod abgerufen werden (141, II). Schreit in Limousin eine Schleiereule auf einem Kamin, in dessen Haus sich eine Frau gesegneten Leibes befindet, weissagt

sie ihr, daß sie eine Tochter gebären werde (113, III). Die Schleiereule
soll, wie alle Eulen, durch ihr Geschrei kommenden Regen verkünden,
der spätestens in drei Tagen eintreffen wird (45).

Nach einer rumänischen Sage war die Schleiereule Königin der Vögel.
Da sie aber schlecht und grausam war, erhob sich ihr Volk gegen sie und
vertrieb sie vom Thron. Sie versteckte sich, und noch heute kommt sie nur
nachts aus ihrem Versteck hervor. Zeigt sie sich aber einmal am Tag, so
wird sie sofort von allen Vögeln verfolgt (22, III). „Chasse-effraie" nennt
man die Bewohner von Vaison, das sich durch eine große Zahl von Ruinen auszeichnet, die von unzähligen Eulen bewohnt sind. Wie die Ohr-,
so gilt auch die Schleiereule als Symbol der Dummheit. Da das Nest dieses Vogels sich vor allem durch große Schmutzmassen auszeichnet, sagt
man in Frankreich von einem besonders schmutzigen Ort: „C'est un nid
de l'effraie" (108, IX).

Die Schnee-Eule

Vom ganzen verachteten, Tod und Verderben verkündenden Eulengelich-
ter ist einzig die Schnee-Eule eine Ausnahme. Überall, wo sie erscheint,
wird sie bei den Tartaren und ebenso bei den Kalmüken als Glücksvogel
aufgefaßt. Wer sie schießen kann, soll ohne jemanden ein Wort zu sagen,
hingehen, sie an einer langen Stange auf den ersten hohen Grabhügel in
der freien Steppe aufstecken, worauf ihm drei Jahre lang Glück und
Reichtum beschert wird (45).

Die Eule

(ohne Unterscheidung einer besonderen Art)

Überall sind unsere Nachtraubvögel, die Eulen, auch ohne daß man im
Volk die einzelnen Arten unterscheidet, Gegenstand des dunkelsten Aberglaubens.

In der Regel sind es düstere und armselige Orte, wo sich die Eulen aufhalten. Ihre Rufe, die sie in verschiedenen Modulationen ertönen lassen,
sind sehr dazu angetan, bei den Menschen in der Nacht unheimliche Vorstellungen zu erwecken. Topographische Namen, die aus dem Geschlecht
der Eulen stammen, sind aber nicht zahlreich. Schon 1340 gab es im Kanton Zürich ein Huwenmoos, im Luzernischen kennt man den Flurnamen
in der „Huwele" (125, II), und bereits 1515 kennt man in der Gegend von
Rheinau einen Huwelberg (125, I).

Eine ansehnliche Reihe von Familien führen die Eule als Wappentier.

So die Euler, Eulenberg, von Eulenburg, Uhle, Uhlenbrauk, Uhlenkamp, Uhlenmeyer (39).

Die Lichtscheue der Eulen, ihr leiser Flug und ihr unheimliches Geschrei mußten den Aberglauben fördern, sie stehe mit finstern Mächten im Bunde. Daher ist es kein Wunder, daß der Volksglaube um diese Vögel seine mystischen Fäden besonders reich und dicht spinnt. So gelten sie, in deren Gestalt man sich in China den Teufel (33, III), bei uns immerhin seine Großmutter, also einen Ausbund von Bosheit und Schlechtigkeit denkt, (89) in der ganzen Welt als ein schlechtes Vorzeichen. Als Unglücksvogel und -boten ist ihre Unheilsbedeutung Gemeingut der Menschheit (45).

Im Rigveda so gut wie bei den alten Griechen und Römern, ebenso bei den Neugriechen und Talmudisten (54, II), in der Schweiz (44, XXI), in Deutschland, England, Frankreich, Italien, Rußland, Spanien und Ungarn (36 & 102), bei den Letten (2), in Tirol (42), Luxemburg (108, IX), bei den Arabern (19), auf den Sunda-Inseln, auf Java und Borneo (45), in China, Siam, in Afrika und Amerika (45) wurde und wird die Eule stets für einen Vogel traurigsten und schlechtesten Charakters gehalten.

Den Naturvölkern Indonesiens bedeutet der Schrei der Eule, die man als Abgesandte der Götter betrachtet, Unglück (23, XVII). In Indien gelten sie als so Unglück verkündend, daß jede Hütte niedergerissen wird, auf die sich eine Eule gesetzt hat (128, I). Auf Java und den Sunda-Inseln glaubt man, es werde Feuer ausbrechen, wenn sich einer dieser Vögel auf den Dachfirst setzt. Bei den Dajaks auf Borneo ist die Furcht vor den Eulen so groß, daß sie bei ihren nächtlichen Streifzügen umkehren, wenn sie eine schreien hören. In China und Siam heißt sie Totenvogel; dort wird sie mit dem Gott der Toten und dem Gott des Bösen verglichen (45).

Eine hocharabische Redensart bezeichnet das Krächzen der Eulen als ein Vorzeichen der baldigen Zerstörung desjenigen Ortes, wo sich die Tiere befanden (19).

Das abergläubische Mittelalter wurde sowohl bei Krankheiten einzelner Menschen als auch während epidemischer Seuchen von einer Menge von Todesvorboten geschreckt. Obenan stand der Klageruf der Totenvögel, die sich aus den verschiedenen Spezies von *Strix* rekrutiert.

Schreit im Kanton Bern eine Eule nahe bei einem Hause, deutet das auf einen Todesfall (44, VIII), ruft sie in der Nähe mehrerer Häuser, stirbt bald jemand aus jenem Hause, dem sie am nächsten war (44, XXI). Ruft die Eule im Mecklenburgischen in der Nähe eines Hauses: „Kled' di witt, kled' di witt", dann wird es darin bald einen Toten geben (151, II). Todesfälle sagt der Schrei der Eulen auch in Frankreich voraus (113, III). In Italien glaubt man: Eulen schreien vor einem Hause, in dem ein Kranker liegt, drei Tage vor seinem Tode; ist aber kein Kranker im Hause, zeigt der Vogel wenigstens einem der Bewohner die Bräune an (128, I). Auf Sizilien fürchtet man am meisten die „gehörnte Eule". Darunter werden jene Vögel verstanden, die zur Zeit des abnehmenden Mondes schreien, denn bekanntlich betrachtet der Volksglaube die Zeit, in welcher der Mond abnimmt, als besonders unheilvoll (36).

Wenn in Tirol auf einem Kirchturm der Nachtvogel gesehen wird, naht eine große Sterblichkeit (158).

Nichts Gutes bedeutet es den Magyaren, von Eulen zu träumen, und ein besonders großes Unglück verheißen einem diese Nachtvögel, wenn man sie am Tag sieht (146).

Schon Plinius (159, I) schrieb: „Also ist sie, wann sie in Städten, oder sogar am Tag gesehen wird, ein scheußliches Zeichen." Schreien Eulen am Tag und halten sich viele in den Ruinen auf, bedeutet das in Böhmen, daß bald entweder eine verheerende Seuche oder Feuer ausbrechen werde (35). Sieht man in Luxemburg Eulen am Tag, ist dies ein Zeichen, daß nächstens jemand sterben wird (108, IX). Die Wenden glauben, daß im Hause bald jemand sterben werde, wenn der Totenvogel abends um das Haus fliegt, dasselbe überfliegt oder gegen ein Fenster flattert (134). Fliegt in Böhmen eine Eule gegen das Fenster, hinter dem ein Kranker liegt, muß dieser eines bald nachfolgenden Todes gewiß sein (35). In der Bukowina zeigt das Gekreisch der Eule den Tod eines Bewohners jenes Hauses an, auf das sie sich niederläßt (46, I). Setzt sich eine Eule auf den Kamin und ruft: „Coudre, coudre", wird bald ein Mensch aus diesem Hause in sein Totentuch gewickelt (108, IX).

Bei den Siebenbürger Sachsen darf man den Schrei der Eule nicht nachahmen, sonst stirbt man (147).

Unglück wird in Frankreich über jenes Haus kommen, in das man eine Eule trägt, und der Besitzer des Tieres wird nicht mehr ernten, d.h. er muß bald sterben (133, III).

Das Krächzen der Eulen in der Nähe des Hauses, in dem ein Kranker liegt, ist auch in Palästina ein schlimmes Zeichen, das auf einen Todesfall hinweist. Selbst wenn niemand im Hause ist, werden die Laute der Eule gefürchtet, und deshalb rufen die Fellachen ihrem Vogel zu: „Steck einen Stein in deinen Schnabel" (19). In sehr schlechtem Ruf stehen die Eulen auch in Bayern, denn wenn nur einer dieser Vögel irgendwann und -wo schreit, muß ein Mensch sterben (95, II). Vielerorts wird die Eule auch als Botin und Verkünderin eines Feuerschadens angesehen:

Wenn nach Servius eine Eule ein Stück Holz auf ein Haus trug, bedeutete das eine Feuersbrunst (54, II). „Anno 1664 kamen des nachts zuvor, ehe in Annaberg 400 Haeuser in die Asche verfielen, etliche Eulen, satzten sich auff Georg Schmieds des Buergermeisters Hause am Marckt, und schryen abentheurlich" (96). Feuer bricht in Schlesien aus, wenn die

Nachteule sich am Tag um die Häuser sehen läßt und schreit (24, II). Feuerschaden prophezeit ihr Ruf auch bei den Letten (2).

Wird in Jöhstadt einem zum Standesamt gehenden Brautpaar eine Eule entgegengebracht, zieht Unglück und Not in die Ehe ein (50).

Ist die Eule auch allerorten der verrufenste Unglücksbote, ist sie doch wieder nicht so schlecht, daß sie nicht auch dazwischen, gleichsam wie zu ihrer Ehrenrettung, Glück oder freudigere Ereignisse ankündigt. So bedeutet es in Frankreich Glück, wenn eine Eule in den Taubenschlag flüchtet (149, I). In Ostpreußen zeigt der gelegentlich „lachende" Eulenruf eine Kindstaufe an (154). Im Kanton Bern kann der Eulenschrei neben dem Tod auch eine Geburt vorhersagen (110). Schreit in der Montagne-Noire eine Eule am Tag, dann ist eine schwangere Frau in der Nähe (149, I), schreit sie am Tag in der Nähe eines Hauses, dann ist die Tochter oder die Frau darin gesegneten Leibes (108, IX). Schreit eine Eule auf dem Kamin eines Hauses, in dem sich eine schwangere Frau befindet, ist es ein sicheres Zeichen, daß diese von einem Mädchen entbunden wird (108, II). Erscheint in der Lausitz eine Nachteule in der Nähe des Hauses, weissagt sie Glück, weil sie der im Hause sich befindenden Schwangeren eine glückliche Niederkunft verheißt (2).

Macht man sich am Morgen zu irgendeiner Besorgung auf den Weg und es schreit eine Eule, glaubt der Franzose, es werde ihm sicher Glück beschieden sein (108, IX).

Insgesamt überwiegen aber die düsteren und unheilvollen Bedeutungen der Eulen in der allgemeinen Meinung. Es wäre aber eine verwunderliche Lücke im Volksglauben, der ja um allerlei Ratschläge nie verlegen ist, wenn er nicht auch Mittel kennen würde, um die unheilvolle Schicksalsverkündigung der Eulen zunichte zu machen. So weist schon die Rigveda die Frommen an, den Tod und den Gott des Todes durch Beschwörungsformeln zu vertreiben, wenn die Eule ihr häßliches Geschrei ertönen läßt (36). Bei den Magyaren hat der Speichel heilende, zerstörende oder auch glücksbringende Eigenschaften: Sieht man Eulen zu ungewohnter Zeit und an ungewohnten Orten, was natürlich nichts Gutes bedeutet, spuckt man aus (146).

Nach Ansicht der alten Griechen, die bereits den übermäßigen Alkoholgenuß kannten und ihn zu bekämpfen suchten, war die Eule dem Dionysus feind, daher die Vorschrift der alten Medizin, daß Euleneier, drei Tage lang in Wein getrunken, die Trunkenbolde mäßig mache. Philostratus geht so weit zu behaupten, daß man nach dem Genuß eines Euleneies eine Abneigung gegen den Wein fasse, noch bevor man ihn gekostet hat (36). Bei Plinius (159, II) heißt es: „Leute, welche der Trunkenheit ergeben sind, giebt man drey Tage lang Nachteuleneyer in Wein zu Trinken: dieses macht ihnen einen Eckel dagegen." Als ein ausgezeichnetes Heil-

mittel gegen Trunksucht gelten in Frankreich Eulenaugen in einem Omelette. So genossen, verwirren sie aber auch den Verstand (198, II). In der
Picardie ein Omelette aus Euleneiern gegessen, stört ebenfalls den Geist
(113, III). Plinius (159, II) sagt, Irrsinnige führe man damit an der Nase
herum, daß man ihnen Heilung verspreche durch eine Salbe, die man von
den Augen einer Eule gewinnt.

Bei harten Beulen und allem, was zu erweichen nötig ist, soll man gebrauchen: „Die Asche von dem Haupte einer Eule in Meth getrunken." –
„Man sagt, das Gehirn einer Eule mit Gänseschmalz oder eine Nachteule
in Öl gesotten; zu dessen Galerte hernach Schafbutter und Honig getan
wird, sollen die Wunden wunderlich verkütten. Man verspricht, die Asche
von den Augen einer Eule, in Augensalbe gemischt, solle ihnen Klarheit
geben. Für die Milz ist eine Salbe aus dem Haupte der Eule sehr dienstlich."

Dies sind Weisheiten des Gelehrten und Arztes Plinius (159, II). Dem
alten Aberglauben aber, daß das Herz einer Eule in der Schlacht getragen, tapfer mache, oder die Eier seien Arznei für das Haupthaar und mit
dem Blute der Jungen könne man die Haare kräusen, schenkt bereits Plinius keinen Glauben mehr: „Wer aber, bitte ich, hat jemals das Ey einer
Nachteule zu sehen kriegen können" (159, II). Gessner schreibt 1557 in
seinem Vogelbuch (30): „Der Nachteul in oel gekocht, Schaffbutter und
honig darunder vermischt, vetreybt die verseerten gschwaer, sagt Plinius.
Sein gall wirt zu den fläcken und röte der augen gelobt. Sein schmaltz sol
ein klar gesicht machen, als der obgenennt aussweysst."

„Der affterdarm gepulveret, unnd zu trincken gegeben, wirt das darmgicht benemmen. Das schmaltz mit öl überstrichen, treybt auss der vertä-
gig fieber. Der magen dürr gepulveret, unnd mit gerstenmäl, oder sunst
mäl eyngenommen stelt die rote rur, zerbricht den stein in der blasen,
unnd vertreybt das krimmen oder darmgicht" (30).

Gegen Gicht trinkt man die Asche eines Eulenkopfes mit Lilienwurzeln
in Met (46, II). Gegen Gicht kann man aber auch eine Eule rupfen und
ausnehmen. Dann einsalzen und eine Woche lang liegen lassen. Endlich
dörrt man sie in einem Ofen zu Pulver und vermischt dieses mit dem
Schmalz von einem Wildschwein. So gibt das Ganze ein gute Gichtsalbe
(51).

Bei Fieber der Kinder empfiehlt es sich in der Steiermark, den Kopf einer Eule zu dörren und damit das Kind zu beräuchern (29). Wenn ein
Kind weint und unruhig schläft, legt man ihm eine Eulenfeder ins Kopfkissen. Wie die Eule gerne schläft, so dann auch das Kind (6).

Eulen waren nicht nur Schicksalsvögel, sondern in ihrer Gestalt trieben
sich ehedem nach alter Volksüberzeugung Zauberer und Hexen herum
(54, II). Im St. Galler Oberland betrachtet man heute noch die vor die

Fenster kommenden Eulen als Hexen (125, I). Mit Eulenfedern schmückten die Hexen ihr Haar, und mit den Herzen und Füßen dieser Vögel trieben sie mancherlei Unfug (89).

Nach der Chemnitzer Rockenphilosophie hat Glück im Spiel, wer das Herz einer Eule bei sich trägt (33, III). Wenn man in Frankreich das Herz und den rechten Flügel einer Eule auf einen Schlafenden legt, wird er plötzlich aufrichtig und gesteht alles (149, I). In Münster wird er auf jede an ihn gerichtete Frage Antwort geben (158). Im Altertum sollte das Herz, auf die linke Brust einer Frau gelegt, bewirken, daß sie alles ausplaudere, eine Ansicht, der aber bereits Plinius keinen Glauben mehr schenkt (159, II).

Hält man das Auge einer getöteten Eule, das vorher neun Tage in Essig gelegen ist, vor eine brennende Kerze, kann man darin seine zukünftigen Kinder erblicken (147).

Will man im Samland die Liebe eines Mädchens erringen, muß man eine Eule schießen und diese in der Mitternachtsstunde kochen. Alsdann sucht man aus ihrem Kopf zwei Knöchelchen, die wie Hacke und Schaufel gestaltet sind und daher auch im Volksmund diese Namen führen. Das Übrige von dem Vogel vergräbt man unter der Traufe. Wünscht man nun das Mädchen für sich zu gewinnen, so darf man sie nur heimlich mit der Hacke berühren und sie ist „festgehackt", wünscht man sie jedoch wieder los zu sein, berührt man sie mit der Schaufel, und sie fällt vom Geliebten ab (46, II).

Nicht selten findet man in Tirol im Magen der Eulen zusammengeballte Federn, welche mit einem Holzspänlein und einigen Wiedehopfaugen in einem Säcklein bei sich getragen, allerlei Hexereien, Truden- und Teufelskünste unschädlich machen. Dieser Talisman muß aber in der Sylvesternacht angefertigt werden (141, VIII).

Im nordischen Altertum galt die Eule als Friggas Lieblingsvogel. Erinnernd daran, daß die Eule einst ein göttlicher Schutzvogel war, nageln die Esten heute noch zum Schutz ihrer Pferde eine Eule über die Stalltüre oder an den Streckbalken im Stall (14). Damit die Pferde gut gedeihen, hängt man auch in Schweden über das Scheunentor eine Eule (64). Auch die französischen Bauern nageln, um Zauberei fernzuhalten, Eulen über die Türen ihrer Scheunen und Pferdeställe. In der Yonne verwendet man zu diesem Zweck einfach einen Raubvogel (113, III). Im Cloppenburgischen halten die Eulen die Habichte vom Hühnerstall ab (131, II).

Eulen nagelt man in der Franche-Comté über die Tür, um böse Einflüsse (108, IX), bei den Wenden, um Unglück und Krankheit fernzuhalten (134) und in Sachsen, um den Eintritt der Hexen zu verwehren (155).

Es ist die Eule, die den Kranken „herausschreit", darum nagelt sie der Bauer an das Scheunentor und den Gartenzaun, wo sie zudem Gespenster abhält (105, I).

Eine an das Scheunentor genagelte Eule schützt in Nassau das Getreide vor Behexung und ganz allgemein auch das Haus (64, I), in Schlesien, Thüringen und Süddeutschland vor Blitzschlag und Bezauberung (154). Eine Eule, an die Pappel gehängt oder an Scheune und Haus ausgebreitet, schützt in Luzern gegen Blitz (125, I). Das frisch geworfene Kälbchen, gibt man den forschenden Kindern im Zürcheroberland an, habe der Nachtheuel gebracht. Zum Storch als Bringer neuen Lebens in die Familie ist die Eule das Gegenstück im Viehstall (125, I).

Mit großer Ausdauer sucht der Zigeuner schon wochenlang vor Ostern nach Eulennestern. Am Ostersonntag werden diese dann ausgenommen und unter einem Haselstrauch vergraben. Gräbt man nach sieben Jahren die Eier aus und öffnet sie, enthält das eine oder andere ein Würmchen, den sog. Glückswurm, der den Besitzer reich und glücklich macht. Darum ist die Freude groß, wenn man an Ostern solch ein Eulenei findet und so vielleicht Besitzer des Glückswurms werden kann (44, XIV).

In Frankreich glaubt man, daß die Eulen verwandelte alte Jungfrauen sind, die des Nachts schreien (22, III). In Mähren ist es das Schicksal untreuer Weiber, in Eulen verwandelt zu werden (35). In der Gegend von Podol werden Zauberer (35), in Sprottau (24, II) Übeltäter nach dem Tod in Eulen verwandelt. Auf Borneo gehen Selbstmörder, auf gewaltsame Weise ums Leben gekommene Menschen und im Wochenbett verstorbene Frauen in Eulen über (23, XVIII).

In Böhmen ist die Eule der Vogel, der die Seele ruft. Zum Seelenvogel wird sie auch in China (45). Bei den Pima-Indianern in Arizona wird der unheimliche Nachtvogel ebenfalls zum Diener des Todes, der die Seelen der Verstorbenen ins Jenseits zu tragen hat (45). In Gestalt eines Vogels, gewöhnlich einer Eule, umschwebt nach dem Glauben der alten Araber die Seele die Verstorbenen, deren Körper sie angehört hatte. Der Seelenvogel stößt Laute des Schmerzes aus, und gehörte er dem Körper eines Ermordeten an, um den man die Pflicht der Blutrache noch nicht erfüllt hat, so hört man aus seinem Schreien den Ruf nach Tränkung mit Blut des der Blutrache Verfallenen (22, III).

Klares Wetter bedeutet es, wenn die Nachteule bei Regen schreit. Ruft der Vogel aber bei heiterer Luft, zeigt er Sturm an (159, II). Eine Nachteule, die des Abends ruft, verkündet dem Franzosen schönes Wetter. Schreit sie aber des Morgens, bedeutet es Regen (100, VII). Schreit sie im Februar, verkündet sie eine späte Ernte, deshalb sagt man: „Wenn die Eule im Februar schreit, dann spart der Hirte die Streue" (108, IX).

Die Sage weiß zu berichten, daß es einst die Eule war, die die Vögel insbesondere vor dem Vogelleim warnte: „Vor zeiten kamen alle vögel zuo der eulen (alss sie bissweilen noch ins feld spatzierte), freundschafft und bündtnuss mit ir zuo machen, bahten darumb und begerten, dass sie umb mehrer bekrefftigung derselbigen vorthin nit mehr in den thürnen oder alten gebeuwen, sondern bey ihnen im wald auff den lustigen grünen beumen nisten solte; sie zeigten ihr darzuo eine liebliche glatte junge eichen, und dass sie zuo ihrer wohnung aller bequemst wer vermenende. Sie aber antwortete, dass ihr solche nit zuo thun, sondern wolle in einen andern und nützlicheren Rath mittheilen, und sagt, dass sie vor solchen beumen sich vorsehen, und ihrer selbst guote sorg haben solten, in betrachtung, dass darauff mit gewohnlicher listigkeit die leimruten, der vögel todt, verborgen legen. Solchen der eulen getrewen rath verachteten die vögel, wie sie denn von natur leichtfertig seyn, flogen mit ganzen scharen der eulen zuo trutz auff die eichen, die mehre ziehmlich gross mit hüpschen esten und ausgebreitet gewachsen war, sprungen, sungen, spielten und geileten mit einander. Unter das truog dieser eichbaum wispeln, dess warden die vögler gewar, richteten darmit ihre leimruten zu, bestecken disen baum und fiengen der vögel eine grosse menge. Allererst und zu spat wurden die armen, war guten rath ihnen die eul gegeben gewahr. Darumb noch heutis tags, wo sies ersehen, weisheit zu lernen, ir nachfolgen gleich als die ehrerbietigen umb sie herfligen, sitzen, hupffen und sich vor ir bucken …" (22, IV).

Nach einer sizilianischen Sage bat eines Tages die Eule, daß Gott sie doch ein Mensch werden lasse. Der Herr willfahrte ihr. Darauf bat sie von neuem, ein reicher Mann und dann, ein König zu werden, und auch diese Wünsche erfüllte ihr Gott. Schließlich aber bat sie, taub gegen alle Ratschläge ihres Weibes, daß der Herr sie Gott werden lasse. Da endlich nahm ihr der Herr die Gunstbezeugungen und machte sie wieder zu einer Eule. Seitdem seufzt sie ohne Unterlaß, und das Weib antwortet auf ihre Klage (32, III).

Nach einer albanischen Sage ist die Nachteule (Gjon) ein in diesen Vogel verwandelter Mann, der aus Unachtsamkeit, als er seinen Bruder suchen ging, diesen tötete. Er ruft heute noch unaufhörlich nach seinem Bruder: „Gjon, Gjon, Gjon (22, III).

Einst soll die Eule der schönste Vogel der Erde gewesen sein. Dafür aber, daß sie sich weigerte, dem Rotkehlchen eine Feder zu geben um es wieder zu kleiden, da es sich beim Holen des Feuers verbrannt hatte, wurde sie zum häßlichsten unter den Vögeln (113, III).

Nach der Sage ist die Eule in Dänemark eine Frau namens Lundgards, die wünschte, in einen Vogel verwandelt zu werden, um ein Füllen, das ihr entlaufen war, besser finden zu können. Sie fliegt heute noch rufend: „Fyl, fyl, fylle, kom hjem" (Füllen, komm nach Hause), und die Eule wird daher allgemein Ma Lundgards genannt (22, III).

Nach einer Sage aus Pommern wurde die Eule einst als Leichenwärterin gewählt, als eine reiche Dame gestorben war, die auch von den Vögeln sehr betrauert wurde. Da sie aber einschlief und ihr Amt sehr unehrenhaft erfüllte, flogen die Vögel zornig auf den pflichtvergessenen Vogel zu, jagten ihn in die Flucht und schworen ihm ewige Rache. So ist es gekommen, daß sich die Eule nur noch nachts hervorwagt und auf Raub ausgeht (22, III). In Bayern ist sie eine böse Stiefmutter, die in diesen Vogel verwandelt wurde wegen einer verbrecherischen Tat. Als Eule muß sie nun des Nachts jämmerlich schreien (95, II).

Im Wallis erzählt die Sage von einer Bäckerstochter in Jerusalem, die von dem Teig, den ihre fromme Mutter zu einem Brot für den Heiland backen wollte, entwendete. Der gestohlene Teig schwoll ungeheuer an. Vor Schreck stieß das Mädchen einen Schrei aus und wurde in eine Eule verwandelt (85, I).

Sieht die Eule den Kurat im Garten mit seiner Wirtschafterin spazieren gehen, sagt sie mit geheimnisvoller Miene zu den fürwitzigen Meisen und Finken, die die beiden höhnen: „Ssst, Ssst"; denn sie weiß zu schweigen, und deshalb darf sie auch auf dem Kirchturm wohnen (22, III).

Im Mittelalter stellte man die Eule gern als Abbild des Satans dar. So zeigt ein Relief der Kirche von Pupéroux in der Charente eine lanzenbewehrte, gekrönte Eule hoch zu Roß, wie sie gegen einen Menschen, der sich mit Schild und Schwert verteidigt, ansprengt. Das Bild soll die Bekämpfung des Menschen durch den Fürsten der Finsternis zeigen (54, II).

Was die geistigen Fähigkeiten der Eule betrifft, so sind in diesem Punkt die Ansichten der Menschen ganz unterschiedlicher Natur. Vorherrschend ist die Meinung im Volke, daß es sich bei der Eule um ein dummes Tier handele. Diese Ansicht hat ihre Ursache wahrscheinlich in der Beobachtung, daß die Tiere am Tage ein unbeholfenes und plumpes Verhalten zeigen. So wird im Englischen owlish, owlisheness für dumm bzw. Dummheit verwendet; desgleichen wendet der Italiener gufo, barbagianni oder aloco für einen dummen oder tölpelhaften Menschen an, und mit alocchria bezeichnet er treffend das dreiste Umschwärmen einer Dame, indem ihm dabei die plumpen Flugbewegungen der Eule vorschweben. Ein „capo d'assiolo", ein Eulenkopf, wird in Italien im Sinne von Dummkopf gebraucht (102). Im Holländischen bedeutet uil und ebenso uilskopf, Dummkopf, Laffe, Geck und einfältiger Tropf (102). Diese Meinung über die Eule als einfältiges Tier teilte bereits Hans Sachs, der die Eule mit Brille, Sonne und Kerze darstellte und dazu schrieb: „was hilft mich sun, licht oder prill, weyl ich doch selbs nicht sehen will" (165).

Auch wer bei den Franzosen eine Eule genannt wird, braucht sich dies nicht als eine Ehre anzurechnen, denn bei ihnen ist die Eule ebenfalls mit dem Dummkopf gleichbedeutend (108, IX). Houlpên, nennt man einen kleinen, lächerlichen und affenähnlichen Menschen (108, IX). Die Eule,

Abb. 22: Darstellung einer Eule mit Brille, Kerze und Buch, versehen mit dem Spruch von Hans Sachs, der die Eule wohl nicht für den Vogel der Weisheit gehalten hat.

die Verkörperung der Dummheit, zu fangen ist keine hoch zu wertende Arbeit. „Eine Eule fangen" ist daher bei den Flamen eine Redensart, mit der eine wenig einträgliche Arbeit bezeichnet wird (108, IX).

Ganz im Gegensatz zu dieser weit verbreiteten Auffassung galt die Eule im alten Griechenland als kluger Vogel, war sie doch Attribut der Minerva, der Göttin der Weisheit. Sich hierauf beziehend schreibt Joachim von Sandrart im Anhang seiner „Iconologia": „Die Eule bedeutet Weisheit / derweil sie der Minerva / als des Raths und der Weisheit Göttin / Vogel ist." Die Alten, die die Fähigkeit der kleinen *Athene noctua,* auch in der Dunkelheit zu sehen, bewunderten, schlossen bei Adler und Luchs, von der Schärfe des Gesichtssinnes auf die Schärfe des Verstandes. Mit Bezug auf diese Sicht der Eule als „Vogel der Weisheit" wurde deshalb in den gelehrten Zirkeln und Gesellschaften des 18. und 19. Jahrhunderts die Eule als Sinnbild der Weisheit und Gelehrsamkeit häufig zum Symbol oder Emblem erhoben. Noch heute ist die Eule als „Wappentier" der Buchhändler verbreitet.

Die französischen Bauern sagen von der Eule, daß sie hochmütig und stolz sei, und zudem soll sie auch ein böses Herz haben (113, III). In der

Erinnerung daran, daß man die Eule auch als Beizvogel benützte, nannte man im 17. Jahrhundert einen sechzigpfündigen Mörser „Eule". Eine Art Kinderhaube wird deswegen Eule genannt, weil sie, wie die Pelzmäntelchen der Chorherren, die von den Italienern Gufo, Uhu genannt werden, dem Gesicht ein eulenartiges Aussehen gibt (102).

Schon im 17. Jahrundert spielten die Eulen in den Redensarten eine nicht unbedeutende Rolle. Die Kapuzinermönche mit ihren Kapuzen und langen Bärten verglich man mit den Eulen und nannte sie „Kapuzinerische Nachtheuel" (125, I). „Einen jeden dünkt seine Eule ein Falk zu sein" und als „Eine Eule unter den Krähen" betrachtete man den Gelehrten unter den Ungelehrten. Sehr abgelegene Orte waren ehedem schon jene, „Wo Eulen und Katzen einander gute Nacht sagen". An Stelle von Fuchs und Hase treten hier die beiden Geschöpfe, die wegen der vielen äußeren und inneren Berührungspunkte wie eine Übertragung von einem Tiergeschlecht ins andere anmuten und sich auf ungesehenen Wegen besuchen (125, I). War man im 17. Jahrhundert das, was man heute bei uns „himmeltraurig" nennt, dann wagte man sich öffentlich nicht anders zu zeigen „als die Eulen des Nachts" (108, IX).

Einen stillen, duckmäuserischen Menschen, von dem man womöglich noch sagen kann, er lebe so einsam wie eine Eule (108, IX), nennt man im Languedoc eine Eule (108, IX). „Furchtsam sein wie eine Eule", sagt der Franzose und macht den Vogel auch zum Sinnbild der Ängstlichkeit (108, IX).

Aus der Vorliebe der Athener für die Eulen, dem heiligen Vogel ihrer Schutzpatronin, der Göttin Athene, erklärt sich die Redensart „Eulen nach Athen tragen", was ebenso etwas Überflüssiges zu tun bedeutet wie Wasser in einen See zu tragen (102).

Was die Metaphern betrifft, die sich auf das Äußere der Eule beziehen, ist zu bemerken, daß sie vor allem als ein häßlicher Vogel gilt, weshalb es ganz und gar nicht schmeichelhaft ist, wenn man eine Frau eine Eule nennt (102). Nacht-, Har- oder Schuderheuel, im Kanton Uri auch Huri, nennt man Weibsbilder, die unordentlich, schmutzig aussehen und vor allem unordentliches Haar haben. Hüel bedeutet aber auch eine Frau, die schwere Mannsarbeit tut, und deren äußeres Aussehen naturgemäß darunter leidet. Endlich versteht man unter Hüel, Hor-Heuel, Har Uewel auch die aufgelösten Haare der Frauen. Als Uewel, Huwele oder Huwlere bezeichnet man im Berner Oberland eine Tanne, deren weitausgebreitete Äste bis auf den Boden reichen und den Stamm verdecken, wie die Haare das Antlitz. Üwel-, Ho- oder Hui-hufen nennt man auch mit Gras bewachsene Erd- und Ameisenhaufen oder die struppig aussehenden, mit Heidelbeeren, Heidekraut oder Farnen bestandenen Erdhöcker (125, I). Angeblich wegen des unordentlichen Aussehens der Weiber und des finsteren Blickes der Männer nennt man die Bewohner der Zürcherischen Gemeinde Nussbaumen „Nussbaumer Schuderheuel" (118). Mit „Huwen" neckt man in der Nachbarschaft auch die Einwohner von Horw (125, II). Die Einwohner von Meulan waren im 18. Jahrhundert als die Eulen von Meulan bekannt (108, IX). Ein häßliches altes Weib ist überall eine „alte Eule". „De Heuel under de Vögle", wird eine Person genannt, die sich durch absonderlichen Geschmack oder auch vernachlässigte Kleidung in der Gesellschaft auffällig und sich selbst zur Zielscheibe der Neckereien macht (125, I). Wegen der modischen städtischen Tracht und Frisur nannte man einstmals im Aargau ein von seiner Vorsteherin auf einem Ausflug begleitetes Mädchenpensionat „s'Heuel-Annis Flug" (125, II).

Ein Analogon zu der Wendung „Da werden Weiber zu Hyänen" in Friedrich Schillers „Lied von der Glocke" haben wir schon im 17. Jahrhundert in den Worten: „Das Wyb zu ein Nachteul: zerkretzt dem Mann's Gesicht." (125, I).

Einen tadelnden Sinn hat auch die Redensart „Es G'sicht mache wi'en Nachtheuel" (125, I), ebenso das englische owl-eyed, eulenäugig, d. h. glotzäugig und owl-faced, mit dem Gesicht einer Eule. Für ein äußerst unvorteilhaftes Aussehen erfand der Engländer die Formel „Er sieht aus wie eine Eule in einem Efeubusch" (102). Staunend schauende Augen (108, IX) aber auch leuchtende Augen nennt der Franzose Eulenaugen (108, II). Da Eulen wegen der Lichtempfindlichkeit ihrer Augen das Tageslicht nicht vertragen, wie die Augen des Menschen das grelle Sonnenlicht, sagt der Franzose wenn sich die Augen unruhig gegen eine zu blendende Lichtquelle zu schützen suchen: „Die Augen zwinkern und verdrehen wie eine Eule" (108, II). Weil die Eulen bei grellem Licht ihre Augen zur Hälfte schließen, glaubt das Volk, sie seien blind, weshalb im Englischen „owly" für einen halb erblindeten Menschen gebraucht wird (102).

Auch das Verhältnis der Eulen zu anderen Vögeln spiegelt sich in der Sprache wieder. Die Eule, die bei Tage hilflos ist, wird häufig von den Vögeln, die sie bei Nacht verfolgt, angegriffen und gleichsam geneckt und gehöhnt. Ganz besonders haben es die Krähen auf sie abgesehen, daher sagt der Deutsche von einem Menschen, der Gegenstand allgemeinen Spottes ist: „Er lebt wie die Eule unter den Krähen". Analog meint der Franzose: „Il est la chouette de la société", der Engländer: „To make an owl of a person", aus jemanden eine Eule machen, ihn verspotten. Der Italiener hat von gufo sogar ein weiteres Verbum gebildet: „gufare", verspotten (102).

Analog zum Leben der Eule zur Nachtzeit nennt der Franzose einen Nachtarbeiter hibou (108, IX), der Engländer owl; Gleichzeitig wird im

Englischen das Wort auch zeitwörtlich angewandt und bezeichnet dann das nächtliche Schmuggeln, daher owler, Schmuggler. Im Deutschen wird als „Nachteule" bezeichnet, wer regelmäßig erst zu später Stunde (oder gar erst gegen Morgen) schlafen geht. Unter owl-light, Eulenlicht, versteht der Engländer das Zwielicht, in dem sich Eulen gern bewegen. Der Pariser Argot bezeichnet mit hibou nicht den ehrlichen Nachtarbeiter, sondern den Dieb, der bei Nacht stiehlt (102).

Als Unglücksvogel gilt die Eule nicht nur in Deutschland, sondern auch in Frankreich und England. So sagt man in manchen Gegenden Deutschlands, wenn eine Sache mißglückt: „Da saß eine Eule", und analog meint der Seemann, wenn das Segelschiff den Wind plötzlich von vorn bekommt, es habe eine Eule gefangen. Von einem Menschen, der sich nicht leicht ins Bockshorn jagen läßt, meint der Engländer, er wohne zu nahe am Wald, als daß ihm die Eulen noch Schrecken einjagen könnten. Von einem, der erschreckt in die Welt sieht, sagt er: „Er starrt, als sähe er eine Eule (Riegler 102). „Liecht wie es Heueli" sagt der Luzerner von einem besonders mageren Menschen. „Er ist drü Pfund liechter as en Heuel" heißt es in Baden. Hier wie dort möchte man betonen, daß die Eule, gemessen an ihrer Körpergröße, wenig wiege (125, I).

Wie die Luzerner den Fluch „Beim Sakrament" mit „Sack voll Ente", der 1646 ebenfalls unter den strafwürdigen Flüchen aufgezählt wird (125, I), und die Schwyzer mit „Sack am Bändel" verhüllen, schwört man heute noch im Kanton Luzern „Bim Heuel" oder verdeckt den bekräftigerenden Schwur „Ave Maria" mit „Bim Aveheuel" (125, I).

Kindern, die sich abends noch spät herumtummeln, droht man mit den Nachtheuel, daß er sie holen werde: „Gang hei sust nimmt di de Schuderheuel". An die Eule als Menschen raubendes Gespenst erinnert auch ein aargauisches Volkslied:

> I han emol e Schätzeli g'ha,
> Der Heuel hät mer's g'no (125, I)

Der Schrei der Eule, ein unheimlicher Ruf, den sie in der Nacht von Zeit zu Zeit hören läßt, wird im Volksmund in Gegensatz gebracht zum schönen Gesang der Nachtigall, und zwar im deutschen Sprichwort: Des einen Eule ist des andern Nachtigall, d. h. was dem einen schön dünkt, ist für den andern häßlich. Und in Norddeutschland bedeutet der Spruch „Dem einen sien Uhl, ist dem andern sien Nachtigall" in weiterem Sinne: was für die eine Person einen Nachteil bringt, bringt der anderen dafür einen Vorteil.

Als Symbol der Häßlichkeit erscheint die Eule auch in den folgenden deutschen Sprichwörtern: „Es ist keine Eule die nicht schwüre, sie hätte die schönsten Jungen" (102). „Selbst die Eulen finden ihre Jungen schön." „Wer mit Eulevögle flügt, wird mit Eula gefange" (118).

Als nach einer finnischen Sage die Vögel ausgeschickt wurden, damit ein jeder seinen Gesang erlerne, flog die Eule in ein Gehöft, um von den Menschen Lieder zu lernen. Zufällig aber geriet sie in den Oberraum der Stube zu den Hühnern. Sofort fraß sie ein Huhn auf und wurde davon so faul, daß sie nicht mehr ans Lernen dachte und nur noch schlafen wollte. Deshalb flog sie in den Wald zurück, um sich auszuschlafen und blieb lieber ohne Lied (22, III).

Den Ruf der Eulen kleidet man in Wittenberg in die Worte: „Kumm mit na'n dodenbarch" (151, II). In Ungarn schreit sie: „Ki-vidd!" – trag hinaus, d. h. die Leiche auf den Kirchhof (146). Ihren Schrei, wenn es kalt ist, deutet man im Dänischen: „Uh, uh, uh, vi fryser (uns friert), uh, uh, uh." Die Eule im Kirchturm aber ruft: „A dryse mi faedde" (mir frieren die Füße) (22, III).

Tauben

Die Haustaube

Die allererste Taube erwähnt uns das Alte Testament. Im 1. Buch Moses 8.11 lesen wir, wie Noah, der Vater der neuen Welt, als er vergebens acht Tage auf die Rückkehr des Raben gewartet hatte, eine Taube ausfliegen ließ. Sie brachte ihm ein frisches Ölblatt mit, das sie nach einer morgenländischen Sage aus dem einstigen Paradies Adams, in dem die Wasser der Sintflut keinen Schaden anzurichten vermochten, geholt hatte.

Die Taube, die schon Noah, dem ersten Seefahrer, Land verkündete, war Jahrhunderte lang bei allen schiffahrenden Völkern dieser Eigenschaft wegen sehr beliebt. Es wird erzählt, daß Entdeckungsfahrten ausführende Schiffmannschaften gerne Tauben und Raben mitführten, die sie dann fliegen ließen, um ihrem Schiff den Kurs der ausgeflogenen Vögel zu geben, deren Instinkt sie den kürzesten Weg zum Land finden ließ. Plinius berichtet von Schiffern bei Trapobane auf Ceylon, die zu diesem Zweck Tauben bei sich hatten. Die Argonauten leitete eine Taube durch die Simplegaden, und griechische Kolonisten führte sie nach Cunea. Eine Taube war es, die den Leuten des Cortez Rettung brachte, indem sie den schon Verzweifelnden durch ihr Erscheinen die Nähe des Landes verkündete.

Unsere zahme Haustaube, die nach Darwin von der Felsentaube *Columba livia* L. abstammt, hat den Weg ins Abendland zugleich mit dem vorderasiatischen phönikisch-punischen Venuskult gefunden (54, II).

Nachrichten von der Zucht von Tauben gibt es seit dem frühesten Altertum. Im Morgenland, wo ihre ersten Spuren zu finden sind, waren Haustauben schon in der 5. ägyptischen Dynastie, 2750–2625 v.Chr., bekannt (23, II).

Über die ägyptischen Taubentürme, die man schon vor Jahrtausenden kannte und heute noch kennt, schreibt Wetzstein: „Sie sind für Ortschaften, die in der Nähe großer Städte liegen, von großem Nutzen. Weiß man sie gegen Schlangen und Marder zu schützen, so gibt oft ein einziges Taubenhaus eine jährliche Rente von mehr als 1000 Thalern. Es ist ein über 30 Ellen hoher, runder oder quadrater Turm, el burg (Taubenburg) genannt, von Bruchsteinen oder Ziegeln aufgebaut. Oben ist er offen und seine innern Wände sind mit Löchern für das Nisten, und mit Treppen und Leitern versehen. Unten hat der Turm eine Türe. Gefüttert werden die Tauben niemals. Die Jungen werden immer des Vormittags ausgenommen, wenn die Alten um Futter zu holen ausgeflogen sind" (23, II).

Im Altertum war der Taubenkult sehr beliebt. Im 3. Buch Moses 15 und 29 wird des Taubenopfers Erwähnung getan. Am Ölberg hatte man seinerzeit, um der starken Nachfrage nach Tauben genügen zu können, ein Taubenhaus, den Taubenfels genannt, worin 5000 Stück gehalten wurden.

Weiße Tauben kannte man, einer historischen Nachricht gemäß, in Griechenland seit 492 v. Chr., sie sollen sich von untergehenden Schiffen der Flotte des Mardonios am Vorgebirge Athos ans Land gerettet haben. Von Griechenland brachten Phönizier und Karthager Tauben nach Italien, und die Römer trieben in der Taubenzucht bereits einen erstaunlichen Luxus. Man züchtete zahlreiche Rassen, führte Abstammungsregister und Stammbäume. Ein Paar auserlesene Tauben wurde schon zu Varros Zeiten mit 1000 Sestertien (ca. 225 Franken) bezahlt. Ja, es kam vor, daß der Preis eines Paares auf 450 Franken stieg. Später erreichte der Taubenluxus noch eine größere Höhe, so daß Plinius geradezu von einer Taubenmanie redet (54, II).

Besonderer Beliebtheit erfreuten sich bei den Römern die gemästeten Tauben, weshalb auch die Taubenmast bei ihnen ungeheure Dimensionen annahm. Auf raffinierteste Weise wurden die Tierchen gemästet, gestopft, wie heute noch die Gänse, und damit die jungen Tauben recht fett werden und vor allem weißes Fleisch bekommen sollten, brach man ihnen sogar die Beine, daß sie sich nicht rühren konnten (54, II).

Im Tempel von Jerusalem mußten unzählige Tauben geopfert werden, die sich aber die Leviten als Stellvertreter Gottes wohl schmecken ließen. Gewisse Leute trieben mit dem Taubenhandel ihr Gewerbe, indem sie ihre Taubenkörbe selbst im Vorhof des Tempels aufstellten.

Bei den ältesten Völkern des Morgenlandes standen nach Theokrit und anderen die Tauben in hoher Achtung, und es war ihnen erlaubt, selbst in den Tempeln zu nisten. Strafwürdig war bei den Hebräern, wer sie störte oder gar tötete. Auch die Kaaba und die Moscheen der Mohammedaner, die für Tauben heute noch eine große Verehrung hegen, sind für diese Freistätten. Die Taube war auch das hervorragende Attribut und heilige Tier der Istar-Astarte-Artagatis-Derketo-Aphrodite, der großen Göttin des weiblichen Prinzips, der animalischen Fruchtbarkeit und der Geburt. Tauben, namentlich weiße, durfte man in Syrien nicht fangen oder verspeisen, ja wer nur eine berührte, war für den ganzen Tag verflucht. Als Tier der obersten Gottheit war sie auch Symbol des assyrisch-babylonischen Reiches und Fahnenbild des Heeres. Daher ist bei den biblischen Propheten die Rede vom „Schwert der Taube" (54, II).

Aus dem ägyptischen Theben sollen einst zwei Tauben ausgeflogen sein, von denen laut Sil. Ital. 3,677 die eine sich nach Chaonien aufschwingen und auf dem Gipfel der Eiche von Dodona weissagen läßt, während die andere, weiß mit weißen Flügeln, nach Libyen strebt und dort als Vogel der Cythere das ammonische Orakel gründet (45).

Als Weissagungen durch Frauen weite Verbreitung fand, wurden zu Dodona schwarze Tauben von den Wahrsagerinnen eingesetzt. In ihrem Kommen und Gehen, Aufsteigen und Niederstürzen, dem Geräusch der Flügel, ihrem Fluge und Girren taten sie den Willen des Zeus kund (8). Auf einer antiken, erzenen Münze der Epiroten, in der Sammlung des Chorherrenstiftes St. Florian in Österreich, findet sich das Orakel von Dodona bildlich dargestellt. Auf einer alten Eiche, es soll der zweitälteste Baum Griechenlands (der älteste war die Weide zu Samos) gewesen sein, sitzt eine Taube, und am Fuße des Stammes sitzen zwei Tauben sich gegenüber. Dodonas' Taubenorakel war das älteste und berühmteste und galt auch zugleich als das wahrhaftigste (5).

Außer diesem uralten Taubenorakel im Heiligtum zu Dodona sind in der klassischen Literatur noch andere gelegentliche Tauben-Augurien, teils von guter, teils von schlimmer Bedeutung, verzeichnet. Den Griechen zeigten weiße, vorher nicht gesehene, (von den Persern mitgebrachte) Tauben den Untergang der persischen Flotte am Berg Athos an. Dem Aeneas erscheinen als günstiges Vorzeichen zwei Tauben. So kann denn der Hofhistoriograph Sueton nicht umhin, dem Julius Caesar, der sich ja für einen Nachkommen des Aeneas ausgab, ebenfalls Tauben erscheinen zu lassen, die auf eine von ihm geschützte Palme bauten und dadurch künftige Siege anzeigten. Schlimmes zeigte bei Euripides die Taube an, die von dem vergifteten Wein trank (5).

Zwei ausgebreitete Taubenflügel und ein nach unten gerichteter Schwanz waren das babylonisch-assyrische Symbol der höchsten Gottheit. Die Assyrer verehrten Tauben aber nicht nur deshalb, sondern weil sie der Sage gemäß ihre vielgeliebte Königin Semiramis gerettet haben sollen. Eine Frau sah sich einst genötigt, ihr Mädchen in einer öden Gegend sich selbst zu überlassen. Die in der Nähe in den Felsen nistenden Tauben hatten Erbarmen mit dem weinenden Kinde und brachten ihm Brosamen von dem Mahl der unfern weidenden Hirten. Als diese, durch das An- und Abfliegen der Vögel aufmerksam geworden, das Mädchen fanden, brachten sie es dem Aufseher der königlichen Herden. Dieser adoptierte das Kind, das später zur Königin der Assyrer erhoben worden sein soll (23, II).

Aus der eigentümlichen Schrift der Babylonier, nach der die Wörter für „Taube" und „gebären" durch denselben Lautwert ausgedrückt werden, hat man wohl mit Recht geschlossen, daß die Taube als Geburtsvogel galt, also für Babylon dieselbe Rolle als Seelenvogel spielte, wie bei uns heute der Storch (23, II). Ihrem schnellen Entschwinden gemäß wird die

Seele heute noch, wie in der Antike, geflügelt und in Vogelgestalt, besonders als Taube gedacht. Wie später die Griechen und Römer und heute noch die Christen, sahen auch schon die heidnischen Syrer in den Tauben Seelenvögel, ein Glaube, der im antiken wie im modernen Orient weit verbreitet ist und der auch im Alten Testament bezeugt wird (23, II).

Als Taube entflog bereits die Seele der Ktesylla auf der Insel Keos ihrem Grabe. Tauben über den Gräbern der Franken (85, II) und hölzerne Tauben, auf Stangen aufgesteckt, und zwar wenn einer in der Fremde verstorben war, nach jener Richtung schauend, auf dem Grabfeld der Langobarden außerhalb der Stadt Ticinus, wo später die Königin Rodelinda eine Marienkirche gründete, sollten nicht die Seelen der Verstorbenen, sondern einen Engel bedeuten, der jene zur ewigen Seligkeit abholt (105, I). Steinerne und hölzerne Taubenmodelle, die man in helveto-römischen Gräbern zu Oberwinterthur fand (105, I), mögen ebenfalls in diesem Sinne zu deuten sein.

Ein Nachklang zur Sitte der Langobarden, Tauben auf ihre Gräber zu stecken, soll heute noch in den Kantonen Uri und Apenzell bestehen. Hier schneidet man nämlich aus Papier einen Vogel aus und denkt sich dabei die Taubengestalt des heiligen Geistes. Mütter hängen solche Papierchen ans Bett eines hoffnungslos erkrankten Kindes, um das Kleine dadurch im Sterben zu ergötzen (105, I).

Das die Aschenurnen enthaltende römische Grab hieß wie das Flugloch des Taubenkobels: Columbarium, weil es dem Fluge der Seele dienen sollte (105, I).

Wo ein Schiff versinkt, heben sich nach dem Glauben des spanischen Volkes die Seelen der Ertrunkenen als Tauben zum Himmel (85, II).

Auch der katholischen Kirche ist die Taube Symbol der Seele. Vögel überhaupt sind die Seelen der Verstorbenen. Die Taube aber insbesondere ist die Seele der selig Verstorbenen. In vielen Legenden scheidet die reine Seele des Heiligen in Taubengestalt aus seinem Leichnam. So schwebte die Seele des heiligen Polycarpus aus dem Scheiterhaufen, auf dem er verbrannt worden, zum Himmel auf; desgleichen die Seele der heiligen Eulalia. Eine Taube schwebte aus dem Munde der heiligen Scholastica. Zum Grabe des heiligen Medardus flogen zwei Tauben, und bald darauf flogen ihrer drei davon, denn die Seele des Heiligen hatte sich ihnen zugesellt (85, II).

Auf alten christlichen Gräbern in den römischen Katakomben ist vielfach die Taube, wie sie mit dem Ölzweig zu Noah in die Arche fliegt, abgebildet. Sie symbolisiert hier den Engel des Friedens, der den Toten die himmlische Seligkeit verheißt (85, II). Taubenbilder in den Katakomben, unabhängig von den schon erwähnten, bedeuten auch die Seele der selig Verstorbenen. Ein weiteres Bild, die Taube mit dem Palmzweig, ist das

Zeichen der durch den Märtyrertod errungenen Seligkeit, denn Palmen bezeichnen stets das Martyrium (85, II).

Nach der Auffassung des Christentums ist die ˙. aube die Dienerin der Liebe, des Friedens und die Beschützerin der Unschuld. Ihre beiden Flügel bedeuten die Liebe zu Gott und den Menschen; ihr Hals und weißes Gefieder wird als Reinheit und Unschuld gedeutet,, und ihre roten Füße werden, nach der theologischen Ansicht des Mittelalters, die die Taube überhaupt zum Symbol des Christentums machte, mit den Märtyrern in Verbindung gebracht.

Zwei Tauben in einem Körbchen sind der katholischen Kirche das Sinnbild der ehelichen Liebe und Treue (85, II).

Das ebenfalls Columbarium genannte, meist silberne Gefäß, worin im Mittelalter das Sakrament des Altars aufbewahrt wurde, hatte Taubengestalt, und zwar deshalb, weil man unter der Taube Maria, die Gottesmutter, verstand, die den heiligen Leib als reine Jungfrau in sich getragen hatte (85, II).

Auch in Böhmen nimmt man heute noch an, daß sich die Seelen mit Vorliebe in Tauben verwandeln. Nach einem böhmischen Volkslied flogen aus dem Grabe der Ehegatten die Seelen in Gestalt zweier Tauben, setzten sich auf dem Glockenstuhl nieder und girrten so lieblich, als wenn Trauergeläute hallte. Die von aller Schuld befreite Seele soll sich in Gestalt einer Taube zeigen, weiß wie Schnee, doch in dem Maße, wie jemand schuldig ist, nimmt die Taube eine dunklere Farbe oder die Seele auch eine andere Vogelgestalt an (35).

Öfter hören wir, daß Sterbende von Vögeln abgeholt werden. Landgraf Ludwig sah eine Menge schneeweißer Tauben sein Bett umfliegen. „Ich will und muß von hinnen fliegen mit diesen schneeweißen Tauben", rief er aus (141, XV).

Ist jemand gestorben, öffnet man in Schwaben die Fenster, um die Seele, oft unter den Worten" Geh hin und pfludere" (Flattere als Taube ge'n Himmel), hinausfliegen zu lassen (12, I). Auch im Sarganserland soll man nach erfolgtem Tode eines Menschen die Fenster öffnen, daß der Seelenvogel, meist eine weiße Taube, den Weg zum Himmel nehmen soll (80). In dem alten Glauben, daß weiße Tauben die Seelen zur Ewigkeit abholen, fußt auch der nassauische Glaube daß bald jemand sterben wird, wenn sich eine fremde weiße Taube aufs Haus setzt. Fliegt eine weiße Taube auf die Kirche, wird jemand ohnmächtig werden (52).

Der in Moses 1,2 vor der Erschaffung der Erde über den Wassern schwebende Geist Gottes wird von Malern vielfach als Taube dargestellt, so in der Markuskirche zu Venedig (85, II). In der Gestalt einer weißen Taube ließ sich der heilige Geist auf Jesu nieder, als Johannes der Täufer im Jordan die Taufe vollzog.

Abb. 23: Die Taube als Sinnbild des heiligen Geistes. In diesem Holzschnitt von Hans Baldung Grien (1521) ist Martin Luther mit Heiligenschein und Taube dargestellt (Ausschnitt).

Gestützt auf die Evangelien, kannte das christliche Altertum keine andere figürliche Darstellung des heiligen Geistes als die Taube. Daß der heilige Geist gerade als eine Taube erschien, dafür haben die Kirchenväter mancherlei Erklärungen, und im Konzil zu Konstantinopel, Anno 536, wurde die Taube offiziell als Bild des heiligen Geistes von der Kirche angenommen. Seitdem findet man die Taube in den Baptisterien, in der Kirche, sie fand Verwendung als Hostiengefäß usw (1).

Als Symbol des heiligen Geistes wurde die Taube auf Taufbecken und Kanzeln angebracht, um gleichsam dem Täufling wie dem Prediger die Gabe des heiligen Geistes mitzuteilen. Auch auf Altären wurde die Taube aufgestellt und auf Altartücher gestickt (85, II). In vielen salzburgischen Bauernhäusern hängt der heilige Geist in Taubengestalt über dem Eßtisch in der Wohnung oder auch über dem Himmelbett. Doch nicht nur in den Bauernstuben findet man die Heiliggeist-Taube, auch in den Bürgerhäusern trifft man sie und sogar in die Ratsstuben ist sie eingedrungen. So hing im Sitzungszimmer des alten Breslauer Ratshauses solch eine vergoldete, geschnitzte Taube mit ausgebreiteten Flügeln, die jetzt ihren Platz über einem alten Kachelofen gefunden hat, früher aber inmitten des Saales von der Decke herabhing (1).

In Frankreich findet man solche geschnitzten Heiliggeist-Tauben hier und da in den Läden der Branntweinhändler und Essenzenverkäufer. Dies hängt damit zusammen, daß die Taube, der lateinischen Bezeichnung spiritus sanctus entsprechend, Schutzpatronin dieser Händler ist (1).

Die sieben Geister Gottes nach Jesaias 11,1 und Offenb. 5,6 werden auf Miniaturen und Glasbildern des 12. und 14. Jahrhunderts gewöhnlich als sieben Tauben dargestellt, zwischen denen Christus thront (85, II).

Die Übertragung der Vogelgestalt auf übermenschliche, heilige, göttliche Wesen ist allen Menschen eigen und findet sich deshalb in allem Heidentum und Aberglauben. Von den verschiedenen Heiligen, unter anderem schon im 8. Jahrhundert vom heiligen Gregorius, erzählt die Legende, wie sich der heilige Geist als Taube auf Haupt und Schulter setzte und Worte der Weisheit zugeflüstert habe. Die Taube auf der Schulter ist daher auch in bildlichen Darstellungen die ständige Beigabe und das Merkmal jenes heiligen Papstes. Die Legende weiß auch von einem Grafen zu berichten, den die Kardinäle zum Papst erwählen, weil ihm beim Eintritt in die Kirche zwei Tauben auf die Schulter fliegen und ihm alles ins Ohr sagen, als er Messelesen muß (138).

Sehr oft sind, wie die Legenden berichten, Tauben in kirchlichen Ereignissen entscheidend aufgetreten und großen Kirchenvätern und -fürsten beratend zur Seite gestanden. Um sie bei der Wahl als Bischöfe nach dem Willen Gottes zu bezeichnen, flogen Tauben auf das Haupt der Heiligen Fabianus, Eurotius, Polycarpus, Hilarius, Maurilius, Severus von Ravenna (85, II).

Die Tauben erscheinen sehr oft als Engel in den Heiligenlegenden. Die heilige Columba erhielt diesen Namen von einer weißen Taube, die bei ihrer Taufe zu ihr flog, ihr einen Kuß gab und wieder verschwand. Tauben brachten der im Kerker verschmachtenden heiligen Katharina Nahrung. Eine Taube brachte der heiligen Ida von Löwen die heilige Hostie, der heiligen Adelgunde den Nonnenschleier und dem heiligen Remigius das berühmte Ölfläschchen, aus dem alle Könige von Frankreich gesalbt wurden, vom Himmel herab.

Eine Taube setzte sich dem heiligen Kunibert während der Messe auf den Kopf, ebenso der heiligen Katharina, während sie mit den Philosophen stritt. Eine Taube war es auch, die den Ort anzeigte, wo die heilige Ursula begraben lag, daher die Taube zu ihren Füßen auf kirchlichen Bildern (85, II).

Für Noe und die drei Jünglinge im Feuerofen ist die Taube der Friedensbote. An diese Eigenschaft mag der Künstler gedacht haben, der zuerst eine mehr oder weniger stilisierte Holztaube über den mit Symbolen, Bildern und Inschriften in Relief geschmückten Glocken anbrachte (44, XI).

Wie in der Bibel, Hos. 7,11, ist die Taube auch bei Homer das Bild des Flüchtigen und Furchtsamen. So entzieht sich Artemis der Hera, die ihr den Köcher geraubt, wie die Taube dem Habicht:

> Weinend aber entfloh sie zur Seite sofort, wie die Taube
> Die vom Habicht verfolgt, in den Spalt des zerklüfteten Felsen
> Schlüpft – nicht wars ihr beschieden, des Räubers Beute zu werden.
> Hektor flieht vor Achilles, wie eine scheue Taube vor dem Falken.
> Wie im Gebirge der Falk, der geschwindeste unter den Vögeln, Leicht im Schwunge des Flugs der schüchternen Taube nachstürzt,
> Seitwärts flüchtet sie bang, dicht hinter ihr stürmt er beständig
> Nach mit hellem Geschrei und brennt vor Begier sie zu fangen.

Ihre Reinheit, Lieblichkeit und Unschuld läßt sie, die in sich selbst die edelste, reine Weiblichkeit versinnbildlicht, in Hiob, 42, 14, als Frauenname erscheinen. In Matth. 10, 16 symbolisiert die Taube die von aller Arglist und Bosheit freie Einfalt und Sanftmut.

Eine gar liebliche Rolle ist der Taube in einem schwedischen Volkslied beschieden: Als Botin des Himmels ruft sie allen Vorübergehenden zu, in Jesu Reich zu kommen. Doch vergebens, nur eine fromme Jungfrau folgt ihr und stirbt als Braut des Herrn (85, II).

Bei Horapollo war die schwarze Taube Hieroglyphe für die jede neue Verbindung verschmähende Witwe. Diese Witwenhieroglyphe fußt sicher in dem Glauben, daß, wie Gessner (30) berichtet: „Die Tauben haltend jr ee biss in tod: und so die ein stirbt, bleibt die ander allein."

Nur bei den Persern galten die sonst meist verherrlichten weißen Tauben als unrein und wurden als aussätzig und der Sonne verhaßt, aus dem Lande vertrieben.

Wie Tauben Aeneas auf den rechten Weg führten, so beschützten sie auch den Dichter Horaz:

> Als Knaben schützten mich in Apuliens
> Gebirg, in dem ich spielend mich weit verlief,
> Und Schlaf den Müden endlich faßte,
> Öfters besungene Turteltauben
> Mit frischen Zweigen.

Wie eine Taube sogar eine Stadt beschützt und gerettet hat, weiß die Legende zu berichten: Im Dreißigjährigen Krieg wurde die Stadt Höxter im Corvei'schen von kaiserlichen Soldaten eingeschlossen, konnte aber nicht eingenommen werden. Endlich kam der Befehl, sie solle mit schwerem Geschütz geängstigt und gezwungen werden. Wie nun bei einbrechender Nacht der Fähnrich die erste Kanone losbrennen wollte, flog ihm eine Taube auf die Hand und pickte ihn, so daß er das Zündloch verfehlte. Da sprach er: „Es ist Gottes Wille, daß ich nicht schießen soll" und ließ davon ab. In der Nacht kamen die Schweden, und die Kaiserlichen mußten abziehen (32. I).

Einstmals war zu Hartum eine große Feuersbrunst. Alle Höfe um die Kirche standen in Flammen, und die Hitze wurde so groß, daß die Ziegel auf dem Kirchturm zersprangen und der Turm einen Riß bekam. Da hat man drei weiße Tauben gesehen, die immerfort, solange der Brand währte, in gleichem Flug die Kirche umkreist haben. Und so ist diese bewahrt und unter allen Gebäuden umher allein stehen, ja unversehrt geblieben (65, I).

Tauben sind Glücksvögel. Nach Pierius Valerianus war es daher bei den reichen und vornehmen Juden Sitte, als Zeichen des Glücks Taubenflügel mit Gips am Hausgiebel zu befestigen (45). Auf seltsame Weise sind die Tauben in Neapel zu Glück bringenden Vögeln geworden. Hat nämlich hier ein Lotteriespieler eine Anzahl Nummern ermittelt, von denen er glaubt, daß sich darin die Glücksnummer befinde, läßt er sie von einem dafür mit einigen Soldi belohnten Manne, welcher für diesen Zweck besonders abgerichtete Tauben besitzt, auf gerollte Zettel schreiben und in einen Glückshafen, der dem Futternapf der Tauben ähnlich ist, symmetrisch geordnet hineinlegen. Die Taube holt nun, sobald der Glückshafen ihr vorgehalten wird, ein Los hervor. Da sie ein frommes und unschuldiges, als Symbol des heiligen Geistes sogar geweihtes Tier ist, meint der Neapolitaner, daß die von der Taube ausgewählte Zahl ihm als Losnummer Glück bringen werde (141, I).

Nach einer Sage soll an der Stelle, wo Marschlins steht, an der Mündung der Landquart in den Rhein der Anfang zu einem Klosterbau durch den heiligen Pirminius gemacht worden sein. Nachdem aber einer der Zimmerleute sich an der Hand verwundete, nahm eine weiße Taube einen der blutigen Späne in ihren Schnabel, flog damit über den Rhein und ließ ihn in dem jenseitigen Wald vom Gipfel einer Lärche fallen. Pirminius sah dies als eine höhere Deutung an, und an dem Ort, an dem die Taube den Span fallen ließ, begann er den Bau des Klosters Pfäfers. Daher führt dieses im Wappen eine fliegende Taube mit einem Span (136).

Auch zu Schnals im Tirol sollte einst der Muttergottes eine Kirche gebaut werden, aber die Zimmerleute hieben sich mit den Äxten selber und verwundeten sich. Da trugen Tauben die blutigen Späne auf den St. Georgsberg, zum Zeichen, daß man die Kirche dort oben bauen solle. Tauben umflogen auch den Platz, wo der Madonna zu Messina eine Kirche gebaut werden sollte, und der heilige Benno sah einst, wie Tauben aus Körnern den Namen Maria zusammensetzten, nahm dies als eine Fügung Gottes und baute an derselben Stelle das Kloster Altenzell (85, II).

Tauben sollen der Sage gemäß auch den Bauplatz der Kirche in Büchberg bei Passau gewiesen haben (95, I).

Wenn in Schlesien eine weiße Taube ans Fenster geflogen kommt, erhält die Frau ein Geschenk (97, II), doch kann das Erscheinen der Taube auch nur eine Freude bedeuten, die einem zu Teil werden wird (58). Baldigen Tod aber bedeutet es in Horgen, wenn eine Türe aufgeht und ein weißes Täubchen tot ins Haus fällt (44, II).

Verbrennen bei einem Schadenfeuer Tauben, ist, wenigsten im Erzgebirge, der Friede dahin (50).

Zu Gessners Zeiten waren die Tauben so etwas wie „Versuchskarnikkel" der Ärzte: „Etliche versuchend die artzneyen, so wider gifft dienstlich sind, an den Tauben: dann nach dem sy zweyen Tauben gifft geben habend, so gebend sy der einen von stundan ein artzney darfür: die ander aber lassend sy bleyben. Wenn nun die ein stirbt, die ander aber gläbt, so haltend sy die artzney für gut, auch dem menschen damit zehelffen" (30).

Mannigfaltig ist die Verwendung der Taube in der Volksmedizin, sowohl in der Antike als auch heute noch: „Die Tauben so in thürnen nistend, sind den tropffschlegigen, starrenden und zitterenden glideren gut. Etliche zerschneydend ein jungs Hündlin, oder ein Tauben in mitten durch den rugkgrat, und legends einem melancholischen, oder aberwitzigen auff den gepräste seines haupts" (30).

„Wider Schwermüthigkeit: Eine Taube von einander geschnitten, dem Menschen auff die Fuss'Sohlen gebunden, eine Stunde darauf ligen lassen, so dann in fliessendes Wasser geworffen und wieder frische aufgebunden. Ist bewährt" (139).

„Es hilft auch wider der Schlangen Biss, frisches zerrissenes Fleisch von Tauben und Schwalben: auch die Füsse einer Eule mit Flöhkraute gebrannt" (159, II).

„Jn mitten am bauch zerschnitten und also warm übergelegt, benimpt aller Schlangen bissz. Die verstrupfften sennaderen bringt diss fleisch widerumb zerecht, sagt Serenus" (30).

Um die Gichter der Kinder zu heilen, berührt man in Franken mit dem Bürzel der Taube den After des erkrankten Kindes. Hilft dies nicht, reißt man eine Taube entzwei und bindet ihren Steiß auf den des Kindes (154).

In der Oberpfalz gilt die Taube bei Kinderkrankheiten als Mittel auf Leben und Tod. Hat nämlich das Kind die Fraisen, Gicht oder Glieder-

weh, so schneidet man einer Taube den Kopf ab und hält den blutigen
Hals an den After des gepeinigten Kindes; denn das Blut zieht dem Kind
das Gift aus dem Leib. Den Kopf vergräbt man dann ungesehen und un-
geredet unter der Dachtraufe. Am 9. Tag fängt er an zu faulen, und dem
Kind wird nun besser oder es stirbt bald, wenn ihm nicht mehr zu helfen
ist (122, I).

Treffliche Wirkung erhofft man bei Fraisen der Kinder vom Auflegen
lebender Tiere auf verschiedene Teile des Körpers. Der von den Federn
entblößte After einer lebendigen jungen Taube wird an den After des
$1/2$–$2^1/2$jährigen Kindes, welches während dieser Operation auf der Seite
liegen muß, befestigt. Die Taube stirbt an sich immer mehr steigender
Atemnot oft schon nach fünf Minuten, bleibt aber zuweilen auch am Leben. Im ersteren Falle wiederholt man die Kur, indem man eine zweite
und dritte Taube aufbindet. Das Kind fällt bald darauf in einen ruhigen
Schlaf und wird gesund. Man empfiehlt auch, eine frisch geschlachtete
Taube in zwei Hälften zu teilen und so noch ganz warm auf die Fußsohlen des kranken Kindes zu legen (46, II). Bei Hirnhautentzündung wird
dem Kranken eine Taube mit dem Schnabel in den Anus gesteckt (51).

Im 17. Jahrhundert legte man Fieberkranken eine in der Mitte gespaltene Taube auf die Fußsohlen, den Kopf in der Richtung der Ferse; einem Typhuskranken legt man in Menton eine in zwei Hälften gespaltene
Taube auf die Stirne (113, III).

Bei Brustfellentzündung öffnet man eine Taube mit einem Messer-
schnitt vom Kopf bis zum Schwanz und legt sie sofort der Kranken auf
den Rücken in der Gegend der Galle. Wird das Blut des Tieres schnell
schwarz, so ist das ein günstiges Zeichen. Bei Meningitis legt man eine solche Taube auf den Kopf des Leidenden (51). Bei Krebsgeschwüren empfiehlt man das Auflegen einer frisch geschlachteten halben Taube (69).
Legt man in der Provence einem Sterbenden eine junge Taube auf den
Kopf, entzieht sie ihm allen Schmerz (113, III).

Über die Wirkung von Taubenblut heißt es: „Taubenblut wirt über die
blutigen und frischen wunden der selbigen gestrichen, Andere brauchend
auch Blochtauben unn Schwalmenblut darzu. Darzu soll dess männlins
blut von der Tauben besser seyn: man schneydt aber deren ein aderen under dem flügel: dann diss von seiner werme wägen nützer ist: darauf muss
man aber ein zügle von honig legen, und ungeweschne Schaffwullen auss
öl oder weyn. Taubenblut ab dem ort da ein fäderen ausgezogen ist, sol
also law in die augen gethon werden, so blutächtig oder von einem
streych verletzt sind. Taubenblut also warm in die Augen gegossen, benimpt das trieffen, die wunden und geschwär der selbigen" (30).

„Die rot feüchte auss den zarten fäderen wirt auch in das auge getruckt.
Taubenblut wirt auch under die augensalb vermischt so den Rossen die

sternfläcken benemmend. Es stelt den blutfluss, so vom heütlin dess hirns kommen. Man schütt es auch etwan durch die verwundt hirnschalen in das dicker heütlin dess hirns hineyn davon der mensch offt bey dem läben behalten worde, als Galenus aussweysst" (30).

„Nasenbluten stillet auch Taubenblut, zu dem Ende aufgehoben und verdickt" ist eine Lehre des großen Plinius (159, II). Längst ist dieser große Gelehrte zu Staub geworden. Seine Medizin aber hat sich erhalten, Bis auf den heutigen Tag schnupft man in Schwaben (45) gegen Nasenbluten gedörrtes Taubenblut. Nach einem Zauberbuch von anno 1745 verschwinden Hühneraugen wenn man sie mit Tauben- oder Schweinsblut bestreicht (139). Warmes rohes Taubenfleisch und Taubenblut sind in Bayern ein Volksmittel gegen Epilepsie und anderes (43).

Hat ein Kind in der Liegnitzer Gegend Krämpfe, streicht man ihm Blut einer schwarzen Taube auf die Zunge und es ist befreit (24, II).

Der Taube schreibt der Volksglaube auch die Fähigkeit zu, Schönheitsfehler wieder gut zu machen. So soll Taubenblut in Schlesien (154) ein treffliches Mittel gegen Sommersprossen sein. In der Tschechoslowakei nimmt der Hausvater am Palmsonntag ein eben aus dem Ei geschlüpftes Täubchen und bestreicht allen Familiengliedern das Gesicht damit, dann bleiben sie geistig wie körperlich gleich einem Täubchen immer rein, schön und jung ohne Flecken, Warzen und Sommersprossen (35). Taubenblut aus dem rechten Flügel heilt den grauen Star (141, VIII). Taubenblut, mit Wein und Honig gemischt, wird heute noch in Bayern als Kataplasma bei Podagra gebraucht; das Blut wird aus dem angehackten Flügel einer jungen schwarzen Taube genommen (43).

Um Warzen zum Verschwinden zu bringen, bestreicht man sie nebst vielem anderem auch mit warmem Taubenblut eines frisch geschlachteten Tieres (69). Wenn man bei den Wenden Warzen hat und man will diese vertreiben, muß man sie mit dem Blut einer Taube, welcher man den Kopf abgerissen hat, bestreichen, indem man spricht: „Im Namen Gottes, des Vaters, des Sohnes, des heiligen Geistes" (134).

„Alexander Benedictus lobt Taubenschmaltz für schwär harnen, das selbig aufgestrichen. Taubenfäderen, füer auss die so neüwlich wachsend, verbrennt, und mit nesslen übergelegt, milterend das podagran. Etliche neüwgeleerten vermischend Taubenhirn under die stuck so zu unkünschheit reitzend, mer umb rums dann umb nutzes willen: dann in der speyss vilfaltig genossen, mag on zweyfel mer darzu dienen dann nun ein wenig in der artzneyen gebraucht. Das inner heütlin vom Taubenmagen, vermischend etliche under die artzneyen so zu der roten rur dienstlich sind. Celsus lobt under anderen zu der läbersucht Taubenläberen, frisch und rauw genossen" (30).

Wenn noch heute bei uns Taubenmist einen nahezu zauberhaften Ruf als Dünger für Gemüse und Blumen, besonders aber für die Geranien in Balkonkistchen genießt, bedeutet das gegenüber dem Wert, den Conrad Gessner als Arzt dem Taubenmist als Medikament beigemessen hat, recht wenig. Taubenkot war ein unfehlbar heilendes Allerweltsmittel.

„Taubenmist wermbt seer, und brennt, sagt Dioscorides. Galenus sagt, dz er disen mist zu vilen kranckheite, als ein wermende artzney gebraucht hab: und mit kressisch dürr zerstossen, hab ich jn für senff gebraucht, in denen kranckheit, da man ausswendig artzneyen überlegt, so die haut erhitzend und rot machend, als dann sind die veralteten geprästen, das halb hauptwee allein auff einer seyten, hufftwee, schwindel, hauptwee seyten-wee, schultern, gnick, und alt lendinwee: item nierenwee, darmgicht, po-dagran, gsüchte. Unn diser kaat ist nit ser übel schmöckend, sunders wenn er gederrt worden, darumb brauchend wir den in stetten auff man-cherley weyss. Und spricht weyter: Deren Taubenkaat, so in thürnen wachsend, ist scharpff, welchen ich auff dem land gebraucht hab, an ei-nem jüngling dem ein sennaderen verwundt was. Der Baur aber, so am selbigen ort sässhafft, als er diss gesehen, hat er die kunst machmals all-zeyt gebraucht, und die verwundten sennaderen also geneert. Diss berei-tet man aber zu, und braucht es wie Euphorbium, also, dass es an übrigen stucken kein underscheid hat, on allein dass man an statt Euphorbij Tau-benkaat darunder vermischt.“

„Taubenmist tag und nacht in essich gebeitzt, und hernach den essich durch ein tüchlin davon gesiegen, sol dem so den stein hat zetrincken ge-geben werden: dann man sagt, dass der stein in disen essich geworffen zerbreche.“ (30)

„Die flüss der knieen werden gestelt und vertriben, wenn du Tauben-mist mit saltz und öl vermischt, darauf streychst.“ „Die artzneyen von ge-brenntem Taubenmist braucht ma also: Die erschlagnen gleich werdend damit, mit gerstenmäl unn weyssem weyn vermischt geneert. Der mit öl aufgestrichen, heilt den brand. Diser mit Arsenic und honig vermengt, be-nimpt alles das auss den geschwären so schädlich darin ist. Mit öl ver-mengt, gneert er alle geschwär der füssen, als Plinius und Marcellus auss-weyssend. Ein pflaster von disem verbrennten mist, mit starckem essich, wirt über die feygwertzen dess hinderen, oder über den fluss der guldinen aderen gelegt“ (30).

In der Zeit des 16./17. Jahrhunderts empfahl man: „Vor den Stein. Nim Mist von Tauben unnd bindt den in ein tüchlein unnd seudt den In wein unnd gieb dem Krancken des tages ein mahl davon zu trincken. Vor felle der augen. Nim Taubenmist, der da vor drey Tagen gelegen ist. Lies den rein, darnach thue Ihn in ein Töpflein, Setze Ihn In Einen Backofen, las ihn zu Pulver brühen. Nim das Pulver, Stos es gar klein und rethe es durch ein Sieblein“ (51).

„Taubenmist in essig gemengett unnd zwelff tage gestanden unnd darnach davon getruncken, vertreibet den stein in der Blasen" ·(31).

„Raute, Schwefel und Taubenmist in starcken Wein gesotten unnd ein pflaster darauss gemacht unnd auff ein geschwer gelegt, so bricht es auff. Weme die nasenn stinckt, der nehme Taubenmist unnd weich den in einem Hanntich essig, unnd nim man ein feder unnd streich es in die naselocher. Es hilfft dich wol" (51). „Als Kataplasmen bei Diphterie verwendet man im Steiermärkischen Kuhmist, Taubenkot in Essig erweicht" (29).

Um den Gliederschwamm, worunter das Volk allerlei chronische Gelenkleiden versteht, zu vertreiben, bedeckt man das Gelenk mit Kompressen, welche von einem Absud von Tauben-, Schweins- und Schwalbenkot in Milch, Öl oder Essig befeuchtet wurden, stets aber bei abnehmendem Mond (29).

„Die tode frucht gehet aus. Die guldene porthenn beröuchert mit Daubenmist" (51).

In dem Arzneibuch des Landammannes Michael Schorno von Schwyz wird für den „Stich" (Lungenkrankheit) empfohlen: „Nimb frischen üwen ancken und tubenkaat, woll zuo bulffer gestossen, dan drey frische Eyer, klar und dutter, alles woll geklopfft und zuo einem salb gemacht und über die Syten gelegt, war, muss ein wenig ob dem Fewr gemacht werden" (44, XV).

Bei Gelbsucht empfiehlt man in der Pfalz auch Taubenkot, gepulverte Menschenknochen, Hirschgalle in Branntwein 9 Tage lang genommen, ebenso Katzenhirn in Essig gesotten, die Leber eines verendeten Huhnes oder einer Ente roh gegessen (46, II). Gegen Warzen muß man Taubenmist mit Essig aufstreichen. Gegen Gicht kocht man Mist junger Tauben, bis dieser eingekocht ist, und macht dann mit dem Brei Umschläge (51).

Taubendreck oder pulverisierte Schweinsdärme in eine offene Fistel gestreut, heilt diese im Schwabenland (69). Als bewährtes Mittel gegen Frost wasche man besonders Hände und Füße in einer Brühe von Pulver von gebrannten Taubenkot in Wasser (141, VIII).

G. Seyfarth (115) schreibt: „Mit Hilfe von Tauben soll eine alte Frau die in Leipzig in der Nähe des ‚Thüringer Hofes' ihr Domizil hatte, bis vor wenigen Jahren jeden Ausschlag geheilt haben, auf folgende Weise: „Im Urin des Kranken kochte sie eine Hand voll Hirse. Diese wurde dann aufs Dach gestreut, so dass sie von den Tauben aufgepickt werden konnte. Waren alle Körner verzehrt, soll auch der Kranke von seinem Leiden geheilt gewesen sein".

Gegen Fieber empfiehlt man in Pommern und Westfalen das Befolgen des folgenden Verses:

> Der Fuchs ohne Lunge,
> Der Storch ohne Zunge
> Die Taub' ohne Gall',
> Hilft über das 77erlei Fieber all! (154)

In Schlesien heißt es:

> Der grüne Käfer saugt so an sich böses Blut,
> Die Taube zeucht an sich der giftigen Fieber Flecken,
> und für die gelbe Sucht sind die Goldammern gut,
> Sie aber müssen selbst das Gift des Todes schmecken
> und für der Ungesunden Leben
> Ihr eigenes zur Beute geben. (24, II)

„Wen einem weib die hebemutter aufsteiget. Nim eine junge tauben unnd lege sie auff glüende kolen unnd lass ihr (der Frau) den rauch in den mundt gehen" (51).

Wer in der Gironde einen Taubenkopf ißt, riskiert wahnsinnig zu werden (113, III).

Stiftungsbriefe mohammedanischer Spitäler aus dem 18. Jahrhundert stellen die Bedingung, daß den Kranken Tauben, Spatzen und Nachtigallen gekocht werden sollen (128, I).

Mancherlei nachteilige Wirkungen des Taubenfleisches kannten die Ärzte des Altertums und unterschieden daher genau, wem es bekomme und wer auf seinen Genuß verzichten solle. Aus Gessners Vogelbuch aus dem Jahre 1557 sei von solcher „Taubendiät" auszugsweise erwähnt:

„Galenus empfiehlt Tauben insonders denen die trockener Natur sind und den Müssiggängern, auch den Nierenkranken sollten sie seiner Ansicht nach sehr tunlich sein."

„Arnoldus Villanou, sagt, dass die vögel zu vil hitzig seygind, unn entzündind das blut, und bereitind den leyb zum feber: darumb werdend sie nutzlicher in pasteten mit sauren traube genossen dann gebraten: dann also erhitzgend sy das blut minder. Die alten, als auch die gar jungen ee dann sy aussfliegend, sol man meyden: darumb dass sy zu hitzig und trokken, darzu schwarlich zu vertöuwen sind: gebärend auch böse feüchte. Diss thier sol auch fürauss rein seyn. Dann wenn der lufft also vergifft ist, dass alle thier davon beleidiget werden, so sind die allein sicher so disen vogel in der speyss genützt habend: darumb ässend die künig zu der selbigen zeit nichts anderes dann Tauben, als Orus aussweysst."

„Die Tauben sind besser im Früling dann im Herbst, darumb dass sy zu der selbigen zeit vil speyss im väld findend, im sommer aber und zu aller warmer zeit, sind sy schädlich. Für weetagen des haupts sol man Tauben ässen" (30).

Über die Zubereitung von Tauben zu wohlschmeckenden Speisen berichtet Gessner (30) schon 1557 recht ausführlich und läßt uns heute damit wissen, daß man schon damals zu schlemmen wußte:

„Die Tauben werdend zu zeiten auch gesotten, aber merteils gebraten, oder in einer pfannen verdempfft, geässen. Etliche greyffend jnen under die flügel, und ersteckend also jnen das hertzt. Andere schneydend jnen zu oberst am halss ein äderlein auf, das alles blut härauss fliesse, welches dann auch mer zur gesundheit dienet. Entweders sol man sy meyden, oder braten, und mit keltenden und tröcknenden stucke abtröchnen. Die wilden aber, und die so in thürnen nistend, unn nit gar feisst sind, söllen gebraten werden, sagt Antonius Gazius. Man sol jnen auch, als Rasis bezeüget, jre köpff und hälss abhauwen, dann sy bringend sunst ein kranckheit dess haupts, Morbius chronicus genennt. An die Blochtauben und gemesten Tauben thut man pfäffer, laubstickel, coriander, gesotten weyn, trocknen zwiblen, müntz, eyerdotter, dattelkernen, honig, essich, geschmeltz, öl, weyn. An die gesottnen, pfäffer, gesottnen weyn, eppichsomen, peterlin, dattlen, honig, essich, weyn, öl, senff. Wenn du einen kuchen von jungen Tauben, oder von einem yeden anderen vogel haben wilt, so lass die zum ersten wol sieden, und wo sy garnach gekochet worde, so nimm sy auss dem hafen, schneyd es in stücklinen, und röst es in einer pfannen in vil späck: darnach leg es auff den ranfft in ein blatten oder schüssel, so vorhin wol gesalbet oder geschmirbt worden. Jn diss gekoch magst du denn wol pflaumen und saure kirsen thun, darnach unzeitig treübelsafft, Agrest genennt, und acht eyer, wenn du vil gest haben wilt: oder minder, so du wenig gest haben wilt, mit ein wenig brüyen wol verkopffet. Darunter vermisch maioran, müntz, gantz klein zerhecklet, stel es zu fheür, doch weyt vom flammen: dann es muss allgemächlich sieden. Darzwüschend sol es mit einem löffel so lang gerürt werden, biss es von dicke wägen den löffel überdeckt. Zuletst schütt diss brülin in den ranfft oder kuchen, und stel es, als ein pasteten zum fheür: und wenn es gnug gekochet worden, so stel es für. Das gibt vil narung, ist untöuwig, gebirt wenig böses und stillet die gallen, als Platina aussweysst ... (30)

Über den heute noch wegen seines Düngerwertes sehr geschätzten Taubenmist berichtet schon Gessner: „Taubenmist ist gar gut zu allen pflantzen und somen, und ist allzeit gut auff die äcker zelegen, du wöllist gleych etwas mit dem somen, oder darnach säyen, und ist ein korb voll als nütz als Schaaf oder Kumist ein wagen voll: dann von zwentzig körben wirt ein juchert zimlich, auss fünff und zwentzig wol, auss dreyssig aber feisst gedüngt, wenn er mit den henden gleych auff den acker gedtöuwt unn undergeackert wirt.

Mit Tauben und seüw mist geneert man die streych der böumen. Taubenmist soll wenn er an einem Haufen liegt, außerordentlich stark in Gärung kommen und so heiß werden, daß es wie Galenus weiß in „Mysia dem Teil Asie" vorkam, daß durch solch erhitzten Mist ein Haus in Brand geriet. (30).

Blut schwarzer Tauben benützten die Zauberer (23, VII). Will man geliebt werden, soll man Taubenleber und das Hirn einer Amsel zu Pulver verarbeiten und beides der angebeteten Person zu essen geben (108, X).

Nach weit verbreitetem Volksglauben ist die Taube deshalb so friedlich, weil sie keine Galle besitzt; denn diese platzte ihr damals vor Gram, als der Heiland am Kreuz hing (58).

Im 14. Jahrhundert sagte man in Frankreich, wo man heute noch an die Gallenlosigkeit der Taube glaubt:

> Coulon est oisel gracieux.
> Sans fielet moult amoureus (113, III).

Dieser Glaube erklärt sich aus dem Umstand, daß der Taube wohl die Gallenblase, nicht aber die für den Laien unsichtbare Galle fehlt. Bereits Galenus spottete über die von den Christen und Juden um die Wette geglaubte Gallenlosigkeit der Taube (54, II).

„Wenn die Tauben auff den abend spat heimfliegend, über jr gewonten brauch, so verkündend sy einen rägen", sagte man schon zu Zeiten Gessners (30). Sitzen sie im Voigtland schon am frühen Morgen sich träge putzend (57) oder in einer Reihe hintereinander (3) auf dem Dach, verkünden sie Regen. Wenn sie sich im Wasser baden (24, II), frühzeitig vom Feld heimkehren oder lauter als sonst girren, bedeutet dies baldiges Unwetter. Wenn aber die Tauben rucken und schwatzen und die Schwalben sich unabsehbar hoch erheben, ist nach dem Volksglauben in den Vogesen schönes Wetter zu erwarten (113, III).

Interessant ist, daß die an die Augurien der heidnischen Vorfahren erinnernden Wetterprophezeiungen der Tauben in Florenz jetzt auch einen gewissermaßen offiziellen Charakter tragen. Am heiligen Sonnabend vor Ostern fliegt dort vom Altar der Kathedrale auf dem kleinen Platz zwischen Santa Maria dei fiori und dem Baptisterium St. Johannis eine künstliche Taube, entzündet ein Feuerwerk und verkündet durch ihren Flug den in die Stadt geströmten Bauern, ob sie im kommenden Sommer eine gute Ernte haben werden oder nicht (45).

Taubenfedern sind nicht brauchbar, um Betten zu füllen, denn ihre Federn ruhen nicht, sondern stehen immer wieder auf und werfen sich um. Deshalb kann man in Schwaben (154), in der Oberpfalz (122, I) und in der Côte d'Or (108, VI) auf diesen Federn nicht schlafen.

Unter dem Volk von Nottinghamshire ist der Glaube verbreitet, daß man keine Betten oder Kissen mit Taubenfedern füllen dürfe. Selbst unter den Bauern und auch in ärmlichen Häusern will man von einer Verwendung dieser Federn nichts wissen. Eine Frau aus Oxton erzählte Anno 1892, daß einst ein Bekannter von ihr nicht habe sterben können. Erst als man vermutete, es könnten Taubenfedern im Bett sein, und als man diese wegzog und auf den Boden warf, endigte auch der Todeskampf (100, XX). Auch in Frankreich (108, VI) und in Deutschland (141, XXII) kann man auf Taubenfedern nicht sterben.

Die Taube ist bekanntlich die älteste Briefträgerin der Welt. Schriften auf Denkmälern der alten Ägypter berichten schon, daß von Zypern und Kreta heimkehrende Seeleute von ihren Schiffen Tauben aussandten, um ihre Rückkunft anzuzeigen (164, Jahrg. 1893).

In angemessener Entfernung waren über ganz Ägypten Taubentürme verteilt und mittels fortwährender Kommunikation der einzelnen Stationen untereinander war es möglich geworden, dem ausgedehnten Reich Syrien und Ägypten die öffentliche Ruhe und Sicherheit zu geben und zu erhalten. Sämtliche Depeschen, genannt Bataig, befestigte man unter dem Flügel der Taube (164, Jahrg. 1892).

Von Tauersthenes berichtet Aelianus, daß er die aus dem väterlichen Hause mitgenommene Taube, als er in Olympia den Preis errungen, mit einem Purpurläppchen behing und nach Hause zu seinem Vater in Aegina fliegen ließ. Als Decimus Brutus 41–43 v. Chr. in Mutina eingeschlossen war, schickte er den Konsuln durch Tauben Nachrichten (164, Jahrg. 1893).

An die alte Taubenpost erinnert auch das „Basler Täubchen", eine alte schweizerische Briefmarke, die am 1. Juli 1845 in Basel ausgegeben wurde.

Unsere Brieftaube der Gegenwart hat aber mit jenen Tauben die „an statt der botten gebraucht worden, dass sy brieff an jren beinen, oder under jren flügln hin und här getrage habend, da andere botten sunst durch dess feyndts land nit habend mögen ziehen: wie diss von Römern offt in kriegen gebraucht worden" (30), nichts gemein, sondern ist eine Züchtung des 19. Jahrhunderts.

Um 1800 schätzte man die Leistung der Brieftaube, deren Mutterland unumstritten Belgien ist, mit 20–30 km hoch ein und beim Wettflug Paris–Lüttich Anno 1830, der 300 km betrug, war man so begeistert, daß man die in Lüttich zuerst eingetroffene Taube im Triumph durch die Stadt trug und als ein Wundertier anstaunte. 1850 glaubte man bei einer Leistung von 500 km bereits am Ziel der Vervollkommnung der Brieftaubenzucht angelangt zu sein.

Bei verschiedenen Belagerungen waren Brieftauben von großem Nutzen, ja sie retteten oft die Stadt, indem diese zur Ausdauer ermuntert wurde, weil Hilfe nahe sei. So Harlem 1572, wo Tauben während der Belagerung durch Spanien die frohe Kunde brachten, daß der Prinz von Oranien mit seiner Hilfe käme, ferner Leiden 1573/74. Zum Dank für geleistete Dienste wurden die Tauben von Leiden bis zu ihrem Tod auf Staatskosten gefüttert, dann einbalsamiert und im Rathaus aufgestellt (164, Jahrg. 1892).

Man erzählt, unter Kaiser Heinrich II. habe es sich begeben, daß eine Taube in eine Stadt, die bald darauf vom Feind überfallen und belagert wurde, geflogen kam. Um ihren Hals fand man einen Zettel, auf dem diese Nachricht geschrieben stand (32, II). Durch viele Erfolge der Brieftauben und damit auf deren Wert aufmerksam gemacht, nahmen in den achtziger Jahren des vorigen Jahrhunderts die Regierungen sämtlicher Staaten des europäischen Kontinents die Errichtung von Militär-Brieftaubenstationen in Angriff. Schon 1871 erstellte Deutschland, das im deutsch-französischen Krieg 1870/71 die beste Gelegenheit hatte, den hohen Wert des Brieftaubendienstes kennen zu lernen, in Städten und Festungen über das ganze Reich verstreut, ein Netz von Brieftaubenstationen. 1873 begann Österreich-Ungarn, 1874 das gewaltige Rußland, Tauben für den militärischen Nachrichtendienst zu verwenden. Aufgemuntert durch den bekannten Brieftaubenapostel, La Père de Roo, nahm 1877 Frankreich die Sache des Brieftaubenwesens neuerdings mit richtigem französischem Eifer in die Hand. Auf gesetzlichem Wege sicherte sich der Staat das Hoheitsrecht im Kriegsfalle über alle Brieftauben des Landes. 1878 ließ das italienische Kriegsministerium in Bologna (und fast zur selben Zeit auch die Schweiz in der Kaserne Thun) den ersten Militärbrieftaubenschlag erstellen.

Frankreich (dessen Revolutionsregierung 1789 den Befehl gab, sämtliche Taubenschläge im Lande zu schließen und die Bewohner derselben abzuschaffen, da sie der Landwirtschaft unermeßlichen Schaden zufügen sollten, was allerdings nur als Deckmittel diente und im Grunde genommen eine Lanze gegen die besitzende Klasse war) zeichnete in späteren Zeiten eine Militärbrieftaube – Tauben spielten auch im 1. Weltkrieg eine bedeutende Rolle – mit einem Orden aus. Es handelte sich um die französische Militärbrieftaube No. A. F. 183–14, die während der Kämpfe um Verdun, in jener Hölle eines unaufhörlichen Granaten-Bombardementes, als Übermittlerin von Nachrichten aus den vorgeschobensten Stellungen der französischen Truppen von großer Bedeutung war und wiederholt in Armeebefehlen erwähnt wurde. Das Tierchen, das gemäß Zeitungsberichten im Dezember 1924 starb, wurde durch einen ringförmigen Orden um eines seiner Beine vor den andern seines friedlichen Geschlechtes ausgezeichnet.

Weniger verehrt wurden die Tauben von 1871. Ungeachtet dessen, daß man als interessantes Staatseigentum auf sie aufmerksam machte, wurden sie versteigert um den durchschnittlichen Preis von Fr. 1.50 (164, Jahrg. 1892).

Zur Zeit Napoleons standen Tauben im Dienst des Bankhauses Rothschild. Ein Rothschild hatte eine Anzahl Agenten, die Napoleon I. überallhin begleiteten und mittels Brieftauben über dessen Lage Bericht erstatten mußten. So brachten Tauben der Londoner Filiale Rothschilds die Nachricht von der Niederlage Napoleons bei Waterloo drei Tage, ehe die englische Regierung davon Kenntnis erhielt. Auf diese Weise war die Möglichkeit gegeben, Staatspapiere bei niedrigen Preisen anzukaufen und im Falle Napoleons mit hohem Gewinn zu verkaufen. Auch andere Bankhäuser und ebenso die „Köllnische Zeitung" bedienten sich vor Einführung des Telegraphen der Taubenpost, um möglichst rasche Nachrichten zu erhalten (164. Jahrg. 1892).

Mannigfaltig sind die Mittel, die das Volk kennt, um zugekaufte Tauben an den Schlag zu fesseln und ihnen gerade die Heimatliebe, die die Grundlage des Brieftaubenwesens ist, zu nichte zu machen.

Damit Tauben nicht entfliehen, legte man im 16. Jahrhundert in den Taubenschlag entweder den Schädel einer Fledermaus oder einen Zweig der Jungfernrebe (113, III). Anlocken und ans Haus gewöhnen kann man die Tauben, wenn man ihnen Wasser in der Schale eines geteilten Kinderschädels vorsetzt (101, II).

Im Kanton Bern (110) und in Schlesien (24, II) muß man ihnen aus einem Menschenschädel zu trinken geben. Auch wenn man eine Haselrute, die man an einem Freitag vor Sonnenaufgang in der drei Höchsten Namen geschnitten hat, vor das Flugloch nagelt, daß sie darüber hinweggehen müssen, oder wenn man sie an einem Freitag während des Predigtläutens fliegen läßt, ziehen sie nicht fort. Ebenso kann man sie mit drei abgeschlagenen hölzernen Nägeln aus einem Totenbaum bannen (110).

Im Schwabenland legt man am besten einen Sargnagel in den Schlag oder schlägt ihn in einen Balken desselben. Andere biedere Schwaben finden es das beste, damit immer geholfen ist, den Schlag (154) oder wenigstens die Türe (83) aus Brettern einer alten Totenbahre zu machen.

Damit im Anhaltischen die Tauben nicht in einen nachbarlichen Schlag gehen, stellt man ein Stück verfaulten Sarges auf den Schlag oder ein Brot, das auf einer Leiche lag, hinein. (141, XXXI). In Schlesien nimmt man ein Totenbrettlein, worauf ein Kind gelegen ist, legt dieses unter das Loch, daß die Tauben darüber ein- und ausgehen müssen, dann werden die Tierchen immer wieder kommen (24, II).

Im Badischen muß das Trinkgeschirr ein Totenschädel sein, den man in der Christnacht vom Friedhof holte (154), in Schlesien muß der Schädel aber von einem Erbbegräbnis gestohlen sein, dann fliegen zudem fremde Tauben zu (24, II). An den Schlag gewöhnen sie sich und ziehen ebenfalls fremde Tauben hinzu, wenn man sie in der Schweiz nur aus einem Totenschädel trinken läßt (44, XVI). In Hessen hängt man mit besonderem Vorteil ein Glas Milch von einer einen Knaben stillenden Frau in den Schlag (154).

In der Oberpfalz ist es auf alle Fälle gut, wenn man die zugekauften Tauben rückwärts in den Schlag schiebt, ihnen drei Federn ausreißt und diese um den Tischfuß bindet (154). Reißt man den Tieren in Bayern drei Federn aus dem rechten Flügel aus, was man aber in Schwaben, um Wirkung zu erzielen, an einem Freitag tun muß (83), und keilt sie irgendwo in ein gebohrtes Loch oder bindet sie in ein Tüchlein und legt dieses in den Taubenschlag, leistet dies dieselben Dienste.

In der Wallonie reißt man den Tauben aus einem Flügel die achte Feder aus und befestigt diese an einer Wand des Taubenschlages, dann bleiben die Tiere (113, III).

Man soll die Tauben dreimal durch die Beine stecken und sagen „Bleib daheim wie die ... beim Bein", ihnen hernach die Beine waschen und sie in den Schlag tun, dann bleiben sie (121, II). Im Meiningischen steckt man sie am besten dreimal ums Bein und wirft sie hernach rückwärts in den Schlag (143). In Schlesien gewöhnt man sie ans Haus, wenn man sie dreimal zwischen die Beine durchnimmt und dabei flüstert: „Taube, bleib bei mir deheme, wie der Strumpf an meinem Bene". Gut ist es auch, wenn man den Tieren drei mittlere Schwanzfedern ausrupft, diese in eine Ecke des Taubensöllers wirft oder in einem Ofen verbrennt (24, II).

„Wie man Tauben gewennen soll, dass sie bleiben. Nimm Weibermilch, so ein Knäblein sauget, thu sie in ein Glas und hengs in den Taubenschlag. Oder henge einen Fledermauskopf in das Taubenhaus. Nimm Menschenblut, thu ganze Erbsen drein, rühre es eine Viertel Stund wohl durcheinander in einem irdenen Geschirr. Darnach streich das Blut den Tauben mit den Händen an und wirf ihnen die Erbsen vor zu essen, so bleiben sie im Schlag, und so bald sie ausfliegen, bringen sie andere fremde mit sich heim". (44, VI).

„Gutes Tauben-Aas, oder Beitze: Nimm Laimen aus einem Back-Ofen, vor ein Kreutzer oder Dreyer, Hanff-Saamen 4. Hände voll, Aniss, Kümmel, Eber-Wurtz, jedes 1. Lot, Saltz 1. Hand voll, Urin von einem Knaben, so viel dessen von nöthen, Brantewein 1. Trinck-Glass voll. Solches alles untereinander angemacht. NB. Man warte und füttere die Tauben wohl, und wenn man sie zum ersten mal auslässt, soll es an einem trüben oder Regen-Tag geschehen, damit sie nicht sogleich ausfliegen und sich verirren, sondern erst ein wenig am Haus bekannt und desselben gewohnt werden" (139). Es ist auch sehr gut, den Taubenschlag nicht an einem Sonnabend zu säubern; auch wenn an einem Sonnabend an einem Taubenhaus gebaut wird, bleibt keine Taube mehr. Mit besonderem Vorteil räumt man an einem Freitag früh die Nester und Körbe und das Taubenhaus, dann bleiben die Tauben und mehren sich (24, II). Den Tauben gibt man in Kujawien, Erbsen mit Spiritus benetzt (58), im Isergebirge füttert man sie zuerst mit gekautem Brot, sie verlasen dann nie ihren Schlag

(141, XXIII). Um Tauben an den Schlag zu fesseln, muß man in Thüringen (143) am Gründonnerstag vor Sonnenaufgang stillschweigend Brombeergesträuch holen und es in das Gegitter flechten.

Ehedem war man aber nicht nur bestrebt, seine eigenen Tauben an den Schlag zu fesseln, sondern man war auch darauf bedacht, fremde Tauben anzulocken. Selbst ein handschriftliches Arzneibuch berichtet, wie man einem andern Tauben wegnehmen kann: „Wirf Eulenfedern oder ein Katzenfuß oder Hasenfuß, oder Glas in den Schlag, oder fahe einem eine Taube ab und binde ihr zwei kleine Bläslein voller Erbsen oben an die Füsse, oder zwei aufgeblasene dürre Hühnerkröpflein mit Erbsen, schneide ihr eine Feder am Schwanz entzwei, doch dass die Kiele ganz bleiben, thue ein wenig asam foetidam drein, verbinde die Kiele und lass sie also wieder fliegen, so verjaget sie alle Tauben Oder nimm ein Totenbein stecke es an das Haus davon die Tauben sind, so bleibet keine Taube drin" (44, VI).

„Frembde Tauben herbey ziehen, so nimm nur Erbsen, weiche sie in etwas Wein, hernach wirff sie den Tauben vor, und lass sie ins Feld ziehen. Worauff die Feldtauben durch solchen Geruch angelockt, denen also gefuetterten bey Hauffen folgen, und auff den Schlag kommen, doch ehe und begierlich rein gehen werden, so man im Taubenhaus einen Rauch von Salben und weyrauch macht. Auch wenn man den Hirnschaedel eines alten Menschen, oder Milch eines Weibes, so ein zweyjaehrig Maegdlein säuget, forn ins Tauben-Hauss haengt, soll die zahl sich mercklich vermehren", das sagte ein Zauberbuch (96) vor mehr als zwei Jahrhunderten.

Ein anderes Zauberbuch (139) weiß darüber: „Tauben bey sich zu bringen: Gerste in Honig eingeweicht und vor den Tauben-Schlag gestreuet. Tauben und andere Vögel zu fahen Weisse Niess-Wurtz mit Waitzen gesotten. so lange bis der Waitzen aufspringet. Selbigen so dann denen Vögeln zu fressen hingeworffen, so wirst du sie nach kurzer Frist könnenfahen" (139). Um dem Nachbar seine Tauben zu vertreiben, bringt man in Tiefenbach in der Oberpfalz das Bein eines Marders in den Schlag, dann bleibt keine mehr darin. Bringt man das Pulver davon unter das Futter auf dem Platz, wo sie gewöhnlich zusammenkommen, so fliegen alle fort (122, I).

Dieses gefürchtete Marderbein oder auch einen Krebs in den Schlag gelegt, erhalten aber anderorts die Einwohner desselben gesund (154).

In Thüringen muß der Schlag an Petristuhlfeier gesäubert werden, sonst kommen Läuse hinein (154). Am Faschingsdienstag muß man ihn in Westböhmen reinigen, sonst brüten die Tauben nicht (49). Am Karsamstag räumt man die Taubenschläge in Mecklenburg aus und streut den Mist auf die Pflanzbeete (6, II). Tauben, die im März und April auskriechen, fliegen am schnellsten; sie wird der Stoßvogel nicht leicht fangen (24, II). Um einen der ärgsten Feinde der Tauben, den Habicht, vom Schlag abzuhalten, stellt man neben ihn eine Stange mit einer Sense darauf (154).

„Dass kein geier und kein Falk Tauben fange und hinwegführe. Wenn due Tauben in einen Schlag thun willst, so thus an einem Freitag und ropfe einer jeden Tauben unter dem rechten Flügel zwei Federlein aus, stecks in den Taubenschlag, verbohre es und schlag einen Zweck darfür, dass sie nicht herausfallen. Darnach leg den Tauben Eberwurz in ihr Trinken. So lang nun die Federn im Schlag bleiben, so fleucht dir keine Taube hinweg, die führet auch kein Falk oder Geier davon" (44, VI).

Tauben werden vom Habicht nicht geholt, wenn man in den Taubenschlag einen Zweig von einer Haselnußstaude legt, den man sich am Karfreitag vor Sonnenaufgang in der Weise verschafft, daß man rückwärts zu der Haselstaude hingeht und die Rute mit drei Schnitten hinter dem Rücken abschneidet (101, II). Im Erzgebirge sperrt man die Tauben in der Christnacht ein, dann sind sie vor dem Habicht sicher (50).

Auch Füchse und Marder ist man sehr bestrebt vom Schlage fern zu halten. In der Côte-d'Or glaubt man, die Tauben verlassen den Schlag, in den ein Hausmarder eingedrungen ist. Damit sie wieder zurückkommen, muß man einen toten Fuchs hineinhängen (113, III). Ein Strick von einem Erhängten vor alle Öffnungen des Schlages gelegt, hält die Raubtiere ab. Ein anderes Rezept, Raubzeug vom Schlage abzuhalten, empfiehlt, die Jungen eines Bussards zu nehmen, diese einzeln in einen irdenen Topf zu sperren, und wenn dieser gut vermacht ist, in eine Ecke des Schlages zu stellen (113, III).

Ein altes handschriftliches Rezept weiß: „Tauben- und Hühnerställe schützt man vor Mardern und Füchsen, wenn man Schweinsknochen mit etwas Salbei siedet und an den Eingang der Ställe legt: noch sicherer wirkt ein Stückchen von einem Wolfspelz vor den Eingang gehängt oder Stockfischwasser ausgespritzt (24, II). „Rauten oder einen Wolffs-Kopff in den Taubenschlag gelegt, soll Ratzen, Wieseln, und dergleichen schaedliche Thiere abtreiben" (96).

Im 16. Jahrhundert riet man, um Tiere, die den Tauben schadeten, vom Schlage fernzuhalten, einen Wolfskopf hineinzulegen, da dieser durch seine Gegenwart und seinen Geruch das Raubzeug verscheucht (113, III). Ein Wolfskopf in den Schlag gelegt, vertreibt in Schlesien vor allem den Iltis (24, II).

„Wo Donner in ein Haus oder andere Orth eingeschlagen, da wohnet nimmermehr eine Taube" (44, VI).

Wer Tauben hat, soll über den Tisch nicht davon reden, sie fliegen sonst weg (33, III).

Wer in Gefrees eine Taube stiehlt, wird in diesem Jahr um fünf Gulden ärmer (122, I).

Nach dem Wendhager Bauernrecht durfte einer nur so viele Paare Tauben halten, wie er Pferde besaß (34).

Im Emmental soll man dem Täuberich im Neuleu (Tierbild des Löwen im Vollmond) Federn ausreißen, dann bekommt er andere Federfarben (44, XV).

Mit der Taubenzucht und deren finanziellen Erfolg ist es nicht weit her, sagt ein deutsches Sprichwort: Wer sein Geld will fliegen sehen, muß sich Tauben halten (108, VI).

Man hat aber bei der Taubenzucht nicht nur das zweifelhafte Vergnügen, Geld zu verlieren, sondern muß auch etwelche Unordnung, bedingt durch Exkremente und Federn, in Kauf nehmen.

Darum:

> Hast du gern ein sauber Haus,
> Lass Pfaffen, Mönch und Tauben d'raus.

Der Italiener sagt:

> Chi vuol casa monda – non tenge mai colomba[1].

Der Franzose meint:

> Qui veut tenir nette sa maison –
> n'y mette ni femme, ni prêtre, ni pigeon[2] (108, VI).

Die erste Taube, von der wir etwas erfahren haben, ist jene Taube, die Noah, der Vater der nachsintflutlichen Welt, aus seiner Arche fliegen ließ.

Im Polnischen erzählt man sich, daß sich das Tierchen zuerst auf eine Eiche setzte und dabei aber in dem Wasser, das vom Blut der vielen Menschen, die untergegangen waren, ganz rot war, sich besudelte. Deshalb haben die Tauben heute noch rote Füsse (22, I). Eine andere Sintflutsage weiß, daß die Taube fortflog, ohne sich aufzuhalten, während des Fluges aber streiften ihre Füße das Wasser. Dieses Wasser der Flut war aber bitter und salzig und verbrannte die Füsse der Taube, die Federn wuchsen nicht wieder, und die Haut fiel ab. Jene Tauben, die rote Füße ohne Federn haben, gelten heute noch als Nachkommen jener Taube, die Noah fliegen ließ (141, XVI).

Nach einer bulgarischen Sage verbarg sich die heilige Jungfrau, als sie

---

[1] Willst Du ein reines Haus – halte niemals Tauben

[2] Wer sein Haus reinlich halten möchte sollte niemals Frau, Priester oder Tauben hineingeben.

mit dem Jesuskind vor den Juden floh. Da kam eine Spinne und spann ihr Netz vor dem Eingang der Höhle, in die sie sich geflüchtet hatte, daß es aussah wie ein Vorhang. Kurz darauf kam eine Taube und legte in das Spinnennetz ihr Ei. Als die Juden an den Eingang der Höhle kamen, wollten sie zuerst eindringen, um sie zu durchsuchen; als sie aber das Spinnennetz und das Ei darin sahen, sprachen sie: Hier ist niemand hineingegangen; da ist ja ein Spinnennetz und ein Ei darauf; Gott weiß, wie lange schon dieses Gewebe hier ist. Und sie gingen vorüber. Da segnete die Muttergottes die Spinne und erlaubte ihr, ihr Netz an einem Tage zu spinnen und in den menschlichen Wohnungen zu hausen. Dann segnete sie die Taube und gab ihr die Fähigkeit, alle Monate Eier zu legen und zu brüten (22, I). Als der Welterlöser am Kreuz seine größten Schmerzen litt, flog eine Taube vorbei, welcher vor Mitleid mit dem sterbenden Menschensohn die Galle zerfloß. Daher rührt es, daß die Tauben noch heute keine Galle haben (22, II).

Nach einer anderen bulgarischen Sage sollen die Tauben aus den Kindern eines Pfarrers, die im Frühling gar schön sangen, entstanden sein. Ihr Gesang war aber nicht fromm, sondern sie verfluchten in bösen Verwünschungen den Pfarrer, ihren Vater, weil er sie nicht zum Lehrer geschickt hatte, damit sie aus Büchern lernen konnten; auch sich selber verwünschten sie und wurden also zu Tauben (22, III).

Nach einer estländischen Sage war die Taube früher ein frommes Mädchen gewesen, das sich im Walde verirrt hatte. Ein Engel gab ihm ein Federkleid, daß es emporfliegen und so hinausfinden konnte (22, III).

Nach einer rumänischen Sage sind die Tauben verwünschte Zwillinge, ein Mädchen und ein Knabe, die Gott in dem Augenblick in diese Vögel verwandelte, als eine böse Stiefmutter mit Messer und Strick Hand an sie legen wollte. Weil sie unschuldige Kinder waren, sollen die Tauben auch heute noch so artige Tiere sein (22, III).

Eine russische Sage erzählt, daß einst Taube und Nachtigall wetteten, wer von ihnen am Morgen früher zu singen beginne. Die Nachtigall stand schon vor Morgengrauen auf, während die Taube noch schlief, bis bereits die Sonne hoch am Himmel stand. Als ein zum Säen fahrender Bauer seinen Ochsen zurief: prr, prr!, erwachte sie und ahmte sogleich diesen Ruf nach. Seither girrt sie nur (22, III).

In der Literatur finden wir, analog der Ansicht des Christentums, die Taube als Sinnbild reiner und inniger Liebe. Girren und verliebt tun wie die Täubchen ist ein bekannter Vergleich, den das Volk anstellt. Tatsächlich liebt sich denn auch ein Taubenpärchen zärtlich, und Tauben sind die einzigen Vögel, die sich, ähnlich dem Küssen, recht verliebt schnäbeln.

Vom zärtlichen Lieben der Tauben nimmt der Tscheche die Redensart:

Sich umarmen wie die Tauben (108, VI) und darauf sich beziehend, daß die Tauben-Männchen und -Weibchen treu zusammenhalten, bedeutet ihr Girren auf französisch roucouler, Liebesseufzer ausstoßen, schmachten (15).

> „Und die Taub', aus hohen Lüften steigend,
> Zur Taube fliegt, wie sich das Paar umkreist
> Und fröhlich girrt, die heisse Liebe zeigend,"

schreibt Dante über das Liebesleben der Tauben in Paradies XXV. Der Russe nennt seine Frau ein süßes Täubchen. In den Tierbildern, die als Symbole des Menschenlebens und -alters auf der Wartburg gelten, ist die Frau mit 20 Jahren eine Taube genannt. Sanft wie eine Taube und friedlich wie eine Taube sind im Volk, da es in dem Glauben lebt, Tauben hätten keine Galle und führten ein paradiesisches Leben ohne Zank und Streit, ohne Neid und Hass, bekannte Vergleiche. Wenn auch Taubenpaare sich zärtlich lieben, zeigt doch ein genaues Beobachten, daß Futterneid, Eifersucht und Rauflust zu den häufigsten Taubentugenden zählen und eigentlich im Grunde genommen das „sanfte Täubchen" und „es Brütli wie-n-es Tübli" schlechte Vergleiche sind.

Nach dem Volksglauben urteilen die Gerichte ungerecht, denn sie sollen nur die Tauben (Unschuldigen) peinigen, die Raben (Verbrecher) aber fliegen lassen.

Wessen Ordnung man mit derjenigen eines Taubenschlages vergleicht: „Do gsehts uus wie von Tube zäme treit und vo Hüenere verscharret" (118), braucht sich nichts einzubilden.

Von einem, der immer krank ist und bei dem eine Krankheit die andere ablöst, sagt der Italiener: „Er hat immer Junge und Eier" und bezieht sich damit auf die Art der Tauben, neben den Jungen auch immer wieder Eier zu haben (108, VI).

Wer nicht zu sättigen ist, von dem sagt man in Frankreich (108, VI), er habe einen Taubenkropf.

Sprichwörtlich ist der Vergleich einer vielumschwärmten Jungfrau mit einem Taubenhaus im Deutschen:

> Jungfernherz, ein Taubenhaus
> Fliegt einer ein, der ander aus (108, VI).

Die Art der Tauben, stets zu girren und sich drehend und trippelnd aufzublähen, liefert einige treffende Metaphern. So nennt man einen Schwätzer in der Pfalz Täubler, „sich ufblose wie e Kütter" (Täuberich) braucht man im Elsaß, „tubetänzig" bedeutet in Lörrach (20) und in der Schweiz, unruhig oder auch geradezu verrückt sein.

Die Turteltaube

Die Namen der Turteltaube sind schon im Lateinischen, aber auch in den germanischen und romanischen Sprachen unzweifelhaft von ihrem eintönigen Ruf „turturr turrturr" oder „turturturtur" hergenommen. So sagt man in der Schweiz Dorteli, Dortltübli (132), französisch Tourterell, ital. Tortora (91, VI).Von ihrer Lieblingsspeise, der Hirse, nennt man sie in der Schweiz (132) Hirstübli und ihres zierlichen, reizenden Wesens wegen heißt man sie auch Frouendübli (132). Auf einer Verwechslung mit der Lachtaube beruht der Name „wilde Lachtaube" (91, VI).

Von der Turteltaube leiten sich ab die topographischen Namen: La Tourtoure, Tourtoirac, Le Champ-Tourtourier, Le Cap des Tortelles, Tourterau. Tortelle, Château de Tourteron, La Tourtonnerie, Tourteron in Frankreich, L'Arbre de la Tourterelle und das Dorf Tourtour in Belgien. Von diesem Vogel stammen die Geschlechtsnamen Tourtel, Tourtellier, Tourtelot, Tourtoude, De Tourtozlon, Turtaut, de la Turtaudière. Tortorelle. Tortorel und Tortereau (108, X).

Als Unglücksbote trat diese Taube im allgemeinen im klassischen Altertum nur sehr selten auf, dagegen aber bei etlichen germanischen Volksstämmen, so bei den Langobarden und Goten. Diese nannten die Turteltaube Leichentaube (54, II). In Calvados sind Turteltauben von glücklicher Vorbedeutung (108, X), und wo in Schwaben Turteltauben nisten, schlägt der Blitz nie ein (154).

Wer diese Tauben schlachtet, den flieht in Böhmen das Glück ewig (35). Hier sind sie überhaupt Glücksvögel, darum werden auch in den Häusern so viele Turteltauben gehalten (35). Sieht in Böhmen das aus der Kirche tretende Brautpaar zuerst Tauben, bedeutet das Glück, Treue und Einigkeit in der Ehe (35). Das erstemal im Jahr die Turteltaube nüchtern zu hören, macht schläfrig (108, II). Sieht man in Albanien die erste dieser Tauben, wenn man nüchtern ist, wird man krank.

Im Mittelalter glaubte man, daß wenn man die Füße einer Turteltaube an einen Baumast hänge, dieser Baum keine Früchte mehr tragen werde (108, X).

Eine Frau, welche im 16. Jahrhundert steril werden wollte, tat am besten daran, ein Turteltaubenherz bei sich zu tragen (108, X).

Zum Liebeszauber benützten die Magier Teile dieser Taube sehr oft. „Wilt du, dass du Jedermann Lieb Bist, so Trag bey dir Ein Turteltauben Härz, so gefalst du jederman wohl (44, VII). Ein Rezept aus dem 15. Jahrhundert lautet: „Damit eine Frau dich lieben muss, nimm zwei Turteltauben, Männchen und Weibchen, töte und pulverisiere sie und gebe ihr das Pulver mit deinem Blut zu trinken. Sie wird dich lieben (108, X).

Laut einem Auszug aus dem Rostocker Kriminal-Protokoll-Gerichtsbuch, bekannte der 20jährige Gersten Sasse am 22. März 1586: Man soll in der Höchsten drei Namen eine Turteltaube schießen und die Zunge mit ungebrauchtem Wachs gehandelt unter die eigene Zunge legen, dann, wenn man ein Mädchen zur Unzucht begehre, redet und blast man sie also an, kann sie einem nichts versagen (6, II).

Hat ein Bursche eine Turteltaubenzunge im Munde und küßt ein Mädchen, kann dieses auch heute noch, wenigstens im Sarganserland, nicht mehr von ihm lassen (80).

Nach dem Volksglauben girrt eine Turteltaube nicht mehr, sobald ein Kranker im Hause ist. Das Volk behauptet auch, daß es Tiere gebe, die wenn man sie pflegt, Krankheiten augenblicklich an sich ziehen (44, VIII). Zu diesen gehört namentlich die Turteltaube. Im Kanton Zürich sagt man, wer sie halte, werde seine rheumatischen Schmerzen verlieren. Im Thurgau nimmt sie die „Ueberröte" an sich, wenn man ihr eine Schnur von dem erkrankten Glied des Patienten anhängt, das Tier selbst, geht aber dabei zugrunde (44, VIII). Vorzügliche Dienste leistet sie im Sarganserland (80) und in Oldenburg (154) bei Lungenschwindsucht, in Sachsen (115), in Bayern (43) und in Thüringen (154) bei Gicht. Nebst Gimpel und Kreuzschnabel sollen auch die Turteltauben den Rotlauf an sich ziehen, nur muß man, um die Tiere vor der Krankheit zu schützen, ein Stück rotes Tuch an den Vogelkäfig hängen (29). Haben sie das Gift der Krankheit an sich gezogen, werden ihre Füße nach dem Volksglauben in Bayern (43) rot. Auch im Willisaueramt hält man Turteltauben in den Häusern und Wohnungen als gutes Mittel gegen die Röte und Gliedersucht (74).

Wird man im Kanton Aargau von Rheumatismus geplagt, hängt man über das Bett einen Käfig mit zwei Turteltauben, das soll Erleichterung schaffen (141, III).

Wer aber ein Paar Tauben besitzen will, darf sie nicht kaufen, sondern muß sie sich schenken lassen, natürlich bleibt ihm jedoch nicht verwehrt, ein Gegengeschenk zumachen (46, I). Das Blut der Tauben, Turteltauben und Holztauben und der Rebhühner ist für die mit Blut unterlaufenen Augen vortrefflich. Bei den Tauben hält man das Blut des männlichen Geschlechts für das kräftigere (159, II).

„Wann einem die Augen bluttenn, der nehme eine lebendige Turteltaube unnd steche sie, das das blutt von ihr trieffe, neme dasselbe Blut unnd thue es also warm in die Augen" (51). Gessner berichtet in seinem Vogelbuch 1557 (30):

„Turteltaubeblut wirt also warm uff ein zerknütscht und kranck or getröufft. Gar klein zerstossen, und mit gutem verschaumten honig vermengt, gneert die fläcken der auge. In mät gekochet, und pflasterweyss über den bauch und nieren gelegt, benimpt den schmertzen der selbigen, sagt Marcellus. Das Blut aus dem rechten Flügel einer Turteltaube in das Auge getröpfelt ist gut gegen Augenmäler und Schwären in den Augen, die Leber aber ist gut gegen die Hornhaut des Auges (113, III). „Denen so da schwarlich harnend ist diss ein erfarne artzney: dass sy namlich zerstossnen Turteltaubenkaat ein quintlin also nüchter mit honig trinckind, und das drey tag nach einanderen. Mit rossöl zertriben und aufgestrichen, gneert die bärmutter. Disen gebrennt gib auss mät für den stein zutrincken: dann das treybt den stein mit dem harn hinauss, als Galenus aussweysst" (30).

Bei Urinzwang, durch was er auch verursacht sein möge, steht in der Steiermark Turteltaubenkot in hohem Ansehen (29). Turteltaubenkot, eingestäubt, hilft im Steiermärkischen auch gegen den Rotlauf (29).

Ein Zauberbuch (139) von 1745 weiß davon: „Wider das Podagra oder Zipperlein: Wilde Turteltauben, je mehrere je besser, in dem Zimmer des Podagrici gehalten; so wird man mit Verwunderung gewahr werden, wie diesen Tiergen werden die Füsse geschwellen, so dass sie nicht mehr können von der Stelle kommen, hingegen der Patient soulagiret werden" (139).

„Ein andres vor den schlack unnd Schwere kranckheitt. Man soll nehmen eyne Turteltaube; so ein manns person isst, ein teuberich, isst es eyn weybs person eine Taube, unnd stechen die in den flogeln (Flügeln). In eine ader unnd lassen das blutt in einen leffel lauffen, gib dem krancken das zetrincken unnd reisse ihr den kopff ab, schneyde sie enzwei und nehmen die leber unnd Hercze unnd reiben es mitt lavendel, liljen Conualien unnd ljnden blusen wasser unnd geben es dem krancken zutrincken" (51).

Mitsamt ihren Federn verkohlte Turteltauben sind gut gegen allerlei Krankheiten (6, II).

Ein Segen für das Lendengeblüt der Tiere im Vogtland lautet:

> Turteltaub' ohne Gall',
> Lendengeblüt fall.
> Fall' nein in's tiefe Meer
> Dass mein Ochs oder Kuh kriegts Lendengeblüt nimmermehr.

Hier ist die Turteltaube ohne Galle ein Anrufung der Jungfrau Maria, die schon im Mittelalter „tube sunder gallen, ros ane dorn", genannt wurde (115).

Die Legende will wissen, daß es die Turteltaube war, die der Muttergottes den Ehering brachte. Daher hat sie noch zur heutigen Zeit einen Ring um den Hals, und feinfühlend sagt man von ihr; Sie stirbt und nicht etwa „sie geht drauf"; denn dies wäre eine Sünde (101, II).

Als der Welterlöser die furchtbarsten Schmerzen erduldete, so eine schwedische Legende, neigte sich eine Turteltaube über dem Kreuz und rief klagend voller Angst: Kuric, kuric, mein Herr, mein Herr! Seit jener Stunde hat sie nie aufgehört diese Worte zu rufen (22, II).

Auch nach einer bulgarischen Sage hat die Turteltaube den Schmerzensschrei bewahrt, den sie ausstieß, als sie auf dem Holz des Kreuzes des Heilandes saß. Dank der himmlischen Gunst aber ist sie immer so glücklich, von den Menschen mehr geliebt zu werden als jeder andere Vogel, denn sie ist sanft und gut (22, II). Nach einer rumänischen Sage war einst die Turteltaube eine junge Frau, die mit allen jungen hübschen Männern schön tat und liebäugelte. Zur Strafe verwandelte sie Gott in die Turteltaube, die nur ihren Gatten liebt und auch nach seinem Tode ihm noch treu bleibt (22, III).

Auf Korsika ist die Turteltaube das Symbol großer, andauernder Liebe. Daher sagt man von sehr glücklich Verheirateten: „Sie sind immer noch verliebt wie die Turteltauben" (113, III):

> Beati quelle e quelle,
> Che dopu maritati,
> So sempre innamurati
> Cumme e turturelle (108, II).

Nicht nur Verheiratete, sondern überhaupt die französischen Mädchen können verliebt sein wie die Turteltauben. Vom Verliebttun und Kosen der Tauben nimmt der Franzose auch den Ausdruck: Turteltaubenkuß, d.h. küssen nach Taubenart, also recht schmeichelnd, zärtlich und innig. Die Verbeugungen und das Tänzeln der Tauben, wenn sie sich die Liebe zeigen, prägten die französische Redensart: Die Turteltaube vor einer Frau machen, womit nichts anderes bezeichnet wird als mit unserem „den Hof machen" (108, X). Eine Person, die nie anders kann, als in einer vergnügten Gesellschaft trübe Stimmung hervorzubringen, vergleicht der Franzose mit einer Turteltaube, die nie trinkt, ohne das Wasser zu trüben (108, II).

Die Ringeltaube

Die Ringeltaube ist, obschon auch verwilderte Tauben unter ihrer Flagge segeln, im Volksmund die eigentliche Wild-, dann auch Holz-, Schlagduba 6132), Wald- oder Kuhtaube (91, VI).

Von der Ringeltaube, Symbol der Unterweltsgöttin Persephone, welche auch Pherephatta, Ringeltaubenträgerin, hieß (54, II), leiten sich die Geschlechtsnamen Taube und Ringeltaube ab (39). Als einziger Geschlechtsname, der im Französischen die Taube zum Wappentier hat, ist jener der Paloumet bekannt (108). Obwohl die Wildtauben und auch die Haustauben allgemein bekannt und verbreitet sind, gibt es doch nur wenige topographische Namen, die sich auf sie beziehen, so in der Schweiz: Taubenfärich, Taubenhaus, Taubenloch, Taubenlochschlucht, Taubenmoos, Taubenthal. In Frankreich sind bekannt: Le Col de Palombières, Paloum Paloumière (108, X).

Die Mediziner des Altertums hielten das Fleisch dieser Taube nicht für empfehlenswert und gaben dem der wilden Turteltauben entschieden den Vorzug (54, II). Gessner berichtet, daß „die ringeltaub tröcknet" und den Bauch verstopfe, für Magenkranke aber soll sie, obwohl sie als schwer verdaulich bezeichnet wird, sehr gut sein (30).

„Holztaubenfleisch in Essig gekocht dienet beym Rothlaufe und dem Darmgrimmen. Bauchgrimmen heilet, ein wilde Holztaube in Nachweine gekocht (159, II). Plinius kennt weitere vorzügliche Medikamente: Bei Steinen und anderen Blasenbeschwerden empfiehlt er Ringeltaubenmist in einer Bohne, Asche von den Eingeweiden derselben „zu drey Löffel voll" oder die Asche von ihren Federn aus Honigessig, einzunehmen. „In Krämpfungen der Nerven ist das Ringeltaubenfleisch zu essen dienlich." „Es ist etwas wunderbares: wann man eine Ringeltaube dreymal um die Geburtsglieder, bey der Würmernoth herumträgt; so stirbt die Ringeltaube, wann man sie fliegen lässt, und das Vieh wird alsobald davon befreyet" (159, II).

Unser Naturforscher und Arzt Konrad Gesner schrieb 1557: „Koch ein Blochtaube in weynbeeren, und gib davon drey tag dem darmwindigen zu trincken. Wenn ein weyb empfange hat, und besorgt dz sy die empfencknuss nit behalte möge, so sol sy ein Blochtauben ässen, als Hippoc. aussweysst. Die Ringeltauben söllen umb der eichlen wille, deren sy dann geläbend, der unkünschheit widerston: so doch die anderen Tauben die selbig meeren.

> Den vogel ässe der nit vil
> Der allzeyt gern unküschen wil (30).

In Böhmen hält man als sicheres Mittel gegen Zahnweh eine Ringeltaube im Hause (35).

Ein heimlich liebendes böhmisches Mädchen muß am Abend vor dem Georgstag eine wilde, noch nicht flügge Taube, die aber männlichen Geschlechts sein muß, aus dem Nest nehmen, aufziehen und wenn sie flügge geworden ist, in der Morgenfrühe vor dem Feuerherd an die entblößte Brust aufs Herz drücken, hierauf dreimal durch den linken Hemdärmel schieben und schließlich unter dem Segensspruch

Aus dem Kamin hinaus
Täuberchen flieg!
Nimm mich nur Hänschen mein
Nimm mich nur du.
Auf deinen Felsen hin,
Täuberchen flieg
Wie ich dich Hänschen mein,
Doch einmal krieg.

durch den Kamin fliegen lassen. Niemand im Hause darf jedoch etwas wissen, das Mädchen niemandem begegnen, ehe die Zeremonie zu Ende ist. Ging alles richtig, wird sie noch im selben Jahr den Mann bekommen, den sie sich wünscht (50).

Gebratene Tauben sind immer und überall geschätzt. Wenn auch die für die Küche zur Verwendung kommenden Tiere zum weitaus größten Teil Haustauben sind, hat dennoch die Taubenjagd, die Mengen wilder Tauben in die Markthallen von Paris liefert, etwelche Bedeutung, und der Franzose präzisiert die Taubenjagd ebenso wie unsere Jäger die Schnepfenjagd:

A Saint-Michel (29. IX.) l' appeau,
A Saint-Luc (12. X.) le coup;
A Saint-Grat (19. X.) le grand coup;
A Saint-Martérou la fleur;
A Saint-Martin la fin (108, X)[1].

In Mecklenburg glaubt man, daß die Wildtauben von jener Taube abstammen, die Noah aus der Arche fliegen ließ (6, II). Als Gott die Vögel erschaffen hatte, lehrte er einen jeden sein Nest bauen. So kam auch die Wildtaube an die Reihe. Gott legte zuerst einige trockene Reiser als Unterlage hin, da rief die Taube auch schon: Nu weeek't, nu week't und flog davon. Seitdem ist sie nicht fähig, ein ordentliches Nest zu bauen (151, II).

In der Zentralheide heißt die grosse Holz- oder Ringeltaube allgemein Kuhtaube. Der Name stammt von dem Lockruf des Vogels, von dem die Sage erzählt: Als die Taube den Raben, anderorts ist es die Elster, besuchte, konnte sie sich nicht genug über das kunstvolle Nest ihres Gastgebers wundern. Sie bat ihn um Unterweisung und versprach vor Beginn

---

[1] An St. Michael (29. IX.) Beginn der Jagd
An St. Luc (12. X.) Gute Zeit
An St. Grat (19. X.) Die beste Zeit
An St. Martérou Der Höhepunkt
An St. Martin Das Ende

eine Kuh als Lehrgeld zu bringen. Am verabredeten Tag stellte sich dann die Elster ein und begann in der Astgabel einer Eiche kreuz und quer einige Zweiglein übereinander zu legen. Kaum sah die Taube, daß sich die Form des Nestes zu bilden begann, rief sie freudig: „Ich kann es schon, ich kann es schon!" Die Elster war's zufrieden und flog heim. Als aber die Taube den Bau des Nestes fortsetzen wollte, gewahrte sie zu ihrem Schrecken, daß sie doch im Grunde gar nichts verstand von der Sache, sondern ihre Kuh für nichts und wieder nichts los geworden war. So kommt es, daß die Taube immer noch ein mangelhaftes Nest baut und beim Anblick, klagend um ihr verlorenes Lehrgeld, ruft: „Kuh, kuh, kuh." Die Elster freut sich noch heute des Sieges und lacht und schwatzt in einem fort (131, II).

Die Sage von der die Taube den Nestbau lehrenden Elster ist nicht nur in deutschen Landen, sondern auch in England, Dänemark, Livland, Ungarn und den Niederlanden bekannt (22, III). Dem Ruf der Wildtaube wird im Ruedertal (Aargau) folgender Text unterlegt:

> Hans Ruedi, wo wotsch he?
> – Of Basu (Basel)
> Was go mache?
> Ge Chorn choufe!
> We vew? (wie viel)

Sie sollen aber auch rufen: Ruedi, fress Surchrut. Im Schwarzwald legt man den Ruf so aus:

> Thade (Thadäus), wi wit hi?
> – Go Staufe
> Frucht ikaufe
> Bring mer au o Mutt,
> Thade zupf. (141, III).

In Egnach ruft die Wildtaube:

> Hans Choret – Jo, jo!
> Bisch z'Mart gsi? – Jo, jo!
> Isch tür gsi? – Jo, jo!
> Jä (141, III).

In Bussnang hört man im Ruf die Worte:

> Du, du – Bischt z'Wil gsi?
> Du, du – hescht Brot kauft?
> Du, du – Isch tür gsi?
> Jä! (141, III).

In Heimberg hört man die Worte:

> Hans Ruedi,
> Wo wosch hi?
> Ge thun uche.
> Was mache?
> Chorn chaufe
> Wie wiu?
> E Mütt (141, IX).

Den Kindern ruft die Taube zu:

> Hans ueli,
> wo hesch dini schuehli?
> Hesch Chrut gha?
> säg jo, du – du (106).

Im Braunschweigischen girrt der Täuberich: Kumm frue, kumm frue (3), dann wieder hört man in seinem Rufen die Worte: Bring her mine Fru, Fru, Fru (141, XIII). Dem gekämmten Kind ruft er zu: Glatt köppchen, glatt köppchen, dem ungekämmten aber: ru-ru-köppchen (3).

Die Wildtaube ruft narrend: Hier bug't keen will duw'. Wollen in Mecklenburg des Morgens die Tauben aus dem Schlag, rufen sie: „Rucke die Kuh, die Tür ist noch zu." Dann wieder:

> Fruh, fruh, fruh,
> rucke die Kuh,
> die Tür ist noch zu,
> fruh, fruh, fruh.

Seiner Taube ruft der Täuberich zu:

> Du duw' du.
> Leew' Frug',
> belief mi trug'.

Sein Weibchen suchend, jammert er: Ik söök mien fru (151, II). In Ziegendorf sagt man, es sei einst die Kuh gewesen, die das Nest der ursprünglich am Boden lebenden Taube zerstört habe. Daher ruft diese nun heute noch: Kuh, kuh, du olle bunte Kuh (151, II).

Nach einer luxemburgischen Sage hatte einst ein Knabe, der das Vieh hütete, eine Kuh verloren. Sein Vater geriet über den Verlust des Tieres in furchtbaren Zorn und mißhandelte seinen Sohn, der erst spät in der Nacht vom Suchen heimkehrte, aufs grausamste. Eine Taube, die von einem benachbarten Baum der Mißhandlung des Knaben zusah, rief dem

Vater voller Mitleid zu: Losz den hirt goe'n, t'koe kéent. Sie hörte nicht auf, die ganze Nacht diese Worte zu rufen, und jene Stunde nicht vergessend, ruft sie heue noch: Losz den hirt goe'n, t'koe kéent (100, XII). In der Haute-Bretagne sagt die Taube zu ihrem Männchen: „Un baiser, mon doux (ami)", der Täuberich antwortet: „Je vous en ai donnée hier." Darauf das Weibchen wieder: „Je nien pas souvenance"[1] (113, III). In der Ille-et-Vilaine gurrt der Täuberich: „Payes-tu un pot tintin ... tintin ... tonton?" (100, X).

In England umschreibt man den Ruf der Holztaube:

> Take two-o ooo. Taffy!
> Take two- ooo. Taffy[2]

oder:

> Curr choo! curr choo!
> Love me and I'll love you[3].

Dann wieder:

> The dove says, coo, coo. what shall I do?
> I can scarce, maintain two (117)[4].

---

[1] „Einen Kuß, mein Lieber" ... „ich habe Dir gestern gerade einen gegeben" ... „ich kann mich nicht daran erinnern".
[2] Nimm zwei, Taffy, nimm zwei, Taffy.
[3] Liebe mich, dann werde ich Dich lieben.
[4] Die Taube sagt, coo, coo, was soll ich tun? Ich kann kaum zwei ernähren.

Möwen

Die Lachmöwe

Wegen ihrer durchdringenden, kreischenden Stimme, die ihr den Namen Lachmöwe gegeben hat, wird sie auch Seekrähe genannt. Die Bezeichnungen Hut-, Kapuziner-Möwe und Pfaff beziehen sich auf den schwarzen Kopf der alten Vögel im Sommerkleid.

Wenn nach Aldrovandus die Möwen hoch in die Luft steigen, werfen sie sich gleichsam dem Wind entgegen und werden dadurch zu Verkündigern von Sturm, bei dem kein guter Fischzug zu erwarten ist; wenn sie aber geradezu auf den Fischer zufliegen, zeigen sie damit einen reichlichen Fischfang an (45).

Den Fischern von Guernesey ist die Möwe ein Vogel von schlechter Vorbedeutung. Sie sind überzeugt, daß wenn sie eine Möwe gewahr werden oder einen Kormoran sehen, sie den ganzen Tag keine Fische fangen werden. Hört der Franzose eine Möwe schreien „Caré, caré!", ist er überzeugt, daß er seine Angel ruhig einziehen kann, da in diesem Fall bei der ganzen Fischerei soviel wie nichts herausschaut (113, III).

Nach französischem Volksglauben zieht die Möwe, wenn sie den Patienten anschaut, die Gelbsucht an sich, muß dabei aber alsbald sterben (108, II). Um ein Fieber zu heilen, tut man gut daran, sich mit Fett einer an einem Freitag getöteten Möwe einzureiben (108, II). Die in See stechenden Seeleute sehen es gerne, wenn dem Schiff recht viele Möwen folgen, denn sie sind ein untrügliches Zeichen für glückliche Fahrt oder gutes Wetter (131, I). Auf Wind deutet es, wenn die Möwen mit den Flügeln schlagend über einem Hause verweilen (113, III). Unwetter oder Regen (131, II) oder wenigstens keine Änderung des schlechten Wetters ist zu erwarten, wenn die Möwen weit ins Land hineinfliegen. Regen folgt bald im Thurgau, wenn sie laut schreiend fliegen (141, XX) und in Frankreich über der Erde nach Beute jagen (113, III). In Schleswig auf einer Insel der Schlei nisten unablässig zahllose Möwen, obwohl ihnen alljährlich die dritte Brut genommen wird: es ist die Nachkommenschaft der Leute König Abels von Dänemark, die demselben seinen Bruder Erich ermorden halfen und die an den Ort ihrer Schandtat als Möwen festgebunden wurden (137). Nach dem kleinrussischen Glauben ist die Möwe eine junge Frau, die sich in diesen Vogel verwandelte, um den Rumpf ihres von den Tartaren ermordeten Mannes zu suchen. Bis heute aber konnte

sie jenen nicht finden und über ihre schwere Klage stöhnend fliegt sie
über das Grab, wo die Mörder des Gatten dessen Haupt vergraben haben,
und dies ist im Schilf des Dnjestr (22, III).

Eine bulgarische Sage berichtet, daß sich einst die Möwe an Fischen
sattgegessen, dann aber angefangen habe, mit diesen zu spielen. Zur
Strafe für diese Frechheit verfluchte sie Gott, daß sie täglich nur einen
Fisch fange und bisweilen sich auch nur mit Fröschen begnügen müsse
(22, III). In Wismar glaubt man, die Möwen, die bei Sturm hinter den
Schiffen herschreien, seien alte Seeleute gewesen (151, II). Einen Hinweis
auf die Möwen oder überhaupt die Seevögel als „Seelenvögel" ist jedenfalls auch in dem Glauben der französischen Seeleute enthalten, wonach
es gefährlich ist, solche Vögel zu töten (113, III). Nach mecklenburgi-
schem Glauben soll die Möwe eine verwünschte Nonne sein, und deshalb
ruft sie immer: Hadd'k man fri't, hadd'k man fri't (151, II).

Schnepfen

Die Waldschnepfe

Die Schnepfenjagd wurde schon zu alten Zeiten außerordentlich hoch geschätzt. Der geschickte Schnepfenjäger und der glückliche Schütze wurden geehrt und belohnt. In Homburg vor der Höhe wurde Schnepfenkönig, wer hundert Waldschnepfen geschossen hatte. Auch genoß er die Vergünstigung, für das nächste Jahr steuerfrei zu sein. In Hessen erhielt, wer im Frühjahr die erste Schnepfe erlegte, ein Goldstück, den sog. Schnepfendukaten. Der Graf von Solmi-Lich ließ Schnepfenpfennige prägen und solche nach Schluß einer Jagdpartie unter die Treiber werfen.

Ein alter Jägerspruch schildert den Schnepfenzug wie folgt:

Reminiscere	Nach Schnepfen suchen geh.
Oculi	da kommen sie
Lätare	Das ist das Wahre
Palmarum	Trallarum
Quasimodogeniti	halt Jäger, halt jetzt brüten sie

In schlechten Jahren heißt es:

Reminiscere	Noch Eis und Schnee.
Oculi	sind sie nicht hie;
Lätare	nicht einmal rare;
Judica	Noch keine da;
Palmarum	Trallarum

Oculi wird auch scherzweise der Schnepfensonntag genannt, und das auf ihn angesetzte Evangelium vom Austreiben der Teufel heißt das Schnepfen-Evangelium.

Das Fleisch der Schnepfen wird für ein so leckeres Gericht gehalten, daß bei der Zubereitung sogar die Eingeweide samt Inhalt dabei bleiben müssen und diese gemeinhin „Schnepfendreck" genannt werden und für das Allerfeinste gelten. Wer Schnepfendreck ißt, sagt ein alter zürcherischer Spruch:

D'Bure essed Schitz und Speck
und d'Herre Schnepfedreck

Die Waldschnepfe ist Urheberin der Schweizerischen Ortsbezeichnungen: Schnepfen-Flüehli, Schnepfen-Moos, Schnepfen-Nest und Schnepfenwinkel (125, IX).

Ihres geheimen Kommens und Gehens, ihrer Vorliebe für Dämmerung, flimmerndes Sternenlicht und das magische Silberfließen des Mondlichtes wegen wurde sie nach Lloyd noch 1867 in Schweden für einen Hexenvogel gehalten, dessen Berühren Krankheit und anderes Übel bewirkte.

Es ist daher fast selbstverständlich, daß sie auch in der Zauberei Verwendung fand. Will man einen sicheren Schuß erlangen, muß man in Böhmen Schnepfenkot unter das Pulver mischen (35). Um die Kinder gegen Zauberei zu schützen, hängte man ihnen Schnepfenköpfe um (89).

Hört ein Mann nüchtern eine Schnepfe, kann das nach dem Glauben der Esten zweierlei bedeuten. Meckert sie, wird er beim Pflügen viele Pflugscharen zerbrechen. Blöckt sie, ist es jedoch ein sicheres Glückszeichen (14).

Wenn in Böhmen die Brautleute beim Verlassen der Kirche einer Schnepfe begegnen (was selten genug geschehen dürfte), bedeutet es ihnen Unglück (54).

Die Schnepfe, Donars Vogel, zieht in Böhmen das Fieber an. Ihr zu begegnen ist aber ein Unglück. Der Fieberkranke muß, damit Heilung zu erwarten ist, vor Sonnenaufgang in den Wald gehen, aus einem Schnepfennest ein Junges nehmen und es drei Tage behalten, um es dann, in den Wald zurückgebracht, fliegen zu lassen (35).

„Der Schnepfen geessen soll das Gesicht schärfen, welches aber nicht von dem Dreck, dene man auf Brot-Schnitten essen tut, zu verstehen ist, dann in den Augen Licht, in diesen Excrementen aber Finsternis wohnet" (125, IX).

Nach einer Sage aus der Albret war es die Waldschnepfe, welche die Spuren der heiligen Familie, die diese während der Flucht nach Ägypten hinterließ, vertilgte. Zur Belohnung bestimmte die Jungfrau, daß sie ein bevorzugter Vogel sein solle und daß man niemals ihr Nest solle auffinden können (22, II).

Ein norwegisches Märchen von der Schnepfe lautet, sich darauf beziehend, daß junge Schnepfen im Dunenkleid zu den schönsten unter den schnepfenartigen Vögeln zählen: Als einmal eine Schnepfe im Wald einen Jäger traf, bat sie ihn, ihre Kinder zu schonen. Damit er, der ihre Bitte zu erfüllen versprach, ihre Kinder auch kenne, gab sie als Merkmal an, daß es die schönsten Vögel des Waldes seien. Gegen Abend ging nun der Jäger mit einem Gebund Schnepfen in der Hand nach Hause und begegnete abermals der Schnepfe. Als sie ihn des Tötens ihrer Kinder anklagte, war er sehr erstaunt und verteidigte sich damit, er habe nicht die schönsten, sondern die häßlichsten Vögel des Waldes geschossen. Darauf erwiderte betrübt die Schnepfe: „Du konntest doch wohl wissen, daß es alle Mütter dünkt, ihre Kinder wären die schönsten der Welt."

Auch die Schnepfe hat die zweifelhafte Ehre, als Symbol der Dummheit verwendet zu werden. So wird bécasse im Französischen zur Bezeichnung eines törichten Weibsbildes gebraucht, und analog wird im Englischen woodcock (Waldhahn, Name für Schnepfe) auf geistig beschränkte Menschen angewandt (102).

Leere Fässer tönen hohl, und auch geistig minderwertige Menschen sagt man nach, im Kopf hätten sie nichts, er sei ebenso hohl wie ein leeres Faß und mache auch den größten Lärm. Aus diesem Grunde nennt der Franzose ein weibliches Wesen, das sich durch ein besonders gutes Mundwerk hervortut, eine Schnepfe (108, II). Mit Schnepf meint man in der Stadt Luzern ein eitles, hochmütiges und redeseliges Mädchen, überhaupt eine Schwätzerin (125, IX).

Wie im Englischen die Wachtel, im Französischen der Kranich, so gilt im Deutschen, namentlich in studentischen Kreisen, die Schnepfe als Symbol der galanten Dame. Das tertium comperationis ist hierbei die Art der Bewegung; die Schnepfe hat einen wackelnden Gang, womit wohl das sich Wiegen in den Hüften verglichen werden soll, das man bei dieser Art von Damen zu beobachten glaubt (102).

„Schnäpf" nennen die Zürcher, Basler und Luzerner ein im Verruf der Unsittlichkeit stehendes Mädchen, eine Straßendirne, die eben wie die Schnepfe eine Nachtgängerin ist und dunkle, verborgene Orte liebt (125, IX). „Auf den Strich gehen" wendet man im deutschen Sprachgebiet auf das allabendliche Auf- und Abpatrouillieren dieser Geschöpfe in gewissen Straßenzügen an (102). Dabei vergleicht man das Spazieren dieser Damen mit dem Streichen und Balzen der Schnepfen. In der Tat ein trefflicher Vergleich, der deswegen keine Einbuße erleidet, weil der „Strich" der Weiber etwas Unsauberes, beim Vogel aber natürlicher Herkunft ist. „Uf der Schnäpfestrich go" bedeutet in den Kantonen Appenzell und Zürich und überall, wo es sexbesessene Männer gibt, den Lustdirnen nachstreichen (125, III).

Der Brachvogel

Schon bei Gessner wird der Brachvogel als Regen-, Wind- und Wettervogel bezeichnet. Von diesen Namen sind heute noch Regen- und Wettervogel im Elsaß üblich und bereits im Straßburger Vogelbuch und in der Straßburger Stadtordnung für das 15. Jahrhundert bezeugt (117). Weil er für einen ganz sicheren Wetterpropheten angesehen wird, heißt er heute noch Gewittervogel, Regenwolf, dän. Regnpiber, holländ. Regen fluiter

(91, IX). Sein Name Louis (91, IX) und in der Schweiz Lui, sind lautmalender Natur, hergenommen vom Lockruf des Vogels.

Die Brachvögel halten sich ebenso wie die Kiebitze in öden Moorlandschaften auf. Da solche Verbannungsorte für alte Jungfern sind, ist es auch deren Los, nach ihrem Tod in Brachvögel verwandelt zu werden (151, II).

Bei einer großen Dürre beschlossen einst in Rumänien die Vögel einen großen Brunnen zu graben. Nur der Brachvogel beteiligte sich nicht bei den Arbeiten. Er wolle sich nicht schmutzig machen, meinte er und zudem könne er auch mit Trinken warten, bis es regne. Zur Strafe verwünschten ihn die andern Vögel und verboten ihm, aus einer Quelle zu trinken. Seitdem trinken die Brachvögel nur aus Seen und Flüssen und im Fluge Regenwasser. Trinken sie aber aus einer Quelle, sterben sie sofort (22, III). In Thüringen ruft der Brachvogel zur Zeit der Kornreife: Korn riep, Korn riep. (141, X).

Der Regenbrachvogel

Als vor langer Zeit die Teiche gegraben werden sollten, ward auch der kleine Brach- oder Gietvogel aufgefordert, den Morast ausräumen zu helfen. Da er sich aber fürchtete, seine gelben Füßchen zu beschmutzen, entzog er sich der Arbeit. Nun bestimmte Gott, er solle bis in Ewigkeit aus keinem Teich trinken. Deshalb sieht man ihn nur aus hohlen Steinen und Wagenspuren, in denen sich Regenwasser gesammelt hat, mühsam Wasser aufnehmen. Wenn nun aber lange kein Regen fällt, leidet er jämmerlich Durst, und man hört ihn ununterbrochen sein klägliches „giet, giet", „giesse regne" rufen (22, III).

Die Bekassine

Während des Balzfluges bringt die Bekassine durch Vibrieren der Schwanzfedern so eigentümlich meckernde, klingende, zitternde und knurrende Laute hervor, daß ein Vergleich mit dem Meckern der Ziegen und Schafe und dem Wiehern von Pferden wohl angebracht ist. Aus diesem Grunde erklären sich die über die verschiedenen Sprachen sich erstreckenden Übereinstimmungen in den Benennungen dieses Vogels, welche auf dem erwähnten Vergleich beruhen: deutsch Himmelsziege, Himmelsgeiß, Haberziege, Haberbock, Haberlämmchen, englisch Full Snipe, dänisch Hingstefugl, norwegisch Rossegauk, Horsebukk, Maekregauk, schwedisch Himmelsget, Russgauk, Rösselgök, französisch Chevrelle

(91, IX). In Frankreich nennt man die Bekassine auch Ziegen-Martin.
Man sagt, sie sei die Frau des Teufels, welche ebenso schreie (113, III).

Dieser Vogel wird auch Wetter-, Regen- oder Gewittervogel genannt
(33, I). Da die Bekassine auch ein Vogel Donars ist, heißt sie im Volk
auch Donnerziege oder Donnerstagspferd, und ihr Flug verkündet den
nahenden Gewitterregen (150, III). Schon Aldrovandus führt an, daß es
im Volksglauben baldigen Regen bedeute, wenn die Bekassine ihre
Stimme ertönen lasse (45).

Um singen zu lernen, flog die Bekassine in ein Gehöft, wo gerade der
Frau im Keller Milch ausgeflossen war. Die Bäuerin rief die Katze, sie
aufzulecken: Kji, kji. Ein Ziegenbock aber hatte sich zuerst herangeschli-
chen. Er wurde jedoch von der Frau mit der Rute fortgejagt, so daß er mit
dem Schmerzensschrei „mäh, mäh" zum Stall lief. Seitdem singt die Bekassine: kji ku, kji ku, mē mē (22, III).

Nach einer Sage aus dem nordwestlichen Kurland wohnt in der Bekassine die Seele einer alten Jungfer, die in den Himmel kommen möchte.
Aus der Art, wie sich der Vogel stets schnell wieder zur Erde senkt, folgert
man, daß der Himmel die Einlaß begehrende Seele stets zurückstoße. Auf
dieser Sage fußt auch eine Deutung des Liedes der Bekassine: Ich werde
und ich werde in den Himmel kommen – zurück (22, III).

Regenpfeifer

Der Goldregenpfeifer

Gemäß dem allgemeinen Homöopathieglauben des Altertums besaß der Goldregenpfeifer die Fähigkeit, die Gelbsucht zu heilen. Wenn er Gelbsüchtige anblickt, lesen wir bei Theophylakt, so heilt er sie. Aus Neid aber, glauben viele, schließe er die Augen. Diese Ansicht bezeichnet aber ein spätgriechischer Autor als Irrtum und sagt, er schließe seine Augen nur, weil die Krankheit in ihn übergehe. Der Aberglaube, auf den schon der ionische Dichter Hipponax anspielt, ist uralten Datums und auch andern indogermanischen Völkern eigen, lesen wir doch schon in den ältesten Veden, daß dem Vogel hari drava die Gelbsucht angewünscht wird, mit welcher ein Mensch behaftet ist. Auf dem Markt von Athen und sicher auch anderswo saßen Vogelhändler mit gefangenen Regenpfeifern, deren gelbes Gefieder sie sorgfältig verdeckten, damit die Kranken sich nicht unentgeltlich durch den Anblick des Vogels kurieren konnten (54, II).

Auf die Wettervorhersage, vor allem aber auf Regenprophezeiungen des Vogels beziehen sich seine Namen Regenpfeifer, engl. Golden Plover, frz. Pluvier doré, holländ. Goudpluvier und schwed. Regnpipare (91, VIII). Auch im Braunschweigischen ist er ein Regen verkündender Vogel. Nach seinem Ruf wird er hier „Tüt" genannt. Ihn fragen die Kinder, wenn sie ihn hören:

> Tüt, tüt,
> Wat vor'n wedder gift et hüt? (3).

Als Christus sich unter Gethsemanes Olivenbäumen verbarg, während die römischen Häscher ihn suchten, flog ein Regenpfeifer in die Höhe und rief: „Er birgt sich, er birgt sich", und verriet ihn so. Darum ist der Regenpfeifer seither unbeliebt (22, II).

Der Kiebitz

Kiebitz, Kievitz, Kiwit, Ziefitz (91, VIII), das innerschweizerische Giritz (74) und ebenso die Zürcherischen Namen Gifiz, Gibiz oder Giwix (125, II) sind sämtlich von dem wie „kiwitt, kiwitt" klingenden Rufe des Vogels

Von dem Gyfiß.

Abb. 24: Bild des Kiebitz aus Gessners Vogelbuch.

hergenommen und also unbestritten lautmalender Natur. Gewitz, ein weiterer Name des Vogels, ist zugleich Flurname am Bodensee (124, II).

In Deutschland wird der Kiebitz häufig mit der Religion in Verbindung gebracht. Beim deutschen Landvolk heißen die Kiebitze Muttergottestauben (54). In den Marschen hält man den Kiebitz ebenso wie den Storch für einen geheiligten Vogel, in dem die Seele eines Menschen stecken soll (131, II).

Wie Star und Feldlerche gilt auch der Kiebitz als Verkündiger des Frühlings. War der Winter nicht ein allzu strenger, kehrt er bereits Mitte Februar in seine Heimat zurück, beginnt aber nicht vor der zweiten Hälfte des März mit der Fortpflanzung. Das Volk, das sich nicht um genaue naturwissenschaftliche Beobachtungen kümmert, behauptet jedoch: Der Kiebitz muß im Februar ankommen und am 2. März sein erstes Ei legen, und wenn er es in den Schnee legen müßte (131, II).

Wie beim Kuckuck ist auch beim Kiebitz der erste Ruf im Frühling vorbedeutend. Wer im Frühling beim ersten Ruf des Kiebitz, den er hört, Geld in der Tasche hat, wird solches das ganze Jahr über nicht mangeln müssen (154), im Jeverland dagegen während des ganzen Jahres nichts erübrigen (131, I). Beim Anblick des ersten Kiebitz soll man in Brudzyn sagen: „In der Pfütze". Alsdann bekommt man keine Sommersprossen (58). Der Kiebitz gilt wegen seines sonderbaren Rufes „Komm mit", im Zobtener Halt als Totenvogel (24, II). Fliegt er am Fenster vorbei, zeigt er einen

Todesfall im Hause an (24, I). Kiebitzköpfe galten einst als ein Gegenmittel bei Zauberei, und die Eier des Vogels waren ein Heilmittel gegen Hexerei (89). Das Innere des Kiebitznestes, die Zunge der Tuteltaube, die Schwanzfeder des Hahnes und auch die Drüsen des Kiebitzweibchens bewirken unter gewissen Voraussetzungen Liebeszauber (155).

Nach einer schwedischen Volkssage ist der Kiebitz ein verwandeltes Mädchen (74). Es war einst Dienstmagd der Jungfrau Maria. Der stahl es eine Schere, und weil es das Vergehen leugnete, wurde das Mächen in einen Kiebitz verwandelt. Jetzt ruft dieser immer: „tyvit, tyvit" (ich stahl sie). Als deutlicher Hinweis auf die gestohlene Schere trägt der Vogel heute noch einen gespaltenen Schwanz (22, II).

Auch in Dänemark wird das diebische Mädchen entweder in einen Kiebitz oder eine Schwalbe verwandelt. In einer Variante der Sage sagt das Mädchen: „Habe ich die Schere gestohlen, will ich ein Kiebitz werden." Daher hat der Vogel auch eine Schere im Schwanz (22, II).

Als der Heiland auf Erden wandelte, kam einst nach einer dänischen Sage ein Kiebitz an ihm vorübergeflogen und rief: „Tyvit, tyvit" (tyv = Dieb). Da sprach der Herr: „Verflucht seist du, Kiebitz, nicht aber deine Eier." Daher ist der Vogel von den Menschen verabscheut, seine Eier aber nicht, sie werden zur Nahrung benutzt. Nach einer Variante der Sage darf der Vogel nimmer auf Zweigen eines Baumes ruhn (22, II).

In Dänemark und Norwegen heißt es, drei Vögel seien um die sechste Stunde nach Golgatha gekommen. Zuerst der Kiebitz. Er flog ums Kreuz und rief: „pin ham, pin ham! (peinigt ihn). Darum ist er verflucht auf ewig, findet nimmer Rast noch Ruh, und seine Eier werden geraubt. Der Storch jammerte: „styrk ham, styrk ham! (stärkt ihn). Deshalb ist er gesegnet und überall willkommen. Die Schwalbe flehte: „Sval ham, sval ham! (labet ihn). Darum wird sie von allen geliebt und baut sicher bei den Menschen ihr Nest (22, II).

Nach mohammedanischer Sage war der Kiebitz einst eine Prinzessin, die, als sie von der Rückkehr eines lange abwesenden Lieblingsbruders hörte, einen Topf heißer Milch vom Feuer riß, da sie ihn mit einer Erfrischung begrüßen wollte, ihn auf den Kopf stellte und nach der Seite hineilte, von der ihr fälschlich gesagt worden war, daß er käme. Sie achtete nicht auf die Brandwunden, die ihr das heiße Gefäß verursachte. Jahrelang suchte sie noch nach ihrem Bruder und rief: „Bruder, Bruder", bis Allah voll Mitleid ihr Flügel gab und sie in einen Kiebitz verwandelte, damit sie ihr Vorhaben besser ausführen könne. Darum sieht man diesen Vogel so oft in langem Bogen einherfliegen, als ob er jemanden suchte, und hört ihn traurig rufen: „Bruder, oh Bruder!" Die mohammedanischen Frauen nennen deshalb den Kiebitz die „Schwester des Bruders" und wenn sie abends seinen Ruf hören, kommen sie aus den Häusern und werfen Wasser in die Luft, damit der Vogel es gebrauchen möge zur Linderung des Schmerzes der Brandwunde auf seinem Kopf, welche Stelle durch einige schwarze Federn bezeichnet ist (22, III).

Nach weitverbreitetem Glauben und Sprachgebrauch kommen die alten Jungfern nach ihrem Tod ins Giritzenmoos, worunter sich der Berner das „Große Moos" bei Murten, der Tiroler aber das „Sterzingermoos" denkt (44, I).

Als Erklärung dieser Verbannung dient, daß Giritz dasselbe sei wie Kiebitz, und die Vorstellung etwa die, daß die alten Jungfern für ihr Freiseinwollen büßen müssen in öder, unfruchtbarer Gegend. Wie ihr Leben für ein unnützes galt, für ein Leben, das seinen eigentlichen Zweck verfehlt hat (wohl infolge Mißachtung der natürlichen Triebe), so sind auch ihre Seelen zu wenig erbaulichen Verrichtungen verdammt, die eben so unnütz und nie ihren Zweck erreichend sind wie das verlassene Dasein. In Basel müssen die alten Jungfern bis zum jüngsten Tag die Rheinbrücke verbändeln helfen und das Münster abreiben, in Nürnberg mit den Bärten alter Junggesellen den weißen Turm fegen und in Tirol den Boden des Sterzinger Mooses mit Fingerspannen ausmessen (44, II).

Nach einer Sage aus Dänemark sind die Kiebitze verwandelte alte Jungfern, die Moorschnepfen alte Junggesellen: Die ersteren fliegen unruhig um Sumpf und Moor herum und rufen klagend: hvi villd do it? (warum wolltest du nicht, nämlich heiraten?). Die Moorschnepfen antworten: for a turr it (weil ich es nicht wagte) (22, III).

In Klein-Schöppenstedt erzählt man sich, der Kiebitz sei der einzige Republikaner unter den Vögeln; er war nicht einverstanden damit, daß sie sich einen König wählten, und flog daher einsam hinaus in die Wiesen (3).

Die Wipoldsrieder im Allgäu nennt man gerne Goggeler, und zwar deshalb, weil sie meinten, die Kiebitze, deren es in der Umgebung von Wilpoldsried viele gab, entstünden aus Federn, von denen sie immer dort fanden, wo ein solcher Vogel weggeflogen war. Diese Entdeckung wollten sie sich auch in der Geflügelzucht zunutze machen. Daher nahmen sie eine Masse Gockelfedern und steckten diese in den Boden, daß daraus Hähne wüchsen, die sie dann in reichlicher Menge und auf billige Weise zu braten und zu verschmausen hofften (101, I).

Über den Wortlaut des Kiebitzrufes erzählt man sich im Münsterland folgendes: Ein Schäfer hatte einst sechs Schafe verloren, fünf weiße und ein schwarzes. Bei der Suche nach den verlorenen Tieren kommt er auf ein großes Feld. Da fliegt auf einmal ein Vogel in die Höhe und ruft: Kiwit. Der Schäfer versteht: Fief witte. Er ruft dem Vogel zu: „Was uck'n schwart dorbi?" Fut, fut macht der Vogel mit seinen Flügeln. Der Hirte faßte dieses „fut" als „fort" auf, folgte dem Vogel weiter in das Feld hinein und fand dann seine Schafe wieder (131, II). Ein anderer Schäfer, der im Moor nach seinen verlorenen Schafen sucht, wird durch das „Fiw" witt des Vogels genarrt, läuft ihm nach und fällt in das Moor (151, II).

Wenn in Mecklenburg die Mächen ins Heu gehen, rufen die Kiebitze staunend: Wie witt, wie witt, wie witt; Gotts wur witt, gotts wur witt; Glatt wief, glatt wief wief, wief; Wite mäten wit witte mäten, witt. Die Rauchschwalbe aber, die auch in die verborgensten Winkel und Kammern des Hauses Zutritt hat, antwortet dem begeisterten Kiebitz: Wenn du 't so goot wüsst as ik, as ik; wenn de düütscher rüm snacken geit, süht se ut, süht se ut as so 'n vermuddelte soeg, soeg. Dem Kiebitz der die Frau schön aufgeputzt in die Kirche gehen sieht und ganz entzückt ausruft: Hübsch wief, hübsch wief, antwortet die Rauchschwalbe: Wenn du 't so goot wüsst, as ik 't weet, wo de düwel in'n hus' geit, wo swart, wo swart (151, II). Ist spät im Frühling Schnee gefallen, läuft der Kiebitz in der Wiese herum und jammert: Mien fööt, mien fööt (151, II).

Kraniche

Der graue Kranich

Von dem im nordöstlichen Deutschland ziemlich häufig (91, VII) vorkommenden Kranich (niederdeutsch kran, kron) stammen die Geschlechtsnamen Kronauge, Kronschnabel, Kronberg und Cronsnest (4).

Fischreiher und Kranich haben bei den Fischern und Seeleuten zu allen Zeiten als untrügliche Wetterpropheten gegolten. „Sieht der Steuermann mitten auf dem Meere", schreibt schon Aelian, „daß die Kraniche umkehren und zurückfliegen, so weiß er, daß gefährliche Winde die Ursache dieser Erscheinung sind, und eilt ans Land. „Fliegen dagegen Kranische still und hoch, tritt schönes Wetter ein." Heftige Stürme und Regen sind auch nach Theophrast zu erwarten, wenn sich Kraniche auf das Festland zurückziehen (45).

In Italien glauben die Bauern, sobald sie Kraniche oder Störche kommen sehen, daß Regen bevorstehe. Weit verbreitet ist im Italienischen das Sprichwort Sono uscite le Grue, l'acqua è vicina. Ziehen die Kraniche fort, dann ist das Wasser oder der Regen nahe. Daher sagt man auch: Abbiamo le Grue, mal tempo, Kraniche, schlecht Wetter (141, VI). Auf die Wetterprophezeiung des Vogels stützt sich auch die Redensart:

> Co le grue passa
> O vento o acqua (108, II)[1].

Wenn auch in früheren Jahrhunderten der Kranich bei uns nicht häufig vorkam, sondern eher als seltene Erscheinung galt, kennt bereits Gessner (30) eine Reihe von Arzneien, die man aus diesem Vogel bereitete und nützte: „Die Kränch sind denen, so mit dem krimmen beladen sind, in der speyss genützt, dienstlich. Die brüyen von disem vogel genützt, machet ein gehälle stimm, und meeret männliche natur. Der kopff, die augen und der magen von disem vogel werdend gederrt, und werdend mit alle dem so darin ist, gepülveret, mit welchem dann die fistlen, der kräbs, und alle geschwär, geneert werdend." „Auss dem margk dess schynbeins dises vogels macht man ein augensalb."

„So man die feisste, die im kochen oben auff der Brüyen schwümbt abnimpt, un die in die ore tröufft, bringt sy das gehör wider. Dise feisste mit

---

[1] Wenn der Kranich vorbeizieht, wird der Regen kommen.

merzwibel, essich, genützt im bad, werdend die verharrteten gschwär des milzens heilen."

„Die läber von disem vogel also dürr auff ein quintlin schwär mit erbsenwasser getruncken, benimpt der schmertzen der nieren." „Etliche brauchend sein gallen, für die krümme dess munds, und gebrechen der augen."

„Die hödlin von disem vogel genommen, sind zu den fläcken der augen dienstlich wenn man sy zerspaltet, unn Salgemme in Apotecke genennt, dareyn sprengt, darnach die gederrt püllveret, und mit meerschaum, und kaat von einem Heidöchssle, und zucker in die augen thut. Für den streich und verletzung dess augs, wäsch es mit disem obgenennten stuck überal, als Rasis leert" (30).

„Die kränch habent oft einen stain in irm magen, den lazent si zeletzt mit dem snabel. der selb stain geprant in einem feur wirt zuo golt. das habent die gesagt, die ez versuocht habent", schreibt Megenberg noch zu Beginn des 18. Jahrhunderts in seinem Buch der Natur (92). In der Provence behauptet das Volk, der Kranich besitze sieben Gallenbläschen (113, III).

Wenn in Mecklenburg Kraniche mit Geschrei ein Haus umkreisen, gibt es darin bald eine Braut (6, II).

Was beim Kranich am ersten auffällt, ist sein ungemein langer Hals, daher engl. crane-necked, frz. cou de grue und ital. collo del gru, als Bezeichnung eines langen Halses. Auf diesem physischen Merkmal des Vogels beruht die allen Sprachen gemeinsame Bezeichnung einer allbekannten Hebevorrichtung. Diese besteht aus einer Säule und einem an oder mit dieser drehbaren, meist schräg aufwärts gerichteten Balken, von welchem eine zum Tragen bestimmte Kette oder ein Drahtseil herabhängt. Dieser Balken ist es nun, der mit dem ausgestreckten Halse des Kranichs oder vielmehr mit der von Hals und Schnabel gebildeten Linie verglichen wird. Dies erkennt man ganz deutlich aus der für den Balken üblichen Bezeichnung „Schnabel". Im Deutschen wird für die Benennung der ganzen Maschine die kürzere Form „Kran" verwendet, die heute nur mehr in dieser übertragenen Bedeutung gebraucht wird. Im Englischen, Französischen und Italienischen, ebenso im Altgriechischen, werden Vogel und Maschine mit demselben Wort bezeichnet.

Im Lateinischen und Französischen braucht man den Namen des Vogels metonisch für einen im Altertum bei Belagerungen verwendeten Sturmbalken. Hierher gehören ferner crane-bill, „Kranichschnabel", als chirurgischer Terminus für eine lange Zange.

Auf die Eigenheit des Kranichs, oft stundenlang auf einem Bein stehend zu verharren und scheinbar zu philosophieren, bezieht sich die französische Redenart: „Il fait la grue", er macht den Kranich, die auf jeman-

Abb. 25: Tanzende Mandschuren-Kraniche, als Symbol der ehelichen Liebe und Treue, auf Eiern dargestellt.

den angewendet wird, der auf derselben Stelle lange wartend verweilt. Im Pariser Argot werden gewisse Damen, die auf offener Straße oder in Cafés auf zahlungsfähige Klienten warten, ebenfalls „grues" genannt. Mit Bezug auf die schlanke Gestalt des Vogels nennt man in einigen Gegenden Englands einen mageren Menschen crane-gutted, „kranichbäuchig". Die Franzosen bezeichnen mit „grue" ebenso ein großes, linkisches Frauenzimmer, wie überhaupt ein beschränktes weibliches Wesen. Heute noch leitet man im Französischen grierie, „Dummheit", von grue ab und macht damit, wie auch im Italienischen und früher schon im Lateinischen den Vogel, dem die Ornithologen übereinstimmend das Zeugnis eines der klügsten Tiere ausstellen, zum Sinnbild der Dummheit und Albernheit (102).

Kraniche waren zu allen Zeiten, sowohl in der Malerei als auch in der Dichtkunst, das Sinnbild der Sehnsucht. Ziehende Kranichscharen zog auch Dante im Fegefeuer, IV. 64–66, zum Vergleich heran:

> Wie die Vögel, die zum Nil im Winter ziehn,
> Bald sich versammeln, in gedrängtem Hauf,
> Bald schneller dann in Streifen weiter fliehn ...

In Hölle, V. 46–49, heißt es:

> Gleich wie die Kraniche wehklagend ziehn,
> Und lange Streifen in der Luft beschreiben.
> So sah getragen von der Macht des Windes,
> Ich eine Schar mir nah'n mit lautem Weinen.

Die Kraniche, die in strenger „Einehe" leben, gelten in vielen Ländern als Sinnbild der Liebe und Treue. Das auffällige Balzverhalten, in dem sich die Paare zusammenfinden, und das als „Tanz der Kraniche" bezeichnet wird, taucht häufig in Literatur und Kunst auf (Abb. 25).

Rallen

Der Wachtelkönig

Weit verbreitet sind jene Namen des Wachtelskönigs, die von dem schnarrenden Ton seines Lautes ausgehen. So heißt er treffend Wiesenschnarrer, -schnarcher, -knarrer, -schnärper, Schnarrwachtel, Grasrätscher, Heckschnärr, Eggenschär, Knarrer, Schnärz, Krätzer, Gerstenratzer (91, VII), Thauschnarre in Brandenburg, Schnarrhuhn in Hessen (117). In der Schweiz ist auch Himmelskönig als Name des Wachtelkönigs üblich (117).

Als wollte der Wachtelkönig im Kanton Bern Appell machen, so tönt im Frühling sein Ruf in den Getreidefeldern: Allda, allda (28, III).

Das Bläßhuhn

Gessner schreibt darüber: „Dise sind am besten im Herbstmonat zu ässen, die aber eine gute complexion habend, die söllend nimmer Enten noch Bölhinen brauchen. Das hertz von disem vogel also raw geässen, sol für die fallend sucht dienstlich seyn" (30).

Hühner

Das Rebhuhn

Gessner nannte es noch Räbhuhn. Heute nennt man es in der Ostschweiz Fäld-, Rephuon, in Solothurn Waldhuen (132).

Die Rebhühner paaren sich frühzeitig, daher die französische Bauernregel:

> Quand le Chandeleur est arrivée,
> La perdrix gris est mariée.

Ihre Wanderung beginnen sie um die Zeit von St. Jean:

> A la Saint Jean
> Perdreaux volants (108, II).

Fliegen in Westböhmen Rebhühner über ein Haus, brennt es ab (49). Aldrovandus berichtet, daß zahme Rebhühner laut schreien sollen, wenn Gift im Hause bereitet werde (45).

Schon der gelehrte Plinius weiß von der Heilkraft des Rebhuhnes zu berichten: „Bei zerstossenen Augen hilft die Galle der Rebhühner, mit eben so schwer Honig. Wie man dafür hält, tut man nach des Hypokrates Anzeige hinzu, daß man sie in einer silbernen Büchse verwahren solle. Durch Rebhühnerbrühe wird der Magen gestärket, auch der Magen allein zerrieben, in schwarzem Weine, ist bei Darmgicht dienstlich."

„Rebhühnereyer in einem kupfernen Gefässe mit Honig gekocht, heilen die Geschwüre der Augen und den Staar. Die Asche von Rebhühnereyerschalen mit Kobalt vermischt und mit Wachs hält die Brüste steif. Man glaubt auch, wenn man dreymal mit einem Rebhühnereye um sie herum fahre, sollen sie nicht schlaff werden: schlurfe man eben dieselbe ein, sollen sie Fruchtbarkeit, auch Vorrath an Milch schaffen" (159, II).

Gessner erweitert in seinem Vogelbuch den Medikamentenschatz, den einst das Rebhuhn lieferte, indem er weit in die Vergangenheit zurückgreift und eine Reihe von Erfahrungen alter Ärzte bekannt gibt:

„Galenus zelt under die mittelmässigen speysen, die so nit zu ein zarte noch dicke feüchte im menschen gebärend, auch die Räbhühner. Er schreybt auch dass diese vögel leichter töüwung seyend, und seer gut blut machind, fürauss die jungen: die söllind auch von magensüchtigen und von denen so hitziger unnd trockner natur sind, genützt werden."

„Der Räbhünern fleisch stelt den stulgang, von wägen seiner tröckne, es seye gleych gebraten od gesotten."

„Das Räbhun mit küttinen gekochet vnd geässen, unn die brüyen mit verstopffendem weyn getruncken, ist gut den darmgichtigen unnd magensüchtigen, sagt Kiranides. Mit diser brüyen erfrischet man den magen. Dise brüyen wirt auch für die weetagen der läberen gebraucht. Das margk von diesem vogel in weyn getruncken, gneert die gälsucht als Symeon Sethi aussweysst."

„Die läberen gederrt vnd gepülveret getruncken, ist dienstlich für die fallend sucht."

„Hüner vnd Räbhüner Gallen, habend einen anderen brauch in der artzney, sagt Galenus: fürauss für das böss gesicht, unn neüwgewachssen sternfäl in augen. Dise gall mit gleych so schwär honig vermengt, machet ein klar gsicht, das benimpt auch die tünckle darauss, wenn das stäts dareyn gegossen wirt. Wider die weyssen fläcken im aug, ist diss ein gwüss erfarne artzney, namlich die gallen von einem Räbhunmännlin, mit honig aufgestrichen, als Galenus bezeüget."

„Räbhünereyer mit honig zerklopffet, scherpffend das gesicht, vnd fürderend die geburt, sagt Kiranides. Jn einem erdinen geschirr mit honig gekochet, gneeret die verseerungen und fläcken der augen. Räbhünereyer in der speyss genützt, reitzend zu der unkünschhet: darumb werdend sy für ein bluttrank gegeben. Aetius radtet auch denen so jr mannheit verlore habend, dass sy eyer von disem vogel ässind. Dise eyer machend fruchtbar, vnd gebend den weybere vil milch, sagt Plinius. Diss ey auf die Brustwertze gestrichen, zeücht die selbigen zusammen, als Serenus aussweysst" (30).

Wie schon vor vier Jahrhunderten wird Rebhuhneiern noch dieselbe Wirkung wie damals zugeschrieben. Noch heute soll eine unfruchtbare Frau solche Eier essen, dann ist das Übel bald behoben (58). Hat· ein Kind die Fraisen, ritzt sich die Mutter in Kapfenberg drei Kreuzschnitte in den Daumen der rechten Hand, macht damit drei Kreuze auf die Stirn des Kindes oder beräuchert den Patienten durch Verbrennung gewisser Federn des Rebhuhnes (46, II). Gegen Katarakte gebraucht man in Rußland die Galle des Rebhuhnes und auch dessen Blut (46, II).

Ganz besondere Kraft schrieb man auch in Frankreich verschiedenen Körperteilen der Vögel zu; so soll die Galle des Rebhuhnes das Gesicht stärken und diese, mit gleichen Teilen Honig vermischt, Quetschungen der Augen heilen (113, III). „Ein gut Gedächtnuss zu machen. Nimb ein Gall von einem Rephun. schmiere damit die Schläffe wohl, alle Monat einmahl. So überkompst du ein fast (sehr) gut Gedächtnuss (44, VI). Wenn man alle monat die schlaffaderen mit Räbhünergall bestreycht, machet es ein gute gedächtnuss" (30). Auch in Schlesien macht es noch heute ein gutes Gedächtnis, wenn man monatlich einmal die Schläfe mit Rebhühnergalle einreibt (24, II).

Wenn Rebhühner noch im August brüten, ist dies ein Vorzeichen eines warmen und trockenen Herbstes. „We-me Rebhüendli in Rebe g'sehd, so git's vil wi", sagte man, als es dort noch große Weinberge gab, in Zollikon bei Zürich (125, II).

Noch im 17. Jahrhundert sagte man in Frankreich, ein Kranker, der auf Rebhühnerfedern liege, könne nicht sterben (113, III).

Die Schnelligkeit, mit der sich die Rebhühner laufend fortbewegen, ist in Palästina sprichwörtlich. Kinder glaubt man dadurch schnellfüßig zu machen, indem man ihnen einen Rebhuhnkopf in die Mütze näht (65).

Von einem reichen Mann sagt der Franzose: Dem fliegen die Rebhühner gebraten ins Maul, und versteht darunter dasselbe, wie wir unter dem Holzschlegel, der auf der Winde solcher, die besonders vom Glück begünstigt sind, immer wieder kalbert (108, II).

Die Wachtel

In großen Schwärmen langten früher während des Herbstzuges die Wachteln an der Küste Nordafrikas, namentlich in Ägypten und Syrien, an. Von solch riesigen Massen berichtet uns schon das Alte Testament im 4. Buch Moses 11,31. Danach ließ der Herr für das aus Ägypten ausziehende und hungrige Volk Israel vom Meer her Wachteln kommen und sie zwei Ellen hoch eine ganze Tagereise um das Lager streuen, daß Israel zwei Tage und Nächte ununterbrochen Wachteln oder vom „Brot des Herrn", wie sie in 2. Moses 16,13 genannt werden, sammeln konnte.

Wenn diese Angaben des Alten Testamentes (die nicht wörtlich genommen sein wollen) sehr hoch erscheinen, bleibt es doch Tatsache, daß die Wachteln während des Herbstzuges in großen Massen und oft gänzlich erschöpft in ihren Winterquartieren anlangten und dort so dicht einfielen, daß sie mühelos ergriffen werden konnten.

Bekanntlich führen die Wachtelmännchen im Frühjahr hitzige Kämpfe und behalten diese ihre Streitsucht auch in der Gefangenschaft bei. Schon die alten Griechen und mit ihnen später alle Völker Südeuropas ergötzten sich an den Kampfspielen der Wachtelhähne. Wachtelkämpfe, die schon der weise Solon als nachahmenswertes Beispiel für die Jugend beizubehalten empfahl, waren stets große Volksbelustigungen, und der Raum um den Kampfplatz war allemal gefüllt: An das Ende einer langen Tafel mit erhöhtem Rand wurde je eine Wachtel gesetzt. Drohend schauten sich die Gegner ins Auge und rückten dann in Kampfstellung vorwärts bis sie in der Mitte des Tisches auf einem Häufchen Hirse, ihrer liebsten Nahrung, aufeinander prallten. Nicht endigte der heftige Kampf, bis der eine blutig gehauen vom Schnabel des andern flüchtete. Der Besitzer der siegreichen Wachtel bekam den ausgesetzten Preis und konnte seinen Helden oft sehr teuer verkaufen.

Die Wachtelspiele standen bei den alten Römern in solcher Achtung, daß Kaiser Augustus den ägyptischen Statthalter Erotes mit seinem Leben büßen ließ, weil er ein durch seine Siege berühmt gewordenes Wachtelmännchen kaufte, um es zu verspeisen (91, VI).

Die Wachtel gilt beim Landvolk heute noch als eine Art geheiligten Tieres, daher ihr warnender Ruf, wenn die Schnitter ans Ährenfeld kommen: „Tritt mi nit, tritt mi nit."

Ihr Dableiben deutet auf Jahresfruchtbarkeit, und deshalb lautet eine Übersetzung des Wachtelschlages: „Gimmer Brot, s'het kei Not" (106). Hört der schwäbische Bauer die Wachtel zum ersten Mal, zählt er, wie oft sie ruft, denn so viele Gulden wird in dem Jahr der Scheffel Korn kosten (154). Auch dem italienischen Bauern ist die Wachtel ein Prophet. Schlägt sie nur dreimal, wird das Getreide billig, teuer aber, wenn sie öfter schlägt, sagt der Toskaneser. Einen ähnlichen Sinn hat auch der Glaube im Kanton Bern (110): Wenn die Wachtel im Sommer mehrere Male hintereinander schlägt, so gibt es teure Zeiten, schlägt sie aber nur wenige Male, wird das Getreide wohlfeil. So oft sie ruft, so viele Kronen kostet der Sack Getreide (110). Wenn man in Martinszell die Wachtel oft schlagen hört, wird das Korn teuer (101, II). Je öfter sie schlägt, desto teurer wird in Oldenburg der Roggen (131, I). Schlagen die Wachteln schon im Frühjahr, folgt in Schlesien eine schlechte Ernte und Teuerung (24, II). Ruft in Franken die Wachtel im Frühjahr recht oft, gibt es überhaupt kein Korn. Schreit sie in Frankreich mehr als siebenmal, wird es wenig Weizen geben.

> Plus la caille carcaille
> Plus chère est la semaille[1].

Im Vallée de Monêtier prophezeit die Wachtel den Ausfall der Roggen- und Weinernte. Doch je mehr sie ruft, desto schlimmer wird die Ernte ausfallen (108, II).

Da der häufige Wachtelschlag, eine Folge des zahlenmässig sehr großen Vorkommens, keine große Körner- aber eine umso größere Strohernte vorhersagt, meint eine französische Bauernregel: Année de paille – année des Cailles[2] (108, II).

Wenn im tirolischen Serfaus die Wachtel sechs Mal schlägt, gibt es ein

---

[1] Je mehr die Wachtel schreit, desto teurer wird das Saatkorn.
[2] Jahr des Strohs – Jahr der Wachteln.

schlechtes Jahr, wenn acht Mal, ein mittelmäßiges, wenn zehn Mal oder
öfter aber ein sehr fruchtbares Jahr (158).

Der Wachtelhahn war als Neuigkeitenbringer dem Merkur heilig, als
Heiler vieler Krankheiten dem Aesculap, als Krieger dem Mars, Hercules
und der Pallas, welche nach Pausanias eine Henne auf ihrem Helm trug,
als Vergrößerer der Familie den Laren (36). Nach Artimidor zeigten
Wachteln ihren Ernährern das Unglück an, von dem sie heimgesucht würden von Seiten des Meeres (36). Heute noch ist der Wachtelschlag auch
anderweitig, was das Naheliegendste ist, in bezug auf die Getreideernte,
vorbedeutend. Mit ihrem Schlagen gibt die Wachtel, wenigstens in Schlesien, auch an, wie lange ein Mädchen noch ledig bleibt (24, II). Auch in
der Bretagne folgert man aus den Rufen der Wachtel, wie lange man noch
warten muß bis zur Hochzeit. Hier ist es auch Sitte, sie gleich dem Kukkuck nach den Jahren der Lebensdauer zu fragen (149, I).

So oft man in der hessischen Wetterau die Wachtel schlagen hört, so-
viele Jahre bleibt man noch unverheiratet (149, I). Hört man in Frankreich den ersten Wachtelschlag nüchtern, wird man sich sicher bald in die
Finger schneiden (100, V). Der Wachtel, genannt Teufelsvogel, werden
von den Zigeunern teuflische Gaben nachgesagt. So sollen die Geister
sich gerne in Wachteln verwandeln, bei Tag auf dem Feld sich aufhalten,
bei Nacht aber Getreide stehlen.

Fressen die Kühe von dem schädlichen Wachtelkraut (wahrscheinlich
handelt es sich um den Wachtelweizen, *Melampyrum*), den die Vögel besonders gerne fressen, dann geben die Kühe rote Milch. Um die Tiere von
diesem Übel zu befreien, muß man die blutige Milch auf ein Feld schütten, auf dem Wachteln sind und den Spruch hersagen:

> Hier ist das Blut
> Das ist nicht gut.
> Unseres Herrn Jesu Blut
> Ist allein gut
> Und soll bei uns allein sein (44, XV).

Die Griechen und Römer der klassischen Zeit enthielten sich des Wach-
telfleisches. Erst in merowingischer Zeit wird die Wachtel von Venatius
Fortunatus als Delikatesse neben dem Fasan erwähnt. Man sagte dem Vogel nach, er nähre sich von giftigen Pflanzen wie Nießwurz und Schier-
ling, auch sei er das einzige Tier, das an Epilepsie erkranke. Daher verordneten die Ärzte als Mittel gegen sie Wachtelhirn (54, II).

Auch bei dem Pestarzt Conrad Gessner standen Medikamente von der
Wachtel in hohem Ansehen, und er mühte sich, auf ihre Verwendung
durch die alten Ärzte hinzuweisen. „Wachtel bruyen erweicht den Bauch,
und ist den nieren dienstlich, in der spyss genossen, sagt Kiranides".

„Für die fallendsucht ein seer krefftige Arztney. Nim ein Wachtelhirn mit martensalb, zerstossen, und behalt das in ein zinine büchss, unn wo du einen sichst von diser such niderfallen, so schmirb jm das angesicht damit: dann sölicher natürlicher krafft und würckung, wirst du dich mercklich, verwunderen: dann der kranck wirt von stund an, widerumb aufston, als Galenus aussweysst. Wachtelaugen angehenckt, gneerend das augenwee und das dreytägig und viertägig feber, sagt Kiranides."

„Wachtelschmaltz und zwo untzen wachss: ich aber nimm iij untzen darzu."

„Ein verrümpt salb, zu den augenfälen oder ammäleren, und zu mancherley geprästen der augen auss einem geschribenen buch: Nimm j untz honig, ein halb untz Wachtelschmaltz, Myrrhe, weyssen Chalcanth, yedes j quintlin, vermisch diss, syg es durch, und mach ein salb: mit welchem so der gen schlaaffen gon wil, eines monats zwey mal die augen bestreyhen sol, so wirt er nimmer keiner anderen artzney für mancherley geprästen der augen manglen."

„Dise eyer angestrichen oder getruncke, reitzend zu unküschheit, als Kiranides aussweysst" (30).

Gegen das Ohrreißen, den rheumathischen Schmerz im Ohr als Begleiterscheinung bei Zahnschmerzen und Hemikranie, gebraucht man in Westböhmen neben vielen anderen Mitteln auch Wachtelschmalz, womit man die Ohrmuschel dreimal täglich einschmiert (43).

Gegen das viertägige Fieber hängt man sich Wachtelaugen in einem Tüchlein um den Hals (141, VIII).

„Wenn die Wachteln eifrig schlagen, läuten sie von Regentagen", lautet eine alte Bauernregel, die den Vogel auch zum Wetterpropheten macht.

Die Wachtel kann aber mehr als nur das kommende Wetter vorhersagen. Sie ist für die Ernte auch ein Schutz gegen Vernichtung durch Hagelschlag. So glaubt man in der Lausitz, in ein Feld, in dem Wachteln nisten, falle kein Hagel (155). Wo im Kanton Bern im Frühjahr die Wachtel zuerst schlägt, soll es kein Hagelwetter geben (110). Wahrscheinlich aus dem Grunde dieses Wetterschutzes ist es in Oldenburg (155) eine Sünde, Wachteln zu töten.

In Ungarn erzählt man sich, Jesus habe sich vor den Häschern, die ihn ans Kreuz schlagen wollten, in einem Walde verborgen. Wie ihn die Verfolger suchten, wollte die kleine Lerche sie auf eine andere Fährte bringen, damit sie Jesus nicht fänden. Die Wachtel aber begann zu schreien: Hier läuft er, hier läuft er. Darauf der Kiebitz: Birgt sich, birgt sich und schließlich die Taube: Im Buschwerk da. So wurde Jesus ergriffen, als dann verfluchte er diese drei Vögel. Die Wachtel, weil sie gerufen hatte „hier läuft er", sollte in Zukunft nicht mehr hoch fliegen können, sondern nur noch in den Saaten herumlaufen; der Kiebitz, weil er ihn mit seinem

„birgt sich" verraten hatte, ist dazu verdammt, für immer sich auf der
Wiese unter Rietgras und Binsen zu verbergen. Die Lerche aber segnete er
und gebot, daß sie am höchsten fliegen und nur sie allein im Fluge singen
könne (22, II).

Als Maria und Joseph auf der Flucht nach Ägypten mit dem Jesus-
kinde in die Wüste zogen, sah eine Wachtel sie und rief: Aqui vai, aqui
vai, da gehn sie, da gehn sie. Da verfluchte Maria die Wachtel und sagte,
sie solle sich nie hoch in die Luft erheben können (22, II).

Nach einer rumänischen Sage ist die Wachtel ein von ihrer bösen Stiefmutter in diesen Vogel verwandeltes Mädchen (22, III).

In der Röbeler Gegend soll sich einmal ein Mädchen so über die Wachtel geärgert haben, daß es im Zorn nach ihr griff und ihr den Schwanz
ausriß, weshalb sie nun auch heute keinen mehr hat (151, II).

Das Fleisch der Wachtel ist sehr zart und saftig, außerordentlich wohl-
schmeckend und leicht verdaulich. Daß aus diesem Grunde der Wachtel
im Herbst, während der Zugzeit, wo sie zudem ungemein fett ist, an den
Küsten und auf den Inseln des Mittelmeeres eifrig nachgestellt wird, ist
ohne weiteres begreiflich. Im Herbst sind Wachteln in Süditalien eine all-
tägliche Handelsware. Zu Milliarden wurden sie früher erlegt und bildeten für jene Gegenden eine sehr bedeutende Einnahme.

Im französischen Pithivier gab es noch im vorigen Jahrhundert eine Fa-
brik, die jährlich viele Tausende von Lerchen und Wachteln zu feinen
Pasteten verarbeitete. In den Markthallen der Stadt Paris wurden nach
Aufzeichnungen Lomouveux' noch 1883 für 1.257.000 Franken Lerchen
und für 1.328.000 Franken Wachteln verkauft. Aus den Statistiken italie-
nischer Vogelfänger gibt. Prof. Giglioli bekannt, daß in den 80er Jahren
des 19. Jahrhunderts in der Provinz Ancona jährlich noch 60.000 Wachteln gefangen wurden. In der Provinz Vicenza waren es immerhin noch
25.000.

Sizilien und Capri waren zu allen Zeiten Hauptfanggebiete der Wachteln. Sizilien exportierte zu Gigliolis Zeit jährlich 800.000 bis eine Million
Wachteln. Auf Capri wurde der Wachtelfang vom dortigen Bischof, der
sich damit eine sehr gute Einnahmequelle verschaffte, so ausgiebig betrieben, daß er spottweise nur der Wachtelbischof genannt wurde (164).

Auf das Äußere, und zwar auf die erwähnte Wohlbeleibtheit des Vogels, bezieht sich in Italien wie Frankreich die Redensart: Fett sein wie
eine Wachtel (102). Die Dreckwachtel des Bayern und die Spinatwachtel
des Berliners (20), die beide nichts anderes bezeichnen als unsere „alte
Schachtel", beziehen sich entschieden wegen der Körperfülle der Wachtel
in erster Linie auf gut genährte Dämchen und Damen älteren Datums.

Auch die Wachtel ist gleich dem Sperling unersättlich in der Befriedi-
gung des Geschlechtstriebes, daher nennt der Franzose ein Weib, das

seine Verliebtheit in unzweideutiger Weise zu erkennen gibt, caille ciffée, verliebte Wachtel, oder man sagt von ihr: Elle est chaude comme une caille, sie ist hitzig wie eine Wachtel. Mit quail bezeichnet man in England eine Dirne. Ebenso wird quail aber auch auf eine alte Jungfer angewendet, insofern sie nicht darauf verzichtet hat, einen Mann zu finden (102). Gailette nennt der Franzose ein leichtsinniges und geschwätziges Frauenzimmer (108, II).

Den Wachtelschlag übersetzt man in die Worte: Lobet Gott, lobet Gott; Guten Tag, guten Tag; Hartes Bett, hartes Bett; Fürcht mich nicht, fürcht mich nicht; Wehe mir, wehe mir; Harte zeit, Harte zeit! (138). Nach Swaison Folklore ruft die Wachtel in England: Weet my feet oder Weet my lip, dann auch wieder Quick me dick. Der Schwabe hört im Ruf des Vogels die Worte: Sechs paar Weck, der Elsässer: Bäwele, wit mi nit oder Beck verreck. Andere Interpretationen in Niederdeutschland sind: Weck den Knecht; Flick de Bücks (Flick die Hose) (117). Kommt im Frühjahr die Wachtel, ruft sie in Mecklenburg: Grüß di Gott, Grüß di Gott. Zieht sie aber im Herbst fort, wünscht sie: Hüt di Gott. In Mestlin lautet der Ruf: Faule Magd, faule Magd oder Fürchte Gott, fürchte Gott. Andernorts hört man: Huus to lütt, huus to lütt; Ik bin dick, ik bin dick; Bind de tööm, bind de tööm. Dem Mäder ruft sie: Peed mi nich, pedd mi nich. In Wismar meint sie: Esel bück di, Esel bück di (151, II) Im Braunschweigischen ruft sie dem Schnitter zu: Ritt vor Ritt, dem weniger Fleißigen: Bücke dik, Pott vull Wost, dem Unverständigen: Bist verrückt. Alle Menschen ermahnt sie zur Furcht Gottes, zu seinem Preise und zum Dank gegen ihn: Fürchte Gott (im Frühling), Lobe Gott (im Sommer) und Danke Gott im Herbst (141, X). Der Wachtel ist bange vor den Steinwürfen der Hirtenbuben, verfehlt aber ihren Zweck, wenn sie ruft: Smit mi nitt, smit mit nitt (148). In Tirol mahnt sie: Deck das Haus, deck das Haus (141, XII). In der Provence lautet der Wachtelschlag: Tres per un, tres per und, anderorts: J'ai du blé, j'ai du blé, j'ai pas de sa (sac) (108, II). In der Wallonie, wo man die Wachtel Paie-tes-tettes nennt, legt man ihrem Ruf die mahnenden Worte an einen Schuldner unter: Kwit' po kwitt, pay tédet! In Poitue ruft das Männchen: „Paie qui peut! Paie qui peut!" Darauf antwortet das Weibchen: „Paie qui doit! Paie qui doit!" (113, III).

Der Fasan

Wie man sich erzählt, sollen im Altertum die Argonauten, die den Fasan seines farbigen Gefieders wegen bewunderten und des köstlichen Wildbrets halber lobten, diesen von ihrem Zuge nach Kolchis mitgebracht haben. Wie der Pfau, so blieb aber auch der Fasan in Griechenland Jahrhunderte lang etwas sehr Seltenes und stand im Wert außerordentlich hoch. Eine erste Erwähnung in der Literatur, eine Stelle bei Aristophanes (um 400 v. Chr.), bezeugt, daß der fremdländische Vogel zwar allgemein bekannt, sein Braten aber als sehr kostbar galt und daher nur bei den luxuriösesten Gastmählern auf der Tafel erschien.

Wie für alles, was gut schmeckte und hoch im Preis stand, zeigten die Römer auch für das Fasanenwild ganz besondere Vorliebe, und an großen Festen wurden stets Fasanen, die Galenus, Longolius und Sethi unter die auserwählten Speisen zählten, aufgetragen.

Darüber, daß es auch in der römischen Schlemmerei während der Kaiserzeit Menschen gab, denen die „Fresserei" Roms zuwider war, berichtet Gessner: „Man halt das an Pertinace dem römischen Kaiser für ein grosse untreüw, dass er in einem besunderen herrlichen mal keine Fasanen weder geässen, noch anderen geschickt hat. Der künig Ptolemeus bezeüget, dass er keine Fasanen nie versucht, sunder als ein köstlich kleinot disen vogel behalten habe: wiewol sy nachmals zu Rom etwan gemeinlich zur speyss gebraucht worden" (30).

Der Römer Palladius gibt in seinem Werk über die Landwirtschaft eine ausführliche Anleitung über die Mästung der Fasanen und damit zu erlangende Verfeinerung ihres Fleisches. So wurden die Eier von Haushühnern ausgebrütet, die Kücken zwei Wochen lang mit gekochter Gerste gefüttert, die man in Wein aufquellen ließ, später reichte man den Tierchen Weizen und Insekten. Die ausgewachsenen Fasane mästete man 30 Tage lang mit kleinen, in Öl getränkten Nudeln aus Weizen- oder Gerstenmehl.

Über die Zubereitung der Fasanen teilt Gessner mit: „Die Fasanen getödt, söllen im Sommer zwee, im Winter drey tag, aufgehenckt werden, ee sy zur speyss bereit werdind, sagt Arnoldus de Villanova. Platina heisst den braten: wiewol er auch nit unlieblich ist so man den mit pfäffer und salbinen seüdt: doch wirt er merteils gebraten, sälten aber gesotten, geässen, so man den mit vil specereyen besprengt hat. Man bereitet ein ässen von kalber oder seüw feisste, halb so vil käss zu disem fleisch gethon, mit sampt wolgeschmackten kreüteren und specereyen vermischt: darzu vermischend etliche ein zerknütschte Brust von einem Capaunen oder Fasanen, als Platina schreybt" (30).

Was den Römern recht und billig, das verbot anno 1611 ein St. Gallisches Mandat. Dieses untersagt, an Hochzeitsmählern „Fashanen, Birghüner und Auerhanen zu verspeisen" (125, II).

Gessner (30) berichtet über die Fasanen zur menschlichen Ernährung: „Dise vögel werdend leychtlich vertöuwt, gebärend gute feüchte, und gut blut. Mager Fasanen heisst Trallianus die ässen so voll eyterschleym sind. Under den wilden vöglein, spricht Conciliator, halt man die Fasanen für die besten zu der gsundheit und stercke dess leybs. Diss fleisch ist zart, garnach der jungen Hennen fleisch änlich: es sterck die so das abnemmen gehebt, und auss langwiriger kranckheit aussgemerglet sind: es sterckt mit sunderer krafft die töuwung, unn verbesseret die böss feüchte im magen, sagt Rasis" (30).

„Ein läbenden Fasanen in weyn getödt, und in weyn getruncken, ist für das winden im bauch dienstlich, sagt Marcellus. Dis blut genommen vertreybt gifft: sein schmaltz ist gut für die geprästen der bärmutter: item denen so starrige krümb im hals haben. Sein gall scherpfft das gsicht" (30).

Wegen seines guten Fleisches geschätzt, wurde der Fasan über lange Zeiten in Fasanerien gezüchtet und zur Jagd ausgesetzt. Auf diese Weise gelangten zahlreiche Tiere in das Freiland und bürgerten sich in europäischen Ländern ein, so daß der Fasan heute recht häufig und ein beliebtes Jagdwild ist.

Das Haushuhn

Die ersten Spuren des Haushuhnes finden sich in griechischen und kleinasiatischen Kunstwerken aus dem Jahre 600 v. Chr. Um diese Zeit hat sich, und zwar wahrscheinlich von Griechenland aus, das Huhn über alle Mittelmeerländer verbreitet. Schon damals waren die Ägypter soweit, daß sie künstliche Brut anwandten, die nach der Eroberung Ägyptens durch die Römer auch nach Rom gebracht wurde.

Den Griechen war das Huhn oder der persische Vogel, wie ihn noch Aristophanes nennt, ein beliebtes Opfertier. So bat Sokrates 399 v. Chr., als er sich anschickte, den Schierlingsbecher zu trinken, seine Freunde, dem Asklepios als Dankopfer ein Huhn darzubringen (11, II).

Große Bedeutung maßen die Römer dem Hühnerorakel bei. Kein Heer zog in die Schlacht, ehe man im Feldlager nicht das Orakel befragt, d.h. ehe man sich nicht vergewissert hatte, ob die Hühner fressen mochten oder nicht. Als einst trotz ungünstiger Voraussage der Hühnerwärter, der Konsul Claudius Pulcher, die Seeschlacht gegen die Karthager wagte und sogar zum Spott die Hühner ins Meer werfen ließ, mit der Bemerkung, wenn sie nicht fressen wollten, sollten sie saufen, war man überzeugt, daß die Mißachtung des Orakels der Grund für die Niederlage gewesen sei (44, VI).

Huhn und Ei waren bei den Germanen dem Donar geweiht, dem Gott der Fruchtbarkeit (78). Im Mittelalter war alle Art des Geflügels bei Landvögten und Klerus eine sehr beliebte grundherrliche Abgabe. Es bestand der Zehnte von Garten und Getreidefeldern in Garten- und Stoffelhähnen. 1596 mußte das Dorf Muri dem dortigen Kloster bezahlen: 4 Ka-

Geßneri Thierbuch
Von der Hennen und ihren Eyern/auch allen
Eyern ins gemein.
Gallina.
Von der Gestalt dieses Vogels.

Abb. 26: Auch das Haushuhn ist in Gessners Vogelbuch beschrieben.

paunen, $1\frac{1}{4}$ Hühner und 31 Stoffelhähne. 1524 wurden die Bürger von
Wollerau im Kanton Schwyz aufgefordert: „Es söllent ouch ein jegliche
husröichi oder fürstatt in beiden Höfen einem Obervogt geben ein huen
oder darfür zechenpfennig" (125. II). Anno 1500 mußte in Escholzmatt
dem Pfarrer für das Lesen des Wettersegens, das Leshuhn bezahlt werden. 1786 erhielt der Pfarrer von Luther für dieselbe Amtshandlung das
Wetterhuhn.

Hauptabgabetermine waren die Fastnacht und der Herbst. Das Fastnachtshuhn war aber jedenfalls ursprünglich ein Huhn, das von den Be-
sitzerinnen einer grösseren Hühnerschar alljährlich zur Fastnacht dem
Pfarrer freiwillig gegeben wurde. An einigen Orten gab dieser dann als
Gegengeschenk die Fastnachts-Chüechli (125, II). Auch im Württembergischen war es ehedem Sitte, dem Pfarrer den Zehnten zu geben von Hühnern, Hähnen, Gänsen und Schweinen (12, II). Laut Chronik von
Roggwil-Berg zahlte dieser Hof jährlich „2000 Eier, 100 Fasnachthüener
und 200 stuffelhüener" (125, II).

1347 „werden (in Hemmishofen) noch an die 57 Husgsind zehlt die
dem Kloster Allerheiligen jährlich das Fasnachthuen geben (125, II). Die

Landschaft Schaffhausen zahlte vor 1798 dem Landvogt das Rauch- und
Fasnachthuen (125, II). „Zinsen järlich zu Ostern 60 eier und im sommer
4 stuffelhüener", hieß es 1478 in Buttisholz (125, II).

Daß das Fastnachtshuhn später auch verlangte Abgabe an die Priester
wurde, zeigt eine Aufforderung im Luzerner Amtsblatt von 1847, wo es
heißt: „Geht jährlich hierab zu entrichten dem Lütpriester zu Willisau ein
Fastnachthuen". In Emmeten hatte 1582, ein jedes Haus an den Vogt ein
Fastnachtshuen zu geben. „seiend lüt darin oder nit" (125, II).

Anno 1437–1452 mußte im Kanton St. Gallen anläßlich einer Visitation
des Grundherrn für dessen Jagdfalken ein „Fueterhuen" entrichtet werden.

Damit die Bauern aber nicht altes und daher minderwertiges Federvieh
zinsten, wurde das Alter des Huhns vom Vogt festgesetzt. Die „Zechend-
Hähne" mußten in dem Alter sein, wo sie zu krähen begannen, also sogenannte Kräh-Hähne sein. Wer kein Geflügel sein eigen nannte, mußte
statt des Zehnten in Natura das „Hanen- oder Hüener Gelt" zahlen, das
noch 1844 im Buchsgau ein Teil des Pfarreinkommens bildete (125, II).

Daß die Hühner nicht immer so ohne weiteres abgeliefert wurden, besagt ein Befehl an den Weibel von Einsiedeln im Jahre 1622, der so lautet:
„Itam der Weibel ist auch schuldig, den Nusszehenden einzuziehen, die
Fasnachthüener soll er selbst einziehen und nit nur die Weiber ermahnen,
dass sie selbige in das Schloss tragen, und wo man Hüener hat, soll er dieselbigen foreren und nit das Gelt dafür nemmen" (125, II).

Allerorts knüpft sich an das Huhn eine Überfülle des schwärzesten
Aberglaubens. Im Münsterland ist man der Auffassung, schwarze Hühner
entstünden aus der Paarung von Krähen mit Hühnern (131, I).

Mit großer Unlust betrachtet man im Volke, wo immer es auch sei, die
männerartige Erscheinung eines weiblichen und die weibische eines
männlichen Wesens. Schon nach den Berichten eines Aristoteles und Livius war es für das Haus und selbst für den Staat „mali ominis", wenn ein
„Hahn" ein Ei legte.

Im mittelalterlichen Zauberwesen spielten die gefürchteten Basiliskeneier, die Eier von hahnenfedrigen Hennen, eine wichtige Rolle. Mit allen
den Naturgesetzen zuwiderhandelnden und Eier legenden „Hähnen"
machte man kurzen Prozeß und verurteilte sie als Teufelsgeschöpfe zum
Tode. Daran erinnern heute noch deutsche, französische und englische
Sprichwörter:

> Wenn die Henne kräht,
> Ist sie des Schlachtens wert.

> Mädchen die pfeifen, Hennen die krähen,
> Muß man flugs den Hals umdrehen.

Wenn die Henne kräht vor dem Hahn,
Und das Weib redet vor dem Mann,
Soll man die Henne braten
Und das Weib mit Prügeln beraten.

Poule qui chante.
Prêtre qui danse
Et femme qui parle latin,
N'arrivent jamais à belle fin[1].

A whistling woman and a coewing hen
Are nelther good for gods nor men[2].

Kräht im Tessin die Henne, zeigt sie damit einen baldigen Todesfall eines Familiengliedes an (44, VI).

Das Krähen der Hennen bedeutet dem Bauern in Mittelschlesien irgendein Unglück, hauptsächlich Feuer. Aber auch ohne solche gefürchtete traurige Folgen ist das Krähen für den Landmann höchst fatal, weil alsbald die Henne keine Eier mehr legt (141, IV). In Italien ist es Sitte, eine krähende Henne weder zu verkaufen noch zu verschenken. Sie wird vielmehr von ihrem Besitzer sofort getötet und gegessen (46, I). Die Slaven brechen einem solchen Unglückstier die Beine und werfen es in fließendes Wasser. Dies nennt man „dem Teufel opfern" (35). Die Kroaten halten das Fleisch einer krähenden Henne für ein schädliches Gift (141, II). Nirgends bedeutet das Krähen der Henne etwas Gutes. Krähen oder schreien in der Mark Brandenburg Hennen, Elstern oder Raben vor der Tür, stehen dem Hause Unannehmlichkeiten bevor (141, I). Ist es in Böhmen eine weiße Henne, wird bald jemand aus dem Ort sterben, ist es eine rote, wird es bald eine Feuerbrunst geben, eine schwarze aber prophezeit einen großen Diebstahl (35). Kräht ein Huhn vom Zaunpfahl herunter, muß es der Wende sofort schlachten. Unterläßt er es, wird jemand aus dem Hause zu Grabe getragen werden (134). Da in Böhmen die krähende Henne die größte Unglücksbotin ist, hackt ihr der Hausherr alsogleich den Kopf ab, um das Unglück womöglich zu verhüten. Da diese Unglückshenne in Königgrätz den Tod eines Menschen im Hause verkündet, rettet man diesen durch deren Töten (35). Hennen, die krähen und mit den Flügeln schlagen, nennt man in Österreich Wetterhexen. Um Unglück von sich abzuwenden. muß man sie sofort einem Juden verkaufen (154).

Auch in Albanien ist die krähende Henne ein Todeszeichen. Schaut sie

---

[1] Hühner die krähen, Priester die tanzen und Frauen die Latein sprechen werden niemals zu einem guten Ende kommen.
[2] Pfeifende Frauen und krähende Hennen sind weder für Götter noch Menschen recht.

dabei aber nach Osten, hat das Krähen nichts zu bedeuten (128, I). In Bosnien sagt sie ein durch Seuche verursachtes großes Sterben voraus, in Bulgarien dagegen den Tod eines einzelnen Familiengliedes oder die Verarmung des Hauses. Will man hier solches Unglück verhüten, muß man das Huhn augenblicklich verkaufen, oder noch besser: einem Kloster schenken (141, II). Nach bulgarischem Volksglauben ist zu frühes Gakkern der Hennen im Morgengrauen Zeichen eines bevorstehenden Todesfalles; in der Steiermark und in Istrien hält man eine schwarze Henne auch dann für eine Unheilsverkünderin, wenn sie nur auf ungewöhnliche Art gackert, doch ihr Gegacker kann auch auf das Nachbarhaus bezogen werden (141, II).

„A-t-on chez soi une poule qui chante comme le coqu, on se depêche de la tuer o de la vendre dans la crainte qu'elle n'attire quelque malheur sur la maison"[1], sagt der Franzose (9, I).

In Tirol (158) kann das Krähen der Henne einen Todesfall wie schlechtes Wetter bedeuten. In Westpreußen muß man die krähende Henne nehmen und mit ihr, an der der Stubentür gegenüber liegenden Wand beginnend, die Stube messen. Kommt beim letzten Umdrehen des Tieres dessen Kopf auf die Türschwelle zu liegen, ist es sehr ratsam, diesen abzuschlagen. Ist es aber das Schwanzende, das den Schluß der „Vermessung" bildet, schlägt man eben dieses ab (154).

In Erinnerung daran, daß das Huhn dem Donar heilig gewesen ist und ihm als Versöhnungsopfer dargebracht wurde, schlachten die Inselschweden heute noch bei einem Begräbnis ein Huhn. Im Eichsfeld wird von der Gemeinde Wingerode jährlich ein schwarzes Huhn an einem Wallfahrtsort geopfert. Es soll dies bei einer Pest-Epidemie gelobt worden sein (154).

Als das Tier Donars, dem alles tierische und pflanzliche Leben segnenden Gott, können Körperteile eines Huhnes einem Kranken wieder Gesundheit verleihen (154).

Eine ganz schwarze Henne legt, wenn sie neun Jahre alt ist, das erste und letzte Mal in ihrem Leben ein Ei ohne Dotter, mit dem man hexen kann. Denn zu diesem Ei hat sie sich mit der Hausschlange begattet. Damit das Ei kein Unheil verkündet, wirft es die Hausfrau, etwas vor sich hermurmelnd, über das Hausdach. So können Zauberer und Hexen dem Hause nichts anhaben (35). In Mähren legt die Henne dieses Ei aber nur an einem Freitag (35). Gibt man in Oldenburg einem Huhn Fingernägelschnitzel eines Kranken mit Eiern vermischt zu fressen, geht die Krankheit auf dieses über (154). Hühnerdarm, am besten von einer

---

[1] Hat man zuhause eine Henne, die schreit wie ein Hahn, so soll man sich beeilen, sie zu töten oder zu verkaufen, in der Befürchtung, daß sie sonst Unglück auf's Haus zieht.

schwarzen Henne, „in guter Milch gekocht", wird in Bayern kolikkranken Kindern auf den Leib gelegt (43).

Damit man in Sachsen die Hühneraugen verliert, muß man barfuß in einer Wasserlache stehen, in der Hühner gebadet haben. Hernach muß man über die schmutzigen Füße die Strümpfe ziehen. Damit es aber sicher hilft, darf man während zwei Wochen diese nicht mehr ausziehen und selbstverständlich die Füße nicht reinigen (115). Bei den Esten tragen einige den äußersten Teil eines Hühnerflügels bei sich, als gutes Mittel, um früh aufstehen zu können (33).

Um die Geburtsschmerzen zu lindern, schlachtet in Estland die Frau ein Huhn und legt es noch zappelnd an ihre pudenda, so gehen die Schmerzen bis auf einen kleinen Teil auf das Huhn über (14).

Reißt den Esten beim Weben der Faden, glauben sie, ein böses Auge habe dies verschuldet und halten es für das Beste, den Webstuhl mit Hühnerdünger zu räuchern. Dadurch erhält der Faden wieder Festigkeit und das böse Auge eine Entzündung (14). In der Mark Brandenburg bekommt man Warzen, wenn man Wasser trinkt, von dem Hühner getrunken haben (141, I). Wenn man sich in Böhmen mit solchem Wasser wäscht, bekommt man unzählige Warzen (35).

Hat jemand in Oldenburg ein Geschwür, kann er es loswerden, wenn er vom ersten Eiter, der herauskommt, auf ein Stückchen Brot streicht und dieses fremden Hühnern zu fressen gibt. So bekommt der Eigentümer der Hühner die Krankheit (131, I).

Gegen Krämpfe gibt man den Kindern mehrmals am Tag das Weiße aus dem Hühnerkot, mit Wasser durch ein Tüchlein geseiht, ein (131, I). Sind Kinder oder Vieh behext, verbrennt oder kocht man die edlen Eingeweide von Tieren, besonders die einer schwarzen Henne. Die Teile werden kreuzweise eingeschnitten und über und über mit Nadeln bespickt, schweigend und bei geschlossenen Türen und Fenstern in einem fest verdeckten Gefäß über Feuer gehalten (131, I). Wollen die Wenden ihren Hof vor Hexen bewahren, müssen Sie darauf entweder eine schwarze Henne, einen schwarzen Hund oder eine schwarze Katze halten. Eine schwarze Henne schützt das Haus auch in der Oberpfalz vor Hexen (154). Tollkirschen machen in Böhmen ein Pferd schön, stark und mutig. Sie kann aber nur um Weihnachts-Mitternacht ausgegraben werden. Der Teufel wird dadurch abgewehrt, daß man ihm eine schwarze Henne hinwirft (154). Wer Schätze heben will, muß den Teufel abfinden, der als Opfer einen schwarzen Bock, einen schwarzen Hahn oder ein schwarzes Huhn fordert.

Sehr häufig erscheinen in der Volkssage die Seelen in Gestalt von Vögeln, vielfach als Hühner. Da das Huhn nun stellvertretend für die Seele ist, sagt man im Elsaß, wenn ein solches eingeht: „Gott Lob und Dank,

denn an seiner Stelle hätte sonst eine Person im Hause sterben müssen"
(78). Wenn in Vorarlberg im Stall ein Tier zu sterben droht, bringt man
eine schwarze Henne herbei; alsbald stirbt diese, und das Stück Vieh
bleibt erhalten (136).

Wenn ein Hahn oder Huhn einen Strohhalm nachschleppt, bedeutet es
den Esten den Tod eines Menschen, beim ersten eines Mannes, beim
zweiten einer Frau (14). Gackern in Oldenburg die Hühner nach dem
Melken, wird binnen kurzem im Hause jemand sterben. Eine Leiche wird
man aus dem Hause tragen, wenn einer Henne ein Strohhalm auf den
Rücken fällt und sie denselben fortträgt. Ist eine Ähre am Halm, wird es
ein junger Mensch sein (154). Im Münsterland kündet die Ähre den Lei-
chenbitter an (131, I). In Wisbek sagt die Ähre, daß es eine Frau ist, die
stirbt. Der leere Strohhalm weist auf einen Mann hin. Anderswo sagt die
Ähre den Tod eines Verwandten voraus (131, I). Der natürliche Tod einer
Henne bedeutet dem Esten, daß er und sein Haus in Armut geraten werden (14).

Wenn in Böhmen die Hühner im Herbst auf weit entfernten Feldern
Körner suchen, weissagen sie damit für das nächste Jahr eine Teuerung
(35). Damit das Federvieh beisammen bleibe und auch die Eier nicht ver-
schleppe, füttert man in Schlesien die Hühner innerhalb eines Faßringes
(24, II).

Am Weihnachtsabend wird von den Mädchen im Vogtland mit einer
Stange in den Hühnerstall gestoßen und acht gegeben, ob der Hahn oder
die Hennen Töne von sich geben:

> Gackert der Hoah
> krieg ich en Moa;
> gackert die Henn'
> krieg ich kenn (57).

Brennt es, werfen die Esten ein lebendes schwarzes Huhn ins Feuer. Dies
soll das Umsichgreifen des Feuers verhindern (14). In Schwaben halten
die Burschen während eines Hochzeitsessens eine Henne zum Fenster
hinein und suchen sie durch Drücken und Kneifen zum Krähen zu bringen, denn dies bedeutet für die Braut Glück (12, I). Bei slavischen Stämmen läßt die Mutter der Braut, während diese in der Kirche ist, eine
Henne in den Hof des Bräutigams fliegen (57).

Wenn im Kanton Bern ein Huhn einen Strohhalm ins Haus trägt, stirbt
jemand (44, VII). Sind am Karfreitag im Kanton Bern auf einem Bauern-
hof keine brütenden Hühner, wird der Bauer in kurzer Zeit um Hab und
Gut kommen (44, VIII). Hier an der Fastnacht Hühner und Tauben zu
misten ist schädlich (110).

Wenn es in Thüringen in dem leeren, d. h. noch unbelaubten Wald don-

nert, wird das Federvieh nicht gedeihen (154). Näht man an der Fastnacht, ist das dem Eierlegen nicht förderlich, man vernäht den Hühnern
den Bürzel (150, I). Im Harz darf man an der Fastnacht nicht spinnen,
sonst flickt man den Hühnern die Löcher zu, und sie können keine Eier
mehr legen (150, I). In Franken darf man an der Fastnacht nicht aufs Feld
gehen, sonst leidet die Hühnerzucht. Die Hausfrau darf auch nicht zum
Brunnen gehen, sonst verlegen die Hühner die Eier (154). Damit in Lour-
tier die Hühner die Eier nicht verlegen, d. h. nicht in des Nachbars Stall
oder sonst einen entfernten Winkel, empfiehlt man mit Hilfe eines Seiles
die Umgebung des Hauses, in der man die Eier gelegt haben möchte, zu
umzeichnen und das Huhn der Grenze nach zu führen (44, XV). Damit
die Hühner in Bayern die Eier nicht aus dem Hause legen, läßt sie die
Bäuerin an der Fastnacht aus der Einsperrkette fressen, breitet ihre
Schürze auf den Boden und läßt die Hühner darüber laufen, schneidet die
Schürze ab und wirft sie mit einem gewissen Kraut in ein Mauseloch (95).
Im Vogtland gibt man den Hühnern am Neujahrstag Hirse zu fressen, so
legen sie das ganze Jahr gut (57). Macht man in St. Peter den Hühnern die
Nester, legen sie viel Eier (120). Um viele Eier zu erhalten, genügt es in
Ostpreußen, den Hühnern Erbsen zu fressen zu geben, die man in der
Kirche in der Tasche getragen und während des Gottesdienstes fleißig ge-
schüttelt hat. Von Vorteil ist es auch, wenn man den Tieren in der Zeit der
12 Lostage als Nahrung ausschließlich Erbsen verabfolgt (154). Um flei-
ßiges Eierlegen und große Eier zu bewirken, mischt man in Böhmen Mörtel einer Kirchenmauer in das Futter, legt einen Frosch in das Nest, oder
die Bäuerin streckt ihre nackten Füße hinein. Auch alle Getreidearten untereinander gemengt und von der Tochter des Hauses an Weihnachten gefüttert (35), dann wieder, besonders bei den Tschechen die Tiere Erbsen
aus einem Schuh fressen lassen am heiligen Abend (35) oder einen schönen, glatten Kieselstein aus dem Fluß über das Dach unter die Hühner
geworfen (35), sind alles Mittel, die sehr dienlich sind. In Böhmen umwik-
kelt man in der Fastnachtszeit den Fasnachtsbären mit Erbsenstroh. Einen Strohhalm aus einem solchen Fasnachtsbären am Karfreitag in das
Hühnernest gelegt, bewirkt, daß die Hühner fleißig legen. Wird dieses
Erbsenstroh ins Brutnest gelegt, werden auch alle Kücken schlüpfen (35).
Viele Eier legen die Hühner im kommenden Jahr, wenn in der Christ- und
Neujahrsnacht in Ostpreußen und in Baden viele Sterne am Himmel
leuchten (154).

Damit die Küken in Böhmen gut gedeihen, muß die Glucke bei Neumond gesetzt werden (35). In Franken muß man, um Erfolg zu haben, die
Bruteier zur Mittagszeit ins Nest legen (154). Werden in Pommern einem
Huhn Eier zum Ausbrüten ins Nest gelegt, nimmt die Frau ein Stück Brot
und verzehrt es mit großer Gier, gleichviel ob sie Hunger hat oder nicht.

Ebenso gierig werden dann auch die aus den Eiern schlüpfenden Hühner fressen und als natürliche Folge gut gedeihen. Will man lauter Hähnchen haben, muß man die Eier an einem Mittwoch ins Nest legen (59). In Baden legt man der Glucke die Eier mit Vorliebe ins Nest, wenn die Leute zur Kirche gehen und sagt ihr dabei ins Ohr: Jetzt gehen lauter Weiber zur Kirche und nur ein Mann", dann werden nur Hühnchen und ein einziges Hähnchen aus den Eiern schlüpfen (154).

Um nur Hühnchen zu erhalten, nimmt im Zürcher Oberland die Bäuerin die Eier, welche ausgebrütet werden sollen in die Hand, fährt mit jedem einzelnen oben durch den Hemdenschlitz hinein und unten wieder hinaus, um sie nun in das Brutnest zu legen. Im Weiteren wird auch auf die Zahl der Eier geachtet, es dürfen nicht mehr als 19, nicht weniger als 9 und aber nie 13 sein, jedoch stets eine ungerade Zahl (67, I). Im Schwarzwald sind es meist 13, und dann wünscht man sich in einem Spruch einen Hahn und 12 Hennen (154).

Setzt man die Glucke, soll das in Westpreußen an einem Donnerstag – Donars-Tag –, dem Tag, an dem Gott die Vögel erschaffen hat, in Schlesien aber wenn die Leute aus der Kirche kommen, geschehen (154). Wenigstens in Böhmen und Baden werden alle Eier ausgebrütet, wenn man das Bettstroh aus dem Bett eines Mädchens nimmt (154). Soll es nur Hühnchen geben, muß man in Deutschland das Stroh zum Nest aus dem Bett einer Frau nehmen, will man aber Hähne, nimmt man das Stroh aus dem Bett eines Mannes. Wünscht man Hühner mit großen Federbüschen, muß die Frau in Baden, wenn sie die Eier ins Nest legt, einen großen Strohhut, eine Nachthaube, einen Männerhut, auch 2–3 übereinander tragen (154). Kommen die Küken nicht rasch aus den Eiern, brennt man Hollunderstengel auf dem Herd, denn wie diese im Feuer knistern, glaubt man, werden auch die Eierschalen brechen (120). Will man in Baach eine Henne setzen, muß dies an einem Freitag um 11 Uhr geschehen (12, I). Nur Hennen, die am Freitag gesetzt werden, brüten in Mecklenburg gut (16). Gibt man im Kanton Bern einem Bruthuhn die Eier zwischen 11 und 12 Uhr ins Nest, wird es nie Küchlein geben (110). Viele Hühner wird es geben, wenn man die Eier an einem Mittwoch ins Nest gibt, dies wenigstens in Pommern (59).

Im Erzgebirge schneidet man zur Fastnachtszeit den Hühnern die Schwänze ab und legt die Federn in die Nester; auch im Vogtland legen sie dann viele Eier (57). In Baden genügt es die dritte Feder aus einem Flügel in das Nest zu legen, dann verlegen die Hühner die Eier nicht (154). Legt man die Bruteier in eine Pelzmütze und schüttet sie alle miteinander ins Nest, werden die Küchlein auch alle miteinander schlüpfen (120).

In Böhmen schiebt man neu gekaufte Hühner rückwärts den Stall (35), in Baden läßt man sie in einen Spiegel schauen, oder man stellt das rechte Bein auf die Schwelle des Hühnerstalles und schiebt die Hühner unter Hersagen eines Spruches dreimal darunter, dann laufen sie nicht davon (154). Damit zugekaufte Hühner den Stall wiederfinden, soll man sie in Schwaben, wenn man sie das erste Mal ins Freie läßt, mit dem Hinterteil vorangehen lassen (12, I).

Verkauft man in Ostpreußen Hühner, muß man jedem einige Federn abschneiden und aufbewahren, sonst gibt man das Gedeihen der anderen mit fort (154).

Um die Hühner vor Raubvögeln zu schützen, beschneidet man ihnen in der heiligen Nacht die Flügel, so wenigstens im Kanton Bern. Kriechen junge Hühner im Kanton Bern dreimal durch ein Hosenbein, sind sie vor dem Habicht sicher (110).

Im Vogtland vergräbt man am Karfreitag Hühnerfutter in einem leinenen Sack, nimmt diesen am Ostersonntag vor Sonnenaufgang wieder aus der Erde und füttert damit die Hühner: so ergreift sie der Habicht nicht (57). In der heiligen Nacht soll man im Emmental zwischen 11 und 12 Uhr den Hühnern Speck zu fressen geben, dann sind sie im kommenden Jahr vor dem Habicht sicher (44, XV). Auch ist es gut, ihnen am Karfreitag die Schwänze zu schneiden oder Abendmahlsbrot zu fressen zu geben (44, XXIV). Um Füchse oder Wölfe vom Federvieh fern zu halten, schlägt man in Böhmen am Karfreitag vor Sonnenaufgang dreimal stark an die Hechel; soweit der Schall reicht, wird es sicher sein (35). In der Oberpfalz schlägt man mit demselben Erfolg an der Fastnacht vor Sonnenaufgang an einen Pfahl vor dem Geflügelstall (154). Andernorts bringt man dem Fuchs, der zu Donar in naher Beziehung steht, kleine Speiseopfer dar, damit er die Hühner verschone. So lassen in Bodenbach (Böhmen) die Bauern am heiligen Abend von jeder Speise etwas auf dem Tisch stehen, damit der Fuchs keine Hühner hole (35). Um in Böhmen die Hühner vor dem Fuchs, dem Marder und Habicht zu schützen, ist es auch Sitte, den Küken in ihr erstes Trinkwasser ein Stückchen getrocknete Leber oder Herz von diesen Tieren zu legen (35).

Wenn die Hennen von Zeit zu Zeit krank sind, so gibt man ihnen in Böhmen aus einem Schuh zu fressen, und die Krankheit geht vorüber (35).

Bei den Bauern stehen die Hühner als Wetterpropheten an erster Stelle. Auf ihr Gebahren und Verhalten achtet die Bäuerin bis ins Kleinste und kann daraus ihre Schlüsse ziehen.

Im Thurgau ist Regen zu erwarten, wenn die Hühner viel trinken und sie die Küchlein beständig unter die Flügel nehmen (44, IX). Im Baselland steht Regen bevor, wenn die Hühner krähen und sich Ungeziefer im Gefieder suchen (44, XII). Das Suchen des Ungeziefers, das „Lausen", deutet auch in Develier (Jura) auf baldigen Regen (44, XII). Wenn die

Hühner auf den Bäumen übernachten, glaubt der Zürcher schönes Wetter erwarten zu dürfen (125, II) Fliegen die Hühner hoch, ist das auch im Vogtland ein Zeichen, daß das schöne Wetter andauern wird. Suchen am Zürichsee die Hühner spät den Stall auf, wird es Regen geben, regnet es jedoch schon, ist eine Änderung des Wetters noch in weiter Ferne. Schreien die Hühner in Oldenburg, kommt Wind und Regen. Baden sie bei Sonnenschein im Staub, folgt bald eine Änderung des Wetters. Laufen sie bei Regen unter ein Schutzdach, wird es in Oldenburg bald aufhören zu regnen (131, I). Im Vogtland ist es aber ein Zeichen der Fortdauer des Regens, wenn die Hühner unter einem Dach Schutz suchen, bleiben sie im Freien, wird der Regen bald aufhören (57).

Es ist die Volkstümlichkeit des Huhnes, die bedingt, daß es in Sprichwörtern, Redensarten und Vergleichen, außerordentlich häufig vertreten ist. Im Zürcher Oberland sagt man sogar über den Wert der Güter: „Es hanget vo dem ab, ob me uf eme Grundstuck de Güggel g'hört oder nüd", d. h. ob ein Stück Land in der Nähe eines Hauses oder weit entfernt von ihm liege (87, I).

„Früh mit den Hühnern zu Bette
Und auf mit dem Hahn zur Wette." (87, II).

Ein Huhn verrät sich schon durchs Gackern, sagt ein litauisches Sprichwort, und der Malaie meint mit den Worten: „Die Henne legt ein Ei und sagt es der ganzen Welt" einen vorlauten Schwätzer. „Hennen die viel gackern legen wenig Eier" sagt der Zürcher von einem Großmaul. Jener, dem er vorwirft, er habe „soviel Hirn wie ein Huhn", oder ihn für den größten Grad der Dummheit fähig haltend, ihm zuruft: „Du häsch Hühnermischt im Chopf" kann sich keineswegs geehrt fühlen. Es Gidächtnis wie es Huen, ist ein schlechtes Gedächtnis. S'Hüenli töde, bedeutet dem Zürcher vom Kapital zu leben. Albig Hüener oder Eier ha, wendet man in Chur auf eine Frau an, die immer entweder Wöchnerin oder schwanger ist (125, II).

„Was habe ich von einem Huhn, das ein Ei legt, aber zwei Eier frißt", fragt sich der Zürcher, wenn er an eine Frau denkt, die großen Aufwand treibt (125, II).

Weitere treffende Redensarten: „Red du denn, wenn d'Henni brunzend" (Wallis), für vorlaute Schwätzer. „Alls hocke lo wie d'Hene de Dreck" (Graubünden). „Bis nüd e Henne und gang", zu einem furchtsamen Menschen. „Bluggi Henni", eine Weibsperson, welche gegen Kälte sehr empfindlich ist (Davos). „Furcht-Henne" nennt der Solothurner eine furchtsame Person. „Stadthenne" ist in der Stadt St. Gallen der Name für ein geziertes Dämchen. Vom Aufenthaltsort verschiedener Berghühner bezeichnet der Bündner die Alpenrosenstauden als „Hüenere". „Ume-

hüenere" bedeutet dem Zürcher; Sich herumzutreiben, im Oberland insbesondere sich der Unzucht hingeben. „Verhüeneret" wendet man dann
an, wenn etwas in Unordnung ist, so als hätten hier die Hühner gescharrt.
„s'Gras isch ganz verhüeneret", klagen die Bauern im Zürcher Oberland,
wenn die Wiese vom Unwetter zerzaust ist." Ich ha mi verhüeneret",
braucht der Zürcher Oberländer ebenfalls, wenn er sich ein Unwohlsein
zugezogen hat. Es kann dies aber auch den Zustand nach Exzessen, besonders sexueller Art, bedeuten. „E Hüenerete" steht für eine große Unordnung (125, II).

Im Dorf Naters sagt man von einem, der bald stirbt: „Er muess appa
bald uf-em Fridhof ga d'Henni hietu." Dieser Ausdruck kommt daher,
daß einst die Hühner des Pfarrers von Naters die Gewohnheit hatten, auf
dem Friedhof zu weiden (125, II). In Ostpreußen darf man sich am Karfreitag oder Ostersonntag nicht kämmen, sonst kratzen die Hühner im
Garten (154). Wem in Schlesien die Hände zittern, der muß wohl einmal
ein Huhn gestohlen haben (24, II).

Die enge Beziehung zwischen Huhn und Mensch äußert sich auch in
zahlreichen Vergleichen und Begriffen im Volksmund. So spricht man
von einem Frühaufsteher: „Er steht mit den Hähnen auf und geht mit den
Hühnern zu Bett." Die eifrige Legetätigkeit der Haushühner gibt Anlaß
zu der Redensart „Fleißig wie ein Huhn", aber die Bezeichnung „dummes
Huhn" ist dagegen nicht gerade sehr schmeichelhaft.

Der Haushahn

Der alte Name unseres Haushahnes, Hahn, im Sinne des griechischen
Frühsängers oder Rufers, ist fast vollständig außer Gebrauch gekommen.
An seine Stelle sind lautmalende Ausdrücke getreten: So der bayerische
Gockel, Göcker, Güker, Gückel, schwäbisch Gockler, in der Schweiz
Güggel oder Gugelhahn, hessisch und schlesisch Gickel. Außer diesen
lautmalenden Gockelnamen werden zahlreiche Namensformen gebraucht, deren elementare Bildungsweise dem Naturlaut noch näher ist
und die Herkunft aus der Kindersprache ganz deutlich verrät: Gigerigig
im Elsaß, Gigkerigki im Tirol, Kukeriku in Luxemburg, Kückerikü in der
Altmark, Güggehü in der Schweiz, in Frankreich coccorico (117). Im Gegensatz zu diesen Benennungen unseres Haushahnes, deren Ursprung
leicht zu erkennen ist, ist das vielbesprochene und vielumstrittene gallus
sehr rätselhaft und wohl jedenfalls auf volksetymologischen Einfluß zurückzuführen. Man weiß, daß das Tier in verhältnismäßig später Zeit aus

Abb. 27: Foto eines Wetterhahnes, nahe Bad Soden/Ts.

dem Morgenland zu den Griechen und Römern gekommen ist. Die Vermutung liegt aber nahe, daß an Gallus, Gallier gedacht wurde, wie bei uns Welscher oder Indian gesagt wird für den aus Zentralamerika importierten Truthahn. Der dem Wort nun ursprünglich zu Grunde liegende Stamm ist wahrscheinlich das onomatopoetische kaka, das, wie schon Hesychios angibt, nichts anderes als Vogel heiße oder speziell den Sinn von Huhn habe. Obwohl nach dieser Theorie eigentlich cac-Lus, callus zu erwarten ist, findet man ein g für das anlautende c, was am einfachsten durch Volksetymologie zu erklären ist. Entweder wurde hier an die Einführung des Hahnes aus Gallien beziehungsweise Norditalien gedacht, oder man fand eine Ähnlichkeit zwischen dem streitlustigen federbuschgezierten Hahn und dem gallischen Krieger, so daß, wie schon öfter, sich auch hier der Volkswitz geltend machte (53).

„Zum Güggel" nennt sich ein Haus in Mellingen AG, Sprenggüggel lautet der Name eines Berges im Kanton Solothurn. Güggel heißt ein eratischer Block in Glattfelden, ein Güggelischloß kennt man in Wohlhusen. Der Name Güggelhof im Kanton Solothurn mag auf dem Umstand zurückzuführen sein, daß auf diesem Hof einst die Abgabe eines Güggels lastete (125, II). Einen Hahn auf dem Wasser schreitend führt Hahnbach, ein Marktflecken in der Oberpfalz, im Wappen. Als der Markt gegründet wurde, badete ein Hahn in der Vols, daher der Name Hahnbach (15, I).

In der Schweiz haben 11 Gemeinden den Hahn in ihrem Wappen. Es sind: Bussigny sur Morges, Corcelles-Le Jorat, Koppigen, Lavey-Morcles,

Les Genevez, Malleray, Ottenbach, Paudex, Reitnau Tavanne, Treyvaux. Auf den Hahn sind die topographischen Namen Hahnen, Hahnenbühl, Hahnenhaus, Hahnenmoos, Hahnenmoosbergli, Hahnenmoospass, Hahnensee, Hahni, Hähni, Hahnörli, Hahnspiel zurückzuführen. Der stolze Beherrscher des Hühnerhofes ist Ursprung der Geschlechtsnamen Hahn und Guller, welch letzterer vornehmlich im Kanton Zürich vertreten ist.

Im alten Griechenland stand der Hahn in Verbindung mit unterirdischen Gottheiten. Weil diese aber nicht mit jenen der germanischen Hel identisch waren, symbolisiert auch hier der Hahn nicht den Teufel oder die Verdammnis. Er war Attribut der Persephone, deshalb, weil er, wie jene, jedes Frühjahr aus dem dunklen Hades ans Licht kommt, auch jeden Morgen das Licht verkündet (44, XVI). Als Verkündiger des Lichtes galt er den Persern, denen er Symbol der Fülle und der Personifikation der Sonne war. Als Verkündiger des Tages war der Hahn den Gottheiten Helios und Aurora heilig, in der Lehre des Zoaster war er ebenfalls dem Lichtgott geweiht (44, XVI). Er galt den nicht-arischen indischen Stämmen, im indischen Opferritual, bei den Griechen, den Galliern (die ihn nicht essen durften) und bei den Slaven als ein heiliger Vogel (119). Die Mythen der Demeter in Eleusis durften keine Hähne essen und dem Pythagoreern war der Genuß eines weißen Hahnes verboten (44, XVI).

Wie der Hahn in Griechenland jenen Göttern heilig war, denen der erwachende Tag gehörte, war er es ebenfalls im alten Rom. In der Gration pro Murena, sagt Cicero: Daß bei den Alten der, der ohne Not einen Hahn tötete, keine geringere Sünde beging, denn der, der seinen eigenen Vater erwürgte (36). Der Hahn galt den Römern als das heilige Tier der Göttin Minerva, von der die Sonne das Licht empfängt und der besonders die Zeit der aufgehenden Sonne heilig war. Nach einem Calendarium aus der Zeit Constantins gaben die Römer dem als Gott personifizierten Monat Januarius unter anderem einen Hahn als Attribut, weil dies der Monat ist, der nach der Wintersonnenwende das Erwachen der Natur verspricht.

Besonders ist der Hahn dazu berufen, als Lichtverkünder, die lichtscheuen Geister zu verscheuchen. So gilt er bei den verschiedenen Völkern als nächtlicher Wecker der Schlafenden. Nach altpersischer Anschauung soll der Hahn zur Vertreibung der Dämonen geschaffen sein (119). Ähnlich wie in Persien wurde ihm auch im deutschen christlichen Altertum die Macht, Böses abzuwenden, zugeschrieben. Dafür spricht eine in dem Volumen decretorum des Bischofs von Burchard von Worms enthaltene Stelle, nach welcher es als gefährlich hingestellt wird, vor dem Hahnruf nachts das Haus zu verlassen (45). Dämonen verscheucht die Stimme des Hahnes ebenfalls nach irischem, englischen und schwedischem Volksglauben und auch nach dem Glauben der Zigeuner. Weil der Hahn die bösen Geister vertreibt, bringt man ihn bei den Eingeborenen von Loango, bei den Huzulen in den Karpathen, in einigen russischen Gouvernements bei der Übersiedlung zuerst in das neue Haus, damit er durch sein Krähen die Dämonen verscheucht (119). Nicht nur der lebendige Hahn aber, sondern auch sein Bild hält die in der Nähe weilenden Bösewichter fern. Diese Anschauung treffen wir in China, auf Buru, bei den Arabern, in Armenien, im alten und im heutigen Griechenland. Hahnenfiguren und Hahnenköpfe finden sich daher im klassischen Altertum als Amulette. Im Mittelalter glaubte man, daß die Abbildung eines Hahnes jegliches Unglück vom Hause fernhalte (119).

Weil vor dem Hahnenkrähen Teufel und Gespenster weichen, wünscht man einen unliebsamen Menschen dahin, „wo kein Hahn darnach kräht", also keines Hahnes Stimme hindringt, denn durch diese würde der Verwünschte befreit (154).

> Ich hab gehört
> Der Hahn, der Trompeter, dient dem Morgen
> Erweckt mit schmetternder und heller Kehle
> Den Gott des Tages und auf seine Mahnung
> Sei's in der See, im Feu'r oder Luft,
> Eilt jeder schweifende und irre Geist
> in sein Revier
> (Shakespeare, Hamlet 1.1)

Die Hexen, die in der Walpurgisnacht umgehen, müssen beim ersten Hahnenschrei in ihre Behausung zurück. Verspäten sie sich, dann bekommen sie Prügel vom Teufel (44, XVI). Nach dem ersten Hahnenschrei dürfen die Geister in Tirol nicht mehr umgehen (158). Weil der Hahn wachsam ist und jeden feindlichen Geist mit nie versagender Sicherheit bemerkt, fand er Aufstellung auf Kirchen und Häusern. Über seine Bedeutung aber, vor allem auf Kirchtürmen, gehen die Ansichten auseinander.

Es wird angenommen, daß der Kirchturmhahn nur eine Erinnerung an die Heiligstellung des Hahns zur Zeit des Heidentums sei und auch der goldene Hahn auf den Türmen der protestantischen Kirchen ein Überbleibsel der germanischen Götterverehrung ist. Hier hatte der Hahn als Vertreter Donars, des Gottes der Fruchtbarkeit und des Erntesegens positiven Einfluß auf das Wetter. Mit dieser Ansicht möchte wohl auch Bertsch (9) einig gehen, wenn er meint, daß das Anbringen des Hahnes auf Kirchtürmen und Häusern nicht anders gedeutet werden könne, als damit, daß er Kirche und Dorf vor Blitzschlag schützen solle. Rochholz (106) sieht in der Anbringung des Hahnes auf Häusern und Türmen und auf Fahnen ebenfalls ein Zeichen des ersprießlichen Einflusses auf die Witterung. Grimm (33, II) endlich ist der Ansicht, es wäre möglich, daß die Bekehrer dem heidnischen Brauch, Hähne auf Gipfeln heiliger Bäume zu befestigen schonend auch eine Stelle auf Kirchtürmen einräumten und dem Zeichen hernach nur allgemeinere Bedeutung beilegten.

Wie schon die alten Griechen, die glaubten, der Hahn als Verkünder des Tages verscheuche die Schatten der Nacht – nach einem griechischen Schriftsteller flieht überhaupt jeder Dämon, wenn der Hahn kräht – (44, XVI), sieht auch die christliche Religion im Hahn das Sinnbild des Lichtes, weil er vor Aufgang der Sonne kräht und das kommende Licht verkündet. Hierauf fußend soll der Hahn auf den Kirchtürmen nicht nur Wetterfahne sein, sondern er bedeutet den Heiland, der aus der Nacht zum Licht führt. Aus diesem Grund brachte man auf altchristlichen Gräbern das Bild eines Hahnes an, der in der Nacht des Grabes den Morgen der Auferstehung verkünden sollte (85, I).

Der durch sein Geschrei die Dämonen vertreibende Gockel ist in Bayern auch auf Marterln und Unglückssäulen zu finden (43).

In der Auvergne dienen die hölzernen Hähne auf Glockentürmen und Häusern vornehmlich als Wetterfahnen, die die Windrichtung angeben (100, XII). Der Hahn auf Kirchen, Heiligenbildern und Häusern in Böhmen ist das Tier des slavischen Gottes Swantewit (154). Swantevit oder St. Veit ist Böhmens Schutzpatron, ihm opferten die Landleute des nördlichen Böhmen, besonders aus der Ufergegend der Elbe, Iser usw. noch zu Anfang des 19. Jahrhunderts bei den sieben Quellen der Elbe im Riesengebirge alljährlich am Veitstag Hähne und Hühner. Die Hähne wurden im Wald freigelassen, die Hennen aber in irgendeinem See oder Teich ertränkt. Mit dem mitgenommenen Wasser wusch man dann zu Hause das Vieh. So sollte es, durch St. Veit gesegnet, von Unglück und Krankheit verschont bleiben (35). Swantevit, St. Veit oder Vitus ist in der Metropolitankirche auf dem Hradschin zu Prag mit einem schwarzen Hahn abgebildet (35). Swantevit war ebenso wie Donar der Gott des Lichtes und der Sonne und deshalb Förderer der Fruchtbarkeit. Wie dem nordischen Thor und dem germanischen Donar gehörte auch zu ihm der Hahn als Verkünder des Tageslichtes (154). Dem heiligen Vitus brachte das böhmische Volk noch bis um die Mitte des 18. Jahrhunderts an seinem Gedächtnistag (15. Juni) einen Hahn in den Dom zu Prag (95). Im Bamberger Dom befindet sich ein Hahn, über dessen Bedeutung man folgendes erzählt: „Bischof Otto benützte den Hahn, den die Pommern verehrten, als er zu ihrer Bekehrung auszog, indem er an dem silbernen Arm, in den die Gebeine des hl. Vitus (der jedenfalls nichts anderes ist als der aus der Heidenzeit von der katholischen Kirche übernommene Swantewit) eingefaßt waren, daß Bild eines Hahnes anbringen ließ. Damit erreichte er, daß die vor dem Hahn in die Knie fallenden Pommern zugleich, wenn auch unwissend, als Heiden die Reliqien verehrten (95, I). Im Talmud ist der Hahn das Symbol der Gewißheit der Erlösung Israels. Eine Stelle lehrt: „Ebenso wie der Hahn den Anbruch des Tages erblickt, so wird Israel die Erlösung schauen" (44, XVI). Daß Hähne im Altertum, besonders bei den Griechen, sehr beliebte Totenopfer waren, beweisen die Darstellungen auf Bakchischen Sarkophagen. Erinnernd an das Hahnopfer, ist es noch in Griechenland Brauch, um die Weinberge vor Wetterschaden zu schützen und namentlich um den schädlichen Wind zu bannen, einen weißen Hahn in zwei Stücke zu reißen, die dann von zwei Männern in entgegengesetzter Richtung gehend um die Rebberge getragen werden müssen (150). Ein Hahn, den man vergrub, war den Griechen Opfergabe, durch die sie unheimliche Dämonen fernhalten wollten (127).

Ovid erwähnt schwarze Hähne als Opfer für die Göttin der Nacht, während umgekehrt, wie Plinius berichtet, beim Fest der „guten Göttin" zu Rom keine schwarzen Hühner geopfert wurden. König Pyrrhus, der Milzleidende zu heilen pflegte, indem er ihnen mit dem Fuß auf das kranke Organ trat, opferte vor dem Akt einen weißen Hahn (54, II).

Auch die alten Esten kannten das Hahnopfer. Am Michaelistag opferte man dem Allvater Taara am Lindenaltar einen Hahn. Wenn der Opfernde, der immer der Hausvater war, den Hahn getötet hatte, nahm er die Federn, Füße und Gedärme und verbrannte sie im Feuer. Dann wurde der Hahn gesotten, und zwar so, daß niemand während der Zeit des Kochens seine Finger an die Speise bringen durfte. War die Speise fertig, trug man sie auf entblößten Knien auf den Lindenaltar, damit den Göttern ihr Opfer würde. Was übrig blieb, verzehrte der Hausherr allein (63).

Die Letten und Tscheremissen opferten bei Beginn eines Leichenbegängnisses einen Hahn (119). Beim Tod eines Angehörigen wirft bei den türkischen Völkern eine Verwandte zwei Eier und einen Hahnenkopf den bösen Geistern zum Opfer hin mit der Bitte, den Verstorbenen ungehindert ins Jenseits eingehen zu lassen (18, II). An manchen oberbayrischen Orten wird im letzten Seelengottesdienst von den nächsten Anverwandten um den Hochaltar ein lebender Hahn in einem Korb herumgetragen, das ist dann die sogenannte Gockelleiche (112, I).

Um in Rußland den „Kuhtod" auszutreiben, läuft eine Frau mit einem schwarzen Hahn von einem Ende des Dorfes zum andern, gefolgt von den übrigen Frauen, welche schreien: „Geh unter, du schwarze Krankheit!" Hierauf wird der Hahn verbrannt und das Dorf dreimal umpflügt, wobei ein Heiligenbild vorangetragen wird (119).

Bei den Griechen ist es Sitte, in dem Augenblick, da das Kind aus dem Mutterleib hervorzutreten beginnt, einem Hahn den Kopf abzuschneiden. Hovorka (46, II) glaubt, daß man dabei an ein Opfer für Aesculap, dem der Hahn heilig war, denken dürfe.

In einigen polnischen Dörfern des Kreises Gneesen ist es Sitte, daß sich die Brautleute mit einem zierlichen Band aus weißem Stoff, welches eine Anverwandte angefertigt hatte und das in das Blut eines geschlachteten Hahnes getaucht wurde, je eine Hand zusammenzubinden. Das soll ein Zeichen der Treue und unauflöslichkeit der Ehe sein. Dieses Band wird aufbewahrt, und wenn das erste Kind ein Sohn ist, wird ihm damit nach der Geburt über die rechte Backe gestrichen, zum Zeichen der Treue gegen die Eltern (58).

Zu Zeiten opferte man beim Brunnen des Saint-Tegle Geflügel. Kranke Männer brachten dem Heiligen einen Hahn, Frauen eine Henne dar (108, VI).

Hahn und Henne sind in Südslavien Symbol menschlicher ehelicher Gemeinschaft und taugen daher für die Eheleute als Opfer. In Serbien besteht der Opferbrauch, daß wenn ein Mann oder eine Frau stirbt, die zweimal verheiratet gewesen waren, man je eine schwarze Henne schlachtet und das Opfer mit in den Sarg zum Leichnam legt, angeblich damit der Tote in jener Welt die zweite Ehe vergessen und sich an die erste Lebensgefährtin anschließe. Es versteht sich nach diesen Bemerkungen von selber, daß ein gleiches Opfer auch im ehelichen Leben als ein heilsames und ersprießliches bei verschiedenen Gelegenheiten in frommer Zuversicht dargebracht wird. Unverträglichkeit, Zwist und Hader unter Eheleuten gelten als das Werk böser Geister. Der Glaube ist allgemein, daß der Mann mit einer Henne, die Frau mit einem Hahn als Opfer die ehefeindlichen Geister besänftigen kann. Der Mann schlachtet ein Huhn, läßt es auszappeln, schneidet ihm den Schnabel und Bürzel ab, zieht diesen „Ring" über den Schnabel, trennt das Huhn auf, reißt ihm Kropf und Herz heraus und verfährt mit dem übrigen Fleisch nach Gutdünken. Am Samstag im Heumond trägt der Mann in der Dunkelheit, wenn er sein Weib im Hause weiß, diese Ringe dreimal um das Haus herum. Darauf vergräbt er den Kopf unter der Schwelle und spricht dazu: „Bisher waltete dein Wille, von nun an soll der meinige gelten". Das Herz bindet er sich unter die linke Brustwarze und trägt es so lange herum, bis es eintrocknet. Beim Umbinden spricht er ebenfalls die Worte: „Bisher, oh Weib, galt dein Wille, von nun an soll der meinige gelten!" Den Schnabel mit dem Ring darüber versteckt er an einem sehr verborgenen Ort und sagt: „So wie dieses Huhn seinen Schnabel in seinem Ring, so soll auch mein Weib seine Zunge in seinen Ring stecken." Von dieser Zeit an wird ihm, so glaubt man, seine Frau in keinen Dingen mehr widersprechen, und er kann mit ihr schalten und walten, wie er will. Frauen zaubern, wie bereits bemerkt, mit einem Hahn, den sie opfern (60).

Lange Zeit gutes Wetter konnte man, wenigstens nach der Rockenphilosophie, durch Einmauerung eines Hahnes zuwege bringen (33, III).

Allgemein ist das Hahn-Opfer beim Bau eines Hauses üblich. Im Erzgebirge fordert nach dem Volksglauben ein neues Haus einen Toten. Darum jagt man gern voraus einen Hahn, eine Henne, einen Hund oder eine Katze durch alle Räume oder schlachtet das Tier darin (50). In Bosnien glaubt das Volk, man dürfe ein neu gebautes Haus nicht eher beziehen, als bis man auf der Türschwelle irgendein Tier geschlachtet und das Haus mit Blut befleckt hat; sonst werde vor Ablauf eines Jahres ein Hausgenosse sterben (60). Bei den Bulgaren soll es Brauch gewesen sein, in ein neues Gebäude einen Hahn oder ein Lamm einzumauern. Vorgeherrscht hatte dieser Brauch unter den Mohammedanern. Beim Umbau der Klosterkirche in Banja an der Tavna im bosnischen Drinagebiet, einer Stiftung der serbischen Könige aus dem Hause Nemanjié (12. Jahrh.), fand man unter der Kirchenschwelle in einer zugemauerten Höhlung das Skelett eines Hahnes oder einer Henne und ein ganz unversehrt gebliebenes Ei. In Slavonien wird unter den Grundstein eines Hauses zuweilen ein lebendiger Hahn oder eine Fledermaus vergraben, damit der Bau nicht einstürze (60). Dieselbe Wirkung wie der Hahn übt auch sein roter Kamm aus (119). Bei den Serben wird der Grundstein eines Hauses mit dem Blut eines Hahnes bespritzt und dessen Kopf eingemauert (141, XXIII).

Auch in Frankreich war es bis um die Mitte des letzten Jahrhunderts Sitte, daß man kein Haus baute, ohne die Grundmauern mit Hahnenblut zu bespritzen (100, IX). Im Jahre 1896 wurde bei der Grundsteinlegung des österreichischen Expeditionshauses in Ephasos folgendes Bauopfer gefeiert: Ein Hahn oder Huhn wird geschlachtet, dessen Blut in die Grundfeste fließen muß. Zuweilen wird das geschlachtete Tier ringsum getragen, daß sich das Blut in alle vier Gräben ergießt. Das Tier wird anschließend von den Bauarbeitern verzehrt.

In dem Wachstum der Gräser, der Feldfrüchte, der Obst- und Waldbäume, kurzum in der gesamten Vegetation glaubte man ehedem eine Anzahl teils tiergestaltiger, teils menschenartiger Dämonen tätig, welche bei mancher Verschiedenheit, im einzelnen doch nur jedesmal ein anderer Ausdruck für denselben Grundgedanken zu sein scheinen (75). Diese Korndämonen oder Korngeister, die vielleicht in Zusammenhang zu bringen sind mit Donar, dem Gott der Fruchtbarkeit und des Erntesegens, sind in weiterer Bedeutung Dämonen der Fruchtbarkeit und des Gedeihens im Allgemeinen. An der First, auf dem Dach, zur Seite der Türe oder auf dem Hausflur sollte er als segenbringender und schadenabwehrender Schutzgeist in effigie verweilen. So scheint es sich auch zu erklären, daß aus Holz geschnittenen Hähnen häufig das Ornament eines Blütenzweiges zugestellt ist, die man die Giebel deutscher, russischer und polnischer Häuser schmücken sieht (78). In manchen deutschen und französischen Gegenden ist gerade der Hahn das Abbild des Getreidedämons, den man auf dem Erntefeld in den letzten Garben oder Halmen einer einzelnen Fruchtart mit Sense oder Sichel tötet. Andernorts fährt man ihn im September oder Oktober nach Beendigung der gesamten Erntearbeit auf ein Stoppelfeld, gräbt ihn bis auf den Hals in die Erde und schlägt ihm mit der Sense den Kopf ab (78). Auch in Österreich tritt der Hahn als Vertreter der Korngeister auf. Hier warnt man die Kinder, sich ins Getreidefeld zu verlaufen, denn es sitze der Troadhahn (Getreidehahn) darin und hacke ihnen die Augen aus. Die letzte Garbe führt den Namen Hahn, Hahngarbe, Brauthahn, Erntehahn, Erntehenne oder Herbsthahn (75). Wie in Deutschland, so stellt auch in Ungarn und Polen der Hahn im Erntebrauch, den beim Kornschneiden oder Ausdrusch getöteten Dämon dar. Hier setzen die Schnitter, wenn die letzten Halme geschnitten werden sollen, einen Hahn hinein, verfolgen ihn haschend bis über den Acker, graben ihn bis an den Hals in die Erde und schlagen ihm in beiden Fällen mit Sichel oder Sense den Kopf ab. Zu Udvarhely in Siebenbürgen binden die Szecler einen lebendigen Hahn in die letzte Garbe ein. Einer sticht ihn dann mit dem Bratspieß darin zu Tode. Den Leichnam balgt man aus und streut Haut und Federn mit den Körnern der letzten Garbe, in welche der Hahn eingebunden war, bei der Frühlingsaussaat unter das Getreide. Hier ist auf das deutlichste ausgedrückt, daß der in der letzten Garbe immanente dämonische Getreidehahn bei dem Kornschnitt getötet, in den aufsprießenden Körnern der neuen Aussaat wieder aufleben soll (78). Die Tötung und Zerteilung des Hahnes anläßlich der Ernte zaubert aber auch die fruchtbringende Kraft in seinen Leib, und diese wohnt ihm solange inne, bis die Zeit des Sprossens und neuen Wachstums beginnt. Häufig wird ein Hahn bei der Erntemahlzeit verzehrt, dann geht der Segen des Dämons auch auf die Genießenden über (9).

Die Mahlzeit, die nach Schluß der Ernte folgt, heißt Hahnenmahlzeit, Erntehahn, Meierhahn, Schnitthahn, Stoppelhahn oder Aarhenne. Deutlich erhellt aus manchen einzelnen Zügen, daß man dem dämonischen Getreidehahn sowohl schädliche als segnende Wirkung zuschrieb. Er soll durch Abpicken der Körner die Feldmäuse ernährt haben. Wäre er nicht gefangen, er hätte den Bauern rein aufgefressen. In Polen und Galizien wird der Hahn auf einem Blumen- oder Ährenkranz befestigt, der von der Vorschnitterin im Erntezug, auf dem Kopf vorangetragen wird. Je öfter nun das Tier von der Erntekrone die Erntejungfrau pickt, desto fruchtbarer wird die Ernte des nächsten Jahres (75). Wie weitverbreitet das Hahnenessen ist, beweisen der Schnitthahn in Schwaben, der Saathahn in Bayern, der Erntehahn der Schleswig-Holsteiner, der Bohnen- und Weizenhahn der Friesen, der Kartoffelhahn der Zürcher Oberländer und der Aargauer (125, II).

Ein festlicher Tag war ehemals der Krähhahn nach beendeter Traubenernte am Zürichsee. Die ganze Nacht wurde dabei bis zum Krähen des Hahnes unter fröhlichen und derben Spielen, Vexieraufgaben, neckischen Mummereien mit Umzügen von Haus zu Haus gefeiert. In Zürich wird 1786 ein Krähan nach vollendeter Brückenreparatur erwähnt. Ernd-Chrähan heißt das Schlußmahl nach der Kornernte, wobei Kuchen einen Hauptbestandteil bilden. Der Heu-Chrähan wird in Bäretswil nach der Heuernte, der Tröscher-Chrähan nach beendigter Drescharbeit gefeiert (125, II).

Den Schluß der Weinernte beging man früher auch an der Mosel feierlich auf folgende Art: Auf der Spitze einer hohen Stange wurde zwischen Blumen und farbigen Bändern, von einem Traubenkranz umringt, ein lebendiger Hahn festgebunden. Der Stangenträger, ein kräftiger Bursche, hatte Weibskleider angezogen. Desgleichen andere Winzer, während eine gewisse Anzahl Winzerinnen in Mannstracht erschienen. Alle an der Lese des Weingutes beteiligten Arbeiter formierten darauf einen Zug. Vorne ging, als altes Weib vermummt, ein Winzer und fegte mit einem abgenutzten Besen die Straße. Ihm folgte der Hahnenträger, entweder zu Fuß oder fahrend auf dem festlich geschmückten Wagen, der die letzten Trauben heimbrachte. Nun kamen paarweise alle Winzer und Winzerinnen und machten während des ganzen Marsches soviel Lärm als möglich, indem sie mit Stöcken auf allerlei stark tönende Gegenstände schlugen. An der Wohnung des Weingutsbesitzers angekommen, trat dieser hervor, und man sagte folgenden Spruch auf:

> Wir kommen hieher gegangen,
> Wir haben einen Hahn gefangen.
> Der Hahn bringt euch viel guten Wein
> Wir hoffen, er wird ihnen willkommen sein.

Eine festliche Mahlzeit vereinigte nun die ganze Gesellschaft, und unter Sang, Spiel und Tanz wurde die ganze Nacht durchgezecht (28).

Zu Kohlfeld am Lippischen Wald setzt man bei der Einfuhr des Getreides auf die letzte Fuhre einen vergoldeten Hahn, der allerlei Frucht im Schnabel trägt und nachher meist am Hause aufgehängt wird.

Früher war es in ganz Deutschland und darüber hinaus Sitte, gleich nach dem Mähen der letzten Halme einen Hahn zu opfern. Die Erinnerung an dieses Ernteopfer hat sich als Volksbelustigung erhalten. In den Kreisen Schönau, Schweidnitz, Striegau, Strehlen, Sprottau und Freystadt fährt man am Erntefesttag auf einem vier- bis sechsspännigen leeren Leiterwagen einen mit Bändern festlich geschmückten Hahn auf ein Stoppelfeld oder den Gemeindeanger. Dort wird er unter Gebärden, als hebe man eine schwere Last, heruntergeholt und unter feierlicher Anrede zum Tode verurteilt. Wer ihn dann mit verbundenen Augen mit einem Knüppel trifft, heißt Hahnenkönig. In anderen Gegenden nimmt man anstatt des wirklichen Tieres einen nachgemachten Hahn. Einst sollen auch die Schnitter beim Schluß der Ernte dem Gutsherrn einen lebenden Hahn auf einem Teller überreicht haben.

Hieher gehört auch der schlesische Brauch, einen Hahn aus Stroh auf die für die Arbeiter als Erntelohn bestimmte Mandel zu stellen. Als die Landbevölkerung noch leibeigen war, wurde den Erntearbeitern ein bestimmter Teil des Getreides überlassen. Damals hatte der Aufseher neben seinem Kerbstock einen Ledersäckel, worin zehn Nummern waren. Sobald man zehn Mandeln gebunden hatte, ließ er aus dem Säckel eine Nummer ziehen, vermerkte die Zahl auf seinem Kerbstock und überließ die der gezogenen Nummer entsprechende Mandel den Arbeitern. Diese wurde sodann mit einer in Hahnengestalt geformten Garbe, die man darauf setzte, gekennzeichnet (24, II).

Sobald in Luxemburg die Schnitter den Tag voraussehen, an welchem sie ihre Arbeit beendigen werden, fertigen die Schnitterinen aus einem Wisch Ähren und Blumen eine Figur, der sie so sehr wie möglich die Gestalt eines Hahnes geben und welche auch „Hahn" genannt wird. Den mit Bändern geschmückten Halmvogel befestigt man auf der Spitze einer Stange und und pflanzt diese unter Freudengeschrei am Ende des Getreidefeldes auf. Die verschiedenen Arbeitergruppen stellen nun eine Art Wettschneiden auf den Hahn an. Indem sie versuchten, einander zuvorzukommen, näherten sie sich unter dem Ruf „Kikeriki" kreisförmig der Stange, bis die letzten Halme herabfielen. War das Wetter nach Wunsch und das Getreide hatte seine vollständige Reife erlangt, so wurde der Hahn auf dem Wagen, der die letzten Garben heimführte, befestigt und dem Grundherrn feierlich unter großem Jubel zugeführt. Gestaltete sich die Witterung nicht günstig, blieben die in Haufen zusammengetragenen Garben zum Nachreifen noch auf dem Feld stehen, und der Hahn wurde nach Hause getragen. Nach dem Einbringen des Hahnes fand ein kleines Fest statt, auf welchem Schnitter und Schnitterinnen schmausten und tranken und in der Scheune tanzten und sangen. Andernorts bildete man den Hahn nicht vorher, sondern erst nach beendigter Arbeit mit der Garbe Getreide (28). Im oldenburgischen Kreis Bersenbrück nahm man ehemals einen Hahn mit aufs Erntefeld und steckte ihn in die letzte Garbe. Er wurde dann totgeschlagen, um am Abend von der Arbeiterschar als Festschmaus verspeist zu werden (131, II). In Minden befestigt man über dem Erntekranz einen hölzernen Hahn, und ein Spiel um die letzte Garbe heißt dort Hahnengreifen (106).

Im wendischen Land, von Teuplitz bis Buchholz, Storkow bis Fürstenwald und vielen umliegenden Dörfern und Edelhöfen, wird aus der letzten Garbe des Winterkorns ein Kranz geflochten, zu dem die Binderinnen allerlei Feldblumen herbeibringen und ihn damit schmücken. Ist er fertig, folgt allgemeiner Jubel, man spielt auf dem Stoppel „greifen" und nennt dies, da die so zugerichtete letzte Garbe der Hahn heißt, ebenfalls „den Hahn greifen". Auf Edelhöfen und Ämtern der Umgebung von Fürstenwald wurde der Herrschaft ein Kranz gebracht, dafür gab sie einen Hahn, d. h. eine Mahlzeit mit Musik und Tanz. Ehemals erhielten Knechte und Mägde einen Hahn, der gegriffen wurde. In der Scheirer Dienstordnung von Anno 1500 heisst es: „so man gesäet hat den traid, korn und fesen, so gibt man den knechten und dirnen den sathahn, je vieren ain gans und jedem ain trincken wein kelhamer aus gnaden" (95, II).

Früher vollzog sich die Heimfahrt des letzten Fuders oder der letzten Garben in einzelnen Teilen der Eifel feierlich. Es bildete sich ein Zug, an dessen Spitze der erste Schnitter mit einer hohen Stange schritt, die mit Fruchtähren und Blumen geschmückt war. Oben auf der Stange prangte ein Hahn, ein lebendiger oder ein buntbemalter aus Holz, als Verkörperung des Korngeistes. Die übrigen Schnitter und Schnitterinnen begleiteten den Erntewagen jubelnd und singend nach Hause. Dort wurde ein Tag lang das Schnitterfest gefeiert und zuletzt ein Hahn geschlachtet. Dieser alte Brauch war in der Eifel auch unter dem Namen „Den Hahn fangen" bekannt (152).

In Sibelberg gibt es im Herbst, wenn Saat- und Feldbestellung beendet sind, am Sonntag darauf ein gutes Mahl, gewöhnlich eine Henne oder einen Hahn. Dieses Mahl heißt der „Saathahn" (49). In derselben Gemeinde heißt jener, der die letzte Garbe beim Ausdreschen umkehrte, der „Gurgelhoun" oder er bekommt den „Gurgelhuon" (Gurglhahn) (49).

In Memmingen wurde wie vielerorts, nachdem die Feldfrucht eingebracht war, nach beendeter Hopfenernte, nicht wie in ersterem Falle der Schnitt, sondern der Hopfenhahn gefeiert (101). In Schlesien, um Bunzlau, Löwenberg, Greiffenberg und Lähn, heißt der Schmaus nach der Ernte Arhenne (Erntehenne). Diese Bezeichnung weist darauf hin, daß man früher bei diesem Mahl ein besonderes Gericht verzehrte, nämlich den gebratenen Erntehahn, wie in Westfalen die Bäuerin eine Hühnersuppe zurichtete (24, II). Opfererinnerungen sind heute noch in Form des Hahnenschlagens besonders in slavischen Ländern sehr verbreitet. Bei solchen Opferspielen wird der Hahn entweder gebunden oder unter einen Topf gesteckt und von den Anwesenden bei verbundenen Augen mit Dreschflegeln oder Knütteln totgeschlagen (154). In Schönnach war das Hahnenschlagen zu früheren Zeiten nach der Ernte üblich, wobei von einem, dem die Augen ebenfalls verbunden waren, mit dem Dreschflegel nach dem Tier geschlagen wurde (49).

Noch im 16. und 17. Jahrhundert war das Hahnenschlagen in Breslau ein beliebtes Spiel. So veranstalteten die Schützen im Schießwerder am

7. September 1560 ein großes Hahnenschlagen, indem sie mit gedrehten Hölzern, die eine halbe Elle lang waren, nach dem Hahn warfen. Der Sieger bekam dann eine zinnerne Kanne (24, II). In Lessenich, Kreis Buskirchen, wird am Kirmesdienstag der Hahn geköpft. Man spannt ein Seil über die Straße, an dem ein Korb befestigt ist. Durch ein Loch im Boden des Korbes hängt der Kopf des vorher getöteten Hahnes heraus. Dem jeweilig schlagenden Burschen werden die Augen verbunden; er schlägt mit einem Besenstiel nach dem Kopf des Hahnes, und jeder Fehlschlag wird mit Gejohl von den umstehenden Genossen begleitet. Wer das Haupt trifft, ist Hahnenkönig, und sein Schatz, der den ganzen Abend mit ihm tanzt, trägt stolz eine Feder von diesem Hahn als Siegestrophäe im Haar (152).

In ganz Oberschlesien findet am Fastnachtsdienstag das Hahnenschlagen statt. Ein stattlicher Hahn wird wie ein schwerer Verbrecher auf einem Leiter- oder Kalkwagen, den 8 Pferde, immer eines vor das andere gespannt, langsam einherziehend, mit Ketten gefesselt, durch das Dorf auf den Anger gefahren. Auf jedem Pferd sitzt ein phantastisch aufgeputzer Bajazzo oder ein altfränkisch gekleideter Reiter mit einem Dreimaster, einem Hut mit dreieckiger Krempe. Oft steht in ebenso phantastischem Aufzug neben dem armen Sünder mit grimmigen Gesicht der Scharfrichter. Ein Hanswurst springt mit einer Peitsche um den Wagen herum und trifft bald den, bald jenen, daß es nur so knallt. Auf dem Anger vor dem Dorf, wo für die schaulustige Menge Buden mit Lebensmitteln und Getränken aufgeschlagen sind, macht der Zug halt. Der Hahn wird entweder, mit der Kette gefesselt, auf den Boden gesetzt oder in einen Milchnapf, der im Boden ein Loch hat, so hineingesteckt, daß sein Kopf durch die Öffnung hinausschaut. Der Scharfrichter tritt nun als Beauftragter des hochnotpeinlichen Halsgerichtes auf eine Erhöhung und liest der Versammlung mit lauter Stimme das Todesurteil über den Hahn vor. Hierauf wird dieser mit einem Dreschflegel oder Stock erschlagen. Der Reihe nach treten die Burschen mit verbundenen Augen heran. Fehlt einer mit dem Schlag den Hahn, wird er derb ausgelacht und muß eine Geldstrafe hinterlegen; wer aber den Kopf trifft, wird als Hahnenkönig ausgerufen. Er muß diese Ehre jedoch teuer bezahlen, denn der Hahn wird gebraten und im Wirtshaus, bei lustigem Gelage, verspeist (24, I).

Auch im Oldenburgischen ist zur Fastnacht das Hahnenschlagen Sitte, Jeder, der Lust hat, darf nach dem mit gefesselten Beinen, an einem starken Faden, von der Heudiele in die Tenne herunterhängendem Hahn springen. Wem es gelingt, dem Tier den Kopf abzureißen, der erhält von der Dorfschönsten einen mit Bändern und Federn geschmückten Hut aufgesetzt und wird obendrein als Hahnenkönig ausgerufen (131, II).

In Liebau waren es ehedem die Mädchen, die mit verbundenen Augen auf den Hahn, dessen Füße in den Löchern eines auf einem Pfahl befestigten Brettchens steckten, losgehen mußten, um ihn zu erschlagen. Die Mädchen wurden natürlich von den Burschen irregeführt, nur die bereits vorher bestimmte Hahnenbraut wurde so geleitet, daß sie den Hahn traf. Die Sitte in dieser rohen Form wurde aber abgeschafft. In Pfaffendorf bei Landshut wird der Hahn in einem Käfig auf einer Stange aufgestellt. Statt seiner wird ein in der Nähe ausgesetzter Topf zerschlagen. Dem Gewinner fällt aber doch der Hahn zu. (24, I).

In La Bastide vergnügt man sich am Tag der heiligen Madleine neben anderen Zerstreuungen auch damit, einen Hahn bis an den Hals einzugraben und ihn hernach mit Steinen zu bewerfen. Wer ihn trifft, darf ihm sein eigen nennen. Im Departement des Landes bindet man eine Henne auf eine Stange und steckt diese in die Erde oder zwischen Steine. Aus einiger Entfernung wird nun versucht, das Tier mit Steinwürfen zu töten. Wer dies fertigbringt, erhält es als Preis, wer aber fehlt, verliert seinen Einsatz, den er gezahlt hat (108, VI).

Anläßlich einer böhmischen Hochzeit, wenn die Braut vom Brautführer und den Weibern in der Kammer der Mutter „gehaubt" ist, bindet man einen schwarzen Hahn an einen Baum, der unter Musik und Gesang umtanzt wird. Darauf ruft der Hochzeitsredner den Segensspruch:

Hula, hula, hula
Wir enthaupten den schwarzen Hahn,
unseres Knechtes
Des Hahnes Martin
Letzte Stunde.
Mit seinem Blut befestigen wir,
Weihen wir diesen Bund.

Nachdem er nun, dreimal im Kreise herumgehend, Messer und Schwert geschwungen, haut er dem Tier den Kopf ab (35). Im Böhmerwald schlägt man den bis auf den Kopf in die Erde vergrabenen Hahn mit Dreschflegeln tot. Fällt eine Hochzeit im südlichen Böhmen in die Fastenzeit, ist es Sitte, einen mit einer roten Kappe bekleideten Hahn feierlich zum Tode zu verurteilen. Nicht ohne von allen Anwesenden um Verzeihung gebeten zu werden, wird das an einen Stuhl gebundene Tier geköpft und hernach gebraten und verzehrt. Im nördlichen Böhmen muß an der Kirchweih ein Mädchen als Hahnenbraut mit verbundenen Augen, nach dem an einen Pfahl gebundenen Hahn mit dem Dreschflegel schlagen. Gelingt es ihr, das Tier mit dem ersten Streich zu töten, ist das ein Beweis ihrer Tugend (154). In Roding und in der Oberpfalz feierte man am Tage einer Hochzeit auf dem Marktplatz das Hahnenschlagen, das aber schon deswegen verboten wurde, weil es vorkam, daß der eine oder andere mit dem Dreschflegel etwa auf einem ihm verhaßten Nachbarn schlug, anstatt auf den Hahn (154). Um Ostern und Pfingsten hielt man in Mecklenburg (6) und ehemals in einigen Kantonen der Schweiz das Hahnenschlagen ab. Dazu trugen die Dorfburschen vorher einen Hahn in einem Korb herum, um sich die Eier zu einem Festkuchen in den Häusern spenden zu lassen (106).

Während der Fastnacht waren früher in England und Schottland Hahnentänze sehr beliebt (112, III). Im schwäbischen Wohlfahrtshausen ist der Hahnentanz noch am St. Bartholomäustag (24. August) üblich. Auf einem abgegrenzten Wiesenplatz ist eine Stange angebracht. In einiger Entfernung befindet sich eine Wanne mit einer geladenen Pistole und aufgelegtem brennenden Zunder. Die Burschen tanzen mit ihren Mädchen um die Stange, die auf dem Boden liegend befestigt ist. Beim Beginn des Tanzes bekommt das Paar, das anhebt, einen Blumenstrauß beim Gipfel der Stange. Kommt das Paar an den Fuß der Stange, dann bekommt den Strauß ein anderes Paar. Wer diesen nun gerade hat, wenn die Pistole losgeht, der gewinnt den Hahn, der aber nicht immer ein solcher sein muß, sondern auch ein beliebiger Gewinn sein kann. Solche Hahnentänze, in ihrer Art oft etwas variierend, sind auch andernorts üblich (12, II). Das sogenannte Hahnenbeißen, das noch zu Anfang des vorigen Jahrhunderts an jedem Gallustag in Gels stattfand, ist außer Brauch gekommen. Wie im Frühjahr am Gregoriustag, gab es nämlich ehemals auch im Herbst ein Schulfest, bei welchem die Knaben Hähne mit ins Schulhaus brachten, die sie miteinander kämpfen ließen. Der Knabe, dessen Hahn den Sieg errang, wurde als König ausgerufen und mit Gesängen zuerst nach Hause und dann in der ganzen Stadt herumgeführt. Dieselbe Sitte herrschte bis in neuere Zeit auch in manchen Gegenden Ungarns (99).

Der Hahn als Vogel der Fruchtbarkeit und des Erntesegens trägt zum Zeichen seiner Göttlichkeit die Attribute Thors, Hammer und Schleifstein. Der Hammer, diese furchtbarste Waffe des nordischen Kriegsgottes, ist nach der Art der germanischen Wurfaxt gedacht, womit die Götter auch den stärksten Riesen besiegten. Erinnernd an diese alten göttlichen Gewalttaten, hielten die Finnen in ihren letzten Kriegen gegen die Russen im Felde regimentsweise einen Waffenhahn. Einen solchen gab es auch vor nicht allzulanger Zeit noch auf englischen Kriegsschiffen (106). Als heiliges Feldzeichen trugen auch die alten persischen Heere einen goldenen Hahn. Um Mut zu erlangen, trugen die alten Deutschen einen Hahnenkamm bei sich.

Auch den alten Griechen war der Hahn das Symbol der Kampfeslust und des Mutes. Sie suchten sogar durch den Anblick von Hahnenkämpfen in den ins Feld ziehenden Heeren den Keim des Heroismus und der Tapferkeit zu entwickeln. Um kurz vor einem Angriff der Perser seine

Mannen recht mutig zu machen, ließ Themistockles (26) vor ihren Augen Hähne kämpfen. „Seht hier die Wut", rief er, „mit denen diese nur um die Ehre des Sieges kämpfen; und ihr wollt für euren Herd, für eure Weiber und Kinder, für die Gräber eurer Väter weniger tun?" Dies begeisterte die Soldaten so sehr, daß sie wie Hähne kämpften und den Sieg erfochten. Zur Erinnerung an dieses Ereignis feierte man den Jahrestag dieser denkwürdigen Schlacht in Athen stets mit Hahnenkämpfen.

Philo der Alexandriner erzählt von Miltiades, daß er vor der Schlacht von Marathon den Mut seiner Soldaten durch Veranstaltung von Hahnenkämpfen anfeuerte (36). Artaxerxes ließ dem Mörder Cyei einen kleinen goldenen Hahn auf den Helm setzen, zum Zeichen seiner Tapferkeit. Auch die Soldaten seiner Heimat Caria bekamen einen Hahn (11, XIV).

Im Krieg führten die Dänen immer zwei Hähne mit sich, den einen, um die Stunden anzuzeigen, den andern, um die Soldaten zum Kampf anzufeuern (36). Auch die alten Deutschen führten vor Zeiten, wenn sie zu Felde zogen, einen Hahn mit sich, damit sie durch ihn zur Wachsamkeit angespornt würden (11, XIV).

Die angeborene Streitlust und die Eifersucht des Hahnes, die diesen lieber sterben als sich unterjochen lassen, hat man früher dazu benützt, um sich ein aufregendes Schauspiel zu geben. Hahnenkämpfe wurden noch zu Anfang des 20. Jahrhunderts in England als etwas äußerst Belustigendes angesehen. Alt und Jung drängte sich in die Schaubuden, in deren Mitte der rasenbedeckte Kampfplatz lag. Man nahm Partei, der für diesen, jener für den andern Kämpfer, man wagte hohe Wetten und setzte nicht selten seine Ehre und das Glück seiner Familie auf den Schnabelhieb eines einzigen Hahnes. Um die Streitlust und die Kampffähigkeit der Hähne zu erhöhen, ging man soweit, sie mit in Bier aufgequelltem, geröstetem Brot zu füttern und verstärkte ihre Sporen mit stählernen oder silbernen Spitzen. Besonders am Fastnachtdienstag waren in England Hahnenkämpfe sehr beliebt. Seit Eduard III. und Heinrich VIII., wurde das Verbot dieser Kämpfe so oft wiederholt, daß sie jetzt verschwunden sind (99).

An Stelle der ebenfalls auch in Belgien verbotenen, blutigen Hahnenkämpfe trat dann hier der Hahnenkrähkampf, in dem jenes Tier siegte, das während einer Stunde am meisten krähte. Man stellte dabei sämtliche Hähne, ohne daß sich diese aber sehen konnten, unter freiem Himmel auf. Um sie zum Krähen zu reizen, fütterte man sie mit Hanf und Eiern und steckte sie in einen Käfig in der Nähe der Hennen. Von diesen entfernt, hatten sie dann das Bestreben, sich ihnen bemerkbar zu machen, und angespornt durch den unbekannten Gegner, entstand die Wettkräherei, in der einst ein Sieger 148 Mal in der Stunde seine Stimme erschallen ließ. In Griechenland fütterte man Kampfhähne mit Lauch und Zwiebeln (54, II).

Die Verehrung, welche Thor als Gott der Fruchtbarkeit erwiesen wurde, zeigt sich in Mecklenburg noch bei bäuerlichen Hochzeiten, wo die Butter in Gestalt eines Hahnes auf den Tisch gesetzt wird. Noch jetzt ist es z. B. in den Dörfern um Goldberg Sitte, daß die Brautjungfern der Braut einen früher aus Butter, jetzt aus Tonerde geformten, mit Federn und künstlichen Blumen gezierten Hahn bringen, während der Bräutigam von den Brautführern ein Huhn erhält das ebenfalls reich geschmückt ist (9).

Schon früh wurden Hähne als Sinnbild aphrodisischen Treibens verwendet. Ein Hühnerpaar das bei den Juden am Hochzeitstag vorausgetragen wurde, galt als Vorbedeutung großer Fruchtbarkeit (54, II). Als Symbol friedlichen Beisammenseins wurden bei den alten Isrealiten anläßlich einer Hochzeit ein Hahn und eine Henne vor dem Brautpaar in das Ehegemach gelassen (141, XXIV). Bei den Furlanern in Friaul dürfen, wenn die Brautausstattung mit einem Ochsengespann abgeholt wird, Hahn und Henne als das uralte Sinnbild der in der Ehe zu erwartenden Fruchtbarkeit nicht fehlen (81). Bei den Hochzeitsbräuchen in Kärnten soll die Figur eines Hahnes und eines Kerzleins das frühe Aufstehen und die Wachsamkeit der Hausfrau bedeuten (54, II).

Hähne sind seit altersher der Fuhr- und Ackersleute Stundenzeiger (96), und dem Italiener gelten sie heute noch als die Uhr des Landes (108, VI). In Lamballe ersetzt ein Hahn, der aus einem Ei stammt, das von einer Elster ausgebrütet wurde, die beste Uhr, deshalb weil er kraft des Ortes, wo er ausgebrütet wurde, jede Stunde mit seinem Krähen kund tut (100, VII).

In der christlichen Religion gilt der Hahn als Symbol des heiligen Petrus, weil dieser Apostel seinen Meister dreimal verleugnete, ehe der Hahn krähte. Der reuige Petrus selbst mit einem Hahn ist Sinnbild des reuigen Sünders, daher kommt er oft auf alten christlichen Grabdenkmälern vor (85, I).

Wie die Hühner, so waren auch die Hähne früher eine beliebte Abgabe an die Landvögte. In Meilen hieß es noch im 15. Jahrhundert: „Einem vogt soll von ieklicher husröiki järlich werden ein herbsthan und ze fasnacht soll man jm geben ein hennen (125, II). Stoffel- oder Stoppelhan nannte man jene Hähne die als Abgabe für die Getreidefelder galten." „Vier kappunen, 1¹/₄ hüener, 31 stoffelhanen" zahlt anno 1596 das Dorf Muri AG an das Kloster gleichen Namens (125, II).

Ein Göttingisches Taschenbuch aus dem Jahre 1811 berichtet: „Im Hildesheimischen sind Eheleute, wenn sie keine Kinder bekommen, dem pastor loci wegen des Abganges an den Taufgebühren jährlich einen Hahn zu geben verbunden, welchen man den Geduldhahn nennt" (114).

In Böhmen ist der Glaube verbreitet, eine schwarze Henne verwandle sich im Alter in einen schwarzen Hahn, der im Mist ein schwarzes Ei legt, aus dem der Teufel schlüpft, der aber hier an Stelle des Drachen Glück ins Haus bringt. Da aber der Mensch, den er ansieht, sterben muß, nehmen die Leute heute noch einen Spiegel, mit dem sie in den Keller gehen, damit der Teufel sich in diesem gewahre und umkomme (35).

Die Vorstellung von dem aus dem Ei gewonnenen Kobold oder dienstbaren Geist scheint auf die ältere, weitaus verbreitetere Sage vom Basilisken zurückzugehen, der aber freilich kein dienstbarer Geist war, sondern als ein überaus giftiges Untier von kleiner, schlangenähnlicher Gestalt geschildert wird, dessen Entstehen aber dieselben Züge trägt. Von dem Basilisken berichten weder Plinius noch andere antike Autoren; erst Cassianus hält es in seinem um 430 zu Marseille geschriebenen Werk „De incarnatione Christi" für unzweifelhaft, daß die Basilisken aus den Eiern der ägyptischen Ibisvögel hervorkriechen, was 200 Jahre später Theophylaktos Simokattes durch das Gift, der von diesen Vögeln verzehrten Schlangen erklärt, das sich in ihrem Leib ansammle (141, XXVIII).

In der sächsischen Lausitz entsteht ein Basilisk aus dem Ei, das ein 20jähriger Hahn in den Dünger legt. In Tirol und in Thüringen ist es ein 4jähriger Hahn, der ein Ei legt, aus dem ein Drache wird. In Kärnten schlüpft aus dem Ei eines 7jährigen Hahnes nach drei Jahren ein Lindwurm. Bekannt ist diese Basiliskensage ferner in Dänemark, Schweden, England und auf Island. Auch im französischen Teil der Schweizer Alpen und in Frankreich ist dieser Glaube verbreitet. Hier ist es ein 7–14jähriger Hahn, der in den wärmsten Sommermonaten ein Ei legt, aus dem der Basilisk hervorgeht. Auch in Italien entsteht aus dem Ei eines 7jährigen Hahnes der Basilisk (141, XXVIII).

In der Oberpfalz ist es ein roter Hahn, der das gefürchtete Basiliskenei legt, sobald er 10 Jahre alt ist (154).

Trägt man bei den Slowaken Nordungarns das erste Ei einer schwarzen Henne zwei Wochen in der Achselhöhle, erhält man daraus den Hausgeist. Ähnlich sind die Aufzeichnungen aus Polen und Posen. In Galizien glaubt man, man könne den Teufel aus dem Ei einer singenden schwarzen Henne ausbrüten, wenn man es 9 Tage in der Achselhöhle trägt. Bei den Posener Polen wird das Ei eines schwarzen Hahnes, aus dem der Basilisk kommt, von einer Kröte ausgebrütet.

Legt man bei den Letten das Ei eine 12jährigen Huhnes einer Henne unter oder bindet es unter ein Kuheuter, kommt daraus ein Geist. In Dalmatien muß man das Ei einer schwarzen Hen unter der linken Achsel tragen oder das eines 9jährigen Hahnes auf der Brust. Bei den Mohammedanern in Bosnien und der Herzogewina heißt es, wenn man ein von einem 20jährigen Hahn gelegtes Ei 40 Tage unter der linken Achsel trage, könne man den Teufel ausbeuten, der jeden Wunsch erfülle. In der Bukowina und auch in Rumänien ist ein Ei, aus dem der Geist schlüpft, sehr hart und mit schwarzen Flecken gezeichnet und muß hier wie in Siebenbürgen 9 Tage unter der Achsel getragen werden (141, XXVIII). Die Ameritiner glauben, in dem von einem Hahn gelegten Ei finde man, wenn man es zerschlage, entweder einen Adler, eine Schlange oder ein Lamm; das Erste und Zweite bedeute Unglück, das Dritte Wohlergehen. In Grusien am Kaukasus wickelt man das von einem Hahn gelegte Ei in Watte und vergräbt es bei der Türe in der Erde, dann verwandelt es sich in Gold (141, XXVIII). In der Oberpfalz legt ein Hahn nach 7 Jahren nicht nur ein Ei, aus dem ein Drache kommt, sondern in diesem Jahr werden die Tiere oftmals so gescheit, daß sie die Sprache ·der Menschen verstehen (122, I).

Auf Sizilien legt ein siebenjähriger Hahn ein Ei, aus dem der Basilisk kommt. Um nun den bösartigen Einfluß dieses Eies, das der Hahn auch hier in den Mist legt, zunichte zu machen, steckt man den Zweig einer Weißbuche in den Mist (108, VI). In Pforzheim ist es ebenfalls ein 7jähriger Hahn, der ein kleines Ei legt. Dieses muß man nun übers Dach werfen, sonst schlägt der Blitz ins Haus (33, III). In Tartlen legt ein Hahn, wenn er 9 Jahre alt geworden ist, ein Ei und brütet es aus. Alle Kinder, die dann auf das schlüpfende Hühnchen schauen, müssen sterben (37). Hat man in Ungarn ein struppiges, häßliches Küchlein, glaubt man, es sei ein sogenannter Lidércz, der sich unter die andern Hühnchen gemischt habe. Dieser Lidércz soll aus dem Ei eines 7jährigen Hahnes entstehen, oft die Sprache der Menschen beherrschen und seinem Besitzer, der aber nach einer gewissen Zeit dem Teufel verfällt, jeden Wunsch erfüllen. Wer nun ein solches Küchlein besitzt, das dem gefürchteten Lidércz ähnlich sieht, tut gut daran es auf einem Berg zu begraben, und zwar lebendig, damit er dem Teufel nicht verfalle (146).

Aus dem berüchtigten Hahnei, das eine Ente oder Gans bebrütet, kriecht in Frankreich eine Schlange (108, VI).

Hexen- oder Hahneier sind solche, denen der Dotter fehlt und die statt dessen auch wohl einen schlangenartigen Wurm enthalten oder vielmehr auf diese Art zusammengedrehte Häute haben (7).

Wer in Schweden einen Geist haben will, der ihm zu allerlei verhilft, nehme ein Hahnei, ein sogenanntes Windei, und trage es in seiner linken Achselhöhle, bis es ausgebrütet ist. Dann muß man an drei Donnerstagen, je am Abend auf dem Kirchhof gehen. Der Geist oder „Spiritus" ist dann fertig (141, XXV).

Über diese Hahnen- und Basiliskeneier berichtet ein altes handschriftliches Brugger Rezeptierbuch: „Jeder Güggel legt nach 7 oder neun Jahren einmal ein Ei, lässt man dieses unter Rossmist bebrüten, so kommt ein Drache hervor, der alles durch seinen Blick tötet. Darum nehme man dem Hahn das Ei weg und lasse einen Zentnerstein darauf fallen."

In Hergiswil heißt es: „Ein Hahn lebte sieben Jahre in einem Hause und legte ein Ei in den Roßmist. Aus dem Ei schlüpfte endlich ein Basilisk, und das ist in Basel geschehen, darum hat die Stadt auch diesen Namen" (74). In Basel verbrannte denn auch das Gericht der Freiknaben Anno 1474 auf dem Kohlenberg einen kohlschwarzen Hahn samt dem Ei, das er gelegt hatte.

Auch im niederländischen Zieriksee wurden einst zwei Hähne gewürgt und die von ihnen gelegten Eier zermalmt (141, XXVIII).

Im Willisaueramt schützt man sich gegen den Basilisken am besten, indem man ihm einen Spiegel hinhält; wenn er sich in diesem sieht, vergiftet er sich durch seinen Blick selbst (74).

Um das Jahr 1730 hatte der Jann Fausch, der bei Seewis im Prätigau wohnte, einen großen kohlschwarzen Hahn. Dieser hatte im Hennenstall ein Ei gelegt und bebrütete es in einem Winkel, ohne daß die Hausleute die einfältige Leute waren, es merkten. Lange danach, als endlich der Hennenstall einmal ausgemistet werden sollte und der Hahn gewaltsam aus dem Winkel herausgerissen werden mußte, fanden sie das Ei unter ihm. Dieses Ei war jedoch viel größer als ein Hennenei, kugelrund, ganz grau mit blauen Tupfen. Der Hahn wollte durchaus auf das Ei zurück, aber die Weibspersonen im Hause, Mutter und Töchter, verwehrten es ihm. Im Kampf zwischen Hahn und Weibern rollte das Ei hervor und fiel aus dem Hennenstall auf den Boden und bekam einen Riß. Das kleine bißchen Flüssigkeit, das aus dem Ei rann, verbreitete nun einen abscheulichen Gestank und war auch nach Wochen nicht zu vertreiben. Als die Weiber das Ei mit der Kehrichtschaufel hinter dem Stall zerbrachen, fanden sie darin einen fingerlangen, kohlschwarzen Wurm, dessen kleinste Teilchen sich, als sie ihn zerhackten, immer wieder krümmten. Nachdem Jann Fausch heimgekehrt war und die sonderbare Geschichte vernahm, drehte er dem Hahn sogleich den Hals um, denn aus diesem Ei, welches eben nur ein schwarzer, 7jähriger Hahn legt und ausbrütet, wäre ein Basilisk ausgeschlüpft (48).

Die Hahnenfeder als Streitzeichen der Soldaten, ist auch Hutzier des Teufels und kann, wie übrigens auch der Hahn selbst zu allerlei Teufeleien und Zaubereien verwendet werden.

Wer sich in Böhmen (35) dem Teufel, der gerne als schwarzer Hahn erscheint (44, XVI), ergibt, muß sich ihm mit dem eigenen Blut verschreiben, und zwar mit der Hahnenfeder, die der Teufel vom Hut nimmt. In Tirol ist es eine rote Hahnenfeder, die der Teufel auf seinem Hut trägt (154).

Hahnenfedern bewirken auch Liebeszauber. In Baden reißt ein Bursche einem Hahn drei Schwanzfedern aus und drückt sie seinem Mädchen heimlich in die Hand, so bleibt sie ihm treu (154). Bestreicht in Böhmen ein Bursche den Hals des Mädchens, das er verehrt, mit einer Hahnenfeder, die man dem Hahn aber nicht mit nackter Hand ausgerissen haben darf, muß sie ihn lieben (35). Um zu zaubern, muß man sich, wenigstens in Böhmen, eines schwarzen Hahnes bedienen (35).

Wenn man einem Hahn eine Feder ausrupft, wenn er sich paart, und diese dann unvermerkt in einen Besen tut, wird die Frau, die diesen braucht, fortwährend das Verlangen haben zu urinieren, während sie sich des Besens bedient. Den Übelstand wird man erst los, wenn man des Betruges gewahr wird und die Feder entfernt (108, VI).

Um von seiner Angebeteten geliebt zu werden, muß ihr der junge Schwabe unvermerkt die Zunge eines jungen Hahnes zu essen geben (12, I).

„Wenn nach der Empfängnis öfters eine Frau Hühnerhoden isset, soll sie ein Knäblein zu tragen bekommen", das erwartete man zu Zeiten eines Plinius (159, II). Der alte Gelehrte, der so unendlich vielen nach ihm Beispiel war, geht noch weiter. Er kennt auch Mittel, die Liebesbegierde zu wecken: „Liebesbegierde reizet die rechte Hode eines Hahnes, in Widderfelle angebunden. Im Gegentheile schreiben sie dass, wann man eines Streithahnes Hoden in Gänseschmalze auflege, oder in einem Widderfelle anbinde, die Liebesbegierde gezähmt werde. Liebesbegierde zähmet man damit, dass man Hoden von einem Hühnerhahne mit Hühnerblut unter das Bett lege" (159, II).

In Schlesien darf eine schwangere Frau kein Fleisch von einem Ziegenbock oder Hahn essen, sonst wird ihr Kind unzüchtig oder wollüstig (24, I).

Die Liebe eines Brautpaares kann man in Baden trennen, wenn man eine Handvoll Erde von der Stelle, wo sich zwei Hähne gebissen, zwischen beide wirft (154).

Eine handschriftliche Aufzeichnung berichtet von einer: „Kunst, dass es dir keini Versegen (versagen) mag. Nym dein drey Jahrigen Han und Stoss ihn in ein Ungebrauchten hafen und bröü ihn im hafen bis er Tot ist, so nym den der hafen und nim der han, vergrab ihn ein andbeisen haufen, bis auf achte Tag, den so nym der hafen wider Aussen; dan findest Ein Stein in dem Kopf. Der ist weis so du ihn bei dir hast, so Mags dir keini versegen" (44, VII). Im gleichen Sinne, versehen mit der Bekräftigung „probatum est", berichtet eine von Anno 1727 stammende Handschrift aus Schwaben (12, II) und ebenso ein altes schlesisches Rezept (24, I).

Eine Handschrift von Ende des 16. Jahrhunderts empfiehlt, um sich unsichtbar zu machen: „Si nyme ein jungen hanan im mertzen, vnd las in ein gantz jahr nicht zu den hünnernn oder den hennen kommen, vnd wenn das jahr aus ist, wo würge ihn, so wirst du in seynem kopff eynen stein finden, den thrage verborgen bey dir. und lasse in in sylber einfassen" (150, III).

Im Schwabenland empfahl Altweiberphilosophie aus dem 16. Jahrhundert, um Geschosse unwirksam zu machen: „Nimm einen kohlschwarzen Haushahn, töte ihn mit einem neuen Messer und nimm sein Herz heraus. Das Herz lasse neun Tage in einem Mauerloch liegen. Am neunten Tag such das Loch zur selben Stunde da du das Herz hinein gelegt hast wieder auf, so findest du darin ein Ringlein, das du an die linke Hand stecken musst" (150, III). Wird der ungarischen Maid der Geliebte untreu, nimmt sie das Herz eines Hahnes und, mit einer Nadel durchstochen, befestigt sie es an einem Baum eines Berges. Ebenso verfährt der Bursche, dem die Maid untreu wurde, mit dem Herzen einer Henne. Findet es der Berggeist oder der „wilde Alte", so kehren die Treulosen zu dem Verlassenen zurück (146).

Ein Brauch, die Hausbewohner vor Krankheit und anderem Unglück zu bewahren, besteht darin, dass man Kopf, Herz und rechten Fuss eines kohlschwarzen Hahnes, der noch kein Jahr alt ist, in einem dicht verschlossenen Topf unter der Türschwelle im Namen Gottes, des Sohnes und des heiligen Geistes vergräbt (141, VIII).

Damit die Bienen „zornig" werden, lasse man sie beim ersten Ausflug über ein rotes Tuchstück kriechen. Ist dieses Tuch noch mit dem Blut eines Hahnes befeuchtet worden, dann werden die Bienen bös, wild, arbeitsam und fliegen weit aus (146).

In der Leber der Kapphähne findet man, aber erst wenn sie vier Jahre alt geworden sind, einen glashellen Stein. Man braucht ihn nur in den Mund zu nehmen, wenn man vom Durst geplagt wird, um ihn sofort zu stillen. Die Robbler verstanden es auch, mit Hilfe eines solchen Steines sich unbesiegbar zu machen (141, VIII). Den Stein, den man in den Kapaunen findet, suchte man im 16. Jahrhundert in den Eingeweiden des Tieres (113, II). Er heißt nach Megenberg (82) „mennenzaemer", weil er die Frauen ihren Männern minnezahm machen soll.

Nach dem Hahn wird die leise vorwärts schreitende Zeit gemessen. Am Dreikönigstag kommt die Sonne schon einen Hahnenschritt höher herauf am Himmel, sagt der Oldenburger (131, II). Im Sarganserland heißt es: An Dreikönigen hat der Tag einen Hahnenschritt „glangät" (länger geworden) (44, XII).

Vom wachsenden Tag heißt es in Schwaben:

> Der Tag nimmt zu um einen Hahnenschritt zur Weihnacht,
> Am Neujahr um einen Gaissensprung,
> Lichtmess um eine ganze Stund. (12, I)

und in Westböhmen:

> Zu Neujahr wächst der Tag um einen Hahnenschrei,
> zu Dreikönig um einen Hirschensprung,
> am Tag Jesu um eine Stund',
> zu Maria Lichtmess um zwei Stunden (49).

Andernorts sagt man:

> Zu Weihnachten wächst der Tag, soweit die Mücke gähnen mag;
> Doch auf Neujahr wächst schon der Tag,
> soweit der Haushahn krähen mag (131, II).

Geister dürfen sich alle Jahre nur um einen Hahnenschritt ihrer einstigen Wohnstätte nähern (106).

Das hohe Ansehen welches das Haushuhn, namentlich aber der Hahn, als Orakelvogel bei den Völkern des Altertums genoß, wird verständlich, wenn man auf seine asiatische Heimat zurückgeht. Besonders hoch verehrt wurde der Hahn in Persien. Die alten Perser schrieben ihm die Kraft zu, die von ihnen Deaves genannten Geister, die als unrein galten, durch seine Stimme zu verscheuchen. Diesen Glauben an die schützende, Böses abhaltende Kraft des Hahnenschreies haben von ihrer asiatischen Heimat alle indogermanischen Völker mitgenommen.

Bei allen Völkern bedeutete der Hahnenschrei Gutes, und wenn eine Schlacht bevorstand, Sieg über den Feind. So prophezeiten dem Themistokles krähende Hähne den Sieg über Xerxes. Auch bei den Römern galt der Hahnenschrei als ein Vorzeichen des Sieges, wenn auch Cicero darüber spottet, daß der Sieg nur immer dann eingetreten sei, wenn die Hähne krähten, im andern Falle nicht (45). Über das Omen, daß das unaufhörliche Krähen der Hähne an dem böotischen Orakel des Trophonius zu Lebadea den thebanischen Sieg und die spartanische Niederlage von Leuctra vorhergesagt hatte, macht sich Cicero lustig mit den Worten: „Magnum vero (scil ostentum); quasi pices, non galli cecinerint" (47).

Plinius, der das hohe Ansehen der Hühneraugurien bei den Römern mit folgenden Worten hervorhebt: „Ut plane dignae aliti tantum honoris praebeat", unterscheidet als bedeutungsvolle Hahnenrufe „praeposteri vespertinique cantus". Außerdem führt er drei andere Arten von Augurien an, nämlich 1. per pugnam, 2. solistima tripudia und 3. cum cibo spreto. Über die damals zu Orakeln verwendeten Hahnenkämpfe ist nichts näheres bekannt (45).

Über einen Hahnenkampf im Sinne eines Orakels, noch aus der Zeit des Anfanges des 19. Jahrhunderts, berichtet Drechsler (24, II): Als im Jahre 1807 die Festung Neiße von bayerischen und württembergischen Truppen belagert wurde, erfuhren einige Offiziere des Belagerungskorps, daß in der Nähe eine Frau lebe, die die Zukunft vorherzusagen wisse. Sie begaben sich zu ihr und fragten sie über den Ausgang des Krieges. Die Frau versprach ihnen, alles zu enthüllen, verlangte aber, daß man ihr ebenso viele Hähne bringe, als es Regenten und Länder gäbe, deren endliches Schicksal man wissen wolle, doch mit der Bedingung, daß diese Hähne hinreichend voneinander verschieden wären, um sie zu erkennen. Man brachte ihr einen roten, einen weißen, einen schwarzen und mehrere verschieden gefärbte Hähne. Dann sagte ihnen die Frau: Der rote Hahn bedeutet Frankreich, der schwarze Rußland, der weiße Preußen, dieser bunte Österreich, jener Bayern, der da Württemberg, der dort Sachsen usw. Sie ließ dann die Tiere alle untereinander in den Hof, und sie gerieten bald miteinander in Kampf, teilten sich aber bald in Parteien, und zwar so, daß der rote in Verbindung mit den übrigen bunten (den Österreicher ausgenommen, der entfernt vom Schauplatz den bloßen Zuschauer machte), gegen den weißen mit großer Erbitterung kämpfte, ihm einen grossen Teil seiner Federn ausrupfte und auch mehrere sehr tiefe, stark blutende Wunden beibrachte. Der schwarze half dem weißen eine Zeitlang, verließ ihn aber bald, worauf dieser ermattet floh und sich in einem Winkel verkroch. Auch der schwarze zog sich zurück, und nur der rote blieb mit seinem Anhang und fing mit dem Österreicher an. Auch dieser mußte nach hartem Kampf schließlich weichen. Gleich nachher erhob sich der schwarze wieder, kämpfte hartnäckig mit dem roten, doch schien er am Ende unterliegen zu sollen, als der noch blutende weiße Hahn ihm zu Hilfe kam, sich auf den roten und seinen Anhang warf und, auch von dem bunten unterstützt, den roten so ins Gedränge brachte, daß er schließlich, von allen verlassen, besiegt den Kampfplatz verließ.

Weitere Hahnenorakel, allerdings nicht kriegerischer Art, haben sich noch bis in die Gegenwart erhalten. Wie in der Schweiz das Mädchen, das etwas über seinen Zukünftigen wissen möchte, in der Christnacht nackt und rückwärts die Stube kehren muß, um ihn darauf im Spiegel zu schauen, so muß auch die österreichische Schöne die Stube kehren, den Kehricht jedoch in den Hof tragen und sich darauf setzen. Von welcher Seite der erste Hahn kräht, hat sie auch ihren Zukünftigen zu erwarten. In Thüringen und auch andernorts klopfen die Mädchen in der Weihnachts- oder Neujahrsnacht dreimal an den Hühnerstall. Kräht zuerst der Hahn, werden sie binnen Jahresfrist sicher zum Traualtar geführt. Gackert aber eine Henne, ist das mit Ledigbleiben gleichbedeutend (143).

Beim letzten Einläuten zur Mitternachtsmesse in der Adventszeit geht die ungarische Schöne in den Hühnerstall und rüttelt daran. Schreit nun der Hahn, bekommt sie im Laufe des Jahres einen Mann (141, IV). In Neundorf klopft das Mädchen dreimal um Mitternacht an den Hühnerstall. Gackert weder Hahn noch Henne, heißt es:

Kreht dr Hah, kriegste en Maa,
Gickert de Henn, kriegste kenn;
Gickert weder Henn noch Hah,
Kimmste uf de Tutenbahr (50).

In Breslau setzt man sich in der Andreasnacht um den Tisch; jedes hat
ein Häufchen Körner vor sich. Darauf wird ein Hahn auf den Tisch gebracht. Von wessen Körnern er pickt, der hat im folgenden Jahr Glück.
Natürlich bezieht dies die heiratsfähige Tochter auf ihre Verheiratung
(24, I).

Vielerorts ist das Krähen des Hahnes von Vorbedeutung. Der Landmann
läßt sich daraus die künftigen Getreidepreise weissagen (112, II). Soviel
Mal der Hahn in Schlesien in der Christnacht kräht, so viel Böhmen (das
frühere Zwölfpfennigstück) gilt im folgenden Jahr das Korn (24, I).

Als ein schlimmes Vorzeichen wird das ungewöhnlich frühe Krähen
des Hahnes betrachtet (24, II). Kräht ein Hahn vor Mitternacht in gerader
Zahl, verkündet er in Frankreich eine Heirat, einen Todesfall aber, wenn
er in ungerader Zahl kräht. Kräht das Tier zwischen Sonnenaufgang und
Mitternachtsstunde, verkündet es damit den Tod eines Verwandten oder
Freundes des Hauses (108, IV). In der Basse-Bretagne muß nach dem
Volksglauben ein guter Hahn nur in der Zeit nach Mitternacht bis 5 Uhr
morgens krähen. Alle Hähne, die vor Mitternacht krähen, werden als Verkünder eines baldigen Todesfalles im Dorf (100, VI), in der Auvergne als
ein solcher in der Familie betrachtet (100, XII).

Wenn der Hahn mitten in der Nacht kräht, sagt er damit in der Basse-
Bretagne einen Todesfall oder irgend ein Unglück voraus (113, III). In Vi-
gau (Luzon), glaubt man, daß das nächtliche Krähen eines Hahnes den
Tod eines Menschen ankündigt, weil der Hahn den Totengeist sieht. In
Portugal herrscht der Glaube, wenn der Hahn vor Mitternacht viermal
krähe, deute er damit an, daß jemand aus der Verwandtschaft des Eigen-
tümers bald sterben werde (119). In Allier verkündet er demjenigen, der
ihn zwischen Sonnenuntergang und Mitternacht krähen hört, den Tod eines der Eltern oder eines Freundes an (113, III). Die Südslaven glauben,
wenn der Hahn um halb 12 Uhr nachts krähe, gehe ein Schütteln durch
den Leib der Toten. Kräht er aber vor Abend oder fliegt unter das Fenster, um zu krähen, ist der Kroate überzeugt, daß bald jemand aus dem
Hause sterben werde; ebenso prophezeit er, wenn er auf einen der steiner-
nen oder hölzernen Grundpfeiler des Hauses fliegt, um zu krähen (141,
II). Die Wenden fürchten einen Todesfall in der Familie, wenn ein Hahn
ungewöhnlich spät oder sehr oft kräht (134). In Schlesien und Österreich
zeigt der Hahn einen Todesfall an, wenn er ins Haus hineinkräht, in Oldenburg deutet er auf eine baldige Hochzeit hin, obschon er auch hier

ebenso gut einen baldigen Todesfall anzeigen kann. Kräht er in Ostpreußen zum Fenster hinein, darf man mit Sicherheit noch am selben Tag Besuch erwarten, ebenso wenn er in Oldenburg zum Fenster hineinsieht (154). Kräht der Hahn in Böhmen mitten auf dem Hof und schlägt dazu dreimal mit den Flügeln, gibt es eine Feuersbrunst (35).

„Die gantze Nacht zuvor, ehe folgenden Tags Anno 1546, 19. November, das Schloss Blanckenburg am Harz abbrandte, schrien die Hahnen im Schloss und selbiger Gegend ungewoehnlich starck." Dies vermittelt uns die Bauernphysik (96).

Wenn in Longuyon die Hähne krähen oder die Hühner gackern, während die Glocken einen Todesfall verkünden, ist das ein Zeichen neuen Leides für die Familie (113, III). Kräht der Hahn in Böhmen vor Mitternacht, ist das ein Zeichen, daß im Hause eine schlimme Tat begangen wurde (35). Wenn in Nièvre ein Hahn auf den Ruf des Kuckucks antwortet, steht mit Sicherheit fest, daß die Frau ihren Mann hintergeht oder die Tochter sich in gesegneten Umständen befindet (113, III). Krähen in Biel tagsüber immer die jungen Hähne, gibt's in der Nacht Unglück im Hühnerstall (141, X).

In Albanien, wo Mädchengeburten unerwünscht sind, bedeutet das Krähen des Hahnes in der entscheidenden Stunde die Geburt eines Knaben (45). In Ortsmannsdorf im Erzgebirge ist Besuch zu erwarten, wenn der Hahn im Hause kräht (50). Wer im Traum einen Hahn sieht, wird nach jüdischen Volksglauben einen Knaben bekommen; mehrere Hähne bedeuten auch mehrere Knaben. (141, XXIII).

Läuft einem in der schlesischen Grafschaft ein Hahn über den Weg, wird einem Unglück begegnen (24, II). In Böhmen schützt ein weißer Hahn das Haus vor Zauber und bringt ihm viel Glück und Segen. Das Tier soll besonders deshalb ein Glück für das Haus sein, weil Ratten, Iltisse und Marder diesen wegen seiner weißen Farbe auch in der Nacht gewahr werden und sich fürchten, das Geflügel anzugreifen (35).

Auch die Mohammedaner Palästinas glauben, ein weißer Hahn bringe dem Hause Glück und sein Krähen verscheuche die Dämonen. Ebenso glauben sie, der Hahn sei der Ausrufer der Tiere und als solcher dazu auserwählt, täglich fünfmal genau zu den vorgeschriebenen Zeiten zu beten (19).

Geistert es im Kanton Bern in einem Hause, ist es das beste, man halte sich einen Hahn mit fünf Sporen (44, XXI). Begegnet man in Aurach einem weißen Hahn, hat man Glück, ganz besonders wohl deshalb, weil der Teufel die Macht über einen verliert (158).

Einen schwarzen Hahn ohne Schweif und rund wie eine Wachtel nennt man in Böhmen „Kulich". Soweit die Stimme eines solchen Hahnes dringt, soweit halten sich auch keine Mäuse auf, denn er leidet sie nicht und tötet oder verjagt sie aus dem Hause (35).

Auch hat der Hahn als Wetterprophet größere Bedeutung: „Wenn bey heitrem Wetter die Hahnen kraehen, bedeutets dergleichen Wetter", das wußte schon die Bauernphysik (96). Kräht der Hahn zu Crottendorf kurz vor Mitternacht, so tritt schönes Wetter ein, in Thum, wenn er früh in gerader Zahl kräht, andernorts wieder, wenn die Summe seiner Schreie während des ganzen Tages eine gerade ist. In Wiesau wird das Wetter sich ändern, wenn er beim Auffliegen kräht (50). In Erbisdorf ist schönes Wetter zu erwarten, wenn er beim Krähen hoch sitzt (50). Läuft in Böhmen der Hahn über den Zaun, gibt es schönes Wetter, geht er aber über den Mist, wird es regnen (35). Kräht der Hahn im Sarganserland noch abends, muß man auf einen Witterungsumschlag gefaßt sein (80). „Regen gibt es ingleichen, wenn der Hahn nach Untergang der Sonnen gugelt, und die Fittische schlaegt" (96). Krähen die Hähne in Mecklenburg zu ungewöhnlicher Zeit und steigen dabei hoch, verkünden sie Regen (6). Regen ist in diesem Falle auch in den Vogesen und in der Haute-Bretagne zu erwarten (113, III). Krähen die Hähne in Schlesien lebhaft und lassen sie hier (24, II) wie in Horgen am Zürichsee ihre Stimme um Mitternacht erschallen (44, II), ist mit Regen zu rechnen. Kräht der Hahn im Braunschweigischen früh auf dem Mist, wird es Regen geben. Einen Bauern ärgerte dies einmal so, als er gerne Heu einfahren wollte, daß er dem Tier kurzweg den Hals umdrehte (3). Wenn der Hahn noch abends kräht, regnet es in Stockach in Tirol am andern Tag (158). Eine Siebenbürgersächsische Bauernregel lautet: Wenn die Hähne krähen, gibt es Regen (37). In Oelsnitz im Vogtland heißt es: Wenn die Hähne oft krähen, wird schönes oder (wenn das nicht zutrifft und die Prophezeiung sich doch bewahrheiten soll) Regenwetter (35). Wenn der Hahn in Frankreich um Mitternacht kräht, gibt es am Morgen Nebel. Soll sich kein Nebel bilden, muß man um Mitternacht die Asche schütteln oder ein Kreuz in den Kamin machen.

Der Hahn gilt aber nicht nur als Verkünder des Wetters für den kommenden Tag, auch für ganze Zeitabschnitte ist sein Krähen vorbedeutend. Kräht er in Buchholz am Silvesterabend zwischen neun und zehn Uhr, verkündet er damit einen strengen Januar (50). Kräht er in Oldenburg im Winter vor neun Uhr abends, gefriert es sicherlich stark in der Nacht (154). Eine estnische Bauernregel weiß: Kann der Hahn zu Lichtmeß unter der Traufe trinken, findet man zu Michaelis keinen Tropfen unter dem Faß. Dann auch wieder: Wenn der Ochs zu Lichtmeß unter der Traufe trinken kann, so findet des Hahnes Schnabel an Mariä Verkündigung kein Nasses (14). „Wenn's bis St. Kathri (25. November) gfrürt, dass's en Güggel treid, se ist die grösst Chelti verbi" (125, II).

Ißt man in Gelenau den Haushahn, ist dem Hause Unglück beschieden. Deshalb verkauft man ihn in Annaberg, er soll von fremder Hand

auf fremden Boden geschlachtet werden (50). Stirbt in Böhmen der Haushahn, ist auch das Ableben des Hausvaters nicht mehr fern (35).

Die Esten glauben, daß derjenige, der in der Nacht vor dem ersten
Hahnenschrei stirbt, eher selig wird als der nach dieser Zeit Sterbende
(14). Weil es Swantewits Hahn ist, der die Schlafenden weckt, wird St.
Veit auch in Süddeutschland von den Kindern zur Hilfe gegen das Bettnässen angerufen:

> Heiliger Sankt Veit
> Helf mer zur rechten Zeit
> Nit z'früe und nit z'spot
> Dass's nit in's Bett goht (44, XVI).

Im Allgäu, in Grönenbach und Thingau lautet die letzte Zeile:

> Vor der Strudel a' geht (101, II).

Neben der ehemaligen Heiligstellung des Hahnes ist es wohl hauptsächlich der Glaube, daß er Geister und Dämonen verscheuche, der ihn auch
in der Zauberei Verwendung finden ließ, welcher ihm noch einen bedeu-
tenderen Platz in der Volksmedizin des 16. Jahrhunderts einräumte. „Von
den artzneyen so vom Hanen kommen" schreibt der große Zürcher Gelehrte und Arzt Gessner in seinem Vogelbuch (30) eine Menge des für uns
kaum Faßbaren:

„Junge Hanenbrüyen ist denen gut so die rot rur habend: des alten Hanen ist kein nütz darzu: un dess gesaltznen Brüyen ist schädlich. Alte Hanenbrüyen macht den stulgang: darum so du jn aussgenomen, so thu saltz
dareyn: vnd so du jn widerumb zusammen gebützt, seud jn in zwentzig
mäss (von 20, untzen) wassers, biss es auff XXX. untzen eyngesotten.
Diss alles gibt man dem krancken, so es erkaltet ist: etliche kochend
meerköl, bingelkraut, wilde gartensaffran oder engelsüss draeyn. Die
zücht die rauw un böss feüchte, das schwartz blut vnd bösen wust härfür:
die nimpt auch das langwirig feber, die glidsucht un blasung des bauchs,
als Dioscorides schreybt. Alte Hanenbrüyen mit engelsüss und Dill genützt, dienet wider das krimmen: darzu wider das zitteren der glideren."

„Hanenblut nimpt die fläcken der augen un ammälern mit wasser aufgestrichen. Dess Hanen kamb oder kreid zerriben, legt man über die to-
bende Hundebissz. Disen gib also auch dem in der speyss zu essen so un-
wüssend an sein bett harnet, so wirt jm gehulfen, als Rasis schreybt."
„Hanenhirn mit wasser un essich vermengt, und pfäffer darzu gethon, ist
dene seer nutz so von einer Hecknateren verletzt sind, das selbig getruncke, sagt Sextus. Also getruncke, ist gut für Spinnengift. Diss gestelt
auch das blut so vom hirn kumpt. Diss in der speyss genützt machet einen
guten verstand. Es ist auch wider das zitterendt hirn dienstlich. Den kin-

den wirt es auff die bilgeren geriben, jnen die zän on schmertze wach-
sind."

„Hanengall, fürauss eines weyssen, in wasser genetzt vnd angestrichen,
nimpt die fläcken der augen und scherpfft das gsicht. so eim das wasser
anfacht in die augen fliessen, so nim Meüssblut, hanengall, vnd thu
gleych so vil weibermilch darzu, vermisch es wol undereinanderen, und
brauchs, das ist bewärt, und hat wol gehulffen, sagt Galenus. Die gschwär
und fläcken der augen heisst er auch mit diser gall bestreychen. Dise hanengall mit schellkraut vnd honig angestrichen, scherpfft das gesicht völ-
ligklichen als Kiranides leert. Hanengall mit wasser getruncken, und zehen tag kein weyn getruncken, wirt die fallend sucht hinnemen".

„Hanenmist also frisch übergestrichen heilet die fäl von schuhen aufge-
truckt, nimpt auch die wartzen. Hanenkaat wirt wider das krimmen oder
darmgicht auss essich oder weyn getruncken, wie Dioscorides leert. Rasis
heisst den mit warmem wasser vnd honig niessen. Der weyss teil dises
kaats wirt allein von etlichen darzu gelobt, den auss einem Löffel voll
weyn getruncke."

„Etliche brauchend Hanenkaat zu den eytergschwären dess vychs, so
man den gederrt, zerstossen vnd gebeütlet hat, sprengt man den morgens
dareyn, nach dem man die geschwär mit weyn, darinne holderbletter gekocht, un wenig saltz darzu gethon, gewäschen hat. So einem pfärd der
bauch auffgelaufen, nemend wir Taube oder Hanenmist ein handvoll, zer-
treybend den mit weyn und niter, und schüttend den dem pfärd durch ein
clyster hineyn." „Zu dem zäpfflin im halss. Weysse kaat von eine Hanen
solt du tröcknen, vnd so es die notturfft erforderet, so vermeng jn mit wasser oder mät, vnd trinck ein Löffel voll."

„Die steinlin so in dess Hanen magen gefunden werdend, so man zerstossen, und wider den reysendenstein trincken." Auch der verschnittene
Hahn, der Kapaun, war ehemals als Medikament besonders hoch angesehen:

„Leonellus Fauentinius da er ein artzney den schwindsüchtigen für-
schreybt, vermischet er dareyn fleisch von einem feissten Capaunen wol
gekocht, zerschnitten, vnd in eine steininen mörsel gestossen" etc.

„Welcher den krampff hat, der neme ein halb pfund Capaunen-
schmaltz, vnd leg es an einem donstag in eine leininen tüchlin pflasterweyss über, so wirt es gewaltiglik helffen, als Marcellus sagt. Auff die
fistle, so kein schmertzen mer hat, nim das heütlin auss dess Capaunen
magen, derr diss an der sonnen, un spreng es dareyn."

„Etliche vermischend die schinbein dess Capaune under die artzneyn
so wider den weyssen flussz der weybern bereit werdend" (30).

Plinius berichtet, daß Nasenbluten gestillt werde, wenn man das kleine
Gehirn eines Hahnes oder das Blut, das aus demselben floß oder Tauben-

blut, auf die Stirne legt. Diese Sachen wurden als Hausmittel in getrocknetem Zustand aufbewahrt (46, II).

Gegen Darmgicht, welches Plinius eines der größten Übel nennt, verordnete man neben Fledermausblut, Asche lebendig verbrannter Schnekken, in herbem Wein genommen, auch Hahnenleber oder eine alte Hahnenmagenhaut mit Mohnsaft (46, II).

„Das geblüt der geburt von einer Frawen ze treiben – capaunen hirnschal zu pulver gestossen, gib es jr zetrincken (11, VII). Aus einem Arzneibuch aus dem 16./17. Jahrhundert: „Wan es einem Kindte oder Alten uf der Brust leidt (liegt) das es Röchelt. Nim Kaphan Feistes vnnd frawen Milch ganzen Safran, woll durcheinander gerühret, macht es woll warm, schmier die Brust voll darmitt, mache ein warm tuch, legs auf, das es gehet bis zu der Hertzgrube, es hilft. Oder giebe einem alten oder Kindte Caphan feistes Im warmen Bier tages oft, es hilfft."

Aus einem Arzneibuch des 16. Jahrhunderts: „Für die affter Geburdt. Nim einen gebraten Kaphan Kopf, Stos den zu Pulver, giebs der Frawen uf ein mahl In warmen Bier" (51).

„Gegen den Staar ist die Galle von einem Hahne, sonderlich von einem weissen sehr dienstlich" (139).

„Wider den Hundebiss. man schneide einen haanen den hals abe unnd wen man die haar hat weggenommen so leg man ihn also über die wunden" (51).

„Wem die adern an Henden und Beinen zu kurz werden. Nim einen reingekochten hahnen, das feiste darvon, Schmiere dich damit, unnd bindt Eine Hundtehaut darüber. Dies Lindert und lengert die adern" (51).

Gegen Blähungen und Bauchgrimmen soll man einen alten roten Hahn zu Tode, mindestens aber totmüde jagen, ihn abstechen, ausweiden und mit Engelsüß sieden und die Brühe einnehmen (51). Gegen die Gesichtsrose reibt man sich die befallenen Stellen am besten mit dem Blut eines noch nicht jährigen Hahnes ein (141, VIII).

Hat ein Kind die Fraisen, mengt man in Lankowitz Taufwasser mit dem Blut eines schwarzen Hahnes, siedet darin die Wirbelknochen der Viper und verabreicht das Gebräu als Arznei (46, II). Schon im Mittelalter bestrich man die Pilgern zahnender Kinder mit dem Blut aus Hahnenkämmen (11, III). Wenn man in Wynigen einem Neugeborenen die Lippen mit dem Blut eines Hahnenkammes bestreicht, so bekommt es kein Zahnweh (44, VIII). Damit ein Kind leicht zahnt, bestreicht man in der deutschen Schweiz (46, II) und in Frankreich (108, VI) das Zahnfleisch mit dem Blut, das man durch einen Schnitt in den Kamm des Haushahnes gewann. Die Russen stechen den Kamm eines schwarzen Hahnes mit einem Haarkamm an und bestreichen mit dem hervorquellenden Blut das Zahnfleisch des Kindes (46, II).

Bei Konvulsionen der Kinder gibt man in der Umgebung von Graz als innerliches Mittel Blut vom Kamm eines Hahnes mit Pfauenkot gemengt in Schwarzkirschenwasser. Andernorts legt man dem kranken Knaben einen lebenden Hahn, dem Mädchen eine Henne während des Anfalls auf den Leib. Wiederholt sich trotzdem das Leiden, so zerreißt man den Vogel in zwei Teile und legt diesen gegen „Darmfrass" dem Kind über den Leib. Drei Tropfen Blut, bei Knaben von einem Hahn, bei Mädchen von einer Henne, sind ebenfalls bewährt (29).

Gegen Rheumatismus, der im Volk ein Sammelbegriff für allerlei gichtisch-neuralgische Schmerzen ist, wird nebst vielem anderem auch Kapaunenfett verordnet (29). Wider das Podagra: Nimm einen Hahn, ist der Kranke ein Mann, einen weißen, ist es ein Weib, so ist jede Farbe recht und lass ihn kappen. Die Person die das Podagra hat, soll dabei sein, und spreche:

> Kaphahn, ich schenke dir das Podagra,
> Das sollst du haben dein Lebtag.

und dabei drei Vaterunser beten (51).

Gegen Engbrüstigkeit der Kinder reibt man sie mit Kapaunenfett ein, und es findet auch Verwendung beim bösen Nabel der Kinder, auf den es mittels eines rotseidenen Läppchens als Pflaster gelegt wird (51).

Bei Katarrhen der Luftwege schmiert man in der Steiermark gerne Hals und Brust mit Kapaun-, Enten-, Gans-, Pudel- oder Fuchsschmalz ein (29). In der Steiermark fordert die Zerteilung einer Geschwulst Einreibungen mit Kapaun-, Gänse-, Enten- oder Hundeschmalz (29). Um die Brüste einer Frau zu heilen, soll man sie mit dem Fett eines Hahnes einreiben (44, XVIII).

Ein Vorurteil untersagte im 15. Jahrhundert jungen verheirateten Töchtern, den Hahnenkamm zu essen. Gegenwärtig hält der Franzose den Kopf des Geflügels als für den, der ihn ißt, gefährlich; derjenige, der ihn noch nicht mündig in der Albret ißt, wird Epileptiker (113, III). Nach französischer Volksmedizin hilft bei Gelbsucht das Essen eines Hahnes mit gelben Füssen (100, IX).

Gegen Epilepsie hielt man im deutschen Mittelalter als ein besonders gutes Mittel einen Hahnenhoden in Wasser aufbewahrt (46, II). In Franken ist gegen Epilepsie folgendes Volksmittel in Gebrauch: Einem ganz schwarzen oder weißen Hähnchen wird bei der Verschneidung eine Muskatnuss eingeheilt. Der Hahn wird dann genau ein Jahr danach geschlachtet, die Nuß herausgenommen und soviel eine Messerspitze faßt davon abgeschabt, und vor dem Anfall dem Kranken gegeben (46, II).

Scheintoten und schwachen Kindern steckt man in Konstantinopel den Schnabel eines lebenden Hahnes in den Mastdarm, wobei man den Hahn

Abb. 28: Karikatur aus dem „Kalender der Gehörnten", 17. Jahrhundert.

festhält. Die Zuckungen und Bemühungen des Tieres, den Schnabel zu befreien, sollen das scheintote Kind zum Leben erwecken (128, II).

Auf den Hahn wird im Volksmund in verschiedener Weise zurückgegriffen, um andere Leute zu charakterisieren. So ist es üblich, zwei sich streitende Menschen als „Kampfhähne" zu bezeichnen oder einen unverträglichen Menschen als „Streithahn". Dieser Vergleich von streitenden Parteien mit kämpfenden Hähnen hat auch recht häufig in Literatur und Karikatur Eingang gefunden (Abb. 28).

Mit dem Imponiergehabe des Hahnes und seinem prächtigen Federschmuck hängt zusammen, daß man einen eitlen Menschen als „Gockel" bezeichnet, und auf der Tatsache, daß ein Hahn unumschränkter Herr seiner zahlreichen Hühner sein möchte, aber nicht auf alle „aufpassen" kann, beruht die Bezeichnung des „Hahnrei's" für einen Mann, dessen Frau ihn betrügt.

Als positiv gewertet wird dagegen das Imponiergehabe des Hahnes, wenn man von einem Menschen sagt „stolz wie ein Hahn". Und ein „Hahn im Korbe" ist ein viel umschwärmter Mann.

Rauhfußhühner

Das Haselhuhn

Berghühnle, Buchenhenn (91, VI). In der Schweiz Haselhüenli, Wald-
hüendli oder Studhenne (132).

Nach russischen, schwedischen, finnischen und lettischen Sagen war
das Haselhuhn früher ein großer Vogel. Da beklagten sich eines Tages die
anderen Vögel bei Gott, daß er ihm einen weißen, ihnen aber einen
schwarzen Körper gegeben habe. Da zerteilte Gott den Körper des Hasel-
huhnes unter die übrigen Vögel, deshalb ist dieses nun nicht mehr so
groß, und die andern Vögel haben weißes Brustfleisch. In der lettischen
Variante der Sage wird das Haselhuhn deshalb so klein, wie es heute ist,
weil es der lettische Donnergott einmal in seiner Faust dermaßen zusam-
mendrückte, daß es nur noch so groß blieb wie ehedem sein Herz. Dies
war die Strafe dafür, weil es durch sein beim Auffliegen verursachtes Ge-
töse des Gottes Pferd scheu gemacht hatte (22, III).

Das Auerhuhn

Bis auf die einzige Ausnahme Loubhuen (132), der im Kanton Bern für
die Bezeichnung der jungen Auerhühnchen gebraucht wird, ist sonst nirgends die Rede von einem Huhn. So kennt man das Auerwild im Berner
Oberland als Orhane, im Entlebuch ist es der Fluehahn. In der Urschweiz
heißt man sie Gugl- oder Waldhahn, im Bernbiet auch Waudgöggu oder
Bromhahn (132). Letztere Bezeichnung leitet sich ebenfalls wie das steirische Bramhahn von Bram, dunkler Fleck ab (117). In Deutschland wird
auch stets von dem Auerhahn gesprochen.

Als topographischen Namen kennt man ein vom Auerhahn herrühren-
des Le Creux-Celine im Kanton Waadt (108, X).

Dem Umstand, daß der Auerhahn zur Zeit der Balz ausschließlich seinem Triebleben folgt und für seine Umgebung und ihm drohende Gefahren keine Augen hat – wie das Volk meint, blind ist – und dann Jäger gut
zum Schuß kommen läßt, verdanken wir das Sprichwort:

Taub wie der Auerhahn in der Balz (10).

Weil auch der junge Freier nur dem Gefühl seines Herzens folgt und für alle Ermahnungen seiner Umgebung kein Gehör hat, vergleicht ihn der Volksmund gerne mit dem Auerhahn und sagt:

> Den Auerhahn macht Liebe blind,
> so gehts auch manchem Menschenkind.

Geht der junge Mann besonders in der Dämmerung und den lauen Frühlingsnächten mit seiner Geliebten spazieren, sagt man von ihm, er gehe balzen.

Nach rabbinischen Überlieferungen ist es der Auerhahn, der den felsspaltenden Stein Schamir kennt (64). Dieser Schamir, der mit der Springwurzel des Spechtes identisch ist, spielt in den alten jüdischen Sagen von Salomo eine bedeutende Rolle. Salomo brauchte zum Spalten der Steine für seinen Tempel zuviel Zeit, fand aber dann in seiner Weisheit endlich ein Beschleunigungsmittel. In den Bergen am Roten Meer nistete ein Auerhahn, der den bergspaltenden Stein Schamir kannte. Ein Vertrauter des Königs mußte nach dem Nest des klugen Vogels gehen, sich als dieser wegflog, um für seine Jungen Futter zu holen, zum Nest hinschleichen und dessen Eingang mit einer Halbkugel aus Kristall verschließen. Als der Vogel kam und nicht hinein konnte, eilte er wieder fort und kam nach einer Weile mit einer Wurzel im Schnabel zurück. Kaum hatte er diese an den Kristall gehalten, zersprang dieser in tausend Stücke. Jetzt aber stürzte der Bote des Königs, der sich versteckt hatte, herzu, und erschrocken ließ der Auerhahn seine Wurzel fallen, die jener aufhob und seinem Gebieter überbrachte. Der brauchte hinfort nur Linien über die Steine zu ziehen, worauf sie unverzüglich in der von ihm vorgezeichneten Richtung glatt und schön auseinander fielen, so daß sie sofort von den Maurern zu verwenden waren und der Tempelbau von nun an rüstig gefördert werden konnte (109). Nach dem Volksglauben muß man immer „Gleiches mit Gleichen" bekämpfen. Da man sich nun das bekannte Liebesspiel, die Verzückungen und Verbeugungen des Auerhahns beim Balzen, als Krämpfe vorstellt, liefert der Vogel in seiner Zunge und seinem Magen volksmedizinisch vorzügliche Mittel gegen jene (46, II). In Oberösterreich und der Steiermark ist der Glaube verbreitet, die Zunge des in der Balzzeit geschossenen Auerhahns vermöge Krampf bei Kindern zu heilen. Man muß aber auf den geschossenen Hahn sofort zueilen und ihm die Zunge herausreißen, denn später ist sie nicht mehr zu finden, da sie der Vogel im Sterben verschluckt. Um Wirkung zu haben, soll man den Vogel im Steiermärkischen bei abnehmenden Mond schießen und die Zunge dem Kind im Zeichen des Krebses anhängen (71, I). Die Zunge, im Schatten getrocknet, soll in Bayern gegen das „Hinfallet" helfen, wenn sie als Amulett getragen wird (43).

In Bayern liefert der beim Balzen in Verzückungen geratende Auerhahn für die Volksmedizin in seinem Magen samt Inhalt nebst jungen
Tannenknospen, welche zerrieben werden, ein „Fraisenpulver" auf das
Mehlmus der Kinder, die an Konvulsion leiden (43). Gegen Kinder-Ge-
fraisch steht der Auerhahnmagen, in verschiedenen Gegenden des Fich-
telgebirges in gutem Ruf, und B. Büchner hat ihn zu wiederholten Malen
bei Epilepsie mit Erfolg angewendet (46, I). Gegen Kinderkrämpfe
(Eclampsia infantum) wird im Spessart empfohlen, von einem Auerhahnmagen, getrocknet, verbrannt und pulverisiert, dem Kind täglich eine
Messerspitze einzugeben (69). In der Pfalz (122, III) und in Böhmen vertreibt man mit stinkendem Käse, scharfen Heringen oder getrocknetem
und pulverisiertem Auerhahnmagen Bandwürmer (46, II). Gegen Kopfschmerzen nehme man einen Auerhahn, schlachte ihn mit einer silbernen
Münze über die Seite, wo der Kopf schmerzt, so daß das Blut über jene
Seite fließt; man nehme sich aber in acht, daß das Auge nicht erblindet.
Hernach hängt man den Vogel so an der Türe auf, daß der Kranke sich
beim Ein- und Ausgehen daran streicht (119).

In Norwegen trug man ehemals das Herz des Auerhahns zum Schutz
gegen Bezauberung und Schlangen, als Amulett am Hals (72, I). Nach Art
der Hühner pflegt auch das Auerwild zuweilen kleine Steinchen zu ver-
schlucken. Solche aus dem Auerhahnmagen entnommen, werden in Bayern nach der Farbe der Augen derjenigen, welche einen Fremdkörper im
Auge haben, gewählt und in die Lidtasche gelegt. Augen- und Steinfarbe
sollen aber miteinander übereinstimmen (43).

Das Birkhuhn

Birghuän sagt man in der Urschweiz, Gudlhahn in der Umgebung des Pilatus, Waldhuon in Graubünden (132). Nach seinen Aufenthaltsorten
nennt man den Vogel in Deutschland Laub-, Baum-, Moor-, Moos- oder
Waldhahn (91, VI). Wie in Deutschland (91, VI) so wird er auch im Wallis
mit dem Fasan verglichen und ist dort der deutsche, im Wallis der Bergfa-
san (132). Von den heiseren Lauten (bayr. grügeln, heiser reden), welche
die Birkhähne bei der Balz ausstoßen, haben sie in der Schweiz den Namen Grigel- oder Grügelhahn erhalten (117).

Als sich die Vögel auf Geheiß Gottes aufgemacht hatten, um das Singen zu erlernen, kam das Birkhuhn nach einer lettischen Sage in ein Gehöft, wo gerade Fleisch im Kessel kochte und sich beim heftigen Wallen
des Wassers im Kreise drehte. Das gefiel dem unruhigen Gesellen sehr. Er
flog an den Rand eines Morastes, wo ihn niemand sah und begann sich auch
lachend im Kreise zu drehen, wobei er rief: „Bur, bur, vur, vur" (22, III).

Das Alpenschneehuhn

Schneehuon nennt man es in der Urschweiz, Wildhuen am Gotthard, Weißhenne, Berghuon in Bünden, Steihuon im Berner Oberland und Schratthuon im Kanton Luzern (132).

In der Sennhütte der Ramoneralp (Nonsberg) sind die Eier von Schneehühnern aufgehängt, damit die Mäuse nicht den Käse und die Butter fressen (158).

Wie in Frankreich die Rebhuhnfedern von Nachteil sind, so sind es die Schneehuhnfedern in Island. Hier darf man zur Füllung der Betten keine solchen verwenden (112, II).

Greifvögel und Falken

Der Steinadler

Stock-, Berg-, Hosen-, Ringelschwänziger-, Schwarzschwänziger-, Schwarzer-, Brauner-, Gemeiner-Adler (91, V). Steingyr in Chur, Egle, aus dem frz. Aigle verdeutscht in Saanen (132).

Jedenfalls ist der Steinadler das Urbild des Wappentieres, denn der Adler, dessen Gestalt viel schöner, edler und imponierender ist als die des Geiers, war schon im Altertum das gefeierte Bild kühner Räubernatur und stolzer, unverwüstlicher Kraft. Als Wahr- und Wappenzeichen finden wir ihn im Altertum bereits in Mazedonien, Epirus, Syrien, bei den Ptolomäern (56) und den Römern. Heute führen ihn noch Deutschland, Österreich, Rußland und die USA in ihren Wappen.

Ein Adler findet sich auch in den Wappen der schweizerischen Gemeinden Aarau, Aarberg, Adliswil, Aigle, Altdorf, Aquila, Arbon, Attinhausen, Ballmoos, Bellevue, Biasca Bönigen Bremblens, Châtel-St.-Denis, Cugy, Frutigen, Genève, Granges, Hettlingen, Hittnau, Kandersteg, Kirchberg, Läufelfingen, Lungern, Märstetten, Malvaglia, Meiringen, Monteggio, Neuenburg, Oron-Le-Chatêl, Pratteln, Remaufens, St. Oyens, Seengen, Schlatt, Torricella-Taverne, Ulrichen, Villeneuve Wahlen und des Benektinerinnenklosters Seedorf.

Auch als Hauszeichen war der Adler als der König der Vögel sehr beliebt. Zahlreiche Gasthäuser führen den Namen „Zum Adler", „Zum Goldenen Adler"; Güldenadler, Steinadler (39), A l'Aigle d'Or, A l'Aigle Noir (108, IX).

Auf den Adler beziehen sich auch die topographischen Namen L'Aigle, L'Aille, Les Aigles, L'Aiglet, Les Aiglettes, Les Aigletons, Le Mont de l'Aigle, Le Rocher de l'Aigle, Le Mont-Aigle, Le Mont-Aiglin, Le Roc de l'Aigle, La Foret de l'Aigle, Le Pas de l'Aigle, La basse de l'Aigle, La Plaine de l'Aigle, La Cense de l'Aigle, La Jasserie de l'Aigle, Le Jas de l'Aigle, Le Carrefour de l'Aigle, Le Nis de l'Aigle, Le Joug de l'Aigle, La Rivière de l'Aille, Les Aigliers. Le Bec oder Le Cap de l'Aigle, L'Aglier, L'Agliere. Le Serre de l'Aigle, Le Pot de l'Aigle, Le But de l'Aigle, Monglin, La Pierre de l'Aigle, Le Chateau de l'Aigle, Becca de l'Aigle, Aiglepierre, ein Dorf im Jura. Im Lateinischen kannte man bereits Anno 1306 einen Mons Ayglinus und 1616 einen Mons Aiglonis (108, IX).

Vom Adler hergenommen ist unser Vorname Arnold, der die Bedeu-

Abb. 29: Adlerspange als königlicher Schmuck aus der Völkerwanderungszeit (um 500 n. Chr.).

tung hat „Walten wie ein Aar", der als Herrscher der Lüfte gilt (39), und die Geschlechtsnamen Adler, Stockar (125, I), Montigel, ebenso die französischen Familiennamen D'Aiglun, Aiglin, De Montaiglon, Eiglier, Laigle (108, IX).

Überall gehörten die Adler zu den heiligen Tieren, vom frühen Altertum bis ins christliche Mittelalter: In Baktrien, Assyrien, Babylonien, Persien, Aegypten, Griechenland, Rom, Skandinavien, Deutschland usf. Der allgemeine griechisch-römische Glaube hat ihn dadurch ausgezeichnet, daß er der einzige war den man sich bei den Göttern im Himmel wohnend dachte. Auch die Ägypter haben ihn vor allen Geschöpfen ausgezeichnet, indem sie ihm die erste Stelle im Alphabet einräumten. Aus dem uralten Hieroglyphenbild des Adlers ist durch Umwandlung, ohne Verlust der charakteristischen Hauptlinien, unser Buchstabe A hervorgegangen. Der lange Strich, den wir heute noch auf der linken Seite machen, bedeutet Rücken und Schwanz, der andere Brust und Füße, und oben an der Spitze war der Kopf des Vogels.

Griechen, Römer und Perser gesellten den Adler ihrem höchsten Gott bei. Den Adler, der aus den blauen Höhen des Himmels herniederschießt wie ein Blitz, in die Täler, wo Menschen wohnen, verglich man mit dem Blitz des Zeus, der aus jenen Höhen, gleich rasch und gleich gewaltsam,

Tod und Verderben bringend, herniederfährt. Töchter des Blitzes heißen die Adler in der Bibel. In seiner stolzen, königlichen, aufrechten, kraftvollen Haltung war er zu allen Zeiten der Vogel der Könige, aber auch der König der Vögel. Als dieser erscheint er bei Aeschylus im Agamemnon, bei Pindar in seinen Hymnen, bei Aristophanes, bei Ovid und Horaz, in den äsopischen Fabeln, überhaupt in der ganzen poetischen Darstellung und Anschauung des klassischen Altertums und selbst der byzantinischen Zeit.

Vogel der Könige ist er in Babylonien, Persien, Vorderasien, Aegypten, Griechenland und in Italien. Die griechischen, etruskischen und römischen Könige hatten (wie der Zeus von Olympia und der des Kapitols) als Szepterzierde einen elfenbeinernen Adler, eine Sitte, die nach Babylon und Persien weist; denn Herodot erzählt, daß es in Babylonien ganz allgemein Brauch des Volkes sei, derart die Stockknöpfe zu verzieren, und Xenophon versichert, daß zu seiner Zeit der lange Kommandostab des persischen Königs, sein Wappen und Feldzeichen, oben mit einem goldenen Adler geschmückt gewesen sei.

Auch als königlicher Helmschmuck war die Figur des Adlers beliebt. Wir sehen dies bei Demetrios I. von Syrien, bei Perseus und Philipp V. von Mazedonien. Zu beiden Seiten eines Sternes trugen die Armenier-Könige an ihrer Tiara Adler. Wie die säugende Wölfin, gewiß das grimmigste Raubtier des alten Italien, das Wahrzeichen des römischen Eroberungsstaates war, so wurde der Adler das Feldzeichen der römischen Legionen (56). Der Adler war schon im Altertum als stärkster Raubvogel, der stets mit anderen Vögeln im Kampfe lebt, bekannt. Er galt sowohl bei den Römern als auch bei den Germanen als kriegerischer Vogel und geradezu als Symbol des Kampfes und des Sieges. Adler als Feldzeichen kommen zuerst bei den Persern vor. Erst C. Marius hat den Adler in seinem zweiten Bürgermeisteramt den römischen Legionen gewidmet (159, I). Hier bildete man ihn anfänglich aus Holz, später aus Silber, indem man zugleich die Fänge mit goldenen Blitzstrahlen ausrüstete. Unter Julius Cäsar sah man von Letzterem ab, stellte aber die Adler ganz aus Gold dar. Sie wurden den Legionen auf langen Lanzen vorangetragen und genossen gewissermaßen göttliche Verehrung.

Den Legionsadler betrachtete man als Gottheit und behandelte ihn als den mächtigsten Fetisch. Alle Festtage wurde er gesalbt, man warf sich vor ihm in die Knie und betete ihn an. Wurde ein neues Lager errichtet, war das erste Geschäft, den Adler, der zudem allen Völkern Sinnbild des alleinherrschenden Roms geworden war, aufzupflanzen und den Bau um ihn herum zu beginnen und zu vollenden. Er hatte im Lager seinen eigenen Tempel, ein sacolum, gleich den Götterbildern. Es kam angeblich vor, daß die Legionsadler sich nicht putzen, die Feldzeichen sich nicht aus dem Boden ziehen lassen wollten: ein solcher Vorfall galt als schlimmstes Vorzeichen. Dem römischen Soldaten war sein Adler teurer als sein eigenes Leben. In der unglücklichen Schlacht am Trasimener See bietet der sterbende Adlerträger seine letzte Kraft auf, um mit seinem Schwert den Adler in die Erde zu verscharren, und nachdem er das getan hat, betet er zu ihm und stirbt. Manchmal schleuderte in der Stunde der Verzweiflung ein römischer General den Adler unter die Feinde und zwang dadurch seine wankende Truppe zu siegen oder unter dem Henkerbeil zu sterben, denn auf Rückkehr ohne Adler war schimpfliche Todesstrafe gesetzt (56).

Der römische Brauch, ihre Legionen eine Standarte mit einem Adler voranzutragen, so daß gewissermaßen der Adler unter dem Schutz seiner Fittiche die Legionen dem Siege entgegenführte, war es auch, der den Vogel in manchen Ländern zum Wappentier und Orden werden ließ. Der mächtige Korse Napoleon I. erneuerte die Erinnerung an das Siegeszeichen der römischen Legionen und schmückte auch die französischen Fahnen und Standarten mit Adlern, die bereits Jahrtausende früher den Monarchen von Iran höchste Würde symbolisierten und im alten ruhmreichen Babylon schon zum Stadt- und Staatswappen erkoren waren. Anno 1812, als die kaiserlichen Adler nur die auf Eroberungen ausgehende Fahne Frankreichs bedeuteten, sagte Napoleon, seines Sieges gewiß, daß Österreich, Preußen, die Schweiz und Italien in Bälde unter den französischen Adlern marschieren müßten.

Mit den Deutschen ist der Adler erstmals im Jahre 1080 bei Mölsen an der Elster in die Schlacht „geflogen", als Bannerbild des Reiches geschwungen von Gottfried von Bouillon. Früher trugen die Deutschen den heiligen Michel auf ihren Fahnen, der dann aber zu Gunsten des Adlers als Feldzeichen weichen mußte (56).

Aus der Göttlichkeit des Adlers ergeben sich von selbst seine divinatorischen und auguralen Eigenschaften. Er ist Orakeltier und weissagend bei den Völkern des Altertums wie bei den Germanen und den deutschen Stämmen des Hochmittelalters (72, I).

Daß man bei der Vogelschau ganz besonders auf den Adler achtete, ist leicht erklärlich, denn sein Erscheinen bedeutete immer Sieg und Herrschaft, oft aber auch Schutz und Segen oder gnädige Führung der Gottheit (56).

Wie bei den meisten Augurien ist die Richtung des Fluges bedeutungsvoll: von rechts Glück, von links Unglück. Noch Johann Hartlieb (1456) sagt: „Es sind lüt, die gross glauben haben an den aren und mainet ye, wann er taschenhalb flieg, es sull bedeuten gross geluck oder grossen gewin". Namentlich im Krieg ist der Adlerflug ominös. Meistens zeigt er da Sieg an, besonders der von rechts her fliegende, im Norden, wenn er sehr hoch fliegt (72, I). Noch heute gilt es in Preussen als ein besonderes Glückszeichen, einem Adler zu begegnen (54).

Schon in den homerischen Dichtungen wird der Adler als Schicksalsvogel mehrmals erwähnt. Den schwerbedrängten Griechen erscheint als „edelste Vorbedeutung" ein Adler, in den Fängen „ein Kind der flüchtenden Hindin". Telemachus erhält in zwei, von links nach rechts über den versammelten Freiern wegfliegenden und heftig kämpfenden Adlern ein für ihn günstiges Zeichen. Als weiteres Glück erscheint ihm, während er bei Menelaus weilt, von rechts her ein „heilweissagender" Adler, welcher die stattliche, im Hofe gemästete weiße Gans in den Fängen trägt.

Wie bei den Griechen, so standen auch bei den Römern die Adler als „Zeichenvögel" in hohem Ansehen. Von einem Adler, die Virg. Aen. I. als Vögel Jupiters bezeichnet, erzählt Plinius, daß er unmittelbar nach der Heirat des Augustus als ein Vorzeichen reichen Kindersegens der Libia Brusilla eine weiße Henne mit einem Lorbeerzweig im Schnabel in den Schoß fallen ließ (45). Als Kaiser Karl V. den Krieg gegen die Neugläubigen begann, sah man einen Adler in der Luft über des Kaisers Heer, auch kam aus dem Wald ein Wolf gelaufen und lief zwischen der Spanier Fußvolk. Daraus schloß man auf Sieg (72, I).

Wie den Etruskern und Römern der Adler als Zeusvogel, neben dem Zeichen des Glückes, Sieges und Ruhmes auch Herrscherwürde verkündete, so war er auch schon den alten Persern das Symbol der Herrschaft. Hier war es Sitte (21), neben anderen Schönheitsmitteln, die man anwandte, um dem Prinzen königliche Würde zu verleihen, diesem die Nase in eine gekrümmte Form zu bringen und einer Adler- oder Habichtsnase nachzubilden, um damit anzuzeigen, daß der Knabe so, wie der Adler über die Vögel herrsche, auch zu regieren befähigt sei.

Keine Schonung kennendes, unumschränktes und brutales Herrschen, zeigt sich auch in einem Rechtsbrauch grausamster Art, dem Adlerschneiden des germanischen Nordens, das darin bestand, daß einem besiegten Feind in den Rücken Einschnitte in Gestalt eines Adlers gemacht und flügelartig aufgerissen wurden (72, I).

Wie schon die Griechen glaubten, daß der Adler die Seelen zum Olymp trage, so taten es auch die Römer. Bei der feierlichen Konsekration der römischen Kaiser bestand der Schlußeffekt darin, daß der prachtvolle mehrstöckige Scheiterhaufen angezündet wurde und gleichzeitig von der Spitze des Baues ein Adler in die Luft stieg, auf dem, wie man glaubte, die Seele des verstorbenen Kaisers zu den Göttern flog. Von diesem Augenblick an genoß der Tote die Ehren eines Gottes (54, II).

Der Kirche ist der Adler das Sinnbild der Allwissenheit und Allmacht, überhaupt des göttlichen Geistes. So spricht in 2. Moses 19,4 der Herr: „Ihr habt gesehen, wie ich euch getragen habe auf Adlerflügeln." In Eze-

Abb. 30: Der Adler als Symbol für den Evangelisten Johannes. Elfenbeinschnitzerei aus dem 9. Jahrhundert, Oberitalien.

chiel 17 ist es ein Adler, der den dürren Zweig von der Zeder am Libanon bricht und ihn auf den Berg Israel pflanzt, so daß alle Vögel unter ihm wohnen mögen. Jesaja 40. 31 verheißt denen, die auf den Herrn harren, „Kraft, daß sie auffahren mit Flügeln wie Adler" und macht damit den Adler zum Symbol der höchsten Kraft, wie ihn der Psalmist in Psalm 103,5 mit den Worten „und du wieder jung wirst wie ein Adler" zum Symbol ewiger Jugend macht.

In der Legende erscheint der Adler oft als Sinnbild göttlichen Schutzes. Ein Adler brachte dem heiligen Vitus, als er noch ein Knabe war, in der Wüste zu essen. Ebenso speist er den heiligen Corbianus, dem heiligen

Guthbert brachte er einen Fisch. Ein Adler flog beständig über den hlg. Medardus und Bertulf und schützte sie mit seinen Flügeln vor dem Regen. Ein Adler hielt einen seiner Flügel über den schlafenden hl. Servatinus und beschützte ihn vor der Sonne, indem er ihm mit dem andern Luft zufächelte. Ein Adler wachte bei den Leichen der hl. Prisca, der hl. Martina, des hl. Florus, des hl. Benedikt, des hl. Stanislaus und nahm von der Leiche des hl. Severianus einen Blumenkranz, den er auf den Berg trug, wo die Leiche bestattet werden sollte (85, I).

Der Adler ist auch Symbol des Evangelisten Johannes und Attribut dieses Apostels (Abb. 30). Auf allen Miniaturen des Apostels Johannes findet sich analog der altägyptischen Sitte, die den Menschen mit dem Tier verschmolz dieser mit Adlerkopf, Adlerflügeln und Adlerfüßen, und da ihm der heilige Geist in Gestalt einer Taube ans Ohr fliegt, kann der Adler auch hier nicht der heilige Geist, sondern die Macht und die Tatkraft Gottes bedeuten. Im Dom zu Mailand ist es der Adler, der Johannes das Tintenfaß hält (85, I).

Als Sinnbild der Auferstehung Christi kommt der Adler auf einem Bilde in der Kathedrale von Lyon höchst eigentümlich vor. Hier fliegt nämlich ein junger Adler der Sonne entgegen, in deren drei Hauptstrahlen drei alte Adler sitzen, die Dreieinigkeit darstellend (85, I).

In Dantes Paradies, 18,9, sammeln sich die Seelen der Seligen im Fluge, am Himmel die Figur eines ungeheuren Adlers bildend, in dem sie, vom göttlichen Geist durchdrungen, in ihm dessen Sinnbild erkennen.

Als größter, edelster (daher Adeler, der Adelige) und kühnste aller Raubvögel bietet der Adler für die dichterische Rede der Heiligen Schrift sehr beliebte Bilder. Am häufigsten dient die Schnelligkeit und Gewandtheit seines Fluges zum Vergleich (Sam. 1.23, Jer. 4.13, Hiob. 9.26, Klgl. 8.19), wobei sein Flug ihn aus weitester Ferne herbei– (2. Moses 28.49) und aus unermeßlicher Höhe herab– und wieder in dieselbe hinaufführt (Spr. 23.5, Jes. 40.31). Besonders eindrucksvoll ist der blitzschnell auf seine Beute herabstürzende Adler, der seinen schwachen, wehrlosen Gegner überfällt (Hos. 8.1, Hab. 1.8). Am zutreffendsten wird dies Bild, wo von mächtigen Königen und gewaltigen Eroberern, wie Nebukadnezar, die Rede ist (Hes. 17.3, Jer. 48.40, 49.22). Hesekiel hebt auch die großen Flügel und langen Schwingen des Königs der Vögel hervor und vergleicht sein dichtes und buntfarbiges Gefieder mit den vielen, nach Sprache, Sitte und Tracht verschiedenen Völkern, die dem Großkönig unterworfen sind. Bei Daniel 4.30 dagegen dienen die großen, starken Flügel- und Schwanzfedern und die gewaltigen Klauen des Adlers dazu, die langgewachsenen Nägel und Haare des tierartig verwilderten Nebukadnezar zu veranschaulichen. Daß bei Hesekiel eins der vier Cherubsgesichter das eines Adlers ist (Hss. 1.10, 10,14) und in Offenbarung Joh. 4.7

einer der Cherubine die Gestalt eines fliegenden Adlers hat, bedeutet, daß auch ihnen die Fähigkeit des schnellen Fluges aus Himmelshöhen zur Erde und wieder aufwärts eigen ist. Da der Adler in den höchsten Felsen horstet, dort seine Ruhe hält und seine Brut aufzieht, ist sein Nest Sinnbild eines hochgelegenen, seinen Feinden unzugänglichen Wohnsitzes (Jer. 49.16). Die treue Fürsorge des Adlers für seine Jungen, die er sorgfältig im Fliegen unterweist und dabei vor Schaden bewahrt, indem er über ihnen weilt und sie, wenn nötig mit ausgebreiteten Flügeln vor dem Falle schützt, dient zur Darstellung der liebevollen Fürsorge, des treuen Schutzes, welche Gott dem Volk Israel beim Auszug aus Ägypten und der Wanderung durch die Wüste Israel zuwandte. (2. Moses 19.4; 5. Moses 32,11). Die Sage schenkt dem Adler, dem König der Vögel, die hohe Gabe des ewigen Jungbleibens, bedingt durch ein immerwährendes Sichverjüngen. Bereits Psalm 103.5 erwähnt diese Verjüngung: renovabitur ut aquilae juventus tua. Jes. 40.31 berichtet von einem Auffahren mit Flügeln wie Adler. Es fragt sich, ob nicht schon diese Äußerungen auf einem alten Aberglauben beruhen; jedenfalls haben sie Anlaß gegeben zu dem weiter ausgebildeten Glauben, daß wenn dem Adler die Augen schwach werden, er zu einer Quelle fliege und von dieser sich erhebe bis zur Sonne; dort verbrenne er seine Flügel aber kläre seine Augen. Auf die Erde zurück gefallen, tauche er dreimal in die Quelle unter und komme daraus verjüngt hervor (72, I).

Nach Hieronymus berichtet der Physiologus: „So der are alt wirdit, so fliugut er uf an den luft und brennit sine federen und wellet danne in sin nest, so ziehent in seine iungen, unz (bis) er federen gewinnit als er e (vorher) hete (72, I).

Adelinus spricht: „Wenne der adelar beswaert wirt von seinem alter, so merket er gar einen kalten prunnen und fleugt ob dem auf über alliu wolken, da nach wellt er zehant nider mit der hitz in den vor geprüeften prunnen und tauchet sich dreistunt dar inne und fleugt danne in sein nest under seine starken kinder, diu wol gerauben mügent, und mauset sich dann reht als in ainer küelen zwischen haiz und kalt nach einem fieber, so speisent in diu kint und nerent in dem nest, unz er sein federn vernewet und wider gewint. Wenn im der snabel so lang wirt, daz er daz ezzen niht wol dar mit gevahen mag, so sleht er in an ainen stain und reibt in dar an und kürzt den haken seines snabels, unz er im eben wirt" (82).

Nicht nur sein Schnabel wächst zu sehr in die Länge, auch seine Klauen krümmen sich, wie schon Plinius, Aristoteles und Antigonus wissen, im Alter so ein, daß er keine Beute damit halten kann, und gezwungen ist, seine Krallen gleich dem Oberschnabel an einem Stein zu wetzen damit er nicht verhungere (72, I).

Die Schnelligkeit und Ausdauer seines Fluges ließ den Adler in der germanischen Götterlehre auch zur Personifikation des Sturmwindes und in der griechischen Mythologie zum Träger von Jupiters Blitzen werden (102).

In den jüngeren Edda nimmt der Riese Thiassi Adlergestalt an. Diese hat auch der am nördlichen Ende des Himmels sitzende Hräsewelg, und wenn er zu fliegen versucht, entsteht der Wind unter seinen Flügeln. Davon heißt es:

> Hräswelg heißt, der an Himmels Ende sitzt,
> In Adlerkleid ein Jotun.
> Mit seinen Fittichen facht er den Wind
> Ueber alle Völker (116).

Der Adler war auch das Symbol Odins als Luftgott, und in den Saal in dem dieser wohnt, führt eine Tür, über der ein Adler droht (95, II).

Verbreitet war auch der Glaube, daß der Adler den Wind erzeuge. Daher rührt es wohl auch, daß im Traum das Erscheinen von zwei Adlern Sturm bedeutet. Als Erreger des Windes ist er aber auch befähigt, in England Heilige vor dem Sturm zu beschützen (72, I). Auf den Shetland-Inseln denkt man sich den Wind in der Erscheinung eines großen Adlers (9). Leichte, sturmdrohende Wolken nennt man auf Island klosigi, d. h. „Klauensenkung", weil der Adler durch Niedersenken einer Klaue Sturm verursachen soll (95, II). Bei Nordwestwind erscheinen am Himmel Wolken in Form eines fliegenden Adlers. Darum nennt man in Frankreich diesen Wind allgemein auch aquilon (108, IX). Mit dem Adler verglichen auch die Römer den Wind. Festus sagt: „Aquilo, der Wind, wird so nach dem heftigen Fluge des Adlers genannt" (95, II). Wenn eine alte Wetterregel sagt: „Sturm und Regen steht in Aussicht, wenn der Adler ostwärts fliegt" (96), so ist auch hier kaum der Vogel selbst, sondern sind die ihn symbolisierenden, von West nach Ost treibenden Wolken gemeint.

Erinnernd an Wehen und Wind, wurde im Altertum der Hausgiebel Adler genannt, dann aber auch, weil der Giebel die Gestalt des Adlers nachahmt, wenn er seine Flügel ausbreitet (95, II). „Wer hat den Tempeln der Götter den doppelten König der Vögel aufgesetzt", fragt Pindar 520 v. Chr. in seinen Olympischen Gesängen, das hintere und vordere Giebelfeld meinend, das man auch Adlerfeld nannte. Auch Homer verglich den fliegenden Adler mit dem Giebelfeld und läßt den greisen Priamos beten:

> Vater Zeus, ruhmwürdig und hehr, du Herrscher von Ida
> Lass mich vor Peleus Sohn Barmherzigkeit finden und Gnade!
> Sende den Vogel, den schnellen Boten welcher dir selbst ist,
> Aller Vögel der liebste und dessen Kraft ist die grösste.

Rechts einher, damit ich ihn selbst mit den Augen erkennend
Seiner getrost zu den Schiffen der reisigen Danaer gehe
Also flehet er laut; ihn hörte Zeus Kronion
Schnell den Adler er sandte, den vollendetsten allen Geflügels
Den Töter, den Jäger, den sie den schwarzen auch nennen.
Stark und fest, wie die Pforte des hochgebühnten Saales
Des reichen und weit berühmten Mannes gefügt ist,
Also breitete jener die Fittige aus, als er am Himmel
Rechts her über die Stadt anstürmte (95, II).

Magische Kräfte wohnen dem Adler inne. So berichtet Plinius, daß sein
Bild auf einem Smaragd die Heuschrecken fernhält; seine Federn vertreiben Wanzen. Adlerflaum auf dem Hut schärft in Tirol die Augen. Wer in
Wales Adlerfleisch ißt, kann zaubern. Der rechte Flügel schützte im Altertum gegen Hagelschlag. Eine Adlerkralle wehrt auf Island die Feuersbrunst ab. Hier kann man mit ihr, nebst andern Zutaten, Augentäuschun-
gen hervorrufen. In Alpengegenden, besonders im Tirol, wird die Kralle
des Adlers als Amulett getragen. Eine Adlerzunge verleiht nach indiani-
schem Aberglauben als Amulett übernatürliche Kräfte (72, I). Gefahren
besiegt der Jäger, wenn er Adlerflaum auf dem Hut trägt (154). Adlerflaum, auf den Hut gesteckt, stärkt in Tirol den Mut beim Raufen, und
eine Adlerzunge, auf der Brust getragen, befreit von Atembeschwerden
beim Bergsteigen (154). Florentinus sagt: „Dass kein schlang dahin kome
da man Adler oder Wyen mist, mit dem wolgeschmackten gummi (Stoax
calamita in apotecken genennt) geröuckt" (30).

Heilmittel, vom Adler bereitet, kennt Gessner eine Fülle: „Die Adler-
haut mit sampt den fädern fein bereitet, unnd über den bauch unnd magen gelegt ist gar dienstlich den darmgichtigen unnd magensüchtigen, für-
deret die täuwung" (30). „So man ein Adlerfäderen oder flügel einem
gebärenden weyb unter die füss legt, so wird sy von stund an gebären: so
bald sy aber geboren hat, so nim die fäderen hinweg" (30). „Das gebein
von einem Adlerhaupt, in hirtzen läder an kopff gebunden, nimpt das wee
des gantzen haupts. Aber seine schlaafaderen heilet das halb hauptwee,
die recht an die recht, die lingk an die lingk seyten des haupts gebunden"
(30).

„Adlerhirn mit Öl unnd ein wenig Cederhartz angestrichen, nimpt den
schwindel unnd alle anderen kranckheiten dess haupts. Adler oder Wachtelhirn in dreyen bächeren weyn getruncken vertreybt die gälsucht" (30).

„Dise läbern getröcknet unnd gepülfferet, unnd mit seinem eigen blut
unnd einem syrup Oximel in apotecken genennt zehen tag Getruncken,
heylt den fallenden siechtag" (30).

„Der magen von dem Ossufrago gederrt unnd getruncken, ist denen so

nit wol töuwen mögend, dienstlich; oder so sy disen, in dem sy essend, allein in der Hand habend. Etliche binden jn darfür an. Den letsten teil von
disen (darm) angebunden, stillet allerley krimmen, unnd darmgicht. Ein
teil von disem vogel gebrennt unnd getruncken, soll die fallend sucht hin-
emmen. Disen magen gederrt, ist für den stein und andere geprästen der
blasen dienstlich. Disen eyngesaltzen unnd gehalten, oder gebrennt ge-
pülffert, und mit weyn getruncken, bringt krefftigklich den harn. Den vogel an die hufft gehenckt, heilet den krampff an den füssen. Sein gall mit
honig genützet, heilet die weysse muselsucht und den aussatz. So einer disen mist dürr zerreybt unnd trinckt, oder bey jin tregt, so macht er voll-
kommenlich töuwen ist auch gut für den stein unnd schwär harnen" (30).
„Bei Lendenschmerzen reissen sie dem Adler unter dem Kniegelenke die
Füsse quer ab, so dass der recht bey dem Schmerz der rechten und der
link an der linken Seite, aufgebunden wird" (159, II).

Bei zögernder Nachgeburt band man früher einen lebendigen Krebs
auf die Schamlippen, oder man band der Gebärenden einen „Adlerstein"
an das Masculum des oberen Beines, auf der innern Seite nahe den
Schamteilen. Sobald die Frucht zur Welt gekommen war, mußte man ihn
aber wieder hinweg nehmen (69). Gesottenes Adlerhirn ist in Tirol gut gegen Harnschmerzen (141, VIII). Bei den Bulgaren braucht man Adlerfett
gegen Schwindsucht. Adlerzunge ist gut gegen Husten, und zwar im alten
Rom und ebenso heute noch in Bayern (72, I).

Nach einer ägyptischen Sage soll der Adler in sein Nest einen Stein
(nach Plinius Gatites benannt) einbauen, um damit dem Weibchen das
Eierlegen zu erleichtern und nach ursprünglichem Volksglauben dem
Nest Festigkeit zu verleihen. So legt Horapollo es aus, wenn er sagt, die
Hieroglyphe eines steintragenden Adlers bedeute die Festigkeit eines
Bauwerkes. Man behauptete nämlich, in siedendes Wasser geworfen,
dämpfe der Artit vollständig das Feuer, und er war somit ein Mittel, das
Adlernest vor Feuer zu schützen. Damit es nicht gehe wie in der äsopischen Fabel, wo durch ein Beutestück, das brennend vom Altar weg geraubt worden war, das Nest des Adlers samt der Brut verbrannte (56).
Conrad von Megenberg schreibt im Mittelalter als großer Gelehrter in seinem „Buch von der Natur" von einem Adlerstein: „Jacobus spricht, daz
der adler einen stain hab in dem nest, der haizt echides oder gagates. Der
hat inwendig ain ander stain in im. Den stain hat er in im wider sein groze
hitz. Hiet er des stains niht, so prieten seineu air von grozer hitz in den
nest" (82).

Der Adler sei beim Brüten so hitzigen Blutes, schreibt Gessner 1557 in
seinem Vogelbuch (30), dass er „die Eyer mit dem brüt gar verkochte,
wenn er den allerkeltesten stein Gagatem nit darzu legte, als Lucanus
schreybt".

Vom Adlerstein schreibt Gessner weiter: „Diser stein wirt also genennt, dass er in dess Adlers näst gefunden wirt. Wo diser stein wachse ist ein grosser span: dan etliche vermeinend er wachse in dem flussz Euphrate: darnebend sind etliche die dasagend, man bringe den auss dem berg Caucaso, oder ab den gestad des grossen meers Oceani, welcher gantz weyss, und vo lufft gantz schwanger, auch mit einem getön, so er erschütt, gefunden wirt: darzu also krefftig, dass er in einen sittigen kessel geworffen, die hitz darin von stundan ausslösche. Man sagt auch dass man zween finde, ein männle unnd ein weyble. Diser sind vier geschlächt. In Africa wirt funden ein kleiner und linder, der da (als im bauch) in jm hat, gantz zarten lätt, welcher schneeweyss, reysend ist, und der wirt für das weyblin gehalte. Das mänle aber, so in Arabia wachsst, ist hart, gleych eine gallöpffel, rotlächt, hat darzu in seine bauch einen harten stein. Der dritt wirt in Cypro gefunde, von farb dem ersten gantz gleych, doch grösser und mer aussgespreitet, un nit gantz rund als die anderen (30).

„Alle Adlerstein tröcknend, etliche ziehend auch zusamen, auss welchen der (so Godes genennt wirt) die augen vor allen, so sy verdüncklet, reiniget: und so er mit wasser aufgestrichen, stillet er die entzündung der brusten und gemächten: heilet auch wartzen und beissend warten darauf gelegt: bewaret auch den menschen vor der fallenden sucht: den zerstossen und in ein pflaster vermengt mit Cyprino oder Gleucino, das ist hartriegel oder mostsalb, oder mit einemanderen wermenden stuck vermischt, ist gantz dienstlich für die obgemält sucht. Aetius heisst disen stein mit einem ey und ein wenig rosshonig, äber das podagran streychen. Er offnet den diebstal so er in das brot, so man essen sol, gelegt worden. Dann der dieb, ob er schon das brot gekeüwt hat, mag es doch nit abhin schlucken. Also hat es auch ein gestalt mit anderen speyssen so er bey denen gekocht worden: dan der die die selbige nit mag essen, als Dioscorides sagt. Disen brauch (als Selonius sagt) habend noch heüttigstag die Griechen so sy einen dieben suchen wollend. Ob einer von einer speyss, als ob sy vergifft, argwönig wäre, der lege disen stein dareyn, so mag er die selbig, so gifft darin ligt, nit abhinschlucke. So aber der stein daruss komen, wirt er denn die selbig on alle verhindernuss essen. Dises kumpt von Chaldeieren, als Euax und Albertus schreybend" (30).

Wie schon aus der Beschreibung Gessners zu erkennen ist, sind Adlersteine runde oder ovale Gebilde, von der Größe einer Nuß bis zu der eines Kindskopfes. Ohne Frage handelt es sich dabei um Braun- oder Thoneisen Kondretionen mit lockerem Kern. Diese Steine haben auch noch anderweitig zu fabelhaften Auffassungen, so der verzauberten Melone und dem sprechende Orakel gebenden Stein Anlaß gegeben.

Da nun der eingeschlossene, beim Schütteln klappernde Stein an die Leibesfrucht einer schwangeren Frau erinnert, bestand von jeher der

Aberglaube, der Adlerstein sei als Amulett gebärenden Frauen dienlich. Plinius nennt den Adlerstein Lapis praegnans, Schwangeren-Stein, und ihm folgend berichten antike und mittelalterliche Schriftsteller, der Adlerstein besitze die magische Kraft, das keimende Leben im Mutterleibe zu schützen, vor einer Frühgeburt zu bewahren und der Kreißenden die Wehen zu erleichtern. Zu diesem Zweck sollte er inwendig an der linken Lende der Gebärenden gelegt, zum Schutz gegen Fehlgeburten aber von der Frau als Amulett getragen werden (72, I). „Alle Adlersteine in Häuten geopferter Thiere, schwangeren Weibern oder vierfüssigen Thieren aufgebunden, halten die Frucht an und müssen nicht ehe, als sie gebähren wollen, abgenommen werden: sonst schiesst die Gebährmutter aus. Wann sie aber bey der Geburtsstunde nicht abgenommen werden, gebären sie gar nicht (159, II). Der Adlerstein, in des Adlers Nest gefunden, bewaret die Frucht vor aller Gefahr der unzeitigen Geburt" (159, II). „Wider schwehre Geburt: Einen Adlerstein der Frau um das rechte dicke Bein gebunden. Oder: Einige Wochen über vor der Geburt viel weissen Baum-Oels genossen; auch in und um die Geburt mit Gänse- und Hühnerfett, oder süss Mandel-Oel warm geschmieret" (139).

Die französische Volksmedizin des 16. Jahrhunderts empfahl, um ein Kind aus dem Mutterleib zu treiben, einen Adlerstein an den linken Arm zu hängen (108, IX).

Auch in Italien wird auf dem Lande heute noch bei schweren Geburten der Adlerstein an die linke Hüfte gebunden. Bellucci berichtet, daß sie leihweise für die neun Monate der Schwangerschaft zu haben sind und der Preis im voraus bezahlt werde, damit die Rückgabe sicher sei. Hier hängt man sie auch den Kühen um, um das Kalben zu erleichtern, ja man bindet sie selbst in die Obstbäume, in deren obere Partien, denn dann reifen die Früchte eher und fallen nicht vorzeitig ab (1).

Auch in anderer Hinsicht war der Adlerstein heilbar. Zahler (156) erwähnt, daß man im Simmental den Leibbruch der Kinder rasch zu heilen glaubte, wenn man einen Adlerstein darauf festband (72, I).

In der Oberpfalz hing man früher Adlersteine an den Betthimmel oder an das Haustor gegen Behexung der Bewohner, in den Pferdestall zu Häupten der Pferde als Schutz gegen Krankheiten (72, I).

Der Adler ist vielwissend und sieht seine Feinde vom weitem. Seine Augen, so glaubt man in den Pyrenäen, erhält er scharf durch den Gebrauch von Fenchel (108, IX). Seine Augen, die ungeblendet in die Sonne blicken können und die die Beute aus schwindelnden Höhen entdecken, sind sprichwörtlich; nur in der Brutzeit „sol der Adler auss dem geschlächt schlagen und übel sehen, also dass er dem raub nit mag nachkommen, dannenhär er Exaetos genannt wirt", was Plinius, später auch unser Gessner und für England Swainson belegen. Der Volksglaube be-

Hier ist zu sehen ein alter Adler / welcher mit ein Paar Jungen auff seinem Rücken in die Höhe nach der Sonnen Licht zu fleucht / damit sie auch mögen lernen gerade in die Sonne sehen : Hiemit wird abgebildet / daß alle diejenigen Christen / welche dem himmlischen Adler Christo JEsu auff dem engen Creutzes Weg nachfolgen / je länger je mehr ihm Licht kommen / und es sehen.

Abb. 31: Der Adler als Symbol Christi aus einem alten Gebetbuch.

faßt sich mit dem Leben der Vögel, insbesondere mit dem Verhalten der
Alten den Jungen gegenüber. So sagte man schon im 16.Jahrhundert, daß
der Adler seine Jungen, um ihre Auge zu erproben, zwinge, in die Sonne
zu blicken:

> Quand ses petits veullent voller,
> Il les sàlevehaut en l'air;
> Si l'un le soleil ne regarde
> Il le tue et point ne le garde[1] (113, III).

Megenberg in seinem „Buch der Natur" schreibt darüber: „Der adlar hat
die art, daz er seineu kint aufhengt mit dem klaen gegen der sunnen an-
plik. welhez dann die sunnen an wankel ansiht, daz behelt er sam ainen
wirdigen vogel seins geschlächtes und fuort ez. welhez aber diu augen von
der sunnen kert, daz wirft er hin sam ain unedelz kint" (82).

In der Abbildung 31 vereinigen sich dieser Volksglaube von dem Adler,
der seine Jungen prüft, ob sie das Licht der Sonne ertragen können mit
dem christlichen Glauben, wo Christus als Adler symbolisiert wird.

Das Bild eines in die grelle Sonne schauenden Adlers symbolisiert deshalb: „ich bin ohne Furcht" (108, IX).

Da der Adler Symbol unverwüstlicher Kraft ist, bezeichnet man ein rü-
stiges Alter mit „Adleralter" (107). Steinalt oder alt wie ein Steinadler ist
eine vielfach angewandte Redensart, die sich auf das hohe Alter, das der
Vogel erreicht, bezieht. In der Gefangenschaft lebt der Adler bis zu 30
Jahren. In Wien soll sogar einmal ein Adler 104 Jahre alt geworden sein.

Was die Vergleiche zwischen Mensch und Adler betrifft, so spricht man
im Deutschen mit Bezug auf sein großes, feuriges Auge von einem Adler-
auge und einem Adlerblick. Von einem, der ein scharfes und zugleich
auch schönes Auge hat, sagt der Franzose: „Il a des yeux d'aigle", er hat
Adleraugen. Von der Schärfe des Auges schließt man auf jene des Verstandes, weswegen auch der Engländer mit eaglewit „Adlerwitz" (Witz ist
im älteren Sinne von Verstand gebraucht) einen durchdringenden Verstand bezeichnet. Von einem genialen und talentvollen Menschen sagt der
Italiener in ähnlichem Sinne „È un' aquila", er ist ein Adler, von einem
geistig minder Begabten heißt es: „Non è un' aquila" er ist kein Adler.
Gerne nennt der Franzose geistig hervorragende Männer „aigle". So wird
der berühmte Kanzelredner Mossurt nach seinem Geburtsort Meaux
„l'aigle de Meaux" genannt. Mit aiglon, junger Adler, wird auch der Sohn
Napoleons I. bezeichnet. Ein schlauer Mensch ist ein „aigle fin" (162).

---

[1] Wenn die jungen Adler ausfliegen wollen zwingt sie der alte Adler in das grelle Licht
der Sonne zu schauen. Jene die das Licht nicht ertragen können, werden getötet.

Aigle-Blanc nennt man den Führer einer Diebesbande, aiglons dagegen sind Diebes-Lehrlinge (108, IX).

Von der Raubtiernatur des Adlers sagt das Sprichwort schon im Altertum: Aquile non captat muscas. Wie schon vor Jahrtausenden sind diese Worte „Der Adler fängt keine Fliegen" heute noch sprichwörtlich in Deutschland, England, Frankreich und Italien (108, II).

Die bekannte Redensart „Das Ding hat keine Adlerfedern", beruht auf dem Aberglauben des Volkes, daß derlei Federn, irgendwo hingelegt, wieder wegfliegen, oder auch daß sie andere Federn, mit denen sie in Berührung kommen, aufzehren. In der Regel deutet man damit ein Ding an, das nirgends Ruhe hat und dessen Besitz nicht sicher ist (153).

Früher nannte man häufig einen Menschen, der eine Nase in Form eines Adlerschnabels hatte, kurzweg Adler (108, IX). Adler haben große Flügel, aber auch scharfe Klauen: Du kannst mich im Adler sprechen (3) oder: Triff mi in Adler (bedeutet den Hintern) (125, I), sind Redensarten, durch welche eine in allen Ländern deutscher Zunge bekannte derbe „Einladung" verblümt werden soll. Einen Adler im Hintern haben, bedeutete im 16. Jahrhundert, am Ende sein höchstwahrscheinlich in Bezug auf den Geldsäckel (108, IX). Von einem Chirurgen heißt es Anno 1770: „Er muß Adleraugen, ein Löwenherz und die Hand einer Frau haben." Ein französisches Sprichwort aus dem 17. Jahrhundert sagt: „Adel ohne Geld ist wie ein Adler ohne Flügel" (108, IX).

Adler nannte man im 17. Jahrhundert auch ein sechsunddreißigpfündiges Geschütz, das durch seine für damalige Verhältnisse große Gewalt vernichtend wirken konnte (102).

Der Seeadler

Nach Gessner heißt der Seeadler im schweizerischen Hochgebirge Beinbrecher oder Steinbrüchel, weil er die Knochen seiner Beute aus der Höhe fallen läßt, so daß sie an den Felsen zerschmettern. Suolathi (117) meint zwar, es frage sich sehr, ob der Name von Hause aus volkstümlich sei und nicht vielmehr auf das lateinische Ossifragus, Knochenzerbrecher, zurückzuführen sei und damit ähnlich beurteilt werden müßte wie Nachtrabe, Ziegenmelker und andere auf klassischen Einfluß weisende Vogelnamen.

Daß auch der Seeadler seine noch nackten Jungen durch Flügelschläge zwinge, in die vollen Sonnenstrahlen zu schauen und nur jene aufziehe, deren Augen das grelle Licht ertragen, die andern aber aus dem Nest werfe, davon weiß schon Plinius (159, I).

In Frankreich ist der Schrei des Seeadlers todkündend (72, I).

Der Fischadler

Den Fischern des Altertums war der Fischadler stets ein gutes Zeichen, er bedeutete ihnen bevorstehenden großen Fischfang (54, II). Ein gutes Omen war der Vogel auch den Schiffern des antiken Griechenland, aber auch Nordamerikas (72, I).

Der Mäusebussard

Unser Mäusebussard weist eine sehr interessante Namenreihe auf. In erster Linie wird er oft mit dem selteneren Hühnerhabicht verwechselt, für den er deshalb nicht nur mit dem Leben büßen muß, sondern auch (sich beziehend auf die Räubernatur des ersteren) als Hühnerdieb, Hennenvogel (125, I), Hüenliweih, Hühnervogel (132), Hühnerhabicht, Habicht, Geier, Wald-, Schneegeier (91, V), in Holland als Haneschop, in den Vogesen als Oiseau des poules (108, II) angesprochen wird. Schon die althochdeutsche Bildung mûsâri für Mäusebussard leitet sich wie Mäuseaar, -Falke, -Vogel. -Geier, -Weihe (91, V). Mossweih, Moosbutz (132), das steirische Mauser, unser Stockmüser, Mûsebickeler in Westfalen, friesisch Mûsebiter und dänisch Musvaag (117) von der Hauptnahrung des Vogels, den Mäusen ab, mit deren Fang er der Landwirtschaft außerordentlich nützlich wird. Vom lat. *Buteo* entspringen nach Rolland (108, II) Buze in der Französischen Schweiz, Bussa im Kanton Freiburg, Busoc, Busart, Beuson, Bubon in Frankreich, das italienische Bozzagro, das englische Buzzard und in den Niederlanden Buizerd.

Wenn nun auch die Annahme, dem in der Literatur üblichen Namen Bussard und auch dem elsässischen Busam liege die altfranzösische Namenform Busart zu Grunde (117) berechtigt scheint und hier demnach nur die deutsche Übersetzung eines romanischen Wortes vorliegen würde, meint Winteler (142) dennoch, das mittelhochdeutsche Bussard und Bus-Aar führten auf den Ruf des Vogels zurück, der als „miäh", ähnlich dem Miauen einer Katze, ausgelegt wird. So würde nach Winteler Bussard also nichts anderes als Bus-Aar oder Katzenadler bedeuten.

Auf den Bussard beziehen sich die topographischen Namen La Buse, Le Busard, Le Buzet, Le Buzon, La Buysardière, Chante-Buzain, La Buzatière und die Geschlechtsnamen de Chantebuze, Buzot, Buzon, La Buzonnière, Buzart, Buzier (108, IX).

Aelianus führt den Mäusebussard als einen der Diana heiligen Vogel an, vermutlich, meint Aldrovandus, weil er gerne gegen Abend jagt (45).

Die Germanen achteten auf den Ausgang des Bussards und hielten einen über den Weg fliegenden mûsar für ein günstiges Zeichen (45).

In Frankreich ist der Bussard als Unglücksvogel bekannt und namentlich in den Vogesen die Idee, ihn zu töten sei ein besonderes Verdienst, sehr verbreitet (113, III). In der Saintonge bringen die Exkremente des Vogels, jedenfalls wenn man damit beschmissen wird, Unglück (11, III).

Gewisse Vögel bringen den Gebäuden, an denen sie nisten, Segen und Schutz und werden daher geschont und gehegt, in einigen badischen Gegenden auch der am Giebel nistende Mäusebussard (112, II).

Noch zu Beginn des 20. Jahrhunderts sah man am Niederrhein im Kreise Moers neben der Eule den Bussard ans Scheunentor genagelt, als zauberische Abwehr gegen Blitz und Feuersgefahr (16).

Vergleichend mit dem oft „stumpf" dasitzenden Bussard, nennt der Franzose einen geistig blöden Menschen (108, II) und einen Dummkopf (108, IX) einen Bussard. Zum Analogon der Alter und Häßlichkeit des weiblichen Geschlechtes bezeichnenden „alten Eule" wird der „alte Bussard", mit dem oberdrein noch ein dummes, stumpfsinniges Weib betitelt wird (108, IX).

Alle diese vergleichenden Redensarten und ebenso die Sprichwörter „D'une buse on ne saurait faire un épervier" – „D'un bruthier on ne saurait faire un épervier", aus einem Bussard macht man keinen Sperber (108, II), mit ihren zahlreichen Varianten, beziehen sich auf die Falkenjagd, für die eben ein Bussard nicht zu gebrauchen ist.

Weil er Unglück verkündete, ließ man den Vogel im Sprachgebrauch zum Unglück überhaupt werden und sagt von einem Menschen, der von Mißgeschick und Pech verfolgt wird: Er ist vom Bussard geschlagen (108, IX).

Mager sein wie ein Bussardfuß ist in Frankreich der höchste Grad der Magerkeit (108, IX).

Da der Bussard schwer zu jagen ist und es Jahrzehnte dauern kann, bis man einen dieser Vögel erlegt hat, sagt man in der Bas-Limousin: „Wer sieben Bussarde erlegt hat, ist alt" (108, IX).

Der Rote Milan

Gemeine, Bunte, Rostige, Rötliche Weihe, Rötel-, Rüttel-, Kür-, Königsweihe, Stein-, Stoss-, Hühnergeier, Hühneraar, Hühner-, Kikendieb, Szossvogel (91, V). Grittelweyh, Grittiliwyher (132). Wegen seines gabelförmigen Schwanzes heißt er Gäbeli-Vogel (125, I), Furkligyr (132), Gabelweihe, Gabelgeier, Gabler, Gabelschwanz, Schwalbenschwanz, Schwalbenschwanzgeier und Scheerschwanzel (91, V).

Vom Milan leiten sich ab die topographischen Namen: Chantemilan, Le Mion, Le Champ-Milan, Le Château d'Escoublirère, La Nible, Ecouflant, dieses ein Dorf im Dep. Maine-et-Loire. Der Vogel ist auch Ursprung der Geschlechtsnamen D'Escoubleau, L'Esscoufflet, Léccouf let, Découflé, Lecoffre, De Chantemilan, Chantemille und Million (108, IX).

Als Schicksalsvogel galt der Milan den Alten als „diri ominis et inauspicatus", und als besonders unheilvoll erschien es, wenn ein solcher Vogel sich auf einem Gebäude niederließ. Unter dem Consulat des C. Valerius und M. Herennius soll einer sogar auf dem Tempel des Apollo gesehen worden sein. Zeigte sich vollends eine Schar Milane angesichts einer bevorstehenden Schlacht, so galt das Erscheinen dieser Aasvögel als sicheres Zeichen einer Niederlage. Wenn Milane Eingeweide und Fleisch von Opfertieren raubten, wurde dies von den Priestern als ganz besonders schlimmes Zeichen betrachtet (45). Sieht man in Frankreich einen Milan vor 5 Uhr morgens, bedeutet dies Tod, ihn um 5 Uhr nachmittags zu sehen bringt Verdruß. Sieht man ihn aber am Nachmittag am Himmel seine Kreise ziehen, ist er von guter Vorbedeutung (108, IX).

Bei den Alten glaubte man beobachtet zu haben, daß Gegenden, aus denen die Milane wegzogen, bald darauf von der Pest befallen wurden (128, I).

„Wenn Milane zusammenfliegen und in der Luft zusammenstoßen, soll dies nach Aldrovandus als eine Voranzeige heißen und trockenen Wetters aufzufassen sein (45). In Frankreich verkündet der Milan Regen, und schon eine altfranzösische Wetterregel lautet:

> „Quand il crie Huy, huy,
> Il annonce la Pluye (108, IX).

Nach dem Glauben der galizischen Rutenen ist die Weihe von Gott verflucht. Einst gab es nach der Erschaffung der Erde keine Flüsse wie heute, sondern das Wasser stand hier und dort in großen Seen und Tümpeln. Deshalb befahl Gott, die Vögel sollten Flußbette graben. Alle machten sich nun an die Arbeit. Nur die Weihe gehorchte nicht und brachte als Entschuldigung vor, sie würde sich dabei ihre Stiefelchen beschmutzen. Zur Strafe gebot ihr Gott, niemals Wasser aus den Flüssen zu trinken, sondern nur aus Pfützen und Tümpeln. Im Sommer, wenn nun alle Tümpel austrocknen, hat die Weihe nirgends Wasser zu trinken und fliegt deshalb zum Himmel und bittet Gott um Regen. Nach einer russischen Sage ist der Milan wegen seines damaligen Ungehorsams dazu verurteilt, nur Wasser von den Blättern der Bäume trinken zu können. Dies fällt dem Vogel aber schwer, und auch die Blätter sind nicht immer feucht, darum dürstet ihn, und immerfort bittet er Gott mit einem kläglichen Ruf „picj, pivj" (trinken) um Regen (22, III).

Wenn der Milan in den Felsritzen und hohlen Bäumen kein Wasser mehr findet, ruft er nach tschechischen Volksglauben: „pit, pit, pit" (trinken) (35). In Hinterpommern klagt er, hoch in der Luft kreisend: „Weh, weh, weh" (22, III).

Eine Legende aus dem Böhmerwald weiß, daß der Milan deshalb oft Durst leiden muß, weil er Gott kein Wasser geben wollte, als dieser noch auf Erden wandelte und großen Durst litt. Zur Strafe kann er nur vom Regen trinken und sehnt sich diesen stets herbei. Zum Zeugen seines Durstes wird auch das Sprichwort: Er lechzt nach Regen wie die Weihe (22, III).

Im 17. Jahrhundert verglich man einen langen Hals auch mit demjenigen des Milanes und nannte ihn, wenigstens in Frankreich, Cou d'escoufle (108, IX).

Gabelweihe ist im Elsaß Scheltname für ein unruhiges Kind (20).

Falke und Habicht

Hecdicius, der Sohn des römischen Kaisers Avitus, rühmte sich, der erste gewesen zu sein, der in seiner Gegend die Falkenjagd einführte, und zwar 480 v. Chr. Bereits 400 Jahre früher jedoch kannten die Thrakier die Falkenbeize, und Kletias fand sie schon um 400 v. Chr. bei den asiatischen Völkern.

Schon ums Jahr 500 verbreitete sich die Falkenjagd so sehr und wurde von Edlen und Geistlichen so eifrig und leidenschaftlich betrieben, daß Anno 506 auf der Kirchenversammlung zu Agda Jagdfalken für Geistliche verboten wurden. Unter Karl dem Großen, 800 n. Chr., entstanden bereits die ersten Gesetze, betreffend den Diebstahl von Habicht und Sperber, die dem Täter Geldbußen androhten. Eduard III. von England ging soweit, daß er jeden, der einen Habicht stahl, zum Tode verurteilte, und wer sich an seinem Nest vergriff, ein Jahr und einen Tag ins Gefängnis werfen ließ. Landgraf Ludwig VI. von Hessen verbot am 5. Mai 1557 das Abfangen von Falken und das Ausnehmen von Nestern bei strenger Strafe.

Landgraf Philipp verlangte, daß je die 10. Taube von den Taubenbesitzern dem fürstlichen Falkner abgeliefert werde. Solche Gesetze, betreffend die Fütterung der Falken der Vögte, kannte auch die Schweiz. Es besagt 1521 die Offnung[1] von Gottlieben: „Wenn ein vogt ze Herbst und ze maigen gericht hat, soll im und seinem knecht einem Habk und einem

---

[1] Gesetzessammlung.

hund der under müller ze essen genug geben." „Dem hapich ein schwarz
huen und den hunden ein Leib Brot" heisst es 1472 in der Offnung von
Sulgen (125, II). „Die meierin des hofes soll in (den Abt) empfahn und
soll in einer Hand tragen ein Brot und in der andern ein huon; das huon
höret an den habch" dies zu Engelberg Anno 1300 (125, II).

In älterer Zeit war der Habicht der eigentliche Jagdvogel des Adels und
der Geistlichkeit. Laut Probsteiurkunde in Zürich war die Gemeinde Zollikon verpflichtet, dem 1346 an ihrer Kirchweih administrierenden Stifts-
kaplan, ein Pferd, einen Hund und einen Habicht zur Jagd zur Verfügung
zu stellen (125, II). Für gute Jagdfalken wurden oft sehr hohe Preise gezahlt; für weiße Falken wurde alles dahingegeben. Für einen weißen Falken, der jährlich geliefert wurde, gab Karl V. die Insel Malta den Johanni-
tern zu Lehen. Als 1396 in der Schlacht bei Nikropolis der Herzog von
Nevers und französische Edle in Gefangenschaft gerieten, schlug Bajasid
jedes Lösegeld aus, und erst als der Herzog von Burgund statt Geld 12
weiße Falken schickte, wurden die Gefangenen freigegeben. Für seinen
besten Falken, der ihm bei der Belagerung von Akkon entflog, bot König
Philipp Augustus von Frankreich für die Rückgabe 1000 Goldstücke, jedoch vergeblich, jene werteten ihren Besitz weit höher. Daß man um
kranke Falken besorgt war, zeigt eine Angabe Gessners in seinem Vogelbuch. Da heißt es: „Nimm schwumm von einem myrtenbaum, weyrauch,
asphaltum, stächpalmen, diss alles leg in einen ziegelscherben und röick
in damit", den Falken (30). Eine solche Fürsorge für die Jagdfalken erzählt uns auch die Geschichte. So waren Jagdfalken die Ursache, warum
die Stadt Zug von Österreich abfiel und zu den Eidgenossen übertrat. Es
war im Jahre 1352, als die Eidgenossen Zug belagerten und bestürmten.
In ihrer Not sandten die Zuger drei Boten an ihren Herrn, den Herzog Albrecht von Österreich, dazumal in Königsfelden sich aufhaltend. Sie klag-
tem ihm ihre große Not und flehten um Hilfe. Der Herzog hörte sie an,
besprach sich aber angelegentlich mit seinem Oberfalkner über das Befinden der Falken, ohne Hilfe zu versprechen. Er riet ihnen aber, um sich
vor Schädigung zu bewahren, sich zu ergeben, er werde sie bald wieder
zurückerobern. Aufgebracht über eine solche Behandlung, öffnete Zug
den Eidgenossen die Tore und schloß am 17. Februar 1352 den ewigen
Bund mit ihnen.

Heute gehört die Falkenjagd in Europa der Geschichte an. Der einzige
Ort, der sich um die Mitte des 19. Jahrhunderts noch rühmen konnte, sich
mit dem Abrichten von Falken zu beschäftigen, war Falkenwerth in Flandern, das jahrhundertelang die besten Falkenschulen gehabt hatte. Falken
wurden bis 1860 von England bezogen, wo Falkenjagd noch in geringem
Maße als Sport betrieben wurde. Asiatische Völker und die Beduinen der
Sahara halten die Falkenjagd heute noch in Ehren. In diesen Landstri-

Abb. 32: Reiherjagd mit Falken. Ausschnitt aus einer Zeichnung aus dem 16. Jahrhundert.

chen hatte die Jagdart denn auch einst eine Ausdehnung erfahren, wie es selbst bei uns in ihrer Blütezeit, im Mittelalter, nie auch nur annähernd der Fall war.

Im 7. Jahrhundert hatte der grausame Schah von Persien Falken, die auf Menschenjagd abgerichtet waren. Die Zahl der Falken des Königs von Persien betrug 1681 bis zu 800 Vögel. Davon waren die einen auf Antilopen, Schweine, andere auf Füchse, Kraniche, Reiher, Gänse usw. abgerichtet. Noch 1852 richteten Kirgisen und Baschkiren Stein- und Königsadler, Habichte und Sperber zur Jagd ab. Das Vergnügen, Spatzen mit Sperbern zu jagen, leisten sich heute noch die Perser.

Auch Dante kannte die Falkenbeize, und Jagdfalken zieht er wiederholt zum Vergleich heran:

> So taucht die Ente vor dem Falken nieder,
> Und dieser hebt, ergrimmt und matt, vom Teich
> Zur Luft empor das sträubende Gefieder.

Wie Dante bis ins Kleinste beobachtete, beweisen die Zeilen:

> Gleich wie ein Falk, wenn er nach langem Wiegen
> In hoher Luft nicht Raub noch Lockbild sieht,
> Und ihn der Falkner ruft herab zu fliegen.
> So schnell er stieg, so langsam nieder zieht,
> Dann zürnend seinem Herrn, auf luftgen Pfaden
> Im Bogenflug zum fernsten Baume fliegt.

Wenn die für die Jagd abgerichteten Sperber unruhig und deshalb nicht zu verwenden waren, war es Sitte, ihnen die Augenlider zuzunähen.

> Gebohrt war durch die Augenlider Draht,
> Ihr Auge, wie des Sperbers, ganz vernähend,
> Der, wild, nicht nach des Jägers Willen tat,

verglich Dante in Fegefeuer 13, 70–73.

Will man Weihe und Habicht vom Hof fern halten, muß man in Schwaben solche über das Scheunentor nageln (12, II). Die Esten dagegen sehen es gerne, wenn Habichte sich dem Hofe nähern. Läßt sich einer auf dem Hofzaun nieder, bedeutet ihnen das ein besonderes Glück (14).

Den Ägyptern waren Sperber, aber auch Falken heilige Tiere (93, I). Da man in ihren physischen Äußerungen die verschiedenen Jahreszeiten zu erkennen glaubte, waren sie Symbole des Jahres. Daß, wer ihnen etwas antat, den sicheren Tod zu erwarten hatte, war die Folge weil sie zugleich auch die Seele versinnbildlichten.

Der Falke ist Attribut des heiligen Otto von Ariano, weil er sich auf dessen Einsiedlerhütte setzte und, die Jäger für immer verlassend, bei ihm blieb; auch Symbol des St. Agilolf, weil ein übermütiger Ritter einmal von diesem verstorbenen Bischof von Köln sagte, er sei so wenig ein Heiliger gewesen, als sein Falke singen könne, worauf der Falke schön zu singen anfing (85).

Der Geier

Der Bartgeier, dessen letztes Exemplar in der Schweiz 1866 erlegt wurde, heißt bei Gessner (30) Ass-, Keib-, Ross- und Hasengyr: „Darumb dass er dise tier alle angreifft oder frisset." Im Alpengebiet nennt man ihn Gold-, Berg-, Gemsen-, Joch-, Stein- und vornehmlich Lämmergeier (132).

Weisen sowohl diese als auch Gessners Namen, ausgenommen Goldgeier, auf die Nahrung und die Aufenthaltsorte des Vogels hin, so wurden die romanischen Namen des Geiers, französisch Voltor, votour, bautour,

Abb. 33: Darstellung von Geier und Adler aus den Mitteilungen der Schweizer Naturforschenden Gesellschaft um 1800.

italienisch avoltore und auch das englische vulture vom lateinischen *vulturius* abgeleitet.

Im Gegensatz zum Adler verkörpert der Geier nicht eine erhabene, stolze, kühne Natur und fand aus diesem Grunde schon im Altertum des mittleren Europas keine große Beachtung, sowohl im Orakelwesen als auch besonders im Sprachgebrauch. Nur vereinzelt sind die topographischen Namen, die sich vom Geier ableiten: Lou Bouyltre im Vallée d' Ossau, Le serre de votour, Le Nid de votour in der Bourgogne (108, IX). Giregg, Girsberg, Gyrenbad, Girenhalde und Girenspitz, ein Gipfel des Säntis (125, II).

Als schweizerischen Geschlechtsnamen, der sich auf den Geier bezieht kannte man in den Kantonen Zürich und Schwyz schon Anno 1335 einen Peter zem Gyrn (125, II). Den Geier im Wappen führt ein altkölnisches Geschlecht, das ein Haus „zum Geyer" in der Rheingasse besaß und den Namen „Gyr" angenommen hatte. Anno 1716 verkaufte die Familie die Schweppenburg und nannte sich seither „Geier von Schweppenburg". Weitere Namen sind: Geier, Gayer, Geyr" (39, Girtanner (125, II), Voltoire und Volturier (108, IX).

Im Orient betrachtete man die Geier mit fast heiliger Scheu, da sie es sind, die alles Tote und Verwesende beseitigen. Weil die Geier die Leichname der Verstorbenen verzehren, sieht auch der Inder in ihnen heilige Tiere.

Nach Hieronymus wittern die Geier die Leichen sogar jenseits des Meeres. Nach dem Talmud erblicken sie ein Aas in Palästina von Babylon aus. Nach Plinius sollen sie drei, nach Horapollo sogar sieben Tage zu der Stelle fliegen, wo sich Leichname finden. Dieser Aberglaube ist entnommen der richtigen Wahrnehmung, daß sie oft zu Hunderten den marschierenden Armeen folgten, nicht weil sie große Schlachten voraussahen, wie die Alten meinten, sondern weil bei solchen Heereszügen Tag für Tag allerlei Zugtiere zugrunde gingen. Weil sie die ständigen Begleiter der Heerscharen waren, machte man sie zu heiligen Tieren des Mars, womit es vielleicht zusammenhängen mag, daß sie nach Artemidor in Italien nicht getötet werden durften (54, II).

Bei den Persern und Türken gilt der Königsgeier als der edelste der Raubvögel, weil er, nach der durch Sage überlieferten Naturgeschichte des Morgenlandes, kein lebendes Tier, sondern nur die Gebeine der von andern getöteten zur Nahrung nimmt und seine Jungen mit vorzüglicher mütterlicher Liebe unter seinen weiten Schwingen beschützt. Daher ist der Geier Sinnbild mütterlicher Liebe und königlicher Milde schon bei den alten Ägyptern, auf deren Hieroglyphen-Gemälden er mit der Feder des Gesetzes in der einen Klaue und mit dem Ring der Herrschaft in der anderen über dem Haupte der Könige schwebt (128, I).

Eine gute Bedeutung hatten die Geier, etwa bei der Gründung Roms, wo zuerst dem Remus 6 und später dem Romulus 12 Geier als günstiges Vorzeichen erschienen sein sollen (45), ferner bei den Osmanen, denen als besonders glückbringende Vorbedeutung des Königtums das Schweben des Königsgeiers über dem zu künftiger Herrschaft auserwählten Haupte galt (128, I). Sonst erweckte das Erscheinen der Geier seit jeher und überall den Gedanken an Leichen. Geier, welche nackte Adlerjunge töteten und das Nest zerstörten, bedeuteten für Tarquinius Superbus das Exil und den Verlust der Herrschaft. Wenn vollends ein Geier auf dem Tempel des Jupiter oder eines anderen Gottes sich niederließ, galt dies als schreckliches Vorzeichen. Dion. (Hist. Rom. L. XLVII) berichtet schaudernd: Während Sulla seine Massenmorde in Rom ausführen ließ und die ganze Stadt voll Leichen war, haben sich mehrere Geier auf den Tempel des Genius des röm. Volkes und der Eintracht niedergelassen. An einer andern Stelle weiß er von dem schrecklichen Vorzeichen zu erzählen, daß dem Heere des Brutus und Cassius bei Philippi eine große Schar von Geiern und Raben erschienen sei. Zwei ihm im Traum erschienene Geier, die ihn mit den Flügeln schlugen und die Augen aushackten, verkündeten dem Fürsten Gabriel Bàthori seinen baldigen Tod (147).

In den Zeiten Ràkoczis II. stand über Hermannstadt am hellen Tag eine männliche Gestalt in der Luft, nackt und mit einem Schwert in der Hand. Die Stadt Klausenburg umzogen Mädchengestalten mit entsetzlichem Wehruf. Auf den Feldern aber versammelten sich scharenweise große, alte Geier, jagten das Vieh und brachten es um; so auch die Menschen, welche von ihnen ohne Scheu bis in die Dörfer verfolgt wurden (147).

Eine bedeutende Rolle spielte der Geier bei den Ärzten des Altertums. Schon Plinius berichtet: Gegen Fallsucht sollte das Herz eines jungen Geiers helfen. Vornehmlich sollte man Geier, die sich an Toten sättigten, den Kranken zur Speise geben. „Beym Blutspeyn hilft eine Geyerlunge mit Weinrankenholz verbrannt, halb so viel Granatapfelschale dazu genommen, desgleichen ebenso viel Quitten und Lilien, und früh abends, wann kein Fieber da ist, in Wein gerunken. Eine Geyerfeder unter die Füsse gelegt hilft den Gebährenden. Die Kraft den Staar zu heilen liegt in der Geyergalle, wenn man diese mit Lauchsaft und Honig vermischt" (159, II).

Nimmt man zur Kenntnis, was Gessner mit den Worten: Diser vogel Alrahne oder Geyeradler genannt, wirt zu mancherlei gebraucht" aufzählt, muß man sich unwillkürlich fragen, ob seine nur mit viel Mühe herzustellenden und nach unseren Begriffen oft recht ekelhaften „Geyer-Arzneyen" tatsächlich auch verabreicht wurden.

Es ist eine Vielfalt, die einen nur das Gruseln lehren kann, die da aus dem auch damals nicht leicht zu erhaltenden Lämmergeier hergestellt wurde und in den Händen der alten Ärzte an ihren Kranken Wunder wirken sollte.

In seinem Vogelbuch berichtet der einstige Stadtarzt von Zürich: „Sein gall wirt gedistilliert, und mit violöl für den schmertzen der oren gebraucht. Man macht auch darauss ein hauptreinigung für die kind oder man geusst jnen artzney davon in die nasen, die bläst darinn aufzulösen. Ob sein mist geräucht, treybt die geburt herauss."

Gessner schreibt weiter: „Zu dem auszsatz, kräbs, podagran, gsüchte, kropff, auszgang dess leybs, und krampff." Auss dem 13. buch Aetij. Nim das hirn von einem Gyren, mit sampt den beinlinen, fädere und fleisch seines haupts, und koch das in weyn und süssem wasser, und so du es aussgesige, so wirff das ander hinweg: in der brüyen aber koch Euphorbium, Saffran, ein farb Endich genennt, weysen Pfäffer, Bibergeil, Jmber, eines yeden ein sechss teil genomen: und Brombeerstaudenbletter, Stendelwurtzensamen, Päch, eyner yeden einen vierten teil: Alraunensafft, Cederhartz, eines yeden ein untz, ein gantze Stier od Geyss gallen, darzu drey würm, auss feüchtem faulen holtz gethon. Diss alles koch mit einanderen in neün mässen weyns, deren ein yedes XX. untzen halte. Diss hab

ich bey dem eyd verheissen niemants zesage. Diss also bereit, wirt auff
neün tag gnug seyn zebrauchen, und gelegt die düssel und erhöhunge
dess leybs: man sol es aber auch mit einer Geyrenfäderen aufstreychen"
(30).

„Den Gyren züch mit sampt den fäderen biss zum füssen auss, unnd er-
trenck jn also in gesotten weyn: die haut aber mit den fäderen, mit
myrrha gesprengt, lass, an rauch gehenckt, trocknen. Die füss aber koch
in öl, und bestreych mit dem selbigen die podagränigen: streych aber diss
mit einer Gyrenfäderen an. Die sennaderen aber als ein gehenck, henck
dem podagränigen ann seine füss, so wirst jn von diser kranckheit entledigen. Weyter so ist die obgedacht purgatz dise: Nim Aloes ein halbe untz,
dazu thu saltzbrüy und essich gleych vil, und gib jm den achtenden teil
von XX. untzen zetrincken" (30).

„Gyrenbein gebrant, zerstossen und aufgesprengt, heilend alle eissen
un offne schäden: sy nemend auch den schmertzen mit weyn vermengt,
sagt Kiranides. Das bein von einem Gyrenkopff angebunden, oder an
halss gehenckt, nimpt das hauptwee, Plinius und Marcellus. Diss von einem jungen Gyren genommen, und an einen purpurfarben faden ann die
ellenbogen gehenckt, nimpt das hauptwee und den schwindel. Für das
hauptwee, Hemicrania genennt, nim ein bein auss dess Adlerskopff, und
bind gleych über gleychs, namlich, das recht an die recht seyten, wie auch
Gyren, sagt Galenus. Für die leüss und leüsssucht, gebend wir marck von
eine läbändigen Gyren mit weyn zertriben, zetrincken, wie Sextus leert"
(30).

„Gyrenläberen mit sampt seinem blut, siben tag getruncken, so die fallend sucht vertreybe. Der so ein blintzlächte böse gesicht hat, der sol man-
golt essen, darzu Gyrenläberen braten, und mit seiner gallen sich salben.
Serenus lobt dise läberen für die kranckheit der selbigen. Diser heisst
auch die läber (Plinius das hertz) für ein Verhütung der Schlangen bissen
bey jm tragen" (30).

„Gyrengall auss wasser gewäschen, nimpt die fläcken der augen. Nim
Hanen oder Gyrengall, welche dan vil besser, ein scrupel, und des besten
honigs ein untz, zerstoss es wol under einanderen, thu es in ein küpffere
büchss, und streych es nach notdurfft, so wird dir das die dünckle der augen krefftigklich hinweg nemen, wie Marcellus leert. Darzu braucht man
auch die gallen von einem schwartzen Gyren, schellkraut darunder vermischt: dann diss bekumpt den alten schaden, so schon verjaret sind.
Dise gall nimpt alle tünckle, auch anhebende fäl der augen, so sy mit Andornsafft und dem besten honig vermischt worden: so du aber diss nit haben magst, so brauch doch darzu desse so gar rein un zart ist: du musst
aber den zwey mal so vil honig und Andornsafft darzu thun, wie Galenus
leert.

Serenus spricht:

> „Der gall ein Löffel genützt mit weyn,
> Sol gut zum fallenden Siechtag seyn."

Etliche trinckend auch für die obgenannt kranckheit die gallen mit sampt seinem blut und weyn vermischt, zehe gantz tag" (30).

Gute Mittel gegen Epilepsie sind, der Genuss einer Falken- oder Geier-leber in ihrem Blut zerstückelt 21 Tage lang zu sich genommen, eines gan-zen Geiers oder einer Geierbrust in einem Trunk aufgeweicht (46, II).

„Eine besonder artznei von dem Geyeren. Wo der mensch geschwillt, Salbet er die geschwulst mit Geyernnshirnen, So vergehet sie zu handt" (51).

„Wenn den weibernn ihr siechtung nicht kompt, so sollen sie des Gey-renns hirnen trinken in einem warmen wein, so kompt ihn das menstrum. Wann sie das Menstrum vorstellenn wollen, So solten sie das Hirnn zu pulfer brennen und das in ein wenig gerstenbrodt essenn. So verstehet er Ihnen gar baldt" (51). „Won ein Petris (?) oder vergifft ist. Nim der Gey-ernn Adernn unnd seud die in Oel und falt das Öl schon unnd wo Pettris oder vergifft ist, denselben mit demselben öl bey dem feur oder bey einem warmen ofen gesalbt, so wird er gesundt. Auch weme die aderen dorren oder an einem gliedt erlahmen wilt, wirdt er gesalbt mit dem öl, er wirdt gesundt" (51).

„Vor den stechen. Trinkt ein wenig Geyrennshirnen in einem wasser, der wird alsbaldt gesundt" (51).

„Weme die Zehenn wehe thun, der Nehme des Geyrenns augen und sein schnabel unnd brenne das zu pulver und temperir das in einem war-men wasser unnd nehme das in den mund, so wirdt ihm zu hand bass. Oder nim das pulver unnd reibe die Zehenn damit. itam wann ein frauwe ihrenn bauchsalbt sechs tage mit geir schmalczt unnd einmal des manes bauch, so werden die zweye in dreyen manden keine kinder machen" (51).

„Vor reisen in gliedern, nim die adern von einem geier, die zu hagk unnd kochtt sie in baumolei, mitt den olei bestreich die glieder" (51).

In seiner „medizinischen-chymischen Apotheke" schreibt Schröder 1354: „Das Hirn tauget vor die Schwachheiten des Haupts, wann mans damit schmieret oder in die Nasen thut" (126).

Gegen erkälteten Magen und Verdauungsstörungen empfahl die Volks-medizin in Frankreich Anno 1616, eine Geierhaut bei sich zu tragen. Geierfett wurde im 17. Jahrhundert sehr geschätzt gegen Erkrankungen der Nerven (108, IX). Einreibungen mit Geierschmalz sind in Tirol gut gegen die Gicht an Händen und Füßen (141, VIII). Gut ist es, wenn man bei Gicht die Füße mit Geierblut einreibt oder auf die schmerzende Stelle eine Mischung aus Geierfett, dem getrockneten Bauche dieses Vogels und altem Schweinefett auflegt (46, II).

Auch den Federn der Vögel schreibt man einen Einfluß auf die Gesundheit zu. Um eine leichte Geburt zu erlangen, gebrauchte man im Mittelalter in Frankreich Geierfedern (113, III). Ein handschriftliches Rezeptbuch von Anfang 1800 empfiehlt für kreißende Frauen: So leg man jren fäderen von einem Gyren under ihre füss, sy genist zu handt (11, X). Legt man im Schwabenland zu Füßen einer Gebärenden eine Geierfeder, so wird auch hier die Geburt erleichtert (51).

Nach der Lehre des Sympathieglaubens sind sich Schlange und Geier todfeind. Deshalb verscheucht man durch den Rauch verbrannter Geierfedern die Schlangen. Wer aber das Herz eines Geiers bei sich trägt, ist gegen Schlangenbiß gefeit (126).

Über die Zauberkraft des Geiers berichtet eine Handschrift von Ende des 16. Jahrhunderts: „Habe des Geiers Zunge bei dir, denn sie ist gut für Zauberei und Gift. Wer des Geiers Herz bei sich trägt, dem schadet weder Schlange noch Natter und auch kein wildes Tier. Trägt man aber eines Geiers Herz in einem Löwen- oder Wolfsfell, dann kann einem kein Teufelsgespenst weder erscheinen noch schaden" (150, III).

In Frankreich existierte der Glaube, man könne sich beliebt machen, wenn man auf seinem Herzen den Kopf eines Hühnergeiers trage (128, II).

Um auf Korsika alles, was man sich nur wünscht, zu erhalten, muß man einem Geier, ohne Messer oder ein anderes Instrument die Zunge ausreißen, diese in ein neues Leintüchlein hüllen und dieses an den Hals hängen (113, III).

Hat man einen Geier geschossen, soll man ihn, wenigstens im Etschtal, mit ausgespreizten Flügeln an die Stalltüre nageln oder an einer hohen Stange befestigen und diese in der Nähe des Stalles aufstellen (158). In der Oberpfalz nagelt man zum Schutz gegen Blitzschlag Geier an das Scheunentor (154).

Glaubt man ägyptischen Tierfabeln, so gibt es nur Geier weiblichen Geschlechts. Um zu empfangen, fliegen sie gegen den Süd- oder Ostwind, worauf sie drei Jahre trächtig sind; alsdann legen sie keine Eier, sondern bringen lebendige, gefiederte Jungen zur Welt (54, II).

Daß einst die Geier Menschen anfielen und Kinder raubten, wird in der Schweiz mehrfach berichtet. Schon J. L. Cysat, der ehemalige Stadtschreiber von Luzern, notierte in seiner „Beschreibung dess 4. Waldstätten Sees" von den Geiern: „Dise sind sehr Reübig, Grimmig und grausam, tragen gantze Lävlin, Kitzlin, Murmerthier, junge Gembs, und Haasen hinweg, ja sie dürffen auch wol die Menschen angreyffen, wie dann offenbahr, und sich Anno 1610. Im Jenner zugetragen, dass ein starcker

Mann auss Lowertz, dem löblichen Orth Schweytz zuständig, dem Lo-
wertzer See nach, auff Schweytz, durch einen kleinen Wald gereyset, hat
er daselbst im Wäldlin, eben an dem Weg, einen starcken Geyr Vogel
auff ihne an Boden warten gefunden, da der Vogel sich auff das wenigst
nichts gescheüet noch sich schrecken lassen, sonder den Mann mit solcher Ungestümmigkeit (welches zuvor niemahlen gehört worden angefal-
len, und mit seinem grausammen Klawen ihne zu Bode gefält, ehe das er
sich eretten mögen, also dass diser ungehewre Vogel angefangen, disen
Mann den Leyb auffzubeissen, und auss ihme zufressen, weil aber er sich
von den grewlichen Klawen dess Vogels starck behafft, und zu dem widerstand zuschwach befand, hat er durch geschrey sein Noth zuverstehn
geben, und ist auss Schickung Gottes ein anderer Landtmann, so auff
gleichem Weg gewesen, ihme zu hilff kommen, und obgleich wohl der
leydige Vogel den darzukommenen Helffer, mit einem Klawn bey dem
Schenkel ergriffen, so hat er doch denselbigen mit einem bey sich haben-
den Bandtägen oder Blauten (kurze Hiebwaffe) gleichwohl schwärlich genug umbgebracht, unnd den Vogel in den Hauptflecken Schweytz getragen, allda man anderhalb Claffter gemessen, so das Spatium seiner ge-
streckten Flüglen."

Im Kanton Uri lebte noch 1854 eine Frau, die einst als Kind von einem
Lämmergeier entführt worden sein soll.

Im Kirchenbuch von Habchern im Berner Oberland ist die Geschichte
vom „Gyr-Anneli" aufgezeichnet. Diese 1760 geborene Anna Zurbuchen
wurde am 12. Juli 1763 als schlummerndes Kind ihren Eltern, die es zur
Heuernte mitgenommen hatten, von einem Geier geraubt. Ein Jäger, der
ganz unvermutet den Vogel, als er sich am Rand eines Abgrundes mit seiner Beute niedergelassen, verscheuchte, wurde durch das Schreien des
Kindes aufmerksam und konnte es fast unverletzt retten.

Am 2. Juni 1870 wurde im Kiental auf dem Wege von Kien nach Aris
ein 14jähriger Hirtenknabe von einem Geier überfallen und zu Boden geschlagen. Der Vogel verschwand, als dem aus Leibeskräften schreienden
Knaben eine Frau zu Hilfe eilte. Der Knabe war aber so schwer verletzt,
daß er sich kaum erheben konnte.

„Gyrenmannli" hieß in Graubünden ein alter Bauer seit dem Tag, da er
von einem Geier in die Flucht geschlagen wurde, als er ihm eine Ziege ab-
jagen wollte.

Mit Geier oder Gyr bezeichnet in der Schweiz der Volksmund stets
nicht nur den Lämmergeier, sondern meist jeden größeren Raubvogel.
Dies zeigt sich deutlich in dem zürcherischen Pfänderspiel „Girenrupfen", in dem sich alle gegen einen vereinigen, um ihn zu verfolgen und zu
plagen, wie die Krähen gegenüber den Giren (Bussarden) es tun. „Es ist
zum Girenrupfen" ist eine bekannte Redensart und bedeutet, es gehe laut

und chaotisch zu. Wie alt das Spiel ist, beweist der Titel einer polemi-
schen Schrift „Das Girenrupfen", welche vor 300 Jahren einige Bürger
von Zürich gegen den bischöflichen Vikar Joh. Faber herausgaben. Als
Anno 1528 der Landvogt von Grüningen von allen Seiten verleumdet
wurde, klagte er: „Und ist ein wyl um mich g'syn wie man den gyren rupft
und ist wild über mich gangen" (125, II).

Sehr zutreffend nannte man früher im Wallis die Blutrichter „Gyra". In
der Sage von der Hexe aus dem Vispertal heißt es daher von ihr, daß sie:
„an guota Brato fir die Gyra abgäbe" (44, I).

In Frankreich nennt man den stürmischen Südostwind le botourn, eine
Bezeichnung, die ebenso vom Geier abgeleitet ist wie schon die lateinischen Namen volturnus und valturinus (108, IX). Jedenfalls entspringt
diese Bezeichnung nicht einem Vergleich des Windes mit dem Fluge des
Geiers, wie das bereits im Altertum bei Aquilo mit demjenigen des Adlers
der Fall war. Viel eher liegt es hier im Bereiche der Möglichkeit, daß, erinnernd an die altägyptische Fabel, der Südostwind als Schwängerer des
Geiers gedacht wird.

Der Gyr ist das Wappenbild Karls des Kühnen. Von ihm heißt es im
Grandson-Lied:

> „Der gir treit grossen ubermuot,
> der bär und stier gar wol behuot
> wend mannlich mit im kretzen."

„Der Gyr ist usgeflogen dem bären in syn land", sagt weiter das Murtner-
lied (44, II).

> Die giren fliugen gerne dar,
> Wo sie des Ases nemen war.

und: Wo Aas liegt, da sammeln sich die Geier, sind zwei Sprichwörter,
die sich darauf beziehen, daß es auch Menschen gibt, die sich – wie die
Geier – gern mit unsauberen Dingen abgeben.

Entenvögel

Die Hausente

Enten gehören neben den Gänsen und Hühnern zu dem ältesten Hausgeflügel. Nach Petronius bedeutete es bei den in Speisen äußerst verwöhnten Römern plebejischen Geschmack, wenn Enten oder Gänse auf den Tisch kamen, anstelle von Fasanen und Perlhühnern. Standesgemäß war es nur, wenn man von den Enten Brust und Nacken aß, das übrige aber dem Küchenpersonal überließ. In Anbetracht dessen, daß die Enten als eine Speise des Pöbels galten, waren sie auch außerordentlich billig. So kostete das Paar nur etwa 80 Rappen (54, II).

Die Ärzte Galenus, Aetius, Paulus von Aegina u. a. warnten vor dem schwer verdaulichen Entenfleisch (54, II). Plinius aber bezeichnet es als gutes Mittel gegen Bauchgrimmen (30). „Wider alle böse gifft ist das Blut der Enten auss Ponto dienstlich: derhalben lasst man es dick werden, vnnd vermengt es dann mit weyn. Etliche haltend das, so von dem wey-

Von der zahmen Enten/ und allen Enten ins gemein.

Anas Cicur.

Abb. 34: Die Hausente, dargestellt in Gessners Vogelbuch.

blein kumpt für das besser. Entenblut eyngeschütt. Stillet das Blut, so von dem hirn fleüsst. Dises vogels blut ist gut dem so mit gifft vergeben ist. Diss schmaltz, das ist den nerven gut" (30).

Sehr vielseitig war und ist die Verwendung der Ente in der alten und neueren Volksmedizin in Deutschland. Aus Jühling (51) sei als Kostprobe entnommen: „Wider die gicht. Nim ein ende, rupffe sie vnnd nim das ingeweydt herauss vnnd reinige sie an dem Wasser, also das das ingeweydt vnnd alles, was darzu gehörett, nicht mehr nass sey. Thue darnach die ende in ein fass, welches gar drucken sey vnnd nim dazu viel fliegen vnd stopf es fest zu, also das der Broden vnnd Dunst nicht herauss gehe, unnd mach ein ziemlich fewr, wenn es nuhn wallet so lass in noch besser sieden, biss dich dunckett, das gar sey. So nim sie den unnd truckt sie durch ein rein tuch vnnd nuze sie, wan du sie bedarffst. Sie ist eine gutte gicht salbe" (51). „Wer nicht wol hören kan. Nim die gall von einer endte vnnd gute lauge vnnd thue es dir zugleich in die Ohren. Oder menge die endengall mit frawemilch. Die ubrige feuchtigkeit zu vertreiben. Lege daruber (über den Bauch) Endenschwentze, einen nach dem andern".

„Vor die feixblathern. Beschmiere sie mit Entenschmaltz, so verschwinden sie in einem oder zweyen tagen. Im 16./17. Jahrhundert hiess es: Vor die Veits Blathern. Reisse das feiste aus den Enden, weil sie noch leben unnd schmier die veits blathern darmit. Gegen Taubheit werden Enteneier gerührt, durchgeseit und mit dem Safte des Blutkrautes ins Ohr geträufelt" (51).

In Schwaben empfiehlt man gegen Seitenstechen eine Salbe von Hennen- oder Entenschmalz und Butter mit Safran (46, II). Um in Morvan von Epilepsie befreit zu werden, soll man mit einer unbefleckten weißen Ente eine gewisse Anzahl Kreise laufend beschreiben, die Ente töten und noch warm unter dem linken Arm placieren (113, III).

„Die kranckheiten des bauchs und der eingweyden dess ochsen werdend gestillet so sy etwas schwümmen, fürauss aber Enten sehend: welche so der sieht, der mit dem krimmen beladen ist, wirt es desse zu hand ledig" (30).

Im schlesischen Namslau legt man der Braut, wenn sie zur Trauung geht, allerlei Samenkörner in den Schuh, so gedeiht das Getreide des jungen Paares. Damit das Vieh gedeiht, gibt man dem Paar in Wohlau Kuhhaare oder Schweineborsten, und daß sie in Landshut immer Recht und die Oberherrschaft im Hause hat, legt man ihr einen Entenkringel, d. h. eine geringelte Schwanzfeder von einem Enterich in den Schuh (24, I).

Träumt man in Wreschen von weißen Enten, stirbt jemand aus der Verwandtschaft (58).

Ein seltsames Orakel ist in den Augsburger Annalen vom Jahre 1527 verzeichnet. In diesem Jahre, berichtet die Chronik, seien die zahmen Enten nebst den Hühnern, Gänsen, Pfauen und anderm zahmen Geflügel plötzlich wild geworden und in die Wälder entflohen. Daraufhin hätten die Kaufleute über unglückliche Fahrten in den Orient zu klagen gehabt, zu Hause aber hätten Pest und Hunger gewütet (45).

Die Ente gilt als Symbol der heiligen Brigida, um die sich die wilden Enten immer sammelten. Ebenso ist die Ente Symbol des heiligen Colemannus, der sie gleichfalls zähmte (85, I). Auch mit dem heiligen Felix wird sie in Verbindung gebracht. Als man in Neustadt, hilflos gegen die Pest, zu Ehren dieses Heiligen eine Kirche baute, flog eine Wildente über die Stadt mit dem Ruf. „Esset Bibernell (122, III).

Die erste Ente, welche die französischen Jäger im Herbst schießen, wird gewöhnlich auf die Farbe ihres Brustbeines untersucht. Ist dieses Rot, wird der Winter rauh und sehr kalt, ist es nur stellenweise rot, werden auch nur einzelne Zeiträume des Winters durch besondere Strenge ausgezeichnet (113, III).

„Lang anhaltende Kaelte merckest du wenn die wilde Endten und ander Wasser-Voegel beym ersten Eiss nach grossen Wassern ziehen" meint 1706 die Bauernphysik. Sie weiß auch, daß es Regen gibt wenn die Enten sich mit Wasser benetzen oder gar in dieses eintauchen (96). Regen ist auch zu erwarten wenn sich in der Languedoc die Enten im Hühnerhof sehr unruhig bewegen (100, VI), wenn sie in Gneesen schnattern (58) oder in Baselland baden" (44, XII).

In Rogasen sollen die jungen Enten und Gänse erst dann genießbar sein, wenn sie „geschränkt" haben d. h. wenn sie soweit ausgewachsen sind, daß sie die Flügelspitzen übereinander breiten (58). In Kujawien glaubt man, daß jene Enten, die von Hühnern ausgebrütet wurden, nie „brütig" werden, d. h. nie selbst brüten werden (58). Den viel gebrauchten Ausdruck „Zeitungsente" verwendete zum ersten Mal der Fürst Pückler-Muskau, um damit eine gegen ihn öffentlich aufgebrachte Lüge zu bezeichnen. Eine solche „Ente" bezeichnet heute noch eine Nachricht, die unbekümmert, ob sie auch wahr sei oder nicht, in dieser oder jener Zeitung auftaucht und gleichsam durch den ganzen Blätterwald hindurchschwimmt (153).

Neben der lasterhaften „Zeitungsente" erscheint als ebenso lügenhaft die Blaue-Ente, die besonders den Sinn von etwas Nichtigem, Nebelhaftem und Dunstigem hat.

> Es sein alsam nur blaw Enten,
> Das die Pfaffen hon erdacht (15).

Theophrastus Bombastus, genannt Paracelsus, der Arzt von Einsiedeln, nannte vergebliche Arbeit „blaw enten arbeit" (125, I). „Sack voll Ente", so verhüllt der Luzerner den Fluch „beim Sakrament", der in Bern schon

1646 unter den strafwürdigen Schwüren aufgezählt ist (125, I). Ähnlich ist
der schwäbische Fluch „Wenn dich nur die Ente vertreten täte" (83).

Wie die Gans, so gilt auch die Ente als Symbol der Dummheit. „Er ist
vom Orden der Enten", d. h. er ist dumm und schmutzig. Dumm wie ein
Enterich kann man in Frankreich sein. Mit Enterich bezeichnet der Franzose aber auch gerne eine Frauensperson, die nur ein Minimum von Geist
in sich hat (108, VI). Wenn der Franzose die Ente auch für ein dummes
Tier hält, hindert das den Engländer ganz und gar nicht, die Ente als
Liebkosungswort, als Ausdruck der Freundschaft und der Schmeichelei
zu gebrauchen. So nennt er denn seine Geliebte gerne: „My duck", meine
Ente (15). Auch der Franzose flötet seinem Mädchen, alles Widrige außer
acht lassend, zu: „Mon Canard, mon petit canard, mon petit canard blanc
oder ma canette" (108, VI).

„Schnäderent" gilt bei uns als spöttische Bezeichnung einer schwatz-
haften Person. Hus-Ent nennt man die in Schlappschuhen im Hause her-
umwatschelnde und nicht leicht in die Ferne schweifende Hausfrau. Verglichen mit der Gangart der Enten, bedeutet „entlen" im Kanton Bern;
wackelnd gehen (125, I).

Von einem, der im Spiel viel verliert und sich so ruiniert, sagt der Franzose: „Er wird gerupft wie eine Ente" (108, VI).

„Wer's Glück hat, dem fliegen die Enten gebraten ins Maul" sagt ein
anderes Sprichwort (25, I).

Die Übersetzung des Entengeschnatters in menschliche Worte ist überall vielfältig, originell und oft recht humorvoll. Wo arme Häusler wohnen,
rufen die Enten stets: All pracherwark, pracherwark. Wenn auf dem Bau-
ernhof Leute um Arbeit fragen, meint die Ente: Snurerpack, der Hahn
aber weist sie zurecht: Dat sind god' lüd'. In Dambeck ruft der Gänserich: Musikanten kamen. Der Enterich meint dazu: Oll pracherwark, und
der Hahn ruft: Oll liederlich lüd' (151, II). Wenn die Ente brütet, sagt der
Enterich zu ihr: Dat ward wat. Fressen die Enten, schnattern sie munter
daher: Wenn'k man wat heff, wenn'k man wat heff, oder: Hadd ik doch
wat wat, in Wittenburg aber: Wenn't was is, wenn't was is. Hat eine Ente
im Wasser etwas gefunden, rufen sogleich alle: Wat, wat, wat, wat, wat?
Dann fährt der Enterich dazwischen: Dat pack, dat pack. Im Herbst ruft
die Ente: Harst, harst, harst, harst. Wenn sie sich niederduckt, sagt sie in
Walkendorf: Goden dach, goden dach. Drehen sich die Tiere, wie sie es
öfters tun, im Kreise, schnattern sie: Kort achter, kort achter. Wenn die
Enten mit dem Kopf nicken, sagen sie: Snack sachten, snack sachten.
Kommt das Weibchen aus dem Stall, ruft ihr der Enterich voller Weisheit
zu: Oll Snurrerpack, oll Snurrerpack oder auch etwas liebenswürdiger:
Oll swabbellieschen, oll swabbellieschen.

Will der Erpel die Ente treten, geht er dicht neben ihr und sagt: Ik will di so sachting. Hat er den Akt aber vollzogen, ruft die Ente: Hart, hart hart. In der Röbeler Gegend schmeichelt er: Ik will di sacht, sacht, sacht. Nachher jammert jedoch die Ente: Du hest mi so hart, hart, hart. In der Gegend von Grivitz meint der Enterich: Sachte, sachte. Die Ente ermuntert ihn aber: Mi kannst ganz hart, hart, hart. Andernorts führen Enterich und Ente über dieses Thema folgende Gespräche: Man sacht – Ach wat, man sacht – Ganz hart, Ümmer sachting – Hart, hart, Laat mi ganz sachtung – Kannst och ganz hart, hart.

Wenn die Ente des Morgens aus dem Stall kommend ins Wasser läuft, plaudert sie: Mien mann hett mi de ganze nacht, nacht, nacht. Dann aber sagt der Enterich etwas unwillig: Weib, weib, schweig, schweig, schweig. In der Feldberger Gegend ruft die Ente des Morgens: Mien Oll hett mi de nach oewer ...! Dann warnt der Erpel: Wäs still, wäs still. In Drahlstorf meint die Ente: Hüüt nach hett mien mann brav, brav, brav. In Gielow fragt der Erpel seine Ente: Wat maakt dien lütt zuckerdoos'? Joeckt, joekt (151, II). Die Ente sagt auch: Natt, natt, oder: Tau Water, Tau Water. Ist sie mit dem Erpel über Nacht im warmen Stall gewesen, meint sie: Et is tau natt, tau natt, tau natt. Dem tritt jedoch der Erpel mit weiser Erfahrung gegenüber und bestimmt sie zum Wandern: Ik weit et geit, et geit, et geit (141, XIII).

Als einmal der Bauer mit seiner Frau nicht zu Hause war, begaben sich Hahn und Henne auf den Kornboden und scharrten allerlei Körnerfrucht, die durch die Lucke auf die Tenne fiel und hier von den Enten in Empfang genommen wurde, die dabei durcheinander schnatterten:

> Mi mehr van dit! – mi mehr van dat!
> Hans und Gret sünd beid na d'stadt!

Voller Freude antwortete ihnen der Hahn:

> Gott gäw, dat' lang dü ----rt (131, II).

Die Schellente

Nach einer lettischen Sage war einmal ein Mädchen namens Mira, die gewann der eigene Bruder lieb und begehrte sie zu heiraten. Die Eltern waren einverstanden, aber Mira konnte und wollte nicht zum Bruder gehen. Deshalb begab sie sich an das Ufer des Sees, entkleidete sich bis auf ein kleines, schwarzes Seidentüchlein, das sie um den Hals behielt und sprang ins Wasser. Gott aber hatte Wohlgefallen an ihr und rettete sie vom Tode, indem er sie in einen Vogel, in eine Schellente, verwandelte (22, III).

Der Säger

Den Schiffern bedeutet nach Kiranides ein tauchender Säger Unwetter, ein solcher aber, der vorbeifliegt und sich auf einen Felsen setzt, eine glückliche Schiffahrt (45).

Die Wildgans

In erster Linie nicht mit Haus-, sondern Wildgänsen in Zusammenhang zu bringen sind die Geschlechtsnamen: Gans, Ried-, Schnee- und Wildgans. Als allgemeinen Namen für Wildgänse, ohne dabei eine Art zu unterscheiden, kennt man im Volke die Schneegans. Diese Auffassung hängt zusammen mit der öfter beobachteten Tatsache, daß das Erscheinen von ziehenden Gänsen ein Vorzeichen strenger Kälte, von Hagel oder Schneefall ist. Nach Naumann fliegen die Saatgänse fast immer sehr hoch, außer Schußweite und auch sehr unregelmäßig, bald nach dieser, bald nach jener Gegend, und dies besonders wenn sie ungestüme Witterung merken. Sie sind daher wahre Wetterpropheten, die die bevorstehende Änderung des Wetters auf 24 Stunden voraus empfinden; denn wenn sie im späten Herbst in guter Ordnung und sehr eilig Tag und Nacht gerade gegen Westen fliegen, so fällt gewiß sehr bald hoher Schnee, der ihnen in dieser Gegend die Nahrung entzieht, daher sie eine gelindere aufsuchen müssen. Im Frühling hingegen, wenn der Zug gegen Osten geht, bedeutet es kommendes Tauwetter (117).

Versammeln sich Enten und Gänse in großen Scharen auf den nie völlig zufrierenden Gewässern, ist nach Aldrovandus andauerndes Frostwetter zu erwarten (45). Eine Bauernregel sagt:

Ziehn die wilden Gäns' und Enten,
wird der Winter seine Fröste senden.

Erscheinen im Herbst die Schneegänse früh, gibt es nach dem Volksglauben im Kanton Baselland einen strengen Winter (44, XII). Fliegen Gänse und Enten im Herbst schon zeitig über das Dorf, steht nach dem Volksglauben der Siebenbürger Sachsen ein zeitiger Winter bevor (147).

Wind und Sturm wird es geben, wenn „die Gaense ihre Federn saubern, und derbey schertzen, hernach bey entstehendem Nord Suedwerts, beym Suedwind aber Nordwers fliegen" (96). Nach Brehm ist mit tiefem Schnee zu rechnen, wenn die Saatgänse die Gegend verlassen und südwestlich ziehen (45). Ziehenden Schneegänsen folgt im Erzgebirge innerhalb zwei Wochen Schneefall (50).

Die politische Gemeinde und auch die Landschaft Sargans haben ihren Namen von der Saren, Aelter Sarne. Der Name ist keltisch und wohl desselben Ursprungs wie der Freiburger Sarine. Von der Sarn hießen die rätischen Urbewohner Saruneten. Und wie die Freiburger Sarine auch zusammengezogen Sane heißt, so hatte das Städtchen Sargans ebenfalls die Doppelform Sarunegaunis und Sanagaunis, später Sangans und Sargans. Gan oder Gant heißt keltisch Felsen, was übrigens auch der Name Gonzen ob Sargans bedeutet. Die Volksetymologie lehnte diesen Namen an „Gans" an, und infolgedessen wurde der Vogel in das Wappen des Städtchens aufgenommen.

Unterstützt wurde diese Etymologie durch folgende Sage: Als die ersten Bewohner von Sargans in Verlegenheit waren, welchen Namen sie dem Ort geben sollten, begaben sie sich an das nahe Flüßchen „Saar" und beschlossen, es sei die Ortschaft nach dem Flüßchen und dem ersten Gegenstand zu benennen, der herab geschwommen komme. Und dieser „erste Gegenstand" war eine Gans. Das heutige, weißseidene Gemeindebanner, das unter dem Zahn der Zeit schon bedeutend gelitten hat, zeigt denn auch wie bereits erwähnt, das Bild einer Gans. Auf blauem Grund in schwarz eine silberne Gans.

Die Gans ist ferner Wappentier der Gemeinden: Granges (auf rotem Grund drei silberne Gänse), Epalinges (geteilt in Silber und Rot, überdeckt von schwarzem, rotbeschnabeltem Gänserich), Echichens (auf blauem Grund drei silberne Gänse), Liesberg (in Silber auf grünem Fünfberg über blauer Lanzenspitze eine kämpfende blaue Gans) Wülflingen (in Blau mit grünem Boden ein sitzender natürlicher Wolf, eine silberne Gans im Maule haltend).

In einer Gebirgsschlucht des Filstales liegt das Dorf Ganslosen. Als sich einst auf dessen Wiesen ein Storch aufhielt, bewunderten ihn die Bauern und verehrten ihn dergestalt, daß sie ihm zu Ehren ein besonderes Fest feierten, in die Kirche zogen und folgendes Lied sangen:

> Heut feiern wir das hohe Tier,
> Das uns auf unsern Wiesen geht;
> Es hat ein schwarzweiß Wammes an
> Und einen Schnabel wie a Gans.
> Hallelujah!

Als ihnen aber die vermeintliche Gans deshalb lästig wurde, weil sie ihnen zu viel Gras zertrampelte, hielten sie Rat, wie man sie von den Wiesen entfernen könne, und kamen nach langen Hin und Her überein, daß sie der Büttel wegjagen solle. Damit aber auch dieser kein Gras zertrete und man zugleich urkundlich die Ausführung des Beschlusses wisse, erhielten vier Gemeinderäte den Auftrag, den Büttel auf einer Bahre hinauszutragen.

Der Storch ließ die Gansloser bis dicht in seine Nähe kommen und flog dann davon, worauf der Büttel seine Träger noch auf dessen Höflichkeit aufmerksam machte, indem der Storch, ehe er fortgeflogen, sich noch vor den Gemeinderäten verbeugt habe (83).

Eine mittelalterliche französische Sage berichtet: Die heilige Opportune, Äbtissin von Almenesches, sieht, daß die wilden Gänse ihren Feldern zuviel Schaden zufügen, und befiehlt ihnen fortzufliegen. Die Tiere versammeln sich, fliegen aber nicht fort, sondern rufen nach einer fehlenden Gans, die einer der Klosterleute gegessen hatte. Die Äbtissin läßt die Knochen bringen, und das Tier wird wieder lebendig, nur fehlt ein Knochen vom Schenkel. Seitdem hinken die wilden Gänse auf einem Bein (22, III).

In alten Zeiten standen im oldenburgischen Kirchspiel Ganderkesee sieben Kapellen, nämlich in Bergdorf, Kirchkimmen, Habbrügge, Gruppenbüren, Stenum, Schlutter und Bürstel. Die Kapellen kosteten aber viel Unterhalt, deshalb beschlossen die Einwohner, statt ihrer eine grosse Hauptkirche zu bauen. Und da sie sich über den Ort, wo die Kirche stehen sollte, nicht einigen konnten, ließen sie einen Gänserich mit verbundenen oder geblendeten Augen fliegen. Wo er sich niederlasse, sollte die Kirche gebaut werden. Der Gänserich, in Plattdeutsch „Ganter", setzte sich in die Niederung, wo heute die Kirche steht, und der Ort empfing daher den Namen Ganter kesede, Gänserich erkieste (131, II).

Die ersten Haus-Gänse erwähnt Bonstetten in Zürich Anno 1481. Daher kann sich die Benennung von Schiffen mit „Gans" nur auf die wilde, nicht auf die Hausgans beziehen; denn bereits zu Anfang des 14. Jahrhunderts hatten die von Uri „ein gar großes, spitziges, eichenes Schiff, genannt „Gans" Später heißt auch das Admiralschiff der Luzerner so, desgleichen im alten Zürcherkrieg das Hauptschiff der Schwyzer (125, II). „Ent" und „Gans" waren zwei grosse Flöße getauft, welche die Zürcher im 15. Jahrhundert zu Kriegszwecken ausrüsteten (125, I).

Der Volksglaube läßt die Wildgans ein sehr hohes Alter erreichen oder gar nicht sterben, daher in Leobschütz die Redensart: „Der stirbt nicht, der fliegt mit den wilden Gänsen (24, II).

Die Hausgans

Die Gänsezucht hatte schon bei Ägyptern, Griechen und Römern große Bedeutung. Eine gute Gänsezucht bedeutete Wohlstand und Reichtum und deshalb war die Gans als Haustier stets wohlgeachtet.

Auf die Gänsezucht beziehen sich die Flurnamen: Gans-Aegert, Gansmatte, Gänsacher, Gänsbrunnen, Gänse-Hürnli, Gänsemoos, -mätteli,

Abb. 35: Die Gans als Symbol für Reichtum, aber auch Begehrlichkeit in dem Märchen „Die Goldene Gans" der Gebrüder Grimm.

-bach und -rain (125, II). Mit dem Weidegang der Gänse hängt auch das Synonym Gänse-Blüemli für das Maßliebchen (*Bellis perennis*) zusammen, denn das Pflänzchen ist ein Lieblingsfutter der Gänse und wächst auch besonders gern von deren Dünger (125, II).

Im ägyptischen Altertum war die Gans das Lieblingstier der Isis, der Göttin der Fruchtbarkeit, und wurde ihr auch geopfert.

> Isis, die du Ägyptens gesegnete Felder beschützest,
> Komm' in dem Linnengewand hier zu dem Opferaltar.
> Auf dem gespaltenen Holz sind dünne Kuchen gebreitet,
> Neben die Kuchen ein paar weisslicher Gänse gelegt,
> Trockne Narde zugleich den körnigen Feigen zur Seite,
> Auch Rosinen und süss duftenden Weihrauch dabei.

Im alten römischen Reich war die Gans der Göttin Juno, der Ehegöttin und der Schutzpatronin der würdigen Frau, heilig. Zu Ehren der Juno hielt man auf dem Kapitol jene Gänse, denen beschieden war, eine ehrenvolle Stellung in der Geschichte des römischen Reiches einzunehmen:

Als Brennus mit seinen Galliern das Kapitol heimlich in der Nacht ersteigen wollte, wurden dessen Verteidiger durch das Geschnatter der Gänse rechtzeitig gewarnt, und der Anschlag mißlang. Aus Dankbarkeit wurden die Gänse bis zu der 388 n. Chr. erfolgten Aufhebung des Jupiterkultes auf dem Kapitol sorgsam gehegt und gepflegt und an jedem Jahrestag der wunderbaren Errettung purpur- und goldgeschmückt auf Sänften in feierlicher Prozession durch die Stadt getragen (93, II).

In Vorderasien und Griechenland war der üppig-zärtliche Vogel der Aphrodite geweiht. Auch der Hauptförderer animalischer Fruchtbarkeit, Priapus, hatte in Italien heilige Gänse, desgleichen in den römischen Rheinlanden Mars (54, II).

Als Begleiterin der Geburtsgöttin Thalna, bezeichnet die Gans auf etruskischen Bildwerken den Kindersegen. Man behauptete, die Gans habe einen unwiderstehlichen Trieb zum Hervorbringen von Jungen, und wenn man ihr die gelegten Eier wieder fortnehme, so fahre sie mit Eierlegen so lange fort, bis sie zerplatze (56). Als Grabskulptur galt in der Antike die Gans, die man durchaus nicht für dumm hielt, als Sinnbild der häuslichen Tugenden der Frau (54, II). So begegnet man auf griechischen Grabsteinen öfter der Gans. Wahrscheinlich soll sie hier in erster Linie die Liebe bedeuten. Daß sie auch für die Wachsamkeit einer guten Hausfrau steht, ersehen wir aus Antholog. Pal. VII 425, 7, wo ausdrücklich gesagt wird, daß am Grabmal einer Frau die abgebildete Gans sie als Hüterin des Hauses bezeichne (56).

Den Griechen, bei denen die Gans zumindest seit Homer Haustier war, galt sie gleich viel wie den Römern. Sowohl in Athen als auch in Rom liebte man ihr Fleisch und vor allem die Leber, welche die Römer durch das wahrscheinlich durch sie erfundene „Stopfen" stark zu vergrößern verstanden. Auf den römischen Landgütern schnatterten Scharen von Gänsen in kunstgerechten Gänseanstalten, welche von Varro und Columelle beschrieben wurden. Riesige Herden von Gänsen bezogen die Römer auch aus dem Morinerland in Gallia Belgica und ebenso aus Germanien, dessen Tiere als die besten geschätzt wurden. Ihr Hauptlieferungsgebiet für Gänse hatten die Athener in Thessalien und Böotien, wo die weiten Ebenen herrliche Weideplätze boten (54, II).

Von den Germanen lernten die Römer auch den ihnen bis dahin unbekannten Gebrauch der Daunen zum Füllen von Kissen. Plinius berichtet, daß oft ganze Kohorten zum Sammeln des Flaumes, von dem das Pfund in Rom 5 Denaren (ca. 3 Frk.) kostete, ausgeschickt wurden.

Große Verehrer des Gänsebratens waren auch die Perser, erklärte doch einmal einer ihrer Könige feierlich die Gans für den besten Braten der Welt (56).

Nach beendigter Ernte opferten die Germanen ihrem Gott Wodan eine Gans oder einen Widder. Noch ist ja bis zum heutigen Tag die Gans in einem gewissen Sinne ein Opfertier geblieben. Alljährlich sind es Tausende, die auf Martini (11. November) ihr Leben lassen müssen.

Daß die Gewohnheit, eine Martinsgans zu essen, schon sehr alt ist, beweisen die norwegischen Runenkalender, in denen bereits der Martinstag ganz ebenso durch eine Gans bezeichnet wird wie in dem heutigen Tiroler Bauernkalender. Urkundlich wird die Sitte 1171 zum ersten Mal erwähnt, als Othebricus Swalenberg oder Ulrich von Schwalenberg der Abtei Corvey eine silberne Gans zum Martinsfest schenkte, wie es noch jetzt in einigen Orten Schwabens üblich ist, den Lehrern ein Geschenk für die Martinsgans zu geben, die ihnen vormals auf diesen Tag geliefert werden mußte.

Auch in Erfurt wurde früh schon das Einläuten des Tages „der Gans läuten" genannt, und in Dorschhausen schrieb man diesem Läuten besonderen Einfluß auf die Erhaltung der Feldfrüchte zu (99). Im Rheinland wurde seit Jahrhunderten am Martinstag eine gefüllte Gans aufgetischt. Der Martinsgans wird in den Kölner Akten seit 1500 gedacht (152). Die Sitte, am Martinstag eine Gans zu verzehren, kennt man auch in England. Ebenso ist dieser Brauch über den ganzen skandinavischen Norden verbreitet. Auch hält man in Tours, der Bischofstadt des heiligen Martinus, daran fest (3).

In Böhmen ist ein genaues Teilen des Martinsbratens, den der Hausherr immer selbst zerlegt, üblich. So erhalten der Geselle oder der Großknecht ein Bein, der Lehrling oder Knecht und die Magd einen Flügel (112, III).

Wie weit verbreitet die Martinsschmäuse und -trünke einmal waren, darüber erzählt ein Sittenschilderer des 16. Jahrhunderts, Sebastian Frank, in seinem „Weltenbuch" bezüglich der Franken: „Unselig ist das Haus, das nit auf diese Nacht eine Gans zu essen hat" (16).

Schon den Alten war die Zeit um Martini von großer Bedeutung. Bei den Franken begann ehedem an diesem Tag das neue Kirchenjahr. Der Landmann führte, weil dann die Ernte gänzlich in Scheune und Keller eingebracht war, seine Zahlungen aus, und Pächter zahlten ihre Pachtzinsen. Dienstverträge mit Magd und Knecht lauteten auf Martini; an diesem Tag wurden sie erneuert oder das Gesinde entlassen.

Nach den einen soll der Martinstag seinen Namen vom heiligen Martinus, dem einstigen Bischof von Tours, haben, dessen Attribut, die Gans, sich auf Bildern und Münzen alter Martinsstifte findet (85, I). Martinus war aus Ungarn nach Gallien gewandert und lebte hier als Einsiedler. Im Jahre 375 wurde er zum Bischof gewählt. Als man ihn aber aus seiner Einsiedelei holen wollte, soll er aus Bescheidenheit sich verborgen haben, seine Gänse aber verrieten das Versteck (16). Der geschwätzige Vogel soll nun die Sünde des Verrates dadurch büßen, daß er am 11. November, den die christliche Religion, getreu den alten heidnischen Überlieferungen, dem im Geruch der Heiligkeit verstorbenen Bischof von Tours weihte, geschlachtet und verspeist wird. Nach einer anderen Legende sollen die Gänse den Bischof in seinen Predigten gestört haben, deshalb werden sie an besagtem Tag geschlachtet (99). Mit der Heiligsprechung des Bischofs von Tours wurde dann der 11. November für die christliche Kirche, in erster Linie aber für die fränkische, ein Festtag, der bei Speise und Trank, wobei natürlich die Gans nicht fehlen durfte, bei Sang und Klang, von Priestern und Laien gefeiert wurde.

Alte Quellen wissen wohl davon, daß sich Martinus der Wahl zum Bischof hat entziehen wollen, aber nicht, daß er von Gänsen verraten worden sei. Und noch weniger ist daran zu denken, daß sie ihm zu Ehren gegessen würden, weil er selbst sie besonders geschätzt hätte und an Unmäßigkeit in ihrem Genuß gestorben sei (141, XXVIII).

Ebenso wie von einem Gänsemarten spricht man in Eichsfelde von einem Hasenbarthel (Bartholomäus 24. August) und Schwienethommes (Thomas 21. Dezember), d. h. man bringt auch andere Tiere mit Heiligen in Verbindung, weil sie an deren Festtagen besonders schmackhaft sind. Carl Clemen glaubt, daß das Martinsfest vor allem ein Erntefest sei, wozu ja auch passe, daß man zu diesem Termin die Dienstboten wechselte und Pachtzinsen bezahlte. Sollte sich nun das Gänseessen an diesem Tag daraus nicht genügend erklären, glaubt er annehmen zu können, daß man sie eben deshalb zu dieser Zeit schlachte, weil sie dann am fettesten sind (141, XXVIII).

Gleichwohl kann aber die Sitte, an Martini Gänse zu essen, auch einen ganz andern Grund haben. Wie verschiedene andere Völker haben auch unsere Vorfahren angenommen, daß im Getreide eine Kraft oder ein Geist wohne, der, wenn die letzte Garbe geschnitten oder eingebracht sei, damit er nicht an Altersschwäche sterbe, rechtzeitig durch einen andern, kräftigeren Geiste ersetzt werden müsse, oder damit er seine Fruchtbarkeit anderen mitteile, getötet und wohl auch gegessen werden müsse. Das ist nun freilich nur möglich, wenn dieser „Korndämon" in Tiergestalt gedacht wird, sei es als Pferd, Rind, Schwein, Bock, Hase, Fuchs, Hund, Katze, Hahn oder auch als Gans. So wird z. B. in Fürstenwalde in Brandenburg, wenn die letzte Garbe geschnitten wird, ein Hahn losgelassen und von den Schnittern gefangen. In anderen Gegenden Deutschlands oder Frankreichs wird er an eine Stange gebunden, mit dem letzten Fuder nach Hause gebracht und dort mitunter auch gegessen. In England und im Elsaß heißt das Erntemahl ausdrücklich „Erntegans". In Shropshire hieß früher auch die letzte Garbe selbst, nach der die Schnitter aus einer Entfernung von 10–20 Schritten ihre Sicheln warfen, der Gänserichhals.

Daß sich aus diesen Bräuchen mindestens zum Teil die Sitte der Martinsgans erklärt, läßt sich auch noch auf andere Weise nachweisen. Schon in manchen Martinsliedern wird die Gans mit mancherlei Epithetis ornantibus bedacht (als die feiste, beste, frömmste, schönste, die weiße, bunte, graue Gans, ja als „unsere" Gans, die gute, die liebe Gans, die Schnader-die Bladergans, der beste Vogel in der Schüssel gefeiert). Hieraus könnte gedeutet werden, daß die Gans ein Opfertier war, das man auch sonst lobte, damit es sich willig töten ließ und so ein wohlgefälliges Opfer bildete. Mehr noch weist auf ein solches hin, daß in Grez-Doiceau im wallonischen Brabant am zweiten Kirmestag eine lebende Gans für alles Mißgeschick, das die Gemeinde im letzten Jahr getroffen hat, verantwortlich gemacht, deshalb zum Tode verurteilt und nun von jungen Leuten mit Papierpfropfen erschossen wird; denn wenn auch hier speziell an ein Sühnopfer gedacht wird, so war es doch nur möglich, weil die Gans früher schon als ein Opfer anderer Art galt. Diesen Sinn wird ursprünglich auch das Gansreißen, -reiten oder -schlagen gehabt haben, das vielfach zu Martini üblich ist und auch in Martinsliedern vorausgesetzt wird.

Wenn andere Gänsespiele auch zu andern Zeiten gespielt werden, haben sie doch das mit dem Hahnenschlagen gemein, daß sie ursprünglich zur Zeit der Ernte stattfanden, und zwar zu dem angegebenen Zweck, d. h. um den „Vegetationsgeist" rechtzeitig zu töten (141, XXVIII). Am Martinstag belustigt man sich in Sursee seit 1920 (141, IX) neuerdings auf dem Dorfplatz mit dem „Gans-abe-haue". Von einem Haus zum andern wird hier ein Seil gespannt, an diesem hängt ein zweites, woran die Gans befestigt ist. Wer das Tier gewinnen will muß von einer gewissen Stelle aus mit verbundenen Augen, einen Säbel in der Hand, das Ziel finden und die Schnur, woran dieses hängt, entzwei hauen können. Dieser Brauch steht nicht vereinzelt da. Er kommt als Gansschlagen, -reißen, -reiten usw. in Westfalen, Sachsen, Schwaben, Bayern, Tirol (141, I) und Frankreich (108, II) vor und ist nichts anderes als eine besondere Form des alten Erntedankopfers (141, I).

Noch vor etwa 150 Jahren war mancherorts in Altbayern das Gänsehängen oder -springen üblich. An einem Seil, das vom Dachboden des Wirtshauses zum Dach eines Nachbarhauses im Dorf gespannt worden war, wurde eine Gans an den Füßen aufgehängt. Unterhalb des Tieres wurde ein Sprungbrett aufgestellt. Von da aus hüpften junge Burschen, die zuvor Einlage zum Spiel gemacht hatten, nach dem begehrenswerten, in seiner Todesangst jämmerlich schreienden Opfer und suchten es zu erhaschen. Wer die Gans oder doch ihren Kopf abriß, war Meister. Das arme, gequälte Tier wurde dann geschlachtet, gebraten und von den Spielern gemeinsam verzehrt (16).

Anstatt des Hahnenschlagens oder oft abwechselnd damit übt man am Erntedankfest in Mittel- und Niederschlesien das sog. Gansreiten. Wer von den berittenen Burschen den Kopf eines an einem mit Reisig ausgeschmückten hängenden Gänserichs beim Durchritt in gestrecktem Galopp so fest fassen kann, daß er ihn abreißt, wird als Sieger begrüßt, führt mit einem Kranz auf dem Haupt beim Rückzug den Reiterzug an und eröffnet in Kretscham mit seiner „Jungfer" den Tanz (24, II).

Die Sitte, zu Martini eine Gans zu schlachten und zu verzehren, und die damit verbundenen Gebräuche, gehören unbestritten ursprünglich zu jenen weitverbreiteten, aus primitiver Zeit stammenden Bräuchen, die man als Töten des Vegetationsgeistes und „Gottessen" zu bezeichnen pflegt.

Menzel (85, I) meint ebenfalls, der Sitte, am Martinstag Gänse zu braten, wohne nichts Christliches inne, sondern stamme aus heidnischer Zeit, wo die Gans wegen ihrer Federn als ein Symbol des schneereichen Winters galt, der um Martini beginnt. So soll seiner Ansicht nach dem christlichen Martinsfest eine heidnische Winterfeier, bei der man Gänse opferte vorangegangen sein (85, I).

Fontaine vertritt den Standpunkt, daß, wie die Martinsfeier nur eine christliche Substitution eines Heidenfestes sei, so sei auch die Martinsgans nur ein Überbleibsel heidnischer Sitten, die sich, da der Vogel im Altertum als Sinnbild der Sterblichkeit und der Schattenwelt figuriert, an eine ursprüngliche Totenfeier für den gestorbenen Menschen, wie für die hinscheidende schöne Jahreszeit anlehnen (28).

Auch den Glarnern ist der Martinstag mit Martinsmarkt ein Hauptfeiertag des Jahres. Die übliche Sitte des Essens der Martinsgans ist hier aber nicht verbreitet, zumal im Kanton nur ausnahmsweise Gänse gehalten werden. Gesellschaften, Lesevereine, Spielkränzchen usw. veranstalten etwa auf einen Abend um Martini ein Festessen, an dem dann allerdings die Martinigans oder an ihrer Stelle das Martinihuhn nicht fehlen dürfen (44, IV). Die Rolle, die die Gans überall beim Martinsfest spielt, will Jürgensen daraus erklären, daß sie ein dem Mars heiliger Vogel gewesen sei (112, III). Auch Keller meint, aus der römisch-gallischen Marsgans, sei später die Martinsgans geworden (54, II). Aus der alten Zunftzeit stammt der Brauch der sog. Lichtgans: Der Meister spendierte nämlich seinen Gesellen an dem Tag, an dem mit der Lichtarbeit abends begonnen wurde, als Festessen eine Gans (16).

Fast als Ironie mutet es an, daß die Gans, die so gerne als Sinnbild der Dummheit verwendet wird, die Mutter der Schreibfeder ist. Es war um das Jahr 700 n. Chr., als man zum Schreiben ein erstes Mal Schwungfedern der Gänse benützte.

Nicht nur wegen der Martinsgänse, sondern vor allem um des Flaumes willen, ist die Gänsezucht besonders im nördlichen Deutschland von großer Bedeutung, derart, daß der Volksglaube in Angaben, die sich auf dieses Gebiet beziehen, nicht verlegen ist.

In Gottowitz bei Staab haben jene Mägde, die zuerst von der um Mitternacht des heiligen Abends stattfindenden Messe heimkehren, Glück in der Gänsezucht. Diejenigen, die jedoch später oder zuletzt nach Hause kommen, werden kein Glück haben (49).

Die Braut, die sich in Mecklenburg das Brauthemd im Gänsestall anzieht, hat viel Glück in der Gänsezucht zu erwarten (6, II).

In Ostpreußen darf man an Matthias (24. Februar) nicht spinnen, in der Schweiz überhaupt nicht arbeiten, sonst wird man sicherlich Unglück haben in der Gänsezucht (154). Donnert es im schwäbischen Ertingen ins leere (laublose) Holz, verenden nach dem Volksglauben die jungen Gänse (12, I). Regnet's am Palmsonntag, gedeihen die jungen Gänse ebenfalls nicht (83), und regnet's in Neugramatin am 1. Mai, so regnet's die Gänse tot und den Kühen die Hungersnot (49).

Außer dem Säen des Mohnes und Leinsamens ist in Mähren die Gänsezucht eine der vorzüglichsten Tätigkeiten jeder Hausfrau. Jede sorgsame Hausfrau sieht darauf, ihren Töchtern recht große Betten zu bereiten, damit ihre Männer einmal nicht sagen können, sie hätten nicht einmal ordentliche Betten mitgebracht. Zu diesem Zweck hält man in jedem Hause zwei bis vier Gänse, deren Federn sorgfältig gesammelt und aufbewahrt werden (35). Die Gänseeier legt die Hausfrau stets in einen Korb voll Stroh, macht aber vorerst mit einer Eichenkohle darauf das Zeichen des Kreuzes, damit die Jungen nicht sterben. Wenn die Gänse dann auf die Eier gesetzt werden, bekommen sie Weizen, so viel sie wollen. Vor dem

Setzen nimmt die Frau die Tiere, dreht sich mit jedem dreimal in der Stube um und setzt sie dann auf das Nest mit Erbsenstroh, das in einem Sieb unter der Bank bereitet ist. Daß nun die brütende Gans die Jungen nicht „ausschreie", wird sie mit einer bunten Schürze bedeckt. Damit die Eier gut ausgebrütet werden, ist es von Vorteil, etwas Quendel oder Lieb-stöckel unter das Nest zu legen. Wenn die Tierchen ausschlüpfen, werden sie in ein Behältnis gebracht, das man vorsichtigerweise zudeckt, um sie vor dem Beschreien zu schützen. Sind alle ausgebrütet, nimmt die Frau Hammerschlag, ohne ihn mit der bloßen Hand zu berühren und streut ihn auf glühende Kohlen in einen noch nicht gebrauchten Topf, in welchen sie auch die zarten Flaumen der jungen Gänschen, geweihte Palmen (Sa-lix), getrocknete Rosenblätter, Seidelbast und etwas Nesseln gibt. Jetzt legt sie die Jungen auf ein Sieb und beräuchert sie, damit sie nicht ster-ben. Zuletzt durchschneidet sie jedem die Schwimmhaut und legt sie sämtlich in einem kleinen Körbchen zum Ofen, wo sie bleiben, bis man sie auf die Weide treibt (35).

Wenn die jungen Gänse ausgebrütet sind, gibt man ihnen in Böhmen in das erste Fressen Pulver aus einer Schlange, welche vor dem Tag des hei-ligen Georg gefangen wurde und die getrocknet und zu Staub zerschlagen werden muß, dann sollen die Tierchen keine unreinen Insekten fressen, das zu ihrem Gedeihen nicht beiträgt. Die Eierschalen der ausgeschlüpf-ten Jungen vergräbt man unter der Dachtraufe, dann verlaufen sich die Tiere nicht (35). Damit sich die jungen Gänse das Saufen besser ange-wöhnen, sollen sie in Neugramatin zuerst Jauche trinken (49).

Wenn eine Wildgans über ein Haus fliegt, in dem eine Gans brütet, so brütet diese in Böhmen die Eier nicht aus (35). Fliegen Wildgänse in Ge-orgsberg über ein Gehöft, drehen sich die Hausfrauen auf einem Fuß herum, damit ihre Gänse gedeihen (24, II). In der Neujahrsnacht darf in Mecklenburg der Gänserich nicht bei den Gänsen sein, sonst schlüpfen die jungen Gänschen nicht gut (6, II). Gerne setzt die Mecklenburgerin Gänse im Zeichen des Löwen, des Steinbockes, Skorpions oder der Jung-frau (6, II). Um sie „unbeschrauen" zu setzen, darf man dies nur zwischen 11 und 12 Uhr tun und an keinem Mittwoch, Freitag oder Samstag (11, XIX).

In Ostpreußen gedeihen die am Walpurgistag, in dessen Vornacht alle Zauberkräfte los sind, ausschlüpfenden Gänse nicht. Deshalb richtet man die Brütezeit immer so, daß dies vermieden wird (154). In Jauer legt man der Brütgans zudem Gundermann ins Nest, damit sie vor Zauber ge-schützt sei und kräftige Junge ausbrüte (24, II). Wenn die Gänse brüten, darf nicht gesponnen werden, sonst werden sie „drehköpfig" (26).

Ausgeschlüpfte Gänseküchlein muß man in einem Sieb räuchern, und zwar nimmt man als Räucherwerk etwas vom Schwanz eines jeden Küch-

leins, etwas aus dem Brutnest und einige Daunen von den Gänsen, dann
steckt man sie durch die Öffnung eines Skelettes eines Pferdekopfes. Erblicken sie dann den Fuchs in der Folge, erscheinen sie ihm so groß wie
ein Pferd, und er wagt sich nicht heran (66). Im Harz hält man sie einfach
über ein Feuer, dann werden sie gedeihen (154). Sind in Thüringen junge
Gänse aus dem Ei geschlüpft, so muß man ihnen, so viel ihrer vorhanden
sind, je ein Federchen vom Schwanz ausschneiden, dies in ein Papier wik-
keln und es unter das Gänsenest legen. Hat man das getan, bleiben die
jungen Gänschen stets zusammen und zerstreuen sich nicht (141, X).

Bei den Kassuben pflegen Gänse, Enten und Hühner beim Brüten gewöhnlich einen Platz in der Stube zu erhalten. Sollen dann die Tiere zum
ersten Mal an die frische Luft gelassen werden, muß man sie vor dem Be-
hexen schützen. Dies geschieht, indem man sie in einem Sieb, über einem
Feuer aus Stroh und Federn des Nestes, in das noch Eierschalen geworfen werden, räuchert. Ist das noch nicht genügend, zieht man sie entweder
durch ein schwarzes Trauerkleid oder das linke Bein einer Hose. Auch
das Hindurchziehen zwischen der 3. und 4. Sprosse einer Leiter ist sehr
förderlich (59). Wenn in Ostpreußen junge Gänse zum ersten Mal ins
Freie gelassen werden, muß man sie durch Mannshosen hindurchziehen
(154). In Juliusburg darf man am Karfreitag die jungen Gänschen nicht
ins Freie lassen, sonst holt sie in nächster Zeit der Aar, der im Sommer
Kuckuck, im Winter Stößer ist (24, I).

Kücken, Enten und Gänse werden in Mecklenburg am Sonnabend oder
Mittwoch ausgetrieben, dann kann sie die Krähe nicht sehen, weil jene in
Mecklenburg keine Tage sind (6, II). Um junge Gänse vor dem Habicht
und den Krähen unsichtbar zu machen, werden sie in Deutschland im
Sommer zwischen ausgestochenen Rasenstücken, mit nach innen gekehr-
ter Grasseite hindurch geschoben (83). Um zu erreichen, daß der Gänserich die Jungen gut gegen die Krähe schützt, gibt man ihm in Rogasen
Knoblauch zu fressen (58). Einen kräftigen Schutz für das Geflügel sind
aber nach dem Glauben der Franzosen einige Heilige. So hatten im 16.
Jahrhundert die Gänse nicht weniger als drei Patrone. Die einen sagten,
St. Fereol sei der geschickteste, um die Gänse zu beschützen, andere behaupteten, daß es St. Andoche sei. Nach anderen mußte man St. Galicet
anrufen (113, III).

Jungen Gänsen und Enten legen die Frauen in Kujawien beim ersten
Gang ins Freie Kampfer ins Wasser und stecken ihnen am Karsamstag
geweihten Pfeffer in den Schnabel. Solche Tiere bleiben vor dem bösen
Blick der Nachbarn verschont (58). Hat man in Neckarsulm eine Ente,
Gans usw. verloren, stecke man einen Kreuzer ans Fenster und gebe ihn
dem ersten Bettler als Almosen, dann findet sich die Verlorene alsbald
wieder (12). Hat sich bei einer Gans das Ei festgesetzt, so daß sie nicht le-

gen kann, dann soll man sie vor Sonnenaufgang oder nach Sonnenuntergang dreimal stillschweigend um die Kirche tragen, so löst es sich, wenigstens im mecklenburgischen Bellin (6, II). Wenn bei Rogasen eine Gans
das Ei nicht legen kann, wird das den Hexen zugeschrieben, die ihre Bös-
artigkeit an dem armen Tier auslassen. Um dem Übel abzuhelfen, wird
die Gans nach Sonnenuntergang dreimal über die fünfte Sprosse einer
Leiter mit dem Bauch nach oben geworfen (58).

Die Wenden glauben, wenn sich die Gänse so beißen, daß die eine oder
andere umsteht, sie seien verhext. Um die Macht der Hexe zu brechen,
muß man um Mitternacht vom jüngsten Grab eine Handvoll frischer Erde
holen und diese über die Gänse streuen (134). Um die Gänse vor Behexung zu schützen, nehmen die Bäuerinnen die Tiere und beschreiben
mit den Schnäbeln im Kamin nach allen Himmelsrichtungen Kreuze (58).

Im Juni 1846 brach unter den Gänsen von Gundelsheim eine Krankheit
aus. Weil man glaubte, die Gänse seien verhext, briet man ein Tier lebendig, um die Hexe, die dadurch solche Schmerzen erleiden sollte, als wenn
sie selbst im Feuer wäre, zu zwingen, die Gänse in Ruhe zu lassen (95, I).

Wenn man einer Gans eine Feder aus dem Flügel oder aus dem
Schwanz reißt und diese in einem Backofen verbrennt, so werden die Jungen, die aus den Eiern dieser Gans schlüpfen, alle ersticken (35).

Französische Bauern glauben, wenn sich die Gänse nicht im Wasser
paaren seien deren Eier steril (113, III).

Gänse müssen an einem Freitag gekauft und zuvor erst gerupft werden,
dann bekommen sie in Thüringen früher vollständige Federn (143). Die
Tiere dürfen am Niederrhein auch nicht bei zunehmenden Mond, also bei
jungen Licht gerupft werden, das verbietet die alte Bauernphysik (96). In
Bretten darf man sie nur am Samstagvormittag rupfen, damit sie sich
nachmittags noch baden können, dann ziehen sie über Sonntag ihr weißes
Kleid an (11, XIX). Schlachten soll man die Gänse allgemein bei Vollmond, dann sind sie am fettesten (154).

Gänse, die an Martini nicht fett sind, werden es nach dem Glauben der
Mecklenburger nicht mehr (6, II).

Ein altes Rezept, um Gänse zu stopfen und damit vor allem große Le-
bern zu erhalten, lautet: „Antimonium oder Spiesglass auf das allersubtil-
teste gestossen und gerieben, zu einem Gantz unbegreifflichen Pulver
oder Staub. Hernach einen Teig gemacht, von Nach-Mehl, das Spiesglass-
Pulver auf das beste darmit vermischt, bekanntermassen Gänse-Nudeln
daraus formieret und gedörret. Das Spiesglass-Pulver wird in solcher pro-
portion unter den Teig gemenget, dass vermittelst desselben Teiges jeder
Gans täglich ohngefährt 3. Messerspitzen voll des Pulvers beygebracht
werden, auf 3. maliges stoppen, man mag sie im übrigen mit puren Nudeln, oder auch mit Türcken-Korn stoppen".

Stopft man aber Gänse, muß man darauf achten, daß im Hause kein Topf zugedeckt oder ein Tiegel umgestürzt ist; ist dies der Fall, werden die Gänse nicht zunehmen (24, II).

Wer sich mit dem ersten Gänschen, das er sieht, das Gesicht bestreicht, verliert in Mecklenburg die Sommersprossen (6, II), und im Badischen wird er davon frei bleiben (154). In Posen muß man in einer mondhellen Nacht mit einem jungen Gänschen dreimal das Kreuz über das Gesicht streichen, dann verliert man die Sommersprossen, nimmt man aber ein Küchlein, dann erblindet man (58). Im Kreise Ratibor vertreibt man sich Sommersprossen, wenn man sich am Karfreitag mit einem Märzgänschen über das Gesicht streicht (24, II). Bestreicht man in Ribnitz mit einem jungen Gänschen, das eben aus dem Ei kroch, das Gesicht, wird es im Sommer nicht braun werden. Auch wenn man das erste Gänseei im Jahr um das Gesicht streicht, bleibt man so weiß wie dieses (6, II). Wer im Frühjahr zuerst junge Gänschen sieht, wird in Beuthen das ganze Jahr über „piepeln", d.h. kränklich sein. In Katscher aber hat man Glück, wenn man im Frühling junge Gänse sieht und dabei Geld im Sack hat, daß man das ganze Jahr solches besitzt (113, III).

In der Meuse prophezeien die Gänse, die während der Nacht schreien, ein Unglück (113, III). Zeichen einer ausbrechenden Feuerbrunst ist es, wenigstens in Schlesien, wenn die Gänse weithin und hoch fliegen (24, II). Nicht nur als Verkünder von Feuer gelten die Gänse, sondern einst waren sie auch bei einer Feuersbrunst die Retter in der Not: „Wie zu Boffsen eben in der Ernte das gantze Dorff auff dem Felde an der Arbeit war, kam ohngefehr ein Feuer aus. Die Gaense, so an den Zaeunen ihr Futter suchten; sagen (sahen) es, flogen nach der Glocken, und schlugen mit den Fittichen so lange, biss es einen Klang gab, woauff die Bauren herbey kamen und leschten" (96).

Am Silvesterabend nehmen die Mädchen im Vogtlande einen Gänserich in ihre Mitte. Das Mädchen, nach dem sich das Tier zuerst dreht, bekommt im nächsten Jahr zuerst einen Mann. In Ölsnitz geschieht das an Silvester nachts um 12 Uhr, und jene, die zuerst gebissen wird, heiratet im laufenden Jahr (57). Auch in Belgien bringen die jungen Töchter eine Gans in einen von ihnen gebildeten Kreis. Jene, die das Tier zuerst berührt, wird demnächst heiraten (149, I).

„Item wiltu wissen was eine frawe weis, so solt du nemen eins ganses zung und lege die uf sy, so seit sy dir was du sy fragest und auch eins girs hertz und lege es unter die rechten siten et similiter faciet" (11, XVI).

Wird ein Kind zum ersten Mal zu dir gebracht, so schenke ihm drei, sechs oder neun Gänseeier, stoße ihm diese dreimal in den Mund und singe dazu:

Sobald die Eier anfangen zu gatzen
So fange du an zu schwatzen (15, I).

In Deutschböhmen heißt das Brustbein der Martinsgans nach seiner Gestalt der Schlitten; zwei Personen halten es an seinen Enden fest und ziehen um die Wette. Wer dabei ein Stückchen davon abbricht, der stirbt früher (105, I). In Böhmen stirbt derjenige früher, der ein kleineres Stückchen abbricht. (35).

Als ruhelose Geister im Sinne von Gänsen sollen nach dem Glauben
der Serben jene Kinder nächtlicher Weile spuken, die vor der Taufe verstorben sind (128, I).

Heute schätzt man die berühmten Vögel des Kapitols nur noch, wenn
sie gebraten sind. Nicht so war es zu Zeiten eines Plinius und Conrad
Gessner. Damals schrieb man der Gans übernatürliche Heilkräfte zu und
schätzte besonders Gänseschmalz sehr hoch. Gänseschmalz oder Gänsefett, dem man unter Umständen Liebe erregende Wirkung zuschrieb (56),
wird von den ärztlichen Schriftstellern des Altertums ungemein häufig erwähnt (54, II). Plinius bezeichnet es, mit Eselsfett vermischt, als zum Beischlaf reizend (159, II).

„Das Kälbertalg mit Gänseschmalz und dem Safte der Basilien, ist für
die Fehler der Wangen das bequemste" stellte schon Plinius fest. Nach
Ansicht dieses Gelehrten hilft gegen den Biss toller Hunde, Gänseschmalz mit Honig (159, II). Aus dem Wissen des Plinius seien weiter erwähnt: „Die Ohren reinigt Gänseschmalz und die Haut im Gesicht erhält
Gänseschmalz oder Hennenfett. Auf Aftergeschwüre wird Gänseschmalz
oder Schwanenfett aufgestrichen. Harte Beulen und alles was zu erweichen nötig ist, wird aufs kräftigste mit Gänseschmalz geheilet: eben das
leistet Kaninchenfett. Härte der Mutter und sich sammelnde Flüsse erweichet Gänseschmalz oder Schwanenfett. Bestreicht man die Brüste mit
Gänseschmalz, soll es die Schmerzen verhindern. Die Brüste bewahret
nach der Geburt Gänseschmalz mit Rosenöle und Spinnweben" (159, II).

Über die Arten der Zubereitung des Gänseschmalzes zu Salben unterrichtet uns Gessner ausführlich:

„Der Gänsen vnd aller vöglen schmaltz wirt bereit, so man die adere
darauss genommen, und das in eine neüwe irrdine blatten bedeckt, an die
Sonnen stelt, vnn süttig wasser darunter gethon schmeltzet: darnach wirt
es in lininen secken aussgetröchnet, vnd in ein neüw irrdin geschirr an ein
kalt ort gestelt, da wirt es minder faulen so man honig darzu gethon", sagt
Plinius.

„Man nimpt das schmaltz vnd zeücht die heütlin darab, vnd thut es in
einen irdinen hafen, vnd machet jn nun halb voll, dann der sol ein mal
grösser seyn dann dess schmaltzes ist das man dareyn thun wil und

schmeltzen: darnach sol der hafen vest zugemacht, in den heissen sonnen-
scheyn gestelt werden, und alles was darvon schmeltzet, so in einen anderen hafen gesigen werden, so lang dass das Feisst alles zerschmeltzet: darnach sol man es an einen seer kalten ort zum gebrauch hinstellen."

„Das schmaltz wird mit Maioran auff dise weyss wolriechende gemacht: Man nimpt wolgeschmeltzt unn bereit schmaltz bey einem pfund:
man erwellet aber darzu merteils Stierunschlit, Maioran der wol gewachsen vnd rein gestossen ist, anderthalb pfund, mischet sy durch einandern
vnd besprengt sy wol mit weyn: man thut sy auch in ein kommlich zugedeckt gefäss, und lasst diss also die gantz nacht ston: dess morgens nimpt
man alles härauss, vnd legt es in einen irdinen hafen, geüsst wasser darüber, und lasst es sänfftlich sieden: vnd wenn das schmaltz oder vnschlit
seinen geruch verloren hat, so syhet man es durch ein tuch, vnd lasst es
also über nacht ston, fleissig verstopfft vnd zugemacht. Dess morgens darnach nimpt man alles härauss, und alles was vnrein am boden ist, fäget
man ab, vnd vermischt abermals darzu, wie vor anzeigt, klein gestossnen
Maioran, anderthalb pfund, vnd macht einen teig darauss, unn thut alles,
wie vorgesagt. Nach alle und zum letsten schmeltzt man das vnschlit widerumb, syhet es durch ein tuch, vnd fäget den unrat ab so an boden hanget, vnd setzt das an ein kalt statt zur bewarung."

Über die äsculapische Wirkung des Gänseschmalzes schreibt Gessner
unter dem Titel *„Von den artzneyen dess Gänssschmaltzes aussert dem leyb
zebrauchen"*: „Der Gänssen schmaltz ist wermer dann der Schweynen,
milteret auch mer die bissz so tieff im leyb stand, spricht Galenus. Gänsschmaltz ist gar zart: das nächst darauf ist der Hennen, als Syluius vermeint. Es tröcknet on schmertzen. Hippokrates heisset diss an statt dess
Hirtzenschmaltzes brauchen. Doch sol des Straussen schmaltz zu allen
prästen krefftiger seyn, wie Plinius schreybt. Ein küross in lätt gederrt un
zerriben mit Gänsschmaltz, heilet die wunden. Dess Berghuwen hirn mit
disem schmaltz vermischt, sol wunderbarlich die wunden zuheilen. Gänsschmaltz mit sampt dem hirn, alat unnd ungewäschner wull benützt, heilt
die abgeriben fäl. Diser mit gleych so vil butter benützt, vnnd in küchlin
eyngethon, stelt das blut, sagt Plinius."

„So ein Or zerschlagen oder gebrochen ist, so zerlass rein Gänsschmaltz, und thu weybermilch darzu, diss tröuff also law mit Basilien-
safft (desse samen rot ist) in das or, als Rasis auss dem Galeno schreybt.
Marcellus sagt, dass diss schmaltz für sich selbs genommen, wol geleüte-
ret, und ob einem leychten kolfheürlin zerlassen, in das or geschütt den
schmertzen hinweg nemme, vnd den geprästen dess krancken ors (es seye
von schlahen oder anderen fälen gar hinweg nemme). Zu erzündung der
oren zu oberest auff der haut auss flussz oder streichen entsprungen. Item
geschwär vnd rötinen, vermisch diss schmaltz mit weybermilch, unn trö-

uff das darein oder nimm gleych vil Gänss vnd Rinder schmaltz darzu, als
Apollonius bey dem Galeno leert. Wenn dir das ghör verstopfft ist, so
koch rägenmettel und diss schmaltz, so wirst du den veralteten schaden
damit hinnemmen, sagt Serenus. Das böss ghör verbesseret diss schmaltz:
etliche thund zwiblen vnd gleych so vil knoblauch Safft darzu, oder tröuf-
fend das mit honig ein, als Plinius schreybt. Diss schmaltz, Ochsengall,
unn lorbeeröl gleych vil vermischt verbesseret das böss ghör. Ist der
schmertzen gross, so schütt Ochsenunschlit mit Gänsschmaltz gewermbt,
dareyn."

„Agrimonienkraut mit Gänsschmaltz gestossen, und übergelegt, gneert
den ausgang des leybs, als Marcellus leert. Einem streytbaren Hanen die
hödlin mit disen schmaltz gesalbet, und in einer haut von eine widder angebunden, sol jm die geile nemmen. Gänss oder Hennenschmaltz so noch
frisch vnd ungesaltzen, ist gut für geprästen der bärmutter: so es aber eyngesaltzen, unnd von alter starck worden, ist es der bärmutter gantz schädlich, sagt Dioscorides.

Ueber die Art wie dises schmaltz innert dem leyb genützt werde berichtet Gessner: „Nach dem man gifft genommen hat, muss man sich zum er-
brächen oder verunwillen reitzen, mit warmen wasser, butter darunder
vermischt, und getruncke, zu welche man auch ein wenig Gänsschmaltz
thut: oder man trinckt diss allein mit süssem weyn gekochet, als Gaine-
rius leert. Zu der artzney so auss meerkräbsen gemacht wirt für die
schwindsucht, thut ma auch Gänsschmaltz, so Marcellus leert. So eim
wasser zu bauch auss fleüsst, so sol man schwäbel vnd diss schmaltz
schläcken" (30).

Auch andere „Arznei-Bücher wußten vor Jahrhunderten über die Heilkraft von Gänseschmalz: „Für da schwindenn. Nim Gänseschmaltz so
gross als ein Ay unnd soviel Ochsenmarck unnd nim Wax vonn der ersten
bienen auch so viel unnd zerlass jedes besonders unnd feim es schon, bis
es lautter wirdt, vnnd geuss es zueinander unnd thu dartzu ein wenig Bibergeil, ein wenig weis weyrauch, unnd misch das uber einander unnd
salbe das glid darmit" (51).

Aus dem 15./16. Jahrhundert: „Wann eyns nicht kan zu stule gehen
unnd gar verstopfft ist, der neme Ganseschmaltz, das so frisch jst unnd
ungesaltzen, unnd binth das auff des menschen nabel unnd, uff das dje
fettigkeit nicht erhab (herab) flyss, so mach von eynen deyge adder
sachsse eyn rigeleyn unnd lege die fettigkeit dareyn unnd lege dar vff
eyne nussschale unnd binth das so wol du machst uff den nabel des menschen eynen tagk oder drey, biss er stule gewinth, es hylfft" (51).

Ein recht umständlich herzustellendes Mittel gegen das Podagran empfiehlt ein Arzneibuch von Anno 1616. Da wird erklärt: „Ain salb für das
Pottengran. Nem ain ganss, die ain Mennlin sey und 2 jerig, und je fais-

ster sie ist, je besser sie ist und nem sie ab, als ob man sie essen wolt, und nem dann ain junge katzen, die 6 oder 8 Wochen alt sey und schneid sie uff und nem sie auss und haw jr den kopff, schwanz und fiess ab und thue sie in ain Morsel und zerstoss sie zu ainem muss: darnach so nem 6 lot schweine rainsberge Speckh und drei lot new wachs und 3 lot weiss bech und 2 lot weissen Weyrrauch, den zerstoss klain zu bulver und zerlass dann den Speck, Wachs und bech und thue dann die zerstossne Katzen und den Weyrauch drein und thue es als in ein Morsel und zerlass es alles under einanderen und nem dann das als und thue es in die ganss, vill sie mit und steck sie an ain saubern spiss und bratt sie vast sittiglichen und sez ain rain geschirr darunder und fach die faiste drein und brat sie wol und sitlich bis kain faiste mer heraussgang, so behalt sie dann jnn ain ge-lescht Geschirr und binds wol zu und behaltz, so ist es lang gut und ge-recht. Und wenn dich das Wee ankompt, so nem der salb und salb dich in ainer warmen stuben an demselben Orth, der schmerz gat hinwegg" (11, XII).

Als volksmedizinisches Mittel steht auch heute Gänsefett in hohem An-sehen. Um sich im Winter die Glieder in Bayern nicht zu erfrieren, soll man sie häufig mit ungewässertem Gänseschmalz salben (69); hat man aber bereits erfrorene Glieder und Frostbeulen, reibt man sie ebenfalls mit diesem Schmalz ein (29). Um Verletzungen zu reinigen, bestreicht man sie mit Gänseschmalz (29). Gegen Kropf, wie überhaupt Geschwüre, macht man Einreibungen mit Ochsen-, Dachs-, Aal-, Kamm- oder Gänse-fett (69).

Gegen wunde Brüste soll man bei den Siebenbürger Sachsen der Wöch-nerin Baumwachs mit Gänsefett und fein geriebenem Rübengemisch auf-legen; den gebrauchten Verband nagle man aber hernach an den Torbal-ken eines fremden Hauses (147). In Schwaben empfiehlt man gegen Sei-tenstechen eine Salbe von Hennen-, Entenschmalz und Butter mit Safran (46, II).

Gegen Entzündung der Hornhaut kommen in Anwendung das Aufle-gen von Wachtel-, Gänse- und Kapaunschmalz (29). Auch gegen Trübung der Hornhaut verwendet man mit Vorteil schieres Gänseschmalz und streicht es in die Augen (141, VIII). Gegen Keuchhusten gibt man Zwie-belsaft mit Zucker oder Gänsefett (69).

Bei Gelbsucht nimmt der Steiermärker täglich nüchtern Gänseschmalz in Wein und bindet sich eine Blindschleiche an die linke Brust (29). In nicht minder hohem Ansehen steht bei Schwindsucht der reichliche Ge-nuß von Gänsefett (69).

Neben dem Gänseschmalz haben die alten Ärzte schon seit dem Alter-tum bis ins Mittelalter und selbst in neuerer Zeit noch vieles anderes von der Gans, auch ihre Eier nicht zu vergessen, als Heilmittel verwendet.

Die Gänsebrust wird im 6. Jahrhundert vom Arzt Anthimus als gesund gerühmt. Auch Gänseeier zu schlürfen, hält er für zuträglich, während er vor den hinteren Partien der Gans und hartgesottenen Eiern warnt. Das Fleisch der Jungen hatte schon Nikander als Heilmittel empfohlen. Dem Gansfleisch im allgemeinen schreibt Celsus sehr viel Nahrungsstoff zu (56).

Plinius empfiehlt Gänsegalle und Blut der Enten mit Isop und Honig für zerstoßene Augen (159, II). Der Bräune kommt man auf das schnellste mit Gänsegalle, mit Eselskürbis und Honig zuvor: Mit dem Gehirn einer Nachteule und der Asche einer Schwalbe, im warmen Wasser getrunken. Der Entdecker solcher Arznei ist der Dichter Ovidius (159, II). „Die gebähren leichter welche vorher Gänse Kot in zwei Bechern Wasser getrunken haben" (159, II). „Bei der Geburth, nim ganse hirnn, gilgen ehl, vnnd salbe damit die guldene Porthenn. Die Tode frucht gehet auss" (51).

„Der Gänsen vnd Straussen Fleisch ist gar unrein, und wirt schwärlich vertöuwt: dann sy habend ein dick, warm feücht Fleisch, als Galenus und Celsus schreybend" (30).

So eyner von einem schlangenbissz vergifft, und niemals da wäre der das selbig auffsauge, auch kein schräpffkopffli vorhanden ist, so muss man Ganss, Schaaff oder Kalber brüyen trincken, vnd die wider von jm bräche, als Celsus vnd Nicander leerend."

„Gansshirn mit seine eigenen schmaltz vnd Honig gewäschen, unn mit sampt der brüyen aufgelegt, heilet schrunde, flussz der guldinen adern unn alle geschwullste dess hinderen. Aber mit rossöl, Gänssschmaltz, und eyerschalen vermengt, wirt es den geschwären der bärmutter dienen. Mit Hirtzenmargk dienet es zu den spälte der läfftzen, und spält den füssen oder versinen so von kelte kommend. Mit honig heilet es die geprästen umb die zungen. Mit spicanarden dienet es zu alten flüssen der oren: aber mit gereingeten rosinline gneert es den carfunckel. Mit lilienöl eyngeschütt, zeücht es die todt geburt härauss. Diss alles schreybt Kiranides."

„Denen so schwarlich harnen mögend, gib drey Gänsszungen, einen yeden tag eine zeässen: dise aber söllend gebraaten seyn."

„Die läber ist gut den läbersiechen. Die gesaltzen zerschmeltz mit spicanarden: und in das or gethon, wirt den grossen schmertzen darauss nemmen: wiewol Kiranides das hirn darzu heisst brauchen."

„Die gall wirt zu den zerstossenen augen gelobt, also, dass sy nahin mit der feisste von ungewäschner wullen und honig gesalbet werdind. Dise gall mit Ochsengall vnd lorbeersafft vermischt, gneert die übelhörenten vnd tummen, sagt Kiranides. Dem zäpfflin im halss hilfft ma zu stund, dise gallen mit wild kürbsensafft und honig vermischt."

„Der Gänsen hödlin geässen söllend die männlich natur meeren, als Simeon Sethi leert."

„Man sagt auch dass der flaum von der Ganssbauch zerriben, vnd in
die wunden getröuwt, das blut stelle. Etliche lobend Gänssflaumäsche für
den reysende stein" (30).

Aus dem 15./16. Jahrhundert stammen auch folgende Heilmittel: „So
einer gefallen vnnd geliefrt blut im leib hatte. Nim die Federn aus einem
Gänseflügel, nim die Seelen daraus, lass sie wol dürre werden, darnach
reibe die in einer Pfefferbuxen oder worinnen du wilt, so klein sie werden
wollen, das Pulver gieb dem krancken zu trincken auf einmahl ein arbeis
gross in einen warmen Weinessig." „Gut bewerte Mundsalben, do einem
der Mundt vonn windt oder sonsten aufreisset. Meiner gnedigsten Chur-
fürstin unnd Frawen. Nim ein gehirn von einer Ganss vnnd Hirschen-
marck" (51).

Aus dem 16. Jahrhundert: „Wann einem die Adern zerhawen, das er
mus lahm werden. So nim Gensemist mit starckem Essig zerstossen, davon ein Pflaster gemacht vnnd uber die wunden gelegt, stercket die, wann
sie zu viel bluten" (51). „Gegen Wildes Fleisch. Nim die Haut von Gense-
füssen. Pulver sie unnd Streu es drauf. Das Gliedwasser zu stillen. Nim einen warmen Gensedreck unnd lege ihn auff die wunden" (51).

Eine Handschrift aus der Mitte des 19. Jahrhunderts berichtet noch:
„Wenn sich ein Mensch bei einer Hure neulich brenet hat. Nimm der
Dreck von einem Ganser, and binde ihn warm über" (44, XXIV).

Im 16. Jahrhundert heilte man Gelbsucht, indem man neun Tage des
Morgens je eine Drachme gedörrten und pulverisierten Gänsemist in weißem Wein einnahm (113, III). Bei Gelbsucht hilft in Böhmen Gänsekot in
Wein gekocht und wenigsten acht Tage lang eingenommen (46, II). Auch
in Schwaben hilft Gänsedreck bei Gelbsucht und ist ebenso, mit Erbsen-
brühe genommen, als ein vorzügliches Abführmittel bekannt (69).

Hat in Oberfranken ein Mann ein Hornhautgeschwür, soll er frischen
Kot von einem Gänserich warm überschlagen, eine daran leidende Frau
aber solchen von einer Gans (69).

„Häng eine Kreuzspinne in einer Nuss an den Hals oder trink gedörrten Gänsedreck in Wasser, es hilft wider das kalte Fieber (42). Eine Gans-
zunge getrocknet und gepulvert wird in Frankreich bei Harnverhaltung
gelobt" (113, III).

Ein Stücklein Knochen aus dem obern Teil eines Gänseflügels vertreibt
auf dem blossen Leib getragen das Quartanfieber (141, VIII). Auf erfrorene Füße legt man in Schlesien mit Vorteil die von Gänsefüßen abgezo-
gene Haut (24, II). In Böhmen legt man gern Schuppen und Häutchen
von Gänsefüßen in die Schuhe, dies soll ein gutes Mittel gegen Fuß-
schweiß sein, zwischen die Zehen gelegt vertreiben sie Hühneraugen. Der
Ungar schwört darauf, Gänsefett sei das Beste gegen Gicht, das Blut der
Gans wirksam gegen Fieber, eine zu Pulver gebrannte Feder aus dem lin-

ken Flügel, in Wein gemengt und getrunken, heilt Fallsucht (141, XXVIII). Von Gänsegeschnärre (Gänseklein, jedenfalls eine Speise zubereitet aus den edlen Eingeweiden des Tieres, wie bei uns Hasenklein) bekommt man in Schlesien Kopfschmerzen (24, II).

Im Freiburgischen Tafers (Tavel) opfert man dem heiligen Martin, dem Schutzpatron der Gemeinde, nach getanem Gelübde, zur Heilung von Bauchgrimmen und Brüchen, Gänse und Hühner.

Aigen am Inn, ein berühmter Wallfahrtsort des heiligen Leonhard, wurde alljährlich am Leonhardstag von vielen Hunderten von Pilgern besucht. Noch vor 80 Jahren brachten diese Gänse, Enten und Hühner mit, trugen diese dreimal um den Altar der Kirche und ließen sie dann aus dem Chor durch ein heute vermauertes Loch in den außen angemauerten Hühnerstall laufen (95, II).

„Für die stränge der pfärde: Nymm ein weysse Ganss die speyss allein mit gersten, vnd trenck sy mit weyn: darnach fass das blut der geköpfften Ganss auf, thu es in ein blassbalg, vnd schütt es also dem pfärd in die nasen" (30).

In Tirol empfiehlt man heute noch gegen die Rotzkrankheit der Pferde: Gib einer ganz weissen Gans durch vier Wochen nichts anderes als Gerste zu fressen und Wein zu trinken und schlage ihr dann den Kopf ab. Das ausfliessende Blut spritze dem Pferd in die Nasenlöcher, aber mit einem Blasbalg und nicht mit dem Munde (141, VIII). Schon Plinius berichtete: „Man macht auch für den Rotlauf ein besonder Hilfsmittel: man schlägt ein Ey in einen neuen Topf, und misset in eben demselben Eye, damit alles gleych werde, Honig und Essig, auch Oel, durch einander, und rühret es öfters zusammen. Je besser die Sachen sind, desto eher hilft das Mittel (159, II).

Genießt man in Strehelen in Schlesien am Karfreitag schweigend ein frisch gelegtes Gänseei, so schützt man sich gegen Kolik (24, I). In Sachsen bleibt man vor Unterleibsbrüchen bewahrt, wenn man am Karfreitag vor Sonnenaufgang ein Gänseei ißt. In Raschau bekommen die Männer keine Kreuzschmerzen, wenn sie am Gründonnerstag vor Sonnenaufgang ein gestoßenes Gänseei essen. In Johanngeorgenstadt verhindert ein am Gründonnerstag um Mitternacht nüchtern getrunkenes oder mit der Schale gegessenes Gänseei Bruchschäden beim Heben schwerer Lasten (115).

Gänsefedern benützte man im Altertum noch nicht zum Schreiben, sondern nur um damit Brechreiz hervorzubringen (56). Heute findet man Federn aus einem Gänseflügel besonders gut zum Aufstreichen einer Salbe auf Brandwunden (141, VIII).

Das Brustbein der Martinsgans diente schon den alten nordischen Völkern zu Wetterprophezeiungen für den kommenden Winter (28). Je nachdem das Brustbein der Martinsgans, wenn man es an der Stubendiele aufgehangen hatte, sich weiß oder braun färbte, wurde der Winter gelind oder kalt (105, I). War es rot, stand ein harter Winter bevor, wurde es hellrot, war milde Witterung zu erwarten (141, X). Hat in Ungarn das Brustbein einer in der Zeit vom Luzientag bis Weihnachten verzehrten Gans schwarze Flecken, wird der Winter regnerisch sein, bleibt es aber reinweiß, steht ein strenger und schneereicher Winter in Aussicht (141, IV). Mildes oder strenges Winterwetter folgert man aus dem Brustbein der Martinsgans auch in Oldenburg (131, I) und in Norddeutschland (57).

Der Deutschorden in Preußen unternahm im Jahre 1455 seinen Feldzug nach der vom Gansbein angekündigten Witterung. Da es sich aber als falscher Wetterprophet erwies, nannte man es Lügenbein (105, I).

Ist viel Weißes an diesem Brustbein, schließt der österreichische Bauer auf einen nassen Sommer. Ist aber wenig Weißes daran, glaubt er, es werde trocken sein (141, XXIII). Aus der Dichte des Gefieders der Martinsgans schließt man in Posen auf das Wetter des Winters. Sitzt das Gefieder sehr fest, soll ein strenger Winter zu erwarten sein (58).

Sturm bedeuteten die Gänse im Altertum, wenn sie mit lautem Geschrei zu fressen verlangten (56) oder wenn sie zur Unzeit beständig schnatterten (159, II).

Wenn die Gänse um ihr Futter mit großem Schnattern streiten, soll der Winter nahe sein, weil sie alsdann durch rauhere und kältere Luft gleichsam angereizt werden, es wäre denn, daß die Veränderung wegen des Sommer-Futters etwas hiebei täte, meint die alte Bauernphysik (96).

Wenn Gänse und Enten ruhig auf- und abschwimmen, wenn sie anhaltend, aber nicht auffällig laut schnattern, ist das dem Bauern ein Anzeichen für schönes Wetter. Wenn sie aber mit großem Geschrei zum Wasser eilen, heftig mit den Flügeln schlagen, fleißig tauchen und ihr Gefieder sorgfältig mit dem Schnabel einfetten, sich putzen, wiederholt bespritzen und Versuche anstellen, ob das Wasser stehenbleibt oder abläuft, verkünden sie Sturm und Regen (45). Wenn bei den Siebenbürger Sachsen die Gänse im Hofe schreien und sich waschen, soll die Kälte abnehmen (37) und Tauwetter oder Regen zu erwarten sein (147). Baden Gänse und Enten eifrig im Wasser, wird auch in der Oberpfalz der Schnee bald zu Wasser (122, II).

Gänse, die schreien und mit den Flügeln schlagen, verkünden in Frankreich Wind (113, III). Am Niederrhein steht Regen in Aussicht, wenn die Gänse sich den Kopf waschen (152). Wenn die Gans aber in Böhmen während des Regens zum Himmel aufschaut, wird es bald schön (35).

„God d'Gäns z'Martini af's Is, se got se z'Wiehnacht im Chod", sagt der Aargauer (125, II). Der Vogtländer aber meint: „Geht die Gans zu Martini auf dem Dreck, so geht sie zu Weihnachten auf dem Eis" (57).

Im Vogtland versinnbildlicht die Gans allgemein den Schnee, daher die Bauernregel: „Die weiße Gans (der Schnee der auf den Feldern liegt) brütet Segen für das ganze Jahr" (57).

Nach einer mecklenburgischen Sage vergaß man den Gänserich in die Arche zu nehmen. Wenn ihm auch die Wasser nichts anhaben konnten, so tat ihm aber doch das Heimweh nach seiner Frau sehr weh, und deshalb schwamm er stets der Arche nach. Als diese dann endlich auf dem Gebirge Ararat aufstieß und Noah die Tiere wieder hinausließ, rief der Gänserich immer vor Freude: „Ararat, Ararat". Und so ruft er heute noch (22, I).

Der Sage nach ging die Gans allein nicht mit, als alle Tiere dem Propheten Jonas zum Austritt aus dem Walfischbauch ihr Kompliment machten, und wühlte lieber mit ihrem Schnabel in den Blättern einer großen Kohlstaude herum, die dem Propheten als Schattenzelt gedient hatte. Seitdem hat sie zur Strafe die Sprache verloren, so daß sie nur immer unverständlich schnattert, ohne daß ein vernünftiger Mensch etwas davon verstehen kann (22, I).

In der Oberen Wöllergasse zu Würzburg steht ein Haus, das den Namen „Zur Gans am Spieß" führt. Dieser Name hat seinen Ursprung von folgender Begebenheit: „Vor vielen Jahren wurde einmal in diesem Haus eine Hochzeit gehalten. Als für die Hochzeitsgäste die Gans vom Bratspieß geholt werden sollte, siehe, da war sie bereits von Gaunern gestohlen worden. Der Bräutigam, der das nicht glauben wollte, rief immer wieder: Holt die Gans am Spieß, die Gans am Spieß. Allein der Spieß blieb ohne Gans. Das Haus aber erhielt zur Erinnerung den Namen „Zur Gans am Spieß" (150, III).

Die Gans gehört zu den vielen in der Tierwelt bezeichneten Typen der Dummheit, namentlich für das weibliche Geschlecht. Deshalb kann sich ein Mann, von dem man sagt, er habe eine Gans zur Frau, gar nichts einbilden, und die Tochter, die als eine dumme oder gar die dümmste Gans, die auf Gottes Erdboden berumwackelt, gescholten wird, ist ein Ausbund von Dummheit. Es ist auch keine Ehre für ein Mädchen, wenn hinter ihm die Burschen im Gänsemarsch herlaufen, und es kann jedenfalls nicht stolz sein auf solche Aufmerksamkeit.

Auch in allen romanischen Sprachen und dem Englischen ist die Gans das Symbol der Dummheit. Der Italiener sagt von einem, der mit geistigen Gütern nicht gerade reich ausgestattet ist: Er hat Hirn (ein sehr kleines Volumen) wie die Gans. Von Weibern und Gänsen hält der Südländer gemäß dem Sprichwort „Donne e oche tiente poche" nicht viel.

Gut zu verstehen ist auch das Sprichwort: Junge Gänse wollen die Alten zur Tränke führen, wofür sich im Französischen und Italienischen Analogien finden (15). Unmißverständlich ist auch die Redensart „Einen über Gänsedreck führen" (10). Von einem, der nichts besonders geistreich aussieht, sagt der Schweizer: Er sieht aus wie eine Gans, wenn's wetterleuchtet (10). Auch von jenem von dem man im sächsischen Erzgebirge sagt: Er steht da wie die Gänse, wenn's donnert, oder: wie die Gans im Hagelwetter (37), ist in geistiger Beziehung ebenso wenig zu erwarten wie von jenem, der sich führen läßt wie eine Gans (108, VI). Die Redensarten „Klug wie die Gänse" (17) und „Dumm wie eine Gans" sind leicht verständlich (108, VI). As wise as a goose, sagt man im Englischen von einem, der das Pulver nicht erfunden hat, also keine geistreichen Taten vollbringen kann.

Im Gegensatz zur heutigen Zeit galt die Gans im Altertum keineswegs für dumm. Sie wurde daher nie im Sinne eines Schimpfwortes gebraucht. Als Überbleibsel der antiken Anschauung wird sogar noch bei den heutigen Griechen „Gans" häufig in schmeichelndem Sinne angewandt (56).

In Sprichwörtern gilt das Geschnatter der Gänse als Beispiel für gehaltloses Geschwätzes. Daher: Wo Gänse sind, da ist Geschnatter. Und wo Frauen, da sind viel Mären: „Dove son femmine e oche, non son parole poche (15). Wie der Luzerner sagt: Drei Fraue, drei Frösche und drei Gänse machen e Jormärt (125, II), meint der Italiener: Schon zwei Frauen und eine Gans machen einen Jahrmarkt (15).

„Naturbetrachtung" spiegelt sich in den Redenarten: E Hals wie ne Gans. Jung Gäns händ großi Müler. Hinder enand go wie d' Gäns. Daher gwaggle wie ne Gans. Schnädere wie ne Gans. Mit de Gänse trinke, mit Wasser vorlieb nehmen. Von einem unbärtigen Jüngling sagt man: Er ist no mit de Gänse im Strit, als ob diese streitfertigen Tiere ihm den Flaum ausgerissen hätten (125, II). An richtige Gänsegewohnheiten gemahnen die Sprichwörter: Wenn eine Gans zum Wasser geht, so gehen die andern auch. Wenn eine Gans trinkt, so trinken sie alle (25, I). Wenn eine Gans sauft, saufen sie alle (10).

„Ich habe eine Gans mit Ihnen zu rupfen", gebraucht der Deutsche und der Engländer wenn er sagen will, er hätte eine Rechnung zu begleichen (108, VI). Vielsagend meint man in der Schweiz: Me rupft die Gans, wo Federe het (118).

Gänseparadies nennt der Italiener das Gefängnis, und der Gänsehimmel, der etwa unserem Roßhimmel entspricht, bedeutet dem Bayern die Hölle (108, VI). Ist im Kreise Mogilno ein Mann so betrunken, daß er umhertanzt, sagt man, er treibe Gänse (58).

„Die Gänse gehen überall barfuß" bedeutet auch in Mecklenburg; „Es ist überall wie bei uns".

Falten in den Augenwinkeln als Anzeichen des Alterns nennt der Franzose: Gänsefüße. Unter diesen versteht man in der Bretagne auch Plattfüße (108, vi).

Aus dem Gänsegeschnatter hört man allerorts humor- und sinnvolle Deutungen. Wenn von Johanni bis Jakobi das Gras auf der Weide knapp wird und die Gänse mager sind, schnattern sie: Blag' Jacob, blag' Jacob, dabei immer mit dem Kopfe vornüber wackelnd. Im Juli rufen sie: Philippi, Jacobi, kumm bald bald bald. In Roggenhagen ahnen sie als Resultat der sommerlichen Hitze Hungersnot und jammern: Jakow' kumm ball, süss starben wi di all. Sind die Gänse auf dem Marsch, schnattern sie in Bocksee: Abraham, Isaak, Jacob. sünd die vöddelsten noch wiet?, Ja, ach Gott, ach Gott. In Latendorf meint die müde, zugschließende Gans: Elitsch, Elitsch, is de kroch noch wiet? Die Führende antwortet: Half miel, half miel. Darauf jammert der ganze Chor: Ach Gott, ach Gott, ach Gott. Andernorts schnattern sie: Is dat Water noch wiet? Enttäuscht jammert dann die ganze lange Reihe: Dunnerwedder, dunnerwedder. Gehen die Gänse ins Korn, rufen die Jungen in Bartelshagen: Se kriegen uns, se kriegen uns. Sind sie dann wirklich erwischt, meint die Alte: Dat dacht ik wol, dat dacht ik wol. Sind sie nicht dort, wo sie sein sollten und es kommt der Bauer, ruft die Gans: De Panner kümmt. Darauf schimpft der Gänserich: Gott zapperdilot. In der Morgenfrühe schnattern die Gänse, zum Aufstehen mahnend: Dat is Dach, dat ist dach. Die Kleinen aber quieksen: Klock is fiw, klock is fiw. In Bartelshagen schmeicheln die Jungen ihrer Mutter: Wi wi wi leewe kinner sünd. Die Antwort der Mutter lautet: Ja wol, ja wol. In Waren rufen die jungen Gänse immer: Nettel nettel nettel, denn diese fressen sie besonders gerne (151, II).

Aus den Lauten der Bewohner eines Hühnerstalles hört man regelrechte Gespräche heraus. So sagt der Gänserich zur Gans: Thrienlis, de Soldaten kamen. Sie aber jammert: Ach Gott, ach Gott. Der Hahn kräht: Wat bedüd't dat? Das Huhn antwortet ihm: Soldaten kamen, und darauf jammert die Gans abermals: Harre Gott, harre Gott. In Selow ruft der Gänserich: De Franzosen kamen. Die Ente: Kotz zackerment. Der Hahn: Se sünd jo all hier. In Damm führen die Gänse das Gespräch (Gans): Soldaten kommen, Soldaten kommen, darauf mahnt der Gänserich: Still still still, die Jungen (jedenfalls aber nur jene der ehemaligen Kaiserzeit) quiecksen: Wil wil Wilhelm (151, II).

In der Haute-Bretagne sagen die Gänse: Casaque, saque, saque, Je pons pour Jacques (113, III).

Der Schwan

Familiennamen, die sich auf den Schwan beziehen, sind: Schwaninger, Schwaner, Schwanert, Schwan, Schwann, Schwon, Schwanecke, Schwannecke, Schwanck und Schennecke (39). In Zürich-Fraumünster findet sich Schwan schon Anno 800/900 in den Personennamen: Swaneilt, Swanahild und Swanehilt; 1457 kennt Zürich einen Hans Schwan, Thun Anno 1386 einen Johans Swenlin (125, IX). Verschiedentlich werden Häuser „Zum Schwan" oder im „Schwanen" genannt. 1816 kannte man in Zürich ein Haus „Beim kleinen Schwänli". Auf den Schwan beziehen sich auch die topographischen Namen Schwanau, Schwanen, Schwanenfels und Schwanegg (125, IX). Oft wird das Wort Schwan den Namen oder dem Geburtsort hervorragender Schriftsteller, Dichter oder Künstler als Ehrentitel vorgesetzt. So ist Virgil der Schwan von Mantua, Homer der Schwan von Meander. Der Ehrentitel Schwan von Avon kommt Shakespeare zu. Weiter kennt man den Schwan von Padua (Graf Algarotti), den Schwan von Lichfield (Anne Steward), den Schwan von Pessaro (Rossini), Schwan von Theben wird auch Pindar genannt (15). Der bekannte Wiener Dichter Raimund hieß auch der Schwan von der Donau (153). Schwan ist recht prosaisch im Kanton Bern Name für eine Kuh. Noch Anno 1779 nannte man in Basel ein Geschütz Schwan (125, IX).

Schwanenhals nennt der Volksmund den blendend weißen und schön geformten Hals einer reizenden Jungfrau. „Schwanenhals" wird aber auch, dann jedoch in verspottendem Sinne, der etwas lange und deshalb unschöne Hals eines Mannes genannt. In vielen Sprachen gebraucht man den Ausdruck Schwanenhals nicht nur für einen weiblichen Hals, sondern auch für den eines Pferdes (15). „Gschwanet" nennt man im Kanton Schwyz ein Stück Vieh, wenn es dünn beleibt und schwanenförmig ist (125, IX).

Mit „Schwänle" bezeichnet man im Kanton Bern die vorstreckende Halsbewegung, die jene machen, die eine schwere Last (Tanse) am Rükken tragen (125, IX).

Der Schwan galt in der germanischen Mythologie als Vogel der Weissagung. „Es schwant mir" meint soviel wie „Es ahnt mir". Also konnte jener mecklenburgische Kavalier aus dem lang anhaltenden, ungewöhnlichen Gemurmel seiner Schwäne den Brand seines Schlosses wohl vorher wissen.

„Dergleichen unterschiedene Merckwürdigkeiten, so oeffentlich Unglueck vorher bedeutet", hat der arbeitsame Christoph Arnold, weiland Professor zu Altorff, fein zusammengetragen. „Anno 1551, kamen zween frembde Schwanen auff die Weser, und huben einen grossen Streit mit

Mutterliebe.
Nach einer Originalzeichnung von Ludw. Beckmann.

Abb. 36: Darstellung einer Schwänin, die „heldenmütig" ihre Jungen verteidigt.
Aus einem alten Heft der „Gartenlaube", (ca. 1895).

den Gaensen an. Wie sie aber derer zwo ueberwaeltigt und todt gebissen hatten, zogen sie wieder von dannen" (96).

Die alten, schönheitsdurstigen Griechen erkoren den Schwan zum Begleiter der Göttin der Schönheit, der Venus (54, II).

Nach dem Volksglauben gehen die Seelen reiner Jungfrauen in weiße Schwäne über. Weil man nun glaubte, die Seelen der Jungfrauen, die ein besonders reines und tugendhaftes Leben geführt hatten, würden nach dem Tod in Schwäne verwandelt, das Sinnbild ihrer Reinheit, wurden diese Vögel in der Grafschaft Mayo nie verfolgt (22, III).

Der Anblick eines Schwanes war einst nur für Schiffer und Seeleute ein glückliches Vorzeichen, auf dem Lande galt er als unglückliches Omen. Es steht dieser alte Volksglaube in innigstem Zusammenhang mit der Sage von Castor und Pollux, den Söhnen des Zeusschwanes und der Leda, die den Schiffern hold gesinnt sind und von ihnen in Sturm und Not angerufen werden. So bedeutet denn das Erscheinen eines Schwanes auf See eine ruhige, glückliche Fahrt. In Virg, Aen. I. weist Venus mit den Worten: „Aspice bis senos laetantes agmine cygnos", den Aenus tröstend, auf eine Schar von Schwänen hin, die vorher durch einen Adler zerstreut gewesen waren, und nun nach Entfernung des Räubers sich wieder ihres geordneten Fluges freuen, gleich wie die Schiffer nach Verschwinden des Sturmes wieder frisch atmen. Übrigens haben bei der Verehrung des Schwanes als Schutzgeist der Schiffer, wie Aemilius Macer festhält, nicht nur des Vogels Beziehungen zu Zeus eine Rolle gespielt, sondern insbesondere auch seine leiblichen Eigenschaften (45).

Aldrovandus behauptet; Die Schwäne zeigen Regen an, wenn sie Tropfen auf das Wasser spritzen, oder tief mit den Schultern in das Wasser eintauchen. In der Schweiz hält man es für ein Vorzeichen grosser Kälte, wenn irgendo auf den Seen ein Schwan erscheint (45). „Durchgehende Kaelte giebt der Schwan Winters-Zeit in einen See, und der Wasser-Rab, Scharb genandt, im Rhein sich sichtbar machende, zu erkennen", weiß die Bauernphysik (96) 1706.

Gessner sagt: „Ein junger Schwan in öl gekocht, ist ein wunderbare artzney der nerven unnd sennadern, das dienet auch zu den gebrechen des sitzes, unnd den fluss der guldinen ader" (30). Besonders aber reiniget und säubert Schwanenfett das Gesicht von Runzeln, was bereits Plinius erwähnt (159, II).

Damit in Belgien die Liebe nicht gebrochen werde, nehme man einen Ring der Geliebten und lege ihn nebst einem eigenen in das Nest eines Schwanes (149, I).

Des Aberglaubens, daß der Schwan vor seinem Tode singe, gedenkt Shakespeare häufig. Plato, Aristoteles, Euripides, Cicero, Seneca und Martial waren ebenfalls von dessen Wahrheit überzeugt. Plinius und andere hielten dies jedoch für einen Irrtum. Dieser Aberglaube hat sich aber über lange Zeit weiter erhalten:

Megenberg (82) schreibt: „Der swan waiz von natur seinen tot vor, wan er singet froeleich und lustogleich vor er sterben schol." Naumann berichtet von einem zahmen Schwan, der im Sterben vielerlei traurig-angenehme Töne, fast einer Art Singen ähnlich, etwa eine halbe Stunde und bis zu seinem Tode von sich gab. O. Lenz fügt hinzu, daß man auch von anderen Vögeln, wenn sie langsam sterben, zuweilen ganz eigene, offenbar unwillkürlich hervortretende Töne hört. So scheint also an dem Schwanengesang, der übrigens schon im Altertum als eine unverschämte Erfindung hingestellt wurde, doch etwas Wahres zu sein (54, II).

Der Schwan ist Attribut der heiligen Guthbert, Lutger und Hugo, weil sich zu ihnen ein wilder Schwan gesellte und ihnen diente. Ein Schwan aus dem Paradies soll einmal über Henoch geflogen sein. Eine Feder aus seinem Flügel habe er dabei fallen lassen, mit welcher Henoch dann sein apokalyptisches Buch schrieb (85, II).

Störche

Der Weiß- oder Haus-Storch

Den Storch benennen die germanischen Sprachen mit einem gemeinsamen Namen: althochdeutsch storah, mittelhochdeutsch storch, dänisch und schwedisch stork. Neben diesen alten Namen haben einige deutsche Mundarten die Bezeichnung Adebar. Gerade dieser Name ist es, der in ganz Niederdeutschland in den verschiedensten Varianten verbreitet ist. Aadabar in Mecklenburg, Adebor, Ebeer in Lübeck, Heilenaor in der Altmark, Heilebart in Braunschweig (117). Die Silben bero und bar in Adebar bedeuten nach Rochholz (106) „Träger", denn zu seinen Obliegenheiten gehört es, uns die kleinen Neugeborenen im Schnabel zuzutragen. Als Schätze bringendes Tier wird er bei uns zum Glückshafen selber. Die irdene Sparbüchse der Kinder, die der Hafner macht, heißt Storch und stellt auch einen solchen dar.

Abb. 37: Schmiedeeisernes Wirtshausschild vom Gasthof „Storchen" in Freiburg i. Br.

Wenn Holda im Frühling, gleich Nertus im Wagen umfahrend, ihren Frieden und Fruchtbarkeit bringenden Umzug hielt, flogen Storch und Schwalbe ihr als Boten voran; denn beide sind Frühlingsverkünder (149, I). Als Bringer neuen Lebens vom Himmel auf Feld und Flur nach langer Winternacht galt er den Germanen als Götterbote und wurde zum heiligen Vogel Donars, zum Sinnbild göttlichen Segens. Seit Menschengedenken wird allüberall das Kommen des Lenzes nach den Stürmen des Winters als etwas unendlich Großes, Freudiges empfunden und Boten, die das Nahen des Frühlings verkünden und ahnen lassen, Lerche, Kukkuck, Storch und Schwalbe, jubelnd begrüßt.

Nach Philostratos verehrten die Alten den Storch so sehr, daß sie in die Knie sanken, wenn sie seiner zum erstenmal ansichtig wurden (54, II). In mehreren deutschen Landschaften bestand im vorigen Jahrhundert der örtliche Brauch, daß der Turmwächter die jährliche Ankunft des ersten Storches vom Turm herab „anblies". In einer Urkunde vom 1. März 1704 heißt es, „daß uns beiden bei der Ankunft des ersten Storches der Oberkellner zu vertrinken zugestellet einen Reichsthaler, bescheint: der Türmer und der Schlosscorporal". Auch in Zürich war es ehedem Sitte, daß der Turmwächter die Ankunft des Storches mit dem Horn anzeigte. Hans Usteri schildert das in seinem Gedicht „Frühlingsboten":

> Was schallt durch alle Straßen, horch!
> Der Storch, der Storch!
> Und stattlich tritt auf den Altan
> Der Stadttrompeter und fängt an
> Zu blasen aus wahrer Herzenslust.
> Es eilt sein Weib im schnellsten Sprung,
> Zu holen den köstlichen Ehrentrunk,
> Den der Stadtkellner seit alter Zeit
> Ihr für die frohe Botschaft beut.

Für die städtischen Schulen war dies zugleich der Termin, den Unterricht zu schließen. Die Kinder verbreiteten die frohe Frühlingsbotschaft durch die Straßen und erhielten dafür kleine Geschenke (161, I).

Wer früher im Herzogtum Baden zuerst die Ankunft des Storches dem Vogt anzeigte, erhielt von diesem einen Laib Brot geschenkt (154).

Den Ägyptern galt der Storch als Sinnbild kindlicher Dankbarkeit, und die Römer haben dem Bild der Pietas, der Pietät, der Elternliebe einen Storch beigegeben. Wenn die Alten schwach geworden sind und die wärmenden Federn verlieren, sollen die Jungen, im Kreise herumstehend, sich selber den Flaum ausrupfen, um die Eltern damit zu kleiden, ihnen Speise zutragen und von rechts und links beim Fliegen unterstützend sie vor dem Fall behüten. Diese rührende Aufopferung für die greisen Eltern sei bei allen Völkern bekannt, sagt der Kirchenvater Austathios (54, II). Wegen seiner Aufopferung für seine Jungen achtet und schätzt man noch heute den Storch im Elsaß sehr hoch (113, III). In der Türkei wird der Storch als heiliger Vogel verehrt, und wer ihm etwas antut, über den kommt Unglück.

Schon Aelian behauptete, die Störche würden sich auf den Inseln des Stillen Ozeans in fromme Menschen verwandeln (162, I). Nach der französischen Rockenphilosophie ist der Berg Sinai die Heimat der Störche, wo sie entzaubert als Menschen wohnen. Clais von Brügge, der dahin nach dem Katharinenkloster gewallfahrt war und seine mitreisenden Pilger alle durch den Tod verloren hatte, redete in seiner Verlassenheit einen Storch in flämischer Sprache an; dieser antwortete ihm auf der Stelle flämisch, zeigte ihm den Weg und erzählte, daß er jedes Jahr zu Brügge auf seines Nachbars Haus baue. Clais bat den Storch um gewisse Wahrzeichen dafür, damit er ihm einst, wenn er selbst wieder heimkehre, dort für seine Güte dankbar sein könne. Der Storch zog einen Goldring hervor, den er auf dem Trierer Hausplatz aufgelesen hatte, und sobald Clais diesen sah, erkannte er ihn wieder, denn es war sein Hochzeitsring gewesen, als er seine Frau Mal. Cenglée geheiratet hatte. Der Vogel übergab ihm den Ring unter der Bedingung, daß er den Schweine- und Kuhhirten verbiete, ihn fernerhin so sehr in seinem Nest zu plagen (162, I).

Ein Mann bei Strückhausen, auf dessen Heuermannswohnung ein Storchennest war, erzählte: „Ich war auf der Kaje am Bracker Hafen, da hörte ich den Zuruf ‚Guten Tag Jan‘. Der Ruf kam von einem Schiff her, das dort im Winterlager war; verwundert sah ich hinüber, denn seit dem Tod meiner Frau pflegt mich in dieser Gegend niemand beim Vornamen zu rufen. Da erblickte ich einen Schwarzen, der auf dem Hinterdeck des Schiffes, langbeinig wie er war, da stand. ‚Er kennt mich nicht‘? fuhr der Schiffsmann fort. Ich wußte nicht, wie ich zu einer Bekanntschaft kam, die mich in der Tat befremdete. ‚Nun‘ sprach er weiter, ‚so will ich es ihm sagen; ich niste im Sommer auf Seinem Haus als Storch, dann setzte ich mich mit meinen Freunden und Bekannten nach Afrika hinüber und da bin ich wieder für einige Monate ein Mensch. Dann pflege ich wohl eine Seereise zu machen, wie ich eben jetzt auch getan habe, um dann mit Beginn des Frühjahres mein Leben als Storch wieder fortzusetzen" (131, II).

Einen Edelstein, der lange auf dem Hochaltar des Klosters Egmont zu sehen gewesen war, des Nachts in seinem eigenen Schimmer leuchtend, hatte einst ein Storch einem Weibe in den Schoß geworfen zum Danke, daß sie ihm das kranke Bein verbunden und ihn gefüttert hatte, bis er wieder heil geworden war (162, I).

Nach indischen Glauben wird der Storch zum Seelenvogel, denn die Seelen der Abgeschiedenen sollen die Gestalt von Störchen annehmen (56).

Nach altem deutschem Volksglauben verläßt der Vogel Holdas, der Storch, im Herbst die Erde und kehrt in das Lichtreich seiner Göttin, ins Elfenland zurück und nimmt dort wieder Menschengestalt an.

Leuchtet einerseits aus den erwähnten Sagen die schon in der Vorzeit dem Tier zuteil gewordene Schonung hervor, die sich aber auch förmlich aus geschichtlichen Zeugnissen und Statutarrechten nachweisen läßt (die bei weitem älter sind als unsere Tierschutzvereine) so ist anderseits darin, besonders in der alten Anschauung über die Verwandlung, wonach das Federkleid des Storches, diesem den Dienst eines Schwanenhemdes tut, die Gleichstellung des Vogels mit dem Menschen begründet. Nach waadtländischen Gewohnheitsrecht, wurde der Totschlag eines Storches dem eines Menschen gleichgestellt und mit derselben Strafe belegt (106).

Dem, der einen Storch verletzt, droht man mit der Lanze des heiligen Martin (89). Wer den heiligen Störchen und Rauchspyren Leides tut, der lebt nicht lange und kommt dereinst zu unterst in den Rollhafen. Die Störche wissen bei ihrer jährlichen Wiederkehr auch jedesmal, ob derjenige noch am Leben ist, der ihnen in früheren Jahren Gutes oder Böses getan hat (107, II).

In seinem „Tractaetlein von Stoerchen" sagt Schock: „Er begehre zwar dem Aberglauben des tollen Poebels nicht nachzuhaengen, und mit demselben zu waehnen, dass ein Mensch eine Tod-Sünde begehe, und sich mit dem Blut des Storches verunreinige, muesse doch gleichwohl zugeben, dass mancherley Exempel vorhanden, darauss wahrscheinlich zu schliessen, dass Gott habe solchen Frevel gestraft. Ja er selber habe in seinem Vaterland beobachtet, dass ein gewiss Hauss daselbst zu Grunde gangen, nach dem es die Storchs-Nester, welche viel Jahr lang auff den Schloeten gelegen, hinab gestossen. Ihm habe auch ein Mann geklagt, seit dem er einen Storch mit dem Rohr totgeschossen, waere er in grosse Armuth gefallen" (96).

Wer zu Brittnau im Bezirk Zofingen ehemals auf einen Storch schoß, den konnte das Dorfgericht zu einer Buße von 140 Franken alter Währung verurteilen (162, I).

Die Stadt Luzern, die wegen der zahlreich dort nistenden Störche von den Nachbarn nur „das hölzerne Storchennestlein" genannt wurde, enthält in ihrem Ratsprotokoll von 1606 folgende Aufzeichnungen: „Als dann von Altem har und von unsern Altvordern ein Gesatz und Statutum gehalten, aber bis haro nit yngeschriben, jedoch nüt desto minder darob gehalten worden und die Uebertretter darumb gestraft: dass man die Storchen in unser statt schirmen und keineswegs beleidigen soll etc.: So hand MGherren söllich alt Tradition und Harkommen uf hüte widerumb ernüweret und durch ein offenen Ruf menigklichen warnen lassen, dass nochmolen niemand einichen Storchen, weder inner noch ussert der Statt, weder in noch ussert den Nestern, weder schiessen noch sonst plagen oder ussnemen solle, by 10 Gulden Busse" (163, I).

Im allgemeinen hielt man den Storch schon im Altertum für äußerst nützlich, weil er die lästigen und widerwärtigen Frösche, Eidechsen und Schlangen vertilge. In Thessalonien, wo man unter der Überzahl der Lurche viel zu leiden hatte, wurde jeder mit dem Tode bestraft, der einen Storch zu töten sich unterfing. (54, II).

In einigen Kantonen der deutschen Schweiz war der Storch ehedem ein gesetzlich befriedetes und auf Gemeindekosten verpflegtes Tier, das seine eigenen Stiftungen und Leibgedinge besaß, so die Störche von Lenzburg, von denen die Kinder behaupteten, sie würden auf Stadtkosten mit Äpfelschnitzen und Dürrobst gefüttert, wie auch in Kölliken (162, I).

Demjenigen, der im Dorfe Boswil im Freiamt nistet, hat man auf dortige Gemeindekosten das Rad zum Nest machen lassen (162, I). Im Zürcher Unterland hatte der Sigrist ehemals einen schweren Beruf. Er mußte nicht nur die Gräber öffnen und wieder zudecken, dem Pfarrer an Sonn- und Festtagen bei Taufen, Hochzeiten und Begräbnissen zur Hand gehen, sondern es gehörte auch zu seinen Obliegenheiten, das Storchennest auf dem Kirchturm in Ordnung zu halten. Im Frühjahr fütterte er es mit Streue und Stoffresten aus und legte zum Schluß einige Handvoll gedörrter Langbirnen hinein (44, XXV).

Noch in unserer Zeit, in der leider, bedingt durch mannigfaltige Faktoren, die Störche stark gefährdet sind und man sich mit Storchenkolonien bemüht, diesen Vogel wieder einzubürgern, versucht man, durch Anbringen von Rädern und Eisengestellen auf Türmen und Dächern die Tiere mit diesen geeigneten Nestunterlagen zum Bleiben und Nisten zu veranlassen. Doch fast ohne Ausnahmen ergeht es diesen Gemeinden, wie es ehedem Brugg erging, als der städtische Baumeister bei Renovierung des Kirchendaches das Rad fein säubern und lackieren ließ (107, II): Die Vögel flogen, die große Aufmerksamkeit mißachtend, daran vorbei und suchten sich andersweitig einen Nistplatz.

In seinem Buch über den Vierwaldstättersee schrieb Leopold Cysat, der berühmte Stadtschreiber von Luzern, daß die Störche bei verschiedenen Völkern angebetet, bei andern dermaßen beschützt würden, daß, wer einen solchen tötet, seine Tat mit dem Leben bezahlen müsse.

Im Sendschreiben des Aeneas Sylvius, erlassen während des Basler Kirchenkonzils 1438 an den Kardinal Julian de St. Angeli, wird in der Schilderung der Stadt Basel folgendes hervorgehoben: „Auf den Dachgiebeln nisten die Störche und ätzen die Jungen, diese Heimat ist ihnen besonders zuträglich. Niemand tut ihnen etwas zu leid. Sie können frei gehen und wieder kommen, denn die Basler pflegen zu sagen, wenn man den Störchen die Jungen nähme, so brächten sie Feuer in die Häuser" (162, I).

Regelmäßig zur Petristuhlfeier erschienen früher die Störche zu Veltheim und nisteten. Da geschah es, daß ihrer einer auf den benachbarten Schloßwiesen zu Wildenstein herumlief und vom dortigen Lehensbauern geschossen wurde. Im Dorfe hatte man große Abscheu vor diesem Frevel, und um so eher merkten sich die Leute Tag und Jahrgang dieser Begebenheit. Petristuhlfeier kam wieder, ein ganzer Sommer ging vorbei, so vergingen zehn Sommer; nie mehr hatten seither die wohlbekannten Störche sich hier blicken lassen. Da starb im zehnten Winter jener neidische Schloßbauer, und im nächsten Jahr waren auch die alten Dorfstörche wieder da. Und man sagt, daß von da an alle Abende die Kinder auf den Kirchhof gegangen seien, um die Tiere noch zu Nacht beten zu hören (107, II).

Wenn der Storch des Abends mit aufwärts gerichtetem Schnabel klappernd im Nest steht, heißt es nämlich am untern Lauf der Aare, er spreche sein Abendgebet. Damit stimmt ein Satz aus Conrad Gessners Vogelbuch (30) überein: „Die storcken klopfend mit jrem schnabel, und mit demselbigen geton verkündend sy den Sommer, grützend damit jren eegemahel und sagend Gott lob und danck" (30).

Von diesen allabendlichen Storchenzusammenkünften glaubte man in Oldenburg, es handle sich um Versammlungen der Freimaurer (154). Überall sind die Störche mit dem Haus, auf dem sie nisten eng verbunden, denn als des Gewittergottes Vogel haben sie auch dessen segnende Eigenschaften und schützen das Haus vor Feuer und Blitz und bringen Kindersegen (154).

Um die Störche zu veranlassen, auf dem Hause zu nisten und dadurch ihres Segens teilhaftig zu werden, bringt man als Nestunterlage vielerorts auf dem Giebel ein Wagenrad an. Vielfach ist es aber auch ein eigentliches Nest, das man aber in Deutschland, sollen die Vögel wirklich auf dem Hause nisten, von jemand bauen lassen muß, der linkshändig ist, im andern Fall ist es vergebliche Mühe (106).

Solange ein Storchenpaar auf dem Hause wohnt, bleibt dieses vor Blitzschlag bewahrt (162, I). Schon in Anatolien hielt man das Gebäude (54, II) und hält es noch heute im Kanton Bern (110) und in Frankreich (149, I) vor Feuersbrunst sicher.

Wenn auch der Blitz einschlägt.: Ein Haus, auf dem ein Storchennest ist, verbrennt im Kanton Bern dennoch nicht (110).

Doch auch mit diesem weitverbreiteten Feuerschutz handelt es sich um keine Regel ohne Ausnahme. Wenn allgemein auch in Mecklenburg ein Storchennest auf dem Dache dieses vor Blitzschlag und Feuer schützt, gibt es doch einzelne Orte, wo man gerade das Nest wegen des Einschlagens des Blitzes nicht gerne sieht (6).

Von schlechter Vorbedeutung ist es, wenn der Storch in Thüringen und im Kanton Bern (110) im Frühjahr nicht mehr zu dem Hause zurückkehrt, auf dem er im Jahre zuvor gebrütet hat. Denn bald wird es nun abbrennen. Auch ein Raub der Flammen wird das Haus, wenn die Vögel ihr Nest nicht mehr auf demselben Dache machen (162, I), oder wenn sie, wie in Rogasen (Posen), mit Nisten beginnen, aber wieder aufhören (44, XII) oder wenn das Nest überhaupt verlassen wird. Zerstört man den Vögeln das Nest (162, I) oder nimmt ihnen in der Schweiz und in Böhmen (35) ein Junges, hat der Frevler nicht nur Krankheit und Armut zu erwarten, sondern die Vögel bringen im Schnabel glühende Kohlen herbei und werfen sie in die Sparren des Daches, daß alles abbrennt.

Ganz im Gegensatz zu dem Glauben, wonach das Feuer über den Storch keine Gewalt haben kann und er sogar im Falle der Gefahr, Wasser im Schnabel herbeibringen und damit sein Nest und das Haus besprengen soll (122, II), behauptet ein anderer Glaube, daß der Storch seine Jungen auf den Rücken nehme und in Sicherheit bringe, wenn dem Hause Feuer droht. So sollen beim Brand der Stadt Delft in Holland die Störche ihre Jungen mit den Schnäbeln und Füßen hinweggetragen haben, andere ihre Kinder nicht verlassen, sondern mit den Flügeln bedeckt und mit ihnen verbrannt sein (163, XX). Von der großen Liebe der Störche zu ihrer jungen Brut in einem Brandfall berichtet Cysat, der einstige Stadtschreiber von Luzern, also: „Wir haben auch allhie zu Lucern gesehen den 27. Aprilis 1613, als ein Storckennäst in diser Statt sich ungefähr angezündet, unnd die Flammen beyderseyts angefangen auffahren, ist die Störckin auff ihren Jungen sitzend bliben, sich nicht bewegt, und ehe mit den Jungen verbrünnen dann fliehen wöllen, da solches die Nachbawren gesehen, haben sie Mitleyden gehabt, sindt hinauff gestigen, die Störckin auss dem Näst getriben, sie damit zu erretten, die dannoch nicht hinweg, noch die Jungen verlassen wollen, sondern ohngeschiehen der Menschen ohn underlass umb das brünnend Näst herumb geflogen und zu den Jungen begehrt, dieselbigen haben die Nachbawren gerettet, und nach gelöschtem Feuer an ander Näst gemacht, unnd der Störckin wider zugestellt."

„Ihre Streiten, Ausbleibung und Geklapper ist auch nicht allemahl ohne Bedeutung, wie Herr Francisci mit dreyen Historien beglaubigt. Als anno 1629, 27. Junii ein Kloster abbrandte, flogen den Tag vorhero die daselbst nistelnden Störche offt an das Ufer des vorbeystreichenden Bachs, fassten Wasser in Schnabel, und sprützten es an die Waende und Dach der Kirchen, machten daneben ein gross Geklapper", das weiß die „Bauren-Physik" (96) im Jahre 1706 zu berichten.

Kann der Storch, der das Feuer voraus merkt, in Brudzyn seine Jungen nicht mehr zwingen, das Nest zu verlassen, macht er am Tag vor dem Brand ein großes Geschrei (58).

Die „Bauren-Physik" weiß weiter zu berichten (96): „Ein Storch hatte sein Nest oben auff der Albachsischen Kirchen, und waren seine Jungen

schon ziemlich erwachsen, wie er aber Unrath vermerckte, trug er sein
nest auff eine Wiese, und zwar auff einen alten Birnbaum. Wie nun den
folgenden Morgen gar fruehe der Pastor zur Kirchen gieng, und seine Andacht verrichten wolte, stund eine Nacht-Eule auff dem Altar. Gegen Mittag verbrandte das Wetter zwey Haeuser sampt der Kirchen und Altar".

Noch heute zeigen die Störche eine bald eintretende Feuersbrunst an,
wenn sie in der Pfalz um den Kirchturm flattern (122, II).

Doch nicht nur Feuer, sondern auch anderes Ungemach und Mißgeschick sollen die Störche vorausahnen. Als Attila schon lange die Stadt
Aquileja belagerte und die Römer hartnäckigen Widerstand leisteten, fing
sein Heer an zu murren und machte Miene abzuziehen. Da sah der König, im Zweifel ob er das Lager aufheben solle oder nicht, wie die Störche
der Stadt ihre Jungen gegen ihre Gewohnheit landeinwärts aus dieser trugen.

„Seht", rief er seinen Leuten zu, „diese der Zukunft kundigen Vögel
verlassen die bald einstürzende Stadt". Darauf faßte das Heer neuen Mut,
und Aquileja fiel bald im Sturm und wurde dem Erdboden gleichge-
macht.

Drei Tage vor dem Übergang der Franzosen unter Ludwig XIV. über
den Rhein sind alle Störche aus dem Pfälzischen, Speyerischen, Badener
und Burlachischen Lande hinweggeflogen, ihre Jungen zurücklassend, als
ob sie die jämmerlichen Verwüstungen vorhergesehen hätten (11, XIII).

Vom Mut und Ausharren der Störche an ihrem Brutplatz berichtete
einst die „Straßburger Post". Als im ersten Weltkrieg bei den Kämpfen im
Oberelsaß Wattweiler von der Bevölkerung geräumt wurde, blieb als einziger Bewohner ein Storch übrig. Er behielt sogar seine Familie und ließ
sich auch in der Sorge um diese nicht stören, als die Umgebung der Kirche, die Kirche selbst und schließlich der Kirchturm unter dem Nest von
den französischen Granaten getroffen wurden. Das reizte die Mitrail-
leure, und jeden Tag, wenn sie die Straßen des Dorfes bestrichen, nahmen
sie zuweilen auch die Storchenfamilie auf dem Kirchturm aufs Korn. Sie
trafen jedoch nie, und der Storch gewöhnte sich an die vorbeisausenden
Geschosse ... oder eigentlich nicht; denn er hielt sie anscheinend für vor-
beischwirrende Käfer und schnappte nach ihnen (140).

Wenn es auch in Dannlauers Katechismus heißt „Mit dem Storchennest müsst ihr keinen Aberglauben treiben, der Storch kann keinen Brand
verhüten, keinen löschen, er kann auch weder glücklich noch unglücklich
machen" (11, XIII), glaubt man doch noch wie ehedem im Schwabenland: „So ein storck sein nest auf jemandts schornstein macht, das ist ein
zeichen, dass der hausswirdt lange leben sol, und reich werden" (150, III).
Dasselbe glaubt man in Nordfrankreich und auch in Belgien (113, III)
und Böhmen (35) als besonderes Glück.

Dies, sein eigenes Glück schlägt jener tot, der bei den Wenden einen Storch totschlägt (134). In Oberschlesien bringen Störche Glück, das um so größer ist, in je größerer Zahl sie erscheinen (24, II).

Gar manches im Leben des Storches ist dem Volk von weittragender Bedeutung, und es unterläßt nicht, aus dem Verhalten des Vogels seine Schlüsse zu ziehen:

Brütet in Pforzheim der Storch ein Ei nicht aus, stirbt jemand von den Höchsten im Lande (33, III). Hat er auf einem Hause zu nisten begonnen und zieht plötzlich auf ein anderes um, so bricht in jenem entweder Streit oder Feuer aus (162, I). In einem Dorf, in dem kein Storch nistet, zanken sich die Weiber (58), und wo Unfriede im Hause ist, wird dieses von den Vögeln verlassen (154). Legt der Storch auf Rügen keine Eier, werden in dem Hause auch keine Kinder geboren (154), sterben aber die jungen Störche, dann werden in Westfalen auch des Hauses Kinder sterben (65, II).

Wo in Oldenburg ein Storch nistet, gibt es reichen Kindersegen. Brütet er auf dem Hause Neuvermählter, werden diese so viele Kinder zu erwarten haben, als die Vögel Junge bekommen (131, I). In Böhmen wird in dem Hause, auf dem sich ein Storchenpaar niederläßt, eine Hochzeit gefeiert (35).

Nistet der Storch vorn auf dem Hause, wird es im selben Jahr darin eine Leiche geben, nistet er aber hinten, ist mit eben derselben Sicherheit eine Hochzeit zu erwarten (154).

Da der Storch Glück bedeutet, ist es auch ohne weiteres klar, daß man mit dem, was man dem Vogel antut, auch sein eigenes Glück vernichtet. Wird er auf Rügen verwundet, weint er große Tränen, und diese bringen Unglück. Werden ihm die Beine oder die Zunge abgeschnitten, so kommt in Mecklenburg das nächste Kind der Hausfrau als Krüppel oder stumm auf die Welt (154).

Seit uralter Zeit gilt der Storch als Wächter der ehelichen Treue im eigenen Hause. So wird erzählt, wenn das Männchen entdecke, daß ihm sein Weibchen während seiner Abwesenheit untreu geworden sei (32, II) oder dieses auf ihm von Menschen zugeschobenen Hühner- oder Gänseeiern brüte, es alle Störche der Umgegend zusammenhole und diese dann die fehlbare Störchin mit Schnabelhieben niederstrecken. Von solchem Storchenehebruch, begangen in Luzern, berichtet der Stadtschreiber Cysat: „Man liest auch dass die Storcken Ihrer Weibern Ehebruch über die massen hassen, und grewlich straffen, dessen auch ein warhafftig Exempel in obbemelter Statt Lucern, von Leuten die es selbsten gesehen, erzehlet wirdt, dass auff ein Zeit ein Störckin in einem Näst, auff einem der Häusern am Fischmarckt als der Storck auff die Weydt aussgefahren, einen andern Storcken zu ihro gelassen, unnd von stundan darauff sich herab auff den Platz gelassen, und in dem Wasserbächlin, so von demselben grossen Brunnen fliest gebadet, damit der Storck des Ehebruchs nicht gewahr wurde, und sich darmit wider hinauff in das Näst geschwungen; als aber die zusehenden Herren oder Burger disem Handel also zum andern und dritten mahl zugesehen, und den Possen gemerckt, haben sie einsmahls, da die Störckin abermahlen also gen baden kommen, sie davon abgehalten, weil dann sie aber ungebadet wider dem Näst zugemüsst, unnd der Storck jetzt auch in das Näst kam, und den Ehebruch durch gewisse Zeichen oder Geschmack vermerckt, hat er sie dennächsten grimmiglich zutodt gebissen unnd über das Näst herauss geworffen."

Auch im französischen Mittelalter glaubte man, daß der Storch das Weibchen, das Ehebruch beging, bestrafe. Ein schlechter Spaßmacher hatte einst ein Rabenei, aus dem natürlich auch ein kleiner Rabe schlüpfte, in ein Storchennest gelegt. Als der Gatte die Bescherung gewahr wurde, versammelte er alle Störche, und da sie glaubten, das Weibchen habe Ehebruch begangen, rupften sie ihm alle Federn aus und stürzten es samt dem Rabenkinde den hohen Turm hinunter (113, III).

Auch in Schwaben glaubt man, daß der Storch die Verletzung ehelicher Treue scharf strafe. Wenn irgendwo viele Störche beisammen sind, sagt man, sie hielten über einen der Ihren Gericht, und wenn er schuldig befunden, werde er getötet (12, I).

Der Storch verabscheut aber nicht nur Ehebruch unter seinesgleichen. In Deutschland soll er auch jene Häuser meiden, in denen Unfriede herrscht (154). Der Storch soll aber auch ein Feind aller Ungerechtigkeit sein, und als einst in Calw ein Unschuldiger, der so lange gefoltert worden war, bis er sich für schuldig bekannt hatte, hingerichtet wurde, verließen alle Störche die Stadt und kehrten nie wieder zurück (11, IX).

Von einem andern, oft bezweifelten Storchengericht, berichtet der Zoologe A. Milewski. Dieser hatte in seiner Heimat, den Masurischen Seen, vor dem Kriege das Glück, ein solches Gericht nach mehrjährigem vergeblichem Beobachten, in einem Ellerngebüsch versteckt, Ende August mit anzusehen. Er sah, wie die Störche von allen Seiten rauschend und klappernd herbeiflogen, sich in einer langen Kette aufstellten, wie dann der stattlichste Storch musternd der Reihe entlang schritt und die Schwächsten durch Schnabelhiebe zum Heraustreten zwang, wie er sich ferner mit den ersten vier kräftigsten Störchen der Reihe klappernd verständigte, und wie letztere unterplötzlich eintretender Stille die sieben Ausgemerzten schnell durch scharfe Brusthiebe durchbohrten, worauf die ganze Schar unter großem Geklapper auffliegend die Stätte verließ (140).

Solche Gerichte haben der Sage gemäß die Fricktaler Störche, wenn sie sich um Mariageburt zum Wegzug sammelten, auf dem Weiherfeld bei Basel gehalten (107, II).

Auf die Beziehungen des Storches zu Holda, der Göttin des Hausflei-
ßes, der guten Sitte und der Liebe, gründet sich der alte Glaube, daß der
Storch die Kinder, oder besser gesagt, ihre Seelen aus den Brunnen und
Seen, den Abbildern der himmlischen Quellen und Brunnen hole und den
gebärenden Müttern in den Schoß lege.

In Dresden holt der Storch die Kinder aus dem in der Wilsdruffer Vorstadt vor dem katholischen Waisenhaus gelegenen „Queckbrunnen", d. h.
Lebensbrunnen, der, weil sein Wasser ehedem den Frauen zur Nachkommenschaft verhalf, im Mittelalter mit einer Kapelle überbaut wurde, welche noch jetzt steht und als Wetterfahne einen Storch mit einem Wickel-
kind im Schnabel zeigt (46, I).

Zu Annaberg im Erzgebirge bringt der Storch die Kinder aus dem
Teich, die artigen Knaben und Mädchen auf dem Rücken, die bösen Jungen aber im Schnabel. Daher auch die Redensart zur Bezeichnung eines
unartigen Kindes: „Na, deinen Jungen hat der Storch auch nicht auf dem
Rücken gebracht", (50). In Böhmen läßt der Storch die Kinder durch den
Rauchfang fallen, wo sie die Hebamme auffängt (35). Daß er die Neugeborenen durch den Schornstein geworfen habe, sagt man den Kindern
auch im östlichen Hinterpommern.

In der Schweiz war früher der Glaube, daß der Storch die Kinder
bringt, nicht verbreitet. Diese Überlieferung ist erst um die Jahrhundertwende von Deutschland in die Schweiz gekommen. An Stelle des Storches kennt man in der Schweiz andere Kinderbringer. In Leysin ist es die
Elster, in Sitten ein Waldbruder usw. Vielfach werden die Kinder an einem ganz bestimmten Ort, aus einer Schlucht oder unter einem Stein her-
vorgeholt. Der Glaube an einen, vielmals durch seine äußere Erscheinung
auffallenden Kindlistein, oder Titti-, Poppali-, Heuberi- oder Herdmandli-
stein ist sehr weit verbreitet (141, III).

In Kujawien in Hinterpommern ist der Storch weiterum als Kinderbringer bekannt, vorsorglich wird er aber im Winter durch die Krähe ersetzt (58).

Schon der kleine ABC-Schütze weiß, daß ihn der Klapperstorch einst
gebracht und vor ihm auch den Bruder und die kleine Schwester, und daß
er bei jedem Besuch in der Familie die Mutter stets tüchtig ins Bein ge-
zwickt habe und sie deswegen einige Tage im Bett liegen mußte.

Wenn der Storch ein neues Geschwisterlein bringt, sagt ein süddeut-
scher Spruch:

> Er hat gebracht ein Brüderlein,
> Er hat gebissen die Mutter ins Bein.

Eine Mutter, welcher plötzlich der Kinder zu viele werden, sagt: „Was
hilfts, sich nun am Bein zu kratzen".

Wird im Braunschweigischen der Kindersegen zu reich, ruft man dem
Storch zu:

> Hellebart, du langbein
> Lat dik nu nichweddersein! (3).

Bekannt ist das schöne Bild, welches Peter Cornelius zu Goethes „Faust"
gezeichnet hat: Gretchen vor dem Bilde der Schmerzensreichen in Reue-
tränen kniend, indessen ein Storch am Brunnen im Hofe steht, um schon
das kommende Kindlein für sie heraufzuholen (10).

Schwangere bitten ihn, sie bald ihrer Last zu entledigen, so in dem
Spruch:

> Storeheineli, Storeheineli,
> chum mit mir in' Aern.
> i han es chrumbes Sicheli,
> es thuet me weh im Rüggeli,
> drum schnid's nümme gern (106).

Im ganzen deutschen Sprachgebiet begrüßen die Kinder mit Sprüchen
und Liedern den frühlingsverkündenden und kinderbringenden Storch.
Sinngemäß sind die Lieder überall dieselben, nur die verschiedenen Dia-
lekte tragen zu einer farbenfrohen Verschiedenheit bei. So soll nur eine
Auswahl aus der Vielfalt folgen.

In Niederdeutschland rufen die Kinder:

> Adebar, du goder, bring' mi'n lütjen Broder
> Adebar, du bester, bring mi'n lütje Swester.

Je nachdem, ob der wieder erscheinende Storch auf dem rechten oder auf
dem linken Bein stehend erblickt wird, ist er für oder gegen die Wünsche
der Menschen gestimmt, ebenso je nachdem, ob er nistend steht, oder ru-
dernd umherfliegt. Aus diesem Glauben erklärt sich der an ihn gerichtete
Strelitzer Anruf:

> Arebarer, Rorer:
> bring mi'n lütten Brorer!
> Arebarer, Nester:
> bring mi'ne lütje Suester!
>
> oder:
> Heinotter, du Lister:
> bring mi'ne lütje Syster!

Der Ruderer also (der Rorer, Auder und Luder) bringt einen Knaben in
die Wiege, der Nister aber, (der Lister, Nester) ein Mädchen (106).

Abb. 38: Der Storch als Kinderbringer im Volksglauben. Aus einem Heft der „Gartenlaube", ca. 1890.

In Hassleben bei Prenzlau (Westfalen) rufen die Kinder dem Vogel zu:

> Albar, du nester
> Breng mi'n klene Schwester.
> Albar du roder
> breng mi'n klenen broder (65).

In Garzin bei Stolp lauten die Worte:

> Adboar, Aure,
> bring mi na Braure,
> Adboar Este,
> bring mi ne Schwester
> Adboar Ut,
> bring mi ne Brut (59).

Um Magdeburg rufen die Kinder:

> Adebär, lange Bär,
> bring mi'n litjen Broder her
> Ik willn ook flitig wogen,
> Schost mi ook nit bedrogen.

Im Kanton Zürich:

> Storch, Storch Niggelibei,
> Bring mer au es Schwösterli hei.

Andernorts:

> Klapperstorch, du Luder
> brink mich en klenen Bruder (106).

Andere Ausrufe lauten:

> Adeboor du poggenbitter,
> bring mi'n lütten bücksenschiter.

> Adeboor du ise
> bring mi'ne lütt Lise.

> Adeboor up'n boen
> bring mi'n lütten soen (151, II).

Als Kinderbringer wird er in der Umgebung von Dietzenbach begrüßt:

> Stork, Stork steine
> mit de lange Beine,
> mit de korze Knie!

> Jungfrau Marie
> hat e Kind gefunne
> in dem kleine Brunne.
> Wer solls hebe?
> Der petter mit der gese (Patin)
> Wer soll die winnel wäsche?
> Die mad mit der Plapperdäsche (150, I).

Kinder fragen auch den Storch:

> Adeboor du rodebeen
> hest dien kind in'n se versehn?

> Storch, Storch steine,
> was stehst du hier alleine,
> wo hest du all dien lütten kinner laten?
> all in'n schweriner see verslaten (151, II).

Betend singt die Jugend in Balzers, nahe der Bündnergrenze:

> Storch, Storch, Schnibl, Schnabl,
> Las mi net verfalla,
> Traeg mi net an Galga
> Setz mi uf ne Mühle
> Gib mer Milk und Brühele
> Setz mi uf ne Stöckle,
> Gib mer Milk und Bröckle,
> Setzt mi hinder a Herrentisch,
> Gib mer brotne Vögel und Fisch (136).

Die Kinder im Elsaß singen:

> Stork, Stork stibber di Bein
> Dra mi uff 'm Rucke heim!
> Kannst mi nidd erdraue,
> Lai mi uff de Naue
> Kannsch mi nidd erzeie,
> Lo mi d'heime leie (139).

Dem aus dem Süden zurückgekehrten und auf dem Dach philosophieren-
den Storch rufen die Kinder in der Schweiz freudig zu:

> Storch, Storch, Gezischnabel
> mit der langen Heugabel,
> mit de lange Beine:
> tuet die Sunne scheine,

> Stohst du uf em Chiledach,
> chlapperist, bis all's verwacht.

> Storch, Storch, Stiegelibei:
> flüg net z'wit und wider hei!

> Store-Store-Stiegelibei,
> setz mi uf ne Hauerstei,
> setz mi uf nes Stüehli,
> mach mer schöni schüehli
> mit schöne Ringgli und Mäsche,
> oder – i gib der ä Täsche. (106).

In der Wetterau grüßen die Kinder den Storch:

> Storch, Storch, steine.
> Flieg über Hanau,
> flieg über's Beckers Haus,
> stoss drei Weck' heraus,
> mir ein'n, dir ein'n,
> armen Schelmen gar kein'n (150, I).

In Malchow fragen die Kinder:

> Adeboor du langebeen,
> wann lettst du di wedder in Düütschland sehn? (151, II).

Da für die Erwachsenen die Storchengeschichten nur ein altes, verstaub-
tes Märchen sind, braucht man zur Abweisung unwahrer und abge-
schmackter Erzählungen in Deutschland die Redensart: „Erzähl mir
nichts vom Storch (108, II).

Der Storch ist aber in der Kinderwelt nicht nur die Lösung des geheimnisvollen Rätsels der Menschenherkunft. In Mazedonien (128, I) und
ebenso in Thüringen (143) vertritt er bei den Kleinen die Stelle des Osterhasen und bringt ihnen Eier und Ostergeschenke.

Im Volk ist man noch vielerorts der Ansicht, daß die Störche alljährlich
ihren Mietzins bezahlen, und zwar soll dieser im ersten Jahr aus einer Feder,
im zweiten aus einem Ei und im dritten aus einem Jungen bestehen (140).

Im März sollen sie sogar stets die Erstlinge Gott verehren und dem
Mietsherrn und dem Wirt der ihnen das Haus leiht den Erstgeborenen,
zum Zinse aus dem Nest werfen (162, I). Über diesen „Mietzins" schrieb
schon 1545 Albertus Magnus: „So der Storck zuviel junge hat, dass er sy
nit alle speisen kann, stosst er ettwen eins auss, vermeint das gemeine
volck er gebe also von seinen Jungen den zehenden dem Herrn des Hauses, darauff er sitzet und genistet!" Mit diesen Worten klärte er vor 440

Daheim

XXVII. Nr. 15. Erstes Blatt.

Jahrgang 1891.

Aus der Zeit — für die Zeit.

10. Januar 1891.

Hoflieferanten.

Das war ein mächtiges Flügelschlagen
In den kalten Lüften in diesen Tagen!
Ein Storchschwarm machte sich auf die Reise,
Erprobte Störche, gewandt und weise;
Sie trugen Krönlein als teure Last,
Sie ruhten nicht aus, sie hielten nicht Rast,
Nicht einmal bei den besten Bekannten — —:
„Wir haben nicht Zeit; — wir sind Hoflieferanten!"

Auf einmal flogen sie alle zugleich
Schnurstracks hernieder, — zum Prinzenteich.
Da gab's ein Klappern: „Ja, ja! Wir sind's!
Ist einer zu haben, ein feiner Prinz?
Ein Kaiserprinz! ein recht wundervoller!
Ein kleiner „schneidiger" Hohenzoller!
Stahlblau die Augen und blond das Haar!
Was man so sagt, ein Prachtexemplar!"

Ja freilich, ein Prinzlein war noch zu haben.
Sie hüllten den träumenden Kaiserknaben
In purpurne Kisslein, zärtlich und zierlich,
Und trugen ihn höflich und sehr manierlich
Ins Prinzenbettlein ins Schloßgemach. —
Das Haupt der Storchfirma aber sprach,
Mit tiefem Stolz seine Federn putzend:
„Das wäre in Ordnung, das halbe Dutzend!"

Nun lachen sie alle vor heller Freude. —
Glückseliges deutsches Reichsgebäude,
Du bist gesichert, du bist geborgen,
Wo solche Störche den Dienst besorgen!
Bescheiden unter Vettern und Tanten
Spazieren die trefflichen Hoflieferanten
Nun wieder einher auf der Storchenwiese,
Wie beneiden die anderen Störche doch diese!

Abb. 39: Daß der Storch nicht nur bei dem „gemeinen Volk" für den Nachwuchs zu sorgen hatte, sondern auch im kaiserlichen Hause den Kronprinzen bringen mußte, zeigt dies Titelblatt der Zeitschrift „Daheim" von 1891.

Jahren den alten Aberglauben auf, der sich nur auf die bei allen Vögeln, während schlechter Witterung und durch diese bedingten Nahrungsmangel zu beobachtende Verminderung der Zahl ihrer Jungen stützt.

In Mecklenburg achtet man sehr darauf, was der Storch alljährlich aus dem Nest wirft; denn es ist nicht ohne Vorbedeutung. Solange es eine Feder ist, bringt es Glück; ist es aber ein Ei, wird dies schon als ein bedenkliches Zeichen betrachtet. Wird aber im einen Jahr ein Ei und im andern ein Junges aus dem Nest geworfen, so bringt dies sicher Unglück (6, II).

Auch in Kujawien (Posen) wirft der Storch in der Brütezeit ein Ei oder ein Junges aus dem Nest. Daraus prophezeien die alten Leute einen milden Winter, wenn es ein Ei ist; dagegen einen strengen Winter, wenn sie einen jungen Storchen finden (58).

Wenn das Storchenpaar ein frisches Nest bezogen hat und brütet, erscheinen oft ein bis zwei weitere Storchenpaare, die das Nest gleichfalls in Anspruch nehmen wollen. Dann sind die Neststörche genötigt zu fasten und müssen wie Belagerte eine Hungersnot aushalten, wenn sie nicht während ihrer Abwesenheit ihren Wohnsitz an den Feind verlieren wollen, der sie tagelang scharf bewacht. Als in Basel ein solcher Nesträuber die Störche auf dem dortigen Rathaus bedrohte, stieg ein alter Ratsherr zuoberst auf die Zinne hinauf und erschoß den Eindringling mit der Pistole. Er wollte, sagt man, nicht nur dem gekränkten Recht Beistand leisten, sondern, wird hinzugesetzt, auch den Mitbürgern beweisen, daß in dieser Stadt die Todesstrafe, die auf vorsätzlichen Mord besteht, nicht so leicht abgeschafft werden solle (107, II).

Zu allen Zeiten wußte man, daß der Storch als Zugvogel im Herbst nach den südlichen Ländern fliegt und dort den Winter verbringt. Doch gab es im Mittelalter Leute, die darüber anders dachten. So schreibt Leopold Cysat, er habe einst gelesen, „dass wann die Storcken auss Europa hinwegfliegen, und etwann ein gälings Kälte eynfallet, dass sie ihr Reyss nit können volführen, thüent sie sich alle zusammen an ein Buschel oder Kugel, unnd versenckend sich in ein See, da sie den gantzen Winter also versenckt, unnd gleichsam todt verbleiben; wann aber das Wetter wiederumb milteret, kommend sie wider zu ihnen selbst, unnd fliegen hinauss. Man hat vil also zusammen gebuschelt oder gekuglet gefunden in dem See by Arles, schreibt Geruas Tibeles. „Also thut Cysat noch hinzu, habe man sie auch funden in einem See versenckt in Lothringen bey Metz Anno 1467."

„An Mariägeburt ziehn Störch und Schwalben furt", sagt die Bauernregel und über die Ankunftszeit weiß sie, was sich aber selten bewahrheitet: „An Petristuhlfeier sind die Störche wieder da." Weil der Storch alle Jahre zur rechten Zeit kommt und geht, wird er in Jerem. 8.7, zum Sinnbild des gerechten Wandels (85, II). Aus den äußeren Erscheinungen des

Storches und seinem besonderen Verhalten prophezeit der Bauer nicht nur die Witterung des kommenden Tages, sondern auch des ganzen Jahres.

Ist der Storch nach langer Trockenheit auffallend schmutzig, wird es in Bälde Regen geben; ebenso, wenn er vom nahen Acker den trockenen Dünger ins Nest trägt (94, 1897). Wind und Unwetter verkündet er, der er deshalb eine wahre lebende Windfahne ist, weil er stets mit beiden Beinen auf dem Nest steht und den gesenkten Kopf in der Richtung, aus der der Wind weht, hält, wenn er die Jungen mit Moos zudeckt (6, II).

Eine Bauernregel in Braunschweig heißt: Klappert im März fleißig der Storch, gibt es einen schönen Frühling und warmen, oder sogar heißen und trockenen Sommer (3).

Trifft der Storch im Frühling spät und schmutzig ein, zeigt er im westlichen Deutschland ein schlechtes Jahr an. Darauf deutet auch schon der Glaube in Baden, daß dann der Hanf kurz bleiben werde (154).

„Die aelteren Bauern prophezeyen aus dem weissen Bauch dieses Vogels, einen trockenen Sommer, aus der Schwaertze dessen aber einen nassen", weiß schon 1706 die alte Bauernphysik (96). Unwetter soll der Storch anzeigen, wenn er mit beiden Beinen mitten im Nest steht, die Federn sträubt, den Schnabel in den Brustfedern verbirgt und den gesenkten Kopf nach der Gegend richtet, woher das Unwetter gewöhnlich kommt (45). Im Mecklenburgischen steht Regen in Aussicht, wenn die Störche die Schnäbel unter die Flügel stecken (6, II). Ist der Storch in Pommern (59) und Nordthüringen (141, X) bei seiner Rückkehr schmutzig, erwartet man mit Sicherheit einen nassen Sommer, ist der Storch aber rein und weiß, ist man auf große sommerliche Trockenheit gefaßt. Läßt der Storch sich auf einem Kornspeicher oder einer Mühle nieder, verkündet er damit ein fruchtbares Jahr. Bleibt er nah bei einem Wohnhaus stehen, so folgt Sturmwind und abermaliger Frost (162, I).

Reisen die Störche früh ab, ist nach dem Glauben der Basler ein früher Winter zu erwarten. Warten die Vögel aber mit der Wanderung lange zu, wird auch der Winter lange auf sich warten lassen. Gleichzeitig steht auch für das kommende Jahr ein später Frühling in Aussicht (44, XII).

Wo die Störche sich niederlassen, gibt es im selben Jahr eine gute Obsternte, so glaubt wenigstens der Berner (110). Da der Storch vieles weiß, was die Leute Unwahres von ihm sagen, setzt er sich nie auf das Dach eines Hauses, in dem ihm feindlich gesinnte Menschen wohnen, und als Kinderbringer rächt er sich an ihnen damit, daß er ihnen ein mißgestaltetes Kind aus dem Teich bringt. Manchmal stellt er sich aber auch gerade vor das Haus auf, und dann entsteht ein Sturmwind, der das ganze Strohdach abdecken kann (107, II). Der Storch ist allwissend. Wer Übles von ihm redet, ihn etwa als einen Bienendieb bezeichnet, dem bringt er ein „ungeschaffenes" Kind in die Wiege (162, I).

In Schwaben heißt es, wenn der Storch eine Zunge hätte, so würde er reden und dann Land und Leute verraten, weil er alles sieht und hört (46, I).

Auf Häusern der Juden nistet der Storch nie, und zwar aus dem einfachen Grunde, weil diese ihn darauf nicht dulden, da ihn das Alte Testament als unrein bezeichnet.

Erschienen im Frühjahr jeweils die Störche wieder auf jenem Bauernhaus, auf dem sie zu nisten pflegten, begrüßte sie der Hausherr mit Verbeugungen und in der Gewißheit, Gott, der diese Tiere so sichtbar schütze, schicke ihm mit ihnen Glück (162, I). Wie man im Frühjahr den ersten Storch sieht, ist von mancherlei und oft weittragender Bedeutung. Sieht man ihn in Pommern nach Nahrung suchen oder am Nest bauen, wird man das ganze Jahr fleißig sein. Fliegt er einem entgegen, weht er einem Schlaf in die Augen, und man wird schläfrig oder, derber ausgedrückt, faul sein (59).

Sieht in Deutschland ein Mädchen den ersten Storch fliegen, wird es im selben Jahr auf den Brautwagen kommen, sieht es ihn jedoch stehen, wird sie nur zu Gevatter geladen (154). Jene Jungfrau, die im Frühling den ersten Storch erblickt und die Störchin nicht gleich mit, muß noch ein weiteres Jahr auf den Ehemann warten (162, I). Sieht man den Vogel zum ersten Mal auf dem Nest sitzend, bedeutet dies in Mecklenburg Eheglück (6, II). Wolf (149) ist der Auffassung, der Glaube, wenn ein Mädchen den ersten Storch fliegend sehe, komme sie auf den Brautwagen, leite sich davon ab, daß er der Verkünder der gekrönten Liebe und des Segens der Ehe sei; denn wie der Göttin Wagen, fliegt er auch dem Brautwagen der Sterblichen voran.

Sieht man in Litauen, wo der Storch eine ähnliche prophetische Rolle spielt wie bei uns der Kuckuck, den ersten Storch auf dem Nest sitzend, wird man krank und bettlägrig (141, XXVII). Sieht ihn ein Mädchen aber klappernd, wird sie viel Geschirr zerbrechen (154). Sieht man ihn in Stade das erste Mal fliegend, wird man im selben Jahr viel reisen (150, III). In Oldenburg den ersten Storch fliegend zu Gesicht zu bekommen bedeutet Glück. Steht er aber auf dem Feld, verheißt er Unglück, und sieht man ihn sich putzend, kann man sicher sein, krank zu werden, oder man muß sogar sterben (154).

Hat man in Stade Geld in der Tasche, wenn man den Storch das erste Mal sieht, wird man das ganze Jahr solches haben (162, III), in Kujawien muß man mit dem Geld klingeln, dann wird man reich (58).

Verlassen die Störche ihr Nest und übernachten auf Feldbäumen, gibt es Krieg: So glaubte man einst in Horgen-Berg am Zürichsee (44, II).

Fliegt ein Storch in Schlesien über ein Haus, wird es darin bald ein Kind geben. Lacht ein Kind in Annaberg unter 14 Tagen, so wird sich ein

Jahr darauf der Storch wieder einstellen. Lacht das Kind zweimal, bringt der Storch Zwillinge (50).

In Böhmen verkünden die Störche jener Gegend, die sie durchfliegen, Krieg, Hunger und Pest. Fliegen sie in gerader Richtung, glaubt man zudem, es habe irgendwo gebrannt. Setzt sich in Königgrätz ein Storch auf das Dach eines Hauses, wird dieses bald in Flammen aufgehen. Damit andernorts das Haus niederbrennt, müssen zwölf Störche zwölfmal darüber fliegen (35).

Sieht man im Kanton Bern zwei Störche beieinander, wird man im selben Jahr heiraten (110). Fliegen in Westfalen Störche über eine Menschenansammlung im Kreise, so wird bald einer von ihnen sterben (65).

Der Storch soll besonders unter den Fledermäusen zu leiden haben. In der neueren Naturgeschichte ist davon nichts bekannt. Doch in seinem Vogelbuch (30) schreibt Gessner im 16. Jahrhundert: „dann sy (die Fledermaus) macht allein mit jrem berüren dess Storcken eyer unfruchtbar, wo er nit Dattellaub in sein näst legt: an welchem dann die Flädermeüss ein gross abscheühen habend."

Das Fleisch des Storches ist keine taugliche Speise für den Menschen (46, I). Schon Gessner (30) erwähnt, daß niemand den Storch, den man doch früher zu essen pflegte, auch nur berühren, geschweige denn essen wolle. Sein Fleisch, das auch Tragus „zur speyss nit lobt", sei ähnlich demjenigen der Krähen. Naumann (91, VI) bezeichnet das Fleisch als zähe und unschmackhaft. Trotzdem oder vielleicht gerade deswegen spielt der Storch in der alten Volksmedizin eine große Rolle. Schon die Ärzte des klassischen Altertums schrieben seinem Magen Heilkraft gegen sämtliche Gifte zu (54, II).

Der Heilmittel, die man zu Gessners Zeiten aus dem Storch auf recht umständliche und am lebenden Tier auf abscheuliche Art gewann, sind unendlich viele. Eine Auswahl aus solch schwarzer Apotheke soll Einblick gewähren in eine Medizin, vor der einem noch heute graut, wenn man nur davon liest. Nehmen wir zur Kenntnis, was Gessner, ein großer Naturwissenschafter und Arzt seiner Zeit, über „Storchen-Medikamente" und deren Wirkung bei vielen Krankheiten schreibt: „Das inner heütlin (des Magens) daruon, in weyn gewäschen, am schatten getröchnet, und zerstossen, wirt mit weyn so mit meerwasser vermischt worden, wider alles böses und tödtliches gifft getruncken, als Kiranides bezeüget."

Unter dem Titel „Was von disem vogel ausz und innert der arzney dem menschen zenutzen" berichtet Gessner in seinem Vogelbuch: „Wenn ein Storck ein mal im jar von einem geässen wirt, im anfang dess früligns ee dann sy hinweg fliegend, wirt es den gesund unnd schadloss behalten, so vil die gleich und sennaderen anbetrifft. Dann das podagran, ziperlin, lendiwee, wirt damit vertribe, als Kiranides sagt.

Wenn du einen jungen Storcken in einem ungeglesten hafen verschlossen, zu puluer brennst, so wirst die selbig äschen zu einem augenselblin und bösen gesicht brauchen, auch zum gehen fluss derselbigen. Pelagonius braucht für alle kranckheiten, oder allein für die pestilenz das puluer von einem jungen Storcken so noch nit aussgeflogen, den in einem irrdinen hafen wol verstopfft, und also läbendig dareyn gethon, und in einem ofen zu äschen gebrennt, und wol zermalet in ein glesib gschirr gehalten: und so es von nöten ist ein löffel voll davon genommen, und mit weyn einem thier in schlund geschütt, biss dass es gsund wirt, als Vegetius schreybt.

Ein gar nutzlich öl die tropffschlegigen glider damit zu salbe, wirt von Leonello Fauentino also beschriben: Ein Storck aussgenommen und gerupfft, sol mit eine guten teil dess gmeinen öls gekochet werden, biss sich das fleisch ab den beinen schellet: darnach sol auch das fleisch zerstossen, allein und für sich selbs eben in diesem öl gekocht und aussgetruckt werden. Dises öl behalt: dann es hat eben den brauch wie das nateröl zum schlag. Ein anders für die obgenennt kranckheit: Einen jungen Storcke so du jm den schnabel under einen flügel gestossen hast, solt du erstecken mit eine pfulwen auff jn gelegt: und so du jn klein zerschnitte hast, so zeüch das wasser durch ein rossalembic darauss, und wäsch vorhin die tropffschlegige glider mit kräbsbrüyen on saltz, darnach bestreych sy mit dem vorgebrannten Storckenwasser: unn diss thu ein zeyt lang ye eins umb das ander. Man sagt dass etliche gantz contract, hinckend und lam widerumb gsund worden seygind: dann diss streckt und schlichtet die sennaderen.

Nimm von einem läbendigen Storcken alle sennaderen auss den füssen, beinen und flüglen, so wirst du damit das podagran und ziperlin heilen, gleychs ann gleychs gebunden, als Kiranides aussweysst.

Ein natürliche artzney für die fistel der füssen, gantz verrümpt und vilfaltig bewärt: nimm sennadren von eine Waldesel, von einem Eber, und von einem Storcken und so du seiten oder schnürlin darauss geflochten hest, so bind die rechten dem krancke an seinen rechten fuss, die lincken an den lincke, so wirst du den schmertzen von stunden hinnemmen. Wo aber der schmertzen gestillet ist, so bind sy nit mer an, sunder wo du dess schmertzens widerumb befindest so wirst du dich verwunderen dass weder schmertze noch ein andere gfar dahin volget: wie wir vil sehend verzuckt werden wenn alle füss nit mer fliessend. Etliche verwicklend dess Storcken sennadern nit mit anderen, sunder sy behaltend die, und wicklend die selbigen in ein Meerkalberhaut, und bindends in sunderheit mit seiten an die zugeflochtnen Storckenneruen darüber, nach obgenennter weyss: die lincken über den lincken fuss: die rechten über den rechten fuss, so der Mon im nidergang ist, oder in einem unfruchtbaren zeichen, und im Saturnum gadt, als Trallianus schreybt.

Die geissen und Schaaff wirt die pestilenz nit ankommen, wenn du von einem sepüluerten Storckenmagen, mit wasser vermischt, einen löffel voll nimmst, und einem yeden schaaff insunder einen eynschüttest. Diss pulver in wasser zertribe, und einem Hund eyngegossen, bewaret jn von der pestilenz. Diss thut auch die gesotten brüyen von disen magen in seinen schlund geschüttet. In weyn gekochet und übergelegt, heilet die guten blatern.

Sein eyngweid geässen gneert das Darmgicht und nierenwee. Die gall aufgestrichen scherpfft das gsicht.

Storckenkaat mit wasser getruncken heilt die fallendsucht. Diser sol auch für das schwär athmen dienen. Galenus bemerkt aber hiezu, dass auf diesen Dingen ebenso wenig zu halten sei wie auf Kauzenblut, Menschenharn und anderen eckelhaften Sachen.

Storckeneyer in weyn verklopffet, schwertzend das haar: man muss aber mit einem teig die stirnen und auge bedecken, damit nit dise feüchte dareyn fliesse. Das eyngetunckt haar sol gezwagen und mit blaw lilienöl geschmirbt werden, oder mit baumöl auss unzeitigen oliven, in welchem Bären oder Eber schmaltz zerlassen seye, sagt Kiranides" (30).

Auch der große Gelehrte Plinius empfahl aus Störchen hergestellte Medikamente. Von ihm wissen wir: „Baugrimmen heilet eines ohne Federn gebratenen ägyptischen Storches Asche getrunken.

Bei harten Beulen und allem was zu erweichen ist, tut ein Storchenmagen in Wein gesotten sehr gute Dienste. „Die Asche von ägyptischen Störchen mit gänseschmalz soll, wann die Schwängerung geschiehet, bey denen, die sich damit und mit Lilienöl bestreichen, die Geburt an sich halten" (159, II).

Schon die heilige Hildegard empfiehlt gegen Gicht eine folgendermaßen zubereitete Salbe: „Der gerupfte und ausgeweidete Vogel (Storch) soll in einem neuen, mit einem kleinen Loch versehenen Topf am Feuer gebraten und das ausfliessende Fett in einem untergesetzten Topf aufgefangen werden. Diesem soll zum Drittel Bärenfett und ein Drittel Butter, ferner zerstossenes „Gicht" (Kornrade) und cranchschnabel (Erodium) zugesetzt und dann alles kolliert werden" (46, I).

Wer im 16. Jahrhundert in Frankreich einen jungen Storchen aß, konnte sicher sein, das ganze Jahr über keine Triefaugen zu bekommen (113, III).

Auch gegen die Fallsucht (Epilepsie) ist der Storch als Heilmittel bekannt: „Für das hinfallend. Nim jungen Störchen, die auf den Häusern nisten, unnd reiss den von einand mitt federen und all unnd nim die leberen herauss unnd ess also rohe" (51).

Ein Mensch, der in Schwaben an Epilepsie leidet, muß ein Storchenherz essen, und er wird von Stund an gesund (46, II).

Junge Störche müssen auch jene essen, die der Schlag gerührt hat, so
daß sie gelähmt sind. Auch Einreibungen mit Storchenfett sind für sie
sehr gut (24, II).

Wer in Westböhmen an Schwindel leidet, bestreiche den Kopf mit La-
vendelwasser oder kaue Kümmel, Koriander oder Kubeben oder genieße
das Pulver vom Fleisch eines Storches, Pfauen oder einer Schwalbe. Gut
ist es auch, wenn man das Gehirn eines Sperlings, Pfauen oder Kalbes ißt
(46, II).

Das beste Mittel gegen Zittern ist in Westböhmen das Gehirn vom
Storch und der Holztaube oder Pfauenkot, entweder allein oder mit Rosenwasser vermischt, eingerieben (46, II).

Unter den zahlreichen Mitteln gegen Lungentuberkulose finden sich in
Steiermark auch Storch- und Gänsefett (29).

Aus einer alten Handschrift eines Bürgers von Mels entnommen: „So
einem Menschen die Sprach verwehlt, oder das Zepfchen, schmiere oben
am Kopf den Würbel mit Storchenschmalz, die Sprach kommt wieder"
(44, XXIV).

Storchensalbe erleichtert das Gebären (24, II). Wenn das Kind schwer
schließende Fontanellen hat, dann paßt in Nordalbanien die Mutter auf,
bis die Störche kommen. Wenn sie den ersten Storch sieht, legt sie ihrem
Säugling einen Stein auf den Kopf und spricht einige Beschwörungsworte
(128, II7.

Nach französischem Glauben soll der Storch mit seinem Schnabel ähnlich umzugehen wissen wie mit einer Klistierspritze. Fühlt er nämlich Be-
schwerden von zu vielem Fressen, nimmt er Wasser in seinen Schnabel
und führt diesen durch den Hintern in seinen Körper, um den trockenen
Stuhl zu erweichen und Abführen herbeizuführen (113, III).

Sagen slawischer Völker berichten, daß der Storch, mühsam seine Nahrung zusammenlesend, eine verlorene Sache suche. Einst sammelte Gott
alle Reptilien und übergab den Sack einem Menschen mit dem Auftrag,
ihn, ohne hineinzuschauen, ins Meer zu werfen. Als er nun aber den Sack
aus Neugier öffnete, krochen ihm alle darin untergebrachten Tiere heraus, und seine Bemühungen, sie wieder zu fangen, waren ohne Erfolg. Da
kam Gott daher und sprach: Du hast meinen Befehl nicht befolgt, nun
sollst du in alle Ewigkeit Frösche, Schlangen, Würmer usw. fangen. Sogleich verwandelte sich der Mensch in einen Storch, und schon deshalb
ist es eine große Sünde, einen Storch zu töten (22, III).

Nach einer lettischen Sage gab Gott einst einem Mädchen ein Faß voller Reptilien und befahl ihm, dieses in den See zu werfen, ohne hinein zu
gucken. Da das Mädchen es aber doch tat und alle Reptilien dabei entflohen, sich über die ganze Erde verbreitend, wurde das Mädchen zu einem
Storch und muß in dieser Gestalt die Entlaufenen einfangen. Die schwar-

zen Federn an den Flügeln und am Schwanz wurden ihr zum Andenken an den Rock gegeben, den sie als Jungfrau getragen hat. Weil der Storch nun früher eine Jungfrau gewesen ist, schießt und ißt man ihn nicht (22, III).

Auch in Böhmen und Rumänien ist diese Sage bekannt: da sie einen Sack, gefüllt mit Fröschen, ins Meer tragen sollten und diesen öffneten, wurden die Beauftragten, in Störche verwandelt, die in alle Ewigkeit in den Sümpfen und Wassergräben nach den Entflohenen suchen (22, III).

Auch nach einer weißrussischen Sage ist der Storch aus einem Menschen entstanden. Als Gott noch auf Erden wandelte, versteckte sich der Mensch unter einer Brücke und wollte ihn erschrecken. Gott war erzürnt darob, verwandelte ihn in einen Storch und sagte: „Du sollst dich bis ans Ende der Welt von Reptilien ernähren. Und zum Zeichen dafür, daß er ein Mensch war, ist die eine Hälfte weiß und dafür, daß er gesündigt hat, ist die andere Hälfte schwarz (22, II).

Nach einer böhmischen Variante war der Storch ehedem ein Mensch, der seine Nächsten verleumdete. Zur Strafe hat ihn Gott verurteilt, als Vogel die Erde von unreinen Geschöpfen zu reinigen (22, III).

In Rumänien war der Storch einst ganz weiß. Als aber ihr Gatte starb, gab Gott der Störchin schwarze Federn (22, III).

In Galizien schufen Gott und der Teufel in gemeinsamer Arbeit den Storch, Gott gab ihm weiße, der Teufel schwarze Federn. So soll denn dieser Vogel auch nicht nur gut sein, denn Böses und Gutes wohnen deshalb gleichermaßen in ihm (22, I).

Als Gott der Herr am Anfang alle Vögel zusammentrieb, damit sie die Wälder rodeten, verrichtete der Storch nach einer polnischen Sage sein Werk am eifrigsten. Als er einen besonders großen Strauch aus dem Sumpf zog, beschmutzte er sich die Hälfte seiner Flügel. Zum Andenken an diesen Eifer behielt der Storch immer seine schwarze Hälfte (22, III).

Als die Mossenberger (Westfalen) das erste Mal Störche sahen, erschraken sie sehr, denn sie hatten solche Vögel noch nie gesehen. Es war um die Zeit, da der Roggen reif war. Da sich nun die Störche ins Korn gesetzt hatten und die Mossenberger fürchteten, daß sie es auffressen könnten, holten sie jemand, der das Schießen verstand. Vier Mann trugen den Jäger auf einer Mistbahre, denn sie fürchteten, daß er ihnen allzu viel Korn zertreten würde, waren aber nicht wenig erstaunt, als sie nachher sahen, daß trotz ihrer versorglichen Maßnahme doch so viel Korn zertreten war (65).

Als in Säckingen, am badischen Rheinufer gelegen, vor Jahren ein Bürger namens Storch starb, sollen gegen 24 Störche in das Städtchen geflogen sein; während der Mann zu Grabe getragen wurde, saßen sie auf dem Kirchturm und klapperten (107).

Bei den Dänen ist der Storch deshalb ein geheiligter Vogel, weil er vom Heiland gesegnet wurde, dafür, daß er beim Anblick des am Kreuz sterbenden Welterlösers mitleidvoll rief: „Styerk ham", d.h. stärke ihn.

Als Schutzpatron der Storchennester in den Dörfern gilt der heilige Agricolus, weil sich um diesen frommen Einsiedler die Störche friedlich zu sammeln pflegten (25, II).

Mit dem hochbeinigen Storch pflegt man einen langbeinigen und hageren Menschen zu vergleichen und nennt ihn in Bayern Störkel (20), in der Schweiz Stürchel.

An Stelle des Vergleichs mit dem Schwanenhals tritt in Frankreich (108, II) der Storchenhals, mit dem man hier einen langen, mageren und daher unschönen Hals vergleicht.

Reiher

Der Fisch- oder Grau-Reiher

Wie der Kranich, so ist auch der Fischreiher und überhaupt die Sippe der Reiher, da ihr zahlenmäßiges Vorkommen kein großes ist, im Volk nicht sehr bekannt. Daher spielen die Reiher auch in den Äußerungen des Volkes nur eine unwesentliche Rolle.

Für die Römer war es immer eine besonders glückliche Vorbedeutung, wenn sie einen Weißen Edelreiher nach Süden oder Norden fliegen sahen. Damit zeigte er ihnen an, daß nunmehr alle Angst und Gefahr vorüber sei (45).

Es dürfte kaum einen zweiten Vogel geben, der je nach Witterung sein Verhalten derart verändert oder gegen Witterungseinflüsse so empfindlich ist wie der Fischreiher. Naumann (91, VI) schreibt über diese Eigenschaft des Vogels: „Bei starkem Regenwetter ist er traurig und verläßt dann den gewählten Standort lange nicht; bei schwachen Regen schwärmt er dagegen von einem Teich und Flußufer zum andern und läßt dabei seine Stimme fleißig hören. Sehr unruhig ist er, wenn anhaltendes Regenwetter eben bevorsteht, sehr träge bei stiller, heißer Witterung."

Es ist daher völlig klar, daß gerade dieser Vogel, besonders bei Seeleuten und Fischern früherer Jahrhunderte, denen die kommende Witterung Verderben oder Überleben bringen konnte, große Bedeutung hatte.

Von den Fischreihern schreibt Oppianus: „Sie prophezeien im Sommer und Winter das Wetter. Steht Sturm bevor, legen sie den Kopf auf die

Abb. 40: Der Fischreiher, der auch, wie in Gessners Vogelbuch dargestellt, Schlangen nicht verschmäht.

Brust und wenden ihn nach der Seite, von der er kommen wird. Stehen sie traurig auf dem Sand, kommt Sturm, ebenso wenn sie die Gewässer schreiend verlassen und im Acker sich niederlassen oder zu den Wolken sich emporschwingen (45).

Fest überzeugt sind die Bauern in Frankreich, aus dem Benehmen dieser Vögel auf den Charakter des kommenden Wetters schließen zu können. Stehen die Reiher traurig am Ufer und bewegen sich nicht, dann soll der Winter nicht mehr fern sein (113, III).

Gessner der den Reiher noch als „Reigel oder Reiger" bezeichnet, nennt das Reiherfleisch unschmackhaft und ungesund und: „Welche stäts den fluss der guldinen aderen habend, fürauss den zockenden, die söllen Kranchen unnd und reigelfleisch meiden" (30).

In der Volksmedizin heißt es auch: „So eins kein stulgenge hatt. Nim Reigerschmaltz, einer Haselnuss gross, es muss sein wie vom Reiger kompt unnd nim es zu dir wie ein Zepfflin unnd behalt es eine halbe stundt oder so lang, als du kanst. Darnach sitz auff ein gemachstul unnd schutt warm wasser darein unnd wurff ein handvol Pappeln darein bleib darüber sitzen es hilft wol" (51).

Eine Salbe aus Reiherschmalz, Schwefel, weißer Nießwurz und Wachs ist gut gegen Lähmung (141, VIII).

„Dess Vogels schnabel in einer Eselshaut auff die Stirnen gebunden, bringt den schlaaff. Andere vermeinend dz der schnabel für sich selbs die krafft habe, in weyn gewäsche, als Plinius aussweysst. Andere heissend den mit einer Kräbsgallen in Eselsläder darfür anhencken. Wenn einer in eine gastmal ein tuch mit weyn darspreitet, darinn ein Reigelschnabel ligt, so werden die trinckenden entschlaaffen" (30).

In der Provence hat der Fischreiher nach dem Volksglauben sieben Gallenblasen (108, II).

In der Tierarzneikunde zu Gessners Zeiten empfahl man, den Pferden die Augen, um diese gesund zu erhalten, mit Reiher- oder Wachtel- schmalz zu bestreichen (30).

Im Kriege der Vögel mit den andern Tieren soll nach einer mecklenbur- gischen Sage der Fischreiher den Befehl zum Kampf gegeben haben. Da- her ruft er noch jetzt: „Scheet, scheet (schiesst, schiesst) (22, IV).

Die Rohrdommel

Der ominöse Paarungsruf, der bei diesen Vögeln die Stelle des Gesanges vertritt, ist ein furchtbares Gebrüll, dem eines Ochsen ähnlich und ihm an Tiefe und Stärke des Tones nur sehr wenig nachstehend: Töne, die ein Unkundiger eher einem Ungeheuer als einem Vogel, zumal verhältnismä- ßig untergeordneter Größe, zutrauen würde. Auf dieses Gebrüll der Rohr- dommel bezieht sich eine ganze Reihe von Namen des Vogels, die ihn zum Moor-, Moos-, Wasserochsen, Erdbullen, Moor-, Moos-, Lohr-Rind und zur Mooskuh oder -gais (91, VI) werden lassen.

Im 17. Jahrhundert bedeutete die Rohrdommel, deren Gebrumm allein schon eine ganze Gegend in Schrecken versetzen könnte, wenn sie nachts jemanden über den Kopf flog, einen Todesfall (113, III). Wenn in Olden- burg die Rohrdommel ruft, bedeutet es schlechte Zeiten (154).

Von guter Vorbedeutung ist es, wenn Rohrdommeln früh im Frühling rufen, damit verkünden sie eine reiche Ernte. Daher lautet die Bauern- regel:

> Kollert die Rohrdommel zeitig,
> werden die Schnitter nicht streitig (6).

Der Mecklenburger nennt das Geschrei der Rohrdommel: rohren. Macht sich nun jemand durch allzu laut tönende Körperwinde bemerkbar, vergleicht er diese mit dem dumpfen Rohren des Vogels und sagt: „Dat is jo grad' as wenn de wadendump (Rohrdommel) röppt (151, II).

Eine estnische Sage weiß, daß Pilatus zur Rohrdommel wurde, zur Strafe dafür, daß er Jesus hat kreuzigen lassen (22, II).

Nach einer mecklenburgischen Sage ist die Rohrdommel ein ehemaliger Viehhirt, der immer noch ruft: Radump, radump, hott, oss, kumm (151, II). Dann wieder hält sie ihn auch für einen von einem Pfarrer verwünschten Säufer, der ewig seinen Ruf: 'N rum, 'n rum, 'n rum, rufen muß (151, II).

Aus dem Brüllen der Rohrdommel hört man auch die mahnenden Worte: Du Lump, du Lump (151, II).

Kormorane

Der Kormoran

Auf den färöischen Inseln lautet eine Sage vom Kormoran und der Eiderente: „Der Kormoran und die Eiderente wollten beide Dunen haben. Es war aber nur einem von ihnen angeboten, sie zu bekommen, und sie sollten sich selbst darüber einigen, wer dies sein sollte. Endlich konnten sie sich in ihrem Streit, der entbrannt war, weil jeder die Dunen besitzen sollte, einigen, und zwar faßten sie den Entschluß, daß derjenige von ihnen, welcher am nächsten Morgen früher erwache und dem andern anzeige, wann die Sonne über dem Meeresstrand auftauche, die Dunen haben sollte, um sich damit zu wärmen. Beide setzten sich, als der Abend dämmerte, an den steinigen Strand nebeneinander. Der Kormoran wußte wohl, daß er fest zu schlafen pflegte und schwer aufwachte. Aus Furcht vor zu spätem Erwachen entschloß er sich, die ganze Nacht nicht zu schlafen und glaubte so zu erhalten, was er begehrte. Den ersten Teil der Nacht ging es leidlich gut, aber immer mehr mußte er, der sonst Schlafmütze hieß, kämpfen, daß ihn der Schlaf nicht übermannte. Doch saß er noch halb wach, als es vom Tag zu leuchten anfing. Da rief er vor Freude über sich selbst: „Nun blaut es im Osten." Über diesen Ruf erwachte die Eiderente, die nun ausgeschlafen war. Dagegen war jetzt der Kormoran so schläfrig, daß er die Augen nicht mehr offen halten konnte und einschlief, als es am meisten darauf ankam zu wachen. Als die Sonne aber dann auf dem Meer aufstieg, rief die Eiderente: „Tag im Meer". So erhielt sie die Dunen. Der Kormoran aber mußte noch mehr büßen; er verlor die Zunge, weil er nicht schweigen konnte, wo es galt zu schweigen.

Den vom Vogel in dieser Beziehung begangenen Fehler wendet man heute an, wenn jemand schwatzhaft ist und fragt: „Warum ist der Kormoran ohne Zunge?" Die Antwort lautet: „Damit er an seine eigene Zunge denken kann und in bezug auf das, was nicht gesagt sein soll, ihr einen Riegel vorschiebt" (141, II).

Haus- und Ziervögel
aus nichteuropäischen Ländern

Der Truthahn

Das erste Paar Truthühner soll Bischof Alessandro Geraldini von San Domingo nach Rom gesandt haben.

Zu Anfang des 16. Jahrhunderts gelangten Truthühner von Mexico nach Spanien und von hier 1524 unter Heinrich VIII. nach England, von wo sie etwas später Franz I. nach Frankreich einführte. Anno 1557 waren sie aber noch so selten und kostbar, daß der Rat von Venedig bestimmte, auf wessen Tafel „indische Hühner" kommen durften.

In England ist heute der Truthahn der Vogel, den die Mode ebenso gut auf den Weihnachtstisch verlangt wie den Mistelzweig in den Leuchter. In Amerika verspeist man diese Vögel allgemein am Tage des Nationalfestes, am 4. Juli.

Im Ersten Weltkrieg hielt man Truthühner in den Schützengräben, weil sie durch aufgeregte Warnlaute anzeigten, daß Flieger in Sicht waren, lange ehe sie menschliche Augen und Ohren wahrnehmen konnten.

Im Mecklenburgischen ritten früher die Hexen nicht nur auf Heugabeln, sondern auch auf Truthähnen nach dem Bocksberg (51, II). Will man in der Haute Bretagne den Schluckauf loswerden, wiederholt man neunmal an einen Truthahn die Worte: „Ich bin röter als du" (113, III).

Im Volksmund sind, da es sich um „fremdes" Geflügel handelt, nur wenige metaphorische Redensarten bekannt, und diese beziehen sich meistens auf das leicht zu reizende Wesen und das sich im Zorn starke Verfärben des Kopfes der Tiere. Daher: „So taub wie en Gurri" oder „En Chopf ha wie en Gurri (125, II). „Sich verfärben wie ein Truthahn" sagt man in Frankreich (108, VI).

Einen sich zornig verfärbenden Truthahn nennt man in Frankreich Jesuit (108, VI). Ruft man ihm diesen Spottnamen zu, gerät er ebenso in Wut, wie wenn man ihn mit dem Spottreim: „Plus rouge que toi" (113, III), in der Schweiz mit: „Gurri, Gurri, i bi röter weder du" neckt (125, II). Wie den Pfau hält man auch den Truthahn für hochmütig und stolz, für einfältig und dumm. Auf dieser Anschauung beruhen die französischen Redensarten: Hochmütig und stolz oder einfältig und dumm sein wie ein Truthahn (108, VI). C'est un dindon", gebraucht der Franzose geradezu im Sinne eines Dummkopfes (15).

Der Pfau

Die beiden Athener Pyrilampes und sein Sohn Demos brachten zur Zeit des Perikles den ersten Pfau nach Europa. Diese Vögel blieben aber bis zur Zeit Alexanders des Großen so selten, daß auch dieser sie erst in ihrer Heimat kennenlernte.

Als in Athen der Pfau noch eine Neuheit war, zeigte man das Wundertier gegen Eintrittsgeld nur einmal im Monat, und zwar am Neumond, denn dieser Tag war in Griechenland der Hera geheiligt.

Aus fernen Landschaften wie Lakonien und Thessalien kamen damals die Menschen, um die Wundervögel zu schauen, von denen ein Paar nicht weniger als 11 000 Drachmen (10 000 Franken), der Hahn 10 000 und die Henne 1 000 kostete (54, II).

Seit Indra in Gestalt eines Pfauhahnes floh, gilt dieser Vogel auch in Indien als heilig und dessen Tötung in den Augen der Eingeborenen als ein Verbrechen, das den Übeltäter mit dem Tode bedroht. Auf Grund ihrer Heiligstellung gehört es zu den Obliegenheiten der Geistlichen, die in der Nähe vieler Hindutempel sich aufhaltenden und, da sie nicht verfolgt werden, wenig scheuen Pfauen zu füttern.

Auch in Europa war der Pfau ehedem heilig. Er war das natürliche Symbol des sternenbesäten Himmels, indem man die Augen seines Schweifes mit den Sternen verglich. Der Pfau war der heilige Vogel der Himmelskönigin und Gemahlin des Zeus, der Göttin Hera, die der Sage nach den hundertäugigen Riesen Argos, den Wächter der Jo, töten ließ und seine Augen ihrem Lieblingsvogel in den Schwanz setzte. Heilig war er auch der römischen Juno, deren Wagen von zwei Pfauen gezogen wurde. Dies hinderte aber die Römer nicht, Pfauenfleisch zu essen und Pfauenhirn zu ihren Leckerbissen zu zählen. Man aß den Pfau weniger wegen besonderer Schmackhaftigkeit des Fleisches, das man seiner Zähigkeit halber für unverweslich hielt, sondern weil es als ein ausgesuchter Luxus galt.

Während bei den Griechen die Pfauenzucht nicht sonderlich florierte, warfen sich die Römer schon zu Beginn der ihnen so verhängnisvoll werdenden Periode des Luxus im 2. Jahrh. v. Chr. mit Leidenschaft auf diese Kunst. In den Geoponika geben Varro, Columella, Palladius und auch Dydimos genaue Unterweisung, wie man die Tiere aufziehen soll (54, II).

Hortensius, Ciceros Freund, durfte sich rühmen, der erste gewesen zu sein, der den Pfau braten ließ, anläßlich des Antrittsmahles als Oberpriester (159, I). Diese Tat wurde aber „von den frommen mannen mer für einen überfluss dann für ein lobwirdig ding gehalten" (30).

M. Aufidius Lucro mästete Pfauen und erzielte damit eine Jahreseinnahme von 3000 Gulden (159, I).

Bei Prunkmählern wurden vielfach Pfauen verspeist. Den Gipfel der Schlemmerei erreichte ohne Zweifel der kaiserliche Schlemmer Vitellis, der einmal eine Riesenschüssel, genannt Schild der Minerva, auftragen ließ, die mit Papageifischlebern, Flamingozungen, Muränenmilch, Fasanen- und Pfauenhirn bedeckt war. Dies alles hatten Kriegsschiffe aus allen Winkeln des Mittelmeeres zusammenbringen müssen. Ein eher unserem heutigen Empfinden gerecht werdendes Gegenstück leistete sich Martial, indem er das Schlachten und Verspeisen des wundervollen Vogels als Gefühlsroheit bezeichnete (54, II). Bis ins Mittelalter, wo noch in der Hochzeitswoche Karls des Kühnen von Burgund täglich hundert Pfauen auf die Tafel kamen, waren die Pfauen die Hauptzierde der Tafel hochgestellter Personen. Von jenem Zeitpunkt an aber verloren sie ihre wirtschaftliche Bedeutung gänzlich und wurden nur noch als Ziervögel gehalten.

War bei festlichen Anlässen Pfauen zu verspeisen geradezu Tradition, griff man nun zum Huhn, und wie einst der Pfau im alten Rom, so darf heute noch die Hühnersuppe als „kläglicher" Ersatz auf keiner Bauernhochzeit fehlen (114). Über die Kunst, Pfauen zur Speise zu bereiten, berichtet Gessner in seinem Vogelbuch (30): „So man den Pfawen getödt hat sol man jn zween, oder so er ein jar alt ist, drey tag aufhencken, damit sein hart fleisch davon etwas milter werde. Jm Sommer sol man jn einen tag, im Winter, da er denn gesünder, zween oder drey tag hange lassen. Man sol die Pfawen und Fasanen braten: wenn man sy aber mit pfäffer und salbinen seüdet, sind sy auch nit unlieblich zeässen".

„Dass man meine der Pfaw seye noch läbendig. den sol man töden, eintweders mit einere fäderen oben in das hirn gestossen, oder den stächen, als man pflägt die jungen lämber zu stäche, damit das blut herauss gang: darnach sol man die haut vom hals an biss zum schwantz leichtlich

zerschneyden: und so sy aufgeschnitten, wirt sy sampt den fäderen vo
gantzen leyb gegen dem kopff gezoge, welchen so du dasselbst abgeschnitten, so behalt jn mit sampt der haut und den beinen: und so du den
Pfawen mit specereyen und wolriechenden kreüteren aussgefüllt hast, so
brat jn am bratspiessz: doch spick jn vorhin an der brust mit nägelin, und
verwickel den halss mit eine reinen leininen tüchlin, und befeücht den
stäts mit wasser damit er nit gar aussdorre. So er aber gebraten und ab
dem spiessz gezogen ist, so bedeck jn widerumb mit seiner haut: und damit er auf seinen füssen aufrecht stande, so nimm eysindrät die darzu bereit, und in ein brät gesteckt worden. die stoss durch die beim, damit man
sy nit sehen mög, unn durch den leyb biss zu kopff unn schwantz. Etliche
stossend, jnen, umm schimpff und glächters willen, Campher mit wullen
inn schnabel, und zündend den im auftragen an mit fheür. Man mag auch
ein gebratenen und zubereiteten Pfawe ugülden mit bletteren, allein von
lust und prachts wägen" (30).

Im Altertum glaubte man, das Fleisch der Pfauen sei unverweslich und
brachte sie deswegen später als Symbol auf christlichen Gräbern an. So
erblicken wir den Pfau als Sinnbild der ewigen Seligkeit auf zahlreichen
Grablampen, Grabwänden, Sarkophagen und Grabsteinen der Kaiserzeit.
Die alten Christen haben Pfauen oft in den Katakomben, an Grabkapel-
len und Kirchen dargestellt, namentlich in Verbindung mit Ornamenten,
so auf dem Porphyrsarkophag der heiligen Constantia in Rom (54, II). An
Unsterblichkeit und Seligkeit erinnert wohl auch der an die Wand eines
voller Schädel hängenden Grabgewölbes der Katakomben von Neapel ge-
malte große radschlagende Pfau (85, II).

Auf altdeutschen Bildern, so wie auf dem berühmten Danziger Weltge-
richt der Engel Michael, tragen Engel häufig Pfauenfedern in ihren Flügeln (85, II).

Konrad von Megenberg (82) sieht in seinem Buch der Natur im Pfau
das Sinnbild eines Bischofs. Die saphirne Brust soll den Glauben bedeuten, und der Schweif stellt die Untertanen vor. Am Fest des heiligen Libo-
rius trägt man der feierlichen Prozession einen Pfauenschwanz voran,
weil es ein Pfau war, der, dem Heiligen voranfliegend, den Weg nach Pa-
derborn wies (85, II). Anno 1300 kannte man einen Otto dictus pavo und
im 15. Jahrhundert einen Jörg Pfauenschwanz (39). Heute ist Pfau der
einzige von diesem Vogel hergenommene Geschlechtsname.

Der Pfau, im Hühnerstall gehalten, vertreibt Nattern und Ungeziefer
und zieht die Krankheiten des Federviehs an sich (43). Wer Pfauenfedern
auf sich trägt, hat in Frankreich (100, VI) Unglück zu erwarten. Calla,
Hortensien und auch Pfauenfedern im Zimmer gehalten, bringen in
Schlesien (24, II) allgemein Unglück, in Posen (58) Zwietracht. Bei den
Wenden soll man diese Federn nicht hinter den Spiegel stecken (134) und

in Rogasen (58) überhaupt nicht ins Haus bringen, sonst stirbt jemand darin. Auch der Pfau hat in der Volksmedizin einige Bedeutung erlangt: „Pfawenfleisch wirt unzerstört und frisch behalten, und nit unbillich: dann es ist herrt und aderecht, kalt und trocken, und derhalben schwarlich zu vertöuwen, doch gut und lieblich zeässen, gebirt böse feüchte und gallen im menschen. Es schadet den läbersüchtigen und miltzsüchtigen. Alle grosse vögel gebend vil narung, als der Pfaw, die Gans s. Pfawenfleisch ist den müsig gengern nit gsund, sunder mer den arbeitere. Man mag die Pfawen bereiten als im Kranchen gesagt ist, und so man guten starcke weyn farauf trinckt, werdend sy dester leychtlicher vertöuwt. Die so den fluss der guldinen aderen stäts habend, die söllend die Kränch und Pfawen in der speyss meyden" (30).

Bei Konvulsionen der Kinder als „nervenbelebend" gelten die Einreibungen der Stirn und Schläfe mit Hirschhorngeist und das Riechen an einer verbrannten Pfauenfeder (29). An angebrannten Federn dieses Vogels läßt man in Bayern (43) Epileptiker, denen auch Pfauendreck (46, II) sehr dienlich ist, riechen. Pfauenfedern werden mit Bier gekocht und dieses wird Frauen, die an bösen Brüsten leiden, zu trinken gegeben (51). „Rauch von Pfawenfäderen in die augen gelassen, ist den roten oder trieffenden augen dienstlich. Disen mist getruncken, heilet den fallenden siechtag: er soll auch das Podagran milteren. Sein brüyen sol mit sunderer krafft den stich oder das seytenwee hinweg nemmen, fürauss wenn sy feisst ist. Pfawenschmaltz mit rautensafft und honig, benimpt das darmgicht, so von kalter feüchte kommen. Sein gebein verbrennt, unnd in essich zerstossen und aufgestrichen, benimpt den aussatz und die ungestalteten fläcken des leybs, als Symeon Setli bezüget" (30). Bindehautkatarrh, sog. Triefaugen, werden geheilt durch Aufschmieren von Pfauengalle (51).

„Pfaweneyer habend ebend die krafft wie die Hünereyer. Atheneus sagt, dass die Pfaweneyer ausser aller anderen vöglein eyer die besten seynd. Ant. Gazius aber spricht, dass sy die aller bössten seynd, von wägen jres ungeschmackten und übelriechenden fleischs. Pfaweneyer sind gut goldfarb zu machen" (30). Im Mittelalter empfahl man, um weiße junge Pfauen zu erhalten, dem brütenden Pfauenweibchen ein weißes Tuch vor die Augen zu hängen (125, V).

Wenn die Pfauen zu außergewöhnlicher Zeit schreien, zeigen sie den Tod eines Hausbewohners an. Es ist dies ein Volksglaube, den bereits Aldrovandus anführt, gegen den er sich jedoch ausdrücklich verwahrt (45).

Schreien Pfauen in der Nacht öfter und bäumen höher auf als gewöhnlich, folgt schon nach Theophrastus Regen. Nach wenigen Stunden soll Regen zu erwarten sein, wenn der Pfau bis in die Gipfel der Bäume und auf Mauern steigt und seine durchdringende Stimme hören läßt (45).

„'sgid ander Wetter d'Pfaue schräed wüest", sagt man im Kanton Zürich
(125, V). Schlägt der Pfau aber das Rad, wird das Wetter noch lange
schön bleiben.

Eine mohammedanische Sage berichtet, daß der Pfau im Paradies lieblich gesungen habe, seine Stimme aber in eine häßliche verwandelt worden sei, als er zusammen mit dem ersten Menschenpaar und der Schlange
daraus vertrieben wurde (85, II).

Nach einer maltesischen Sage hatte der Pfau einst Füße mit hübschen
blauen Klauen; die paßten zu seinem ganzen Äußeren, hatten aber einen
Fehler: sie klapperten, und der Pfau ärgerte sich oft, da er ihretwillen nie
leise auftreten konnte. Als nun die Tiere einst ein Fest veranstalteten, um
zu sehen, wer von ihnen das vollkommenste Geschöpf sei, schämte sich
der ebenfalls geladene Pfau seiner klappernden Füße wegen und wollte
nicht hingehen. Der Hahn war gleichfalls unzufrieden, denn er hatte damals noch kein so buntes Gewand wie heute, und so kam es, daß er den
Pfau aufsuchte, um sich einige Federn zu borgen. Dieser hatte zwar anfangs keine Lust, von seinem Putz etwas zu opfern, aber schließlich sagte
er: „Ja, ich kann dir ein paar Federn geben, nur mußt du dich mit solchen
begnügen, die am Hinterteil sitzen; die verbergen doch bloß meine
Schönheit, und außerdem mußt du mir deine ritterlichen Füße leihen. Ich
will zeigen, wie schön sie sich ausnehmen, wenn sie einen schmucken
Körper tragen." Der Hahn sagte zu, und der Pfau wollte gleich zugreifen,
um sich dessen Füsse anzulegen. Der Hahn aber sagte: „Zieh nur erst
deine Klauen aus, damit der Sporn richtig sitzt." Der Pfau tat es und
rupfte so viele Federn aus, damit das Hinterteil bloßgelegt wurde. Der
Hahn steckte sich diese an und war stolz, wie gut ihn der Federbusch klei-
dete. Als ihm nun der Pfau die Sporen abverlangte, lachte er ihn im stillen
aus, laut aber sagte er: „Natürlich kriegst du sie, nur muß ich erst heimge-
hen, um sie abzulegen. Im Freien geht das nicht." Also gingen sie zusammen in des Hahnes Behausung, und dort gab der Hahn dem Pfau ein paar
Füße. Sein Vater war mauserig gewesen, und die Füße waren etwas grin-
dig, doch hatten sie schöne Sporen. Eilig zog der Pfau sie an und ging voller Stolz von dannen. Plötzlich aber kam ein kalter Wind, und an der
Stelle, die durch das Federzupfen kahl geworden war, spürte er einen
empfindlich frischen Luftzug. Seine Torheit einsehend, ging er gesenkten
Hauptes in die Versammlung. Kaum aber hatten die andern seine Kahl-
heit entdeckt, lachten sie ihn aus, und als er sich selbst von seinem Aussehen überzeugen wollte und mit den gespornten Füssen hinaufschlug, traf
ihn ein neues Unglück. Die Sporen waren nur lose befestigt und fielen ab.
Er wurde des Betruges angeklagt und mußte die Versammlung verlassen.
Wütend suchte er den Hahn auf und verlangte seine Federn zurück. Dieser aber blähte sich auf und behauptete, der schöne Busch habe ihm von

jeher gehört, Als der Pfau auch seine abgelegten Klauen forderte. spottete
der Hahn: „Gib nur fein acht! Sicher trittst du mal darauf, und dann
wachsen sie dir an." Tief gekränkt ging der Pfau heim und hat seine erlit-
tene Schmach bis heute nicht vergessen. Wenn er sich stolz aufbläht und
seine schillernden Federn entfaltet, braucht man ihm nur auf die Füsse zu
sehen, um ihn zu ärgern. Auch wenn er sich unbeobachtet glaubt, kann er
toll werden vor Wut, wenn er an seine Füsse denkt und sieht, daß die
Klauen noch immer nicht angewachsen sind. Der Hahn hat sie nämlich
aus Bosheit weitergegeben, und ein anderes Tier trägt sie bis auf den heutigen Tag (22, III).

Eine äsopische Fabel von der Königswahl der Vögel berichtet: Als die
Vögel einen König wählen wollten, machte der Pfau wegen seiner Schönheit Anspruch auf diese Würde. Als nun die Wahl auf ihn fiel, ergriff eine
Dohle das Wort und fragte: „Wenn nun du König bist und den Adler die Lust
ankommt, uns zu verfolgen, wie wirst du uns da helfen?" (22, IV).

Vom Pfau erzählt man sich in Ungarn, der Teufel habe außer ihm keinen andern Vogel. Denn der Pfau habe dem Teufel sein Fleisch und auch
seine Füße verkauft, damit er schöne Federn erhalte. Daher kommt es,
daß er kein Fleisch, sondern nur Haut und Knochen hat. Damit er der
schönen Federn wegen nicht zu übermütig werde, bekam er häßliche
Füsse, die er sich nicht getraut anzublicken, denn wenn er sie ansähe,
müßte er vor Scham sterben (22, I).

Nach einer russischen Sage putzte die Pfauin den Pfau zum Ostersonntag und kam nicht dazu, sich selbst anzukleiden. Daher ist der Pfau so
bunt, während das Weibchen nur einen Kopfschmuck trägt (22, I).

Gessner erwähnt, daß die Federn des Pfaumännchens wegen ihrer
Schönheit von den Jungfrauen viel zu Kränzen und dergleichen Zierrat
verwendet würden. Zu seiner Zeit machte man, besonders aus den langen
Schwanzfedern, gerne Fliegenwedel (30).

Pfauenfedern wurden auch als Helmschmuck getragen, so von den
habsburgischen Kriegern, die dem Adel angehörten. So war der Pfau zum
Symbol Österreichs geworden, und deshalb nannten die Eidgenossen, die
sich mit habsburgischen Heerscharen oft schlagen mußten, diese nur
Pfau. Von den alten Glarnern hieß es: „Dem fyndt könnents entgegen tra-
ben, der pfaw hat oft gen in gemupft, des hand s'im wüest die fädren
brupft. (in der Schlacht bei Näfels) 125, V).

Dem Pfau wird nachgesagt, daß er stolz und hoffärtig sei. Deshalb vergleicht das Volk gerne Weibsbilder, die sich übertrieben kleiden und sich
auch in ihrem Benehmen auffällig und abstoßend zeigen, „Pfau".

„Si chunnt de her wie-n-e Pfau", sagt der Luzerner von einer solchen
Eva. Ein Gegenstück zu dem bekannten Wort „Außen fix, innen nix" haben die Siebenbürger Sachsen (37) in ihrer Redensart „Oben Pfau, unten

Abb. 41: Der Pfau als Sinnbild der Schönheit und des Stolzes. Ausschnitt aus dem Bild „Der Schenke von Limpurg" aus der „Manessischen Handschrift".

Krähe", die sich ebenfalls darauf bezieht, daß Frauen auf welche diese Worte in Anwendung kommen, Unsauberkeit und schmutzige Wäsche durch Glanz und Flirt verdecken. Ein schweizerisches Sprichwort (10) geht noch weiter und meint: „Was der Pfau am Kopf zu wenig hat, hat er am Schwanz zu viel."

In den Luzerner Osterspielen von 1733 „Die Figur der Hochzeit zu Kana" schleppt Bacchus, rufend: „Botz Himmel schwartz und Spiegelgrauw, wie ist das nit ein feissen Pfauw", ein hoffärtiges Weibsbild zur Hölle (125, V).

Das Perlhuhn

Im griechischen Altertum, wohin das Perlhuhn aus Karthago kam, brachte man es, wie die Mythe berichtet, mit dem berühmten Jäger Meleager in Beziehung. So sollen diese Vögel Meleagers verwandelte Schwestern sein, die heute noch die um den Tod ihres Bruders vergossenen Tränen als Perlen im Gefieder tragen. An ihre Trauer gemahnt auch die schrille, wehklagende Stimme. Die ersten, die das Perlhuhn oder die Gallina africana wegen des schmackhaften Fleisches auf die Tafel brachten, waren die Römer (117).

Der Pelikan

Nach Epiphanus soll das Weibchen des Pelikans durch stürmische Liebkosungen seine Jungen töten. Das Männchen aber reißt sich in aufopfernder Liebe mit dem Schnabel die eigene Brust auf und läßt das Blut auf die toten Jungen rinnen, die dadurch wieder lebendig werden. In dem für seine Jungen sein Blut vergießenden Pelikan erkannten schon die Kirchenväter des Mittelalters ein Sinnbild des am Kreuze sterbenden Welterlösers. In diesem Sinne wurde der Pelikan an dem berühmten Altar der Kirche zu Gent, im Freiburger Münster und anderswo angebracht (85, II).

Mythenvögel

Die „Habergeiß"

Die Habergeiß ist ein Sagenvogel und als solcher auch ein Unglücksvogel, der in den Sagen Steiermarks, Tirols und Kärntens eine große Rolle spielt. Sie hat drei Füße, und ihre Stimme ist dem Meckern einer Geiß ähnlich.

Vonbun (136) schreibt: „Von der Habergeiß sagt man um Nüziders im Walgau, sie sei ein Vogel mit gelbem Gefieder und der Stimme einer Ziege. Dieser rätselhafte Vogel wird zu Beginn der Maienzeit nur bevorzugten Sterblichen sichtbar, und seine meckernde Stimme ist ebenso ein

Frühlingsbote als der Ruf des Kuckucks. Andere wieder sagen, die Habergeiß habe im ganzen die Gestalt einer Geiß, aber Pferdefüße und ein Maul, das einer halbgeöffneten „Gramala", Hanfbreche, italienisch la gramola, gleiche; noch andere halten sie für eine Gemse mit Flügeln. Es gibt aber auch Leute, die weder an diesen gelbgefiederten, frühlingsverkündenden Wundervogel noch an die pferdefüßige Geiß und geflügelte Gemse glauben, sondern unter Habergeiß nur eine Nachteule gemeint wissen wollen (136).

In Kärnten darf man den Ruf der Habergeiß nicht nachahmen, sonst kommt sie herbei, und es läuft übel ab. Wer sie in der Neujahrsnacht schreien hört, wird bald das Zeitliche segnen müssen.

Der Vogel Greif

Der Vogel Greif ist noch weit fabelhafter als das Tiroler Ungetüm Habergeiß. Er soll ein adlerähnlicher Vogel sein. In Basel ist der Greif das Wappen haltende Tier einer der drei Ehrengesellschaften Klein-Basels,

Abb. 42. Wirtshausschild aus Dinkelsbühl „Zum Greifen". Schmiedeeisen, datiert 1545.

welche jährlich einen Maskenumzug mit Festmahl, dem sog. „Grifenmali" halten. Das alte Stammlokal dieser Gesellschaft ist der Gasthof „Zum Greifen". An diesen fabelhaften Vogel erinnert in Basel weiter die Greifengasse, in der Stadt Zürich das Haus „Zum Greifen". In Ortsnamen erscheint er im bernischen Griffenbach, im zürcherischen Greifensee und im luzernischen Greifenthal (125, II).

Oft erscheint der Vogel Greif, dieses mystische Tier mit Löwenleib, Flügeln und Kopf des Adlers, in der griechischen Mythologie. Er war das Symbol göttlicher Macht und wurde häufig zum Schmücken von Säulen und Tempelgiebeln verwendet. In der Danteschen Dichtung ist der Greif das Sinnbild Christi, dem Papst und Kirche einzig folgen sollen.

In zahlreichen Märchen und Sagen taucht der Vogel Greif in verschiedenster Gestalt auf, meist als Retter und Helfer in Not geratener Menschen, aber auch als böser Dämon oder menschenfressendes Untier.

Von dem Greyffen.
Gryphus.

Abb. 43. Gessner war von der Existenz des Greifen so überzeugt, daß er ihn in sein „Vogelbuch" aufgenommen hat. Er wird von ihm gemäß der griechischen Mythologie als halb Adler, halb Löwe abgebildet.

Literatur-Verzeichnis

1. Andree – Eysn Marie: Volkskundliches aus dem bayrisch-österreichischen Alpengebiet. Braunschweig 1910.
2. Andree, Richard: Etnographische Parallelen und Vergleiche. Stuttgart 1878.
3. Andree, Richard: Braunschweiger Volkskunde. Braunschweig 1901.
4. Andreesen, Karl Gustaf: Über deutsche Volksetymologie. Heilbronn a.N. 1877.
5. Arneth, J.: Über die Taubenorakel von Dodona. Wien 1840.
6. Bartsch, K.: Sagen, Märchen und Gebräuche aus Mecklenburg II. Band Wien 1880.
7. Bechstein, L.M.: Naturgeschichte der Hof- und Stubenvögel. Leipzig 1870.
8. Beck, J.: Geschichte der Römer und Griechen. Hannover 1858.
9. Bertsch, H.: Weltanschauung, Volkssage und Volksbrauch. Dortmund 1910.
10. Binder, W.: Sprichwörterschatz der deutschen Nation. Stuttgart 1875.
11. Birlinger, Anton: Alemannia. Zeitschrift für Sprache, Literatur und Volkskunde des Oberrheins und Elsasses 20 Bände. Bonn 1873 ff.
12. Birlinger, Anton: Volkstümliches aus Schwaben. 2 Bände Freiburg im Breisgau. 1861 und 1862.
13. Blätter für hessische Volkskunde. Giessen 1899–1901.
14. Boecler, J.W.: Der Ehsten abergläubische Gebräuch, Wesen und Gewohnheiten. Petersburg 1854.
15. Brinkmann, Friedrich: Die Metaphern. Bonn 1878.
16. Bronner, F.J.: Von deutscher Sitt' und Art.: München 1908.
17. Büchmann, Georg: Geflügelte Worte. Berlin 1867.
18. Buschan, Geo: Illustrierte Völkerkunde. 2 Bände. Stuttgart 1922–1926.
19. Canaan, T.: Aberglaube und Volksmedizin im Lande der Bibel. Hamburg 1914.
20. Cohn, Hugo: Tiernamen als Schimpfwörter. Berlin 1910.
21. Creuzer, G. Friedrich: Symbolik und Mythologie der alten Völker, besonders der Griechen und Römer. Leipzig und Darmstadt 1819. 1821.
22. Dähnhardt, Oskar: Natursagen. 4 Bände, Leipzig und Berlin 1907–1912.
23. Dietrich, Albrecht: Archiv für Religionswissenschaft. 2 Bände, Leipzig 1898 ff.
24. Drechsler, F.: Sitte, Brauch und Volksglaube in Schlesien. 2 Bände, Leipzig 1903 und 1908.
25. Düringsfeld, Ida und Reinsberg – Düringsfeld, O. Freiherr von: Sprichwörter der germanischen Sprachen. 2. Bände. Leipzig 1872, 1875.
26. Engelien, A. und Lahm, W.: Der Volksmund in der Mark Brandenburg. Berlin 1868.
27. Flügel, Dr.: Volksmedizin und Aberglaube im Frankenwalde. München 1863.

28. Fontaine, E. de la: Luxemburger Sitten und Bräuche. Luxemburg 1888.
29. Fossel, Viktor: Volksmedizin und medizinischer Aberglaube in Steiermark. Graz 1885.
30. Gessner, Conrad: Vogelbuch. Durch Rud. Heusslin aus dem lateinischen ins Teutsch gebracht. Zürich 1557.
31. Graf, Albert: Aus der Heimatflur. Zürich.
32. Grimm, Gebr.: Deutsche Sagen, 2 Bände. Berlin 1891.
33. Grimm, Jacob: Deutsche Mythologie. 3 Bände. Berlin 1875–1878.
34. Grimm, Jacob: Deutsche Rechts Altertümer. Göttingen 1854.
35. Grohmann, J.V.: Aberglauben und Gebräuche in Böhmen und Mähren. Leipzig 1864.
36. Gubernatis, Angelo de: Die Tiere in der indogermanischen Mythologie. Leipzig 1874.
37. Haltrich, Josef: Zur Volkskunde der Siebenbürger – Sachsen. Wien 1885.
38. Hartels, Max: Die Medizin der Naturvölker. Leipzig 1893.
39. Heintze, Albert: Die deutschen Familiennamen. Halle a.S. 1882.
40. Henne, J.H.: Schweizerische Lieder und Sagen. Basel 1824.
41. Herzog, H.: Schweizersagen. Aarau 1871.
42. Heyl, Adolf: Volkssagen, Bräuche und Meinungen aus Tirol-Brixen 1897.
43. Höfler, M.: Volksmedizin und Aberglaube in Oberbayerns Gegenwart und Vergangenheit. München 1893.
44. Hoffmann-Krayer, E.: Schweizer Archiv für Volkskunde. Zürich 1897 ff.
45. Hopf, Ludwig: Tierorakel und Orakeltiere in alter und neuer Zeit. Stuttgart 1888.
46. Hovorka, O. und Kronfeld, A.: Vergleichende Volksmedizin. Stuttgart 1908 und 1909.
47. Hunger, J.: Babylonische Tieromina nebst griechisch-römischen Parallelen. Leipzig 1909.
48. Jacklin, Dietrich von: Volkstümliches aus Graubünden. Chur 1916.
49. John, Alois: Sitte, Brauch und Volksglauben im deutschen Westböhmen. Prag 1905.
50. John, E.: Aberglaube, Sitte und Brauch im sächsischen Erzgebirge. Annaberg 1909.
51. Jühling, Johannes: Die Tiere in der deutschen Volksmedizin alter und neuerer Zeit. Mittweida 1900.
52. Kehrein, J.: Volkstümliches aus Nassau. Leipzig 1891.
53. Keller, Otto: Lateinische Volksetymologie und Verwandtes. Leipzig 1891.
54. Keller, Otto: Die Antike Tierwelt. II. Band. Leipzig 1913.
55. Keller, Otto: Rabe und Krähe im Altertum. Prag 1893.
56. Keller, Otto: Tiere des klassischen Altertums in Kulturgeschichtlicher Beziehung. Innsbruck 1887.
57. Köhler, Johann August Ernst: Volksbrauch, Aberglaube, Sagen und andere alte Überlieferungen im Voigtlande. Leipzig 1867.
58. Knoop, O.: Volkstümliches aus der Tierwelt. Beiträge zur Volkskunde der Provinz Posen. Rogasen 1905.

59. Knoop, O.: Volkssagen, Erzählungen, Aberglaube, Gebräuche und Märchen aus dem östlichen Hinterpommern. Posen 1885.
60. Krauss, Friedrich, S.: Sitte und Brauch der Südslaven. Wien 1885.
61. Krauss, Friedrich, S.: Slavische Volksforschungen, Abhandlungen über Glauben, Gewohnheitsrechte, Sitten und Bräuche etc. Leipzig 1908.
62. Krauss, Friedrich, S.: Volksglaube und religiöser Brauch der Südslaven. Münster i. Westf. 1890.
63. Kreutzwald, P.R. und Neus H.: Mythische und Magische Lieder der Ehsten. Petersburg 1854.
64. Kuhn, Adalbert: Mythologische Studien, Band I, Gütersloh 1886.
65. Kuhn, Adalbert: Sagen, Gebräuche und Märchen aus Westfalen. Leipzig 1859.
66. Kuhn, Adalbert: Märkische Sagen und Märchen nebst einem Anhang von Gebräuchen und Aberglauben. Leipzig 1843.
67. Kuhn, A. und Schwartz, W.: Norddeutsche Sagen, Märchen und Gebräuche. Leipzig 1848.
68. Lachmann, Theo: Überlinger Sagen, Bräuche und Sitten. Konstanz 1909.
69. Lammert, G.: Volksmedizin und medizinischer Aberglauben in Bayern. Würzburg 1869.
70. Lehmann, Alfred: Aberglaube und Zauberei. Stuttgart 1908.
71. Leoprechting, Karl, Freiherr von: Aus dem Lechrain. München 1855.
72. Bächtold – Stäubli H.: Lexicon des Aberglaubens.
73. Löw, Karl Anton: Naturgeschichte aller durch Vertilgung schädlicher Insekten und der Landwirtschaft, dem Gartenbau und der Forstwirtschaft nützlichen Tiere. Stuttgart 1847.
74. Lütolf, Alois: Sagen, Bräuche und Legenden aus den fünf Orten Luzern, Uri, Schwyz, Unterwalden und Zug. Luzern 1865.
75. Mannhardt, Wilhelm: Die Korndämonen. Berlin 1868.
76. Mannhardt, Wilhelm: Wald- und Feldkulte, 2 Bände. Berlin 1875 und 1877.
77. Mannhardt, Wilhelm: Mythologische Forschungen aus dem Nachlaß von ... Straßburg 1894.
78. Mannhardt, W.: Germanische Mythen und Forschungen. Berlin 1858.
79. Manz, Werner: Frühlings., Liebes- und Schicksals-Orakel. Ragaz 1921.
80. Manz, Werner: Volksbrauch und Volksglauben des Sarganserlandes. Basel und Straßburg 1926.
81. Maylli, Anton von: Mythen, Sagen, Märchen vom alten Grenzland am Isonzo. München 1916.
82. Megenberg, Konrad von: Das Buch der Natur. Stuttgart 1861.
83. Meier, E.: Deutsche Sagen, Sitten und Gebräuche aus Schwaben. Stuttgart 1852.
84. Mellin, Christof Jakob: Praktische Materia medica. Fankfurt a. Main 1793.
85. Menzel, Wolfgang: Christliche Symbolik. 2 Bände. Regensburg 1854.
86. Menzel, Wolfgang: Zur deutschen Mythologie in Odin. Stuttgart 1855.
87. Messikommer, H.: Aus alter Zeit, 2 Bände. Zürich 1909 und 1910.
88. Meyer, E.H.: Deutsche Volkskunde, Straßburg 1898.

89. Montanus: Die deutschen Volksfeste, Volksbräuche und deutscher Volksglauben. Iserlohn.

90. Müller, W.: Beiträge zur Volkskunde der Deutschen in Mähren. Wien und Olmütz 1893.

91. Naumann, Friedrich: Naturgeschichte der Vögel Mitteleuropas, 12 Bände. Gera 1905.

92. Nork, F.: Die Sitten und Bräuche der Deutschen und ihrer Nachbarländer. Stuttgart 1849.

93. Orelli, Conrad von: Allgemeine Religionsgeschichte, 2 Bände Bonn 1911 und 1913.

94. Ornithologische Monatsschrift 1878–1898.

95. Panzer, Friedrich: Beitrag zur deutschen Mythologie, 2 Bände München 1848, 1855.

96. Paullini, E. F.: Kleine, doch curieuse und vermehrte Bauern-Physik Frankfurt und Leipzig 1706.

97. Peter, A.: Volkstümliches aus Oesterreichisch-Schlesien, 3 Bände. Tropau 1865–1873.

98. Ramseyer, J. U.: Unsere gefiederten Freunde, 3 Bände, Bern 1922–1924.

99. Reinsberg – Düringsfeld, Freiherr von: Das festliche Jahr Leipzig 1898.

100. Revues des Traditions populaires. Paris 1886.

101. Reiser, K.: Sagen, Gebräuche und Sprichwörter des Allgäus, 2 Bände. München 1894.

102. Riegler, Richard: Das Tier im Spiegel der Sprache. Dresden und Leipzig 1907.

103. Riehm, E. C.: August, Handwörterbuch des biblischen Altertums, 2 Bände. Bielefeld und Leipzig 1864.

104. Rochholz, E. L.: Naturmythen. Neue Schweizersagen. Leipzig 1862.

105. Rochholz, E. L.: Deutscher Glaube und Brauch im Spiegel der heidnischen Vorzeit. 2 Bände. Berlin 1857.

106. Rochholz, E. R.: Alemannisches Kinderlied und Kinderspiel aus der Schweiz. Leipzig 1857.

107. Rochholz, E. L.: Schweizersagen aus dem Aargau. 2 Bände. Aarau 1856.

108. Rolland, Eugène: Faune populaire de la France. 10 Bände. Paris 1977–1915.

109. Rosenkranz, O.: Die Pflanzen im Volksaberglauben. Leipzig 1896.

110. Rothenbach, J. R.: Volkstümliches aus dem Kanton Bern. Zürich 1876.

111. Rübenkamp, W.: 1200 gebräuchliche französische Sprichwörter. Zürich 1903.

112. Sartori, Paul: Sitte und Brauch, 3 Bände. Leipzig 1810–1814.

113. Sébillot, Paul: Le Folk-Lore de France. Paris 1904–1907.

114. Seifart, K.: Sagen, Märchen, Schwänke und Gebräuche aus Stadt und Stift Hildesheim. Göttingen 1854.

115. Seyfart, G.: Aberglaube und Zauberei in der Volksmedizin Sachsens. Leipzig 1913.

116. Simrock, Karl: Handbuch der deutschen Mythologie mit Einschluss der nordischen. Bonn 1869.

117. Suolathi, Hugo: Die deutschen Vogelnamen. Eine wortgeschichtliche Untersuchung. Straßburg 1919.
118. Sutermeister, Otto: Die Schweiz. Sprichwörter der Gegenwart Aarau 1869.
119. Scheftelowitz, Isidor: Das stellvertretende Huhnopfer. In: Religionsgeschichtliche Versuche und Vorarbeiten. Band 14 Giessen 1914.
120. Schindler, H. B.: Dr., Der Aberglaube des Mittelalters. Breslau 1858.
121. Schmidt, Johann: Geo, Die gestriegelte Rockenphilosophie Chemnitz 1706.
122. Schönwerth, F.: Sitten und Sagen aus der Oberpfalz, 3 Bände. 1857–1859
123. Schwartz, F., L.W.: Der heutige Aberglaube und das Heidentum. Berlin 1862.
124. Schweizer Volkskunde: Korrspondenzblatt der Schweizer Gesellschaft für Volkskunde. Basel 1911 ff.
125. Schweiz. Idiotikon: Wörterbuch der schweizerdeutschen Sprache. Gesammelt auf Veranlassung der antiquarischen Gesellschaft in Zürich. Frauenfeld 1881 ff.
126. Stemplinger, E.: Sympathieglauben und Sympathiekuren im Altertum und Neuzeit. München 1919.
127. Stengel, P.: Opferbräuche der Griechen. Leipzig und Berlin 1910.
128. Stern Bernhard, Medizin, Aberglauben und Geschlechtsleben in der Türkei. 2 Bände Berlin 1903.
129. Stöber, August: Zur Geschichte des Volksaberglaubens im Anfang des 16. Jahrhunderts. Basel 1856.
130. Stoll, O.: Zur Kenntnis des Zauberglaubens, der Volksmagie und Volksmedizin in der Schweiz. Zürich 1909.
131. Strackerjan, I.: Aberglaube und Sagen aus dem Herzogtum Oldenburg. 2 Bände Oldenburg 1909.
132. Studer T. und Fation V.: Katalog der schweiz. Vögel. Bern und Genf 1889–1919.
133. Tschudi, Friedrich, von, Biographien und Tierzeichnungen aus dem Tierleben der Alpen. Zürich 1918.
134. Veckenstedt, E.: Wendische Sagen, Märchen und abergläubische Gebräuche, Graz 1880.
135. Vernaleken, Theo: Mythen und Bräuche des Volkes in Österreich. Wien 1859.
136. Vonbun, P.J.: Beiträge zur deutschen Mythologie. Gesammelt in Churrätien. Chur 1862.
137. Wackernagel, Wilhelm: „Eleca Iltepoenta". Ein Beitrag zur vergleichenden Mythologie. Basel 1860.
138. Wackernagel, Wilhelm: Voces cariae animantum. Basel 1857.
139. Wallbergen, J.P.C.: Zauberbuch. Frankfurt und Leipzig 1745.
140. Weckmann, P.F.: Ornithologisch-photographische Naturstudien. Bielefeld und Leipzig 1922.
141. Weinhold, Karl: Zeitschtr. des Vereins für Volkskunde, 31 Bände. Berlin 1891 ff.
142. Winteler, J.: Naturlaut und Sprache.
143. Witzschel, A.: Sagen, Sitten und Gebräuche aus Thüringen. Wien 1878.

144. Wlislocki, H. von: Märchen und Sagen der Bukowiner und Siebenbürger Armenier. Hamburg 1831.
145. Wlislocki, H. von: Volksdichtungen der siebenbürgischen und südungarischen Zigeuner. Wien 1880.
146. Wlislocki, H. von: Aus dem Volksleben der Magyaren. München 1893.
147. Wlislocki, H. von: Volksglaube und Volksbrauch der Siebenbürger Sachsen. Berlin 1893.
148. Woeste, J. F. L.: Volksüberlieferungen in der Grafschaft Mark. Iserlohn 1848.
149. Wolf, J. W.: Beiträge zur deutschen Mythologie. 2 Bände. Göttingen 1852 und 1857.
150. Wossidlo, Richard: Mecklenburgische Volksüberlieferungen. 2 Bände. 1857, 1859.
151. Wolf, J. W.: Zeitschrift für deutsche Mythologie und Sittenkunde. 3 Bände. 1853, 1855.
152. Wrede, A.: Rheinische Volkskunde. Leipzig 1922.
153. Wurzbach, von: Historische Wörter, Sprichwörter und Redensarten. Hamburg und Leipzig 1866.
154. Wuttke, A.: Der deutsche Volksglauben der Gegenwart. Berlin 1900.
155. Wuttke, Robert: Sächsische Volkskunde. Leipzig 1903.
156. Zahler, Hans: Die Krankheit im Volksglauben des Simmentales. Bern 1898.
157. Zeller, Paul: Biblisches Handwörterbuch. Stuttgart 1824.
158. Zingerle, Ignaz: Sitten, Bräuche und Meinungen des Tiroler Volkes. Innsbruck 1872.
159. Denso, Daniel Johann: Plinius Naturgeschichte. 2 Bände. Rostock und Greifswald 1764–1765.
160. Brehms Tierleben, 9 Bände.
161. Hegi, Flora von Mitteleuropa.
162. Zeitschrift für Philologie.
163. Ornithologischer Beobachter.
164. Ornithologische Blätter, 1892–1893.
165. Gunter Steinbach: Die Welt der Eulen. Hoffmann und Campe 1980.

Bildquellennachweis

Abb. 1: Plastik von Berthel Thorwaldsen, Thorwaldsen-Museum.

Abb. 2: Fotos mit freundlicher Genehmigung von Dr. Hans Kumerloeve.

Abb. 3: Grabstein vom Gräberfeld bei Vochem, Rheinisches Landesmuseum, Bonn.

Abb. 4: Ausschnitt aus einem Gemälde von Lucas Cranach d. Ä., Gemäldegalerie Kunsthistorisches Museum Wien.

Abb. 5 und 28: Aus: Illustrierte Sittengeschichte vom Mittelalter bis zur Gegenwart in 3 Bänden von E. Fuchs (1910).

Abb. 6 und 7: Aus „Bunte Ostereier" von Hans Fasold. Brunnen-Reihe Nr. 24, Christopherus-Verlag GmbH, Freiburg. 17. Aufl. 1989.

Abb. 9, 12, 13, 15, 18, 19, 20, 31, 36, 38, 39: Stiche und Zeichnungen aus Monats- und Wochenschriften aus dem 19. Jahrhundert. Aus seiner Sammlung mit freundlicher Genehmigung zur Verfügung gestellt von Dr. Einhard Bezzel.

Abb. 8, 10, 11, 24, 26, 34, 40, 43: Aus: Conrad Gessners Vogelbuch, Zürich 1557.

Abb. 14: Foto: Münsterbauamt, Ulm. Mit freundlicher Genehmigung vom Verkehrsbüro der Stadt Ulm/Neu-Ulm e. V.

Abb. 21: Ausschnitt aus dem Triptychon „Der Garten der Lüste" von Hieronymus Bosch. Madrid, Prado.

Abb. 23: Ausschnitt aus einem Holzschnitt von Hans Baldung Grien. Stuttgart, Württembergische Landsbibliothek.

Abb. 24: Aus: Adelheid Harms „Das schöne Ei". TOPP-Nr. 991, Frech-Verlag. Foto Birgitt Gutermuth.

Abb. 27: Foto: Jochen Fabritius.

Abb. 32: Ausschnitt aus einer Zeichnung aus dem 16. Jhd., Graphische Sammlung der Universitätsbibliothek Erlangen.

Abb. 33: Aus: Mitteilungen der Schweizer Naturforschenden Gesellschaft, um 1800.

Abb. 35: Aus: Die Kinder- und Hausmärchen der Gebrüder Grimm. Band II. Der Kinderbuchverlag, Berlin 1959.

Abb. 41: Ausschnitt aus einer Miniatur der Manessischen Handschrift (Der Schencke von Limpurg) um 1320

Die Farbtafeln stammen aus:

Vorstellung der Vögel Deutschlands und beyläufig auch einiger Fremden; nach ihren Eigenschaften beschrieben von Johann Leonhard Frisch. In Kupfer gebracht, und nach ihren natürlichen Farben dargestellt von Ferdinand Helfreich Frisch. Berlin 1763.

Namenregister

In dem folgenden Register sind alle im Text erwähnten Namen für die verschiedenen Vögel aufgelistet. Die Seitenzahlen, bei denen das spezielle Kapitel zu einer Vogelfamilie oder Art beginnt, ist halbfett gesetzt. Die Zahl der Seite, auf der der betreffende Vogel in einer Abbildung dargestellt ist, ist kursiv gesetzt. Auf die Vögel, die auf den Farbtafeln dargestellt sind, ist mit der Abürzung FT und der Zahl der Tafel hingewiesen.

Erich Rutschke
Die Wildenten Europas
Biologie, Ökologie, Verhalten
320 Seiten. 28 Farbtafeln mit 49 Fotos
und 4 Farbzeichnungen, 42 Karten,
90 s/w Zeichnungen und
24 Tabellen, DM 34,80
ISBN 3-89104-449-6

Der Begriff „Wildente" umschließt eine artenreiche Gruppe von Wasservögeln, die durch Farbenpracht, Lebensweise und Verhalten Ornithologen, Jäger und Naturfreunde gleichermaßen zu faszinieren vermag. Dieses Buch enthält eine Beschreibung sämtlicher in Europa freilebender Arten, der Brutvorkommen, Wanderungen und Überwinterungsquatiere. Ausführlich wird auf Ernährung, , Populations- und Verhaltensbiologie eingegangen. In weiteren Kapiteln werden Probleme der Jagd, der Hege und des Schutzes behandelt.

Erich Rutschke
Die Wildgänse Europas
Biologie, Ökologie, Verhalten
255 Seiten, 24 Farbtafeln mit 52 Fotos,
90 Strichzeichnungen, teilweise 2-farbig,
DM 29,80
ISBN 3-89104-448-8

Wildgänse gehören zu den Vögeln, die gerade während der Zugzeiten besondere Aufmerksamkeit erregen. Der Autor hat alles zusammengetragen, was es an Kenntnissen über diese interessante Vogelgruppe gibt. Der Text ist wissenschaftlich fundiert und es sind zahlreiche internationale Forschungsergebnisse eingearbeitet. Trotzdem ist das Buch gut lesbar geschrieben, so daß es neben dem Fachornithologen auch denjenigen anspricht, der sich aus Liebhaberei mit diesen faszinierenden Vögeln beschäftigt.

AULA-Verlag GmbH, Postfach 1366, 6200 Wiesbaden
Verlag für Wissenschaft und Forschung

Preisänderungen vorbehalten

H. Reinbothe/C. Wasternack

Mensch und Pflanze

Kulturgeschichte und Wechselbeziehung

Quelle & Meyer

Reinbothe/Wasternack

Mensch und Pflanze

Kulturgeschichte und Wechselbeziehung

288 S., 213 Farbf., 40 Abb., DM 39,80

ISBN 3-494-01140-0

Dieses reich illustrierte Buch beschreibt die vielfältigen Beziehungen zwischen Mensch und Pflanze. Ausgehend von der Entwicklung der Pflanzenwelt auf der Erde und dem Verhältnis des frühen Menschen zur Pflanze werden u.a. folgende Themen behandelt: Geschichte der Botanik – Das Pflanzenkleid der Erde – Pflanzen als Nahrung für Mensch und Tier, als Rohstoff, Gewürz, Genuß und Heilmittel – Pflanzen als Bodenschutz und Sauerstofflieferant – Natur- und Landschaftsschutz – Bedeutung der Pflanzen für Klima und Wasserhaushalt – Pflanzen in Züchtung und Experiment – Wildpflanzen als Genreservoir – Gärten und Parks – Pflanzen im Lebensraum des Menschen.

Quelle & Meyer Verlag · Heidelberg · Wiesbaden

6200 Wiesbaden · Postfach 4747